MULAOYU YULIAO SHUOLUNJI

国家社科基金西部项目（17XYY015）结题成果

仫佬语语料说论集

银莎格　著

民族出版社

说　明

本书主要内容是国家社科基金西部项目“仫佬语语料的收集记录与研究”（17XYY015）的最终成果（鉴定等级：良好），后期调查、研究及出版得到广西中医药大学“桂派杏林拔尖人才”项目（编号：2022C015）资助。

目　录

第一章　绪　论

第一节　研究设计

一、研究概述

笔者曾主持广西哲学社会科学规划基金一般项目“仫佬语话语材料的收集与语言文化研究”（编号：15BYY002），其成果为约11万字的调查和研究报告资料。在开展该课题研究过程中，笔者对于仫佬语语料的收集及研究有了不少新的感悟和思考，希望能做出更多的相关收集和研究，故而以“仫佬语语料的收集记录与研究”为选题进一步申报国家社科基金项目，并获得立项。本书是以该国家社科基金项目（编号：17XYY015）最终成果作为基本内容，结合广西哲学社会科学课题所获得的材料，希望从东门镇、四把镇和黄金镇这三个仫佬语主要语言点语言材料的收集着手，展开对仫佬语语料较为全面的收集整理工作，对各语言点的基本情况进行比较，了解仫佬语各语言点的内部差异的同时，比较分析仫佬语与同语族语言的差异情况，并基于所收集的语言材料概括仫佬语的基本语法情况、特点及学界关注度较高的语法内容，扩展分析记录仫佬族语言文化信息。为此，对于这项研究，有如下几点考虑：

首先，对于一种语言的语言材料的收集记录指针对这种语言各种鲜活的话语形式（包括日常自然话语、山歌对唱、民间故事或传统的口头陈述、日常事件口述、童谣及习语等），以及已有的该语言话语的记录材料等展开尽可能丰富的收集整理。这样的收集整理工作多针对没有文字书写记录、使用人口比较少的语言。通过占有丰富翔实的语料，研究者可以在此基础上展开该语言的各项专题研究，了解分析其语言面貌特征，认识其发展变化规律和语言借用情况，研究其语言使用者的社会经济文化情况等。

其次，本书的一项基本定位是使其成为一份涉及仫佬语研究的基本参考材料。在收集到的话语材料基础上，比较仫佬语内部以及同语族语言的共性和差异性，分析介绍仫佬语基本的语法句式，探讨仫佬语中比较值得关注的语法内容。这些内容对学界展开涉及仫佬语相关研究具有基础参考价值。

另外，本书的内容之一就是要注释出所收集到的语料的汉语语义，而要恰当注释语义，这就必须对所收集到的语料反映出来的实际语义进行认真地考释。这样的考释过程，必然要求对语言反映的文化信息进行恰当地解读。因此，本书把仫佬语语言文化信息的记录分析作为一项具有针对性的专项分析研究。

二、相关研究动态

学界对于仫佬语的研究起步较晚。20 世纪 50 年代民族语文工作者曾做过调查记录，80 年代初出版有《仫佬语简志》一书。总的说来专题研究较少，也比较粗略。具有一定篇幅的仫佬语原语言形式的话语材料十分有限，能够全面介绍仫佬语基本情况、语法特点的研究成果没有出现，针对仫佬语语言中的文化信息的研究成果亦很少。

一些学者曾不遗余力地收集整理仫佬族民间故事、山歌，并编著成材料丰富的著作。例如：仫佬族文学家包玉堂在 20 世纪 80 年代初收集整理了仫佬族人中广为流传的民间故事，其成果是《仫佬族民间故事》一书；2009 年由龙殿宝等仫佬族学者整理编著了《仫佬族古歌》一书。这两本著作是对仫佬族民间口头文学两份难能可贵的记录。其他的一些作品里也有一些关于仫佬族的民间文学形式的少量记录。例如：1987 年由广西环江毛南族自治县“三套集成”办公室编印的《歌谣集》（中国民间文学——壮、汉、苗、瑶、仫佬、水族）一书中就记录了仫佬语的一些民间传唱的歌谣。1985 年由广西民族出版社出版的《广西少数民族民间故事》和 1996 年由新蕾出版社出版的《中国各民族神话》两本书中也对仫佬族的一些民间故事有所记录。但这些著作中所记录的仫佬族民间口头文学，除了《仫佬族古歌》一书中的第六辑的仫佬语古歌中出现了国际音标的注音形式，其他也只是把内容翻译成汉语，用汉字记录的。这样的记录无法保持仫佬语原来的语言形式，无法从中挖掘出诸如族称嬗变、时代婚姻家庭制度、农业文化等语言文化信息，语言体系中呈现出来的一个族群独特的对世界的认知成果难以准确表达。

一些综合介绍侗台语族语言的著作，在附录部分会附录侗台语族相关语言的少量长篇语料的国际音标注音形式。其中在倪大白先生的《侗台语概论》（2010）一书附录的长篇语料中，有仫佬族民间故事《蚂蚱和猴子打架》的国际音标注音形式。这则故事篇幅不长，但真实记录了仫佬语原语形式。

20 世纪 80 年代开始，民族语文工作者就开始十分注重少数民族语言话语材料的收集记音对译工作。一定数量的不同少数民族的长篇话语材料集相继问世，如：中央民族学院少数民族语言研究所第五研究室编写的《壮侗语族语言文学资料集》（1983，未包含仫佬族语言资料），邢公畹编写完成的《三江侗语》（1985）等。21 世纪初开始由中央民族大学发起，依托“211 工程”“985 工程”等课题，不少学者对不同民族语言的话语材料进行收集整理，硕果累累，出版了包括临高语、黎语、布依语、佤语、撒拉语、仡佬语和布央语等语言在内的话语材料集丛书，为对应民族语言的研究提供了真实可靠的材料。2012 年，笔者以广西罗城仫佬族自治县中石村（银姓仫佬族人聚居地）为材料完成了《银村仫佬语参考语法》博士论文的撰写，两年后该论文进一步修改编定后，由中国社会科学出版社出版。该书主要针对参考语法框架下的仫佬语语法现象进行描写记录，书后附录了一部分仫佬语的原语材料。但是，这些材料的记录和释义都比较简略。随着民族语言研究的进一步深入，国内针对不同语言的原语形式的记录的需求必然会加大，著作亦会不断涌现。

《银村仫佬语参考语法》一书是一部以描写为主的成果材料，对于仫佬语语言间的比较分析、同语族语言间的比较介绍并没有涉及，也没有针对学界关注度较高的语法内容展开分析研究，这也是笔者对于仫佬语前期研究留有遗憾的地方。

在针对语言与文化问题上的探讨成果中，李锦芳先生在《侗台语言与文化》（2002）一书和覃晓航先生在《侗台语源探索》（2009）一书中都从语言学理论方法，结合民族学、民族史等相关学科材料探讨了一定内容的仫佬语的文化内涵。但两本书所依赖的仫佬语材料都比较有限，所探讨的语言文化问题受到了一定的限制。

近年来对于仫佬语的研究受到学者的广泛关注。一方面，学者们相信对仫佬语深入研究可以帮助学界认识同语支或是同语族语言研究中长期悬而未决的一些问题（如构拟侗水语的古音系统）。另一方面，对于仫佬语的研究能够更好地认识仫佬族的历史、文化以及世界观等。

三、选题目的和意义

本书展开仫佬语话语材料方面的收集整理，从记录得到的话语材料中比较仫佬语语言点间以及同语族语言的共性和差异性，分析介绍仫佬语基本的语法句式，探讨研究仫佬语中比较值得关注的语法内容，挖掘仫佬语中包含的民族文化信息，希望能为学界进一步研究仫佬语提供全面翔实的语言材料。其意义体现在以下几个方面：

（1）这项研究所收集到的材料将收录成语言资料集，使得当代仫佬语语言形式得到一定程度的保护，帮助学界较为深入地认识了解仫佬语的特点，也会是一份对仫佬族的历史文化、语言文学进行记录保护的文献材料。

（2）在收集语言材料中，笔者特别关注、记录仫佬族人的习惯用语，尽力搜罗备尽，这些习语材料，能够把仫佬族这个民族这方面的文化遗产保护和传承下来，让仫佬语里所凝练的多民族地区人们的生活景象、人生智慧和语言文化魅力得以生动地展现在人们面前。

（3）通过从话语中分析出来的仫佬族语言文化信息，能解释一定的仫佬族民族文化、历史语言现象，可弥补少数民族语言研究中缺少这方面研究的缺憾。

（4）为进一步对仫佬语进行深入研究及民族间的文化、历史对比研究，更全面准确地把握仫佬语的语法本质规律及民族文化史提供有价值的可供参考的材料。

（5）为仫佬族的民族文化抢救和保护提供语言材料支撑，也为政府制定符合仫佬族、仫佬语实际情况的语言文化政策提供参考，具有应用价值。

四、主要研究内容

本书针对广西罗城仫佬族自治县东门镇、四把镇和黄金镇三个具有代表性的仫佬语主要语言点的仫佬语话语材料进行收集和研究。主要包括以下内容：

（1）词汇。通过田野调查，在记录词汇调查大纲词汇条目的基础上，挖掘记录三个语言点的尽可能丰富的词汇。

（2）自然话语材料。包括自然语境下，甚至是调查人员完全作为旁听者的情况下，实录的仫佬语母语人的日常对话，仫佬族民间故事和日常生活故事口头讲述，以及用仫佬语陈述的仫佬族风俗礼仪习惯等。民间故事的口头讲述中会出现同一故事不同母语人的叙述版本，调查者亦会把不同版本的叙述一并记录，在一定程度上能够形成语料的对比。

（3）民间歌谣。这一部分将包括调查者实录的仫佬族人的山歌、童谣及顺口溜。山歌包括“随口答”“古条”和“口风”等形式。

（4）仫佬族习惯用语。收集记录仫佬语中有着一定的对仗押韵的定型化形式，语言精练朗朗上口，或形式上灵活松散但包含着固定化的比喻意义的习语。这些习语是在仫佬族人民群众日常生活中通俗常用的形象比喻或广为流传的经验总结、哲学道理及劝世良言等。

所有收集的话语语音将用国际音标注音，注音下边逐词进行汉语直译，在原文末按汉语习惯逐句段意译。从所收集的语料中，整理出三个语言点的音系系统。

（5）仫佬语研究。把几个主要语言点的仫佬语进行比较，了解它们的差异，并拓展比较其他语言点的仫佬语和三个主要语言点的基本差别，并与同语族语言比较，探寻它们与仫佬语的共性与差异性。从所收集到的语言材料中概括仫佬语的基本语法情况及具有特点及学界关注度较高的语法内容，如：量词、名词性短语和代词等。另外，把握语言中蕴含的文化信息，针对性挖掘仫佬族语言中包含的族称、地名、亲属称谓、农业文化、建筑、饮食、服饰及宗教信仰等蕴含一个民族文化特点的口语形式。

五、研究思路和方法

1. 基本思路

首先，查阅、搜集和整理与仫佬族及仫佬语相关的文献资料，走访仫佬族学者，了解仫佬族文化、语言概况等；然后，到仫佬族人聚居的语言调查地开展语言田野调查，借用各种录音设备记录收集土生土长的仫佬族人的语言语音形式；最后，把在三个仫佬语主要语言点收集到的语音形式用国际音标转记为文本形式、进行汉语释义，并整理成为仫佬语话语材料专集。另外，在掌握的语料的基础上，比较语言点的相同点与差异，描写基本的语法句式的表达，探讨研究具有特点的语法情况，分析把握仫佬语中的文化信息。

2. 主要研究方法

（1）田野调查法。为了能真实有效地记录仫佬语母语人的语言形式，安排多次到调查地开展调查工作，实地走访记录长期居住在仫佬族聚居地的仫佬族人的语言材料语音形式，获取第一手调查材料。

（2）回译法。由于一些仫佬族的语言材料形式是有汉字记录的文本的，笔者请具有一定文化水平的仫佬族成员根据这些用汉字记录的文献语料（如民间故事、山歌、谚语等）转用仫佬语回译出对应的仫佬语的语言形式，从而获得一定的仫佬语语言材料。

（3）释义法。用国际音标注音的词素下将对应地直译出汉语意思，汉语中没有直接对应意思的词素，将采用注释的方法解释出仫佬语中真实包含的语言含义；对于语法性质的注音内容，将做出恰当标注和解释，以便于正确理解仫佬语语法形式。另外，在原语形式末了按汉语习惯逐句逐段意译出汉语译文，力求忠实于原文，保留民族特色，以便分析研究。

（4）分析比较及阐释法。从所掌握的语言材料中分析仫佬语语言情况、比较语言间的异同，挖掘探讨仫佬语有特色的语法现象，从语言中阐释仫佬族的文化信息，涉及民族史、古代社会、农业文化、经济文化、地名及姓名等方面的语言文化信息。

（5）文献参阅法。查阅前人对于仫佬语的调查记录与研究成果，并参阅学界对于其他少数民族语言和汉语的研究成果。

通过充分利用上述研究方法，结合笔者仫佬语母语人敏锐的仫佬语感知力和洞察力的优势，完成调查和研究工作。

研究坚持以下两条原则：

（1）坚持客观原则。从实际收集到的话语材料出发，真实记录当代仫佬语实际的语言形式。为了保持话语材料的真实性，记录的内容除个别地方因考虑话语的逻辑性而稍加删节和调整以外，所记录的内容会尽量保持讲述者的原话形式。

（2）有主有次原则。罗城县的仫佬族人主要聚居在东门镇、四把镇和桥头镇，其他乡镇的仫佬族人居住比较分散。东门镇北面 27 公里的黄金镇是仫佬族和其他少数民族及汉族杂居共处的乡镇，有不少主要使用仫佬语的村子。因此，相比较其他各仫佬语语言点的仫佬语语音十分相近的现象，黄金镇的仫佬语虽未形成仫佬语的方言形式，由于杂居情况和地理位置原因，其语音上的差异还是相对比较明显。因此，调查工作选取具有代表性的东门镇、四把镇和黄金镇作为话语收集核心，其他乡镇的仫佬语涉及性地做一些比较记录。

3. 语料来源与记录

本书语料大部分来源于田野调查，少部分来源于（或参考）文献中的已有语料。田野调查得到的语言材料是在三个语言点录音得来的词汇、各项口头陈述的文字转写记录。陈述内容主要包括民间故事、当地情况、风俗习惯、节日传统、山歌、童谣，以及对重要历史文化事件的阐述和日常生活事件中的话语及自由谈话等。另外，仫佬族习惯用语（即习语）获得途径主要是如下几种：

（1）在日常生活中，不经意听到仫佬族人说到的一条习语，当时记录获得。

（2）请母语人在日常生活中把随时想起或听到的习语记忆收集，告知笔者。

（3）仫佬族学者龙殿宝编撰的《罗城谚语集》[①]（1990）一书中以汉字记录语义方式记载了罗城一带的各族人民的谚语共计 2000 余条。其中标注为流传于仫佬族地区的谚语 400 余条。笔者请仫佬族人按照汉字记录的意思，用仫佬语转述书中的这些谚语条目，通过梳理筛选，获得近 200 条转述人认可并能完整以仫佬语转述的语义相同或相近的谚语。

话语材料记录工作中，还考虑了以下几个方面内容：

（1）所邀请的话语发音人，都是长期居住在语言点，参与到当地生产生活的各项活动之中，对当地情况和传统十分熟悉的人。特别是词汇发音人，年龄都是 60—70 岁之间的男性，他们的仫佬语水平能够代表语言点的一般大众的水平。

（2）对于田野调查得来的语料，笔者除了在一些明显的逻辑错误上进行修正外，基本保持了说话人的原语言形式。

（3）发音人所讲述的一些民间故事是在当地流传广泛的，不同发音人对于同一则民间故事有不同的讲述版本。为了形成一定的具有比较性的话语材料，书中把不同讲述人所讲述的同一则民间故事的各自讲述版本都予以保留。有些故事内容讲述得断断续续，但陈述得流畅地道，这样的内容亦记录保留。

（4）由于仫佬语并没有统一规范的标准语，在其语言基本形式不变的框架中，其语音处在一定的变化之中。不同年龄、不同性别和经历的仫佬语使用者的

---

① 书中并未作条目语义注释，一些谚语的所指无法从汉字记录的字面意义获得。

语音存在一定的差别，甚至同一个人在不同语篇或语句中都会出现发音的变化。例如：在说话过程中，同一个人会把“一”分别发音为 naːu³、na³ 和 nə³；又如“房子”在语流中有 hɣəːn²、ɣəːn²、jen²、ən² 等发音。有一些变化正体现了仫佬语的变化发展。在记录长篇语料时，在借鉴从词汇发音人发言中整理出来的各语言点的音系结构记录话语的同时，对于在不同发音人的话语中出现的，确实反映了存在于该语言点的具有一定普遍性的一些语音差别或语音变化的，本书按照其实际发音记录。

（5）考虑到这本书所记录的语料是要作为学界研究仫佬语语言体系的参考材料，记录下来的语言结构中，特别是多音节合成的词汇结构中的每个音节，如果其在仫佬语中有对应的词汇意义的，笔者直译出它的汉语词义，整个语言结构的汉语意思在意译中体现。例如：hwa¹ mai⁴ 直译为“花新”，意译为“鲜花”。语句中的词和词之间留有空格。构成语法结构的语素，如果存在与汉语对应的词汇意义，笔者将直译汉语词汇意义，不再进行语素分析；如果是仫佬语自身具有的语法性质词素，本书则做出对应的语素分析。

第二节　民族概况

一、人口分布和民族来源

广西仫佬族人口主要聚居在广西罗城仫佬族自治县。据 2020 年第七次全国人口普查初步汇总数据显示罗城仫佬族人口 95852 人。罗城仫佬族人，主要居住在以东门、四把、桥头三个相邻乡镇为中心，与东至东北的小长安、黄金等乡镇，西至西南的天河等乡镇连成一片的一百里长廊。这一地域石山土坡交错，丘陵峡谷纵横，素有“仫佬山乡”之称。他们聚族而居，形成大大小小的以仫佬族为主的村屯，多为同族、同姓、同宗、同“冬”，居住在同一屯子，或由几个、十几个乃至几十个村屯连成的一片仫佬族群落（吴保华等，1993）。罗城临近的柳城、忻城、宜州、柳江、金城江及环江毛南族自治县、都安瑶族自治县和融水苗族自治县等地也分布有一定数量的仫佬族人。仫佬族与壮、汉、瑶、侗、苗等民族相邻或杂居，经济和文化上相互影响。仫佬族中，人口数量较多的有银、罗、梁、吴、潘、谢等六大姓氏。

仫佬族人自称为 mu^{6}lam^{1}，汉记音为“仫佬”，mu^{6} 表示指称人的类别量词，lam^{1} 为“仫佬语”的意思，mu^{6}lam^{1} 即“讲仫佬话的人”。相同的有 mu^{6}tsoŋ^{6}“讲壮话的人”，即壮族、壮族人；mu^{6}kwən^{1}“讲官话的人”，即当地讲西南官话桂柳方言的汉族人。mu^{6} 后可以加 caːŋ^{3}“讲”，变成 mu^{6}caːŋ^{3}lam^{4}、mu^{6}caːŋ^{3}tsoŋ^{6}，意思更明确。

关于广西仫佬族的民族来源问题，得到认同的说法是：仫佬族是广西世居民族。《仫佬族简史》（2002）一书分析梳理史料，认为由汉晋至唐宋的1000多年间，僚族被当作对西南少数民族的泛称，活动地区范围极广，从西南到湖广、岭南，其中以岭南两广地区最为集中。当时，仫佬族先民被包括在古代僚族的泛称之中。而“僚”者，当今许多学者认为是“骆”。对于“骆”这个族称，人们一般认为是“越”的另一个称谓。到了秦汉时代，“骆”“越”“瓯”往往作为一个族群出现，事实上是一个群体，都是百越族群中的一支。越是我国南方的一个大族系，经春秋战国到秦汉，不断地发生融合与迁徙的过程。何述强（2013）梳理指出壮侗语族（包括仫佬族）从唐宋开始从“僚”族中不断分化，到了宋、元、明使其逐渐形成一个个单一的民族。仫佬族最迟在明代，已经在聚居地罗城一带形成了政治、经济、文化上比较稳定的民族共同体。

二、地理、历史和文化①

广西仫佬族聚居的罗城仫佬族自治县位于东经108°—109°、北纬24°—25°之间，东北与融水苗族自治县相接，东南相邻柳城县，西南与河池宜州区连接，西北与环江毛南族自治县相连。罗城县属于北温带，气候温和，境内雨量充沛，年平均气温在19°C左右，全年总降雨量达1500毫米以上，其中以夏秋两季降雨量最多，冬春较少。该县属于九万大山区，地势高耸，峰峦起伏，四周青山环绕，中间层峦叠嶂，丘陵交错，夹杂着一小块一小块的坪坝。从河池市宜州区的小龙到罗城龙岸的北源，沿九万大山支脉，形成了一条长75千米的走廊。这就是人们历来所惯称的“仫佬山乡”。县域内比较有名的山有东部的大罗山、白银山、

① 参考《仫佬族通史》（潘琦，2011）、《仫佬族的历史与文化》（1993）、《仫佬族》（王骞，2011）等相关文献。

海山、寺门岭等，东北部有降背山、六律山、燕子山等，南部有北陵山、山巢山、了歌山等，西部有九鹅山等，中补有犀牛山、闸门山、青明山、通络山等。这些山的高度一般都在海拔 1200 米以上。天河和武阳江是罗城仫佬族自治县境内的两条主要河流。天河全长 100 多千米。因礁石多、滩大、水急，上游仅可放木排，下游勉强通木船，稍有水利。武阳江长约 150 千米，可蓄水灌溉，但河坝纵横，航道阻塞，没有通航。罗城县城东门镇境内的凤凰山景区、东门河以及成龙湖景区则是融合了自然与历史文化开发出来的景点。

虽然罗城县几大姓氏的仫佬族族谱中都记载着其祖先是从外省迁居而来，与当地世居民族通婚，习俗遵守女方习惯，后来形成了现今几大姓氏的仫佬族群体。然而，学界通过对史料研究和进行人类学分析，普遍认定仫佬族是世居民族，迁居之说很有可能是在封建历史社会中，出于自我保护，避免民族歧视的举措。梳理史料文献，可发现早在春秋战国时代，仫佬族就被包括在我国南方的百越民族的共同体之中。秦汉以后，相继以西欧、骆越、伶、僚等名称出现于我国历史上。明清时候，史籍上出现了称伶、姆姥、木佬、母老、木佬苗等称谓，这些称谓中有些确实与现今罗城境内的仫佬族有关系，然而有一些则是语音相似。中华人民共和国成立后，把贵州和广西境内历史上有着相近读音称谓的族群统称为仫佬族。罗城县仫佬族的先民可能源于“柳江人”，在经历过漫长的原始社会后进入了封建社会。长期以来，他们的祖先就与壮、汉、瑶、苗、侗、水、毛南等民族一起，共同进步发展，不断取得经济、文化、社会发展成果。

仫佬族的信仰主要是多神崇拜，不但崇奉原始宗教信仰中所崇拜的灵，大多道教、佛教中所崇拜的神、仙、佛，都在仫佬族信奉之列。具有仫佬族信仰特色成分的是婆王和社王，婆王主管婚姻、生育及祸福，社王庇佑一方平安。在罗城仫佬族聚居地区，村庄里的婆王庙是仫佬山乡里修葺最好、香火最鼎盛的庙宇，农历三月三的“婆王的生日”要去婆王庙烧香祭祀；二月和八月的春社日和秋社日则是仫佬族人到社王庙“报丁”的大日子。此外，仫佬族人家中红白喜事选黄道吉日，建新房、建家里的大门口选日子看宅基的方位，以及看家里人的生辰八字命理吉凶，甚至给小孩起名字、找契父母等活动时，仫佬族人会专程找村里或各村有声望的 ti^{6} li^{4} $thjen^{5}$ $s\varepsilon\eta^{1}$ “地理先生”来开算合适的日子及合适的方式方法和人物，祈求吉祥如意。如若家中有不顺利的事发生，仫佬族人（往往是妇女）还会专程去请示有名望的 $j\partial u^{6}$ $c\partial m^{5}$ “仙姑”，即“巫婆”来开运。道教在广西罗城等地生活的仫佬族中有着广泛的信仰基础，其道教职业者被分为“梅山弟子”和“茅山弟子”，统称为 su^{1}sən^{2} “法师”，但以梅山弟子为主。仫佬族人若逢家中有人生病或遇到灾难，会请法师做法事，通过敬神、驱邪，祈求神灵保佑平安顺利。梅山弟子主持作依饭、安花等活动；茅山弟子主持追魂、追花等仪式。这些仪式绝大部分是仫佬族原始宗教仪式。而由道教弟子来主持，体现了道教传入仫佬族聚居地区后的生存方式和发展方式。

仫佬族有着自己遵循的一些风俗习惯。比如，给小孩认 ni^{4} maːn^{3} “契娘”就是一个重要的风俗生活，人们认为契娘可以保佑小孩健康长大。年末时，仫佬人会挑选春节前的某一天，由各村屯组织村里各户人家，一般是每户出一个劳力，一起打扫村巷，清理村里的水渠，称为 fɛ^{4} pɛːŋ^{2} aːn^{1} “做平安”，喻意扫除过去一年里不顺意的事物，祈求来年平安。打扫村巷后，屯里还会召开一个会议总结过去一年里屯里的事务，并计划安排新一年屯里工作事宜。ta^{1} sɿ^{6} mən^{6} ja^{6} “三十晚、除夕夜”的一餐十分丰富，通常会比平时吃得早一些，用餐之前要按正确方位摆好饭菜碗筷烧香 tshaːp^{7} kɔŋ^{1} maːŋ^{6} “拜敬祖先”。晚上 12 点，每家每户放鞭炮迎接新年。大年初一一大早，在村里的村民会出门挑“新水”，并且往水井里扔一两个硬币，喻意买新水、大吉大利。大年初一仫佬族人会三两户一起 fɛ^{4} ti^{2} tshɔk^{7} “做馍”即“做白膜”。这一天是仫佬族人禁忌最多的一天，这一天大家都在村里相互拜年，见面就说 kɛŋ^{1} i^{3} faːt^{7} tai^{2} “恭喜发财”，大家都不说不吉利的话，不打骂小孩，而且这一天按习俗应该是吃素的一天，然而这个习俗在仫佬族的很多家庭里已经不再坚持。这一天里仫佬族人不会走远亲、不花钱、不扫地、不开箱子，以这样的方式祈愿新的一年平安富足。到了晚上 12 点，各家有一个很隆重的祭拜土地神①仪式，祈求来年财运旺。到了大年初二，出嫁的媳妇回娘家拜年，年轻人去逛街玩耍，中老年人去唱山歌。在清明节，除了各家到山上坟头给各家祖宗扫墓之外，各房族在清明节里轮流 fɛ^{4} tau^{2} “做首”即主持，挑选清明节这一天，每家每户给族里的 tən^{3} kɔŋ^{1} maːŋ^{6} “祖宗坟”扫墓。

仫佬族的节日文化丰富多彩，有三月三的婆王节、四月初八的牛神节（给牛

① 仫佬族人每家每户安放在大堂主墙面的香火阁都供奉有土地神的牌位。

过生日）、五月初五的端午节、从七月初七持续到七月十四的鬼节或祖宗节①、八月十五的中秋节（也叫走坡节），最具特色的是三年一大庆、一年一小庆的“依饭节”。婆王节，是仫佬族人在农历三月三祭祀婆王诞辰的日子。婆王（又称“花婆”“花王圣母”）掌管着一座花山，其把花山上花朵的生魂送给谁家，谁家就会有小孩出生，家庭里添丁添福。婆王还会看护小孩成长，保佑他们无病无灾。婆王节就是仫佬族人感谢婆王赐福和守护，祈求五谷丰登、事业兴旺、家庭和睦幸福的节日。以前，八月十五的走坡节是青年人相识、相恋的最好机会。在走坡节上，他们盛装结伴，在集市上寻找对歌伙伴，以歌为媒，一问一答，然后互赠信物，定下终身。现在，仫佬族人的走坡形式已经发展到农历的各个大小节日，走坡已经成为仫佬族人，特别是中老年人休闲娱乐的方式，即使在平日里，他们也会三三两两聚在一起唱歌娱乐。例如：罗城东门镇文化广场赶集的日子都可以见到聚在一起唱歌娱乐的中老年人。fɛ^{4} i^{5} faːn^{6} “做依饭”即依饭节，或称“还祖先愿”等，是仫佬族敬神、祈祷神灵保佑丰收和人畜平安的原始宗教仪式或节日。依饭节是仫佬族最大、最有影响的宗教仪式，在其宗教文化中具有代表性，基本上能反映该民族传统文化与道教文化融合的文化特征。

婚姻习俗方面，仫佬族历来不排斥与外姓外族人通婚，但“同冬不婚”往往是一个基本婚姻原则。“同冬不婚”是指同一个“冬”（即宗族）的男女不可通婚，实际上是避免近亲结婚。仫佬族旧婚俗中的一个特色是“不落夫家”，即仫佬族女子新婚后返回娘家生活，在娘家干活、务农，只有在逢年过节或农忙时候，才会回到夫家住几天。这段时间的婚姻状态也被称为“回门”，“回门”生活一直持续到女方怀孕之后，才回到夫家常住。

丧葬习俗上，仫佬族人比较惯行土葬。丧葬各项活动由亡故者所在的 ho^{3} foŋ^{2} “房族”人员协同操持，年轻无后而亡，仪式就较为简单，年老者过世，则会有一个很隆重的持续几天的丧葬仪式过程。去世者亡故后的一段时间里如果没有合适下葬的吉利时间，往往会暂不下葬，而是把棺木停在野外某个山洞，或在下葬的吉地旁搭建遮盖棺木的小棚子暂时停放棺木，待选时机再下葬。有些时候会因为种种原因耽搁，如亡故者小孩太小无法请来房族人员再次操持下葬仪

① 仫佬族的鬼节是农历七月初七接祖宗回家过节、祈求祖宗庇佑后人富裕平安的节日，与汉族的“七夕”性质不同，鬼节持续到七月十四送祖先回归阴间的这一天。

式，棺木会停留在野外几年甚至十几年不下葬。丧葬仪式全程充满了佛、道教“阴阳两界”“生死轮回”的宗教意识。如果去世者的死亡时间是一个比较特别的时间，整个丧葬仪式是不可放声哭丧的。下葬后还有持续三年的“行孝”活动。首先，安葬后的第三天，会有一个“复坟”活动，孝子孝女贤孙会带上祭品再次来到新坟前祭拜。而后第一年的二月初一，第二年的二月初二，第三年的二月初三，孝子孝女贤孙会操办较为重视的祭拜活动，来到坟前祭拜。三年过后孝期即满，以后则是在清明节祭拜了。

三、语言使用情况

仫佬语是仫佬族本民族的语言，没有文字形式，属于汉藏语系壮侗语族侗水语支语言。由于长期以来仫佬族人与当地的汉、壮、苗等民族进行经济、文化的交流往来，不少仫佬族人兼用汉语西南官话桂柳方言、汉语土拐方言（客家话）和壮语等。随着国家普通话的推广和使用，仫佬族人的普通话能力也达到了一定水平。仫佬话、桂柳话和普通话是当地仫佬族人所使用的语言中比较强势的三种语言。在 2009 年，笔者与中央民族大学 211 工程“南方少数民族语言使用情况国情调查”项目调查组①对广西罗城不同年龄阶段、不同职业、不同性别、不同教育程度、城乡、公务员及城镇居民的仫佬族人（主要考察了东门镇、四把镇、黄金镇等地的仫佬族）语言使用情况的调查数据显示：在 307 名受访者中有七成以上的仫佬族人能够熟练使用仫佬语，有九成以上的受访者能熟练运用桂柳方言，有近七成能熟练使用普通话，这其中青年人的普通话能力明显高于中老年阶段的仫佬族人。需要补充的是：随着时间变化、社会变化发展，仫佬族人与外界的交流不断深入，其语言使用也在快速地变化，仫佬语在整个社会发展大浪潮中的使用功能和活力在不断地减弱。能够比较直观地感受到，以往所居住的仫佬族村子里少有听到的异乡语言和普通话，现如今已经较为常见了。

在观察研究仫佬语的 10 余年时间里，笔者认为罗城仫佬族人语言使用情况呈现状态可概况为：东门镇、四把镇和桥头镇的仫佬族人使用仫佬语的比重仍然占比最大，仫佬语和西南官话桂柳方言（罗城当地人称为“官”或“官话”）

① 指田静主持的中央民族大学“211 工程”第三期项目“南方少数民族语言使用情况国情调查”（2009 年）。

是这几个乡镇的通用语言，仫佬族人几乎都是这两种语言的双语使用者，普通话日常使用程度不高，但作为全国通用语言，也是仫佬族人能熟练使用的语言。但几个乡镇中的年轻一辈的仫佬族人不少是仫佬语和普通话的双语使用者，也有部分儿童已转用普通话为日常用语。黄金镇和小长安镇仫佬族村屯有转用其他少数民族语言（如壮语）的情况。同时，几个乡镇中都有保持得比较好且仍然以仫佬语为通用语的仫佬族村子（如黄金镇的寨碑村，小长安镇使用仫佬语为通用语的村子数量更多）。

仫佬语的内部形式还是比较统一的，并未形成方言形式，罗城各地甚至是其他县市的仫佬语使用人（如河池都安县的几个仫佬语言点的仫佬族人）都是可以使用仫佬语进行沟通的。其中，罗城东门镇和黄金镇的仫佬语语音差别相对较大，但并未影响使用仫佬语交流[①]。目前，通过学界的调查[②]和笔者的实地走访，了解到的是：黄金镇宝聚村的上地理和中地理两个屯的仫佬语语音形式与其他各地的仫佬语很难交流。其原因是这两个屯的仫佬语中大量借用了当地土拐话借词，虽然当地人（宝聚村中地理屯）仍然认为他们所说的语言是仫佬语，但亦承认“他们的仫佬语和其他地方的仫佬语不一样了，难交流沟通”。两个屯的仫佬族人认为同是宝聚村的与他们一屯之隔的李安屯（约十来户人家）说的仫佬语是“真的仫佬语”。

罗城东北部的龙岸镇部分村屯的仫佬语和其他语言点的仫佬语差别最大，很多声韵母的读音都已不一样，声调的调值和其他语言点也不同。该镇仫佬族人口分布较少，有些村屯只有几家仫佬族人，但已经不说仫佬语。珠江村委会的石槽一带仫佬族是东门镇一带银姓仫佬族搬迁而来，他们所说的仫佬语和东门镇一带的仫佬语相同。语音上和别处差别较大的几个村屯为天宝村委会的良泗屯和风强屯，以及物华村委会的上地栋屯，主要是侗族人转用了仫佬语。这几个屯的村民亦表示这几个地方的仫佬语也有一些差别，但差别不大，自己说的仫佬语和东门镇一带说的仫佬话也能交流，有一些“腔口”[③] 上的不同。他们说，当年修水库的时候，他们就是和东门镇一带来的仫佬族人用仫佬语交流的。龙岸仫佬语的现

---

① 在调查过程中，笔者正是使用东门一带的仫佬语和黄金镇语言点的发音人交流沟通的。

② 参考岳静：《黄金镇仫佬语概况》，载《民族语文》，2004（4）。

③ 指一些语音和词汇。

代汉语的借词的读音是从当地闽方言①借入，不同于其他地方的仫佬语借词是借入西南官话的读音。

四、仫佬语概况

仫佬语是汉藏语系壮侗语族侗水语支的一种语言。与侗语、水语、毛南语和壮语等同语族语言有很多共同的特征。语音方面，仫佬语音节构成的方式是：部分元音分长短，元音和韵尾的配合，声母和声调的关系，元音长短和促声调调值的相应关系，都是同语族语言的共同特点。复辅音中的前腭化 ɣ、后腭化 j 和唇化 w 的辅音特征不是很明显，已经趋向于元音化。仫佬语中特有的词汇占比不是很高，有较大数量的词是与同语族语言同源的。另外，还有相当数量的词汇是汉语的借词，一部分借词保存了中古汉语读音的基本特点，属于早期的汉语借词，这些借词的读音基本上和本民族词汇的读音变化一致。现代仫佬语中则借用了不少汉语西南官话，罗城县当地称为 kwən^{1} “官话” 的借词，这类借词的读音和官话读音基本相同，从读音上就比较容易分辨出现代汉语西南官话中借入的词汇。

仫佬语的语言内部比较一致，各地的仫佬语都能相互通话，甚至是远在都安瑶族自治县，同东门镇、四把镇及黄金镇这三个罗城县的主要仫佬族聚居乡镇的仫佬语语音也基本相同。不同语言点的语言差异主要是一些词的发音不同，不同年龄的发音人在一些词的发音上也有差别，特别是在后腭化的发音上，常常是变读成为单纯声母，例如：“早”“蛋”“尾巴”，东门镇中石村一带的老年人的发音常常是 khɣam^{1}、kɣəi^{5}、khɣət^{7}，而当地的年轻人则往往把它们说为 kham^{1}、kəi^{5}、khət^{7}；有的腭化声母则是转变成前腭化声母，例如：“水田”“耳朵”，东门镇和四把镇一带的仫佬语读作 ɣa^{5}、khɣa^{1}，而黄金镇的发音是 ja^{5} 和 khja^{1}；有的是两种发音同时存在于一个语言点内部，例如：“房子”“草”在东门镇中石村同时有 hɣəːn^{7} 和 ɣəːn^{7}、hɣɔk^{8} 和 ɣɔk^{8} 的读法。另外，仫佬语的数词和侗台语族诸语言的数词，从基数的进位都是很一致的。数词的语音形式很整齐，基数词除了“一”和“二”外，从“三”到“十”的读音形式接近中古汉语。而

① 清代中后期，福建沿海一带有很多民众内迁到罗城龙岸镇一带生活，这些人的到来对当地的风俗和语言产生了影响。

“一、二”又有两套，作为基数用的是民族形式“naːu^{3}、ɣa^{2}”。

仫佬语中的汉语借词方面，从读音上比较容易分辨现代汉语西南官话中借入的词汇。这类借词的读音和罗城当地汉语西南官话读音基本相同。此外，仫佬语还保存了很多具有中古汉语读音的借词，这些借词的读音基本上和本民族词汇的读音变化一致。

在语法上，仫佬语与同语族语言的语法构造基本相同，显著的句法特征是一部分“主谓”结构和“偏正”结构同形。在同语族语言中，仫佬语和侗语、水语的语法构造基本形式更接近。例如“数量名”组合的次序全都是：数词+量词+名词。而在壮语、布依语中，数词为“一”时，“一”都放置在量词和名词的后面。

第三节　调查点简介

本书收集的话语材料以罗城仫佬族自治县东门镇银村（行政划分为中石村）、四把镇的石门村和黄金镇寨碑村三个语言点的仫佬语语料为主。三个语言点都是仫佬族人聚居的村子，风俗文化差别不大，但各自还是有着不大相同的人文历史特点。

一、东门镇银村简介

东门镇（tɔŋ^{1} mən^{2}“东门”）是罗城仫佬族自治县县府所在地，全镇总面积为259.33平方公里，人口103611人（2020年第七次全国人口普查数据）。东门镇辖：桥头、凤凰、狮子山、白马、五里香5个社区；冲洞、大境、三家、燕塘、大福、勒俄、古耀、德音、平洛、章罗、永安、凤梧、横岸、中石、佑洞、东勇、弄达、龙山、榕木19个村委会，258个自然屯。

银村的行政划分为中石村（大银屯过去称为中兴屯，邻近有石围屯，合称“中石村”），但主要是银姓仫佬族人居住，并且称为银村。ȵan^{2} thən^{1}“银亲，银氏村屯”在当地的接受度比较高，因此把这个语言点称作银村语言点。

银姓是仫佬族的一大姓氏，主要居住在罗城县东门镇辖区的西北部，距离县城约 5 公里便是银村，行政划分为中石村①。据东门镇中石村社区 2017 年提供的数据显示中石村包括 22 个自然屯，其中 97%以上为银姓仫佬族，其他姓氏主要是居住在 tən^{1} ljeu^{2} “新寮” 和 tsən^{2} mɣəŋ^{4} “陈猛” 两个自然屯。中石村人口统计为 5953 人，共 1521 户村民，其大银屯的住户约 140 户，石围屯亦 140 户，北社屯 110 户，南岸屯 100 户，大银村是银村的中心区。早前银村主要指仫佬族人说的 “银姓十三村”（ȵan^{2} thən^{1} səp^{8} taːm^{1} maːn^{3}）。包括：大银（ȵan^{2} thən^{1} maːn^{3} lo^{4}）、石围（khuŋ^{5} tsɔŋ^{1}）、天水（thjen^{5} sui^{3}）、北贯（pak^{7} kon^{5}）、北社（pak^{7} sja^{4}）、桥头（maːn^{3} te^{3}，kɣo^{3} ceu^{2}）、寨背（lən^{2} pɣa^{1}）、南岸（ləm^{1} ŋaːn^{6}）、学田（hak^{7} tjen^{2}）、中途（ti^{6} tsiu^{5}）、大平（pɣa^{1} tɔŋ^{6}）、乌猫（u^{1} miu^{1}）和呼略（ho^{3}ljaːk^{8}）。由于人口的增长，新建房屋不断落成，各小村的范围也在不断扩大，原本各自有一定距离的小村也已连成一片。例如，中心村大银屯和石围屯房屋已是彼此相连，石围屯和上南岸屯只是一条小河之隔，大银屯和底镇屯也就几步之遥，北社和天水十分靠近，两屯和大银相距只是百米之遥，在石围可以清楚看到北贯。各村屯日常生活相互联系和影响都比较大。

银村历史悠久。据记载，khuŋ^{5} tsɔŋ^{1} “石围屯” 银氏仫佬族人世代勤于耕读，历史上有不少名士和学者就出于石围屯。明代出现银大有（官潮州府教授）、银大孚（官湖广常德府通判）、银文宗（官广东阳山县教谕）等，清代、民国乃至现今，功名、学者人才更是不断涌现。据石围屯老人解释 khuŋ^{5} tsɔŋ^{1} 的仫佬语意思为 khuŋ^{5} “官宦” tsɔŋ^{1} “中第”，即 “当上官” 的意思，其中 khuŋ^{5} 与仫佬语的 ʔuŋ^{3} “官” 读音相近，这样的解释有一定说服力。清代编纂的罗城县志中记载屯名为 “宫中”，该屯的汉意为 “石围屯” 是由于该屯四周曾建有防御性质的一条石墙。如今在屯后还留有该石墙的一部分，约 70 多米长。据银氏族谱和永安桥功德碑记载：石围屯始祖于明洪武二年（公元 1369 年）迁居到此，至今已有 650 多年，是罗城最古老的村屯之一。石围屯尚存古屋 60 多间，多数建于清代和民国，少数建于明代，古屋多为坐南朝北，砖木结构，悬山式或硬山式屋顶，屋檐撑拱斗拱建筑。不少古屋青石门框，大门及房屋花窗格式丰富，雕工精巧，镂空雕刻的花草生动、动物栩栩如生，是古代木雕的精品。古屋家家户户的香火堂（u^{1}khɔm^{1} “神龛”）和地煤炉是仫佬族民居的鲜明特点。从石围屯

① 前辈学者王均、郑国乔、梁敏、王均如等都曾在中石村开展过相关的仫佬语调查研究。

古民居高超的建筑艺术风格及永安桥功德碑、双石板桥、石条古沓等文物古遗中，可感悟到其承载了中石村银氏仫佬族厚重的历史文化。2012 年元月，石围屯古民居列为罗城仫佬族自治县重点文物保护单位。①

银村绝大多数都是银姓，而且是同宗共祖的一脉宗亲。这种村寨房族本姓氏的纯粹性得以保持，其原因是仫佬族虽然自古就是可以和其他民族相互通婚，但男方若是入赘女方，就必须改从女方的仫佬族姓氏，孩子的姓氏也跟随女方。这样的传统也体现了仫佬族具有化异性的特征。据银氏最新整理的族谱记录：银氏家族原有十个冬，现共有三冬，分别是四冬、五冬和八冬。“冬”与“冬”之间是不会混淆的，每个人都会清楚知道自己是哪一个冬的人，各冬的村舍虽然相连在一起，但那条巷子分隔各冬也是十分有秩序的。“冬”是仫佬族的社会组织形式。在清代，仫佬族聚居地区被划分为“里”，“里”以下设“冬”。每一“冬”设有“冬头”，由大家推任，负责筹粮筹款。由于仫佬族大都同姓聚居，每个宗族都分别有族长，“冬头”实际上是一个大宗族的族长，往往由年长而又有钱有势的人担任。他们利用“族规”“家训”维护封建制度。民国时，他们又多成为国民党的保长、甲长。现在银姓子孙最多的是四冬，其祠堂建在大银村中间。其次是五冬，其祠堂建在大银村东头。八冬人比较少，其祠堂建在上南岸屯。为了宗亲传承有序，区分嫡疏关系，各冬均制定有班辈诗。

银村仫佬族人在一年里有着自己一定的风俗习惯。银姓仫佬族人除了拜东门境内的一些庙宇（如初一、十五老人们会去东门镇横岸村头的各贲寺去烧香吃斋），主要还是在逢年过节、家里红白喜事或生儿添丁的时候到分散在银村各个小村屯的庙宇（分别有山主庙、土主庙、大社王庙、小社王庙、四冬婆王庙、五冬婆王庙、祠堂、龙脉地）去烧香祈愿。

二、四把镇石门村简介

四把镇（fai^3 te^3 “街底”，仫佬语译为：下面的一个圩场）位于罗城县南部九万大山南麓苗岭山脉脚下。四把中的“四”为道路四通八达的意思，“把”为把守关隘的意思。四把原为乡建制，1993 年 12 月 4 日经自治区人民政府批准撤乡设镇。该镇四周分别与东门镇、天河镇、河池宜州区祥贝乡和刘三姐乡（原为

① 参考仫佬族学者银景琦主编：《仫佬族文物志》，南宁，广西民族出版社，2012。

流河乡）接壤。全镇总面积 287.13 平方公里，辖 2 个社区（四把社区、里宁社区）、21 个村委会，总人口 34359 人（2020 年第七次全国人口普查数据），其中仫佬族人口约占 65%。该镇距离县城 10 公里，与宜州区相距 35 公里，是出入罗城县的南大门。四把镇各民族使用壮语、汉语诶话、仫佬语等语言，另外各民族都兼用罗城当地的汉语西南官话桂柳话。

四把镇的仫佬族人主要居住在石门村委会各屯，以及大新和思民村委会的凤凰屯、贵安屯、金鸡屯、乐村屯、大小稔屯、佛子屯等。四把镇的仫佬族人主要以吴、谢和罗三个姓氏为主。本书话语材料的语言调查点为四把镇石门（tɔ^{1} tui^{2}）村委会，该村距离黄金镇街道约 1 公里距离。根据当地干部和该村村民提供的口述数据，石门村人口约 920 余人，基本都是仫佬族人。该村委会辖 9 个自然屯，分别是红星（laːk^{8} lɔ^{2}）、良莫（laːk^{8} mo^{6}）、良谢（laːk^{8} tja^{6}，因该村过去有碾米台而又名 tshɔŋ^{1} tɔ^{2} "碾米"）、冲牙（kwən^{1} tiŋ^{2}）、冲押（laːk^{8} ŋap^{7}）、田心（laːk^{8} faːn^{5}）、冲迈（laːk^{8} maːi^{6}）、冲春（laːk^{8} tsɔŋ^{1}）、冲豢（laːk^{8} kɣə^{5}）。

三、黄金镇寨碑村简介

黄金镇（huŋ^{6} cəm^{1} 或 jən^{3} cəm^{1}）地理位置处在罗城仫佬族自治县北面偏西的位置。黄金镇距离罗城县城东门镇约 27 公里。全镇面积 176 平方公里，辖 1 个社区（黄金社区）、7 个村委会（寺门、宝聚、寨碑、寨道、义和、北盛、支洞）、84 个自然屯，全镇约 6000 户 14402 人（2020 年第七次全国人口普查数据），居住有仫佬、汉、壮、苗、侗、瑶等民族。其中仫佬族人口比例占 35%，主要聚居在寨碑和寨道两个村委会，黄金社区管辖的寨照（tsaːi^{6} tsjeu^{5}）和地栋（tɛ^{3} tɔːŋ^{3}）也是仫佬族人聚居的屯子。可以说仫佬族人在黄金镇聚居地域集中在紧挨着黄金镇街道往西南的一带村屯里。黄金镇语言种类比较丰富，壮语、仫佬语、苗话、侗语、土拐话及官话在不同的社会群体中使用。

本书的话语材料的语言调查点为黄金镇寨碑村委会，该村距离黄金镇街道约 2 公里距离。根据当地干部和该村村民提供的口述数据，寨碑村人口约 3000 人，其中 90%以上为仫佬族，有少数汉族和壮族人。该村委会辖 8 个自然屯，分别是中间寨（tshɔŋ^{5} kaːm^{1}）、寨俫大村（tsaːi^{6} laːi^{5} maːn^{3} niŋ^{5}）、寨俫小村（tsaːi^{6} laːi^{5} maːn^{3} lo^{4}）、尚洞（siŋ^{6} tɔːŋ^{6}）、寨碑（tsaːi^{6} poi^{1}，小学所在屯）、板镇（maːn^{3}

tsiŋ^{5}）、新华（旧称为“中庙”tshɔŋ^{1} mjau^{6}）和地苏（ti^{6} su^{1}）。这样的行政划分是这几年的格局，在之前几年里，寨碑村委会还包含有现如今已经被划归到寨道村委会的北标（paːk^{7} pjau^{1}）、寨道（tsaːi^{6} tau^{4}）、寨略洞（tsaːi^{4} ljen^{2} lyn^{6}）、地吴（ti^{6} mu^{2}）、地潘（ti^{6} phon^{1}）、湾洞（waːn^{1} tɔːŋ^{6}）、白石（pək^{7} sik^{8}）和保庙（paːu^{3} mjau^{6}）等8个同样是仫佬族人居住的屯。算下来，这一带含有“寨”字的屯共有六个，这和黄金镇一带“九槽出黄金，一金出六寨”的典故一致。传说古时候武阳江九槽滩产黄金，人们争相来开采，并于四周建成六个寨子定居（吴保华等，1993）。后来，随着当地人口的不断增加，村屯数量也不断增加，老一辈的说法里则有“寨碑15村（屯）”（地苏是新归入的屯）。在当地，流传着一段把这几个屯的特点编成诙谐的桂柳话顺口溜的口头记录，汉字对应记录为：

地苏舂香粉，中庙卖香梗，
中间寨唱调扯二弦，寨碑板镇爱赌钱，
尚洞烧瓦卖坛罐，寨俫两村卖老蒜，
北标寨道舞狮子，白石发尸望人死，
地吴挑油进保庙，看见湾洞人唱调，
地潘种田怕天旱，寨略洞田水不用看。

仫佬语为寨碑村的日常交流语言。这几个屯中，于中间寨屯收集的语料比重最大。中间寨屯人口约400余人，全部为仫佬族，全屯人口中有三分之二为潘姓仫佬族人，另外还有吴、韦、覃、李等姓氏的仫佬族人。中间寨屯仫佬语发音为tshɔŋ^{5}“枪”kaːm^{1}“洞”，据村里人解释中间寨的地名来源是因为村子后山有几个洞口很窄洞内又十分开阔，适合防御的山洞而得名的。在过去的战乱年代，中间寨村民会牵着牲口，带上粮食，躲到这几个山洞里。村民们会在洞口建起武装防御的前线，抵御外敌和土匪。他们会在洞里生活很长时间，从而得以躲避战乱。现如今，这些山洞已经成为风景宜人的休闲地，夏天去避暑的好地方。

第二章　东门镇语言点话语材料

东门镇语言点的话语材料的收集地点主要是在银村的石围屯和大银屯，银村其他几个屯和东门镇周边几个仫佬族聚居村屯的发音人也提供了不少语料。其中，词汇部分的语料由银村石围屯的银某云（1960 年生人）发音。东门镇仫佬语语言点的音系依据其发音整理而成。另外，笔者在《银村仫佬语参考语法》（2014）一书的附录部分曾整理过一部分语料，该书中的语料整理归纳合理性不够充分。作为一份仫佬语语料的整体汇总，本书把《银村仫佬语参考语法》一书中整理的语料做更为合理的调整，进一步辑校和注释，在此基础上增加更丰富的新语料。

第一节　音　系

银村仫佬语基本的音节结构是：首辅音+（腭化/唇化音）+元音+（尾辅音）+声调。其中首辅音数量较多，尾辅音一共有三个：m、n、ŋ（作为尾辅音在促声调中变为塞擦音 p、t、k），腭化和唇化音指 ɣ、j 和 w 音，元音区分长短；“首辅音+腭化/唇化音”部分为声母部分；“元音+尾辅音”部分是韵母部分；共有有八个声调。元音和声调是一个音节中必要成分。整个音位形式分别介绍如下。[①]

一、声　母

银村仫佬语的声母共 60 个，包括单纯声母 26 个，腭化声母 19 个（后腭化 7

① 这次整理的银村仫佬语音系和笔者在《银村仫佬语参考语法》一书中整理的音系差别不大，对该书音系做了一些修正，增加了几个在该书中由于例词不多而未计算其中的声母。

个，前腭化 12 个），唇化声母 15 个。列表如下：

表 2–1　声母的音位

p	ph	m	f	w	ˀw
t	th	n		l	
ts	tsh		s		
c	ch	ȵ	ç	j	ˀj
k	kh	ŋ	h	ɣ	ˀɣ
ʔ					
pɣ	phɣ	mɣ			
kɣ	khɣ	ŋɣ	hɣ		
pj	phj	mj	fj		
tj	thj	nj		lj	
tsj	tshj	ȵj	sj		
pw	phw	mw			
tw	thw	nw		lw	
tsw	tshw		sw	çw	
kw	khw	ŋw		hw	

表 2–2　声母例词

辅音	例词	辅音	例词	辅音	例词	辅音	例词
		j	ja^{1} 布	w	wa^{3} 蝴蝶	ɣ	ɣa^{5} 田
p	pu^{4} 父亲	pj	pjeu^{1} 蹦	pw	pwa^{2} 奶奶	pɣ	pɣa^{1} 山
ph	pho^{5} 床	phj	phjeu^{5}钱	phw	phwa^{5}劈	phɣ	phɣəːt^{7} 血
t	ta^{5}中间	tj	tja^{3}写	tw	twa^{3} 锁		
th	tha^{1} 拖	thj	thja^{5} 斜	thw	thwaːn^{1} 贪污		
ts	tsaːn^{5} 吃	tsj	tsja^{1} 盖（被子）	tsw	tswa^{1} 抓		
tsh	tshaːm^{3} 走	tshj	tshja^{3} 扯	tshw	tshwaːi^{3} 踩		
k	kuk^{7} 衣服			kw	kwa^{6} 糠	kɣ	kɣa^{1} 虫

续表

辅音	例词	辅音	例词	辅音	例词	辅音	例词
		j	ja^{1} 布	w	wa^{3} 蝴蝶	ɣ	ɣa^{5} 田
kh	kha^{1} 瞎			khw	khwa^{3} 烂布	khɣ	khɣa^{1} 贴
c	cət^{7} 咬						
ch	cha^{3} 步						
m	ma^{3} 软	mj	mja^{4} 柴刀	mw	mwa^{3} 摸索	mɣ	mɣa^{2} 栽
n	na^{1} 厚	nj	nja^{2} 手	nw	nwa^{1} 搓		
ŋ	ŋa^{1} 菌			ŋw	ŋwa^{1} 狗	ŋɣ	ŋɣa^{2} 皮
ȵ	ȵa^{2} 你	ȵj	ȵjaːŋ^{3} 干草				
f	fa^{1} 右	fj	fja^{1} 辫子				
s	sa^{1} 喂	sj	sja^{1} 赊	sw	swa^{5} 撒		
h	ha^{1} 肩膀			hw	hwa^{1} 花	hɣ	hɣəːn^{5} 丝瓜囊
ç	ça^{1} 草			çw	çwa^{5} 瘫		
l	la^{1} 传染	lj	lja^{5} 撕开	lw	lwa^{2} 骡子		
ˀ	ˀaːu^{1} 要	ˀj	ˀjak^{7} 饿	ˀw	ˀwaːt^{7} 挖	ˀɣ	ˀɣaːk^{7} 芋头

说明：

1. 腭化声母分为前腭化声母 j 和后腭化声母 ɣ。从实际音值来看，腭化和唇化成分的摩擦都相当轻微，具有一定的元音色彩。

2. 声母 hɣ 多念成 xɣ，因为单纯声母是 h，所以写作 hɣ。

3. 不与 j、w 和 ɣ 组合的辅音：c、ch。

4. ŋ 不与 j 组合；f 不能与 w 和 ɣ 组合。

5. h 不与 j 组合，hj 舌位变化不大，实际就等于 ç。

6. 喉塞音声母ˀ 作为发音的基础声母出现在元音开头的词，例如：ˀu^{1}“上”、ˀai^{7}“笑”、ˀik^{7}“轭”、ˀuk^{7}“外出”、ˀaːu^{1}“要”、ˀi^{1}“好”、ˀi^{3}“椅子”和ˀaːk^{7}“强悍”等词，称为零声母，略去不标。

7. 喉塞音ˀ 作为一个发音前的基本动作出现在声母 w、j 和 ɣ 前，例如：ˀwa^{3}“蝴蝶”、ˀjaːk^{7}“饿”和ˀɣaːk^{7}“芋头”等词。喉塞音ˀ 在银村仫佬语中也处于一种游离的状态，只在极少的词汇中 w、j 和 ɣ 声母前还能见到。

8. 带后腭化音的声母和以 a、ə、u 为主要元音加尾辅音作为韵母相拼时，后腭化音 ɣ 脱落的现象十分明显。例如：kɣaːŋ^{5} “饱”、khɣət^{7} “铁/屁” 和 kɣuŋ^{2} “多” 就常读成 kaːŋ^{5}、khət^{7} 和 kuŋ^{2}。

9. 银村仫佬语中，带后腭化音的声母和单元音 e 相拼时，后腭化声母和前腭化声母存在混淆现象。例如：khɣe^{1} “给/带子” 会读成 che^{1}。

10. 带后腭化音的声母和双元音韵母相拼时，后腭化音也存在丢失的情况。例如：khɣoi^{5} “毛栗” 就会读成 khoi^{5}。

11. 后腭化音声母 hɣ 做声母时，在少数几个词里有与 ɣ 声母混用的情况，例如：hɣəːn^{2} = ɣəːn^{2} “房子”，hɣɔk^{8} = ɣɔk^{8} “草”、hɣɔ^{2} = ɣɔ^{2} “蒜”、hɣa^{2} = ɣa^{2} “二”、hɣən^{2} = ɣən^{2} “贫穷” 等。

12. 在年轻一代仫佬族人的发音中，当韵母的主要元音是圆唇后次低元音 ɔ 时，舌面后软腭浊擦音 ɣ 转化为唇化音 w。例如：老一辈人读作 hɣɔk^{8}/ɣɔk^{8} “草”、hɣɔ^{2}/ɣɔ^{2} “蒜”、mɣɔ^{5} “胆” 等词，年轻一代读作 hwɔk^{8}/wɔk^{8}、hwɔ^{2}/wɔ^{2} 和 mwɔ^{5}。

另外，由于仫佬语的历时语音变化等原因，这里所提供的银村仫佬语的声母系统和 1980 年出版的王均和郑国乔先生编著的《仫佬语简志》① 中所提供的声母系统存在一定差别。《仫佬语简志》中的声母共 67 个，其中，单纯声母 31 个，后腭化声母 8 个，前腭化声母 11 个，唇化声母 17 个。该书与这里提供的声母的差别及其原因主要是：

第一，虽然在银村年长者所说的仫佬语中还能找到清化声母的存在，但总体上来说清化声母已经很不稳定了，整个趋势是处于趋向消失的状况。考虑到本书的历史参考价值，对声母 m、l、n、ȵ、ŋ、mɣ 和 ŋw 等七个声母的清化音不做区分。

第二，通过对所收集到的语言材料的梳理，银村仫佬语中以 çw 作为声母的词只有 çwa^{5} “瘫痪” 一个，而没发现有以 cw 作为声母的词。

第三，进一步梳理出了 ȵj 这个声母。例词有：ȵjaːŋ^{3} “干草、稻草”，ȵjaːŋ^{6} “谦让”。

① 书中所提供的音系为罗城仫佬族自治县东门人民公社大银大队（上南岸屯，一个和石围屯比邻的屯）的仫佬语，即银村主要的十三个自然屯之一，主要是八冬的银姓仫佬族人在使用。

二、韵　母

银村仫佬语有：(1) 单元音韵母；(2) 双元音韵母；(3) 带尾辅音韵尾的韵母。其中单元音韵母 12 个，双元音韵母 12 个，带尾辅音韵母（包括带鼻音韵尾-m、-n、-ŋ 及塞擦音韵尾-p、-t、-k）64 个。另外，还有一个自成音节的ŋ。综上，银村仫佬语一共有 89 个韵母。分别介绍如下：

1. 单元音韵母

单元音韵母的音位系统如表 2-3 所列：

表 2-3　单元音韵母音位

(ɿ)	i	y	u
	e	ø	o
			ə
	ɛ	œ	ɔ
	a		

例词：

/i/	ti^{1}	丝	/y/	my^{5}	（慢慢地）摸索、整理
/u/	hu^{3}	大米、米饭、稻子	/e/	te^{5}	细
/ø/	sø^{1}	输	/o/	ho^{3}	内
/ə/	mə^{1}	大	/ɛ/	lɛ^{2}	书
/œ/	lœ^{5}	递	/ɔ/	tɔ^{5}	灶
/a/	la^{1}	眼睛	/ɿ/	tsɿ^{5}　sɿ^{6}	知识

说明：

(1) 舌面后平气浊鼻音 ŋ 为自成音节，不与任何声母相拼，念第五个声调，记作 ŋ^{5}，只有一个意思“不、没”（语气词除外）。例如：ŋ^{5} tɔŋ^{3} “不懂”、i^{1} ŋ^{5} i^{1} “好不好”、ŋ^{5} mɛ^{2} “没有”，记录语料时不加成音符号。

(2) 前超高音区展唇元音 ɿ 只有单元音韵，和舌尖音 ts、tsh、s 相拼，一般用于拼仫佬语中的汉语借词和“几十几”中的“十”等。例如：tsɿ^{5} sɿ^{6} “知识”、ti^{5} sɿ^{6} ŋɔ^{4} “四十五”、lɔk^{8} sɿ^{6} thət^{7} “六十七”、sɿ^{1} ȵət^{8} “生日”和 sɿ^{1} jen^{2}

“虽然”。

（3）单元音韵 ə 主要出现在-ə * 音节（主要是由于音节弱化音变构成的音节）及汉语借词中。例如：phɣaːt^{7} 弱读为 phɣəːt^{7} “血”、kɣaːŋ^{1} 弱读为 kɣəːŋ^{1} “亮”，mə^{6} swəi^{3} “墨水”、kə^{6} pon^{1}<ka^{6} pon^{1} “刚才”。

（4）单元音发音有长短、发音舌位不变，不构成对立的音位，不区别意义，因此不再标出长元音符号［ː］。

（5）圆唇前次高元音 ø 舌位和 e、o 同高。例如：sø^{1} “输”、lø^{6} “滴水”、pɣø^{1} “掉落”。

（6）圆唇前次低元音 œ 舌位和 ɛ、ɔ 同高。例如：kɣœ^{3} “楼梯”、lœ^{5} “递”、mɣœ^{6} “思考”、kɣœ^{5} “韧”。

2. 双元音韵母

银村仫佬语中有 12 个双元音韵母，其中有 4 个双元音有长短对立关系。双元音韵母列表如表 2-4：

表 2-4　双元音韵母音位

aːi-ai	eu	aːu-au	əːu-əu	oi	əi-əːi
		iu			
ui					

例词：

/aːi/	saːi^{3}	问	/ai/	lai^{3}	得
/eu/	ljeu^{4}	完			
/aːu/	laːu^{1}	拌	/au/	nau^{1}	哪
/əːu/	khɣəːu^{3}	酒	/əu/	khɣəu^{1}	虱子
/oi/	toi^{5}	对			
/əːi/	hɣəːi^{5}	旱地	/əi/	hɣəi^{3}	买
/ui/	tui^{6}	坐			
/iu/	tiu^{5}	凿子			

说明：

（1）双元音 aːi 和 ai，aːu 和 au，əːu 和 əu、əːi 和 əi 这四对双元音长短对立，

在相同的语音环境里产生音位对立关系。这三对双元音中的 aː 的实际音值是［A］，短 a 的实际音值是［ɐ］。发音长短有对立关系。

双元音 əːu 和 əu、əːi 和 əi 的对立关系都是出现在与后腭化声母 ɣ 或带有后腭化音 ɣ 的声母构成的音节中，往往是由于 a 音受其前面 ɣ 影响弱读成为 ə 音。与其他声母相拼时都为短音，不存在长短对立关系。例如：

ɣəːu^{2}	耙（谷子，动词）	ɣəu^{5}	断交		
khɣəːu^{3}	酒	khɣəu^{3}	烤		
kɣəːu^{1}	乞丐	kɣəu^{3}	枯萎	kɣəu^{5}	竹篮子
ɣəːi^{3}	长	ɣəːi^{6}	锋利	ɣəi^{4}	推
hɣəːi^{5}	旱地	hɣəi^{3}	买		

（2）双元音 ui 和 iu 在实际发音时带有轻微的擦音色彩，但在银村仫佬语的音位系统中 ui 和 wi，iu 和 ju 不构成音位对立，记录时可进行统一处理。本书将其分别处理成 ui 和 iu。

（3）前元音韵尾-i 不和前元音 e、ɛ、ø、y 结合构成韵母，后元音韵尾-u 不和圆唇元音 ɔ、o、ø、y 结合成韵母，前元音韵尾-i 和后元音韵尾-u 都可以和央元音 aː、a、ə 结合构成双元音韵母。

（4）双元音韵母 eu、oi 的实际音值是长音形式，因没有对应的短音形式，一律不标长音符号［ː］。

（5）双元音韵母 iu、ui 实际音值都是短音，没有对应的长音。

3. 带尾辅音的韵母

银村仫佬语中的带尾辅音的韵母一共有 64 个，都是由单元音的长短形式和各类尾辅音结合而成。尾辅音中有鼻音 m、n、ŋ 和塞擦音 p、t、k。单元音和鼻音尾辅音共构成 33 个韵母，与塞擦音尾辅音共构成 31 个韵母。

单元音和鼻音尾辅音 m、n、ŋ 构成的韵母及例词如表 2-5：

表 2-5　带鼻音尾辅音的韵母

单元音	辅音 m	例词	辅音 n	例词	辅音 ŋ	例词
a	aːm	naːm^{6} 泥	aːn	naːn^{4} 野兽	aːŋ	taːŋ^{4} 养
	am	nam^{1} 黑	an	tan^{2} 囤积	aŋ	taŋ^{4} 站

续表

单元音	辅音 m	例词	辅音 n	例词	辅音 ŋ	例词
ɛ			ɛːn	fjɛːn^{1} 甜	ɛːŋ	pɛːŋ^{2} 堆
			ɛn	tjɛn^{4} 电	ɛŋ	lɔŋ^{2}pɛŋ^{5}肚脐
e	em	jem^{1} 借	en	tjen^{1} 煎	eŋ	teŋ^{1} 钉子
i	im	lim^{2} 苗条	in	tin^{1} 脚	iŋ	liŋ^{1} 陡
u	um	kɣum^{3} 伤疤	un	tun^{1} 发烧	uŋ	puŋ^{5}煤窿
o			on	kon^{2} 桌子	oŋ	moŋ^{6} 望
ø			øn	tjøn^{3} 选	øŋ	løŋ^{4} 滚
ɔ	ɔm	u^{1}khɔm^{1} 香火龛			ɔŋ	lɔŋ^{2} 肚子
œ	œm	lœm^{1} 看			œŋ	khœŋ^{5} tɔ^{2} 峡谷
ə			əːn	hɣəːn^{5} 丝瓜瓤		
	əm	ləm^{2} 风	ən	hɣən^{1} 身体	əŋ	təŋ^{1} 拳打
y			yn	lyn^{2}刺儿	yŋ	cyŋ^{1} 抬

说明：

1. 单元音 a 和 m、n、ŋ 鼻音尾辅音构成的韵母有长短的对立区别；ɛ 和鼻音尾辅音 n 和 ŋ 构成的韵母有长短对立关系；ə 和 n 构成的韵母有长短对立关系，ə 和 m、ŋ 构成的韵母实际音长为短音，没有对应的长音韵母形式。

2. 次高元音 e、o、ɔ、ø 和 œ 带尾辅鼻音构成的韵母实际音值都是长元音，无对立的短音形式，本书中记录不标长音符号［ː］。

3. 高元音 i、y 和 u 和尾辅音结合构成的韵母实际音值是短音，无对应的长音形式。

4. 仫佬语中有后高展唇元音 ɯ 和尾辅音结合构成的韵母形式，在实际和声母相拼发音时有舌位的变动，实际发音接近 ɣu/ɣə，一律采用 ɣu 记录。这些词为数不多，包括：hɣɯm^{5} = hɣum^{5} = hɣəm^{5} “凉快”、kɣɯm^{3} = kɣum^{3} = kɣəm^{3} “疤”、kɣɯp^{7} = kɣup^{7} = kɣəp^{7} “缝”、hɣɯm^{1} = hɣum^{1} = hɣəm^{1} “脆”。

单元音和塞擦音 p、t、k 作为尾辅音构成的韵母及例词如表 2-6：

表 2-6　带塞擦音尾辅音的韵母

单元音	辅音 p	例词	辅音 t	例词	辅音 k	例词
a	aːp	taːp^{7} 连接	aːt	ti^{6} maːt^{7} 过去	aːk	laːk^{8}儿子
	ap	tap^{7} 肝	at	mat^{7} 跳蚤	ak	lak^{8}偷
ɛ	ɛːp	^{ʔ}jɛːp^{7}鸭			ɛːk	sɛːk^{7}摔跤
			ɛt	phjɛt^{7} 撇	ɛk	sɛk^{8} 打，甩
e	ep	tjep^{7} 手接	et	cet^{7} 结	ek	tek^{7} 点
i	ip	nip^{7} 捏	it	cit^{7} 疼痛	ik	thik^{7} 刺
u	up	kɣup^{7} 缝	ut	ȵɛ^{3}ŋut^{7}ŋut^{7} 抽泣	uk	suk^{7} 洗
o			ot	tot^{7} 吮	ok	kok^{7} 国
ø	øp	tøp^{7} 叮，啄	øt	tjøt^{8} 绝	øk	høk^{7} 呕吐
ɔ	ɔp	tsɔp^{8} 突然放下			ɔk	sɔk^{7} 收缩
œ					œk	khœk^{7} 击打
ə	əp	əp^{7} 甩，砸	ət	kɣət^{7} 屁	ək	kək^{8} 打嗝
y			yt	yt^{7} 粽子		

说明：

1. 央元音 a 和塞擦音 p、t、k 尾辅音结合构成的韵母有长短对立关系。次低元音 ɛ 和 k 尾辅音结合构成的韵母也有长短对立的形式；与 p 尾辅音结合的实际音值是长音形式，没有对应的短音形式；与 t 尾辅音结合构成的韵母实际音值是短音，没有对应的长音形式。

2. 高元音 i、y、u 和央元音 ə 与塞擦音 p、t、k 尾辅音结合构成的韵母，都是短音音值，没有对应的长音形式。

3. 次高元音 e、o、ɔ、ø 和 œ 与塞擦音 p、t、k 尾辅音一起构成的韵母，实际音值是长音，没有对立的短音形式，书中亦不标注长音符号［ː］。

4. 次高元音 o 不与尾辅音 m 和 p 构成韵母，ɔ 不与尾辅音 n 和 t 构成韵母，œ 不与尾辅音 n 和 t 构成韵母；高元音 y 不与尾辅音 m 和 p 构成韵母。

5. 双元音后面不能和鼻音、塞音组合构成音节，即“双元音+鼻音”“双元音+塞音”的韵母形式不存在。

三、声　调

银村仫佬语共有 8 个声调，声调区分舒声调和促声调。以元音和鼻音尾辅音 -m、-n、-ŋ 结尾的音节是舒声调，以塞擦音尾辅音 -p、-t、-k 结尾的音节是促声调。舒声调共有 6 个，调类分别是 1、2、3、4、5、6 调，调值分别对应中降（42）、低升降（121）、高降（53）、中升（24）、次平（44）和低平（11）。促声调一共两个，调类标记为 7、8 调，按元音的长短对应的调值而有变换，其中短音的调值分别是高平（55）和低升（12），长音的调值分别是中降（42）和低升（12）。银村仫佬语声调如表 2-7 所示：

表 2-7　声调列表

调类	调值	例词		
第 1 调	42	ma^{1} 菜	taːŋ^{1} 根	taŋ^{1} 来
第 2 调	121	ma^{2} 舌头	taːŋ^{2} 糖	taŋ^{2} 未
第 3 调	53	ma^{3} 软	taːŋ^{3} 遮挡	taŋ^{3} 档次
第 4 调	34	ma^{4} 马	taːŋ^{4} 养	taŋ^{4} 站
第 5 调	44	ma^{5} 背（孩子）	taːŋ^{5} 当作	taŋ^{5} 凳
第 6 调	11	ka^{6} 那	taːŋ^{6} 水缸	taŋ^{6} 配
第 7 调（短）	55			tak^{7} 堵
第 7 调（长）	42		paːk^{7} 嘴	
第 8 调（短）	12			tak^{8} 公（猪）
第 8 调（长）	12		paːk^{8} 白	

四、借词语音

银村仫佬语词汇中有相当数量的汉语借词。从借词的读音来看，大致上可以分为两类。为了行文方便，称为旧借词和新借词。旧借词保存了中古汉语读音的很多特点，从同本语族语言的比较来看，它基本上和本民族语词的语音变化相一致，显然是早期的汉语借词。新借词是现代汉语借词，属于从西南官话当地桂柳次方言借入的词汇。

新旧两类借词读音的并存并用在仫佬语中也是很常见的现象。同一个词，由于使用环境不同，有时就使用不同的语音形式，例如（前一个是旧借词读音，后一个是新借词读音）：

办法　paːn^{6} fɔp^{7}/paːn^{4} fa^{6}　　白菜　pɛːk^{8} thai^{5}/pə^{6} tshaːi^{4}

甲子　cap^{7} ti^{3}/ca^{6} tsʅ^{1}　　北京　pɛk^{7} ceŋ^{1}/pə^{6} cin^{5}

马上　ma^{4} sjaːŋ^{6}/ma^{3} saːŋ^{4}　　自行车　daːn^{5} tshja^{1}/taːn^{5} tshje^{5}

有的借词语音发生了一些变化，也并存于同一地区的不同人或同一个人的语言中。例如：

pak^{7} kak^{7}/paːk^{7} kak^{7}　八角　　haːk^{7}sɛŋ^{1}/hak^{7}sɛŋ^{1}　学生

təi^{4} tsaːŋ^{3}/toi^{5} tsjaːŋ^{3}　队长

tok^{8}/tɔk^{8}　独

在记录银村仫佬语词汇时，如果词汇形式只有新借词形式，文中如无十分必要将不予记录和展开。

五、声韵调配合关系

1. 声母和声调的配合关系

（1）不送气的塞音和塞擦音声母 p、t、ts、c、k 及其腭化音和唇化音可以出现在单数调及双数调上（单数调的字较多）。

（2）送气音声母 ph、th、tsh、ch、kh 及其腭化音和唇化音只出现在单数调上。

（3）鼻音声母 m、n、ȵ、ŋ，边音声母 l，以及它们的腭化音和唇化音可以出现在单数调及双数调上。

（4）擦音声母可以出现在单数调和双数调上。带有轻微擦音的 w、j、ɣ 出现在双数调的字数较多，清擦音 f、s、h、sj、sw、hw 除个别字外，本民族固有词都出现在单数调上；清擦音 ç、fj 只出现在单数调上；清擦音 hɣ 除了在和浊擦音 ɣ 混淆使用的词里会出现在双数调里，不相混淆时出现在单数调上。

以上所述声母与声调的配合关系都是指仫佬语固有词和甲类汉语借词而言，乙类借词的语音不受上述配合关系的限制。

2. 声母和韵母的配合关系

（1）舌尖元音韵母 ɿ 只和舌尖音声母 ts、tsh、s 相拼。

（2）前腭化声母只和以 a、e、ɛ 为主要元音的韵母相拼。韵母 eu、em、en、ep、et 只拼前腭化声母，韵母 e、eŋ、ek 不拼前腭化声母。

（3）后腭化声母只拼以 aː、a、ə、ɔ、o、u、ø 为主要元音的韵母。

（4）唇化声母不同圆唇元音的韵母及以-u、-m、-p 结尾的韵母相拼。

3. 韵母和声调的配合关系

（1）单元音韵和双元音韵或带鼻音尾辅音的韵母可以在六个舒声调的任何一个调里出现；带塞音尾辅音的韵母仅能出现在促声调。

（2）舒声调诸韵母，不论元音长短，即：同调类的长元音韵与短元音韵，调值相同。带塞音尾辅音的韵母，长元音韵与短元音韵可能各有两个调值，则两者互补，因此可以按元音长短的条件把不同调值的这两个调并做一个调类。例如：pak^{55}“北”和 paːk^{42}“嘴”可以同属第 7 调。带塞音尾辅音的韵母，长元音韵与短元音韵的调值相同，则可以按元音长短条件把相同调值的两个调归做一个调类。例如：laːk^{12} pak^{12}“萝卜”和 laːk^{12} paːk^{12}“雹子”中的各个音节归属于第 8 调。

（3）有些助词没有固定的读音，将根据它们在具体的语言环境中的读音标调。

第二节　分类词汇

名　词

一、天文、地理

天　mən^{1}

太阳　təu^{5} fan^{1}

阳光　tət^{7}

月亮　kɣaːŋ^{1} njɛn^{2}

星星　lak^{8} mɣət^{7}

彗星　lak^{8} mɣət^{7} ȵ̥aŋ^{1} phɣət^{7}

虹　lɔŋ^{2}，hɔŋ^{2}

日晕（太阳周围的光圈）　thəu^{5} fan^{1}

tshɛŋ^5 taːn^5

月晕（月亮周围的光圈）　kɣaːŋ^1 njɛn^2 tshɛŋ^5 taːn^5

云　kwa^3

乌云　kwa^3 nam^1

白云　kwa^3 paːk^8

雷　ləi^6 pɣa^3

闪电　ləp^8 liŋ^6

风　ləm^2

旋风　ləm^2 laːi^4，ləm^2 ta^3 kɣəu^3

雪　nui^1

冰　nui^1 khɣaːŋ^5

雹子　lak^8 paːk^8

水　nəm^4

冷水　nəm^4 ȵit^7，nəm^4 kak^7

凉水　nəm^4 hɣum^5

生水　nəm^4 sɛŋ^1

开水　khaːi^5 swəi^3，nəm^4 kwən^3

水蒸气　sui^3 chi^5

雨　kwən^1

毛毛雨　kwən^1 muŋ^5

阵雨　kwən^1 hɣəːu^5，kwən^1 ta^6 kwa^3

暴雨　kwən^1 kaːn^6，kwən^1 lo^4

连绵雨　kwən^1 chen^1 ljen^2，kwən^1 muŋ^5

雨点　kwən^1 ȵen^2，kwən^1 ŋwəi^6

雨水　nəm^4 kwən^1

霜　ŋɣœ^2 paːk^8

雾　muk^8 lu^4

露水　nəm^4 ŋɣœ^2

水珠　nəm^4 tø^1，nəm^4 ŋwəi^6

清水　nəm^4 ləu^1，nəm^4 thiŋ^1

脏水　nəm^4 wa^5

浑水　nəm^4 ŋam^1，nəm^4 wa^5

地（天地）　ti^6

岭（连山或山脉）　tsən^2

山（石山、土山）　pɣa^1

山顶　phɣø^1 pɣa^1

山谷（两山之间低洼的地带）　khœŋ^5 pɣa^1

山弄（群山中的平地）　khœŋ^5 tɔ^2

山脚　te^3 pɣa^1，te^3 cak^7 pɣa^1

坡　phwa^1，paːi^2 tsən^2

半山（山腰）　mɣaːŋ^6 pɣa^1

山坳口　ȵiŋ^5，paːk^7 ȵiŋ^5

悬崖　lɛ^5

山洞　kaːm^1

窟窿　hɣəu^1，luŋ^1 hɣəu^1

坑　luŋ^1，luŋ^1 tsəm^6

牛滚塘（牛滚泥的水塘）　hui^2 løk^7 nəm^4 taːŋ^2

海　hai^3

湖　hu^2

河　nja^1

溪水　nəm^4 nja^1

河岸　tin^5 nja^1

河边　tin^5 nja^1

池塘　lam^1

沟（水渠）　njaːŋ^1，kau^1

水沟　njaːŋ^{1}

水坝　fɛ^{1}

瀑布　nəm^{4} pwɔ^{2} pwɔ^{2}

波浪　phɔ^{1} laːŋ^{6}

漩涡　nəm^{4} ta^{3} tsøn^{6}

水潭　hɣaŋ^{2}，hɛŋ^{3}

水泡（在水面上的）　kɔ^{5} lɔ^{5}；təm^{6} pɔm^{1}

泡沫（成团的，如肥皂泡沫）　kuk^{8}

井　teŋ^{3}

泉水　nəm^{4} mən^{5}

温泉　wən^{5} tsøn^{6}

喷泉　pɔ^{5} mən^{5}，məm^{5} pho^{5}

泥（稀泥）　naːm^{6} mwat^{7}

尘土　tsən^{2}

土（干土）　naːm^{6}

沙土　naːm^{6} sa^{1}，mɣan^{1} sa^{1}

黄土　naːm^{6} kɣaːŋ^{3}，mɣan^{1} ŋaːŋ^{3}

地面　ti^{6} mjen^{6}

地上　u^{1} ti^{6}

地下　te^{3} ti^{6}

地界　ti^{6} caːi^{5}，ti^{6} caːn^{5}

水田　ɣa^{5}

望天田　ɣa^{5} nəm^{4} mən^{1}，ɣa^{5} hɣaːi^{5}

梯田　ɣa^{5} tsən^{2}

田埂　çan^{1}，çan^{1} ɣa^{5}

旱地　hɣəːi^{5}

荒地　hoŋ^{1}

平原　peŋ^{2} phwa^{1}

平地　peŋ^{2} ti^{6}

草地　ta^{5} hɣɔk^{8}，hɣaːi^{5}

土地　thu^{3} ti^{6}

坡地　ta^{5} phwa^{1}，hɣaːi^{5} tsən^{2}

荒地　hɣəːi^{5} hoŋ^{1}

山地　paːi^{2} pɣa^{1}，hɣaːi^{5} pɣa^{1}

平地　peŋ^{2} ti^{6}，ti^{6} peŋ^{2}

土缝　naːm^{6} pɣəi^{5}，khɣœŋ^{5} mɣan^{1}

石缝　tui^{2} jen^{3}，khœŋ^{5} tui^{2}，khɣœŋ^{5} tui^{2}

砂砾　sa^{1}

石头　tui^{2}

鹅卵石　tui^{2} mu^{6} lon^{4}

山脊　phɣœ^{1} tsən^{2} pɣa^{1} ta^{5}

小山包　pɣa^{1} mɔk^{7}

石山　pɣa^{1} tui^{2}

土山　tsən^{2} pɣa^{1} mɣan^{1}

陡坡　tsən^{2} liŋ^{1}，ȵeŋ^{5} təu^{3}

斜坡　paːi^{2} tsən^{2}，pɣa^{1} thja^{5}

小泥坑　luŋ^{1} naːm^{6}，luŋ^{1} mɣan^{1}

沙子　sa^{1}

沙滩　sa^{1} thaːn^{1}

烂泥田　ɣa^{5} taŋ^{6} khɣəːu^{3}

二、矿物及其他无生命之物

矿物　khwaːŋ^{4}

金子　cem^{1}

铜　tɔŋ^{2}

铁　khɣət^{7}

锡　tek^{7}

钢　kaːŋ^{1}

铅　tshjøn^{5}

石膏　sik^{8} kɔ^{1}

玉石　ŋui^{6} sek^{8}，cim^{2}

玻璃　keŋ^{5}，po^{5} li^{6}

宝石　tui^{2} pɔ^{3}，tui^{2} mo^{6} lon^{4}

煤　thaːn^{1}

水银　sui^{3} ȵen^{2}

硫磺　hoŋ^{2}

硝（制火药用）　tjəu^{1}

碱水　kwaːt^{7}

明矾　faːn^{2}

铁锈　teŋ^{5}

火石　tui^{2} fi^{1} ljen^{2}

火药　tjeu^{1}

火　fi^{1}

火炭（还着火的炭）　fi^{1} thaːn^{5}

炭　taːn^{5}

木炭　ȵaːŋ^{1} thaːn^{5}

火焰　fi^{1} ma^{2}

火星　fi^{1} teŋ^{1}

火炭　fi^{1} thaːn^{5}

磷火　fi^{1} lin^{2}，fi^{1} laːi^{4}

火苗　fi^{1} ma^{2}

火花　fi^{1} teŋ^{1}

火种　fi^{1} pən^{3}

烟（火烟）　fi^{1} kwan^{1}

煤烟子（粘在厨房墙壁上的）　ȵik^{8}

锅煤烟（粘在锅底的）　ȵiŋ^{5} cik^{7}

银子　ȵen^{2}

汽　phuŋ^{1}

三、方位、时间

东　tɔŋ^{1}

南　naːm^{2}

西　te^{1}

北　pak^{7}

上　u^{1}

下　te^{3}

内　ho^{3}

外　uk^{7}

左　ce^{4}

右　fa^{1}

侧面　tsak^{7} mjen^{6}，mjen^{6} thja^{5}

反面　faːn^{1} mjen^{6}，mjen^{6} lən^{2}

先　kun^{5}

后　lən^{2}

上面　mjen^{6} u^{1}

下面　mjen^{6} te^{3}

以上　ji^{3} tsha^{5}

以下　ji^{3} lui^{6}

底下　te^{3}

外面　uk^{7}，uk^{7} ka^{6}

前面　kun^{5}

后面　lən^{2}

背后　lən^{2}，lən^{2} laːi^{2}

面前　kun^{5} na^{3}

里面　ho^{3}，ho^{3} ka^{6}

正面（布或纸的）　mjen^{6} tɕeŋ^{5}

背面　mjen^{6} li^{4}，mjen^{6} lən^{2}

右面　mjen^{6} fa^{1}

左面　mjen^{6} ce^{4}

正面　tseŋ^{5} mjen^{6}

对面　toi^{5} na^{3}，toi^{5} mjen^{6}

旁边　tin^{5} pjen^{1}，phɔŋ^{6} pjen^{1}

边（路边）　tin^{5}

边（衣服的边）　pjen^{1}

端（棍子的两端）　kɣo^{3}

当中（几个人当中）　ta^{5}

中间　ta^{5}

中间（田地的中间）　ta^{5}

半路　mɣaːŋ^{6} khwən^{1}

附近　kon^{6} phɣəi^{5}，pɣak^{8} phɣəi^{5}

周围　tsəu^{1} ui^{1}

地方（这个地方好）　kon^{6}，ti^{6} foŋ^{1}，pɣak^{8}

角落　cak^{7}

界线（田界、地界）　ti^{6} caːi^{5}

古代　ti^{6} mɛ^{1}，ti^{6} maːt^{7}

从前　ti^{6} mɛ^{1}

以前　ji^{3} tjen^{2}，tɔk^{7} kun^{5}

以后　ji^{3} hau^{6}，tɔk^{7} lən^{2}

今后　thəu^{5} mɔ^{3}

现在　naːi^{6}，tsən^{6} naːi^{6}

后来　tɔk^{7} lən^{2}

将来　thəu^{5} mɔ^{3}

最初　tin^{3} chi^{3}，tsɔ^{3} haːp^{7}

最末　cəp^{7} saːt^{7}

近来　cin^{4} laːi^{6}

过去　ti^{6} mɛ^{1}

代（世代）　tai^{6}

后代　hau^{6} tai^{6}

平时　peŋ^{2} si^{2}

时候（他来的时候）　ti^{6} si^{2}，si^{6} hau^{5}

古代　ti^{6} mɛ^{1}，maːt^{7} ti^{6} tsən^{6} ka^{6}

现代　tsən^{6} naːi^{6}，si^{2} naːi^{6}，tsən^{6} ni^{5}

一会儿　nə^{5} tsən^{6}

春　tshən^{1}

夏　ha^{5}

秋　thəu^{1}

冬　tɔŋ^{1}

年　mɛ^{1}，njɛn^{2}

岁　mɛ^{1}

今年　mɛ^{1} naːi^{6}

明年　mɛ^{1} lən^{2}

去年　mɛ^{1} ce^{1}

前年　mɛ^{1} kun^{5}

大前年　mɛ^{1} kun^{5} ji^{5}

后年　mɛ^{1} lən^{2} ji^{5}

大后年　mɛ^{1} lən^{2} i^{5} i^{5}

往年　ti^{6} mɛ^{1}，ti^{6} mɛ^{1} ka^{6}

端午　ŋɔ^{4} ȵøt^{8} tshɔ^{1} ŋɔ^{4}

中元（农历七月十四）　thət^{7} ȵøt^{8} səp^{8} ti^{5}

中秋　paːt^{7} ȵøt^{8} səp^{8} ŋɔ^{4}

除夕　ta^{1} sʅ^{6} mən^{6} ja^{6}

春节　ta^{6} njɛn^{2}

月　ȵøt^{8}

正月　tsø^{1} ȵøt^{8}

二月　ȵi^{6} ȵøt^{8}

三月　taːm^{1} ȵøt^{8}

四月　ti^{5} ȵøt^{8}

五月　ŋɔ^{4} ȵøt^{8}

六月　lɔk^{8} ȵøt^{8}

七月　thət^{7} ȵøt^{8}

八月　paːt^{7} ȵøt^{8}

九月　cəu^{3} ȵøt^{8}

十月　səp^{8} ȵøt^{8}

十一月　səp^{8} jet^{7} ȵøt^{8}

十二月　səp^{8} ȵi^{6} ȵøt^{8}

上月　mɣəːn^{2} kun^{5}

下月　mɣəːn^{2} lən^{2}

闰年　mɛ^{1} ȵan^{6}

闰月　mɣəːn^{2} ȵan^{6}

节日　fan^{1} tjet^{7}，tit^{7}

社日　fan^{1} sja^{4}

腊月　səp^{8} ȵi^{6} ȵøt^{8}

大月　mɣəːn^{2} lo^{4}

小月　mɣəːn^{2} niŋ^{5}

上旬　saŋ^{4} syn^{6}，mɣəːn^{2} tshɔ^{1}

中旬　tsuŋ^{5} syn^{6}，mɣəːn^{2} ta^{5}

下旬　ça^{4} syn^{6}，mɣəːn^{2} te^{3}，mɣəːn^{2} phə^{6}

天（日）　fan^{1}

今天　fan^{1} naːi^{6}

昨天　fan^{1} ȵiu^{1}

前天　fan^{1} hun^{5}

大前天　fan^{1} hun^{5} ji^{5}

大大前天　fan^{1} hun^{5} ji^{5} ji^{5}

几天前　ci^{3} fan^{1} kun^{5}

前段时间　faːŋ^{5} kun^{5}

几天后　ta^{6} ci^{3} fan^{1}

明天　fan^{1} mɔ^{3}

后天　fan^{1} na^{3}

大后天　fan^{1} na^{3} ji^{5}

大大后天　fan^{1} na^{3} ji^{5} ji^{5}

几年前　ci^{3} mɛ^{1} kun^{5}

几年后　ta^{6} ci^{3} mɛ^{1}

白天　thəu^{5} fan^{1}

夜里　thəu^{5} mu^{2}

早晨　thəu^{5} hət^{7}

晚上　thəu^{5} mu^{2}

半夜　mɣaːŋ^{6} ȵam^{5}

中午　tsaːn^{1} hət^{7}

上午　thəu^{5} hət^{7}

下午　thəu^{5} fan^{1}

初一　tshɔ^{1} jet^{7}

初二　tshɔ^{1} ȵi^{6}

初三　tshɔ^{1} taːm^{1}

初四　tshɔ^{1} ti^{5}

初五　tshɔ^{1} ŋɔ^{5}

初六　tshɔ^{1} lɔk^{8}

初七　tshɔ^{1} thət^{7}

初八　tshɔ^{1} paːt^{7}

初九　tshɔ^{1} cəu^{3}

初十　tshɔ^{1} səp^{8}

十一（阴历）　səp^{8} jet^{7}

十五（阴历）　səp^{8} ŋɔ^{4}

十六（阴历）　səp^{8} lɔk^{8}

二十（阴历）　ta^{1} ȵet^{8}

圩日　fan^{1} fai^{3}

闲日 fan^{1} khɔŋ^{5}

日夜 fan^{1} mu^{2}，hət^{7} mu^{2}

深夜 mɣaːŋ^{6} ȵam^{5}

傍晚 haːi^{3} lap^{7}，hap^{7} lap^{7}

黄昏 thəu^{5} fan^{1} tja^{2}，lo^{5} lap^{7}

时间 sʅ^{6} cen^{5}，si^{2}

小时 tsɔŋ^{1} tau^{2}

点 tjem^{3}

分 fən^{1}

秒 mjaːu^{3}

甲 cap^{7}

乙 je^{6}

丙 pin^{1}

丁 teŋ^{1}

戊 wu^{4}

己 ci^{1}

庚 kən^{5}

辛 sin^{5}

壬 jen^{6}

癸 kui^{4}

子 ti^{3}

丑 tshəu^{1}

寅 jin^{6}

卯 mau^{4}

辰 sən^{2}

巳 tsʅ^{4}

午 wu^{3}

未 wəi^{4}

申 sən^{5}

酉 çəu^{1}

戌 sy^{2}

亥 hai^{6}

节气 tjet^{7} chi^{5}

立春 ləp^{8} tshən^{1}

雨水 ȵøt^{8} sui^{3}

惊蛰 keŋ^{5} tsəp^{7}

春分 sja^{4} fən^{1}

清明 theŋ^{1} mɛŋ^{2}

谷雨 kok^{7} jø^{4}

立夏 ləp^{8} pha^{5}

小满 tjeu^{3} mwaːn^{4}

芒种 mɔ^{6} tsɔŋ^{5}

夏至 ha^{5} tsi^{5}

小暑 tjeu^{3} sy^{3}

大暑 taːi^{6} sy^{3}

立秋 ləp^{8} thəu^{1}

处暑 tshy^{5} sy^{3}

白露 pɛːk^{8} lu^{6}

秋分 sja^{4} fən^{1}

寒露 haːn^{2} lu^{6}

霜降 swaːŋ^{5} caːŋ^{4}

立冬 ləp^{8} tɔŋ^{1}

小雪 tjeu^{3} søt^{7}

大雪 taːi^{6} søt^{7}

冬至 tɔŋ^{1} tsi^{5}

小寒 tjeu^{3} haːn^{2}

大寒 taːi^{6} haːn^{2}

四、动 物

马 ma^{4}

母马　ma^{4} mai^{4}，ma^{4} tai^{5}

野马　ma^{4} ja^{4}

公马　ma^{4} tak^{8}

种公马　ma^{4} sʅ^{3} cø^{1}

牛　tən^{2}

黄牛　tən^{2}

水牛　hui^{2}

公牛　tən^{2} tɔŋ^{2}

公牛（阉过的）　tən^{2} jem^{1}

公牛（配种的）　tən^{2} tɔŋ^{2}

母牛（已产崽的）　tən^{2} mai^{4}

母牛（未产崽的）　tən^{2} tai^{5}

驴　lø^{2}

骡子　lwa^{2}

羊　kwa^{2}

山羊　kwa^{2}

绵羊　kwa^{2}

猪　mu^{5}

公猪　mu^{5} tak^{8}

公猪（配种的）　mu^{5} kɔ^{1}

母猪　mu^{5} mai^{4}

狗　ŋwa^{1}，ma^{1}

疯狗　ŋwa^{1} tjen^{1}

猎狗　ŋwa^{1} lik^{8} nan^{4}

猫　mjaːu^{4}

野兽　naːn^{4}

老虎　məm^{4}

狮子　sʅ^{5} tɯ^{3}

豹　məm^{4} piu^{5}

象　tjaːŋ^{4}

熊　ȵin^{6} ȵɔŋ^{2}

狗熊　kəu^{3} çuŋ^{6}

猩猩（民间故事中的老辫婆，熊婆，婆猕）　pwa^{2} mɛ^{1}

猴子　mu^{6} lau^{2}

鹿　ma^{4} lɔk^{8}，saːn^{1} pa^{2}

麂子（黄猄）　naːn^{4} ci^{3}

野猪　mu^{5} laːi^{5}

豪猪（箭猪）　min^{3}

刺猬　min^{3}

麝　naːn^{4} tsjaːŋ^{1}

狼　laŋ^{6}

野猫　ȵan^{1}

狐狸　waːŋ^{4} kə^{5} po^{6}

果子狸　ko^{3} tsʅ^{3} li^{6}

黄鼠狼　sja^{6} çaːŋ^{1}

水獭　naːn^{4} tsa^{2}

兔子　thu^{5}

家兔　thu^{5}

野兔　thu^{5} ja^{4}

穿山甲　tshøn^{1} saːn^{1} cak^{7}

松鼠　nɔ^{3} khɤət^{7} lo^{4}

老鼠　nɔ^{3}

盲鼠　nɔ^{3} təp^{7}，nɔ^{3} tap^{7}

飞鼠　kɔ^{1}，fai^{5} tsy^{3}

鸡　ci^{1}

公鸡　ci^{1} tai^{3}

小公鸡　ci^{1} tai^{3} laɪk^{8}

母鸡　ci^{1} mai^{4}

小母鸡（未生蛋）　ci^{1} ŋaːŋ^{5}

大种鸡　ci¹ pən³ lo⁴
小种鸡　ci¹ pən³ niŋ⁵
阉鸡　ci¹ jem¹
雉（野鸡）　nɔk⁸ kuk⁷
秧鸡（黑色生活在水田）　nɔk⁸ kan³
鸭子　ˀjaːp⁷
野鸭子　ˀjaːp⁷ ja⁴
鹅　ŋaːn⁶
天鹅　ŋaːn⁶ mən¹
鸟巢　tən¹ nɔk⁸，tən¹ mɣɔk⁸
红毛鸡　nɔk⁸ khɣak⁷，ci¹ laːn³
鸟　nɔk⁸，mɣɔk⁸
雁　ŋaːn⁶ mən¹
鸬鹚　nɔk⁸ tsok⁷ məm⁶
白鹭　pɛk⁸ lu⁶
白鹤　pɛk⁸ ho²
鸳鸯　jen¹ jaːŋ¹
翠鸟　nɔk⁸ həu¹
鸽子　nɔk⁸ pɛk⁸ hɔp⁸
老鹰　jeu⁶
鹞子　jeu⁶
猫头鹰　kau¹
鹧鸪　nɔk⁸ kuk⁷
斑鸠　nɔk⁸ kau²
布谷鸟　nɔk⁸ khə⁵ luŋ⁵
啄木鸟　nɔk⁸ tøŋ¹ mai⁴
喜鹊　nɔk⁸ khɣak⁷
乌鸦　ka¹
八哥　nɔk⁸ tsiu⁵
麻雀　nɔk⁸ py⁵

燕子　nɔk⁸ jin⁵
画眉鸟　nɔk⁸ hwa¹ mi²
蝙蝠　kɔ¹
凤凰　foŋ⁶ hoŋ²
龙　lɔŋ²
蜥蜴（四脚蛇）　məm⁶ pɣa¹
壁虎　pi⁶ hu³
蛇　tui²
蟒蛇　tui² lo⁴
眼镜蛇（吹风蛇）　pjen¹ thəu⁶ fuŋ⁵
金环蛇（黄黑相间）　tui² lɔŋ³
银环蛇（黑白相间）　tui² lɔŋ³
草蛇　tui² kwai³
青竹蛇　tui² həu¹
水蛇　tui² hɣam²
三线蛇　tui² kwai³，tui² ȵam²
臭屁虫　ȵa⁵，çɛ¹ ȵa⁵
蠓虫　ȵa⁵
红头苍蝇　ȵuŋ² puŋ⁴ njaːu⁵，ȵuŋ² həu¹
墨蚊　ȵuŋ² mak⁸
蛔虫　tan⁴
虫　kɣa¹
蝴蝶　wa³
蛾子　wa³
蜻蜓　kɣən⁶
蜘蛛　tən¹ ȵɔŋ²
蟑螂（偷油婆）　ˀɣəːp⁷
蜈蚣　cɛ³ khɣap⁷
蟋蟀　ci³ tɔ⁵

萤火虫　miŋ^{3}

蚂蚁　mɣət^{8}

白蚁　mɣət^{8} paːk^{8}

纺织娘（像蚱蜢）　ȵin^{3}

蝉　kwaːi^{4} tsi^{5} tsa^{5}

螳螂　kwaːi^{4} tən^{5} tsaːn^{3}

蚱蜢　kuŋ^{6} paːi^{5}

蝗虫　kuŋ^{6} paːi^{5}

蜜蜂　taŋ^{6} lim^{6}

蜂子（小）　tən^{5} lu^{1}

黄蜂　tən^{5} lu^{1} hwa^{1} lo^{4}

黑蜂　tən^{5} lu^{1} ti^{6}

螺瀛（在泥土、树杈做窝，捕螟蛉等小虫存储在窝里）　tən^{5} lu^{1} naːm^{6}

水蜘蛛　tən^{1} ȵɔŋ^{2}

蝼蛄（土狗）　ŋwa^{1} lu^{5}

臭大姐　ȵa^{5}

屎壳郎（牛粪虫）　mwɔŋ^{4} cɛ^{3} tən^{2}

瓢虫　kɔm^{5}

天牛　tɔ^{2} ku^{1} tən^{2}，tɔ^{2} ku^{1} hui^{2}

蝇虎　ȵuŋ^{2} piu^{1}

苍蝇　ȵuŋ^{2}

牛虻　ȵuŋ^{2} tən^{2}，ȵuŋ^{2} pjɛn^{1}

孑孓　kɣa^{1} li^{5} lau^{3}，kɣa^{1} cin^{1} tau^{3}

蚊子　ȵuŋ^{2} thu^{5} mu^{2}

蠓虫　ȵuŋ^{2} mak^{8}

蚜虫　tsy^{5}，laːi^{6}

蛀虫（木头里的）　kɣa^{1} tsy^{5} mai^{4}

蛀虫（粮食里的）　kɣa^{1} hu^{3}

毛虫　kɣa^{1} tsən^{1}

跳蚤　mat^{7}

臭虫　ȵiŋ^{1}

虱子　nan^{2}

头虱　khɣəu^{1}

牛虱　kəp^{7} tən^{2}

鸡虱　nan^{2} ci^{1}

蜗牛　so^{5} mo^{4}

鼻涕虫（蛞蝓）　kɣa^{1} muk^{8}

蛆　thø^{1}

蚕　kɣa^{1} tshaːn^{6} tshuŋ^{6}

樟树虫　kɣa^{1} mai^{4} tsjaŋ^{1}

蝈蝈　ȵin，hɣəːn^{5}

蚯蚓　tan^{4}

蛙　kwai^{3}

田鸡　kəp^{7}

鳃　saːi^{1}

癞蛤蟆　kəp^{7} su^{1}

蝌蚪　ȵuk^{7}

虾　ȵɔ^{2}

螃蟹　ʔjai^{5}

蚌　lau^{5} meŋ^{5}

螺蛳（田螺）　lau^{5}

乌龟　kui^{1}

鳖（甲鱼）　pjet^{7}

鱼　məm^{6}

鲤鱼　məm^{6} mɣəi^{4}

鲫鱼　məm^{6} hwaːn^{3}

草鱼　məm^{6} hyɔk^{8}

金鱼　məm^{6} cem^{1}，cin^{5} jy^{6}

鳙鱼（胖头鱼） məm^{6} kɣo^{3} lo^{4}

鲶鱼 məm^{6} çɔ^{3}

塘角鱼（像鲶鱼，体小灰黑） hun^{2}，məm^{6} ɣɔk^{7}

黑鱼（身有花斑） məm^{6} tjem^{3} tshiŋ^{5}

点称鱼 məm^{6} tjem^{3} tshiŋ^{5}

黄鳝 hɣœ^{6}

泥鳅 məm^{6} mɣət^{8}

水蚂蝗 miŋ^{2}

旱蚂蝗 miŋ^{2} u^{1} pɣa^{1}

兽角 ku^{1} naːn^{4}

牛角 ku^{1} tən^{2}

牛皮 ŋɣa^{2} tən^{2}

牛筋 cen^{1} tən^{2}

牛背峰 fɔŋ^{1} tən^{2}

蹄子 nəp^{7}

爪 tsaːu^{4}

尾巴 khɣət^{7}

马鬃 tɔŋ^{1} ma^{4}

猪鬃 tɔŋ^{1} mu^{5}

毛 tsən^{1}

翅膀 çi^{5}

鸡冠 ȵan^{6} ci^{1}

鸡翎 tsən^{1} puŋ^{4}

鸡胗 ɣa^{1} ci^{1}

鸡蚷（公鸡下腿的尖趾头） kɣø^{4}

鸡嗉囊 hɣœ^{1} ci^{1}

鸟嘴 paːk^{7} nɔk^{8}

鸡蛋 kɣəi^{5} ci^{1}

触角（昆虫） ku^{1}

牛粗胃 tu^{3} tən^{2}

牛细胃 tu^{3} pən^{3} lɛ^{2}

牛颈垂皮 tən^{2} te^{3} nɔŋ^{6}，tən^{2} nɔŋ^{6}

垂冠 ȵan^{6} tjeu^{5}，ȵan^{6} te^{3}

绒毛 tsən^{1} jɔŋ^{2}

短毛 tsən^{1} hɣən^{3}

鸡内金 ŋɣa^{2} ɣa^{1} ci^{1}

鱼鳃 məm^{6} paːi^{2} ŋai^{6}，məm^{6} ŋop^{7}

鱼鳞 kɣəːn^{5}

鱼鳔 phɔ^{5}

鱼刺 kaːŋ^{3}

鱼鳍 çi^{5}

蜘蛛网 mwɔŋ^{4} tən^{1} ȵɔŋ^{2}

蜘蛛丝 tən^{1} ȵɔŋ^{2} ti^{1}

蚕茧 pɔm^{1} tshaːn^{6} tshu^{6}

蚕蛹 kɣa^{1} lyn^{1} tui^{5}

蜂刺 tshəm^{1}

竹鼠 nɔ^{3} kwan^{1}

黄头雀 nɔk^{8} kɣo^{3} ŋaːn^{3}

竹鸡 nɔk^{8} kuk^{7}

阳沟鱼（蛋不能吃） məm^{6} khəŋ^{5} njaːŋ^{1}

铜鱼（体长黄色） məm^{6} tɔŋ^{2}

黄尾鱼（尾黄红色） məm^{6} khɣət^{7} ŋaːn^{3}

麻沟鱼 məm^{6} ma^{6} kau^{1}

短头鱼 məm^{6} kɣo^{3} hɣən^{3}

娃娃鱼 məm^{6} lak^{8} te^{5} ȵɛ^{3}

兰刀鱼 məm^{6} khwan^{3}

大眼边鱼 məm^{6} tin^{5} la^{1} lo^{4}

泡（phau）鱼 məm^{6} phau^{1}
土鲢鱼 məm^{6} ljen^{6}
牛尾巴鱼 məm^{6} khɣət^{7} tən^{2}
小鸟嘴边黄壳 nɔk^{8} laːk^{8} tin^{5} paːk^{7} ŋaːn^{3}
鸡蛋 kɣəi^{5} ci^{1}
寡蛋（孵过但未孵出鸡的蛋）kɣəi^{5} ŋɔ^{1}
乌梢边蛇 tui^{2} khɣəu^{1}
甲虫 kɔm^{5}
百足虫 kɣa^{1} khɣap^{7}，cɛ^{3} khɣap^{7} kɣa^{3}
鱼苳（可捕鱼虫） hɣœ^{1}
鳜鱼（锯鱼） məm^{6} kɣø^{5}

五、植　物

芭芒草 khut^{7}
狼萁草 ça^{1} mɣaːŋ^{2}
白杨树 mai^{4} pɛk^{8} jaːŋ^{2}
藠头 ceu^{4}
粽子 mɛk^{8} tshaːn^{3}
黄栀子 lak^{8} mwɔ^{2}
白蜡树 mai^{4} kɣa^{1} ljɛn^{1}，mai^{4} kɣan^{1}
鸡爪糖树 mai^{4} tsiu^{3}
葛藤 çaːu^{1} khɣəi^{5}
广菜 pɛk^{8} mɔŋ^{6}
三月泡（草莓似野果） təm^{6}
清明菜（可做粑粑） ma^{1} kha^{1}
鱼脾草 ma^{1} tiŋ^{1} məm^{6}
三七 swaːn^{5} thət^{7}
水笕（竹、木的水槽） nəm^{4} cen^{3}
打草鞋的稻草芯（糯谷的） ŋ̥aːŋ^{3} təm^{1}
木姜子（山苍子） lyn^{1} saːn^{1} tjeu^{1}
金鸡木 cin^{5} ci^{5} mu^{6}
楠木 naːn^{6} mu^{6}
油茶树 mai^{4} tsa^{6} jəu^{2}
马栗树（麻～～） khoi^{5} ma^{4}
青杠树 mai^{4} tuo^{5} lo^{5}
杨梅 təm^{6} mai^{4}
梓木 tsʅ^{3} mu^{6}
紫檀 tsʅ^{3} thaːn^{6}
黄檀 hwaŋ^{6} thaːn^{6}
构皮树 mai^{4} kəu^{3} ŋɣa^{2}
香皮树 mai^{4} ŋɣa^{2} mɣaːŋ^{1}
猕猴桃 mi^{6} həu^{6} thaːu^{6}
百合花 hwa^{1} kɣəm^{5} khɣəi^{3}
兰花 hwa^{1} səm^{1}
麦冬 mɛk^{8} tɔŋ^{1}
杜鹃花 hwa^{1} lak^{8} hun^{4}
树 mai^{4}
柏树 mai^{4} pɛk^{8} tsi^{1}
松树 mai^{4} tsɔŋ^{6} pɛk^{7}
松香 suŋ^{5} çaːŋ^{1}
松针 fa^{5} tsɔŋ^{6} pɛk^{7}
杉树 mai^{4} sa^{1}
杉树皮 ŋɣa^{2} mai^{4} sa^{1}
樟树 mai^{4} tsjaːŋ^{1}
樟脑 tɕaŋ^{5} naːu^{3}
枫树 mai^{4} hɣəu^{1}
柳树 mai^{4} ləu^{4}

漆树　mai^{4} thət^{7}

漆　thət^{7}

棕树　mai^{4} kɣoŋ^{1}

棕皮　ŋɣa^{2} kɣoŋ^{1}

桑树　mai^{4} saŋ^{1}

榕树　mai^{4} jɔŋ^{2}

香椿树　mai^{4} jam^{4}

油桐树　mai^{4} tɔŋ^{6} lau^{5}

桐油　tɔŋ^{6} jəu^{2}

木棉树　mai^{4} mjen^{6} mɔk^{8}

苦楝树　mai^{4} ku^{1} ljɛn^{6}

寄生树　mai^{4} ci^{5} sɛŋ^{1}

三叶樟　mai^{4} tsjaŋ^{1}

香梨树　mai^{4} taŋ^{6} li^{2}

梨树　mai^{4} taŋ^{6} li^{2}

野梨树　mai^{4} hui^{1} mut^{7}

大叶榕树　mai^{4} jɔŋ^{6} fa^{5} lo^{4}

岩榕树　mai^{4} jɔŋ^{6} u^{1} tui^{2}

铁木　mai^{4} khɣət^{7}

槐树　mai^{4} kaːi^{5}

树林　ho^{3} mai^{4}

树皮　mai^{4} ŋɣa^{2}

树梢　mai^{4} phɣœ^{1}

树干　mai^{4} tɔŋ^{2}

树疙瘩　mai^{4} la^{1}，mai^{4} pɔk^{7}

树杈　mai^{4} ŋa^{1}

树墩　mai^{4} tɔk^{8}

树浆　mai^{4} tjaːŋ^{1}

根　taːŋ^{1}

茎　kuŋ^{3}

芽（种子芽）　ŋa^{2}

芽（树芽）　ŋa^{2}

叶子　fa^{5}

叶脉　fa^{5} lu^{6}

花　hwa^{1}

蓓蕾　hwa^{1} pɔk^{7}

花瓣　hwa^{1} phjen^{5}

蒂（花、果和枝茎相连部分）　piŋ^{5}

藤子（编织材料）　çaːu^{1}

藤蔓（植物）　çaːu^{1}

金刚藤　çaːu^{1} lak^{8} khɣət^{7}

果子　hui^{1}

果核　laːk^{8} hui^{1}

仁（果仁）　ȵen^{2} laːk^{8}

种子　pən^{3}

葡萄　lak^{8} jyt^{7}

野葡萄　lak^{8} jyt^{7} khwa^{3}，lak^{8} jyt^{7} hui^{2}

核桃　hə^{6} thaːu^{6}

枣树　mai^{4} taŋ^{6} tsaːu^{1}

槟榔　pin^{1} laŋ^{2}

黄皮果　hwa^{6} phi^{6} ko^{1}

柠檬　kaːm^{5} liu^{2}

糖蔗　juŋ^{3} taːŋ^{2}

黑蔗　juŋ^{3} nam^{1}

金樱子　laːk^{8} lyn^{1} muŋ^{3}

杨桃　jaːŋ^{6} tɔ^{2}

凉粉果　phəp^{7}

芭蕉　fjaːk^{7}

香蕉　çaːŋ^{5} tsjaːu^{5}

栗子　khoi^{5}

毛栗（锥栗）　khoi^{5} mat^{7}

桃子　hui^{1} tɔ^{2}

梅子　təm^{6} laːn^{3}

柿子　caːu^{1}

李子　hui^{1} tshʅ^{5} li^{1}

梨　taŋ^{6} li^{2}

杨梅　jaːŋ^{6} məi^{6}

杨桃　jaːŋ^{6} tɔ^{2}

青菜　ma^{1} həu^{1}

桃金娘（稔子）　tuk^{7} njɛm^{1}

枇杷　pɛk^{8} pa^{2}

柚子　muk^{8} mɣa^{4}

橙子　kaːm^{5} tsən^{2}

橘子　kaːm^{5}

柑子　kaːm^{5}

石榴　sik^{8} ləu^{2}

甘蔗　juŋ^{3}，juŋ^{3} nam^{1}，juŋ^{3} taːŋ^{2}

向日葵　thəu^{5} fan^{1}

浮萍　ȵai^{3}

水葫芦　hu^{6} lu^{1} nəm^{4}

菖蒲　tshjaːŋ^{1} pu^{2}

金银花　hwa^{1} cem^{1} ȵen^{2}

栀子（果实可做黄色染料）　lak^{8} mwɔ^{2}

五倍子　wu^{3} pəi^{4} tsʅ^{3}

车前草　ma^{1} nəp^{7} ma^{4}

草　hɣɔk^{8}

茅草　hɣɔk^{8} çaːu^{1} fa^{5}

艾草　ŋaːi^{6}

烟（草）　jen^{1}

蓝靛草　ȵəm^{4} tɔŋ^{6}

狗尾草　hɣɔk^{8} ŋwa^{1} lu^{5}

蕨草　hɣɔk^{8} ȵiu^{3}

鸡冠花　hwa^{1} ȵan^{6} ci^{1}

荷花　hwa^{1} ŋau^{4}

牵牛花　hwa^{1} chen^{1} tən^{2}

金英花　hwa^{1} lyn^{1} muŋ^{3}

蒲公英　ma^{1} lyn^{1}

野苦杩　ma^{1} mjak^{7} ya^{4}

猴姜　çiŋ^{1} mu^{6} lau^{2}

田七　swan^{5} thət^{7}

大蓝靛草　ȵəm^{4} lo^{4}

小蓝靛草　ȵəm^{4} te^{5}

马齿笕　ma^{1} fan^{1} ma^{4}

无根藤　çaːu^{1} ŋaːn^{3}

一点红　nə^{5} tjem^{3} laːn^{3}

人字草　la^{1} ljaːu^{5}

莲子　laːk^{8} ŋau^{4}

杜鹃花　hwa^{1} lak^{8} hun^{4}，hwa^{1} tu^{4} cen^{5}

牡丹花　hwa^{1} mai^{4} taːn^{1}

野菊花　hwa^{1} ma^{1} ci^{1} ja^{4}

玫瑰花　hwa^{1} məi^{6} kui^{4}

指甲花　hwa^{1} nja^{2} nəp^{7}

黄糯米花　hwa^{1} kwa^{6}

兰草　hɣɔk^{8} laːm^{2}，ȵim^{4} laːn^{6} tshaːu^{3}

牙刷草　hɣɔk^{8} swaːt^{7} fan^{1}

八角　pak^{7} kak^{7}

薄荷　po^{6} ho^{6}

紫苏　tɜʅ^{3} ɜu^{5}

茴香　hui^{6} çaːŋ^{1}

木耳　ŋa^{1} muk^{8} ȵi^{4}

香菌　çaːŋ^{1} can^{6}

菌子　ŋa^{1}

银耳　jin^{6} ə^{1}

杜仲　tu^{4} tsuŋ^{4}

百合　kɣəm^{5} khɣəi^{3}，cim^{5} cai^{3}

草果　tshaːu^{3} ko^{3}

枸杞　kəu^{3} ci^{1}

粑叶　fa^{5} cyŋ^{1}

青苔　ŋa^{1} nəm^{4}

棉花　mjɛn^{2}

棉桃　mjɛn^{2} twa^{2}

黄麻　huŋ^{6} ma^{6}

苎麻　ŋaːn^{1}

蓖麻　lak^{8} kəp^{7}

芦苇　hɣɔk^{8} tek^{8}

仙人掌　pən^{6} tsjaŋ^{3}

金竹　kwan^{1} cəm^{1} tsɔk^{7}，kwan^{1} hɣau^{5}

钓竿竹　kwan^{1} tjeu^{5} kaːn^{3}

撑篙竹　tsɔk^{7} kɔ^{1}，kwan^{1} tsi^{1} ko^{1}

竹竿　kaːn^{6}

竹篾　pit^{8}，phjen^{5} kwan^{1}

竹子　kwan^{1}

竹膜　kwan^{1} mjaːŋ^{5}

竹笋　naːŋ^{2}

竹壳　lik^{7} kwan^{1}

竹节　la^{1} kwan^{1}

毛竹　kwan^{1} lo^{4}

刺竹　kwan^{1} lyn^{1}

刺（植物上的）　lyn^{1}

刺（木刺）　lyn^{1}

三叉刺　lyn^{1} taːm^{1} tsha^{1}

庄稼　ti^{6} tɔŋ^{6}

稻子　hu^{3}

秧子　kɣa^{3}

禾苗　hu^{3} tɔŋ^{6}

早稻　hu^{3} khɣam^{1}

晚稻　hu^{3} tsi^{2}

旱稻　hu^{3} haːn^{5}

头苗　təu^{6} mjaːu^{2}

再生稻　hu^{3} nuŋ^{4}

谷子　hu^{3} kɔk^{7}

小米　kwaːŋ^{3}

稻芯　ȵaːŋ^{3} təm^{1}，maː ŋ^{1} təm^{1}

穗儿　hu^{3} mɣaːŋ^{2}

谷芒　hu^{3} ȵø^{1}

稗子　khwaŋ^{1}

谷粒　hu^{3} ȵen^{2}

秕子　hu^{3} phip^{7}

谷种　hu^{3} pən^{3}

稻草　maŋ^{1}

稻茬（割稻后剩的根部）　kwən^{5} maŋ^{1}

穇子　hu^{3} nuŋ^{4}

玉米　jəu^{6} mɛ^{4}

玉米轴　khaːk^{7} jəu^{6} mɛ^{4}

天花　hwa^{1} jəu^{6} mɛ^{4}

玉米秆　kaːŋ^{3}

玉米须　mut^{8} jəu^{6} mɛ^{4}，ȵi^{6} mɛ^{4} mut^{8}

麦芒　mɛk^{8} ȵœ^{1}

大麦　mɛk^{8} kɔk^{7}

燕麦　mɛk^{8} nɔk^{8}，mɛk^{8} mɣɔk^{8}

三角麦　mɛk^{8} taːm^{1} cak^{7}

麦子　mɛːk^{8}

小麦　mɛːk^{8} mjɛn^{6}

荞麦　mjɛn^{6} taːm^{1} caːk^{7}

高粱　mjɛn^{6} lo^{4}

小米　kwaːŋ^{3}

豆子　tau^{6}

黄豆　tau^{6} ŋaːn^{3}

刀豆　tau^{6} tsaːi^{2}

豌豆　won^{3} tau^{6}

蚕豆　tshaːn^{6} təu^{4}

饭豆　fan^{6} tau^{6}

豇豆　tau^{6} kak^{7}

绿豆　lɔk^{8} tau^{6}

小豆　tau^{6} te^{5}

豆芽菜　ma^{1} tau^{3} ŋa^{2}

豆荚　tau^{6} kwak^{7}

猫豆　tau^{6} mjaːu^{4}

黑饭豆　faːn^{6} tau^{6} nam^{1}

红饭豆　faːn^{6} tau^{6} laːn^{3}

豆角　tau^{6} kak^{7}

四季豆　tau^{6} ti^{5} ci^{5}

花生　ti^{6} tau^{6}

蔬菜　ma^{1}

白菜　ma^{1} pɛk^{8} thai^{5}

芥菜　ma^{1} kaːt^{7}

菠菜　ma^{1} pɔ^{1} thai^{5}

西红柿　ca^{6}，ca^{6} laːn^{3}

茄子　ca^{6} nam^{2}

苦马菜　ma^{1} mjaːk^{7}

苋菜　ma^{1} hɣəm^{2}

芸薹（油菜，籽可榨油）　jəu^{6} thai^{5}

菜薹（菜心）　ma^{1} təm^{1}

茼蒿菜　ma^{1} thuŋ^{6} haːu^{5}

空心菜　ma^{1} huŋ^{1} thai^{5}

韭菜　haːi^{5}

芹菜　chin^{6} tshaːi^{4}

黄花菜　ma^{1} hwa^{1} ŋaːn^{3}，ma^{1} cem^{1} thai^{5}

卷心菜　ma^{1} kon^{3} təm^{1}，kaːi^{4} laːn^{6} paːu^{5}

大白菜　pɛk^{8} thai^{5} lo^{4}，ma^{1} paːk^{8}

小白菜　pɛk^{8} thai^{5} niŋ^{5}，ma^{1} pu^{4} kɛːŋ^{1}

莴笋　o^{5} sən^{3}

青菜　ma^{1} həu^{1}

牛皮菜　ma^{1} pi^{2}，ma^{1} khɣət^{7} tən^{2}

泡菜　phaːu^{4} tshaːi^{4}，təm^{5} ma^{1}

葱　thɔŋ^{1}

野葱　ceu^{4} ja^{4} ɣɔ^{1} mən^{1}

蒜　hɣɔ^{2}

蒜薹　hɣɔ^{2} kon^{4}

芫荽菜（香菜）　jøn^{6} sy^{5}

姜　çiŋ^{1}

辣椒　lak^{8} ljɛn^{6}

灯笼椒　lak^{8} ljɛn^{6} taŋ^{1} lɔŋ^{2}

菜椒　tshaːi^{4} tsjaːu^{5}，lak^{8} ljɛn^{6} ma^{1}

指天椒　lak^{8} ljɛn^{6} ty^{3}

茶叶　fa^{5} tsa^{2}

茶籽　lak^{8} tsa^{2}

油茶　jəu^{6} tsa^{2}

胡椒　hu^{6} tjeu^{1}

芝麻　jəu^{6} ma^{2}

花椒　hwa^{1} tjeu^{1}

瓜　kwa^{1}

冬瓜　tɔŋ^{5} kwa^{1}

南瓜　nam^{6} kwa^{1}

黄瓜　kwa^{1} thaŋ^{5}，kwa^{1} ŋaːn^{3}

西瓜　kwa^{1} te^{1}

丝瓜　thjen^{1} la^{2}

苦瓜　ku^{5} li^{5}

瓜子　laːk^{8} kwa^{1}

瓜瓢　kwa^{1} sik^{8}

水瓜　thjen^{1} la^{2}

木瓜　mu^{6} kwa^{5}

金瓜　nəm^{6} kwa^{1}，tsim^{5} kwa^{1}

香瓜　kwa^{1} mɣaŋ^{1}，jaː ŋ^{5} kwa^{5}

瓜络（老瓜内，干后可洗碗）　hɣəːn^{5}

地瓜　man^{2}

甘薯　man^{2} laːn^{3}

凉薯　kɔ^{6} sy^{6}

芋头　$^{?}$ɣaːk^{7}

红薯藤　man^{6} çaːu^{1}，man^{6} mjeu^{1}

毛薯　man^{2} lo^{4}

马铃薯　man^{2} leŋ^{2}

洋芋　jaŋ^{6} jy^{4}

魔芋　mo^{4} jy^{4}，ɣaːk^{7}

荸荠　put^{8}

慈姑　khu^{3}

葫芦　hu^{6} lu^{1}

藕　ŋau^{4}

萝卜　lak^{8} pak^{8}

红萝卜　lak^{8} pak^{8} laːn^{3}

萝卜干　lak^{8} pak^{8} kɣəu^{3}

六、身体、生理

身体　hɣən^{1} the^{3}

头（脑袋）　kɣo^{3}，kɣo^{3} khaːk^{7}

头顶　u^{1} kɣo^{3}

额头　ŋ^{6} pɣak^{7}

脑门囟（囟门）　na^{2}，ta^{5} na^{2}

脑髓　kɣo^{3} ŋui^{2}

头发　pɣam^{1}，pɣam^{1} kɣo^{3}

发髻　ku^{1} ciu^{4}

辫子　fja^{1}

发旋　tsən^{6} lwa^{2}，tsən^{6} løn^{5}

头皮　kɣo^{3} khak^{7} ŋɣa^{2}

头皮屑　pi^{6} thet^{7}

后脑勺　lən^{2} lən^{3} luŋ^{1} tsəm^{6}，lən^{2} kɣo^{3}

刘海　pɣam^{1} kɣəm^{6}，kwa^{4}

脸　na^{3}

太阳穴　kaːm^{1} ȵi^{4}

颧骨　hɣaːk^{7} ŋai^{6}

腮颊　paːi^{2} ŋai^{6}

酒窝　tsəm^{6} tsɔŋ^{1} khɣəːu^{3}

耳朵　khɣa^{1}

耳垂　khɣa^{1} nɔŋ^{6}

眼睛　la^{1}

眼皮　la^{1} ŋɣa^{2}

单眼皮　taːn^{1} la^{1} ŋɣa^{2}，taːn^{1} mɣa^{1} ŋɣa^{2}

双眼皮　søŋ^{1} la^{1} ŋɣa^{2}，søŋ^{1} mɣa^{1} ŋɣa^{2}

眼窝　la^{1} tsəm^{6}，mɣa^{1} tsəm^{6}

眼角　caːk^{7} la^{1}

眼珠　la^{1} cen^{2}

瞳仁　la^{1} cen^{2} nam^{1}

眉毛　tsən^{1} la^{1}

睫毛　tsən^{1} la^{1} nəm^{4}

鼻子　naŋ^{1}，kə^{5} naŋ^{1}

鼻梁　kə^{5} naŋ^{1} ceu^{2}

鼻孔　luŋ^{1} kə^{5} naŋ^{1}

人中　te^{3} naŋ^{1} ta^{5}

嘴　paːk^{7}

嘴唇　sən^{6} paːk^{7}

印堂　ŋə^{6} pɣak^{7}，tə^{1} paːk^{7}

鼻涕　muk^{8}

胡子　mut^{8}

络腮胡子　mut^{8} lon^{6} lu^{2}，mut^{8} pa^{4} ŋai^{6}

上颚　u^{1} ŋɔm^{4}

牙齿　fan^{1}

牙床　fan^{1} sən^{2}

大牙　fan^{1} lo^{4}

犬牙　fan^{1} ɣa^{3}

门齿　fan^{1} kun^{5}

下巴　ŋui^{6} kaɪu^{5}，ha^{6} pa^{2}

舌头　ma^{2}

小舌　ma^{2} niŋ^{5}，ma^{2} tjeu^{5}

舌苔（舌上呈黄色或白色厚苔）　taŋ^{1} tai^{2}

喉咙　hu^{1}，te^{3} hu^{1}

食道　sʅ^{6} taːu^{4}，ȵa^{6} kɣø^{6}

气管　hau^{6} køŋ^{6}，ȵa^{6} kɣø^{6}

脖子　lən^{3}

喉结　hu^{1} kɔk^{8}，hu^{1} lau^{5}

后颈窝　lən^{2} lən^{3} luŋ^{1} tsəm^{6}

肩膀　ha^{1}

脊背　laːi^{2}，lən^{2} laːi^{2}

胸脯　təm^{1} tau^{2}

腋下　te^{3} khɣaːk^{7}

腋毛　tsən^{1} te^{3} khɣaːk^{7}，pɣam^{1}

肚腩　lɔŋ^{2} pɔp^{8} lo^{4}，lɔŋ^{2} pɔ^{6}

乳房　nɛ^{6}

奶头　nɛ^{6} piŋ^{5}

肚子（腹部）　lɔŋ^{2}，lɔŋ^{2} ma^{3}

肚脐　lɔŋ^{2} lwa^{1}，lɔŋ^{2} peŋ^{5}

脐带　khɣe^{3} lwa^{1}

腰　jeu^{1}

胳膊　nja^{2} puŋ^{4}

肘　chin^{1} nɔ^{3}

手　nja^{2}

手掌　kwa^{3} nja^{2}

手背　nja^{2} poi^{5}

手心　ta^{5} nja^{2}

手腕　nja^{2} çau^{5}

手纹　nja^{2} lu^{6}

手指　nja^{2} laːk^{8}

拇指　nja^{2} laːk^{8} mai^{4}

食指　nja^{2} laːk^{8} ty^{3}

中指　nja^{2} laːk^{8} ta^{5}

无名指　wu^{6} min^{6} tsʅ^{3}

小指　nja^{2} laːk^{8} mi^{2}

六指　nja^{2} laːk^{8} khai^{1} ŋa^{5}

指甲　nja^{2} nəp^{7}

指纹　nja^{2} laːk^{8} lu^{6}

箕（非圆形指纹）　jɔ^{6} li^{2}

斗（圆形指纹）　chiŋ^{1}

手指节　nja^{2} laːk^{8} çau^{5}

指叉（虎口）　paːk^{7} khau^{3}

拳头　cin^{6} tsui^{2}

左手　nja^{2} ce^{4}

右手　nja^{2} fa^{1}

月痕　nja^{2} nəp^{7} pak^{8}，lau^{6} heu^{5}

肉刺　tau^{6} tsa^{1}，nip^{7} jəi^{6}

脚（踝骨以下）　tin^{1}

脚心　te^{3} tin^{1} kwa^{3}

脚背　u^{1} tin^{1}

脚后跟　tin^{1} khɣɔŋ^{1}

脚踝　tin^{1} la^{1}

脚趾　tin^{1} laːk^{8}

膝盖　pu^{6} ko^{5}

腿　tin^{1} puŋ^{4}

大腿　puŋ^{6} ka^{1}，te^{6} tən^{3}

小腿　tin^{1} puŋ^{4}

腿肚子　tin^{1} pɔŋ^{5}，tin^{1} pau^{6}，lən^{2} tin^{1} pau^{6}

脚腕　tin^{1} la^{1}，tin^{1} kok^{8}

脚尖　tin^{1} phɣø^{1}

屁股　khɔŋ^{3}

肛门　khɔŋ^{3} luŋ^{1}

阴囊　kɣəi^{5}

睾丸　kɣəi^{5} ȵen^{2}

男阴　nɛŋ^{4}

胫前　taːm^{1} lɔk^{8} kwət^{7}，tin^{1} na^{3}

阴　nɛŋ^{4} tsən^{1}，khən^{3} tsən^{1}，sai^{3} tsən^{1}，pɣam^{1} mi^{1}

龟头　phwœ^{1} nɛŋ^{4}，nɛŋ^{4} kɣo^{3}

精液　nəm^{4} tiŋ^{1}

子宫　lak^{8} te^{5} tai^{6}

月经　keŋ^{1} laːn^{3}

女阴　pɛ^{6}，khən^{3}，phiu^{6}

性交　tuk^{7} tsɛŋ^{6}

心　təm^{1}

心窝　təm^{1} khau^{3}，tim^{1} ȵau^{1}

内脏　ho^{3} lɔŋ^{2}

动脉　mɛk^{8} thjeu^{5}

静脉　mɛk^{8} cen^{1}

血脉　çøt^{7} mɛk^{8}

肺　fe^{5}

肝　tap^{7}

胆　mwɔ^{5}

肝汁　hɣo^{5} tap^{7}

肾（腰子）　jeu^{1}

脾脏　ma^{5}

胃　tu^{3}

肠子　khɣɛ^{3}

大肠　khɣɛ^{3} lo^{4}

小肠　khɣɛ^{3} te^{5}

盲肠　khɣɛ^{3} tən^{4}

膀胱　tu^{3} njaːu^{5}

筋　cen^{1}

腱子肉　sik^{8} teŋ^{1}，nɔ^{3}

血　phɣəːt^{7}

脉搏　mɛːk^{8}

皮肤　ŋɣa^{2}

汗毛　han^{6} mwɔ^{2}

骨头　hɣaːk^{7}

骨髓　hɣaːk^{7} ŋui^{2}

骨节　hɣaːk^{7} tuk^{7} tau^{5}

肋骨　hɣaːk^{7} sek^{7}

脊椎骨　hɣaːk^{7} lɔŋ^{2} kwət^{7}

肩胛骨　hɣaːk^{7} pən^{6} si^{2}

胸骨　hɣaːk^{7} sek^{7}

下巴骨　hɣaːk^{7} ha^{6} pa^{2}

锁骨　hɣaːk^{7} twa^{3}，hɣaːk^{7} kwaŋ^{6}

胯骨　hɣaːk^{7} te^{3} kha^{5}，hɣaːk^{7} sik^{8} khoŋ^{1}

胫骨　hɣaːk^{7} taŋ^{1} mjen^{6} kwət^{7}，hɣaːk^{7} tin^{1} na^{3}

软骨　hɣaːk^{7} ȵan^{4}

头骨　hɣaːk^{7} kɣo^{3}

四肢骨　hɣaːk^{7} ti^{5} puŋ^{4}，hɣaːk^{7} puŋ^{4}

奶汁　hɣo^{5} nɛ^{6}

眼泪　nəm^{4} la^{1}

眼屎　cɛ^{3} la^{1}

耳屎　cɛ^{3} khɣa^{1}

鼻涕　muk^{8}

鼻屎　cɛ^{3} naŋ^{1}

口水　ŋɣœ^{2}

痰　ŋɣœ^{2} kɣan^{1}

汗　haːn^{6}

汗垢　haːn^{6} ȵaːi^{1}

屎　cɛ^{3}

尿　njaːu^{5}

屁　khɣət^{7}

头皮屑　pi^{2} thjet^{7}

心窝　təm^{1} khau^{3}

痣　tsy^{5}

雀斑　ȵuŋ^{2} pjɛn^{1}

胎记　ci^{5}，thai^{1} ci^{5}

汗斑　haːn^{6} pjɛn^{1}

胞衣　pɔ^{1} ji^{1}

尸体　si^{1} haːi^{2}

趼（手脚上的茧）　tə^{1}

水泡（皮肤上起的）　tɔm^{5}

鸡皮疙瘩　sik^{8} ci^{1}

皱纹　ȵau^{5}

疣子　kut^{7}，ɣa^{1} ci^{1}

七、亲属称谓

祖先　kɔŋ^{1} maːŋ^{6}

后代　hau^{6} tai^{6}

曾祖父　maːŋ^{6} kɔŋ^{1}

曾祖母　maːŋ^{6} pwa^{2}

祖父　kɔŋ^{1}

祖母　pwa^{2}

父母　pu^{4} ni^{4}

父亲　pu^{4}

母亲　ni^{4}

后母　ni^{4} lən^{2}

夫妇　kɔŋ^{1} pwa^{2}

丈夫　kɣəːu^{4}，tsjaŋ^{6} fu^{1}

妻子　maːi^{4}，ti^{6} pwa^{2}

哥哥　faːi^{4}

嫂子　hɣəːu^{3}

弟弟　nuŋ^{4}，te^{4}

弟媳　hɣəːu^{3}

妯娌　hɣəːu^{3} nuŋ^{4}

兄弟　faːi^{4} nuŋ^{4}

姊妹　tsɛ^{2} nuŋ^{4}

姐姐　tsɛ^{2}

姐夫　fai^{6} tsɛ^{2}

妹妹　nuŋ^{4}，nuŋ^{4} ȵɛ^{5}

妹夫　fai^{6} tsɛ^{2}

儿子　laːk^{8}

儿媳　laːk^{8} maːi^{4}

女儿　laːk^{8} jaːk^{7}

女婿　laːk^{8} kɣəːu^{4}

儿女　ti^{6} laːk^{8}

幺儿　laːk^{8} mi^{2}

幺女　jaːk^{7} jaːk^{7} mi^{2}

独子　laːk^{8} tok^{8}，laːk^{8} maːn^{1} tɔk^{8}

独女　laːk^{8} jak^{7} tok^{8}，laːk^{8} fɛːk^{7} tɔk^{8}

干儿子　laːk^{8} maːn^{3}

干女儿　laːk^{8} jak^{7} maːn^{3}

子孙　laːk^{8} khɣəːn^{1}

孙子　laːk^{8} khɣəːn^{1}

孙女　laːk^{8} jaːk^{7} khɣəːn^{1}

曾孙　laːk^{8} khɣəːn^{1} lui^{3}

孙媳　hɣəːu^{3} khɣəːn^{1}，laːk^{8} khɣaːn^{1} maːi^{4}

孙女　lak^{8} khɣəːn^{1} kɣəːu^{4}，laːk^{8} khɣaːn^{1} kɣaːu^{4}

伯父　pa^{5}

伯母　mu^{4}

叔父　so^{5}

叔母　səm^{3}

侄儿　lak^{8} khɣəːn^{1}

侄女　lak^{8} jaːk^{7} khɣəːn^{1}

姑母（父之姐）　pa^{3}

姑母（父之妹）　ku^{1}

大姑夫　luŋ^{2}

小姑夫　so^{5} ku^{1}

大姨妈　pa^{3}

小姨妈　fai^{6}

大姨父　luŋ^{2}

小姨父　ji^{6} fu^{1}

外祖父　ŋwaːi^{6} kɔŋ^{1}

外祖母　ŋwaːi^{6} pwa^{2}

舅父（母之兄）　luŋ^{2}

舅父（母之弟）　səu^{2}

大舅妈　pa^{3}

小舅妈　hɣəːu^{3} fai^{6} səu^{2}

表兄　faːi^{4} luŋ^{2}

表嫂　hɣəːu^{3} fai^{6} luŋ^{2}

连襟　faːi^{4} nuŋ^{4}

外甥　waːi^{6} sɛŋ^{1}

外甥女　waːi^{6} sɛŋ^{1}

外孙　waːi^{6} sɛŋ^{1}

外孙女　waːi^{6} sɛŋ^{1}

公公　kɔŋ^{1}

婆婆　pwa^{2}

岳父　pu^{4}

岳母　ni^{4}

干爹　pu^{4} maːn^{3}

干妈　ni^{4} maːn^{3}

亲戚　thən^{1} thik^{7}

亲家（儿女结亲）　thən^{1} ca^{1}

八、称谓、职业

咱俩　hɣəːu^{1} hɣa^{2} mu^{6}

你们俩　saːu^{1} hɣa^{2} mu^{6}

她（他）们俩　mɔ^{6} hɣa^{2} mu^{6}

人　çen^{1}

主人　mu^{6} tsø^{3}

客人　mu^{6} khɛːk^{7}

长辈　mu^{6} lo^{4}

平辈　tɔŋ^{2} poi^{5}，peŋ^{2} poi^{5}

晚辈　hau^{6} poi^{5}

老翁　kə^{6} laːu^{4} oo^{5}

老太太　pwa^{2} lo^{4} ce^{5}

老人　mu^{6} ce^{5}

大人　mu^{6} lo^{4}

男人　ti^{6} kɔŋ^{1}

女人　ti^{6} pwa^{2}

青年男子　hau^{5} sɛŋ^{1}

姑娘　lak^{8} jak^{7}

新郎　lak^{8} kɣəːu^{4}，lak^{8} kɣəːu^{4} mai^{5}

新娘　lak^{8} maːi^{4} mai^{5}

情人　phuŋ^{6} jəu^{6}

媒人　mwaːi^{2}，pwa^{2} mwaːi^{2}

单身汉　ku^{1} tɔk^{8}

婴儿　laːk^{8} ȵc^{3}

儿童　laːk^{8} te^{5}

养子　laːk^{8} tjep^{7}

双生子　søŋ^{1} pɔ^{1}

私生子　laːk^{8} ja^{4}

鳏夫　kɔŋ^{1} kun^{3}

寡妇　pwa^{2} kun^{3}

孤儿　laːk^{8} kun^{3}

邻居　kɛk^{7} pek^{7}

医生　tjaːŋ^{6} kɣa^{2}

先生　thin^{5} sɛŋ^{1}

校长　jaːu^{4} tsaːŋ^{3}

老师　thin^{5} sɛŋ^{1}

学生　hak^{7} sɛŋ^{1}

师傅　sʅ^{5} fu^{6}

徒弟　thu^{3} tɛ^{6}

恩人　çen^{1} an^{1}

仇人　çen^{1} tsəu^{2}

熟人　sɔk^{8} çen^{1}，mu^{6} sɔk^{8}

陌生人　huŋ^{6} kɔŋ^{3}，çen^{1} sɛŋ^{1} sɔ^{1}

朋友　phuŋ^{6} jəu^{6}

敌人　kɣak^{8}

长工　tsjaŋ^{6} kɔŋ^{1}

短工　leŋ^{2} kɔŋ^{1}

雇农　ku^{4} nuŋ^{6}

贫农　phin^{6} nuŋ^{6}

奴隶　nu^{6} pi^{6}

地主　ti^{6} tsy^{3}

丫鬟　ja^{5} tau^{2}

渔夫　çen^{1} kui^{5} məm^{6}，tjaːn^{6} kui^{5} məm^{6}

秃子　kɣo^{3} kɣaːŋ^{1}，lak^{7} kɣo^{3} lo^{5}

矮子　ȵi^{6} peŋ^{3}，lak^{7} hɣam^{5}

妓女　lu^{6} cø^{3}，pwa^{2} lu^{6} cø^{3}，ko^{5} thəu^{6}

懒汉　mu^{6} laːn^{4}，lak^{7} laːn^{4}

匠人　tjaːŋ^{6}

木匠　tjaːŋ^{6} mai^{4}

银匠　tjaːŋ^{6} çen^{2}

石匠　tjaːŋ^{6} tui^{2}

铁匠　tjaːŋ^{6} khɣət^{7}

补锅匠　tjaːŋ^{6} bu^{3} ko^{5}

商人　sjaŋ^{5} ji^{5} çen^{1}

牛贩子　ȵəu^{6} pɛŋ^{5}

厨师　mu^{6} lɔŋ^{6} tsø^{2}

屠夫　taːi^{6} haːŋ^{1}

歌手　mu^{6} fɛ^{4} tshjaːŋ^{5}

猎人　çen^{1} lik^{8} naːn^{4}

牧童　lak^{8} te^{5} laːŋ^{6} tən^{2}

乞丐　mu^{6} kɣəu^{1}，kɣəu^{1}

跛子　mu^{6} kwɛ^{6}，mu^{6} ljaːŋ^{5}

哑巴　mu^{6} ŋa^{3}

瞎子　mu^{6} la^{1} kha^{1}

驼背（罗锅）　mu^{6} kəm^{6} poi^{5}

聋子　mu^{6} khɣa^{1} lak^{7}

傻子　mu^{6} ŋaːŋ^{5}，mu^{6} sɔŋ^{2}

麻子　mu^{6} na^{3} pjɛn^{1}

疯子　mu^{6} tjen^{1}

好人　çen^{1} ji^{1}

坏人　çen^{1} hwaːi^{5}

犯人　mu^{6} tui^{6} lɔ^{2}，mu^{6} tui^{6} cen^{1}

鬼师　su^{1}，su^{5} sən^{2}

巫婆　ja^{6} cəm^{5}

道士　su^{1}

匪首　kɣak^{8} tau^{2}

土匪　kɣak^{8}，thu^{3} fəi^{3}

强盗　kɣak^{8} lo^{4}

贼（小偷）　kɣak^{8} nɔ^{3}，kwaːi^{3}

骗子　lak^{7} phjen^{5}，lak^{7} luk^{7} çen^{1}

富翁　lak^{7} mɛ^{2}

皇帝　joŋ^{2}

官　uŋ^{3}

兵　peŋ^{1}

百姓　pɛk^{7} teŋ^{5}

农民　mu^{6} fɛ^{4} ɣa^{5}，lak^{7} fɛ^{4} ɣa^{5}

九、居住、建筑、交通

家　hɣəːn^{2}，ca^{1}

房屋　hɣəːn^{2}

保坎（石头砌的坎子）　tin^{1} fe^{5}

房间　kɣaːŋ^{2}，khɔŋ^{5} kɣaːŋ^{2}

学校　tsʅ^{6} taːŋ^{2}，jɔ^{6} çaːu^{4}

礼堂　li^{3} thaːŋ^{6}

课堂　kho^{4} thaːŋ^{6}

旅店 ly^{1} tjɛn^{4}

衙门 ja^{6} mən^{2}

监狱 cen^{1} lɔ^{2}

厨房 kun^{5} tɔ^{5}

灶 tɔ^{5}

灶口 paːk^{7} tɔ^{5}

烟囱 ljaːu^{5}，luŋ^{1} ljaːu^{5}，lən^{2} ljaːu^{5}

灶眼 luŋ^{1} tɔ^{5}，paːk^{7} tɔ^{5}

火塘 fi^{1} taːŋ^{2}

茅屋 hɣəːn^{2} ça^{1}

棚子 pɔŋ^{2}

厕所 tən^{6} pu^{1}，tiŋ^{6} pu^{1}

粮仓 kɣɔ^{4}

晒谷场 ti^{6} peŋ^{2}

菜园 fjen^{1}

篱笆 wəi^{6} jøn^{6}，li^{6} pa^{1}

牛圈 laːn^{2} tən^{2}

猪圈 laːn^{2} mu^{5}

鸡窝（鸡埘，固定的） lɔk^{8} ci^{1}

鸡窝（临时下蛋的地方） lau^{3} ci^{1}

鸡罩子 tsaːu^{5} ci^{1}

鸟窝 tən^{1} nɔk^{8}

蜂房 peŋ^{3} tən^{5} lu^{1}

蚂蚁窝 tən^{1} mɣət^{8}

猪笼 lau^{4} mu^{5}

鸟笼 hɣau^{2} nɔk^{8}

屋背 lən^{2} hɣəːn^{2}

鸡笼（可挑走） khɣap^{7} ci^{1}

屋脊 kɔm^{1} hɣɔːn^{2}

梁 ljaːŋ^{2}

檩条 in^{6} tjeu^{2}，jaŋ^{6} tjeu^{2}

柱子 tsø^{4}

椽子 tsøn^{6} caːk^{7}

楼 lau^{2}

栅栏 lak^{8} tsaːp^{8}

楼板 pjɛn^{3} lau^{2}

楼梯 kɣœ^{3}

门 tɔ^{1}

门扣 mən^{6} phaːn^{5}

门闩 swaːn^{1} tɔ^{1}

门槛 ci^{6} fɔk^{8}

门斗 mən^{6} təu^{3}

门缝 khœŋ^{5} tɔ^{1}

门板 sjen^{5} tɔ^{1}

后门 tɔ^{1} nəm^{3}

窗户 luŋ^{5} tshoŋ^{1}

石灰 hoi^{1}

瓦 ŋwa^{4}

砖 tsøn^{1}

窑 jeu^{2}

粪坑 sɛk^{7} khɛŋ^{1}

墙壁 paːi^{2} tjaːŋ^{2}

木板墙 tjaːŋ^{2} pjɛn^{3}

土墙 tjaːŋ^{2} naːm^{6}

房基 ti^{6} ci^{1}

大厅 ta^{5} theŋ^{1}，ta^{1} ɣaːn^{2}

后厅 lən^{2} theŋ^{1}

前房间 kɣaːŋ^{2} kun^{5}

后房间 kɣaːn^{2} ləːn^{2}

天井 ta^{5} khɣaːŋ^{1}

巷子　khøŋ1 çaːŋ5

围墙　wəi2 tjaːŋ2

干栏　laːn2 khu1

家乡　ca5 çaːŋ5

邻舍　kɛk7 pek7，ɣaːn2 hɣat7

厅堂　ta5 theŋ1，ta1 ɣaːn2

卧室　kɣaːŋ2 nun2，kɣaːŋ2

夫家　hɣəːn1 kɣəːu4，ɣaːn2 pu4

娘家　hɣəːn2 ŋwaːi6

投宿住家　ta3 tsy3 ca1，ȵaːu6 çan1 ŋu2

煤炉　lu2 thaːn5

地炉　ti6 lu2

水瓮　ɔŋ5 nəm4

煤渣坑　te3 lu2

囤　kɣɔ4

屋檐　wu6 jem2，wa4 jem2

门口　pak7 tɔ1

门框　mən6 chaːŋ3，mən6 khaːn3

门楣　mən6 kai5，tɔ1 kai5

门牌　mən6 paːi2，tɔ1 paːi2

正门　tseŋ5 mən2，tɔ1 tseŋ5

侧门　tɔ1 tsak7，tɔ1 thja5

柴门　tɔ1 pa1，tɔ1 tsaːp8

铁门　tɔ1 khɣət7

门机　tɔ1 kɔŋ1，son1 tɔ1

台阶　tin1 fe5，ti6 khak7

石条　sik8 tjeu2

窗棂　luŋ5 tshoŋ1 ti3，lak8 ti3

山墙　saːn1 tjaːŋ2

路　khwən1

铁路　the6 lu4

公路　kuŋ5 lu4

岔路　khwən1 khai1 ŋa5

车子　tshja1

火车　fi1 tshja1

汽车　chi4 tshe5

自行车　taːn5 tshja1

牛车　tən2 tshja1

轮子　liŋ2

车轴　tshja1 təm1

车辕（驾牲口的地方）　tshja1 jøn2

车辐　tshja1 fɔk7

车辋（车轮周围的框子）　tshja1 khwaŋ1

车毂（中心穿轴处）　liŋ2 luŋ1 təm1

轿子　ceu6

桥　ceu2

船　søn2

筏子　paːi2

船篷　søn2 pɔŋ2

船桨　muk8 tsjaːŋ6

船篙（撑船的竹竿）　kaːn6 tshɛŋ5

舵　to4

飞机　fəi5 ci5

十、服　饰

衣服　kuk7

单衣　kuk7 taːn1

棉衣　kuk7 mjɛn2

夹衣　kuk7 tsɔŋ2

背心　kuk^{7} ho^{3}

毛衣　kuk^{7} laːŋ^{5}

皮衣　kuk^{7} ŋɣa^{2}

长袍　pɔ^{2} ɣəːi^{3}，kuk^{7} ɣaːi^{3}

卫生衣　wəi^{4} sən^{5} ji^{5}

披肩　phi^{1} ha^{1}

蓑衣　tui^{5}

衣领　lən^{3} kuk^{7}

大襟　pu^{2} lo^{4}

小襟　pu^{2} niŋ^{5}

袖子　chin^{1} kuk^{7}

扣子　khau^{5} kuk^{7}

衣袋　puŋ^{6} tai^{6} kuk^{7}

衣缝　hɣaːk^{7} kuk^{7}

布扣　khau^{5} ja^{1}

按扣　khau^{5} jəm^{1} jaːŋ^{2}

扣眼　khau^{5} luŋ^{1}，luŋ^{1} khau^{5}

裤子　hwa^{5}

裤腰　kɣo^{3} hwa^{5}

裤裆　nɔŋ^{6} hwa^{5}

裤管　tin^{1} hwa^{5}

裤脚　te^{3} cak^{7} hwa^{5}

短裤　hwa^{5} hɣən^{3}

裤衩　hwa^{5} ho^{3}

开裆裤　hwa^{5} pȷaːŋ^{6}

裤袋　puŋ^{6} tai^{6} hwa^{5}

封裆裤　hwa^{5} fɔŋ^{1}

棉裤　hwa^{5} mjen^{2}，wa^{5} mjen^{2}

裙子　kwən^{2}

围裙　wəi^{6} kwən^{2}

裤带　khɣɛ^{1} hwa^{5}

腰带　hɣat^{8}

裹腿布　çin^{6} søn^{2}，ja^{1} kon^{3} tin^{1}

补丁　khwa^{3} pu^{3}

鞋　çaːi^{1}

胶鞋　çaːi^{1} caːu^{1}

草鞋　tsjaːk^{7}

凉鞋　çaːi^{1} ljaːŋ^{6} haːi^{6}

木板鞋　çaːi^{1} mu^{6} kɛk^{8}

鞋样　çaːi^{1} jaːŋ^{6}

鞋帮　çaːi^{1} mjen^{6}

鞋底　çaːi^{1} te^{3}

鞋楦子　çaːi^{1} mu^{2}

鞋后跟　çaːi^{1} khɣɔŋ^{1}

鞋带　khɣœ^{1} çaːi^{1}

布鞋　çaːi^{1} ja^{1}

棉鞋　çaːi^{1} mjen^{2}

皮鞋　çaːi^{1} ŋɣa^{2}，phi^{6} haːi^{6}

拖鞋　çaːi^{1} tho^{5} haːi^{6}，çaːi^{1} phjet^{7}

鞋垫　çaːi^{1} tjem^{6}

袜子　maːt^{8}

布　ja^{1}

花布　ja^{1} hwa^{1}

土布　ja^{1} hɣəːn^{2}

斜纹布　ja^{1} thja^{5} lø^{4}

碎布　ja^{1} ɬe^{5}

针线活儿　fɛ^{4} tin^{1} nja^{2}

绸子　tɕɔu^{2}

缎子　ton^{6}

呢子　ne^{2}

花边 hwa^{1} pjen^{1}

珠子 tø^{1}

被子 hɣaŋ^{6}

棉被 hɣaŋ^{6} mjɛn^{2}

棉絮 mjɛn^{2} pɛŋ^{4}

被面 hɣaŋ^{6} mjen^{6}

被里 hɣaŋ^{6} li^{4}

毯子 thaːm^{3}

床单 hɣaŋ^{6} taːn^{1}

席子 tek^{8}

枕头 kɣo^{3} mun^{1}

蚊帐 tun^{3}

草席 tek^{8}

竹席 tek^{8} kwan^{1}

枕套 kɣo^{3} mun^{1} dai^{6}

枕巾 pha^{5} kɣo^{3} mun^{1}

枕芯 təm^{1} kɣo^{3} mun^{1}，ho^{3} kɣo^{3} mun^{1}

帽子 mɔ^{6}

斗笠 mɔ^{6} cyŋ^{1}

帽檐 mɔ^{6} jem^{2}，mɔ^{6} ma^{2}

帽耳 khɣa^{1} mɔ^{6}，mɔ^{6} khɣa^{1}

皮帽 mɔ^{6} ŋɣa^{2}

草帽 mɔ^{6} tek^{8}

军帽 mɔ^{6} cyn^{5} maːu^{4}

毡帽 mɔ^{6} tsjen^{1}

手巾 pha^{5} can^{1}，nja^{2} pha^{5}

面巾 pha^{5} suk^{7} na^{3}，pha^{5} na^{3}

围巾 wəi^{6} cin^{5}

围脖 pha^{5} khon^{1} lən^{3}

头巾 pha^{5} kɣo^{3}

发网 fja^{1} mwɔŋ^{4}，mwɔŋ^{4} ku^{5} lau^{5}

发夹 kap^{7} fja^{1}，nap^{7}

头绳 pɣəːn^{6} tuk^{8} fja^{1}，tjeu^{2} tuk^{8} pjen^{5}

挎包 khwa^{5} paːu^{5}，tai^{6}

襁褓 hun^{3}，kwən^{2}

尿片 kwən^{2}，tjem^{6}

皮带 khɣɛ^{1} hwa^{5} ŋɣa^{2}，kø^{1} fa^{5} ŋɣa^{2}

裙腰 jəu^{6} kwən^{2}，wəi^{6} kwən^{2}

腰围 hɣat^{8}，wəi^{6} kwən^{2}

门帘 mən^{6} ljen^{2}

窗帘 ja^{1} luŋ^{5} tshoŋ^{1}，luŋ^{5} tshoŋ^{1} len^{6}

包袱 pɔ^{1} fɔk^{8}

背带（背小孩用） haːŋ^{3}

首饰 səu^{3} si^{6}

戒指 kaːi^{4} tsʅ^{3}

簪子 tsaːn^{5}

手镯 cem^{2}

手表 səu^{3} pjaːu^{3}

项圈 ȵen^{2} khon^{1}

耳环 neŋ^{5}

草标 piu^{3}

十一、生活用具、武器

锥子 tsui^{1}

腰鱼篓 cə^{1}

竹饭盒 li^{3}

甑子（蒸糯米饭用） khɣɛ^{1}

镰刀、割稻谷的刀　ljem^{4}

碗　won^{3}

大碗（海碗）　won^{3} lo^{4} paːŋ^{4}

碗柜　kon^{2} chiŋ^{5}

筷子　tsø^{6}

筷筒　puŋ^{4} tsø^{6}

饭勺（饭板）　pən^{6} si^{2}

粥勺子　sjak^{8} tsɔk^{7}

漏勺　tsaːu^{5} lɔ^{2}

锅盖　kəm^{6} chik^{7}，kai^{5}

竹锅盖　kəm^{6} kai^{5} chik^{7}，kəm^{6}

酒壶　hu^{2} khɣəːu^{3}，fu^{2} khɣaːu^{3}

口盅　khəu^{3} tsuŋ^{5}

茶缸　tsha^{6} kaːŋ^{5}

药罐　kon^{5} kɣa^{2}

锅（炒菜的）　chik^{7}

鼎锅（煮饭）　tiŋ^{5} kwa^{1}

铝锅　thi^{5} ko^{5}

炒锅　chik^{7} tshaːu^{3} ma^{1}

锅铲　tshaːn^{3}

锅圈（垫锅用）　chik^{7} tjem^{6}，chik^{7} tən^{1}

三脚架（支锅用）　taːm^{1} tsheŋ^{5}，taːm^{1} kɣø^{2}

锅架子　chik^{7} ca^{5}

火盆　fi^{1} pən^{2}

吹火筒　puŋ^{4} tshui^{1} tɔ^{5}

柴（火）　kui^{1}

劈柴　phwa^{5} kui^{1}

盖子　kai^{5}，kəm^{6}

壶　hu^{2}

茶壶　tsa^{6} hu^{2}

杯子　tsɔŋ^{1}

瓶子　peŋ^{2}

塞子　tət^{8}

钵（盛物用）　pot^{7}

碟子　tshɛn^{1}，tjep^{8}

盘子　pon^{2}

调羹　pak^{8} kɛŋ^{1}

瓢儿　sjak^{8}，pjaːu^{2}

坛子　ɔŋ^{5}，taːŋ^{6}

瓮（肚大口小的坛子）　ɔŋ^{5}

罐子　kon^{5}

缸　taːŋ^{6}

水缸　taːŋ^{6} nəm^{4}

盆子　pən^{2}

木盆　pən^{2} mai^{4}

脸盆　pən^{2} na^{3}

桶　thɔŋ^{3}

水桶　thɔŋ^{3} nəm^{4}

尿桶　thɔŋ^{3} njaːu^{5}

桶箍（箍儿）　thɔŋ^{3} ku^{3}

底儿（桶～）　thɔŋ^{3} te^{3}

大簸箕（晒粮）　lɔŋ^{3} lo^{4}

簸箕（簸米）　lɔŋ^{3} fan^{5}

筲箕（洗菜）　jɔ^{6} li^{2}

筛子（细孔）　luŋ^{1} swaːɤ^{1} ti^{2}

筛子（大孔）　luŋ^{1} swaːi^{1} thaːn^{5}

箩斗（筛米粉）　luŋ^{1} swaːi^{1} ti^{2}

晒席　lɔ^{1}

木槽　njen^{3} tɔ^{2}

石槽　njen^{3} tɔ^{2} tui^{2}

猪槽　pən^{2} mu^{5}

刀　mit^{8}

菜刀　mit^{8} tsjep^{8} ma^{1}

柴刀　mit^{8} ŋau^{1}

镰刀　ljem^{4}

屠刀　mit^{8} khɣa^{1}，mit^{8} li^{3} mu^{5}

尖刀　mit^{8} khɣa^{1}

剃头刀　the^{5} tɔ^{1}

刀刃（刀口）　paːk^{7} mit^{8}

刀尖　mit^{8} kɣo^{3} khɣa^{1}

刀背　khɣak^{7} mit^{8}，mit^{8} khɣaːŋ^{1}

刀鞘　khwak^{7} mit^{8}

刀把（柄）　taːm^{1} mit^{8}

砧板　ciŋ^{2}

桌子　kon^{2}

方桌　kon^{2} ti^{5} teŋ^{2}

饭桌　kon^{2} tsaːn^{1} hu^{3}

凳子　taŋ^{5}

长凳　taŋ^{5} ɣəːi^{3}

木墩（做凳子用）　taŋ^{5} kɔk^{7}

草墩　tən^{1}

椅子　ji^{3}

梯子　kɣœ^{3}

床　pho^{5}

床架　pho^{5} ca^{5}

床板　pjɛn^{3} pho^{5}

柜子　kui^{6}，lɔŋ^{4}

抽屉　tjaːŋ^{1}

箱子　tjaːŋ^{1}

皮箱　phi^{2} tjaːŋ^{1}，pi^{6} tjaːŋ^{1}

木箱　tjaːŋ^{1} mai^{4}

盒子　hɔp^{8}

箩筐　chiŋ^{1}

大箩筐　chiŋ^{1} lo^{4}，kɣau^{2}

小箩筐　chiŋ^{1} niŋ^{5}

方箩筐　chiŋ^{1} ti^{5} teŋ^{2}

圆箩筐　chiŋ^{1} kon^{6}

提篮（小竹篮）　kɣu^{5}，muŋ^{1}

竹筒　puŋ^{4} kwan^{1}

米筒　puŋ^{4} siŋ^{1}，siŋ^{1}

扫帚　ȵaːŋ^{3} phɣət^{7}

竹扫帚　ȵaːŋ^{3} phɣət^{7} kwan^{1}

袋子　tai^{6}

麻袋　tai^{6} ŋaːn^{1}，ma^{6} taːi^{4}

镜子　keŋ^{5}

眼镜　jaːŋ^{6} keŋ^{5}

玻璃　keŋ^{5}，po^{5} li^{6}

毛巾　sʅ^{5} can^{1}，pha^{5}

梳子　chi^{1}

篦子　pe^{6}

扇子　sjen^{5}

伞　taːn^{5}

纸伞　taːn^{5} tsi^{3}

布伞　taːn^{5} ja^{1}

刷子　swaːt^{7}

肥皂　fəi^{6} tsaːu^{4}

针　tshəm^{1}

针筒　puŋ^{4} tshəm^{1}

顶针　teŋ^{1} tshəm^{1}

缝衣针　tshəm^{1} kɣup^{7} kuk^{7}

纳鞋底针　tshəm^{1} thik^{7} çaːi^{1}

缝纫机针　tshəm^{1} tshja^{1} kuk^{7}

扣针　khau^{5} tshəm^{1}

大头针　ta^{4} təu^{6} tsən^{5}

线　pɣəːn^{6}，tjen^{5}

麻线　pɣəːn^{6} thɔ^{1}

丝线　pɣəːn^{6} te^{5}，ti^{1}

带子　khɣɛ^{1}

鸡肠带　khɣɛ^{1} tshaŋ^{6} taːi^{4}

剪子 ȵiu^{1}

棕绳　luk^{7} kɣoŋ^{1}

麻绳　luk^{7} huŋ^{6} ma^{6}

疙瘩（绳子打的结）　kwət^{7}

死结　kwət^{7} tai^{1}

活结　kwət^{7} khui^{5}

绳子　luk^{7}

烟斗　jen^{1} tɔŋ^{4}

水烟筒　jen^{1} tɔŋ^{4} sui^{3}

烟袋（装烟丝）　jen^{1} tai^{6}

烟杆　jen^{1} kaːn^{1}

烟嘴　jen^{1} tsuəi^{3}，paːk^{7} tɔŋ^{4} jen^{1}

烟屎　jen^{1} cɛ^{3}，cɛ^{3} jen^{1}

火笼　fi^{1} lɔŋ^{2}

火柴　tshai^{6} lo^{3}

灯　fi^{1} taŋ^{1}

灯筒　tən^{5} thuŋ^{5}

串灯　tjɛn^{4} tən^{5}

汽灯　chi^{4} tən^{5}

风灯　fuŋ^{5} tən^{5}，taŋ^{1} lɔŋ^{2}

灯草　taŋ^{1} thɔ^{3}

灯罩　fi^{1} taŋ^{1} tsaːu^{5}

灯笼　taŋ^{1} lɔŋ^{2}

灯芯　fi^{1} taŋ^{1} təm^{1}

蜡烛　laːp^{8} tsɔk^{7}

黄蜡　laːp^{8} tsɔk^{7} ŋaːn^{3}

棍子　kɣəːu^{4}

拐杖　cyŋ^{4}

竹竿　kaːn^{6}，kaːn^{6} kwan^{1}

秤　tshiŋ^{5}

秤星　tshiŋ^{5} teŋ^{1}

秤砣　tshiŋ^{5} twa^{2}

秤盘　tshiŋ^{5} pon^{2}

秤钩　tshiŋ^{5} kau^{1}

秤索　tshiŋ^{5} tɔŋ^{1}

戥子　li^{2} taŋ^{3}

锁　twa^{3}

秤杆　tshiŋ^{5} kaːn^{3}

钥匙　lak^{8} si^{2}

酒提子　khɣəːu^{3} te^{2}

漏斗　khɣəːu^{3} lau^{6}

耳子（附着在器物上，像耳朵）　khɣa^{1}

把儿　pa^{4}，taːm^{1}

彩釉　jəu^{6}

瓷器　tshɿ^{6} chi^{4}

马鞍　ma^{4} aːn^{1}

马镫　taŋ^{1}

缰绳　luk^{7}

马衔　tsap^{8} khau^{3}

鞭子　pjen^{1}，kɣəu^{4}

牛嘴笼　kɣɔŋ^{2} paːk^{7} tən^{2}

牛绳（牛索）　luk^{7} tən^{2}

牛鼻环　naŋ^{1} khon^{1}

牛鼻索　luk^{7} naŋ^{1} tən^{2}

牛轭　jik^{7}

弩　nu^{6}

弓　cɔŋ^{1}

弓弦　jen^{2}

箭　tjen^{5}

茅（红缨枪）　thjaːŋ^{1}

炮　tshɔŋ^{5} lo^{4}

枪　tshɔŋ^{5}

子弹　pit^{7} ma^{4}，tsʅ^{1} taːn^{4}

鸟枪　tshɔŋ^{5} peŋ^{5} nɔk^{8}，tshɔŋ^{5} tjəu^{1}

弹弓　tshɔŋ^{5} caːu^{1}

剑　chem^{5}

盔甲　khuəi^{5} ca^{6}，mɔ^{6} kaːŋ^{1}

子弹壳　khaːk^{7} phi^{6} ma^{3}，pit^{7} ma^{4} khaːk^{7}

火药　tjeu^{1}

炸药　tsa^{4} jo^{6}

地雷　ti^{6} loi^{2}

铁砂　tshɔŋ^{5} sa^{1}

火帽（鸟枪发火用）　fi^{1} mɔ^{6}，cet^{7}

烟炱（粘在锅底的烟尘）　ȵiŋ^{5} chik^{7}

染布膏　ȵəm^{4}

粘鸟胶　caːu^{1} tsoŋ^{1} nɔk^{8}

十二、生产工具

碓嘴　paːk^{7} toi^{5}

犁　khɣai^{1}

犁镜　li^{2} mjen^{6}

犁弯　li^{2} kuŋ^{4}

犁头　paːk^{7} khɣəi^{1}

牛绳　luk^{7} tən^{2}

牛嘴笼　paːk^{7} kɣɔŋ^{2}

牛鼻绳　luk^{7} tshøn^{5} naŋ^{1} tən^{2}，min^{5} tshøn^{5} tən^{2}

牛打索　hɣəu^{4}，çəu^{4}

锹　kɣœ^{3}

耙（农具）　pa^{2}

谷耙　thɔŋ^{1} pa^{2}，muk^{8} kwaːi^{6}

钉耙　tsaːu^{3}

拖拉机　tho^{5} la^{5} ci^{5}

刮子　kwaːt^{7}

锄头　cok^{7}

齿锄　cok^{7} ku^{1}

板锄（除草松土用）　cok^{7} tshaːn^{3}

锄头把　taːm^{1} cok^{7} puŋ^{2} ȵaːu^{4}

刮子　kwaːt^{7}

水车　tshja^{1} nəm^{4}

戽斗　fu^{5} tau^{3}

水车（龙骨车）　lɔŋ^{2} kwət^{7} tshja^{1}

梿枷（打稻子用）　liu^{5} kwən^{5}

连枷　ljeu^{5} kwən^{5}

磨盘　mwa^{6} pon^{2}

打谷筒　huŋ^{6} thɔŋ^{3}

扁担　lɔ^{5}

杠子 kaːŋ^{5}

粪箕 lau^{4}，jɔ^{6} li^{2}

撮箕 jɔ^{6} li^{2}

风车 fɔŋ^{1} tshja^{1}

铡刀 mit^{8} tsaːp^{8}

柴刀 mit^{8} ŋau^{1}

镰刀 ljem^{4}

禾叉（叉稻子用） tsha^{5} ŋa^{1}

磨 mwa^{6}

碾子 njɛn^{3}

碓（用脚踏的） toi^{5}，luŋ^{1} toi^{5}

碓杆 toi^{5} kaːn^{3}

碓窝 kəm^{1}

臼 kəm^{1}

木杵 tshok^{7} tjeu^{2}

纺车 sja^{3}

织布机 tuŋ^{2}，tuŋ^{2} kɣaːk^{7}

梭子 phi^{5} sɔ^{1}

卷纱的竹筒 lyt^{7}，khak^{7} lyt^{7}

纬线（织布） sa^{1} tseŋ^{5}

经线（织布） sa^{1} hwŋ^{1}

鱼叉 ȵy^{6} tsha^{1}

浮子（钓鱼用的鱼标） phɔ^{5}

叉子 tsha^{1}

钓鱼竿 tjeu^{5} kaːn^{3}

鱼钩 tjeu^{5} kau^{1}

鱼篓 phiu^{1}，cə^{1}

渔网（撒网） mwɔŋ^{4}

渔网（长形） mwɔŋ^{4}

罾（长方形渔网，有竹竿支架） muŋ^{4}

ti^{5} tsheŋ^{5}

雀套 thɔ^{5}

大木槌 puŋ^{6} tsui^{2}

斧头 fo^{3}

锯子（工具） kɣø^{5}

刨子 pɔ^{2}

鱼笼（有倒刺，鱼能进不能出） hɣœ^{1}

砸夯 tui^{2} tshɔp^{7}

钻子（木匠用） jaŋ^{6} te^{2}

锥子 tsui^{1}

锉刀 kɣø^{5} tɔ^{2}

木马（木匠用） muk^{8} ma^{4}

墨斗 mak^{8} tau^{3}

墨线 mak^{8} tjen^{5}

磨刀石 te^{6} kwan^{2}

锤子 tsui^{2}

铁砧 khɣət^{7} tən^{1}

钳子 ŋap^{7} cem^{2}

火钳 ŋap^{7}，fi^{1} cem^{2}

钩子 kau^{1}

风箱 ti^{4} tu^{4}，fɔŋ^{1} tjaːŋ^{1}

铁线 kɣət^{7} tjen^{5}

钉子 teŋ^{1}

木头（木料） mai^{4}，mai^{4} ljeu^{6}

凿子 tiu^{5}

板子 pjɛn^{3}

篾条 mjet^{8}

木屑 mak^{7} mai^{4}

刨花 pɔ^{2} hwa^{1}

锯末 pəu^{5} mai^{4}

隼子（木器结合处突出部分） san^{3}
楔子 lim^{4}
机器 ci^{5} chi^{4}
吃牯牲 teŋ^{1}

十三、经济、文化、娱乐

集市（街子，圩场） fai^{3}
钱 tjen^{2}，phjeu^{5}
银元 ləi^{5} ȵen^{2}，haːu^{6}
铜板 ləi^{5}，tɔŋ^{6} ləi^{5}
铜钱（有方孔） mən^{1} tjen^{2}
工钱 kɔŋ^{1} tjen^{2}
工分 kɔŋ^{1} fən^{1}
工资 kɔŋ^{1} ti^{1}
生意 sjaːŋ^{5} ji^{5}
价钱 ca^{5} tjen^{2}
银行 jin^{6} haŋ^{6}
利息 li^{4} si^{6}，li^{6} sik^{7}
税 soi^{5}
债 tsjaːŋ^{5}
笔 pət^{7}
铅笔 tshøn^{5} pi^{6}
自来水笔 swəi^{3} pi^{6}
纸 tsi^{3}
墨 mak^{8}
墨水（钢笔用） mak^{8}，mə^{6} swəi^{3}
砚台 mak^{8} ȵen^{6}
浆糊 tsjaːŋ^{4} hu^{6}，tsjaːŋ^{4} fu^{6}
字 lɛ^{2}，ti^{6}，ti^{6} lɛ^{2}
书 lɛ^{2}
图画 hwa^{5}
对联 toi^{5}
历书 huŋ^{6} lek^{8}
信 tən^{5}
印（图章） jen^{5}
电话 tjɛn^{4} hwa^{4}
算盘 ton^{5} pon^{2}
账目 tsjaŋ^{5}
数目 sɔ^{5} mɔk^{8}
尺子 tshek^{7}
旗子 ci^{2}
球 cəu^{2}
棋 ci^{2}
谜语 mi^{5}
歌 tshjaːŋ^{5}
山歌 san^{1} ko^{1}
民歌 min^{6} ko^{5}
情歌 tshjaːŋ^{5} tɔŋ^{6} njɛn^{2}
舞蹈 thiu^{5} wu^{3}
电影 tjɛn^{4} jin^{3}
故事 ku^{3}
扑克牌 phe^{5}
地图 ti^{6} tu^{2}
秋千 tuŋ^{6} nɔŋ^{5}
风筝 jeu^{6}
钟（敲的） tsɔŋ^{1}
钟（时钟） tsɔŋ^{1}
铃 leŋ^{2}
铃（巫师用） leŋ^{2}
唢呐 pə^{6} lɛ^{4}

喇叭　la^{6} pa^{5}

芦笙　lu^{6} sen^{1}

口弦　khau^{3} jen^{2}

钹（乐器）　tshwa^{3}，kəm^{4} tshœ^{3}

锣　la^{2}

大钹　tshwa^{3} lo^{4}，tsəm^{6} tshø^{3}

小钹　tshwa^{3} niŋ^{5}，tsəm^{6} tshø^{3}

鼓　ku^{3}

铜鼓　tɔŋ^{6} ku^{3}

鼓棒　ku^{3} tsui^{2}

二胡　ȵi^{6} jen^{2}

箫　sjeu^{1}

笛子　tek^{8}

哨子　saːu^{5}

牛“斗”　tuk^{7} tshaːu^{5}

塑像　su^{5} tjaŋ^{5}

六子棋　ci^{2} peŋ^{5}

串棋　ci^{2} tshøn^{5}

高跷　tuk^{8} tek^{8}，təp^{8} tek^{8}

摇铃　khɣəu^{5} leŋ^{2}

十四、行政区域、民族

世界　se^{5} caːi^{5}

国　kok^{7}

中国　tsɔŋ^{1} kok^{7}

省　sɛŋ^{3}

自治州　tsʅ^{4} tsʅ^{4} tsəu^{5}

县　jøn^{6}

区　chy^{5}

乡　caːn^{1}

村　maːn^{3}

村寨　tsaːi^{6}

城　seŋ^{2}

京城（首都）　keŋ^{1} seŋ^{2}

北京　pek^{7} keŋ^{1}

民族　min^{6} tsu^{6}

汉族　kwən^{1}

壮族　tsoŋ^{6}

布依族　pu^{4} ji^{5} tsu^{6}

侗族　tuŋ^{4} tsu^{6}

水族　swəi^{3} tsu^{6}

仫佬族　lam^{1}

毛南族　maːu^{6} naːn^{6}

傣族　taːi^{3} tsu^{6}

黎族　li^{6} tsu^{6}

苗族　mjaːu^{2}

瑶族　jeu^{2}

仡佬族　kə^{6} laːu^{3} tsu^{6}

京族　cin^{5} tsu^{6}

十五、信仰、风俗

仙人　tjen^{1} ca^{1}

神　sən^{2}

土地神　thu^{3} ti^{6}

鬼　laːi^{4}

妖怪　jeu^{1} tiŋ^{1}

魂魄　wən^{2} pek^{8}

菩萨　phu^{6} sa^{1}

神台　sən^{6} tai^{2}

庙　mjaːu^{6}

花婆庙　mjaːu^{6} pwa^{2}

社王庙　mjaːu^{6} sja^{4} joŋ^{2}，sja^{4}

虫庙　mjaːu^{6} kɣa^{1}

秋庙　mjaːu^{6} thəu^{1}

祠堂　tsʅ^{6} taːŋ^{2}

碑　poi^{1}

塔　taːp^{8}

坟墓　fən^{2}

坟幡　tsi^{3} pɛk^{8}，faːn^{1}

墓碑　fən^{2} poi^{1}，pi^{1}

经（念经）　keŋ^{1}

咒语　tsəu^{5}

符　fu^{2}

棺材　səu^{6}，mai^{4}

纸钱　tjen^{2} tsi^{3}

香（迷信用）　çaːŋ^{1}

香炉　çaːŋ^{1} lu^{2}

蜡烛（拜神用）　laːp^{8} tsɔk^{7}

炮竹　tsi^{3} phɔ^{5}

风俗　fuŋ^{5} su^{6}

生日　sɛŋ^{1} ȵet^{8}，sʅ^{5} ȵet^{8}

八字　pat^{7} ti^{6}

十六、疾病、医药

病（疾病）　nɛ^{5}，peŋ^{6}

疟疾　fɛ^{4} nɔ^{1}

痨病（肺病）　fən^{1} lɔ^{2}

痢疾　lɔŋ^{2} cit^{7}，khɣɔ^{5}

胃病　tu^{3} cit^{7}

瘟疫　faːt^{7} wən^{1}

天花　uk^{7} tau^{6}

麻疹　uk^{7} ma^{2}

水痘　sui^{3} tau^{6}

黄疸病　lɔŋ^{2} ŋaːn^{3}

水肿病（血吸虫）　lɔŋ^{2} ləm^{6}

关节炎　fɔŋ^{1} chi^{5}，fɔŋ^{1} chu^{5} cit^{7}

心脏病　sin^{5} tsaŋ^{4} peŋ^{6}，təm^{1} tsjaːŋ^{5}

癌症　ŋaːn^{6}，ŋaːn^{6} tsən^{4}

流产　paŋ^{1} hɣən^{1}

痧症　faːt^{7} sa^{1}

麻风　ma^{6} fɔŋ^{1}

酒疯　faːt^{7} khɣəːu^{3} tjen^{1}

癫痫　lɔŋ^{2} cit^{7} laːn^{3}

疳积　fən^{1} kɔm^{1}

夜盲　la^{1} ləm^{6} kaːi^{5}

抽筋　tshau^{1} cen^{1}

伤口　kon^{6} sjaːŋ^{1}，sjaːŋ^{1} khau^{3}

疤　kum^{3}

疮　tshoŋ^{1}，phiŋ^{1}

疥疮　kɣat^{7}

脓　hɣak^{7}，hɣak^{7} ta^{4}

癣　tjøn^{3}

冻疮　ȵit^{7} tshoŋ^{1}

瘌痢头　kɣo^{3} laːi^{6}

痱子　ɣən^{5}

九子痒　cəu^{3} tsʅ^{3} jaŋ^{6}

大颈泡　pɛ^{6} hɛ^{2}

瘤子　tət^{8}

瘊子　kut^{7}

翳子（白内障）　la^{1} tsha^{5} muŋ^{6} hwa^{1}

淤血　phɣət^{7} nam^{2}

狐臭　haːn^{6} ma^{4}，kɣən^{1} ut^{7}

精神病　tjen^{1}

罗圈腿　tin^{1} mu^{1} au^{2}

腹泻　lɔŋ^{2} cit^{7} khɣɔ^{5}

哮喘　hau^{1}，chi^{5} lən^{4}，tshja^{3} hau^{1}

脓头　hɣak^{7} ta^{4}

近视眼　la^{1} kau^{5} phɣəi^{5}

药　kɣa^{2}

鸡眼（手脚上的硬皮）　ɣa^{1} ci^{1}，kut^{7}

疙瘩（被虫叮咬）　lɔk^{7} pɔk^{7}

膏药　caːu^{1} jaːk^{8}

龅牙　ʃan^{1} tsha^{5} tshi^{3}

虫牙　fan^{1} fən^{1} kɣa^{1}

药方　kɣa^{2} taːn^{1}

中药　tsuŋ^{5} jo^{6}

西药　si^{5} jo^{6}

补药　kɣa^{2} pu^{3}

麻药　ma^{6} jo^{6}

汤药　kɣa^{2} hɣo^{5}，kɣa^{2} woi^{1}

丸药　kɣa^{2} ȵen^{2}

草药　tshaːu^{3} jo^{6}

麝香　sja^{6} çaːŋ^{1}

痄腮　fən^{1} ŋai^{6} lo^{4}

金银花　hwa^{1} cem^{1} ȵen^{2}

车前草　ma^{1} nəp^{7} ma^{4}

人参　jin^{6} sən^{5}

一点红　nə^{5} tjem^{3} laːn^{3}

绞股蓝　thət^{7} fa^{5} mwɔ^{5}

七叶一枝花　thət^{7} fa^{5} ljen^{2}

米汤树　paːt^{7} kak^{7} foŋ^{1}

燕子藤　çaːu^{1} ma^{6} jin^{5}

九节茶　cəu^{3} kwət^{7} tsa^{2}

大蓟　ci^{1} lo^{4}

大血藤　çaːu^{1} phɣəːt^{7} lo^{4}

大飞扬草　nɛ^{6} hɣo^{5} hɣɔk^{8} lo^{4}

接骨木　taːp^{7} kwət^{7} lo^{4}

大叶桉　aːn^{5} mai^{4} fa^{5} lo^{4}

大罗伞　mai^{4} taːn^{5} lo^{4}

小飞扬草　nɛ^{6} hɣo^{5} hɣɔk^{8} niŋ^{5}

小蓟　ci^{1} niŋ^{5}

土茯苓　hu^{3} kɔk^{7} taːŋ^{1}

土人参　tɔŋ^{6} ma^{1} pi^{2}

土牛膝　mai^{4} cen^{1} tən^{2}

小罗伞　mai^{4} taːn^{5} niŋ^{5}

土荆芥　ma^{1} ȵin^{1}

三白草　hɣɔk^{8} taːm^{1} pɛːk^{8}

万年青　hwaːn^{6} mɛ^{1} həu^{1}

白腊树子　tsɔŋ^{1} tsən^{5} laːk^{8}

山芋头　ˀɣaːk^{7} laːi^{4}

山楂　pɣa^{1} tsa^{1}

山苍子　ja^{4} mai^{4} tsjaːŋ^{5} laːk^{8}

千日红　thjen^{1} fan^{1} laːn^{3}

千斤拔　la^{1} thjen^{1} can^{1}

千里光　çaːu^{1} jɛ^{5}

马蹄金　ma^{1} luk^{7}

马鞭草　hɣɔk^{8} ma^{4} pjen^{1}

天门冬　mən^{6} tɔŋ^{1}

天王蒜　hɣɔ^{2} mən^{1}

节节草　hɣɔk^{8} pət^{7} thaːp^{7}

木槿皮　mai^{4} cen^{1} ŋɣa^{2}

元宝草　hɣɔk^{8} ȵen^{6} pɔ^{1}

牛筋草　hɣɔk^{8} cen^{1} tən^{2}

凤尾草　hɣɔk^{8} ci^{1} jem^{1}

石菖蒲　sik^{8} tshja:ŋ^{1} pu^{2}

仙鹤草　ma^{4} ljen^{6} a:n^{1}

三叶半夏　ma^{1} ɣa:k^{7} la:k^{8}

百草霜　ȵiŋ^{5} chik^{7}

半边莲　mɣa:ŋ^{6} pjen^{1} ljen^{2}

十七、食品、饲料

食物　ça:ŋ^{6} tsa:n^{1}，tsa:n^{1} chi^{5}

粮食　lja:ŋ^{2}，lja:ŋ^{6} sʅ^{6}

米　hu^{3}

糙米　hu^{3} thɔ^{5}

粳米　hu^{3} ta:n^{1} kwa^{3}

梗米（不黏）　hu^{3} tsjem^{1}

糯米　hu^{3} kɣœ^{3}

糯米饭　ma:i^{5}

夹生饭　hu^{3} leŋ^{2} tja:ŋ^{1}，hu^{3} phu^{1} lɔ^{4}

米饭　hu^{3}，hu^{3} tuŋ^{1}

米汤　hɣo^{5} hu^{3}

饭　hu^{3}，hu^{3} sɔk^{8}

锅巴　hu^{3} khut^{7}

午饭　hu^{3} fan^{1}

早饭　hu^{3} hət^{7}

晚饭　hu^{3} mu^{2}，hu^{3} fɛ^{1}

粥　tsɔk^{7}

粥皮　tsɔk^{7} pjaŋ^{4}

醃糟　khɣə:u^{3} la:k^{7}

芒粑（蕨根制作）　ti^{6} ȵiu^{3}

菜籽油　jəu^{2} thai^{5}

芝麻油　jəu^{2} jəu^{6} ma^{2}

茶籽油　tsa:i^{6} jəu^{2}

饼　peŋ^{3}

米粉　thɔŋ^{1} pi^{2}，fən^{3}

月饼、饼　peŋ^{3}

年糕　njen^{6} kɔ^{1}，ti^{2}

包子　pɔ^{1}

凉粉　ljaŋ^{6} fən^{3}

油条　jəu^{2} tjeu^{2}

豆腐皮　təu^{6} fu^{6} pjaŋ^{4}

豆腐乳　təu^{6} fu^{6} jy^{1}

腐竹　fu^{4} tsu^{6}

软皮蛋　kɣəi^{5} ŋɣa^{2} ma^{3}，kɣəi^{5} ma^{3}

面粉　mjɛn^{6} fən^{3}

面条　mjɛn^{6} tjeu^{2}

粉末（面儿）　pən^{5}

粑粑　ti^{6}

粽子　jyt^{7}

汤圆　ti^{2} pɣəu^{5}

米花糖　hu^{3} puk^{7}

菜（饭菜）　ma^{1}

汤（菜汤）　hɣo^{5}

酸菜　ma^{1} khɣəm^{3}

汤（菜汁）　hɣo^{5} ma^{1}

肉　sik^{8}

牛肉　sik^{8} tən^{2}

牛腩（牛腹部的肉）　sik^{8} lɔŋ^{2} pɔp^{8}

猪肉　mu^{5}

腊肉　sik^{8} laːp^{8}

牛小肠（连肠内物同吃）　fən^{3} tsjaːŋ^{2}

肥肉　sik^{8} pi^{2}

瘦肉　sik^{8} teŋ^{1}

肉冻　sik^{8} tuŋ^{4}

油　jəu^{2}

植物油　jəu^{2} ti^{6} tɔŋ^{6}

荤油　jɔu^{2} ti^{6} tɔ^{2}

牛羊油　jəu^{2} tən^{2}，jəu^{2} kwa^{2}

猪油　jəu^{2} mu^{5}

网油　jəu^{2} mɣɔŋ^{4}

板油　man^{2} lɔŋ^{2}

油渣　məm^{6} hɣəm^{4}

酱　tjaŋ^{5}

酱油　tsjaːŋ^{4} jəu^{6}

醋　khɣau^{3}

盐　kwa^{1}

甜酒　khɣəːu^{3} fjɛn^{1}

酒曲　khɣəːu^{3} peŋ^{3}

酒糟　khɣəːu^{3} laːk^{7}

糖　taːŋ^{2}

白糖　pɛk^{8} taːŋ^{2}

红糖　taːŋ^{2} laːn^{3}

冰糖　pin^{5} thaːŋ^{6}

蜂蜜　taːŋ^{2} taŋ^{6} lim^{6}

豆腐　tau^{6} fu^{6}，təu^{6} fu^{6}

豆渣　təu^{6} fu^{6} tɔ^{1}

豆豉　tɔu^{6} ʂi^{6}

蛋　kɣɔi^{5}

蛋白　kɣɔi^{5} paːk^{8}

蛋黄　kɣəi^{5} ŋaːn^{3}

蛋壳　kɣəi^{5} khaːk^{7}

茶　tsa^{2}

茶叶　fa^{5} tsa^{2}

烟（抽的）　jen^{1}

开水　khaːi^{5} shwəi^{3}

猪食　kɣu^{2}

细糠　kwa^{6} ȵe^{3}

粗糠　kwa^{6} ce^{5}，woŋ^{3}

茶麸　tsa^{6} khu^{1}

烟叶　jen^{1} fa^{5}

烟丝　jen^{1} ti^{1}

香烟　jen^{1} tsaːi^{3}，çaːŋ^{5} jen^{5}

卷烟　jen^{1} kon^{3}，jen^{1} kɣøn^{3}

谷壳　hu^{3} khaːk^{7}

钓饵　tjaːu^{4} ə^{1}

肥料（总称）　fəi^{6} ljaːu^{4}，pi^{2} ljeu^{6}

十八、抽象及其他

荫（阴影、树荫）　lam^{3}

影子　tuŋ^{6} paːn^{4}

颜色　sak^{7}

花纹　pjɛn^{1}

记号　hɔ^{6} ci^{5}

点儿（黑、白）　tjem^{3}

样子（人的相貌）　jaːŋ^{6}，mjen^{6} mu^{2}

粪（牲畜的）　cɛ^{3}，mu^{2}

灰（草木灰）　pu^{1}

肥料　fəi^{6} ljaːu^{4}

垃圾　ŋaːk^{7}

壳（皮壳） khaːk^{7}
沉淀物 tsa^{1}
渣子 tsa^{1}
胶 caːu^{1}
裂缝 khai^{1}，khai^{1} ŋaːp^{7}
痕迹 jən^{3}，han^{1}
脚印 jen^{5} tin^{1}
脚步 jaːŋ^{5}
瓣儿（橘子、蒜） sim^{3}
霉（衣服上的） mwaːi^{6}
霉（食物上的） mwaːi^{2}
话 hwa^{6}
耳语 hwa^{6} tau^{5} khɣa^{1}
传说 tsøn^{2}，hai^{5} caːŋ^{3}
声音 ŋɔ^{2}，sɛŋ^{1} jəm^{1}
回声 jeŋ^{3} ŋɔ^{2}，tjep^{7} ŋɔ^{2}
梦 mɔŋ^{6}
梦话 mɔŋ^{6} hwa^{6}
口哨 kɣu^{1}，kɣu^{1} saːu^{5}
姓 teŋ^{5}
名字 ɣəːn^{1}
东西 ti^{6} jaːŋ^{6}，ti^{6} cen^{4}
福气 fɔk^{7} chi^{5}
命运 mɛŋ^{6}
性命 sən^{6} mɛŋ^{6}
罪过 toi^{6}
礼物 le^{4}
手艺 səu^{3} ŋe^{6}
工作 təu^{6} lu^{6}，kuŋ^{5} tsɔ^{6}
事情 ti^{6} teŋ^{2}
坏事 hwaːi^{5} ti^{6}
道理 təu^{6} li^{4}
脾气 phi^{6} chi^{5}
习惯 kwaːn^{5}，si^{6} kwaːn^{4}
胆量 mwɔ^{5}，taːm^{3} ljaːŋ^{6}
力气 lik^{8} chi^{5}
记性 ci^{5} teŋ^{5}
瘾（烟瘾） jen^{4}
头（起端） kɣo^{3}，ta^{4}
末尾 saːt^{7}，phɣø^{1}
优点 jaːŋ^{6} ji^{1}
缺点 jaːŋ^{6} hwaːi^{5}
错误 jaːŋ^{6} thaːk^{7}

动 词

一、自然现象及一般事物的活动变化

破晓 tshja^{3} phuŋ^{3}
升起太阳 thəu^{5} fan^{1} uk^{7}
天亮 mən^{1} kɣaːŋ^{1}
出（太阳） uk^{7}
晒 ça^{5}
照射 tsjeu^{5}
陨落 tja^{5}
云遮住 kwa^{3} taːŋ^{3}
落（太阳） pɣe^{1}
薄暮（天快黑） thəu^{5} fan^{1} tja^{2}
天黑 mən^{1} lap^{7}

晴（雨霁）　liŋ^{4}
阴（天阴）　ɣəm^{5}
日蚀　thəu^{5} fan^{1} tshɛŋ^{5} taːn^{5}
月蚀　ŋwa^{1} tsaːn^{1} kɣaːŋ^{1} njɛn^{2}
打雷　ləi^{6} pɣa^{3} tin^{3}
雷击　maːk^{7}，lɛŋ^{2}，əp^{7}
打闪　ləp^{8} liŋ^{6}
下雨　tɔk^{7} kwən^{1}
潲雨　phot^{7}，sak^{8}
淋（雨淋）　ləm^{2}
吹（风吹）　tshui^{1}
刮风　faːn^{1} ləm^{2}
风干　laːŋ^{5} khu^{1}
涨（河水涨了）　lɔk^{7}，tsjaːŋ^{5}
流（水～）　thoi^{1}
溅（水～）　pin^{5}
冲（被水冲走）　tshuŋ^{5}，khuŋ^{5}
淹（水～）　jəm^{5}
淹死　jəm^{5} tai^{1}
漫过　mwaːt^{8} ta^{6}，pu^{4} ta^{6}
荡漾　poŋ^{4}，ŋwaːk^{7}
结冰　cet^{7} nui^{1}
溢出来　pɣœ^{6} uk^{7} taŋ^{1}，pu^{4} uk^{7} taŋ^{1}
水倒流　nəm^{4} thoi^{1} tɔ^{5} fan^{6}
散（雾～了）　taːn^{5}
膨胀（豆子等浸水后～）　faːt^{7} tsjaːŋ^{5}
伸长（橡皮筋等）　mɛŋ^{1} ɣaːi^{3}，tshja^{3} ɣaːi^{3}
缩（布～了）　sɔk^{7}
渗透（泥土，纸等被水～）　thəm^{5}

缺（碗～了一个口）　waŋ^{5}，fiŋ^{5}
缺（刀～口）　waŋ^{5}
缺（～牙）　waŋ^{5}
破（罐子～了）　laːn^{6}，khyŋ^{3}
裂开（墙～了）　khai^{1}
皴裂（皮肤等受冻而干裂）　pik^{7}
散（辫子～了）　taːn^{5}
沾（手～泥）　njaːm^{1}
刺（阳光～眼）　miŋ^{3}
扎（荆棘～破了手）　tshan^{1}，puk^{7}
穿透　tshan^{1} chyŋ^{3}
破（衣服被树枝划破）　kau^{1} laːn^{6}
滚（石头～）　løŋ^{4}
垮（土坎～了）　ʔjaːp^{7}
绊住（绳子～了脚）　kɣəu^{2}
干涸（池塘～了）　khu^{1}
坏（犁头～了）　laːn^{6}，hwaːi^{5}
朽（木头～了）　hɣam^{2}
断（扁担～了）　təu^{5}
断（绳子～了）　təu^{5}
连（树枝断了，树皮还～着）　nəŋ^{5}
露（盖好被别让脚～出来）　lau^{6}
浮（～在水面）　fu^{2}
沉（～到水底）　tsəm^{2}
掉（牙齿～了）　thot^{7}，pɣœ^{1}
掉（～在地上）　pɣœ^{1}
掉（桶底～了）　phɣø^{5}
陷（地～下去）　lɔp^{8}，ləm^{5}
轧（车了～死人）　ŋjɛn^{3}
旋转　[illegible]^{6}

转动　caːu^{3}

撞（车子～在墙上）　phoŋ^{5}，tshoŋ^{5}

倒了（树～了）　khɣam^{5}

倒塌　kɣœ^{2}

冒烟　uk^{7} fi^{1} kwan^{1}

着（火着了）　fən^{1} fi^{1}

着火　fən^{1} fi^{1}

烧（野火～山）　taːu^{3}

灭（灯～了）　lap^{7}

熄灭（火种～～了）　lap^{7}

响（枪～了）　kuŋ^{3}

爆炸（地雷～～了）　tsa^{4}

熏（烟～眼）　kwan^{1}，au^{5}

呛（辣椒～鼻子）　tshoŋ^{5}，kɣa^{2}

鲠（骨～在喉）　ka^{2}

闪（～了腰）　jeu^{3}，liu^{5}

扭（脚～了）　liu^{5}

脱（锄头把儿～了）　thot^{7}

秃（头～了）　lɔ^{5}

脱（头发～落了）　pɣø^{1}

溢（水～出来）　pu^{4}，phu^{5}

漏（水桶～水）　lau^{6}

滴（水往下～）　tek^{7}

沸（水～了）　kwən^{3}

洒（米～了一地）　swa^{5}

剩（～饭）　siŋ^{6}

凝结（猪油～～了）　cet^{7}

融化（猪油～～了）　jɔŋ^{2}

沉淀　tsəm^{2}

颠倒（筷子～～了）　tiŋ^{5} tɔ^{5}

颠簸（车子～～得很）　phɔ^{1}，paːi^{5}

震动　lan^{6}

动摇（牙齿松动了）　ŋau^{6}，sɔŋ^{1}

摆动（树枝～～）　ŋau^{6}，paːi^{3}，hwak^{7}

发霉　uk^{7} mwaːi^{2}

发酵　au^{5} faːk^{7}

霉烂（衣服～～了）　hɣam^{2}

糟（衣服穿久不结实了）　çi^{1}

褪色　thoi^{5} sak^{7}

朽　hɣam^{2}

生锈　tsha^{5} teŋ^{5}

通（这条路不～）　thɔŋ^{1}

硌（石头～脚）　aŋ^{3}

二、动植物的活动和生长变化

守（狗～门）　səu^{3}

摆尾（狗～～）　fit^{8} khɣət^{7}

啃（～骨头）　kəp^{7}

咬（被狗～了）　cet^{8}

咬（老鼠～衣服）　cet^{8}

蛀（虫～木头）　tsy^{5}

咆哮（老虎～～）　tin^{5}，hau^{2}

嘶（马～）　tin^{3}

吠（狗～）　khɣəu^{5}

啼（公鸡～）　can^{1}

叫（母鸡～小鸡）　tin^{3} kɔk^{7} kɔk^{7}

叫（母鸡下蛋时～）　tin^{3} kə^{6} tøk^{7}

叫（鸟～）　tin^{3}

叫（牛～）　tin^{3}

爬（蛇在地上～）　la^{6}

飞　fən^{3}
扑（老虎～过去）　pu^{4}
缠绕（蛇～树）　kɣəu^{3}
滚（马儿打～）　løŋ^{4}
小跑　thaːŋ^{5}
大跑　thaːŋ^{5}，phɔ^{1}
游（鱼儿～来～去）　jəu^{2}，waːt^{8}
泡水（水牛～）　təm^{5} nəm^{4}
滚泥（水牛～）　løk^{7} naːm^{6}
抵（牛～人）　tshaːu^{5}
打架（牛～～）　tuk^{7} tshaːu^{5}
打架（鸡～～）　tuk^{7} tøŋ^{1}
蜇（蜂～人）　lyt^{7}
蜕壳（蝉～～）　thot^{7} khaːk^{7}
脱皮（蛇～～）　thot^{7} ŋɣa^{2}
拱（猪～墙）　ȵyn^{5}
结网（蜘蛛～～）　cet^{7} mɣɔŋ^{4}
做窝（鸟～～）　fɛ^{4} tən^{1}
驮（马～东西）　mwaːi^{5}
啄（鸡～米）　tøŋ^{1}
反刍（牛～～）　tɔ^{5} jep^{7}
繁殖　faːn^{6} tsɿ^{6}，lui^{6} laːk^{8}
发情（牲畜～～）　faːt^{7} laːu^{5}
生（鸡～蛋）　uk^{7}
生（～小牛）　lui^{6}
抱窝（鸡～）　laːi^{6} pɣam^{1}
孵（～小鸡）　pɣam^{1}
变（蛹～蛾）　pjen^{5}
长（猪～得很快）　hwəi^{5} lo^{4}
长（野草～得很快）　hwəi^{5} foŋ^{1}
发芽（种子～～）　faːt^{7} ŋa^{2}
发芽（树枝～～）　uk^{7} ŋa^{2}
开花　khai^{1} hwa^{1}
出穗　pjeu^{1} mɣaːŋ^{2}
茂盛　nɔŋ^{4}
凋谢　tja^{5}，kɣu^{3}
结果　cet^{7} at^{7}
成熟（果子～～了）　sɔk^{7}
垂（树枝～下来）　tjeu^{5}
枯（树枝～了）　khɣɔ^{3}
干缩　kɣəːu^{3}，khɣɔ^{3}
落（树叶～了）　pɣœ^{1}
烂（瓜果～了）　laːn^{6}

三、判断、存在、趋向、能愿动词

是　si^{6}
不是　ŋ^{5} si^{6}，khɔŋ^{1} si^{6}
像（他～你）　thjaːŋ^{5}
当（～兵）　taŋ^{1}
有　mɛ^{2}
没有　ŋ^{5} mɛ^{2}，khɔŋ^{1} mɛ^{2}
来　taŋ^{1}
去　paːi^{1}
回　ma^{1}
回来　fan^{6} ma^{1}
回去　fan^{6} paːi^{1}
出　uk^{7}
出来　uk^{7} taŋ^{1}
出去　uk^{7} paːi^{1}
进　lɔ^{3}

进来　lɔ^{3} taŋ^{1}

进去　lɔ^{3} paːi^{1}

上　tsha^{5}

上来　tsha^{5} taŋ^{1}

上去　tsha^{5} paːi^{1}

下（~山）　lui^{6}

下来　lui^{6} taŋ^{1}

下去　lui^{6} paːi^{1}

返　faːn^{3}

返回　faːn^{3} fan^{6} ma^{1}

到　thəu^{5}

要（你~听老师的话）　aːu^{1}

要（你~到哪里去）　aːu^{1}

将要　tseŋ^{5} aːu^{1}

应当　jiŋ^{5} taŋ^{1}

应该　jiŋ^{5} kai^{1}

肯　khaŋ^{3}

愿意　ȵøn^{6}

可以（我~~去吗?）　khɔ^{3} ji^{3}

能（你~来吗?）　nən^{6} kəu^{4}

敢　kɔm^{3}

会　hɣɔ^{4}

甘心　jøt^{8} təm^{1}

懂　tɔŋ^{3}

四、心理活动

知道　hɣɔ^{4} çeu^{3}

认识　hɣɔ^{4} mɛ^{1}

相识　hɣɔ^{4} mɛ^{1}，tjaːŋ^{1} sɔk^{8}

忘记　laːm^{2}

打算　ta^{3} ton^{5}

同情　thuŋ^{6} tshin^{6}

忧愁　jəu^{1} tsəu^{2}

难过　naːn^{2} ta^{6}

小心　tjeu^{5} təm^{1}

恳求　cəu^{2}，sɛŋ^{1} cəu^{2}

爱（~小孩）　tjaːŋ^{3}

好（~喝酒）　tsɔŋ^{5} ji^{5}

疼（妈妈~孩子）　cit^{7}

心疼（~~自己的东西）　cit^{7} lɔŋ^{2}

宠（~小孩）　hɔ^{1}

喜欢（~~唱歌）　tsɔŋ^{5} ji^{5}

高兴　aːŋ^{5}

痛快　thuŋ^{4} khwaːi^{4}

满意　mwaːn^{4} ji^{5}

羡慕　sjen^{4} mu^{4}

嫉妒　la^{1} tun^{1}，han^{5}

相信　tən^{5}

怀疑　hwaːi^{6} ȵi^{6}

想（~家）　tjaːŋ^{3}

想（思考）　mɣœ^{6}，nəm^{3}

猜（~谜语）　tshaːi^{1}

馋　lau^{6} sau^{1}

舍得　sja^{3} lai^{3}

希望　moŋ^{6}，çi^{5} moŋ^{6}

忌讳　ci^{6}，ci^{6} paːk^{7}

嫌　çem^{1}

憎恶　han^{5}

恨　han^{5}

发怒　ȵaːp^{7} hwa^{3}

生气　ŋ̊aːp^{7} hwa^{3}，chi^{5} lɔk^{7}

气（~坏了）　chi^{5} lɔk^{7}

记得　ci^{5} lai^{3}

爱（~看戏）　tsɔŋ^{5} ji^{5}

恐吓　ha^{5} pa^{5}，hap^{7} ci^{1}

吓（把鸟~跑了）　hoŋ^{1}

慌　moŋ^{2}

怕　khɣəːn^{5}

惊跳　moŋ^{2}，thjeu^{5} tu^{6} lɔk^{7}

害羞　jɛ^{6}，khɣəːn^{5} je^{6}，khɣəːn^{5} tshəu^{3}，sai^{4}

丢脸　pɣø^{1} na^{3}

尴尬　jai^{3}

惭愧　jɛ^{6}，sai^{4}

寂寞　ku^{5} tɔk^{8}，jem^{5}

经常外出不归家　laːu^{5} ca^{1}

发愁　jəu^{1}

痛苦　cit^{7}

后悔　hoi^{3}

反悔　faːn^{3} hoi^{3}

灰心　hui^{5} sin^{5}

留心　ləu^{2} təm^{1}

担心　jəu^{1}，kwa^{5} chem^{5}

操心　tshaːu^{5} təm^{1}

放心　tɔŋ^{3} təm^{1}

安心　aːn^{1} təm^{1}

着急　tsjak^{8} cəp^{7}

可怜　khɔ^{3} ljen^{2}

可惜　khɔ^{3} sik^{7}

心服　fɔk^{8}，jøt^{8} təm^{1}

佩服　phoi^{5} fɔk^{8}

尊敬　keŋ^{5} tsɔŋ^{6}

讨厌　tau^{1} jem^{5}

忍耐　jan^{3}，te^{3}，jan^{3} naːi^{6}

忍受　jan^{3}，te^{3}，səu^{6} lai^{3}

撒娇　fɛ^{4} mɔŋ^{1}，mɔŋ^{1} mɛ^{5}

假装　tsoŋ^{1}

五、疾病、医疗

生病　mɛ^{2} peŋ^{6}

医治　ji^{1}，tseŋ^{3}

敷药　pe^{1} kɣa^{2}，əp^{7} kɣa^{2}，swaːt^{7} kɣa^{2}

着凉　ŋ̊it^{7} tsjak^{8}

发烧　faːk^{7} laːi^{5}，faːk^{7} tun^{1}

发冷　faːk^{7} ŋ̊it^{7}

发抖　taːn^{2}，taːn^{2} səŋ^{1}

疼（痛）　cit^{7}

咳嗽　huk^{8}

呕吐　høk^{7}

吐奶　kək^{8} nɛ^{6}

晕（头~）　ŋwən^{6}

昏　hwən^{1}

昏迷　ŋwɛ^{2}

抽筋　tshau^{1} cen^{1}

抽搐　ŋut^{7}

喘　hau^{1}，chi^{5} lən^{4}

呻吟　ɣaːŋ^{1}

泻肚　lɔŋ^{2} cit^{7} khɣɔ^{5}，khɣɔ^{5} lɔŋ^{2}

出天花　uk^{7} tau^{6}

传染　la^{1}，tshøn^{6} ȵɛn^{3}

肿　ləm^{6}，fau^{2}

眼花　la^{1} hwa^{1}

受伤　sjaːŋ^{1}，səu^{6} sjaːŋ^{1}

发疯　faːt^{7} tjen^{1}

死　tai^{1}

夭亡　tai^{1} kham^{1}

瘟死　tai^{1} wən^{1}，tai^{1} çen^{1} wən^{1}

活（救～了）　sɛŋ^{1}，woi^{2}

脱臼　thot^{7} cəu^{5}

发痧　faːt^{7} sa^{1}

灸　tsek^{7}，pɣaːu^{3}

堕胎　pɣœ^{1} laːk^{8}，kwaːt^{8} laːk^{8}

健忘　teŋ^{6} laːm^{2}，muŋ^{2}

诊脉　tsau^{4} mɛk^{8}

取药　tsəp^{7} kɣa^{2}，aːu^{1} kɣa^{2}

煎药　woi^{1} kɣa^{2}

打针　ta^{3} tsəm^{1}，kui^{5} tsəm^{1}

量体温　hɣɔ^{1} thi^{3} wən^{5}

按摩　man^{3}，aːn^{4} mo^{6}

拔火罐　tot^{7}

搽药　thɔ^{5} kɣa^{2}，thaːt^{8}

包扎　pɔ^{1}

换药　hon^{5} kɣa^{2}

配药　phoi^{5} kɣa^{2}

颤抖　khəu^{5} səŋ^{6}，taːn^{2}

肿胀　tsjaŋ^{5}

水肿　ləm^{6}，faːu^{2}

化脓　pjen^{5} hɣak^{7}

溃烂　jɔŋ^{2}

淤血　nam^{2} phɣəːt^{7}

愈合　cet^{7} kɣum^{3}，i^{1}

出世　tshət^{7} se^{5}，wuk^{7} se^{5}

六、风　俗

做媒　fɛ^{4} mwaːi^{2}

合（～八字）　hɔp^{7}

嫁　ca^{5}

娶　aːu^{1} maːi^{4}

招赘　tsha^{5} tɔ^{1}，tsjeu^{1} çen^{1} ma^{1}

入赘　tsha^{5} tɔ^{1}

回门　woi^{2} mən^{2}

怀孕　hɣak^{7} lak^{8} te^{5}

生（～小孩）　sɛŋ^{1}，taːŋ^{4}

接生　tjep^{7} sɛŋ^{1}

坐月子　ȵaːu^{6} məːn^{2}

满月　pik^{7} məːn^{1}

作揖　fɛ^{4} wa^{6}

磕头　phoŋ^{5} kɣo^{3}

拜（～菩萨）　paːi^{5}

拜堂　paːi^{5} taːŋ^{2}

拜年　paːi^{5} njɛn^{2}

算命　ton^{5} mɛŋ^{6}

卜卦　jak^{7} kwa^{5}

保佑　pɔ^{3} jəu^{6}

赌咒　tu^{3} tsəu^{5}

祭祀（～祖先）　tshaːp^{7}

祭天　tshaːp^{7} mən^{1}

供神　keŋ^{5} sən^{2}

敬鬼　keŋ^{5} laːi^{4}

驱鬼　chen^{3} laːi^{4}

念经　njaːm^{6} keŋ^{1}

打斋（打醮）　fɛ^{4} jɔŋ^{6}

招魂　tsjeu^{1} wən^{2}

看相　kau^{5} tjaːŋ^{5}

闯鬼　tshoŋ^{5} laːi^{4}

超度　tshau^{1} tu^{6}

放蛊　tɔŋ^{5} ku^{3}

过年　ta^{6} njɛn^{2}

过节　ta^{6} tjet^{7}

扫墓　tsha^{5} fən^{2}

订婚　teŋ^{6} hwən^{1}，lui^{6} teŋ^{6}

结婚　cet^{7} hwən^{1}，tsaːn^{1} khɤəːu^{3}

七、五官的动作

抬头　tshiŋ^{3} kɤo^{3}

仰头　ŋaːŋ^{3} kɤo^{3}

低头　tsam^{3} kɤo^{3}

点头　tjem^{3} kɤo^{3}

摇头　ŋwak^{7} kɤo^{3}

回头　tsøn^{5} kɤo^{3}，wəi^{6} tau^{2}

侧头　tsak^{7} kɤo^{3}

转脸　tsøn^{5} na^{3}

枕（头）　siŋ^{2} kɤo^{3}

笑　ai^{5}

微笑　ai^{5} ɳəːm^{3}

大笑　ai^{5} lo^{4}

苦笑　caŋ^{6} maːn^{2} ai^{5}

哭　ɳɛ^{3}

抽搭（哭泣时）　ɳəu^{1}，ɳɛ^{3} ŋut^{7}

说　caːŋ^{3}

讲　caːŋ^{3}

谈天　ljeu^{6} thjen^{1}，tshja^{3} kaːŋ^{1}

问　saːi^{3}

答　taːp^{7}

应（答应呼唤）　çen^{1}

答应（允诺）　taːp^{7} jiŋ^{5}

准许　tsən^{3}

吩咐　caːu^{1} tai^{5}

告诉　caːŋ^{3}，søt^{7}，caːu^{1} tai^{5}

夸口　tshiŋ^{1}，fu^{4} paːk^{7}

怂恿　tsɔŋ^{6} jɔŋ^{2}，tshok^{7} sy^{3}

告状　kɔ^{5}，kɔ^{5} saŋ^{6}

商量　ɳɛ^{6}，tjaːŋ^{1} ljaːŋ^{2}

叫（~什么名字）　tin^{3}

叫（~他来）　tin^{3}

喊　huŋ^{4}

唱歌　tshjaːŋ^{5}

唱山歌　fɛ^{4} tshjaːŋ^{5}

劝　chøn^{5}

闹（小孩~）　naːu^{6}

哄（~小孩别哭）　luk^{7}

骗　phjen^{5}，luk^{7}

瞒　mwaːn^{2}

唆（~使狗咬人）　tsho^{3}

叹气　thaːn^{5}，thaːn^{5} chi^{5}

吵架　tsɛŋ^{1} ca^{5}，tuk^{7} tsɛŋ^{1}

骂　ɣa^{5}

咒骂　ɣa^{5}

读　tɔk^{8}

背诵　poi^{6}

张（嘴）　khai^{1}

闭（嘴）　ȵap^{8}

呼吸　tshɔk^{8} chi^{5}

吸（气）　tot^{7} chi^{5}

呼（气）　hu^{5} chi^{5}

哈（~气取暖）　ha^{5} chi^{5}

喝　hɣɔp^{7}

吃　tsaːn^{1}

尝（~菜的味道）　lu^{5}

咬　cet^{8}

嗑（瓜子）　cet^{8}

嚼　ȵaːi^{5}

咽　lan^{1}

吞　lan^{1}，than^{1}

吐（~口水）　phy^{1}

吐（把饭~出来）　phy^{1}，phu^{1}

含　ŋam^{1}

吮乳　tot^{7}

咂（~嘴）　tsek^{7}

舔　ljaːm^{5}

流（~口水）　lø^{6}

打呵欠　fɛ^{4} ha^{5} ha^{5}，ɔk^{7} nun^{2}

打鼾　khun^{1}

打喷嚏　ak^{7} tshiu^{1}

漱口　kɣaːŋ^{4} paːk^{7}

喷（~水）　phu^{1}

抽（烟）　taːu^{3}

伸（~舌头）　lœ^{5}

接吻　tot^{7}

吹口哨　kɣu^{1} saːu^{5}

努嘴　liu^{5} paːk^{7}

打嗝　kə^{2}

打饱嗝　ta^{3} kə^{2}

噎　lak^{7}，ka^{2}

呛（吃东西~着）　lak^{7}

看　kau^{5}

看见　nən^{1}，lən^{1}，kau^{5} lən

看守　səu^{3}

凝视　kau^{5}

窥探　løm^{1}，thøm^{5}

望（远看）　moŋ^{6}

睁眼　khai^{1} la^{1}

瞪眼　kan^{3} la^{1}

眯眼　my^{5} la^{1}

眨眼　çap^{7} la^{1}

闭眼　khɣap^{7} la^{1}，ȵap^{8} la^{1}

流泪　lø^{6} nəm^{4} la^{1}，pɣø^{1} nəm^{4} la^{1}

瞄准　njeu^{4}

皱（~眉头）　ȵau^{5}

听　theŋ^{5}

偷听　fɛ^{4} lak^{8} theŋ^{5}

闻（味道）　nən^{4}

听见　theŋ^{5} hai^{5}

八、日常行为动作

盖（瓦、被子）　kai^{5}，kəp^{8}

躺　nun^{2}，hɣaŋ^{4}

坐　tui^{6}

休息　çet^{7}，çet^{7} nɛ^{5}

纳凉　çet^{7} hum^{5}

打瞌睡　ɔk^{7} nun^{2}

睡　nun^{2}，nyn^{2}

翻身　faːn^{1} hɣən^{1}

睡着　nun^{2} nak^{7}

做梦　sik^{8} mɔŋ^{6}

说梦话　caːŋ^{3} mɔŋ^{6} hwa^{6}

咬牙（梦中）　kwan^{2} fan^{1}，cet^{8} fan^{1}

醒（睡～）　hɣø^{1}

醒（酒～）　teŋ^{3}

醉（酒～）　ŋwɛ^{2}

起床　lɔk^{7} pho^{5}

伸懒腰　hɣaŋ^{4} jeu^{1}

弯（腰）　tsam^{3}，kuŋ^{4} jeu^{1}

蜷缩（～身体）　sɔk^{7}

挺（～起胸膛）　eŋ^{3}

住（～在家里）　ȵaːu^{6}

在　ȵaːu^{6}

停　teŋ^{2}

等候　səu^{3}

躲（～在门后）　tsam^{2}

避（～雨）　tsam^{2}

爬行（小孩～）　kɣaːŋ^{2}

爬（～树）　pɣa^{2}

钻（～进洞）　lon^{1}

搭（～车）　taːp^{7}

过（～河）　ta^{6}

经过　ceŋ^{1} ta^{6}

玩耍　tjɛn^{3}

捉迷藏　tɛ^{1} tuk$^{[illegible]}$ tsam$^{[illegible]}$

翻筋斗　faːn^{1} cin^{1} tau^{3}

游泳　fɛ^{4} aːp^{7}，jəu^{2} nəm^{4}

潜水　tsəm^{2} nəm^{4}

打拳　kui^{5} cøn^{2}

跌倒　sɛk^{7}，sɛk^{7} khɣam^{5}

打滚　løŋ^{4}

趴（～在地上）　pɔk^{8}，pɛ^{4}

靠（人～在树上）　paŋ^{6}

挨（两人～着坐）　pɣø^{2}

小便（动词）　uk^{7} njaːu^{5}

大便（动词）　uk^{7} cɛ^{3}

把尿（给小孩）　sy^{5} njaːu^{5}

出汗　uk^{7} haːn^{6}

尿床　uk^{7} njaːu^{5} tɔ^{4} pho^{5}

冒汗　uk^{7} haːn^{6}，pjeu^{1} haːn^{6}

请　theŋ^{3}

请酒　theŋ^{3} khɣəːu^{3}

反驳　pok^{7}

擤鼻涕　phu^{1} muk^{8}

吹哨　kɣəu^{1}，tshui^{1} saːu^{5}

催　tsui^{1}

求（～人帮忙）　cəu^{2}

帮助　poŋ^{1}

照顾　tsjeu^{5} ku^{5}

替（我～你做）　the^{5}

代替　the^{5}，taːi^{4} thi^{4}

托（～人办事）　thak^{7}

探（～亲戚）　tshaːm^{1}

访（～友）　hɛm^{1}，kau^{5}

交（～朋友）　cau^{1}

遇见　ŋaŋ^{1}，ŋaŋ^{1} tsjak^{8}，phoŋ^{5} lən^{1}

见面　cen^{5} mjen^{6}

分别（离别）　khɣɛ^{1} khai^{1}

离（~家）　li^{2}

跟踪　njam^{1} lən^{2}，njam^{1} tin^{1}

相碰（两人或物~）　phoŋ^{5}，tuk^{7} tshoŋ^{5}

陪伴　poi^{2}

迷路　tən^{4} khwən^{1}

顺路　sən^{6} khwən^{1}

顺风　sən^{6} ləm^{2}

逆风　ŋɛŋ^{6} ləm^{2}

拐弯　tsøn^{5} ŋwaːn^{3}

绕（~路）　ȵaːu^{3} khwən^{1}

蒙（~头睡觉）　mɔk^{7}

讨（~饭）　saːi^{3}，fɛ^{4} kɣəu^{1}

欺负　chaːŋ^{1}

害（~人）　hai^{6}

救（~人）　cəu^{5}

饶命　ȵaːu^{2} mɛŋ^{6}

教　caːu^{5}

学　haːk^{7}

起名字　khai^{1} ɣəːn^{1}

过生日　ta^{6} sɛ^{5} ȵet^{8}

考试　khaːu^{3}，khaːu^{3} sʅ^{4}

摸黑　mwa^{3} lap^{7}

瞎摸　lon^{6} mwa^{3}，løm^{6}

遗失　sjet^{8}，pɣœ^{1}

寻找　la^{4}

找（~虱子）　la^{4}

追（~上）　lik^{8}

赶（追逐、驱逐）　lik^{8}，kaːn^{3}

挤（进去）　ŋap^{7}，hɣəi^{4}，phɛŋ^{5}

拦（~住他）　laːn^{2}

佩带（~腰刀）　hɣak^{7}

带（路）　çen^{3}，tai^{5}

带头　tai^{5} tau^{2}

带（~干粮）　tsoŋ^{1}，tai^{5}

带（~孩子）　çen^{3}，tai^{5}

逗（~小孩）　tau^{1}

穿（~针）　tshøn^{5}

穿（~鞋）　tan^{3}

穿（~衣服）　tan^{3}

戴（~帽子）　tan^{3}

戴（~项圈）　hɣak^{7}

戴（~耳环）　hɣak^{7}

戴（~头巾）　pɔ^{1}

披（~上衣服）　phi^{1}

套（~上一件衣服）　tsɔŋ^{2}，thɔ^{5}

叠（~衣服）　nap^{7}

烫（~衣服）　thaːŋ^{5}

织（~衣服）　tuk^{8}

拆（~衣服）　tshɛk^{7}

镶（~金牙）　tjaːŋ^{1}，haːn^{6}

换（~衣服）　hon^{5}

脱（~衣服）　tsi^{5}

脱（~鞋）　tsi^{5}

摘（~帽）　tsi^{5}

裸体　ləŋ^{6} caːŋ^{4}

打扮　tsoŋ^{1} hɣən^{1}

搬（~椅子）　pon^{1}

扛　mwaːi^{5}，khaŋ^{6}

抬　cyŋ^{1}

端（锅）　çɔːp^{7}，lat^{7}

挑　kɣəːp^{7}

背（~孩子）　ma^{5}，mwaːi^{5}

背（~枪）　mwaːi^{5}

背（~柴或箩筐）　mwaːi^{5}

骑　ci^{2}

围拢　hun^{1}，wəi^{2}

包围　wəi^{2}，khwek^{7}

放哨　tɔŋ^{5} saːu^{5}

打架　kui^{5} ca^{5}，khaːu^{1} ca^{5}

打仗　kui^{5} tsjaːŋ^{5}

攻打　khœk^{7}，kui^{5}

守卫　səu^{3}

引诱　tau^{1}，luk^{7}

打猎　lik^{8} naːn^{4}

钓鱼　tjeu^{5} məm^{6}

熏（用烟~肉）　huŋ^{5}

熏（用烟~老鼠）　au^{5}

埋葬　mɔk^{7}

烤（~火）　phu^{1}，tsek^{7}

烤（~衣服）　hwən^{1}

烧（~废纸）　taːu^{3}

点（用火去~燃草堆）　lyt^{7}

点（~灯）　tu^{6}

熄（~灯）　lap^{7}

防火　fɔŋ^{6} fi^{1}

分（~路）　khɣɛ^{1}

分家　khɣɛ^{1} ca^{1}

挑选　tjøn^{3}

要（我~这个）　aːu^{1}

给（~钱）　khɣɛ^{1}，lɔ^{6}

得到　lai^{3}

打赌　ta^{3} tu^{3}，tu^{3}

隔开　kɛk^{7} khai^{1}

合拢　hɔp^{7}，hɔp^{7} lɔŋ^{4}

合并　hun^{1}，hɔ^{6} pin^{4}

洗（~头）　suk^{7}

洗（~脸）　suk^{7}

洗（~手）　suk^{7}

洗（~衣服）　suk^{7}

涮（衣服）　kɣaːŋ^{4}

洗澡　suk^{7} hɣən^{1}

涮（~碗）　suk^{7}

晾（~衣服）　laːŋ^{5}

戒（~烟）　caːi^{3}

泡（~饭）　phɔ^{5}

留（~饭）　ləu^{2}，khɣəu^{1}

留（~客）　ləu^{2}

灌（~小孩吃药）　kon^{5}

喂（用嘴~小孩）　ȵaːm^{4}

喂（用食具~小孩）　ȵaːm^{4}

养（~家，~鱼）　taːŋ^{4}

猜拳　tshaːi^{1} cøn^{2}，tshaːi^{1} ma^{4}

下饭　lui^{1} hu^{3}

敬（~酒）　kɛŋ^{5}

搀（往酒里~水）　tshɔn^{1}

过滤　lø^{6}，wø^{2}

照（镜子） tsjeu^{5}
照（用灯照亮） tsjeu^{5}
遮（用扇子~太阳） taːŋ^{3}
垫（~桌腿） siŋ^{2}，tjem^{6}
填（坑） tjem^{2}
堆（~积泥土） toi^{1}，hun^{1}
压（用石头） kam^{6}，tap^{8}，aːp^{7}
顶（用木头~危墙） teŋ^{3}，tshɛŋ^{5}
竖（把柱子~起来） sø^{6}
拆（~房子） tshɛk^{7}
埋（~东西） mɔk^{7}
吊（吊颈） tjeu^{5}
吊（~苍谷） tjeu^{5}，kwa^{5}
挂（~在墙上） kwa^{5}
贴（~标语） khɣa^{1}，njam^{1}
装（进口袋） tsoŋ^{1}
摊（~开毯子） thaːn^{1}，thaːn^{1} khai^{1}
叠（~被子） tjep^{8}，nap^{7}
铺（~床） phu^{1}
收拾 səu^{1} səp^{8}，li^{4}
收（~回来） səu^{1}
收到 səu^{1} lai^{3}
寄（信） ci^{5}
送 hun^{4}
静止 teŋ^{2}

九、手的动作（不用工具）

摘（糯谷） tshja^{3}
包（饭、粽子） pɔ^{1}
挤（虱子） nyn^{3}，ŋan^{3}
伸（手） hɣaːŋ^{4}
招（手） hwak^{7}
摇（~手不同意） hwak^{7}
摆（走路时手~） fit^{8}
摇动（~树枝） ŋəu^{6}
指（~方向） ty^{3}
翘（~大拇指） sø^{6}
举手 sø^{6} nja^{2}，cy^{3} səu^{3}
拿（书） tsau^{4}
搂（~肩摇臂） khɣəp^{7}
抱（小孩） ŋəːm^{3}，khɣəp^{7}，po^{4}
抱（柴火） khɣəp^{7}，po^{4}，ŋəp^{7}
围抱（如柱子） po^{4}，khɣəp^{7}
握（刀把） tsau^{4}，ȵam^{1}
撒（渔网） swa^{5}
扔掉 pət^{8}，puŋ^{1}
掷（石头） ɔp^{7}，maːk^{7}
拾起来 tsəp^{7}
掰（开） lja^{5}，mɛːk^{7}
抓（用手） ȵam^{1}，tswa^{1}
拈（用几个指尖） nip^{7}
拍（~桌子） phɛk^{7}
拍（尘土） phɛk^{7}
拍（手） phɛk^{7}
捧（水） ŋəp^{7}
捂（~嘴） kəp^{8}
掩（~耳） kəp^{8}
扶（~着不倒） fu^{2}
扶（~起来） fu^{2}
挪动 sɔk^{7}，nai^{1}，ji^{2}

胳肢　tsy^{4}

胳肢（挠痒痒）　tsy^{4}

抓痒　kwaːi^{4}

弹手指　pit^{7}

抓　tswa^{1}

搀（~老人走）　fu^{2}

捏（~鼻子）　man^{3}，ŋan^{3}

擤（~鼻涕）　phu^{1}

托（~腮想事）　tshɛŋ^{5}

叉（~腰）　tshɛŋ^{5}

卡（用手~脖子）　ŋan^{3}，ca^{2}

按　kam^{6}，tsam^{6}

搔痒　kwaːi^{4} ȵin^{3}

做工　fɛ^{4} təu^{6} lu^{6}

端（~饭碗）　tsau^{4}

递（~过去）　lœ^{5}

拧（毛巾）　niu^{5}

捻（用手指~线）　nyn^{3}

捻（用手指~虫）　nyn^{3}

搓（绳子）　thaːt^{7}

搓（衣服）　nwa^{1}

推　hɤəi^{4}

拉（向前~）　mɛŋ^{1}，la^{1}

拉（~手）　chen^{1}

拉（~长）　mɛŋ^{1}

拖（把椅子~到墙边）　tha^{1}，la^{1}

掀（帘子）　sjen^{1}，çøn^{1}

勒（~紧裤腰带）　lak^{8}

捉（起来）　tsau^{4}，nɛŋ^{3}

弹（用手指）　pit^{7}

编（竹筐）　taːn^{1}

戳（破窗纸）　tshok^{7}，tsy^{5}

摘（~菜中老叶）　jak^{7}

摘（花）　jak^{7}

摘（菜）　tsəp^{7}

揭（盖子）　khai^{1}

卷（衣服）　nap^{7}，kon^{3}

卷（席子）　kon^{5}

抠（用指甲挖）　lau^{1}，khau^{1}

掏（从衣袋往外~）　lau^{1}

挂（~起来）　kwa^{5}

拔（刀）　tshja^{3}

拔（鸡毛）　tshja^{3}

撕（纸）　tshja^{3}，lja^{5}

敲（门）　khaːu^{1}

开（门）　khai^{1}

敞开　khai^{1} khwa^{3} la^{4}

关（门）　kwaːn^{1}

闩（上门）　swaːn^{1}

牵（牛）　chen^{1}

拆纸　nap^{7}

抖（衣服的尘土）　khɤu^{5}

打　kui^{5}，fat^{8}，khaːu^{1}

打（用拳头）　kui^{5}

掴（用手掌打）　sjen^{5}

捉（~鸡）　tsok^{7}

放（把鸟~了）　laː^{6}，tɔŋ^{5}

放（~开手）　tɔŋ^{5}

存放　lan^{2}

抚摸　pi^{4}

摸（~鱼） mwa^{3}
绕（线） kɣəu^{3}
甩（把菜上的水~掉） fit^{8}
接（~住抛过来的东西） tjep^{7}
连接（把两根绳子~起来） taːp^{7}
绑 tuk^{8}，lak^{8}
捆 tuk^{8}
包（~糖） pɔ^{1}
舂 toi^{5}，tshɔp^{7}
揉（眼） ȵyn^{5}
裹（~粽子） pɔ^{1}
解（绳结） tsi^{5}
藏（把东西~起来） tshiŋ^{3}
扣（扣子） khau^{5}
板（树枝） jeu^{3}
掐（用指甲~瓜） jak^{7}
剥（果皮） lja^{5}，mɛk^{7}
和（面） nɔk^{8}
套（把笔帽~上） thɔ^{5}
斟（~酒） saːi^{1}

十、手的动作（用工具）

砍（树） tɛ^{5}
剖（开） phwa^{5}
剃（头） the^{5}
削（苹果） thjet^{7}
剥（~树皮） kwa^{3}
剥（牛皮） kwa^{3}
磨（墨） loi^{2}
磨（刀） kwan^{2}
磨（米） mwa^{6}
舂（米） toi^{5}
碾（米） njɛn^{3}
筛（米） swaːi^{1}
簸（米） fan^{5}
量（布） ljaːk^{8}
量（米） hɣɔ^{1}
秤（~东西） tshiŋ^{5}
夹（用筷子~菜） njap^{7}
夹（把书~在腋下） kap^{7}，ap^{7}
划（船） tshɛŋ^{1}
撑（伞） tshɛŋ^{5}
撑（船） tshɛŋ^{1}
翘（用棍子~石头） ceu^{6}
钩（用钩子~住） kau^{1}，ŋau^{1}
梳头 chi^{1} fja^{1}
插（把刀~入鞘） sjap^{7}
插（把刀~在地上） tshap^{7}
剪 kat^{7}
杀（~人） li^{3}，khɣa^{3}
挑（用小棍把东西拨开） thjeu^{1}，kwɛ^{5}
剔（~牙） thjeu^{1}，lau^{1}，tshok^{7}
扎（用针~） puk^{7}，puŋ^{5}
砸（~核桃） tshɔk^{7}
磕（~烟杆） khœk^{7}
扇（~风） sjen^{5}
锁（~上箱子） twa^{3}
刻（~上名字） khɣak^{7}
画（~图画） hwa^{5}
划（~界限） hwa^{5}

封（~信封）　fɔŋ^{1}

塞（~住洞口）　tak^{7}

盖（~锅盖）　kəp^{8}

解（~板子）　caːi^{5}

漆（油漆）　tsha^{5}，jəu^{2}

射　pɛŋ^{5}，tja^{5}

打枪　pɛŋ^{5}，khai^{1} tshɔŋ^{5}

打电话　ta^{3} tjɛn^{4} hwa^{4}，kui^{5} tjɛn^{4} hwa^{4}

打线结　ta^{3} kwət^{7}，tuk^{8} kwət^{7}

打记号　ta^{3} hɔ^{6} ci^{5}

打（用棍子打）　fat^{8}，khaːu^{1}，kui^{5}

抽打　fat^{8}，sa^{5}，tsjaːu^{3}

打鼓　khaːu^{1} ku^{3}，kui^{5} ku^{3}

敲锣　khaːu^{1} la^{2}

写　tja^{3}

擦（把字~掉）　su^{5}，thɔ^{5}，maːt^{8}

擦（~干净桌子）　maːt^{8}

擦（~亮皮鞋）　thɔ^{5}

涂（脸上~油彩）　tu^{2}

拂（~掉尘土）　phɣət^{7}

扫（地）　phɣət^{7}

撮（用簸箕~土）　thot^{7}

倒（把米~出来）　thɔ^{3}

倒（把脏水倒掉）　thɔ^{3}，liŋ^{5}

添（~上衣，碗饭）　thjem^{1}

舀（~水）　hui^{3}

洒（~水）　pot^{7}，ɕaːi^{1}

泼（~水）　phot^{7}

蘸（~辣椒）　løk^{7}

十一、脚的动作

站（立）　taŋ^{4}

踮（~着脚）　mɛŋ^{5}

跺（~脚）　kəm^{4}，cəm^{4}

蹲　juŋ^{1}

翘（把脚~起来）　ceu^{6}，sø^{6}

跳　thjcu^{5}

跳（单脚）　thjeu^{5} lək^{7} khek^{7}

跃　jøp^{7}

踢　thek^{7}

踩（~了麦子）　tshwaːi^{3}

跨（~过小沟）　ʔjaːp^{7}

走　tshaːm^{3}

逃　thaːŋ^{5}，fɛ^{4} lak^{8} thaːŋ^{5}

窜上　pjeu^{1} tsha^{5}

迈步　jaːp^{7}，tshja^{3} jaːŋ^{5}

逃难　pi^{6} naːn^{6}

经过　keŋ^{1} ta^{6}

穿过　tshøn^{1} ta^{6}，lon^{1} ta^{6}

弯　çəm^{3}，ȵaːu^{3}，waːn^{1}

跑　thaːŋ^{5}

退（~了两步）　thoi^{5}

涉水　ta^{6} nəm^{4}

打赤脚　tin^{1} çaːm^{5}

跪　kui^{6}

跳舞　thjeu^{5} wu^{3}

十二、手工业劳动

建筑（房屋）　fɐ^{4}

修理（家具） tseŋ^{3}，ça:u^{5}，siu^{5} li^{3}

炸（~石头） tsa^{5}，tsa^{4}

打（~桩） kui^{5}

打夯（把地基砸实） tshɔk^{7}

砌（~砖） the^{5}

糊（用泥~墙） tha:ŋ^{5}

抹（在墙上~石灰） tha:ŋ^{5}

盖（~瓦） kai^{5}

搭（~棚） kai^{5}

塑（~泥菩萨） su^{5}

锯 kɣø^{5}

刨（用刨子把木板~平） pɔ^{2}

锯（把木头~断） kɣø^{5}

凿（~眼子） tiu^{5}

钻（洞） tswa:n^{5}

拼（把木板拼起来） tau^{5}

钉（~钉子） teŋ^{1}

做（木匠做桌椅） fɛ^{4}

箍（~桶） ku^{3}

炼（~铁） ljen^{6}

拉（~风箱） la^{1}，tshja^{3}

焊（~洋铁壶） ha:n^{6}

锉（用锉子~） thɔ^{5}

打（~铁） kui^{5}

淬火（把烧红的铁放入水中） cen^{5} sui^{3}

铸（~锅） thɔ^{3}

补（~锅） pu^{3}

弹（~棉花） pɛŋ^{4}

纺（~线） mɛŋ^{1}

织布 tam^{3} ja^{1}，fɛ^{4} kɣak^{7}

裁（~衣服） lja:k^{8}

缝（~衣服） kɣup^{7}

补（~衣服） pu^{3}

染（~布） ja:m^{3}

纳（~鞋底） thik^{7}

绱（~鞋） tsha^{5} ça:i^{1}

绣（~花） tsha:p^{7}

榨（~油） tsa^{5}

酿（~酒） au^{5}

熬（~酒） ŋa:u^{6}

破（~竹篾） phwa^{5}

弯（用火~竹条） çɔm^{3}

编（~簸箕） ta:n^{1}

印（~书） jəm^{5}

十三、农牧业劳动

开荒 khai^{1} hoŋ^{1}

锄（~地） cok^{7}

挖（~洞） $^{?}$wa:t^{7}

挖（用手） lau^{1}，khau^{1}

培（~土） jɔŋ^{1}，mɔk^{7}

犁（~地） khɣai^{1}，khɣəi^{1}

耙（~地） khɣə:i^{5}

选（~种） tjøn^{3}

浸（~种子） təm^{5}

撒（~种子） swa^{5}

扯（~秧） tshja^{3}

插（~秧） hɣam^{1}，fɛ^{4} hɣam^{1}

间苗 tshɛt^{7}，tshɛt^{7} tɔŋ^{6}

补苗　pu^{3}

移植　ji^{2}

种（～菜）　mɣa^{2}，tɔ^{4}

种（～树）　tɔ^{4}

戽（～水）　hun^{5}，fu^{5}

车（～水）　tshja^{1}

扇（用风车～谷子）　sjen^{5}

浇（～菜）　ləm^{2}

放（～水进田）　khai^{5}

薅草　mɣəu^{3}

耪（～田）　kwaːi^{4}

捞（～水草）　lɔ^{2}

拔（～草）　tshja^{3}

除虫　tsok^{7} kɣa^{1}

施肥　jɔŋ^{1} fəi^{6} ljaːu^{4}

割（～稻）　kat^{7}

收割（指整个过程）　səu^{1} tshən^{1}

打（用谷桶打谷）　kui^{5}

脱（～玉米粒）　mɛːk^{7}

扬（～谷子）　tɔŋ^{5} ləm^{2}

晒（～谷子）　ça^{5}

烤（～谷子）　hwən^{1}

增产　mɛ^{2} səu^{1} siŋ^{2}

减产　ŋ^{5} mɛ^{2} səu^{1} siŋ^{2}

养（～牲口）　taːŋ^{4}

喂（～鸡）　sa^{1}

放牧　laːŋ^{6}

赶（～牛）　kaːn^{3}

拴（～马）　hɣo^{1} ma^{4}

圈（～牲口）　khon^{1}

拌（～猪食）　laːu^{1}

阉（～公鸡）　jem^{1}

十四、炊事劳动

引火　tjep^{7} fi^{1}，çen^{3}

烧火　taːu^{3} fi^{1}

吹　tshui^{1}

壅火（埋火种）　mɔk^{7} fi^{1}

淘（～米）　suk^{7} hu^{3}

煮（～饭）　tuŋ^{1} hu^{3}

煮（～整个的红薯）　tuŋ^{1}

焖（饭）　həm^{1}，həm^{1}

氽　lɔ^{2}

烫手　laːi^{5} nja^{2}

烧（开水）　taːu^{3}，kwən^{3}

捣（蒜）　tshɔk^{7} kɣo^{3} hɣɔ^{2}

滗（～米汤）　pi^{4}，hɣən^{6}

蒸　tsiŋ^{1}

熬　ŋaːu^{2}

炒　tshaːu^{3}

煎（～鱼）　tjen^{1}

炸（用油～）　saːp^{8}

盛（～饭）　hui^{5}

铲（～锅巴）　tshaːn^{3}

翻（～粑粑）　faːn^{1}

翻（～猪肠）　faːn^{1}

翻（把锅翻过来）　həp^{7}

热（～剩饭）　ɬwo^{3}

煨（在炭火里～芋头）　kɬɣəu^{3}

劈（～柴）　phwa^{5}

切（~菜） tsjep^{8}

刨（~萝卜丝） pɔ^{2}

割（~肉） kat^{7}

剁（~肉） ŋwak^{8}

剔（从骨头上~肉） khɣak^{7}

刮（~猪毛） pɔ^{2}

杀 li^{3}，khɣa^{3}

烫（用开水） laːi^{5}

腌菜 wət^{7} ma^{1}

腊（~肉） laːp^{8}

炖（~肉） wəːi^{1}

十五、经济活动

赶集 kaːn^{3} fai^{3}

散（集~了） fai^{3} taːn^{5}

买 hɣəːi^{3}

卖 cɛ^{1}

贩 cɛ^{1}

交换 hon^{5}

换（~工） ɣəu^{6} kɔŋ^{1}

雇（~工） theŋ^{3} kɔŋ^{1}

分（分工） fən^{5} kuŋ^{5}

分配 khɣɛ^{1}，fən^{5} pəi^{4}

发（~工资） faːt^{7}

数（~东西） sɔ^{3}

算（计算） ton^{5}

丈量 hɣɔ^{1}

称重 tshiŋ^{5}

打（算盘） kui^{5}

增加 ca^{1}

减少 kaːn^{3} sjeu^{3}

加 ca^{1}

减 kaːn^{3}

乘 sən^{6}

除 tshy^{6}

估计 ku^{3}，ku^{3} ci^{4}

值 tik^{8}

涨价 lɔk^{7} ca^{5}

跌价 pɣø^{1} ca^{5}

上算 hɔp^{7} ton^{5}

吃亏 tsaːn^{1} khui^{1}

赚 tsaːn^{6}

赔 poi^{2}

欠 chem^{5}

余 sja^{1}

典当 taːŋ^{1}

抵押 aːp^{7}

赎（~回） sɔk^{8}

租 tu^{1}

借（~钱） jem^{1}

还（~钱） hwaːn^{2}

缴（~公粮） caːu^{1}

扣（~钱） khau^{5}

赔偿 poi^{2}

罚款 faːt^{8}，faːt^{8} tjen^{2}

浪费 laːŋ^{4} fəi^{4}

节省 tse^{6} sən^{3}

攒（积蓄） tan^{2}

合伙 kɔp^{7} hwa^{3}

赌（~钱） tu^{3}

做生意　fɛ^{4} sjaŋ^{5} ji^{5}

亏本　khui^{1} pən^{3}

交税　caːu^{1} soi^{5}

收税　səu^{1} soi^{5}

消费　sjaːu^{5} fəi^{4}，jɔŋ^{6} tjen^{2}

贪污　thaːn^{1}，thaːn^{5} wu^{5}，thwaːn^{1}

竞赛（比赛）　saːi^{5}，pi^{3} saːi^{4}

赢　jeŋ^{2}

输　sø^{1}

十六、抽象行为及其他

过瘾　ta^{6} jen^{4}

惯（吃~了辣的）　kwaːn^{5}

中（射~）　toi^{5}

对（说得~）　toi^{5}

比（~一比）　pi^{3}

试（~一试）　si^{5}

差（~得很多）　tsha^{1}

算（~了吧）　ton^{5}

完（做~了）　ljeu^{4}

了事　ljeu^{4} ti^{6}

用（使用）　jɔŋ^{6}

用力（用劲）　jɔŋ^{6} lik^{8}

管（自己~自己的事）　kon^{3}

当家　taŋ^{1} ca^{1}

做主　fɛ^{4} tsø^{3}

靠（~他吃饭）　khau^{5}

依靠（没有……）　khau^{5}

同（~去）　hwən^{4}，fɛ^{4} toi^{6}

随便（~坐）　tui^{6} pjen^{6}，to^{6} pjen^{6}

随（~你要多少）　tui^{2}

争（~着要去）　tsɛŋ^{1}

让（~路）　ɳ̥aːŋ^{6}

让（我用不完~些给你）　ɳ̥aːŋ^{6}

让（~我去）　ləu^{2}

向（~着太阳）　çaːŋ^{5}

向（~东方走去）　çaːŋ^{5}，njaːm^{1}

到（水深~腰）　thəu^{5}

腾（~出一个地方）　ɳ̥aːŋ^{6}

凑（~钱买东西）　hun^{1}

趁（~热吃）　tshən^{3}

轮流　lan^{2}

放学　laːŋ^{6} haːk^{7}

翻脸（~~不认人）　faːn^{1} na^{3}

感谢　to^{1} siŋ^{2}

赞扬　tsaːn^{4} jaːŋ^{6}

约定　jo^{6} teŋ^{6}

耍　swa^{3}

耍赖　ta^{3} laːi^{6} tai^{1}

诬赖　laːi^{6}，wu^{4} laːi^{4}

抵赖（不认账）　ŋ^{5} sən^{6} tsjaːŋ^{5}

冤枉　jøn^{5} oŋ^{3}

连累　ljen^{6} loi^{6}

拼命　pheŋ^{5} mɛŋ^{6}，pok^{8} mɛŋ^{6}

报仇　pɔ^{5} tsəu^{2}

争夺　thjaːŋ^{3}，twot^{8}

霸占　tsjem^{5}

偷　lak^{8}

抢　thjaːŋ^{3}

犯法　fam^{6} fap^{7}

犯罪　fɔm^{6} toi^{6}

得罪　tak^{7} toi^{6}

错　thaːk^{7}

认错　sən^{6} thaːk^{7}

改（改正）　caːi^{3}

形容词

红　laːn^{3}

黄　ŋaːn^{3}

蓝　phoŋ^{3}

白　paːk^{8}

黑　nam^{1}

黑（脸~）　nam^{1}

黑（天~）　lap^{7}

绿　həu^{1}

紫　səm^{1}，nam^{2}

灰　kha^{1}

花（布是~的）　hwa^{1}

光　kɣaːŋ^{1}

亮（屋子里很~）　kɣaːŋ^{1}

亮（擦~）　kɣaːŋ^{1}

暗（屋子很~）　lap^{7}

晴朗　liŋ^{4}，liŋ^{4} theŋ^{3}

阴（天~~的）　ɣəm^{5}

甜（糖很~）　fjɛn^{1}

甜（萝卜很~）　fjɛn^{1}

酸　khɣəm^{3}

苦　kam^{1}

辣　ljɛn^{6}

咸　naŋ^{5}

涩（柿子很~）　kot^{7}

淡（酒~）　taːm^{6}

淡（不咸）　taːm^{6}

新鲜　tən^{5} tjen^{1}

鲜美（味道很~~）　tən^{5} tjen^{1}

浓（茶~）　nɔŋ^{5}

香（花~）　mɣaːŋ^{1}

臭　ȵin^{1}，chi^{5} chi^{5} nau^{5}

臭馊　chi^{5} wut^{7}，wut^{7}

膻（羊~）　sɔ^{1}

腥　tiŋ^{1}

臊（尿~）　khɣa^{5}

直（棍子很~）　lɔ^{3}

弯（扁担~了）　çuŋ^{1}

弯弯曲曲　waːn^{3} chɔk^{7}

竖　sø^{6}

横（~线）　hwɛŋ^{1}

横（~躺在路上）　hwɛŋ^{1} paːŋ^{4}

大　lo^{4}

小　niŋ^{5}

长　ɣəːi^{3}

短　hɣən^{3}

厚　na^{1}

薄　waŋ^{1}

圆（球很~）　kon^{6}

圆（圈画得很~）　kon^{6}

扁　pjɛn^{3}

方（桌子~）　ti^{5} teŋ^{2}

宽（路很~）　khwaːŋ^{3}

宽（衣服很~）　sɔŋ^{1} thɔ^{5}

窄　çaːp^{7}

高　foŋ^{1}

矮　hɣam^{5}

低　hɣam^{5}

窪（地~）　tsəm^{6}

凹（~凸不平）　tsəm^{6}

凸　kɔŋ^{3}

崎岖　ȵaːt^{7}，ləŋ^{6} kɣɔŋ^{2}

平（路很~）　peŋ^{2}

陡（山很~）　tau^{3}

滑（路很~）　kwɔ^{1}

光滑　kɣoŋ^{1}

滑（鱼很~）　kɣan^{1}

尖（山很~）　khɣa^{1}

尖（锥子很~）　khɣa^{1}，hɣəːi^{6}

正（帽子戴得~）　tseŋ^{5}

歪（帽子戴~了）　tsak^{7}，fe^{1}

歪（线画~了）　tsak^{7}，thja^{5}

歪（嘴~了）　fe^{1}

反（衣服穿~了）　faːn^{1}

倒（字写~了）　tiŋ^{5} tɔ^{5}

倒（筷子拿~了）　tiŋ^{5} tɔ^{5}

斜（线画~了）　thja^{5}

侧（~着身睡）　tsak^{7}

满（水~了）　pik^{7}

饱满（谷子~~）　tsjaːŋ^{5}

瘪（不饱满）　phɪp^{7}

碎（砸得粉碎）　jɔŋ^{2} wɵ^{1}

破烂（衣服~~）　laːn^{6}，lan^{6} tshʅ^{5} ȵuŋ^{5}

僵硬　kɣa^{3}，kɣa^{3} tshwaːn^{3}，kɣa^{3} ȵaːŋ^{5}

硬　kɣa^{3}

软　ma^{3}

韧　kɣœ^{5}

脆　hɣum^{1}

干净　sjaːu^{5}，sjaːu^{5} li^{6}

脏　wa^{5}，ȵin^{4}

毒（蛇很~）　tɔk^{8}

深（水~）　jam^{1}

深（夜~了）　səm^{1}

深（这本书很~）　jam^{1}

浅（水~）　min^{5}

浅（这本书~）　min^{5}

清（水~）　ləu^{1}

浑（水~）　ŋam^{1}

快（刀~）　hɣəi^{6}

钝（刀~）　təp^{8}

松（土很~）　sɔŋ^{1}，mɔŋ^{1}

松（鞋带~了）　sɔŋ^{1}

紧（绑得~）　can^{3}

粗糙（米很~~）　thɔ^{1}，thɔ^{5}

粗糙（桌子很~）　ŋaːp^{7}

粗（布很~）　thɔ^{1}

粗（~大）　thɔ^{1}，mə^{1}

细（~小）　le^{5}

细（面粉很~）　ȵe^{3}

稠（粥很~）　cat^{8}

稀（粥很～） ləu^{1}

稀（布织得很～） waŋ^{1}

疏（菜种得很～） waŋ^{1}，sɔ^{1}

密（筛子编得～） na^{1}

密（稻子种得～） na^{1}

焦（饭～了） khut^{7}

黏（浆糊很～） njaːm^{2}，nəu^{3}

干（衣服晒～了） khu^{1}

湿（衣服～了） ɣak^{7}

潮湿 wən^{6}

旱（干旱） haːn^{5}

轻 ça^{3}

重 çan^{1}

多 kuŋ^{2}

许多 kuŋ^{2}，ti^{6} pɛŋ^{2} lo^{4}

少 sjeu^{3}

远 ce^{1}

近 phɣəi^{5}

快（走得～） hwəi^{5}

慢（走得～） maːn^{6}

早（很～起来） khɣam^{1}

早（～点儿去） khɣam^{1}

晚（天～了） lap^{7}

晚（很～才睡） tsi^{2}

迟（来～了） tsi^{2}

忙 maŋ^{6}

闲 haːn^{6} khɔŋ^{5}

有空（～～到我家来） mɛ^{2} khɔŋ^{1}

热（天气很热） ȵɛt^{8}

热（水～） laːi^{5}

冷（天气～） ȵit^{7}

冷（水～） ȵit^{7}

凉（天气～） hɣum^{5}

凉（水～） ȵit^{7}，hɣum^{5}

凉（饭～了） ȵit^{7}

凉快 hɣum^{5}，hɣum^{5} sim^{3}

暖和 hɣo^{3}

温（水～） ŋwaːn^{5}

饱 kɣaŋ^{5}

饿 ʔjak^{7}

腻（肉吃～了） lə^{1}，ȵai^{4}，jem^{5}

渴 khaːt^{7}

睏、困 nɛ^{5}，ɔk^{7} nun^{2}

累 nɛ^{5}

烦闷 faːn^{2}，jem^{5}

恶心（欲呕吐的感觉） ləm^{6} hɣəm^{2}

高兴 aːŋ^{5}，kaːu^{5} çin^{4}

辛苦 tən^{5} khu^{3}

舒服 sy^{5} fɔk^{8}，sy^{5} fu^{6}

麻木 mwɔ^{5}

闷（屋里很～） mak^{7}

瞎 kha^{1}，la^{1} kha^{1}

聋 lak^{7}，khɣa^{1} lak^{7}

耳背 poi^{6}，khɣa^{1} poi^{6}

哑（嗓子～） ŋa^{3}

瘸（腿残疾） kwɛ^{6}，liu^{5}，kon^{2}

强壮 tsoŋ^{5}，joŋ^{6}

弱（身体很～） səi^{5}，sø^{1} sən^{2}，tsha^{1}

痛（肚子～） njeu^{3}

痒 ȵin^{3}

痒（吃生芋头喉咙~）　mɣaːk^{8}

痒（呵~的感觉）　ȵin^{3}

肿（虫咬~）　ləm^{6}

浮肿　ləm^{6}

焦　khut^{7}

胀（肚子~）　tsjaːŋ^{5}

好　ji^{1}

坏　hwaːi^{5}

新　mai^{5}

旧　kɔ^{5}

生（~肉）　sɛŋ^{1}

生（果子还是~的）　sɛŋ^{1}，taŋ^{2} sɔk^{8}

生（~面人）　huŋ^{6} koŋ^{3}，çen^{1} sɛŋ^{1}

夹生（~~饭）　leŋ^{2} tjaːŋ^{1}，cap^{7} sɛŋ^{1}

熟（~肉）　sɔk^{8}

熟（果子~了）　sɔk^{8}

熟（~人）　sɔk^{8}

真　tsən^{1}

确实　si^{6} tsən^{1}

假　ca^{3}

便宜　pjen^{6} ȵi^{2}

贵　miŋ^{1}

土（土布）　hɣəːn^{2}，ja^{1} hɣəːn^{2}

本地（~~人）　pən^{3} ti^{6}

合（身，衣服~~）　hɔp^{7}

耐用　cen^{1}

够　kau^{5}

久（很~不见）　ɣɔːi^{3}

急（水~）　cəp^{7}

紧急　cəp^{7}

旺（火很~）　hɔŋ^{4}，fən^{1}

稳（桌子放得~）　wən^{3}

静　mɣak^{8}，teŋ^{6}

平安　peŋ^{2} aːn^{1}

太平　peŋ^{2} sik^{7}

方便　fɔŋ^{1} pjen^{6}，lai^{3} pin^{6}

费力　fe^{5} lik^{8}

妥当　thɔ^{3}，thɔ^{3} taŋ^{4}

灵验（药方很~）　liŋ^{2}

奇怪　chi^{6} kwaːi^{5}

公道　kɔŋ^{1} tɔ^{6}

犹豫　ta^{3} thən^{3}，than^{5} thu^{3}

容易　jɔ^{6} ji^{6}

难　naːn^{2}

麻烦　ma^{6} faːn^{2}

嘈杂　tshaːu^{3}，tshaːu^{6}

拥挤　ȵɔŋ^{4}，ŋap^{7}

结实　sət^{8}

空（箱子是~的）　khɔŋ^{1}，khø^{1}

空手　nja^{2} məi^{6}

空心（树~~）　ho^{3} khø^{1}

康心（萝卜~~）　phu^{5}

荒（~地）　hoŋ^{1}

乱（东西~）　lon^{6}

乱（头发~）　ȵin^{3}

蓬松（头发~）　ȵin^{3} ȵɔŋ^{5}

朦胧（相片很~）　lu^{4}

清楚（看得很~）　jen^{6}

齐（人来~了）　le^{2}

整齐　le^{7}，le^{7} tshəp^{7}

均匀 wən^{2}

相同 tuk^{7} tɔŋ^{2}

富 mɛ^{2}

穷 hɣən^{2}，cɔŋ^{2}

漂亮（指女子美） caːŋ^{6}

俊（指男子美） caːŋ^{6}

美丽（指风景～） ji^{1} kau^{5}

丑（相貌很～） tshəu^{3}

难看（不耐看） naːn^{2} kau^{5}

年轻 njen^{2} thiŋ^{1}

可爱 təu^{1} tjaːŋ^{3}

耐心 naːi^{6} təm^{1}

厉害 aːk^{7}，li^{6} hai^{6}

大方 taːi^{6} sja^{3}

翘尾巴 khɣət^{7} tshiu^{3}

老（人～） ce^{5}

老（菜～） ce^{5}

年幼 naŋ^{1} niŋ^{5}，tɔŋ^{6} niŋ^{5}

嫩（菜～） ȵe^{3}

胖 pi^{2}

肥（肉～） pi^{2}

肥（地～） pi^{2}

瘦（肉～） teŋ^{1}

瘦（人～） ɣəm^{1}

瘦（地～） ɣəm^{1}，ɣəːn^{4}，hɣəːn^{4}

娇（孩子很～） phai^{3}，mai^{3}，mɔŋ^{1} mɛ^{5}

乖 kwaːi^{1}

巧 cheu^{3}

勤（～劳） hɣak^{7}，can^{2}

努力 jɔŋ^{6} ceŋ^{5}

匆忙 moŋ^{2}，cəp^{7}

危险 çeu^{1}

懒 laːn^{4}

能干 nən^{6} kaːn^{5}

聪明 thɔŋ^{1} mɛŋ^{2}

敏捷 piu^{5}

直爽 lɔ^{3}，tseŋ^{5}

老实 lɔ^{6} sət^{8}

温和 lɔ^{6} sət^{8}

客气 fɛ^{4} khɛk^{7}

孤独（性格～） ku^{1} tɔk^{8}

和睦 hɔ^{6} lɔ^{6}

驯（野兽养～了） caːu^{5}

顽皮（淘气） tən^{2}

调皮（孩子不听教导） tjeu^{6} pi^{2}，aːu^{5} teŋ^{5}

愚蠢（笨） pən^{6}

傻 ŋaːŋ^{5}

糊涂 hu^{6} tu^{2}

唠叨 tsɔk^{8} ŋœ^{4}

饶舌（多嘴） paːk^{7} kuŋ^{2}

沉默 mɣən^{4}，mɣən^{4} thən^{3}

小气 te^{5} li^{6}

骄傲 tshiŋ^{1} tjeu^{1}

大胆 mwɔ^{5} lo^{4}

小心 te^{5} təm^{1}

粗心 ŋ^{5} mɛ^{2} naːi^{6} təm^{1}

节俭 mat^{7}

吝啬 mat^{7}，khəu^{6}

贪心　təm^{1} mɣau^{2}

馋　tu^{2} tsaːn^{1}

贪吃　tu^{2} tsaːn^{1}

淫荡　faːt^{7} laːu^{5}

犟牛（倔强）　aːu^{5}

野蛮 maːn^{2}，lə^{4}

凶恶（野兽）　aːk^{7}，tshən^{3}

心毒　təm^{1} tɔk^{8}

想好（要好）　tjaːŋ^{3} ji^{1}

平等　kɔŋ^{1} peŋ^{2}

公平　kɔŋ^{1} peŋ^{2}

丰收　səu^{1} siŋ^{2} ji^{1}

光彩（体面）　mɛ^{2} na^{3}

光明　kwaːŋ^{5} min^{6}

光荣　kwaːŋ^{5} juŋ^{6}

伟大　wəi^{3} ta^{4}

正确　tsən^{4} khɔ^{6}

幸福　çin^{4} fu^{6}

积极　tsi^{6} ci^{6}

先进　sjen^{5} tsin^{4}

落后　lo^{6} həu^{4}

反动　faːn^{3} tuŋ^{4}

勇敢　juŋ^{3} kaːn^{3}

万岁　waːn^{4} sui^{4}

常见带后置音节形式结构：①

白皑皑　kwa^{3} phəp^{7} phəp^{7}

酸酸的　khɣəm^{3} ŋaːu^{5} ŋaːu^{5}

霉臭　phəp^{7} phaŋ^{5} phaŋ^{5}

热闹　ȵɔŋ^{4} ȵəp^{8}，naːu^{6} ȵɛt^{8}

红艳艳　laːn^{5} fat^{7} fat^{7}

臭烘烘　ȵin^{1} khəŋ^{5} khəŋ^{5}

硬邦邦　kɣa^{3} ȵaːŋ^{5} ȵaːŋ^{5}

冷冰冰　ȵit^{7} kau^{1} kau^{1}

甜津津　fjɛn^{1} ljɛt^{7} ljɛt^{7}

轻飘飘　ça^{3} çyt^{7} çyt^{7}

响嗡嗡　kuŋ^{3} ŋɔŋ^{5} ŋɔŋ^{5}

香喷喷　mjaːŋ^{1} ȵu^{5} ȵu^{5}

黑漆漆　lap^{7} ŋaːu^{5} ŋaːu^{5}，lap^{7} ȵu^{5} ȵu^{5}，nam^{1} nut^{7} nut^{7}

笑眯眯　ai^{5} ȵəm^{3} ȵəm^{3}

迟钝　mwa^{3} ȵuŋ^{5} ȵuŋ^{5}

哭啕啕　ȵɛ^{3} ŋɔŋ^{5} ŋɔŋ^{5}

昏暗　lap^{7} ŋaːu^{5}，lap^{7} ȵiu^{5}，lap^{7} tsəp^{8}

矮墩墩　hɣam^{5} pə^{5} li^{5}，hɣam^{5} pə^{5} lɛ^{1}

阴暗　ɣəm^{5} ŋwa^{5}

脏兮兮　ȵin^{4} ȵak^{8}

凹　tsəm^{6} tsy^{4}，tsəm^{6} tswat^{8}

白　kwa^{3} phəp^{7}，kwa^{3} tsaːn^{2}，kwa^{3} swaːi^{1}，paːk^{8} pɔm^{2}

斑斓　pjɛn^{1} jwa^{1}

薄　waŋ^{1} kɣaːŋ^{1}，waŋ^{1} fit^{7}，waŋ^{1} fjet^{7}

饱　kɣaŋ^{5} leŋ^{1}

---

① 划线部分为后置音节。

笨 pən^{6} pwat^{8}

塌 pjɛn^{3} pja^{5}

扁 pjɛn^{3} pja^{5}

凹塌 mjɛt^{7} mə^{3}

凹陷 mɔp^{7} mə^{3}

很便宜 pjen^{6} ȵi^{2} mjɛt^{7}

干瘪 phip^{7} phja^{3}，mip^{7} mja^{3}

羞答答 jɛ^{6} tshœ^{5}

长 ɣəi^{3} nəŋ^{4}，ɣəi^{3} hɣœ^{2}，ɣəi^{3} tə^{5} naːŋ^{5}

嘈杂 tshaːu^{6} ȵɔ^{2} ȵɔ^{2}

沉重 ɕan^{1} tə^{6} nək^{8}

尘土飞扬 tsən^{2} wəŋ^{3} wəŋ^{3}

逞能 tshiŋ^{1} kə^{5} naŋ^{1}

疯疯癫癫 tjen^{1} tɔ^{3}

傻乎乎 ŋaːŋ^{5} ȵi^{5}

太迟 tsi^{2} tsaŋ^{6}

恶狠狠、稠密 cat^{8} cwat^{8}，cat^{8} cə^{2}

稠密 na^{1} nɔk^{7}

臭烘烘 ȵin^{1} khəŋ^{5}

龌龊 wa^{5} pə^{5} khɔk^{7}

粗大 thɔ^{1} pɣət^{8}，thɔ^{1} thwat^{7}

脆生 hɣum^{1} hɣəu^{5}

沉重 ɕan^{1} tə^{5} nɔŋ^{5}，ɕan^{1} pə^{6} kək^{8}，ɕan^{1} tə^{6} nət^{8}

庞大 lo^{4} lan^{6}

很淡 taːm^{6} pjɛt^{8}，taːm^{6} pə^{6} ljɛt^{8}

矮 hɣam^{5} pə^{5} li^{5}，hɣam^{5} pə^{5} lɛ^{1}

颤抖 khɣəu^{5} səŋ^{6} səŋ^{6}

抖 khɣəu^{5} hɣaːŋ^{6}

邋遢 ȵin^{4} ȵak^{8}

滑溜溜 kɣɔ^{1} lwaːt^{7}，kɣɔ^{1} phəːn^{3}

短 hɣən^{3} pə^{5} liu^{5}

断 təu^{5} thek^{7}

钝 təp^{8} tœ^{2}

疲乏 nɛ^{5} nwaːi^{1}

飞扬 fən^{3} fjaːŋ^{5}

胖 pi^{2} pwat^{8}，pi^{2} tə^{5} nɔ^{1}

沸腾 kwən^{3} phu^{1} lwa^{2}

干枯 khu^{1} khɔk^{7}

干爽 khu^{1} khəp^{7}

干净 sjaːu^{5} səp^{7}

高 foŋ^{1} kɔŋ^{4}，foŋ^{1} lək^{7} chak^{7}

高兴、得意 aːŋ^{5} khə^{5} ly^{5}，aːŋ^{5} khə^{5} lə^{5}

光亮 kɣaːŋ^{1} taːŋ^{6}

宽、广 khwaːŋ^{3} laːŋ^{4}

贵 miŋ^{1} mat^{7}

軯声雷动 khɣun^{1} kwat^{8} kwat^{8}，khɣun^{1} tə^{4} tə^{4}

憨态 sɔŋ^{2} səp^{8}

寒冷 ȵit^{7} kau^{1}

黑乎乎 lap^{7} ŋaːu^{5}，nam^{1} niu^{1}

厚 na^{1} nɔk^{7}，na^{1} pə^{6} kək^{8}

花斑 hwa^{1} ȵaːu^{5}

惊慌 moŋ^{2} tə^{5}，moŋ^{2} kəm^{1}

黄灿灿 ŋaːn^{3} kwɛ^{1}，ŋaːn^{3} hɣəm^{5}

灰蒙蒙 kha^{1} khɔk^{7}，kha^{1} cheu^{3}

浑浊 ŋam^{1} kwaŋ^{6}

旧 kɔ^{5} phɔ^{5} ljɛt^{7}

恨　haːn^{6} ȵet^{8}

拥挤　ŋap^{7} ŋɛ^{3}

尖锐　khɣa^{1} ly^{5}

坚固　kɣa^{3} ȵaːŋ^{5}

下贱　tjen^{6} kwət^{7}

焦　tsjeu^{1} tsɛ^{3}

近　phɣəi^{5} phit^{7}

干净　sjaːu^{5} səp^{7}

咳不停　huk^{8} khœ^{1} khœ^{1}

渴　khaːt^{7} khɔŋ^{5}

枯　khɣɔ^{3} ȵɔŋ^{1}

哭泣　ȵiu^{1} ȵy^{5} ȵy^{5}，ȵɛ^{3} ŋa^{2} ŋa^{2}，ȵɛ^{3} ŋu^{2} ŋu^{2}，ȵɛ^{3} fjɛt^{7} fjɛt^{7}

苦　kam^{1} cɛt^{7}

快　hɣəi^{6} hut^{8}

辣　ljɛn^{6} hɣa^{5}

懒　laːn^{4} lən^{3} khɔŋ^{3}，laːn^{4} lək^{7} cet^{8}

烂　laːn^{6} tshɿ^{5} ȵuŋ^{5}

老　ce^{5} ȵaːŋ^{5}

快乐　aːŋ^{5} khə^{5} ly^{5}

冷　ȵit^{7} kau^{1}

凉　hɣum^{5} sim^{3}

亮堂　kɣaːŋ^{1} taːŋ^{6}

漏　lau^{6} phø^{5}

乱麻麻　lon^{6} mi^{1} mja^{1}，lon^{6} tu^{5} tu^{5}

凌乱　ȵin^{3} ȵɔŋ^{5} ȵɔŋ^{5}

绿油油　həu^{1} kəm^{1}

满　pik^{7} ȵat^{7}

美丽　caːn^{6} tshœm^{5}，caːn^{6} nəŋ^{4}

闷极了　jem^{5} jiu^{1}

绵绵的　mjɛn^{2} məp^{8} məp^{8}

沉默　mɣak^{8} kəm^{2}

鲜嫩　ȵe^{3} ȵəp^{7}

油腻　jəu^{2} jɔp^{7}

嘟哝　nɔŋ^{1} kwat^{7} kwat^{7}

浓浓的　nɔŋ^{5} nwaːt^{7}，cat^{8} cə^{2}

暖和　hɣo^{3} hɣəp^{7}

扁　pjɛn^{3} pja^{5}

爬　la^{6} ŋwa^{5} ŋwa^{5}

胖乎乎　pi^{2} pwat^{8}，pi^{2} tə^{6} nwat^{8}

一贫如洗　hɣən^{2} neŋ^{3} neŋ^{3}

平坦　peŋ^{2} pəp^{8}，peŋ^{2} thjaːm^{3}

浅　min^{5} phə^{5} ljɛt^{7}

强壮　joŋ^{6} tsoŋ^{5}

青幽幽　həu^{1} thiŋ^{1}，həu^{1} kəm^{1}

轻　ça^{3} pə^{5} leŋ^{3}，ça^{3} çyt^{7}

清澈　ləu^{1} hut^{7}

晴朗　liŋ^{4} tɛŋ^{3}

贫穷　hɣən^{2} neŋ^{3} neŋ^{3}

弯曲　çuŋ^{1} ȵaːu^{3}

热　ȵɛt^{8} hɣɔk^{8}，tun^{1} lut^{7}

热乎乎　laːi^{5} hu^{5} hu^{5}

柔软　ma^{3} məp^{7}

酸涩　khɣəm^{3} ŋaːu^{5}，kot^{7} kwaŋ^{5}

放哨　tɔŋ^{5} saːu^{5}

深　jam^{1} ciŋ^{5}，jam^{1} kwak^{7}

湿嗒嗒　ɣak^{7} ŋaːt^{7}，ɣak^{7} pə^{5} saːt^{7}，ɣak^{7} hɣom^{6}

瘦（人）　ɣəm^{1} lək^{8} khøk^{7}

瘦（肉）　teŋ^{1} tek^{7}

稀薄　waŋ1 kɣaːŋ4

松散　sɔŋ1 khə5 lœ3

酸溜溜　khɣəm3 nuŋ5，khɣəm3 ŋaːu5

甜　fjɛn1 ljɛt7

挺直　hɣaŋ4 hɣœ2

歪斜　tsak7 ȵaːu5，fe1 keŋ6

温暖　hɣo3 hɣəp7

脏兮兮　wa5 pə5 khɔk7

（液体）稀薄　ləu1 phə5 ljaːŋ5

细微　te5 ȵəp7 ȵəp7

瞎　kha1 khɔk7

狭窄　çap7 tshə5 lœt7

鲜艳　mai5 mit7

太咸　naŋ5 nyt7

乒乓响　kuŋ3 piŋ1 paːŋ1

知晓　hɣɔ4 çeu3

歪斜　thja5 thəp7，tsak7 ȵaːu5

游来游去　jəu2 ljaːu3 ljaːu3

垂直　tseŋ5 tsəp7

很凶　lə4 pə5 cə5

转个不停　tsøn6 lwa5 lwa5

烟雾缭绕　kwan1 ȵaːu5

硬邦邦　kɣa3 ȵaːŋ5

圆圆的　kwaːn6 lwaːn5

遥远　ce1 ȵiu1

晕眩　ŋwən6 ŋwa5

干燥　khɣɔ3 ȵaːu3，khɣɔ3 ȵɔŋ1

窄　çaːp7 tsɿ5 ljet7

粘紧　njaːm1 nək7

站立　taŋ4 kə6 ŋɔŋ4

沉重　çan1 tə6 nək8，çan1 tə5 nɔŋ5

醉醺醺　ŋwɛ2 lɛ5

数　词

一　naːu3，jet7

二　hɣa2，ɣa2，ȵi6

三　taːm1

四　ti5

五　ŋɔ4

六　lɔk8

七　thət7

八　paːt7

九　cəu3

十　səp8

十一　səp8 jet7

十二　səp8 ȵi6

十三　səp8 taːm1

十四　səp8 ti5

十五　səp8 ŋɔ4

十六　səp8 lɔk8

十七　səp8 thət7

十八　səp8 paːt7

十九　səp8 cəu3

二十　ȵi6 səp8

二十一　ȵi6 sl6 jet7

二十五　ȵi6 sl6 ŋɔ4

五十　ŋɔ4 səp8

六十　lɔk^{8} səp^{8}

七十　thət^{7} səp^{8}

八十　paːt^{7} səp^{8}

百　fɛk^{7}，pɛk^{7}

千　thjen^{1}

万　waːn^{6}，hwaːn^{6}

亿　ji^{4}

零（一百~五）　leŋ^{2}

零（0）　leŋ^{2}

第一　ti^{6} jet^{7}

第二　ti^{6} ȵi^{6}

第五　ti^{6} ŋɔ^{4}

第八　ti^{6} paːt^{7}

第末　ti^{6} saːt^{7}

半（一~）　mɣaːŋ^{6}

半年　mɣaːŋ^{6} mɛ^{1}

半天　mɣaːŋ^{6} fan^{1}

半斤　pon^{5} can^{1}

半桶　mɣaːŋ^{6} thoŋ^{3}

整天　lən^{6} fan^{1}

单（不成双）　taːn^{1}

双（成~成对）　søŋ^{1}

十来个　səp^{8} pa^{3} mu^{6}，səp^{8} pa^{3} lak^{7}，səp^{8} pa^{3} lu^{6}

二十多　ȵi^{6} sɿ^{6} ci^{3}

一点儿　nə^{5} tek^{7}，nə^{5} niŋ^{5}

一部分　nə^{5} pən^{6}

很多　maːn^{6} kuŋ^{2}

几（~个人?）　ci^{3}

大半（　个）　mɣaːŋ^{6} lo^{4}

量　词

亩　məu^{1}

里　li^{4}

丈　tsjaːŋ^{4}

尺　tshek^{7}

寸　thən^{5}

分（长度）　fən^{1}

庹（两臂伸直的长度）　phaːi^{3}

拃（拇指和中指间的长度）　kaːp^{8}

石　sek^{8}

斗　hɣau^{3}

升　siŋ^{1}

斤　can^{1}

两（一两银子）　ljaːŋ^{3}

钱（重量）　tjen^{2}

厘　li^{2}

倍　poi^{5}

元（一~钱）　kwaːi^{6}

角（一~钱）　kok^{7}

分（一~钱）　fən^{1}

个（一~人）　mu^{6}，lu^{6}

个（一~碗）　tsik^{7}

只（一~鸡）　tɔ^{2}

头（一~牛）　tɔ^{2}

匹（　~马）　tɔ^{2}

棵（一~树）　lɔŋ^{6}

兜（　节）　tɔŋ^{6}

把（一～秧苗） ȵam^{1}
根（一～棍子） tjeu^{2}
把（插秧的单位） ȵam^{1}
把（一～筷子） ȵam^{1}
把（一～锄头） tsjaːŋ^{1}
把（一～菜刀） tsjaːŋ^{1}
颗（一～星） at^{7}
颗（一～谷子） ȵen^{2}
粒（一～米） ȵen^{2}
块（一～小石头） kɔk^{8}
块（一～大石头） kɔk^{8}
块（一～肉） kwaːi^{6}，at^{7}
块（一～布） kwaːi^{6}
架（一～机器） ca^{5}
辆（一～车） ca^{5}
顶（一～帽子） at^{7}
面（一～旗子） tsjaːŋ^{1}
座（一～山） at^{7}
枝（一～笔） kwən^{5}
扇（一～门） sjen^{5}
间（一～房子） twa^{6}，khɔŋ^{5}
件（一～衣服） məi^{6}
件（一～事情） çaːŋ^{6}，cen^{4}
条（一～绳子） tjeu^{2}
条（一～路） tjeu^{2}
条（一～鱼） tɔ^{2}
条（一～裙子） tjeu^{2}
条（一～裤子） tjeu^{2}
滴（一～水） tjem^{1}
份（一～文件） pən^{6}

层（一～皮） taŋ^{2}
行（一～玉米） lu^{6}
排（一～椅子） paːi^{2}
叠（一～人民币） taːp^{8}
袋（一～米） tai^{6}
套（一～衣服） thɔ^{5}
张（一～纸） tsjaːŋ^{1}
张（一～桌子） tsjaːŋ^{1}
盏（一～灯） thaŋ^{5}，tsaːn^{3}
朵（一～花） at^{7}，ku^{2}
朵（一～云） kwaːi^{6} kwa^{3}
枝（一～花） ŋa^{5}
段（一～路） pɣət^{7}
块（一～田） tsik^{7}
片（一～稻田，包括几块） fjen^{5}
垌（一～田，以山河等为界） fjen^{5}
匹（一～布） pi^{2}
本（一～书） pən^{3}
封（一～信） fɔk^{7}
首（一～歌） tsik^{7}
页（一～书） phjen^{1}
句（一～话） kɣø^{5}
顿（一～饭） tən^{5}
阵（一～雨） hɣəːu^{5}
泡（一～尿） pɔŋ^{3}
种（一～稻谷） hɔ^{6}，tsɔŋ^{3}，çaːŋ^{6}
样（两～东西） çaːŋ^{6}
代（两～人） tai^{6}
圈（一～绳子） khon^{1}
节（一～竹子） tsjep^{7}，la^{1}

副（一~扑克）　fu^{5}

双（一~筷子）　tsau^{6}

双（一~鞋）　tsau^{6}

只（一~鞋）　tsik^{7}

对（一~手镯）　hoi^{5}

批（一~货物）　phe^{1}

群（一~羊）　toi^{6}

群（一~人）　toi^{6}

缕（一~炊烟）　tjeu^{2}

缕（一~线）　tjeu^{2}

床（一~被子）　wa^{1}

家（一~人）　hɣəːn^{2}

窝（一~鸡）　toi^{6}

筐（一~菜）　chiŋ^{1}，kɣu^{5}

筒（一~米）　siŋ^{1}

盒（一~饼干）　hɔp^{8}

坨（一~屎）　pɔŋ^{3}，tɔk^{7}

桌（一~菜）　kon^{2}

杯（一~水）　tsɔŋ^{1}

瓶（一~油）　peŋ^{2}

身（一~汗）　hɣən^{1}

口（一~饭）　ŋam^{5}

围（树大三~）　khon^{1}

担（一~米）　kɣəːp^{7}

捧（一~米）　ŋəp^{7}

撮（一~毛）　tshøp^{7}

撮（一~盐）　tshøp^{7}

捆（一~柴）　pɣɔk^{8}

堵（一~墙）　paɪi^{2}

堆（一~草）　pɛn^{2}

堆（一~肥料）　pɛŋ^{2}

串（一~鱼）　tshøn^{5}

点钟（一~~）　tem^{3} tsɔŋ^{1}

天（一~）　fan^{1}

月（一~）　mɣəːn^{2}

年（一~）　mɛ^{1}

处（在两~）　kon^{6}，khwa^{1}，pɣak^{8}

面（布的两~）　mjen^{6}

边（墙的两~）　mjen^{6}

次（去一~）　maːt^{7}，hwəi^{2}

下（打一~）　maːt^{7}

回（去了两~）　maːt^{7}

趟（跑了一~）　maːt^{7}

遍（念一~）　phjen^{4}

顿（打一~）　tən^{5}

觉（睡了一~）　hɣəːu^{5}

步（走一~）　jaːŋ^{5}，po^{6}

拳（打一~）　tsui^{2}，cin^{6} tsui^{2}

脚（踢一~）　cet^{7}

一拳之长　nə^{5} cøn^{2} ɣəːi^{3}

代　词

我　əi^{2}

你　ŋ̥a^{2}

他　mɔ^{6}

我们　hɣɔːu^{1}

你们　ɜaɪu^{1}

咱们　hɣəɪu^{1}

他们　mɔ^{6}

自己　ti^{6} ca^{1}，tə^{6} ca^{1}

亲自　thən^{1} ti^{6}

别人　leŋ^{6} mu^{6}，leŋ^{6} çen^{1}

人家　çen^{1}

大家　thɔŋ^{3} hwa^{3}

我们俩　hɣəːu^{1} hɣa^{2} mu^{6}

你们俩　saːu^{1} hɣa^{2} mu^{6}

他们俩　mɔ^{6} hɣa^{2} mu^{6}

这　ni^{5}，naːi^{6}

这个　at^{7} naːi^{6}

这么（～大）　hɔ^{6} naːi^{6}，ji^{1} naːi^{6}

这么（～多）　hɔ^{6} naːi^{6}，ji^{1} ni^{5}

这里　ni^{5}

这些　niŋ^{5} naːi^{6}

那　ka^{6}，hui^{5}

那个　at^{7} ka^{6}

那么（～远）　hɔ^{6} ka^{6}

那么（～说）　hɔ^{6} ka^{6}，ji^{1} ka^{6}

那里（指远）　kon^{6} ka^{6}

那里（较近）　hui^{5}

那些　niŋ^{5} ka^{6}

各（各个）　kɔk^{7}

每（～天、～个）　mwaːi^{4}

谁　nau^{2}

什么　ŋ^{5} naːŋ^{2}

为什么　hɔ^{6} maːŋ^{2}，ui^{6} ŋ^{5} naːŋ^{2}

怎么（～样）　hɔ^{6} maːŋ^{2}

多么（～大）　kai^{5}

多少　kuŋ^{2} sjeu^{3}

几（几个）　ci^{3}

哪　nau^{1}

哪个　at^{7} nau^{1}

哪里　khə^{5} nau^{1}

副　词

最（～大）　tsuəi^{4}

很（～高）　sjaːŋ^{6}

非常（～～满意）　sjaːŋ^{6}

极（～好）　kai^{5}

太（～多了）　thaːi^{5}

比较（～～好）　maːn^{6}

更加（～努力）　jøk^{8} keŋ^{5}

差不多（～～～断了）　haːi^{3}

才（～到这里）　hai^{5}

刚刚（他～～十八岁）　tseŋ^{5} tseŋ^{5}

刚才　pon^{1}

已经（他～～回来了）　ji^{3} cin^{5}

常常（你～～来）　teŋ^{6} teŋ^{6}

正在（他～～吃饭）　tseŋ^{5}

立刻（～～回去）　ma^{6} tsik^{8}，ma^{4} sjaːŋ^{6}

先（你先去）　tɔk^{7} kun^{5}

后（～去）　tɔk^{7} lən^{2}

开头（～～做不好）　chi^{3} tau^{2}，ji^{6} tjen^{1}，tin^{3} chi^{3}

后来（～～做好了）　tɔk^{7} lən^{2}

快（他～结婚了）　haːi^{3}

就（我就来）　tu^{6}，təu^{6}

一会儿（坐~~）　nə^{5} tsən^{6}

渐渐（~~多了）　tjem^{6} tjem^{6}

慢慢（~~走）　maːn^{6} maːn^{6}

快快（~~去）　huəi^{5} huəi^{5}，kaːn^{3} cəp^{7}

最好（~~你去）　tswəi^{4} ji^{1}

还有（还有很多）　naŋ^{1} mɛ^{2}

还（~没有来）　mən^{1}

继续（~~讲下去）　tsjeu^{5}，ci^{4} su^{6}

连续（连续跳一百次）　ljen^{2}，ljen^{6} su^{6}

忽然（~~下雨了）　təm^{6} jøn^{5}

都（大家~来了）　tjøn^{2}

也（我~去）　ja^{6}

再（明天~来）　leŋ^{6}

完全（~~不同）　tjøn^{2}，waːn^{6} tshøn^{6}

全（~对，~国）　tjøn^{2}，løn^{2}，tshøn^{6}

总共（总共五个人）　ji^{6} chi^{3}，lən^{6} kɤɔŋ^{6}

只有（~~一个）　tsi^{3} mɛ^{2}

只（~让他去）　tsi^{3}

一起（~~去）　fɛ^{4} toi^{6}，ji^{6} chi^{3}

又（~来了）　jəu^{6}

又（~快~好）　jəu^{6}……jəu^{6}

一定（我~~去）　jet^{7} teŋ^{6}

特地（我~~告诉你）　tɔk^{8} ti^{6}

故意（他~~告诉你）　ku^{4} ji^{4}

偏偏（叫他不要去他~~要去）　phjen^{1} phjen^{1}

另外（~~买一个）　kə^{6} ŋwaːi^{6}，ti^{6} ŋwaːi^{6}

仍旧（他仍旧爱你）　jiŋ^{6} cəu^{6}

当然（我~~要批评他）　taŋ^{1} jen^{2}

必须（你必须承认）　pi^{6} sy^{5}

恰巧（~~给他看见）　tseŋ^{5} hɔp^{7}，ŋ^{5} sek^{7} ȵi^{4}

幸亏（~~没有打破）　kə^{5} laːi^{5}，tshøn^{6} khau^{5}

可能（今天~下雨）　he^{1}，khɔ^{3} nən^{6}

白（~吃）　pɛːk^{8}

不（他~来了）　ŋ^{5}，khɔŋ^{1}

别（~跑）　jəu^{5}

不要（~~看）　ŋ^{5} aːu^{1}，jəu^{5}

没有（~~看见）　ŋ^{5}，ŋ^{5} mɛ^{2}

未曾（他~~来过）　taŋ^{2}

未（没有）　taŋ^{2}，khɔŋ^{1}

可以（~~进来）　khɔ^{3} ji^{3}，lai^{3}

大约　taːi^{6} khaːi^{5}，jɔm^{5} pa^{3} ti^{3}

好像（我们~~认识）　tseŋ^{5} thjaːŋ^{5}

原来（~~是你）　nau^{2} hɤo^{4}，jøn^{6} laːi^{6}

连　词

和（我~你同去）　hwən^{4}

或者（是……不是）　ɕi^{6} ŋ^{5} ɕi^{6}，ho^{6} tɜc^{3}

如果　jy^{6} ko^{3}

因为　jin^{1} ui^{6}

所以　so^{3} ji^{3}

虽然　sɿ^{1} jen^{2}，sui^{3} jen^{2}

但是　taːn^{6} si^{6}

不然　pu^{4} jen^{6}

只要　tsi^{3} aːu^{1}

为了　wəi^{5} ljaːu^{3}

不管　ŋ^{5} kon^{3}，kɔŋ^{1} li^{4}

不是……就是……ŋ^{5} si^{6}……tu^{6} si^{6}

要么……要么……jaːu^{4} mo^{5}……jaːu^{4} mo^{5}

除了　tsy^{2} khai^{1}

经过　keŋ^{1} ta^{6}

按照　ŋaːn^{4} tsaːu^{4}，tseu^{5}

关于　kwaːn^{5} jy^{6}

对于　toi^{5} jy^{6}

由于　jəu^{6} jy^{6}

介　词

把（～它扔掉）　pa^{3}

挨（～他打）　ŋaːi^{6}，tsjeu^{1}

被（羊～老虎吃了）　tsjeu^{1}，ŋaːi^{6}

给（碗～他打破了）　tsjeu^{1}，ŋaːi^{6}

从（～这里到那里）　njam^{1}

由（这些～你支配）　jəu^{2}

在（～这里玩）　ȵaːu^{6}

到（回～家）　thəu^{5}

向（～东方走去）　çaːŋ^{5}

往（～外走）　çaːŋ^{5}

用（～笔写字）　jɔŋ^{6}

沿（～着河边走）　njaːm^{1}

跟（去～他借书）　hwən^{4}

依（～他说）　tsjeu^{5}，ji^{1}

比（你～他高）　pi^{3}

连（～饭也不吃）　ljen^{6}

过（你到～南京吗）　ta^{6}

过（你高过他）　ta^{6}

对　toi^{5}

第三节　长篇话语

一、民间故事

1. thət^{7} tse^{6} nuŋ^{4}七姐妹

七　姐　妹

mɛ^{2} nə^{5} kə^{6} laːu^{4} mɛ^{2} thət^{7} lək^{8} jaːk^{7} . nə^{5} fan^{1} paːi^{1} tɛ^{5} mai^{4} , mɛ^{2} nə^{5} tɔŋ^{6} mai^{4}
有　一　老头　有　七　女儿　一　天　去　砍树　有　一　棵　树

i^{1} maːŋ^{2} tɛ^{5} mən^{1} tɛ^{5} ŋ^{5} təu^{5} . tu^{6} caːŋ^{3} thəu^{5} : “ nau^{2} poŋ^{1} əi^{2} tɛ^{5} tɔŋ^{6} mai^{4} naːi^{6} təu^{5} lɛ^{1} ,
怎么　砍　都　砍不断　就　讲　道　谁　帮我砍　棵　树　这　断　咧

əi^{2} ŋ̥øn^{6} chɣɛ^{1} nə^{5} lək^{8} jaːk^{7} chɣɛ^{1} mɔ^{6} fɛ^{4} maːi^{4} . ” naːi^{6} lai^{3} ŋ̥aːu^{6} te^{3} tui^{2} kɔ^{5} nə^{5}
我　愿　给　一　女儿　给　他做妻子　这　得　在　底石头的　一

tɔ^{2} tui^{2} theŋ^{5} hai^{5} mɔ^{6} caːŋ^{3} , tu^{6} hwən^{3} mɔ^{6} pik^{8} paːt^{8} kɣəu^{3} khɣam^{5} paːi^{1} . təu^{5}
只　蛇　听　见　他　讲　就　和　他　三下两下　缠绕　倒　去　断

ljeu^{6} lak^{7} tui^{2} tu^{6} njɛm^{1} mɔ^{6} fan^{6} ma^{1}.
完　个　蛇　就　跟　他　返　回

ma^{1} thəu^{5} lak^{7} tui^{2} kə^{6} ŋ̥aːu^{6} te^{3} kon^{2} khon^{1} ŋ̥ə^{2} nə^{5} pɛːŋ^{2} lo^{4} . pu^{4} mɔ^{6} əu^{5} chi^{5}
回　到　个　蛇　那　在　底　桌　盘　你　一　堆　大　爸　她　发愁

nun^{2} ŋ̥aːu^{6} ho^{4} pho^{5} , təm^{1} tjaːŋ^{3} : “ naːi^{6} ljeu^{4} ŋ^{5} hɣɔ^{4} lək^{8} jaːk^{7} nau^{1} njɛm^{1} lak^{7} tui^{2}
睡　在　里　床　心　想　这　完　不　知道　女儿　哪　跟　个　蛇

naːi^{6} paːi^{1} . ” thəu^{3} mu^{2} tsaːn^{1} hu^{3} ti^{6} si^{2} , ci^{3} mu^{6} lək^{8} jaːk^{7} taŋ^{1} tin^{3} mɔ^{6} paːi^{1} tsaːn^{1}
这　去　到　晚　吃　饭时候　几　位　女儿　来　叫　他　去　吃

hu^{3} mɔ^{6} tøn^{2} ŋ^{5} paːi^{1} . mɔ^{6} caːŋ^{3} : “ əi^{2} ŋ^{5} lɔk^{7} o^{6} , naːi^{6} ljeu^{4} saːu^{1} lɔk^{8} jaːk^{7} nau^{1}
饭　他　都不去　他　讲　我不起哦　这　完　你们　女儿　哪

njɛm^{1} lak^{7} tui^{2} naːi^{6} paːi^{1} , əi^{2} tu^{6} lɔk^{7} , ŋ^{5} mɛ^{2} nau^{2} paːi^{1} əi^{2} tu^{6} ŋ^{5} lɔk^{7} ”
跟　个　蛇　这　去　我就　起　不有　谁　去　我就不　起

ci^{3} lak^{7} lək^{8} jaːk^{7} taŋ^{1} tøn^{2} caːŋ^{3} ：“ jət^{1} ȵi^{6} ŋ^{5} ca^{5} tui^{2} ，ləu^{2} tui^{2} tsøn^{5} kɤɔ^{3} cət^{8}

几 个 女儿 来 都 讲 一 二 不 嫁 蛇 留 蛇 转 头 咬

pu^{4} caːŋ^{2}. ”

爸 强

thəu^{5} lak^{7} ti^{6} thət^{7} kə^{6} taŋ^{1} mɔ^{6} tu^{6} caːŋ^{3} ：“ əi^{2} ȵøn paːi^{1} ca^{5} ，pu^{4} lɔk^{7} . ” maːt^{7}

到 个 第 七 那 来 她 就 讲 我 愿 去 嫁 爸 起 回

naːi^{6} pu^{4} mɔ^{6} tu^{6} lɔk^{7} taŋ^{1} tsaːn^{1} la^{6}. pon^{2} ȵaːi^{6} lak^{7} tui^{2} kə^{6} ja^{6} theŋ^{5} chiu^{3} ljeu^{6}.

这 爸 她 就 起 来 吃 啦 盘 这 个 蛇 那 也 听(后置音节) 了

tsaːn^{1} ljeu^{6} lak^{7} ti^{6} thət^{7} kə^{6} tu^{6} aːu^{1} njɛm^{1} paːi^{1} . paːi^{1} thəu^{5} mjen^{6} nja^{1} ka^{6} ，

吃 完 个 第 七 那 就 要 跟 去 去 到 面 河 那

lak^{7} tui^{2} kə^{6} tin^{3} mɔ^{6} ci^{2} tsha^{5} mɔ^{6} u^{1} laːi^{2} ，tswa^{1} can^{3} ，nə^{5} maːt^{7} tu^{6} tshɛŋ^{1} mɔ^{6}

个 蛇 那 叫 她 骑 上 它 上 背 抓 紧 一 下 就 划 她

thəu^{5} mjen^{6} ka^{6} nja^{1} . pon^{2} naːi^{6} lak^{7} tui^{2} kə^{6} pjen^{5} fən^{1} lak^{7} hau^{5} sɛŋ^{1} caːŋ^{6} nəŋ^{4} .

到 面 那 河 回 这 个 蛇 那 变 成 个 青年 漂亮(后置音节)

naːi^{6} ljeu^{4} lak^{7} lak^{7} tsɛ^{2} nuŋ^{4} han^{5} lak^{7} nuŋ^{4} naːi^{6} ca^{5} lak^{7} kɤəːu^{4} naːi^{6} i^{1} . thəu^{5}

这 完 个 个 姐 妹 恨 个 妹 这 嫁 个 丈夫 这 好 到

pu^{4} mɔ^{6} fɛ^{4} sɿ^{1} ȵət^{8} . tsɛ^{2} nuŋ^{4} mu^{6} mu^{6} fan^{6} ma^{1} . ti^{6}①mu^{6} tsɛ^{2} nuŋ^{4} ka^{6} lən^{1}

爸 她 做 生日 姐 妹 位 位 返 回(前缀) 位 姐 妹 那 见

mɔ^{6} thaŋ^{5} kɤəːu^{4} kə^{6} caːŋ^{6} jeu^{6} i^{1} . tsɛ^{2} lo^{4} mɔ^{6} ca^{5} lak^{7} kɤəːu^{4} naːi^{6} jəu^{6} ŋ^{5} i^{1} ，

她 个 丈夫 那 漂亮 又 好 姐 大 她 嫁 位 丈夫 这 又 不 好

nuŋ^{4} ca^{5} kɔ^{5} kɤəːu^{4} jəu^{6} i^{1} . tsɛ^{2} lo^{4} mɔ^{6} hwən^{4} mɔ^{6} paːi^{1} tin^{5} nja^{1} suk^{7} ma^{1} . tsɛ^{2} mɔ^{6}

妹 嫁 的 丈夫 又 好 姐 大 她 和 她 去 旁 河 洗 菜 姐 她

tu^{6} tshø^{3} nuŋ^{4} mɔ^{6} tai^{1} lɔ^{3} ho^{3} nja^{1} paːi^{1} . tɔk^{7} lən^{2} tsɛ^{2} lo^{4} mɔ^{6} tu^{6} paːi^{1} fɛ^{4} maːi^{4}

就 推 妹 她 死 进 里 河 去 往 后 姐 大 她 就 去 做 妻子

chɤɛ^{1}nuŋ^{4} mɔ^{6} lak^{7} kɤəːu^{4} kə^{6}.

给 妹 她 个 丈夫 那

ma^{1} thəu^{5} hɤəːn^{2} ，lak^{7} kɤəːu^{4} kə^{6} tin^{3} mɔ^{6} paːi^{1} aːu^{1} jaːŋ^{6} naːi^{6} aːu^{1} thəu^{5} jaːŋ^{6}

回 到 家 个 丈夫 那 叫 她 去 要 样 这 要 到 样

---

① 仫佬语中 ti^{6} 音节可作为泛类别词和量词、名词及方位词合成指代人、事物及地点。

ka^{6} . aːu^{1} kon^{5} kwa^{1} tu^{6} aːu^{1} toi^{5} kon^{5} jəu^{2} . tin^{3} aːu^{1} ŋaːm^{3} tu^{6} aːu^{1} toi^{5} naŋ^{6} kwa^{1} .
那 要 锅 盐 就 要 对 锅 油 叫 要 酸 就 要 对 罐 盐

kɤəːu^{4} mɔ^{6} tu^{6} caːŋ^{3} : " i^{1} maːŋ^{2} ȵa^{2} ma^{1} maːt^{7} hɤəːn^{2} saːu^{1} , ti^{6} jaːŋ^{6} naːi^{6} tu^{6} laːm^{2}
丈夫 她 就 讲 怎么 你 回 次 家 你们(前缀) 样 这 就 忘

fən^{1} i^{6} jaːŋ^{6} naːi^{6} . ɔŋ^{5} kwa^{1} ɔŋ^{5} jəu^{2} si^{6} ȵa^{2} pən^{3} , ȵa^{2} mən^{1} ŋ^{5} hɤɔ^{4} . " jəu^{6} caːŋ^{3} :
成 这样 这 罐 盐 罐 油 是 你 弄 你 都 不知道 又 讲

" ȵa^{2} maːt^{7} na^{3} jəu^{6} ŋ^{5} pjɛn^{1} , naːi^{6} i^{1} maːŋ^{2} tu^{6} pjɛn^{1} ljeu^{6} . " " o^{2} , əi^{2} ma^{1} hwən^{3} pu^{4}
你 以前 脸 又 不 斑 现在 怎么 就 斑 了 哦 我 回 和 爸

niu^{2} ljen^{6}jəu^{2} , jəu^{2} peŋ^{5} toi^{5}. na^{3} əi^{2} tu^{6} pjɛn^{1} pjeu^{6}. "
我们 炼 油 油 溅 对 脸 我 就 斑 了

译文：

一个老头儿有七个女儿。有一天，那老头儿去砍树，但是有一棵树怎么砍都砍不断。老头儿就讲道："谁要是帮我砍断这棵树呀，我愿意把一个女儿给他做老婆。"他讲的刚好被盘在一块石头底下的一条蛇听见了。（蛇）就绕着树三下两下就把树给绞断了。之后，那蛇就跟着老头儿回家。回到家，那蛇就在桌子底下盘成一堆。

老头儿闷头在床上睡，心想：一会儿不知道哪个女儿跟着蛇走？到吃晚饭的时候，几个女儿来叫老头儿（起床）去吃饭，他都不去，他说道："我不起来哦！一会儿你们有谁跟这蛇去了，我就起来。没有谁去，我就不起来。"几个女儿来后，都讲："不管怎样都不嫁蛇，让蛇扭头咬我爸吧！"到了第七个女儿来，就说道："我愿意去嫁。爸爸，起来！"这样，她爸爸就起来吃起饭来。那蛇也就老老实实地待着了。

吃完晚饭，七妹妹就跟着（蛇）去了。来到河边，那蛇就叫她骑到自己的背上，抓紧！（那蛇）托着她一下子就窜到了河那边。这时，那蛇变成一个十分漂亮的青年。

不久后，到了她爸爸的寿辰。每一个姐妹都回家（给父亲做寿）。其他姐妹见到她的丈夫又帅又好。她大姐嫁的那丈夫却不好。她大姐就（趁）和她去河边洗菜（的时候），就（把）妹妹推到河里淹死了。之后，她大姐就去给自己妹夫做老婆。

回到家里，那男的叫她去拿这，她就拿来了那。要盐罐拿来油罐，要酸坛拿到了盐罐。那男的就说：“怎么你回一次你们家里，就把所有的东西忘成这样？盐罐油罐是你摆放的，你都不知道了？”又说道：“你以前脸没有斑，现在怎么就长斑了呢？”她姐姐回答道：“哦，我回去给爸爸炼油，油星子溅到脸上，我脸就长斑了。”（讲故事者不记得后面内容了，讲不下去了。）

2. tiŋ^{5} tɔ^{5} ci^{2} lø^{2} lɔ^{3} hɣəːn^{2} ça^{1}倒骑驴儿进茅屋（版本一）[1]
倒 颠 骑 驴 进 家 茅草

kon^{3} thjen^{1} ha^{5} , hɣəːn^{2} mɔ^{6} tsəi^{4} faːt^{7} tai^{2} . at^{7} ku^{3} naːi^{6} jəu^{6} fət^{7} lai^{3} niŋ^{5} ,
管 天 下 家 他 最 发 财 个 故事 这 又 记 得 些

jəu^{6} ŋ^{5} hɣɔ^{4} fət^{7} lai^{3} ljeu^{4} ŋ^{5} ljeu^{4}. hɣəːn^{2} kə^{6} ŋɔ^{4} tse^{6} nuŋ^{4}. ti^{5} at^{7} tsɛ^{2} tøn^{2} ca^{5} pjeu^{6}.
又 不 知道 记 得 完 不 完 家 那 五 姐 妹(前缀) 个 姐 全 嫁 了

naŋ^{1} mɛ^{2} at^{7} nuŋ^{4} tin^{3} fɛ^{4} y^{4} siu^{4} taŋ^{2} ca^{5} . ti^{5} at^{7} tsɛ^{2} ca^{5} ljeu^{4} ljeu^{6} , ni^{4} mɔ^{6} hwən^{3}
还 有 个 妹 叫 做 玉秀 未 嫁(前缀) 个 姐 嫁 完 了 妈 她 和

pu^{4} mɔ^{6} tu^{6} saːi^{3} : “ nuŋ^{4} , naːi^{6} ȵa^{2} ȵøn^{6} ca^{5} paːi^{1} khə^{5}[2]nau^{1} ? ” lək^{8} jaːk^{7} kə^{6} caːŋ^{3} :
爸 她 就 问 妹 现在 你 愿 嫁 去(前缀) 哪 女孩 那 讲

“ pu^{4} , ȵa^{2} ŋ^{5} jɔŋ^{6} taŋ^{1} an^{1} paːi^{2} əi^{2} . təu^{6} pjen^{6} əi^{2} ca^{5} kə^{5} nau^{1} , ŋ^{5} aːu^{1} ȵa^{2} kon^{3} . ȵa^{2}
爸 你 不 用 来 安 排 我 随 便 我 嫁 去 哪 不 要 你 管 你

si^{6} fən^{1} pu^{4} mə^{6} , ko^{5} tsui^{1} əi^{2} paːi^{1} ca^{5} . ” pu^{4} mɔ^{6} naŋ^{1} ŋaːi^{6} mɔ^{6} ɣa^{5} . pu^{4} mɔ^{6} tu^{6}
是 成 爸 吗 一直 催 我 去 嫁 爸 她 还 挨 她 骂 爸 她 就

caːŋ^{3} : “ əi^{2} laːk^{8} laːk^{8} an^{1} paːi^{2} thiŋ^{1} thu^{3} , naŋ^{1} kwa^{5} chem^{5} ȵa^{2} . ” tu^{6} caːŋ^{3} : “ fan^{1}
讲 我 孩子 孩子 安 排 清 楚 还 挂 牵 你 就 叫 天

mɔ^{3} ȵa^{2} paːi^{1} ca^{5} , lɔ^{6} thaŋ^{5} lø^{2} naːi^{6} chyɛ^{1} ȵa^{2} tiŋ^{5} tɔ^{5} ci^{2} . təu^{6} pjen^{6} lɔ^{3} thəu^{5} hɣəːn^{2}
以后 你 去 嫁 给 个 驴 这 给 你 倒 颠 骑 随 便 进 到 家

① 这是大银村一个70岁的仫佬族妇女陈述的民间故事《倒骑驴儿进茅屋》的版本，整个逻辑关系比较清晰，故事内容也比较完整。

② 无实义 khə^{5} 音节作为前缀配合 nau^{1} “哪” 完成对地点的疑问形式。

nau^{1}. ȵa^{2} tu^{6} ca^{5} hɣəːn^{2} ka^{6}. ”

哪　你　就　嫁　家　那

maːt^{7} naːi^{6} mɔ^{6} tu^{6} cən^{1} tɔ^{2} lø^{2} kə^{6} taŋ^{1} tiŋ^{5} tɔ^{5} ci^{2} . ci^{2} lɛ^{5} tu^{6} lɔ^{3} hɣəːn^{2} kə^{6}

回　这　她　就　拿　只　驴　那　来　倒　颠　骑　骑　啦　就　进　家　那

paːi^{1} . hɣəːn^{2} kə^{6} taːu^{3} ȵaːŋ^{3} thaːn^{5} . tu^{6} at^{7} ni^{4} kə^{6} ȵaːu^{6} hɣəːn^{2} meŋ^{1} mjen^{2} . at^{7} ni^{4}

去　家　那　烧　木炭　就　个　妈　那　在　家　扯　棉　个　妈

kə^{6} lən^{1} naŋ^{1} khɣəːn^{5} , saːi^{3} : “ ȵa^{2} i^{1} maːŋ^{2} fan^{1} naːi^{6} tu^{6} ci^{2} lø^{2} lɔ^{3} hɣəːn^{2} əi^{2} le^{5} ? ”

那　见　还　怕　问　你　怎么　天　这　就　骑　驴　进　家　我　呢

mɔ^{6} caːŋ^{3} : “ ȵa^{2} jəu^{5} khɣəːn^{5} , əi^{2} fan^{1} mɔ^{3} taŋ^{1} hwən^{4} ȵa^{2} fɛ^{4} ni^{4} laːk^{8} . ” ni^{4} mɔ^{6}

她　讲　你　别　怕　我　天　以后　来　和　你　做　妈　儿　妈　他

caːŋ^{3} : “ ȵa^{2} taŋ^{1} hwən^{4} əi^{2} fɛ^{4} ni^{4} laːk^{8} i^{1}maːŋ^{2} fɛ^{4} lai^{3}. naːi^{6} laːk^{8} əi^{2} maŋ^{1} paːi^{1} taːu^{3}

讲　你　来　和　我　做　妈　儿　怎么　做　得　这　儿　我　还　去　烧

ȵaːŋ^{1} thaːn^{5} . i^{1} maːŋ^{2} taːŋ^{4} lai^{3} ȵa^{2} ? ” mɔ^{6} caːŋ^{3} : “ ȵa^{2} tɔŋ^{5} təm^{1} . ŋ^{5} kon^{3} ci^{3} . ” tɔk^{7}①

木炭　怎么　养　得　你　她　讲　你　放　心　不　管　事（前缀）

lən^{2} mɔ^{6} hwən^{4} ni^{4} mɔ^{6} ȵaːu^{6} hɣəːn^{2} caːŋ^{3} ŋ^{5} teŋ^{2} . laːk^{8} kə^{6} taːu^{3} ȵaːŋ^{1} thaːn^{5} ma^{1}

后　她　和　妈　她　在　家　讲　不　停　儿　那　烧　木炭　回

ȵaːu^{6} paːk^{7} tɔ^{1} laːn^{4} kɔm^{3} lɔ^{3} hɣəːn^{2} , at^{7} nam^{1} pə^{5} taːt^{7} . mɔ^{6} naŋ^{1} moːŋ^{2} i^{1} maːŋ^{2} ta^{5}

在　口　门　都不　敢　进　家　个　黑（后置音节）　他　还　慌　样　怎么　中

khɣaːn^{1} naːi^{6} mɛ^{2} thaŋ^{5} lø^{2} le^{5} ? lɔ^{3} thəu^{5} hɣəːn^{2} . lak^{7} pwa^{2} kə^{6} tu^{6} caːŋ^{3} : “ əi^{2} ci^{2} tɔ^{2}

院　这　有　个　驴　咧　进　到　家　个　婆　那　就　讲　我　骑　只

lø^{2} naːi^{6} taŋ^{1} lɔ^{3} hɣəːn^{2} ȵa^{2} . tu^{6} taŋ^{1} hwən^{4} ȵa^{2} fɛ^{4} kɔŋ^{1} pwa^{2} . ” mɔ^{6} caːŋ^{3} : “ əi^{2} nə^{5}

驴　这　来　进　家　你　就　来　和　你　做　公　婆　他　讲　我　一

se^{5} si^{6} taːu^{3} ȵaːŋ^{1} thaːn^{5} kɔ^{5} . i^{1} naːi^{6} hɣən^{2} , ȵa^{2} maːŋ^{2} tu^{6} njɛm^{1} ? ” mɔ^{6} caːŋ^{3} : “ ŋ^{5}

世　是　烧　木炭　的　样　这　穷　你　怎么　就　跟　他　讲　不

khɣəːn^{5} , ȵa^{2} aːu^{1} lai^{3} əi^{2} ko^{5} si^{6} mɛ^{2} tsy^{3} i^{5} ta^{6} . ” fan^{1} ti^{6} ȵi^{6} laːk^{8} kə^{6} jəu^{6} caːŋ^{3} aːu^{1}

怕　你　要　得　我　就　是　有　主意　过　天　第　二　儿　那　有　讲　要

kwan^{2} ljem^{4} paːi^{1} taːu^{3} ȵaːŋ^{1}thaːn^{5}. laːk^{8} jaːk^{7} kə^{6} caːŋ^{3} : “ jəu^{5} paːi^{1}. ” mɔ^{6} tu^{6} chɣɛ^{1}

磨　镰刀　去　烧　木炭　儿　女　那　讲　别　去　她　就　给

① tɔk^{7} 作为前缀配合 kun^{5} “前” 或 lən^{2} “后” 表示时间上的前或后。

kɔk8 cəm1 chɣɛ1 mɔ1, tin3 mɔ1 tsau4 paːi1 hɣəi3 hu3. lak7 kə6 caːŋ3: "thaŋ5 naːi6 aːu1
块 金子 给 他 叫 他 拿 去 买 米 个 那 讲 个 这 要
taŋ1 fɛ4 jaːŋ6 nau1? əi2 taːu3 ȵaːŋ3 thaːn5 ho3 kaːm1 se6 ti6 pɛːŋ2 lo4. əi2 lən2 tɔ1 kə6
来 做 样 什么 我 烧 木炭 里 洞 咧(前缀) 堆 大 我 后 门 那
maŋ1 mɛ2 nə5 kɔk8 tsau4 taŋ1 tshɛŋ5 tɔ1. ȵa2 paːi1 kau5 kau5." mɔ6 caːŋ3 thaŋ5 cəm1
还 有 一 块 拿 来 顶 门 你 去 看 看 他 讲 个 金子
ni4 kə6 naŋ1 ȵaːu6 ho3 kaːm1. maːt7 naːi6 mɔ6 caːŋ3: "əi2 njam1 ȵa2 fɛ4 toi6 paːi1 kau5.
妈 那 还 在 里 洞 回 这 她 讲 我 跟 你 做 队 去 看
kau5 ho3 kaːm1 mɛ2 ȵaːu6 khə5 nau1." mɔ6 caːŋ3: "ȵa2 jəu5 paːi1, ȵa2 paːi1 lən1
看 里 洞 有 在 哪 什么 他 讲 你 别 去 你 去 见
kaːm1 taːu3 ȵaːŋ1 thaːn5, mɔ3 ȵa2 laːn4 njɛm1 əi2 le6." "ho3 kaːm1 ti6 paːi2 kaːm1
洞 烧 木炭 以后 你 都不 跟 我 了呢 里 洞(前缀) 壁 洞
kə6 ti6 pɛːŋ2 lo4." maːt7 naːi6 mɔ6 tu6 tjeu1 lə6 pə6. mɔ6 caːŋ3: "ȵa2 ŋ5 aːu1 əi2 paːi1
那(前缀) 堆 大 回 这 她 就 刁 了 哦 她 讲 你 不要 我 去
tu6 pa6."
就 罢

thəu5 hət7 ti6 ȵi6 hət7 ti6 taːm1 la5, mɔ6 tu6 paːi1 hɣəi3 juŋ3 hɣəi3 ti6 taːu6 ma1.
到 早 第 二 早 第 三 啦 她 就 去 买 甘蔗 买 地豆 回
chɣɛ1 kɣəːu4 mɔ6 təm6 pjen6 tsaːn1 paːi1, tsaːn1 paːi1 thəu5 at7 kaːm1 kə6. mɔ6 tu6
给 丈夫 她 随便 吃 去 吃 去 到 个 洞 那 她 就
njɛm1 lən2 kau5 juŋ3 tsa1 la4 paːi1. paːi1 thəu5 ho3 kaːm1 kə6. mɔ6 lən1 cəm1 ni4 la6.
跟 后 看 甘蔗渣 找 去 去 到 里 洞 那 她 见 金子 妈 啦
mɔ6 tu6 çɔp7 thaŋ5 cəm7 kə6 fan6 ma1. çɔp7 thaŋ5 cəm1 kə6 fan6 ma1 tu6 faːt7 tai2
她 就 端 个 金子 那 返 回 端 个 金子 那 返 回 就 发 财
la3. ti6 pɛːŋ1 lo3 phjeu5, ta3 ton5 fɛ4 kɣəːn2 la6.
啦(前缀) 堆 大 钱 打算 做 房子 啦

maːt7 naːi6 pu4 mɔ6 tu6 fɛ4 sɿ1 ȵət8. fɛ4 sɿ1 ȵət8 ljeu6 tu6 tin3 mɔ6 ɣa2 kɔŋ1 pwa2
回 这 爸 她 就 做 生日 做 生日 了 就 叫 她 俩 公 婆
kə6 fan6 ma1. mɔ1 ɣa2 kɔŋ1 pwa2 tu6 paːi1 u1 pɣa1 kat7 çaːu1 khəi5 ma1 paːi1 pi3 pu4
那 返 回 她 俩 公 婆 就 去 上 山 割 藤蔓 回 去 比 爸

mɔ6 twa6 hɣəːn2 kə6 . pu4 mɔ6 tu6 søt7 : " pi3 pi3 jaːŋ6 nau1 o1 , ȵa2 mɛ2 pən3 ti6 fɛ4
她 所 家 那 爸 她 就 责难 比 比 样 什么 哦 你 有 本事 做
lai3 fən1 əi2 twa6 hɣəːn2 paːi1 le6 . əi2 tiŋ5 tɔ5 tshaːm3 khwən1 paːi1 thəu5 hɣəːn2
得 成 我 所 家 去 咧 我 倒 颠 走 路 去 到 家
saːu1 . " ɣa2 kɔŋ1 pwa2 kə6 ja6 si6 ŋ5 caːŋ3 . tɔk7 lən2 tu6 pi3 lai3 fan6 ma1 , khwaːŋ3
你们 两 公 婆 那 也 是 不 讲 到 后 就 比 的 返 回 宽
jəu6 aːu1 i1 maːŋ2 kuŋ2 , ɣəi3 jəu6 aːu1 i1 maːŋ2 kuŋ2 . tɔk7 lən2 mɔ6 ɣa2 kɔŋ1 pwa2 tu6
又 要 怎样 多 长 又 要 怎样 多 到 后 她俩 公 婆 就
fɛ4 lai3 nə5 twa6 hɣəːn2 . tu6 caːŋ3 tin3 pu4 mɔ6 paːi1 kau5 . pu4 mɔ6 tu6 ljaːŋ6 : " paːi1
做 得 一 所 家 就 讲 叫 爸 她 去 看 爸 她 就 量 去
kau5 ȵa2 twa6 hɣəːn2 kə6 le6 , ȵa2 aːu1 tɔ4 thaːm3 tjem6 khwən1 , əi1 hai5 ci2 ma4
看 你 所 家 那 咧 你 要 用 毯子 垫 路 我 才 骑 马
paːi1 thəu5 hɣəːn2 ȵa2 . " maːt7 naːi6 mɔ6 caːŋ3 : " lai3 , ȵa2 aːu1 əi2 tjem6 thaːm3 , əi2
去 到 家 你 回 这 她 讲 得 你 要 我 垫 毯子 我
fɛ4 lai3 fən2 kɔ5 . " pon2 naːi6 tsən1 si6 tjem6 thaːm3 chɣɛ1 pu4 mɔ6 ci2 ma6 paːi1 thəu5
做 得 成 的 回 这 真 是 垫 毯子 给 爸 她 骑 马 去 到
hɣəːn2 mɔ6 kau5 . kau5 lən1 hɣəːn2 mɔ6 ɣa2 sjen5 tɔ1 tøn2 si6 cəm1 . çən1 caːŋ3 phɛk7
家 她 看 看 见 家 她 两 扇 门 都 是 金子 人 讲 拍
mjen6 naːi6 ci1 jəu6 can1 , phɛk7 mjen6 ka6 mjen6 ka6 jəu6 fuŋ4 hwaːŋ6 tin3 . faːt7 tai2
边 这 鸡 又 鸣 拍 边 那 边 那 又 凤凰 啼 发 财
hu5 hu5.

(后置音节)

tɔk7 lən2 pu4 mɔ6 ma1 tjaːŋ3 ŋ5 sik7 ȵi4 laːk8 jaːk7 naːi6 fɛ4 laːi3 fən1 twa6 hɣəːn2
到 后 爸 她 回 来 不 想 认为 儿 女 这 做 的 成 所 家
i6 naːi6 i1 pi3 twa6 mɔ6 maŋ1 i1 faːt7 tai2 pi3 ȵa2 naŋ1 caŋ2 səp8 fən1 tɔk7 lən2 pu4
样 这 好 比 所 他 还 好 发 财 比 你 还 强 十 分 到 后 爸
mɔ6 ma1 ho3 phɔ5 nun2 chi5 tai1 paːi1 , lɔ6 laːk8 taŋ1 tshjet7 hɣəːu1 kɔ5 na3.
她 回 里 床 睡 气 死 去 给 儿 来 惨 我们 的 脸

译文：

他家算是天下最有钱的了！这个故事（我）有些记得，有些不知道记得完整不完整。那家五姐妹，别的姐妹都嫁人了，还有一个妹妹叫玉秀没有嫁人。别的姐姐嫁完了，父母就问："小妹，你现在愿意嫁去哪里呀？"女孩回答说："爸，你不用来安排我，随便我嫁去哪儿，不要你管。你这爸爸像话吗？老催我去嫁人。"她爸爸还被她数落了一通。她爸爸就说："我每个（女儿）都安排得清清楚楚，就还牵挂你。"又说道："明天你就去嫁人，（我）给这头驴给你倒着骑，随便进到哪家，你就嫁他家吧。"

这么一来，她就倒着骑那头毛驴。毛驴就进到一户人家家里。这户人家是烧木炭的，家里就一个老妈妈在家纺棉线。那老妈妈见到她进来还挺害怕，问道："你怎么今天骑头毛驴进到我家里呢？"那女孩回答道："你别怕，我今后就来你这儿和你做婆媳了。"那老妈妈说："你来和我做婆媳怎么行呢？我儿子只是个烧木炭的，怎么养得了你？"那女孩说："你放心，没关系。"然后，她和那老妈妈在家里说个不停。那男的烧木炭回来在门口都不敢进门。一个大黑个，心里忙慌："怎么院子里有头驴呢？"男的进到家，那女孩就说："我骑这头毛驴进到你家里，就是来和你做夫妻的。"那男的说："我一个烧炭的，这么穷，你怎么会跟？"那女孩说："不怕，你娶了我，就会有办法过的。"

第二天，那男的又要磨刀去烧木炭。那女孩说："别去。"她就拿了一块金子给他，让他拿去买米。那男的说："这东西要来做什么？我烧木炭的山洞里呀，一大堆的。我那大门的后面还有一块用来顶门呢。你去看看。"他说那母金子（最大的金子）还在山洞里呢。听到这，那女孩说："我跟你一起去看，看有金子的山洞在哪里？"那男的说："你别去，你去了见到烧木炭的山洞，你以后（恐怕也）不愿跟我过了呢！""山洞里四壁（真的）一大堆（这东西）。"这下，那女的就聪明了，她说："你不要我去就算了。"

第二、第三天早上，她就去买甘蔗买花生之类的（东西）给丈夫（在去山洞的路上）随便一路吃着去到那山洞。她在后面随着（路上的）甘蔗渣找去。来到那山洞里，看到了母金子，她就把那金子抱回来。抱回（那金子）后就发大财了。商量着要建一栋新房子。

然后，她爸爸要办寿宴了。他们夫妻要回去。（回之前）他俩就上山割很多藤蔓回去。回去比量她爸爸的房子。她爸爸就挖苦道："比什么比呀！你有本事做得成我这栋房子的话咧，我头朝地走路去到你们家。”夫妻俩也没多说话。

比了宽是多少长有多少后回到家。之后，他俩夫妻就建了一栋房子，还叫她爸爸去看。她爸爸就发难：“要我去看你那房子啊，你要用毯子把路铺到那儿，我才会骑马过去。”这次，她说：“行，你要我垫毯子，我能做到。”这下真是垫了毯子给她爸爸骑马去到她家。（她爸爸）看到她家的两扇门都是金子做的。说是拍这边鸡又鸣，拍那边凤凰又啼。那这是很有钱呀！

后来，她爸爸回来啦。（他）没想到女儿的房子那么好，比他还有钱，比自己强多了。再后来她爸爸回到床上一睡不起，气死了。让孩子来丢了自己的脸。

3. tiŋ^{5} tɔ^{5}　ci^{2} lø^{2} lɔ^{3} hɣəːn^{2} ça^{1}倒骑驴儿进茅屋（版本二）①

倒　颠　骑 驴 进　屋　茅草

tɔk^{1} kun^{5} əi^{2} tseŋ^{5} si^{6} hɣɔ^{4} , tɔk^{7} lən^{2} əi^{2} he^{1} caːŋ^{3} ŋ^{5} toi^{5} i^{6} maŋ^{2} kuŋ^{2}.

(前缀) 前　我　正　是 知道 (前缀) 后 我 可能　讲　不　对 样 怎么　多

ti^{6} maːt^{7} , mɛ^{2} nə^{5} kə^{6} laːu^{6} tsəi^{4} mɛ^{2} tjen^{2} la^{6} , hɣəːn^{2} jəu^{6} khwaːŋ^{3} laːŋ^{4} . kaːu^{4}

(前缀) 以前　有　一　老头　最　有　钱　啦　家　又　宽 (后置音节)　老头

ka^{6} mɛ^{2} taːm^{1} laːk^{8} jaːk^{7} . laːk^{8} jaːk^{7} lo^{4} hwən^{4} laːk^{8} jaːk^{7} ti^{6} ȵi^{6} tøn^{2} ca^{5} lai^{3} hɣəːn^{2}

那　有　三　女儿　女儿　大　和　女儿 (前缀) 二　都　嫁　得　家

çən^{1} i^{1} . tu^{6} si^{6} laːk^{8} jaːk^{7} mi^{2} ka^{6} , fɛ^{4} mwaːi^{2} ca^{5} kon^{6} naːi^{6} ja^{6} ŋ^{5} paːi^{1} , kon^{6} ka^{6} ja^{6}

人 好　就 是　女儿　幺　那　做　媒　嫁 处　这　也 不　去　处　那 也

ŋ^{5} paːi^{1} . pu^{4} mɔ^{6} fan^{1} fan^{1} jøn^{5} mɛŋ^{6} . thəu^{5} lən^{2} ljeu^{6} , njen^{6} ci^{3} ja^{6} lo^{4} ljeu^{6} , sɛŋ^{1}

不 去　爸　她　天　天　怨　命　到　后　了　年　纪 也 大　了　老

ca^{5} ŋ^{5} lai^{3} . pu^{4} mɔ^{6} ja^{6} ŋ^{5} ȵøn^{6} aːu^{1} mɔ^{6} ȵaːu^{6} hɣəːn^{2} ljeu^{6} . pu^{4} mɔ^{6} tu^{6} caːŋ^{3} :

嫁 不 得　爸　她　也 不　愿　要　她　在　家　了　爸　她　就　讲

“ laːk^{8} wəi^{1} khə^{1} nau^{1} ȵa^{2} mɔn^{1} ŋ^{5} paːi^{1} , əi^{2} hun^{4} nə^{5} tɔ^{2} lø^{2} chɣɛ^{1} ȵa^{2} ləu^{2} ȵa^{2} tiŋ^{5}

儿　喂 (前缀) 那里 你　都　不　去　我　送　一　只 驴　给　你　留　你　颠

① 这是银村一个60岁的仫佬族妇女陈述的民间故事《倒骑驴儿进茅屋》的版本，整个逻辑关系比较清晰，但有一些故事情节陈述者已经遗忘了，作者如实记录了其口头陈述的语言形式。

tɔ^{5} ci^{2} , tɔ^{2} la^{1} ȵa^{2} paːi^{1} thəu^{5} kon^{6} nau^{1} thəu^{5} hɣəːn^{2} nau^{2} , təu^{6} pjen^{6} hɣəːn^{2} ka^{6}
倒骑 只拉 你 去 到 处 哪 到 家 谁 随便 家 那
mɛ^{2} ti^{6} kɔŋ^{1} i^{1} ȵa^{2} tu^{6} njɛm^{1}, mɔ^{6} ŋ^{5} i^{1} ȵa^{2} ja^{5} njɛm^{1} o^{4}. ”
有(前缀) 男 好 你 就 跟 他 不 好 你 也 跟 哦

thəu^{5} lən^{2} , pu^{4} mɔ^{6} tu^{6} kau^{5} fan^{1} , kau^{5} fan^{1} i^{1} tu^{6} chɣɛ^{1} mɔ^{6} ci^{2} lø^{2} paːi^{1} .
到 后 爸 她 就 看 日子 看 日子 好 就 给 她 骑 驴 去
tɔ^{2} lø^{2} ka^{6} tu^{6} paːi^{1} , tshaːm^{3} thəu^{5} mən^{1} haːi^{3} lap^{7} , tɔ^{6} lø^{2} ka^{6} tu^{6} tshaːm^{3} thəu^{5}
只驴 那 就 去 走 到 天 快 黑 只驴 那 就 走 到
caːk^{7} pɣa^{1} nə^{5} hɣəːn^{2} ça^{1} kun^{5} ka^{6} teŋ^{2} lui^{6} taŋ^{1} . laːk^{8} jaːk^{7} ka^{6} tu^{6} lui^{6} lø^{2} lɔ^{3} thəu^{5}
角 山 一 家 茅草前 那 停 下 来 儿 女 那 就 下 驴 进 到
ho^{3} hɣəːn^{2} ka^{6} paːi^{1} , lən^{1} ho^{3} hɣəːn^{2} ka^{6} nə^{5} mən^{2} mən^{1} ŋ^{5} mɛ^{2} , jəu^{6} ŋ^{5} mɛ^{2} çən^{1} ,
里 家 那 去 见 里 屋 那 一 东西 都 不 有 又 不 有 人
ho^{3} ka^{6} ȵak^{7} ȵɔŋ^{5} ȵɔŋ^{5} . mɔ^{6} tu^{6} poŋ^{1} phɣət^{7} hɣəːn^{2} , tə^{5}①tshø^{5} phɣət^{7} sjaːu^{5} ljeu^{4}
里 那 狼籍(后置音节) 她 就 帮 扫 屋 (前缀)处 扫 干净 完
ljeu^{6} , khai^{1} ɔŋ^{5} hu^{3} kau^{5} lən^{1} ho^{3} ka^{6} mɛ^{2} tɛk^{7} hu^{3} , tu^{6} thap^{7} kon^{5} tuŋ^{1} hu^{3} . tuŋ^{1}
了 开 缸米 看 见 里 那 有 些 米 就 下 锅 煮 饭 煮
hu^{3} ljeu^{4}, mən^{1} lap^{7}, lak^{7} ti^{6} kɔŋ^{1} ka^{6} tu^{6} ma^{1}. lən^{1} mɔ^{6} tu^{6} saːi^{3}: “ȵa^{2} si^{6} nau^{2}?
饭 完 天 黑 个(前缀) 男 那 就 回 见 她 就 问 你 是 谁
taŋ^{1} hɣəːn^{2} niu^{2} . ” mɔ^{6} caːŋ^{3} : “ əi^{2} taŋ^{1} fɛ^{4} ȵa^{2} ti^{6} pwa^{2} . ” “ əi^{2} i^{6} naːi^{6} hɣən^{2} ȵa^{2} i^{6}
来 家 我们 她 讲 我来做 你(前缀) 婆娘 我样 这 穷 你样
naːi^{6} caːŋ^{6} , ȵa^{2} taŋ^{1} njɛm^{1} əi^{2} ? ” mɔ^{6} caːŋ^{3} : “ e^{5} , pu^{4} niu^{2} chɣɛ^{1} tɔ^{2} lø^{2} chɣɛ^{1} əi^{2} tiŋ^{5}
这 靓 你 来 跟 我 她 讲 诶 爸 我们 给 只驴 给 我 颠
tɔ^{5} ci^{2} , lɔ^{3} thəu^{5} hɣəːn^{2} nau^{2} tu^{6} ca^{5} ȵaːu^{6} hɣəːn^{2} nau^{2} . təu^{6} pjen^{6} ȵa^{2} hɣən^{2} əi^{2} ja^{6}
倒骑 进 到 家 谁 就嫁 在 家 谁 随便 你 穷 我也
njɛm^{1} ȵa^{2}, ŋ^{5} naŋ^{6} ljeu^{6}. ”
跟 你 不 走 了

theŋ^{5} mɔ^{6} i^{1} naːi^{6} caːŋ^{3} , mɔ^{6} tu^{6} chɣɛ^{1} mɔ^{6} ȵaːu^{6} . mɔ^{6} hai^{5} nə^{5} laːk^{8} jaːk^{7} i^{1}
听 她样 这 讲 她 就 给 她 在 他 见 一 儿 女 样

① tə^{5} 作为泛方位前缀和 tshø^{5} 配合表示方位的全面性。

naːi^{6} i^{1} , mɔ^{6} tu^{6} teŋ^{6} teŋ^{6} paːi^{1} faːi^{3} paːi^{1} hɣəi^{3} ti^{6} jaːŋ^{6} i^{1} ma^{1} chɣɛ^{1} mɔ^{6} . taːn^{6} si^{6}
这 好 他 就 常 常 去 集市 去 买(前缀) 样 好 回 给 她 但 是
mɔ^{6} taːu^{3} niŋ^{5} ȵaːŋ^{1} thaːn^{5} ȵaːu^{6} u^{1} pɣa^{1} . nə^{5} fan^{1} ja^{6} si^{1} lɔŋ^{6} lai^{3} ci^{3} thaŋ^{5} tɔŋ^{6} ləi^{5}
他 烧 些 木炭 在 上 山 一 天 也 是 挣 得 几 个 铜 板
tsɿ^{3} . mɛ^{2} nə^{5} fan^{1} , laːk^{8} jaːk^{7} ka^{6} tu^{6} tsau^{4} nə^{5} kɔk^{8} njem^{1} ho^{3} hɣəːn^{2} mwaːi^{5} taŋ^{1}
而已 有 一 天 儿 女 那 就 拿 一 块 从 里 家 带 来
kɔ^{5} cəm^{1} chɣɛ^{1} mɔ^{6} paːi^{1} hɣəi^{3} ti^{6} jaːŋ^{6} . mɔ^{6} caːŋ^{3} : “ əi^{2} aːu^{1} ȵa^{2} ti^{6} kɔk^{8} naːi^{6} ?
的 金子 给 他 去 买(前缀) 样 他 讲 我 要 你(前缀) 块 这
əi^{2} taːu^{3} ȵaːŋ^{1} thaːn^{5} kɔ^{5} thaŋ^{5} kaːm^{1} ka^{6} ti^{6} kaːm^{1} lo^{4} le^{6} . ” mɔ^{6} caːŋ^{3} : “ ȵa^{2} caːŋ^{3}
我 烧 木炭 的 个 洞 那(前缀) 洞 大 咧 他 讲 你 讲
ȵa^{2} mɛ^{2} ti^{6} kɔk^{8} naːi^{6} , ka^{6} ȵa^{2} çən^{3} əi^{2} paːi^{1} kau^{5} . ” “ ŋ^{5} çən^{3} taːu^{3} ȵaːŋ^{1} thaːn^{5} jəu^{6}
你 有(前缀) 块 这 那 你 带 我 去 看 不 带 烧 木炭 又
ȵin^{4} jəu^{6} loi^{6} . ȵa^{2} ȵaːu^{6} hɣəːn^{2} poŋ^{1} əi^{2} tuŋ^{1} hu^{3} suk^{7} kuk^{7} phɣət^{7} hɣəːn^{2} sjaːu^{5} lai^{3}
脏 又 劳苦 你 在 家 帮 我 煮 饭 洗 衣服 扫 屋 干净 得
ljeu^{6}. təu^{6} pjen^{6} əi^{2} taːu^{3} ȵaːŋ^{1} thaːn^{5} lai^{3} niŋ^{5} hɣəu^{1} tu^{6} jɔŋ^{6} niŋ^{5}. ”
了 随便 我 烧 木炭 得 些 我们 就 用 些

laːk^{8} jaːk^{7} ka^{6} fan^{1} fan^{1} njem^{6} , mɔ^{6} ja^{6} ŋ^{5} çən^{3} . mɔ^{6} jəu^{6} tsən^{1} si^{6} tjaːŋ^{3} paːi^{1}
儿 女 那 天 天 念 他 也 不 带 她 又 真 是 想 去
kau^{5} si^{6} ŋ^{5} si^{6} cəm^{1} . nə^{5} fan^{1} mɔ^{6} tu^{6} hɣəi^{3} juŋ^{3} ma^{1} . mən^{1} kɣaːŋ^{1} lak^{7} ka^{6} paːi^{1}
看 是 不 是 金子 一 天 她 就 买 甘蔗 回 天 亮 个 那 去
taːu^{6} ȵaːŋ^{1} thaːn^{5} , mɔ^{6} tu^{6} chɣɛ^{1} juŋ^{3} chɣɛ^{1} mɔ^{6} tsaːn^{1} paːi^{1} , caːŋ^{3} : “ əi^{2} hɣəi^{3} kuŋ^{2} ,
烧 木炭 她 就 给 甘蔗 给 他 吃 去 讲 我 买 多
ȵa^{2} təm^{6} khwən^{1} tsaːn^{1} si^{6} lai^{3}. ”
你 边 路 吃 是 得

taːu^{3} niŋ^{5} ȵaːŋ^{1} thaːn^{5} nə^{5} se^{5} laːn^{4} mɛ^{2} tjen^{2} hɣəi^{3} juŋ^{3} tsaːn^{1} , ȵau^{3} ŋ^{5} lai^{3} at^{7}
烧 些 木炭 一 世 都没 有 钱 买 甘蔗 吃 巴 不 得 个
pwa^{2} naːi^{6} hɣəi^{3} juŋ^{3} , tu^{6} uk^{7} paːk^{7} tɔ^{1} tu^{6} ȵaːi^{5} pə^{6} le^{6} . jət^{1} lu^{6} paːi^{1} jət^{1} lu^{6} ȵaːi^{5} ,
婆 这 买 甘蔗 就 出 口 门 就 嚼 了 咧 一 路 去 一 路 嚼
cɛ^{1} nə^{5} lu^{6} kɔ^{5} juŋ^{3} tsa^{1} . ti^{6} kɔŋ^{1} ka^{6} paːi^{1} ljeu^{4} , at^{7} pwa^{2} ka^{3} tu^{6} jət^{1} lu^{6} njem^{1} juŋ^{3}
吐 一 路 的 甘蔗 渣 (前缀) 男 那 去 完 个 婆 你 就 一 路 跟 甘蔗

tsa^{1} la^{4} paːi^{1} . paːi^{1} thəu^{5} , lak^{7} ti^{6} kɔŋ^{1} ka^{6} tu^{6} saːi^{3} : " a^{4} , ȵa^{2} i^{1} maːŋ^{2} taŋ^{1} kɔ^{5} ? "
渣 找 去 去 到 个(前缀)男 那 就 问 啊 你 样 怎么 来 的
ti^{6} pwa^{2} ka^{6} tu^{6} caːŋ^{3} si^{6} njem^{1} juŋ^{3} tsa^{1} la^{4} taŋ^{1} kɔ^{5} . mən^{1} kɣaːŋ^{1} tu^{6} taŋ^{1} maːn^{6}
(前缀)婆 那 就 讲 是 跟 甘蔗 渣 找 来 的 天 亮 就 来 慢
maːn^{6} la^{4}, la^{4} thəu^{5} tsən^{6} naːi^{6} hai^{5} la^{4} thəu^{5}.
慢 找 找 到 时 这 才 找 到

kau^{5} nə^{5} kaːm^{1} lo^{4} tøn^{2} si^{6} cəm^{1} , caːŋ^{3} : " si^{6} cem^{1} pə^{1} . " ti^{6} kɔŋ^{1} ka^{6} caːŋ^{3} : " a^{4}
看 一 洞 大 都 是 金子 讲 是 金子 啵 (前缀)男 那 讲 啊
ti^{6} kɔk^{8} naːi^{6} əi^{2} cən^{1} taŋ^{1} əp^{7} nɔk^{8} ti^{6} te^{3} pɣa^{1} mən^{1} ŋ^{5} hɣɔ^{4} paːi^{1} maːŋ^{2} kuŋ^{2} pjeu^{6} .
(前缀)块 这 我 拿 来 砸 鸟 (前缀)底 山 都 不 知道 去 怎么 多 了
ti^{6} paːi^{2} tsən^{2} ti^{6} paːi^{2} pɣa^{1} , tə^{5} tshø^{5} mɛ^{2} ti^{6} kɔk^{8} naːi^{6} . fan^{1} fan^{1} nɔk^{8} ȵaːu^{6} ti^{6} te^{3}
(前缀) 壁 岭 (前缀) 壁 山 (前缀) 处 有 (前缀) 块 这 天 天 鸟 在 (前缀) 底
pɣɔŋ^{6} ka^{3} tin^{3}, əi^{2} fan^{1}fan^{1}tsau^{6} taŋ^{1} əp^{7} nɔk^{8}. ti^{6} kaːm^{1} tøn^{2} si^{6} i^{6} naːi^{6}. "
荆棘丛 那 叫 我 天 天 拿 来 砸 鸟 (前缀) 洞 都 是 样 这

pon^{2} naːi^{6} kɔŋ^{1} pwa^{2} tu^{6} tsəp^{7} ti^{6} kɔk^{8} ka^{6} ma^{1} . ho^{3} hɣəːn^{2} pon^{2} naːi^{6} tu^{6} faːt^{7}
盘 这 公 婆 就 捡 (前缀) 块 那 回 里 家 盘 这 就 发
tai^{2} lə^{6} pə^{6} . ma^{1} tu^{6} fɛ^{4} hɣəːn^{2} mai^{5} lə^{6} pə^{6} . fɛ^{4} lai^{3} mɔ^{6} tu^{6} tin^{3} ŋwaːi^{6} kɔŋ^{1} taŋ^{1}
财 了 啵 回 就 做 房子 新 了 啵 做 得 她 就 叫 外 公 来
kau^{5}. ŋwaːi^{6} kɔŋ^{1} caːŋ^{3} : " ȵa^{2} ti^{6} hɣəːn^{2} naːi^{6} , əi^{2} mən^{1} paːi^{1} kau^{5} ȵa^{2} mə^{6} ? " " si^{6} kɔ^{6} ,
看 外 公 讲 你 (前缀) 家 这 我 都 去 看 你 么 是 哟
ŋwaːi^{6} kɔŋ^{1} kɔ^{6} , naːi^{6} fɛ^{4} lai^{3} hɣəːn^{2} i^{1} lə^{6} . " " ȵa^{2} mən^{1} fɛ^{4} lai^{3} hɣəːn^{2} i^{1} pəi^{1} le^{1} ,
外 公 哟 现在 做 得 房子 好 了 你 都 做 得 房子 好 啵 咧
əi^{2} …… " , thəu^{5} niŋ^{5} naːi^{6} əi^{2} tu^{6} ŋ^{5} hɣɔ^{4} caːŋ^{3} pə^{6} ljeu^{6} . …… tɔk^{7} lən^{2} fɛ^{4} hɣəːn^{2} lo^{4}
我 到 些 这 我 就 不 知道 讲 了 了 (前缀) 后 做 房子 大
ŋ^{5} mɛ^{2} tɔ^{1} lo^{4} a^{5} , tu^{6} paːi^{1} ho^{3} nja^{1} suk^{7} kuk^{7} , nau^{2} hɣɔ^{4} ho^{3} nja^{1} tu^{6} thoi^{1} ɣa^{2}
不 有 门 大 啊 就 去 里 河 洗 衣服 谁 知道 里 河 就 淌 俩
kwaːi^{6} tui^{2} taŋ^{1} , cən^{1} ma^{1} hɣəm^{5} fɛ^{4} tɔ^{1} lo^{4} , ŋ^{5} si^{6} " tso^{3} pjen^{5} cin^{5} ci^{5} caːu^{4} , jəu^{4}
块 石头 来 拿 回 安装 做 门 大 不 是 左 边 金 鸡 叫 右

pjen^{5} fuŋ^{4} hwaŋ^{6} thi^{6} ". ① lən^{2} ma^{1} tin^{3} ŋwaːi^{6} kɔŋ^{1} taŋ^{1} kau^{5} . ŋwaːi^{6} kɔŋ^{1} caːŋ^{3} :

边 凤 凰 啼 后来回 叫 外 公 来 看 外 公 讲

" ȵa^{2} i^{1} naːi^{6} hɣən^{2} …… ", tɔk^{7} lən^{2} naŋ^{1} mɛ^{2} nə^{5} naːŋ^{2} lɔ^{2} lau^{5} a^{6} , ə^{6}② naːi^{6} əi^{2} tu^{6} ŋ^{5}

你样 这 穷 (前缀) 后 还 有 什么 捞 螺 啊 (前缀) 这 我 就 不

hɣɔ^{4} la^{6} . thəu^{5} lən^{2} chi^{5} ŋwaːi^{6} kɔŋ^{1} tai^{1} paːi^{1} . thəu^{5} ni^{5} əi^{2} tu^{6} ŋ^{5} hɣɔ^{4} caːŋ^{3} ljeu^{6} .

知道啦 到 后 气 外 公 死 去 到 这 我 就 不 知道 讲 了

o^{6} , thəu^{5} lən^{2} thəu^{5} ŋwaːi^{6} kɔŋ^{1} fɛ^{4} sɿ^{1} ȵət^{8} . mɔ^{6} kɔŋ^{1} pwa^{2} taːu^{3} ȵaːŋ^{3} thaːn^{5} , u^{1}

哦 到 后 到 外 公 做 生日 她 公 婆 烧 木炭 上

pɣa^{1} ŋ^{5} mɛ^{2} çaːu^{1} khɣəi^{5} mə^{6} , tɔ^{4} lɔ^{5} kɣəːp^{7} ti^{6} kɣəːp^{7} lo^{4} çaːu^{1} lo^{4} ma^{1} pi^{3} ŋwaːi^{6}

山 不 有 藤 蔓 嘛 拿扁担挑 (前缀) 担 大 藤 大 回 比 外

kɔŋ^{1} twa^{6} ka^{6} aːu^{1} fɛ^{4} thjaːŋ^{5} ŋwaːi^{6} kɔŋ^{1} kɔ^{5} . ŋwaːi^{6} kɔŋ^{1} caːŋ^{3} : " ek^{8} he^{6} , ȵa^{2} mən^{1}

公 所 那 要 做 像 外 公 的 外 公 讲 诶 呀 你 都

fɛ^{4} lai^{3} thjaːŋ^{5} əi^{2} twa^{6} hɣəːn^{2} naːi^{6} paːi^{1} le^{6} . …… ", hɣɔ^{4} si^{6} …… , nə^{5} naːŋ^{2} , pjen^{5}

做 得 像 我 所 放子 这 去 咧 知道 是 (前缀) 什么 变

fən^{1} nə^{5} naːŋ^{2} , " ȵa^{2} fɛ^{4} lai^{3} fən^{1} əi^{2} twa^{6} hɣəːn^{2} naːi^{6} , chi^{3} ma^{3} aːu^{1} tɔ^{4} thaːm^{3} tjem^{6}

成 (前缀) 什么 你 做 得 成 我 所 房子 这 骑 马 要 用 毯子 垫

thəu^{5} paːk^{7} tɔ^{1} əi^{2} hai^{5} paːi^{1} . " tɔk^{7} lən^{6} fɛ^{4} lai^{3} fən^{1} hɣəːn^{2} tsəŋ^{1} si^{6} tɔ^{4} thaːm^{3}

到 口 门 我 才 去 (前缀) 后 做 得 成 房子 真 是 用 毯子

tjem^{6} thəu^{5} paːk^{7} tɔ^{1}. ȵa^{2} caːŋ^{3} ti^{6} kaːm^{1} cəm^{1} ka^{6} lo^{4}.

垫 到 口 门 你 讲 (前缀) 洞 金子 那 大

ljeu^{4} ljeu^{6}.

完 了

译文：

前面部分我倒是会，后面部分我可能讲不大对。以前，有一个老头儿十分有钱，家里又宽敞。老头有三个女儿，大女儿和二女儿都嫁得了好人家，就是小女儿做媒到这儿也不愿意去，做媒到那儿也不愿意去。（后来）年纪大了，还是没

① 直接以桂柳话表达。

② ha^{6}/hɔ^{6}/a^{6}/ɔ^{6}/ə^{6} 作为泛类别词和指示词配合有定指称量词所指代的一类人事物。

嫁出去，她爸爸也不愿意要她在家了。她爸爸就讲：“孩子啊，什么地方你都不愿意去，我送你一只驴，让你倒着骑，驴儿驮着你到什么地方，到谁家，随便哪家的男人，好你就跟着他，不好你也跟着他吧！”

之后，她爸爸就看好日子，就给她骑着驴儿去了。那只驴就走呀走，走到天快黑了，走到一山脚的拐角处的一家茅屋的前面停了下来。那女的就（从驴背上）下来，进到那屋子里去，见到那屋子里什么东西都没有，又没有人，一片乱糟糟的样子。她就帮忙打扫屋子，把整个屋子打扫得干干净净。打扫完了之后，打开米缸，看见里面有一些米，就洗锅煮饭。晚饭煮好了，天也黑了。那男的就回来了。看见她，就问：“你是谁？来我家里？”她说：“我来做你老婆。”（男的又说：）“我这样穷，你这样漂亮，你来跟我？”她回答：“哎，我爸爸让我倒着骑驴来到谁家就嫁谁家，不管你穷，我也跟你了，不走了。”听她这样说，他就让她住下。他觉得女孩那么好，就常常去市集去买好东西给她。但是他只是在山上烧点儿木炭，一天也就挣几个铜板而已。

有一天，那女子就拿一块从家里带来的金子给他去买东西。他讲道：“我要你这块东西？我烧炭的那个山洞满山洞都是呢。”她说：“你说你有像这样的金块，那你带我去。”“不带，烧木炭又脏又辛苦。你在家帮我煮饭洗衣服打扫干净屋子就好了。随便我烧木炭挣得多少，我们就用多少吧。”那女子天天念叨，他就是不带她去。她又真的是很想去看看是不是金子。一天，她就买了甘蔗回来。天亮的时候，那个男的去烧木炭，她就给甘蔗让他吃着去，说道：“我买了很多，你路上一路吃着也可以。”（那男的）烧些木炭一辈子都没有钱买甘蔗吃，巴不得这女的给买甘蔗（吃）。他一出家门口就啃了起来了。一路去一路啃，吐了一路的甘蔗渣子。那男的去了之后，那女子就一路顺着甘蔗渣子一路找去。去到了，那个男的就问：“啊！你是怎么来的？”那女子就说是顺着甘蔗渣子找来的，“天亮就慢慢找，找到现在才找到这儿。”（那女子）一看，整个山洞都是金子。（她）说：“是金子哦。”那男的说：“啊！这些，我拿来砸山下的鸟都不知道去了多少了。（外面）山岭上，山腰上都有这样的东西。小鸟天天在底下的荆棘丛里叫，我就天天拿整块整块的（金子）来砸小鸟。整个山洞都是金子呀！”就这样，夫妻俩把金块捡回家里发了大财了。发了财，回去就建新房子了啊。建好了，就回去叫外公来看。外公说：“你那样的房子我都去看嘛？”（夫妻俩说）：“是啦！外公，现在建了一栋好房子了。”（外公说）：“你都能建好房子了？那我……”（叙述者直白）讲到这我不会讲了。……到后来，弄大门的时候没有什么来做材料，就去河里洗衣服，谁知道河里漂来两块大石头。把大石头拿回家镶嵌成大门，正是：左边金鸡叫，右边凤凰啼。后来，回去请外公来看，外公说：“你这样穷，……”（叙述者直白）后来还有什么捞螺蛳啊，这些我就不知道了。到后来气死外公。（叙述者直白）到这我就不知道讲了。哦，到后来外公办寿宴。他们夫妻烧木炭的山上不是有藤蔓嘛。（他们）拿扁担挑一大担子的藤藤蔓蔓回去比量外公的房子，要建一栋像外公家的房子一样气派的房子。外公说：“哎呀！你都能建一栋像我的房子一样的房子去的话，……”，后面不知道是什么变成什么，……“你做得成和我这房子一样的房子，（我）要骑马，毯子铺垫到你家门口，我才去。”后来房子建好了，真是用毯子铺垫到家门口（给外公过来）。你想想那么多，整个山洞的金子呀！完了。

4. tiŋ^{5} tɔ^{5} ci^{2} lø^{2} lɔ^{3} hɣəːn^{2} ça^{1}倒骑驴儿进茅屋（版本三）①
倒 颠 骑 驴 进 屋 茅草

laːk^{8} jaːk^{7} ka^{6} ca^{5} laːk^{8} kə^{6} , laːk^{8} kə^{6} fan^{1} fan^{1} taːu^{3} ɳaːŋ^{1} thaːn^{5} taŋ^{1} cɛ^{1} .
女孩 那 嫁 儿 那 儿 那 天 天 烧 木炭 来 卖
(laːk^{8} jaːk^{7} kə^{6} pu^{4} mɔ^{6}) hɣəi^{3} tɔ^{2} lø^{2} lɔ^{6} mɔ^{6} , laːk^{8} jaːk^{7} nəi^{6} ci^{2} , ci^{2} təu^{6} pjen^{6} kə^{5}
女孩 那爸爸她 买 只 驴 给 她 女孩 这 骑 骑 随 便 哪
nau^{1} taŋ^{4} ljeu^{6} , ɳa^{2} tu^{6} lui^{6} ljeu^{6} . (tɔ^{2} lø^{2} kə^{6}) ko^{5} tshaːm^{2} ko^{5} tshaːm^{3} , tshaːm^{3}
里 站 了 你 就 下 了 只 驴 那 一直 走 一直 走 走
lɔ^{3} ti^{6} luŋ^{1} lyn^{6} kə^{6} . laːk^{8} kə^{6} paːi^{1} ho^{3} kaːm^{1} kə^{6} taːu^{3} ɳaːŋ^{1} thaːn^{5} , ni^{4} mɔ^{6} ɳaːu^{6}
进（前缀）洞 峒 那 儿 那 去 里 洞 那 烧 木炭 妈妈她 在
hɣəːn^{2} , lui^{6} taŋ^{1} mɔ^{6} caːŋ^{3} lɔ^{3} hɣəːn^{2} kə^{6} cɔŋ^{2} cɔŋ^{2} kɔ^{5} , hɣəːn^{2} ça^{1} lo^{4} . “ cɔŋ^{2} ! əi^{2}
家 下 来 她 讲 进 家 那 穷 穷 的 家 茅草大 穷 我
ja^{6} si^{6} njem^{1} ɳa^{2} ljeu^{6} , tɔ^{2} lø^{2} naːi^{6} aːu^{1} əi^{2} lui^{6} taŋ^{1} njem^{1} ɳa^{2} ” “ laːk^{8} ɳa^{2} kə^{5} nau^{1}
也是 跟 你 了 只 驴 这 要 我 下 来 跟 你 孩子你 哪 里

① 这是银村 80 岁的老奶奶口头陈述的《倒骑驴儿进茅屋》的版本。整个陈述的整体逻辑关系不是很合理，但语句清晰地道。笔者在整理时尽可能保留实际的陈述内容，在翻译时适当修正了逻辑关系。

paːi1 ? ” “ laːk8 əi2 paːi1 taːu3 ȵaːŋ1 thaːn5 . ” “ əi2 aːu1 hwən3 laːk8 ȵa2 . ” “ ȵa2 laːk7

去　孩子我去烧　木炭　我要和孩子你　你个

laːk8 jaːk7 i6 naːi6 i1 hɔ6 naːi6 caŋ6 kɔ5 taŋ1 njem1 laːk8 əi2 mə6 ? laːk8 əi2 taːu3

女孩　这么好这么　漂亮的来　跟　孩子我吗　孩子我烧

ȵaːŋ1 thaːn5 . fan1 fan1 paːi1 taːu3 ȵaːŋ1 thaːn5 pəi1 cɛ1 . ” mɔ6 caːŋ3 . ŋ5 mɛ2 mɔ6 tu6 u1

木炭　天天去烧　木炭　去卖　她讲　不有她就上

kɣo3 tshja3 chin6 tsaːŋ5 lɔ6 mɔ6 paːi1 hɣəi3 . ho3 nja1 kə6 fu2 nə5 fu5 tɔ1 tsha5 taŋ1 ,

头　拔　簪子　给他去买　里河那漂浮一副门上来

tin3 mɔ6 paːi1 hɣəi3 tɔ1 , …… fu2 fu5 tɔ1 lɔ6 mɔ6 cən1 ma1 fɛ4 tɔ1 . fan1 fan1 mɔ6 paːi1

叫他去买门　漂浮副门给他拿回做门天天他去

taːu3 ȵaːŋ1 thaːn5 ŋ5 aːu1 mɔ6 paːi1 . mɔ6 tjaːŋ3 paːi1 , mɔ6 tu6 fɛ4 lak8 , …… ŋwa1 kə6

烧　木炭　不要她去　她想去　她就做偷偷的　狗那

mɔ6 tu6 tsoŋ1 nə5 tai6 , cən1 pi1 ljem4 tsɔŋ1 nə5 pi1 ljem4 (hoi1) , ləu2 ȵə2 ŋwa1 ko5

她就装一袋　拿篓子镰刀　装一篓子镰刀石灰　留你狗一直

khɣəu5 , khəu5 hoi1 , tsoŋ1 hoi1 , ko5 khɣəu5 ko5 paːi1 , mɔ6 njem1 tjeu2 hoi1 kə6 paːi1 ,

抖动　抖石灰　装石灰一直抖　一直去　她　跟　条石灰那去

paːi1 thəu5 at7 kaːm1 kə6 mɔ6 taːu3 ȵaːŋ1 thaːn5 . tshøn6 si6 cəm1 . ma1 tu6 faːt7 tai2

去到个山洞那他　烧　木炭　全是金子　回就发财

lak7 . lak7 laːk8 maːn1 kə6 caːŋ3 : “ ə6 naːi6 mən1 hɣəi3 lai3 tsaːn1 ma6 . ” mɔ6 caːŋ3 :

啦　个孩子男　那讲　东西这　都　买得吃吗　她讲

“ lai3 , lai3 , cən1 paːi1 hɣəi3 , paːi1 , paːi1 . ” tɔk7 lən2 tu6 fɛ4 hɣəːn2 lak7 . fɛ4 hɣəːn2 i1 .

得得　拿去买　去去　后来　就做房子啦　做房子好

fɛ4 hɣəːn2 , fɛ4 hɣəːn2 tsəi4 i1 kɔ5 , caŋ6 caŋ6 kɔ5 , jaːŋ6 jaːŋ6 fɛ4 i1 i1 kɔ5 . tin3 pu4 mɔ6

做房子　做房子　最好的　漂亮漂亮的　样样　做好好的　叫爸爸她

taŋ1 . pu4 mɔ6 caːŋ3 : “ ȵa2 ca5 ti6 ho3 lyn6 kə6 , chi3 hɣəːn2 ça1 tin3 əi2 paːi1 , əi2 ŋ5

来　爸爸她　讲　你嫁(前缀)里峒那　建房子茅草叫我去　我不

paːi1 . ” “ ȵa2 ŋ5 paːi1 , əi2 tu6 hɣəi3 thaːm3 , tjem6 , tjem6 khwən1 , ȵa2 naŋ1 ŋ5 paːi1

去　你不去　我就买　毯子　垫　垫　路　你还不去

mə6 ? ” ko5 tjem6 lɔ6 mɔ6 tshaːm3 paːi1 . paːi1 la5 , “ ȵa2 mɛ2 tjen2 pi3 ŋ5 lai3 mɔ6 ȵaːu3

吗　一直垫给她　走　去　去啦　你有钱比不得他一

sjen⁵ tɔ¹ . ” mɛ² tjen² hɣəi³ thaːm³ lɔ⁶ tjem⁶ paːi¹ pəi¹ . fɛ⁴ hɣəːn² i¹ tin³ pu⁴ mɔ⁶
扇　门　　有　钱　买　毯子　给　垫　去　去　做　房子　好　叫　爸爸　她

paːi¹ , pon² naːi⁶ chi⁵ tai¹ pu⁴ mɔ⁶. ka² ŋ⁵ chi⁵ tai¹.
去　回　这　气　死　爸爸　他　那　不　气　死

译文：

一个女孩嫁了个整天烧木炭来卖的人。之前，她爸爸买了一头毛驴给女孩骑，随便驴儿在哪儿停下来，女孩就下来。那头毛驴一直走，一直走，走进一山旮旯里。有一户人家，家里的男的去山洞烧木炭，他妈妈在家里。下了毛驴她就进到那家里。那个家很穷，只有一间茅草屋子而已。（她想：）“穷，我也是在这里啦，是毛驴要我下来在这里嫁人的。”（她问：）“你儿子去哪里啦？”“我孩子去烧木炭啦。”“我要和你儿子在一起。”“你这么好、这么漂亮的女孩子来跟我孩子呀？我孩子是烧木炭的，天天去烧木炭去卖。”他妈妈说。家里没钱，她就从头上拔下发簪子给他去买东西。

一天，河里漂上来一副大门。她叫他去拿回来装上，……漂浮一副门给他拿回来做门。

每天，那个男的都去烧木炭，而且不要她去。她却很想去，她就偷偷地……，她就给那只狗装了一袋……拿装镰刀的竹篓子装一竹篓的石灰，让那只狗一路（跟着那个男的）一路抖落（石灰），一路抖一路去。她就沿着路上的石灰去，去到他烧木炭的山洞。（山洞里）全是金子。回来之后，他们就发大财了。那个男的说：“这东西也能买得东西吗？”她说：“能的，能的，拿去买吧，去吧，去吧。”后来，他们就建新房子啊！建很好的房子。建房子，建最好的、漂漂亮亮的房子，什么东西都很好很好。（建好后）叫她爸爸来（看他们的新房子）。她爸爸说：“你嫁到山旮旯里，建了茅草房，叫我去，我不去。”“你不去，我就买毯子垫，路上都铺上毯子，你还不去吗？”（他们）一路（用毯子）铺路让（她爸爸）去。去到了，正是“你有的钱也比不了他的一扇门（值钱）”。他们有钱买毯子给铺路过去，建好的房子叫她爸爸去看。这回真是气死她爸爸了。那不气死了。

5. tiŋ^{5} tɔ^{5} ci^{2} lø^{2} lɔ^{3} hɣəːn^{2} ça^{1}倒骑驴儿进茅屋（版本四）①

倒 颠 骑 驴 进 屋 茅草

ti^{6} mɛ^{1} , mɛ^{2} nə^{5} mu^{6} kə^{6} laːu^{4} faːt^{7} tai^{2} , taːŋ^{4} mɛ^{2} taːm^{1} lɔk^{8} jaːk^{7} . taːm^{1}
以前 有 一 个 老头 发 财 养 有 三 女孩 三

lɔk^{8} jaːk^{7} le^{5} , ɣa^{2} lɔk^{8} jaːk^{7} lo^{4} kə^{6} paːi^{1} ca^{5} tøn^{2} si^{6} mɛ^{2} tjen^{2} kɔ^{5} ti^{6} hɣəːn^{2} .
女孩 呢 两 女孩 大 那 去 嫁 都 是 有 钱 的（前缀）人家

laːk^{8}jaːk^{7} niŋ^{5} nəi^{6} le^{5}, tu^{6} i^{4} tsi^{6} taŋ^{2} paːi^{1} ca^{5}. tə^{6}tshø^{5} çən^{1} tshaːi^{1} mwaːi^{2} taŋ^{1} le^{5},
女孩 小 这 呢 就 一 直 未 去 嫁 到 处 人 差 媒 来 呢

mɔ^{6} tøn^{2} ŋ^{5} ȵøn^{6} paːi^{1} . ŋ^{5} ȵøn^{6} paːi^{1} kuŋ^{2} ljeu^{6} , tsəi^{4} kuŋ^{2} ŋ^{5} fən^{1} , pu^{4} mɔ^{6} tu^{6}
她 都 不 愿 去 不 愿 去 多 了 好 多 没 成 爸 她 就

təu^{6} pjen^{6} mɔ^{6} lə^{1} . tsəi^{4} həu^{4} mɛ^{2} nə^{5} mu^{6} thjen^{5} seŋ^{1} kə^{6} taŋ^{1} le^{5} , tu^{6} hwən^{4} mɔ^{6}
随便 她 了 最 后 有 一 个 先生 那 来 呢 就 和 她

ton^{5} at^{7} mɛŋ^{6}: “mɔ^{6} kɔ^{5} hwən^{5}in^{5} le^{5} si^{6} tsi^{4} tsy^{3} kɔ^{5}. jø^{6} laːu^{3} tu^{6} si^{6} nə^{5} thaŋ^{5} lø^{2}.”
算 个 命 她 的 婚姻 呢 是 自 主 的 月 老 就 是 一 只 驴

mɔ^{6} njem^{1} tɔ^{2} lø^{2} kə^{6} tin^{5} tɔ^{5} ci^{2} paːi^{1} kon^{6} nau^{1} lap^{7} la^{1} , mɔ^{6} tu^{6} ȵaːu^{6} kon^{6} ka^{6} .
她 跟 只 驴 那 叫 只 骑 去 地方 哪 黑 了 她 就 在 地方 那

lap^{7} la^{1} tu^{6} lɔ^{3} hɣəːn^{2} taːu^{5} ȵaːŋ^{3} thaːn^{5} kɔ^{5} . tsəi^{4} həu^{4} ɣa^{2} mu^{6} səŋ^{5} ho^{6} mən^{1} si^{6}
黑 啦 就 进 家 烧 木炭 的 最 后 两 个 生活 都 是

maːn^{6} i^{1} la^{3} . thəu^{5} ŋwaːi^{6} kɔŋ^{1} fɛ^{4} sɿ^{1} ȵət^{8} , kwaːn^{1} naːi^{6} le^{5} , mɔ^{6} aːu^{1} paːi^{1} ni^{5}
蛮 好啦 到 外公 做 生日 关 这 呢 他 要 去 那里

ŋwa^{6} kɔŋ^{1} tsaːn^{1} sɿ^{1} ȵət^{8} a^{5} . maːi^{4} mɔ^{6} caːŋ^{3} hɣəːu^{1} cɔŋ^{2} çən^{1} taŋ^{6} ŋ^{5} lɔk^{7} çən^{1} .
外公 吃 生日 啊 妻子 他 说 我们 穷 人 攀比 不 起 别人

hɣəːu^{1}paːi^{1} hɣəːu^{1} nə^{5} jaːŋ^{6} ŋ^{5} mɛ^{2} . mɔ^{6} tin^{3} maːi^{4} mɔ^{6} pɔ^{1} nə^{5} at^{7} jyt^{7} lo^{4} paːi^{1} . ɣa^{2}
我们 去 我们 什么 没 有 他 叫 妻子 他 包 一 个 粽子 大 去 两

laːk^{7} kɣəːu^{4} lo^{4} kə^{6} ma^{1} le^{5} , li^{3} u^{6} tu^{6} kuŋ^{2} lo^{1} . mɛ^{2} cəm^{1} ȵan^{2} lɔ^{6} ŋwaːi^{6} kɔŋ^{1} mɔ^{6} ,
孩子 丈夫 大 那 回 呢 礼物 就 多 啰 有 金子银子 给 外 公 他

① 这是大银村70岁的仫佬族男子陈述的《倒骑驴儿进茅屋》的版本，整个逻辑关系比较清晰，故事内容较之其他版本有较大差异。

ŋwaːi6 kɔŋ1 mɔ6 ja6 si6 faːt7 tai3 kɔ5 . tu6 kau5 ŋ5 lɔk7 lak7 çən2 naːi6 . mu2 kə6 le5
外 公 他 也 是 发 财 的 就 看 不 起 个 人 这 夜 那 呢

tsaːn1 hu3 tən5 mən1 ŋ5 tsoŋ6 kon2 . nun2 kɔ5 ti6 si2 le5 , tu6 caːŋ3 : " pho5 sjeu3 la3 ,
吃 饭 餐 都 不 共 桌 睡 的 时候 呢 就 说 床 少 啦

ȵa2 tu6 nun2 u1 lau2 lən6 tən2 paːi1 . " ɣa2 mu6 lo4 kə6 le5 , mɔ6 tu6 aːn1 paːi2 pho5
你 就 睡 上 楼 栏 牛 去 两 个 大 那 呢 他 就 安排 床

thaːm3 ti6 jaːŋ6 te2 tseŋ3 . laːk8 naːi6 mɔ6 tu6 kau5 hɣɔ3 çeu3 la1 , ŋwaːi1 kɔŋ1 kau5 ŋ5
毯子 东西 齐 整 孩子 这 他 就 看 知道 晓 啦 外公 看 不

lɔk7 mɔ6 , cɔŋ1 mɔ6 u1 lau2 lən6 tən2 paːi1 nun2 . mɣaːŋ6 mu2 mɔ6 tu6 lɔk7 taŋ1 le5 , tu6
起 他 驱赶他 上 楼 栏 牛 去 睡 半 夜 他 就 起 来 呢 就

tuk8 ɣa2 tɔ2 ma3 tuk7 thek7 . ɣa2 lak7 fai6 tsɛ2 lo4 kə6 tu6 lɔk7 taŋ1 kau5 ɣa2 tɔ2 ma4
绑 两 只 马 相互 踢 两 个 姐夫 大 那 就 起 来 看 两 只 马

kə6 tuk7 thek7 . ho3 laːn2 mu5 mən1 ŋaːi6 tshwaːi3 tai1 . tɔk7 lən2 laːk8 naːi6 tu6 tshən3
那 相互 踢 里 栏 猪 都 被 踩 死 后来 孩子 这 就 趁

tɔ6 at7 ci5 hwəi3 naːi6 le5 , tu6 paːi1 ɣa2 lak7 fai6 tsɛ2 lo4 kə6 ho3 pho5 paːi1 uk7 cɛ3
着 个 机 会 这 呢 就 去 两 个 姐夫 大 那 里 床 去 拉 屎

uk7 njaːu5 tɔ4 ho3 kə6 pəi1 . ɣa2 mu6 kə6 paːi1 tsi5 lai3 ma4 thiŋ1 thu3 la3 , fan6 paːi1
拉 尿 放 里 那 去 两 个 那 去 解 得 马 清楚 啦 返 去

ho3 pho5 nun2 . hai3 ȵin1 chi5 le5 , nə5 lak7 caːŋ3 nə5 lak7 uk7 khɣət7 . caːŋ3 paːi1 caːŋ3
里 床 睡 觉得 臭 气 呢 一 个 说 一 个 出 屁 说 去 说

fan6 ho3 kə6 mwa3 thəu5 cɛ3 ljeu6 . tin3 tuŋ6 te2 jəu6 caːŋ3 , kwaːn1 naːi6 nə5 cø5 hwa6
来 里 那 摸 到 屎 了 叫 共 齐 别 说 关 这 一 句 话

tu6 ŋ5 caːŋ3 , paːi1 tsi5 ma4 ljen6 ja6 tu6 naŋ6 pə5 la6 . naːi6 ȵa2 uk7 cɛ3 tɔ4 pho5 ŋ5 hai5
就 不 说 去 解 马 连 夜 就 离开 了 啦 现在 你 屙 屎 放 床 不 觉得

jɛ6 mə6 . tu6 wa7 naːi6 naŋ6 pə5 la6 . naŋ6 ljeu4 le5 , lak7 hɣən2 nəi6 naŋ1 ȵaːu6 a5
羞 吗 就 干脆 这 离开了 啦 离开 了 呢 个 穷 这 还 在 啊

hət7 ti6 ȵi6 kə6 laːu4 waːi6 tu6 tin3 lak7 naːi6 paːi1 suk7 hɣaːŋ6 , suk7 thaːm3
早 第 二 老头 外公 就 叫 个 这 去 洗 被子 洗 毯子

ti6 jaːŋ6 naːi6 . lak7 naːi6 mɔ6 cən1 thaːm3 ti6 jaːŋ6 te3 nja1 paːi1 suk7 . mɔ6 tu6 lɔ2 nə2
东西 这 个 这 他 拿 毯子 东西 底 河 去 洗 他 就 捞 一

kɣəːp7 lau1 fan6 ma1 . mɔ6 hwən4 ŋwaːi6 kɔŋ1 caːŋ3 ：“ ti6 lak7 naːi6 hɣɔ4 tsaːn1

担子 水草 返 回 他 和 外 公 说 (前缀) 个 这 知道 吃

nə5 naŋ2 , ȵa2 kau5 lɔ3 nəm4 paːi1 suk7 , suk7 pjen5 lau1 pjeu6 . ” tsəi3 həu4 ŋwaːi2

什么 你 看 进 水 去 洗 洗 变 水草 了 最 后 外

kɔŋ1 mɔ6 caːŋ3 ：“ ka5 tu6 cən1 pəi thɔ3 pəi1 pe6 . ” nau2 hɣɔ4 mɔ6 tshiŋ3 tɔŋ5 te3 nja1

公 他 说 那 就 拿 去 倒 去 呗 谁 知道 他 藏 放 底 河

tshiŋ3 . cən1 lau1 ma1 , ŋwaːi6 kɔŋ1 tin3 paːi1 thɔ3 , jəu6 tin3 mɔ6 cən1 niŋ5 sik8 mu5 kə6

藏 拿 水草 回 外公 叫 去 倒 又 叫 他 拿 些 肉 猪 那

paːi1 cɛ1 lə6 pə5 . (ɣa2 tɔ2 ma4 tuk7 thek7) jəu6 tshwaːi3 tai1 nə5 tɔ2 mu4 , cən1 niŋ5

去 卖 了 哦 两 只 马 相互 踢 又 踩 死 一 只 猪 拿 些

sik8 mu5 kə6 paːi1 cɛ1 , mɔ6 kɣəːp7 niŋ5 sik8 mu5 kə5 paːi1 cɛ1 , uk7 paːi1 ti6 maːn3 kə6

肉 猪 那 去 卖 他 挑 些 肉 猪 那 去 卖 出 去 (前缀) 村 那

jəu2 cɛ1 . jəu2 paːi1 jəu2 fan6 , mɔ6 caːŋ3 kɔ5 hwa6 le5 si6 ：“ cɛ1 sik8 mu5 wən1 o1 , mu6

游 卖 游 去 游 返 他 说 的 话 呢 是 卖 肉 猪 瘟 哦 个

i1 tsaːn1 fən1 peŋ5 , mu6 peŋ5 tu6 tsaːn1 tai1 teŋ6 . ” kwaːn1 naːi6 le5 , nə5 tɔ2 mu6 tiŋ6

好 吃 成 病 个 病 就 吃 死 定 关 这 呢 一 只 猪 达

fɛk7 can1 sik8 paːi1 nə5 ljaːŋ3 cɛ1 ŋ5 lai3 . cɛ1 ŋ5 lai3 ŋwaːi6 kɔŋ1 mɔ6 caːŋ3 ：“ cɛ1 ŋ5 lai3 ,

百 斤 肉 去 一 两 卖不得 卖不得 外公 他 说 卖不得

tsaːn1 ŋ5 lai3 , ȵa2 tu6 kɣəːp7 fan6 ma1 pe6 . ” mɔ6 kwaːn1 naːi6 tu6 fɛ4 ȵə2 nə5 kɣəːp7

吃 不得 你 就 挑 返 回家 呗 他 关 这 就 做 你 一 担

sik8 fan6 ma1.

肉 返 回家

译文：

以前，有一个有钱的老头儿生了三个女儿，三个女儿中的两个年纪大的都嫁给了有钱人家。小女儿呢，就一直没有嫁出去。到处有人差媒人来说媒，她都不愿意去。不愿意多了，太多没成，她爸爸就随便她了。最后，有一个算命先生来了呢，就给她算了一算，说：她的婚姻是自主的，月老就是一只驴。那她就倒着骑那只驴去了，到了天黑了，她就在天黑下来到的那个地方停下，进到了一户烧木炭的人家。后来，两个人的生活倒是过得蛮好的啦。

不久，到了外公（岳父）办寿宴，这下呢，他要到外公那里去吃寿宴啊。他妻子说：“我们穷人没法和别人比。我们去我们什么也没有呀。”他就叫他妻子包一个大粽子去。两个姐夫回来呢，礼物就多了。有金子银子给外公。他外公也是有钱人，就看不起这个人。那晚呢，吃晚饭都不一起同桌吃。睡的时候呢，就说：“床少了，你就睡楼上的牛栏吧。”那两个姐夫呢，就安排床、毯子这些东西齐齐整整的。这个人就明白了，外公看不起他，赶他到楼上的牛栏去睡。

半夜他就起来，把两匹马捆在一起，让它们一匹踢一匹。两个姐夫就起来看两匹马是怎么回事，踢得猪都被踩死了。后来，这个人就趁着这个机会就去两个姐夫睡的床上去拉屎拉尿。两个姐夫把打架的马分开后，回来床上睡觉就闻到一股臭味，一个说一个放屁，说来说去，就摸到了屎。他们让对方别声张。这下就一句话也不说，去马厩牵马连夜就离开了。因为觉得屙屎在床很丢脸，就干脆离开啦。

离开了呢，没钱的那个人还在呀。第二天早上，外公就叫他去洗被子、毯子等东西。这个人拿着毯子等东西到河边去洗。他就捞一担子水草回来。他对外公说：“这些人不知道吃什么东西，你看一到水里洗，就变成水草样了。”最后，外公就说：“那就拿去倒掉吧。”谁知道他（把被子毯子）藏在河边，拿水草回去。外公让他去倒掉之后又让他拿猪肉去卖。（两匹马打架）还踩死了一头猪，拿那些猪肉去卖。他挑那些猪肉去卖，到别的村子里去游卖。游走来游走去，他叫唤：“卖瘟猪肉啰，健康的吃了要生病，生病的吃了就死定。”这下呢，一头一百多斤的猪，一两肉都没卖出去。卖不出去，外公就说：“卖不了，吃不了，你就挑回家去吧。”这下子，他就挑一担子的猪肉回家去了。

6. ŋ^{5} tən^{5} sən^{2} kwəi^{3}不信神鬼

不　信　神　鬼

mɛ^{2} nə^{5} thaŋ^{5} maːn^{3} kə^{6} , ja^{6} ci^{4} ŋ^{5} lai^{3} si^{6} nə^{5} naːŋ^{2} maːn^{3} la^{5} . maːn^{3} kə^{6} kɣo^{3}

有　一　个　村子　那　也记不得是　什么　村子　啦　村子　那　头

maːn^{3} le^{5} , mɛ^{2} nə^{5} at^{7} fjen^{1} khwaːŋ^{3} laːŋ^{4} laːŋ^{4} jɔu^{1} mɛ^{2} nɔm^{1} ɣa^{2} məu^{1} . mɛ^{2}

村子　呢　有　一　个　田地　宽　（后置音节）　可能　有　约　两　亩　有

ə6 naːi6 khwaːŋ3 kɔ5 hɣəːn2 kə6 pi3 caːu4 faːt7 tai2 niŋ5 . fɛ4 niŋ5 fjen1 kə6 , niŋ5 fjen1
这么 宽 的 家 那 比较 发 财 些 做 些 田地 那 些 田地
kə6 tin5 pjen1 mɛ2 nə5 at7 mjaːu6 . çən1 tɛŋ6 tɛŋ6 paːi1 tshaːm1 mjaːu6 . naːi6 hɣəːn2 naːi6
那 旁 边 有 一 个 庙 人们 常常 去 祭拜 庙 现在 家 这
fjen1 ȵaːu6 ni5 pjø2 mjaːu6 i1 naːi6 phəi5 . tɛŋ6 tɛŋ6 kɣəːp7 cɛ3 paːi1 ləm2 ti6 tɔŋ6 . fjen1
地 在 这 靠近 庙 这么 近 常常 挑 粪便 去 淋 庄稼 田地
ho3 kə6 fən1 ja6 si6 maːn6 fən1 kɔ5. fɛ4 niŋ5 fjen1 naːi6 phjeu5 si6 mɛ2 niŋ5 la1, taːn6 si6
里 那 成 也 是 蛮 成 的 做 些 田地 这 钱 是 有 些 啦 但是
hɣəːn1 naːi6 jin6 tin5 tu6 ŋ5 kuŋ2 . tsəi4 həu4 tu6 paːi6 lui6 paːi1 . tsəi4 həu4 hɣəːn2 naːi6
家 这 人丁 就 不 多 最 后 就 败 下 去 最 后 家 这
wa2 naːi6 paːi6 tøt8 paːi1 la1 . niŋ5 fjen1 kə6 tu pət8 hɔːŋ1 la1 , at7 mɔ6 a5 , ŋ5 mɛ2 çən1
就 这样 败 绝 去 啦 些 田地 那 就 丢 荒废 了 个 他 呀 没 有 人
paːi1 fɛ4 la1.
去 做 了

naːi5 ja4 si6 maːn3 naːi6 mɛ2 nə5 mu6 kə6 le5 , ŋ5 mɛ2 hɣəːi5 ɣa4 . mɔ6 aːu1 lai3
这 也 是 村 这 有 一 个 那 呢 没有 地 水田 他 要 得
maːi4 taŋ1 le5 taːŋ4 ci3 laːk8 . lak7 naːi6 tu6 paːi1 khai1 hoŋ1 niŋ5 naːi6 . caːŋ3 paːi1 khai1
老婆 来 呢 养 几 孩子 人 这 就 去 开 荒 些 这 讲 去 开
niŋ5 hoŋ1 kə6 , khai1 niŋ5 hoŋ1 kə6 maːi4 mɔ6 ŋ5 thuŋ5 i4 . maːi4 mɔ6 caːŋ3 le5 : “ çən1
些 荒 那 开 些 荒 那 老婆 他 不 同意 老婆 他 讲 呢 别人
fɛ4 niŋ5 kə6 nə5 hɣəːn2 mən1 tøt8 ljeu4 paːi1 . ” niŋ5 kə6 pø2 at7 mjaːu6 phɣəi5 , sən2
做 些 那 一 家 都 绝 了 去 些 那 靠近 个 庙 近 神
kwaːi5 . kwaːi5 ȵa2 ɕɔ3 i3 ho3 hɣəːn2 ȵa2 , hɣəːn2 kə6 tu6 paːi6 paːi1 . mɔ6 caːŋ3 :
怪 怪 你 所以 里 家 你 家 那 就 败 去 她 说
“ hɣəːu1 jəu6 paːi1 khai1 la1 paːi1 tau5 hui5 . ” pjø2 mjaːu6 phɣəi5 , khɣəːn5 sən2 kwaːi5 .
我们 别 去 开 啦 去 撞 那 靠近 庙 近 怕 神 责怪
maːi4 mɔ6 caːŋ3 jəu5 paːi1 . lak7 ti6 kɔŋ1 nəi6 caːŋ3 le5 : “ ŋ5 kwən3 ci3 , əi2 hwən4 sən2
妻子 他 讲 别 去 个 男人 这 说 呢 没 关系 我 和 神
tjaːŋ1 ljaːŋ2 thiŋ1 thu3 pə6 ljeu6 , hɣəːu1 mɛ1 chi3 le5 , mɛ1 chi3 khai1 hoŋ1 , hɣəːu1 tu6
商量 清楚 了 了 我们 年 起 呢 年 起 开 荒 我们 就

tɔ4 ɣak7 . əi2 hwən4 sən2 tsəp7 kau1 , ta6 mɛ1 chi3 tɔ4 ɣaːk7 le5 , əi2 tu6 tsəp7 lai3
种芋头 我 和 神 捡 钩 过 年 起 种芋头呢 我 就 捡 得
mjen6 te3, sən2 tu6 tsəp7 lai3 mjen6 u1. ”
面 底 神 就 捡 得 面 上

mɛ2 khai1 chi3 le5, mɔ6 jɔŋ1 ja6 i1 niŋ5. mu2 tøn2 khai1 hwa1 paːi1. i1 laːk7, maːt7
年 开 起 呢 他施肥也好些 蔸 都 开 花 去好 啦 回
naːi6 tu6 mɛ2 çən1 caːŋ3 la1 : “ ȵa2 kau5 kau5 , mu2 khai1 hwa1 la5 , mɛ2 pɔ5 tjaːŋ5 , naːi6
这 就 有 人 说 啦 你 看 看 芋蔸 开 花 啦 有 报 象 现在
mɔ3 ho3 hɣəːn2 naːi6 ŋ5 mɛ2 çən1 tai1 tu6 si6 mɛ2 çən1 peŋ6 lo4. ” ȵa2 caːŋ3 mu2 mən1
他 里 家 这 没 有 人 死 就 是 有 人 病 大 你 说 芋蔸 都
khai1 hwa1 pə6 ljeu6 . nau2 hɣɔ3 le5 , ho3 hɣəːn2 mɔ6 ja6 ŋ5 mɛ2 naːŋ2 peŋ6 moi6 . mɛ1
开 花 去 了 谁 知道 呢 里 家 他也没 有 什么 病 啦 年
kə6 səu1 niŋ5 ɣaːk7 mɔ6 jəu6 ŋ5 tsəp7 mu2 . mu2 si6 sən2 kɔ5 a5 , mɔ6 ŋ5 tsəp7 . kwaːn1
那 收 些 芋头 他 又 不 收 芋蔸 芋蔸 是 神 的 呀 他 不 收 关
naːi6 le5 , ɣaːk7 mɔ6 toi5 mjen1 u1 kat7 , ɣaːk7 mɔ6 cən1 ma1 u1 tɔ5 lau2 thɔ3 nə5 lau2
这 呢 芋头 他 对 面 上 割 芋头 他 拿 回 上 灶 楼 倒 一 楼
lo4 kɔ5 ɣak7 , ci3 thjen1 can1 kɔ5 ɣaːk7 . tuŋ1 tsaːn1 maːi4 mɔ6 mən1 ŋ5 taːi6 kɔm3
大 的芋头 几 千 斤 的 芋头 煮 吃 老婆 他 都 不 大 敢
tsaːn1 tuk7, khɣəːn5.
吃 多少 怕

maːt7 naːi6 le5 , mɔ6 laːk8 kuŋ2 ja6 ta6 lai3 la1 . mɛ2 ti6 ȵi6 le5 , in1 wəi6 çən1 hwa6
回 这 呢 他 孩子 多 也 过 得 啦 年 第 二 呢 因为 别人 话
tau2 kuŋ2 , he1 faːt7 tai1 wən6 . maːi4 mɔ6 khɣəːn5 , mɔ6 caːŋ3 : “ jəu5 paːi1 fɛ4 ljeu6 ,
头 多 担心发 死 瘟 老婆 他 怕 她 说 别 去 做 了
hɣəːu1 fɛ4 nə5 mɛ1 tu6 ton5 ljeu6 . nə5 mɛ1 naːi6 peŋ2 aːn1 , mɛ1 naːi6 jəu5 paːi1 fɛ4 ljeu6 .
我们 做一 年 就 算 了 一 年 这 平 安 年 这 别 去 做 了
tsəi4 i1 jəu5 paːi1 fɛ4 ljeu6 , fɛ4 mɔ3 in1 çaːŋ3 sən2 . hɣəːu1 jəu6 kɣəːp7 ti6 jaːŋ6 nə6 paːi1 ,
最 好 别 去 做 了 做以后 影响 神 我们 别 挑 东西 这 去
kɣəːp7 fəi6 ljaːu4 ti6 jaːŋ6 naːi6 paːi1 ȵin1 sən2 , sən2 hɣɔ4 kwaːi5 . ” kwaːn1 naːi6 kɣəːu4
挑 肥料 东西 这 去 臭 神 神 会 责怪 关 这 [illegible]

mɔ^6 caːŋ^3 le^5 : " əi^2 hwən^4 sən^2 khɣaːm^1 tjaːŋ^1 ljaːŋ^2 thiŋ^1 thu^3 , mɔ^6 caːŋ^3 mɛ^1 naːi^6 mɛ^1

她 说 呢 我 和 神 早 商量 清楚 他 说 年 这 年

ti^6 ȵi^6 hɣəːu^1 ŋ^5 fɛ^4 ɣaːk^7 , hɣəːu^1 fɛ^4 jəu^6 mɛ^3 ljeu^6 . " mɛ^1 naːi^6 fɛ^4 jəu^6 mɛ^4 tsəp^7

第二 我们 不 做 芋头 我们 做 玉米 了 年 这 做 玉米 捡

kau^1 ljeu^6 , sən^2 lai^3 mjen^6 te^3 , mɔ^6 lai^3 mjen^6 u^1 , tsən^1 si^6 hon^5 ljeu^6 , mɛ^1 ti^6 jət^7 ,

钩 了 神 得 面 底 他 得 面 上 真 是 换 了 年 第一

sən^2 lai^2 mjen^2 u^1 , mɔ^6 lai^3 mjen^6 te^3 , mɛ^1 ti^6 ȵi^6 mɔ^6 lai^3 mjen^6 u^1 , sən^2 lai^3 mjen^6

神 得 面 上 他 得 面 底 年 第二 他 得 面 上 神 得 面

te^3 . mɛ^1 ti^6 ȵi^6 fɛ^4 jəu^6 mɛ^4 nə^5 tɔŋ^6 cet^7 nəm^1 ɣa^2 at^7 . mɛ^1 kə^6 jəu^4 səu^1 ȵə^2 ci^3

底 年 第二 做 玉米 一 棵 结 约 两 个 年 这 又 收 你 几

thjen^1 can^1 jəu^6 mɛ^4 . mɔ^6 paːi^1 le^5 , ljen^6 kaːŋ^3 jəu^3 mɛ^4 , njem^1 kwən^5 i^1 naːi^6 kat^7 ,

千 斤 玉米 他 去 呢 连 干 玉米 从 根 这样 割

ljen^6 kaːŋ^3 jəu^6 mɛ^4 i^6 chi^3 kɣəːp^7 ma^1 lɔ^6 tən^2 . mjen^6 te^3 si^6 sən^2 kɔ^5 , mɔ^6 ŋ^5 aːu^1

连 干 玉米 一起 挑 回家 给 牛 面 底 是 神 的 他 不 要

ȵin^5 . jəu^6 səu^1 lai^3 nə^5 tshən^1 fan^6 ma^1 , nə^5 lau^2 jəu^6 mɛ^4 lo^4 , ci^1 thjen^1 can^1 . maːi^4

完全 又 收 得 一 成 返 回家 一 楼 玉米 大 几 千 斤 老婆

mɔ^6 jəu^6 caːŋ^3: "jəu^6 paːi^1 fɛ^4 ljeu^6, lai^3 ɣa^2 mɛ^1 peŋ^{2}aːn^1 tu^6 ton^5 la^5. "

他 又 说 别 去 做 了 得 两 年 平安 就 算 了

mɔ^6 caːŋ^3 : " ɣa^2 mɛ^1 peŋ^2 aːn^1 , hɣəːu^1 tshøn^6 khau^5 lai^3 sən^2 ȵaːu^6 niŋ^5 kə^6 , nə^5

他 说 两 年 平安 我们 全靠 得 神 在 些 那 一

at^7 ŋ^5 sjet^8 . ŋ^5 mɛ^2 nau^2 paːi^1 lɔŋ^6 ȵin^5 . " in^1 woi^6 at^7 mjaːu^6 kə^6 ȵaːu^6 hui^5 , mɔ^5

个 没 丢 没 有 谁 去 偷 完全 因为 个 庙 那 在 那 他

hwən^4 tsoŋ^6 a^5 . tsəi^4 həu^4 maːi^4 mɔ^6 caːŋ^3 le^5 : " hɣəːu^1 iŋ^1 kai^1 tɔ^1 siŋ^2 maːt^7 sən^2 . "

和 共 啊 最后 老婆 他 说 呢 我们 应该 多谢 次 神

mɔ^6 caːŋ^3 iŋ^1 kai^1 paːi^1 tshaːp^7 maːt^7 mjaːu^6 . paːi^1 tshaːp^7 mjaːu^6 , mjaːu^6 fan^1 mu^2

他 讲 应该 去 祭拜 次 庙 去 祭拜 庙 庙 天 夜

ȵaːu^6 niŋ^5 kə^6 səu^3, hɣəːu^1 ɣaːk^7 nə^5 at^7 ŋ^5 sjet^8, jəu^{6}mɛ^4 nə^5 at^7 ŋ^5 sjet^8. mɔ^6 caːŋ^3:

在 些 那 守 我们 芋头 一个 没 丢 玉米 一个 没 丢 他 说

" hɣəːu^1 mɛ^2 naːŋ^2 , naːi^6 hɣəːu^1 mɛ^2 jaːŋ^6 nau^1 paːi^1 tshaːp^7 sən^2 , si^6 khɔ^6 ? hɣəːu^1

我们 有 什么 现在 我们 有 样 什么 去 祭拜 神 是 吗 我们

wa^{2} nəi^{6} taːŋ^{4} naːu^{3} tɔ^{2} mu^{4} mai^{4} lo^{6} , si^{6} khɔ ? tshøn^{6} khau^{5} sən^{2} , ɣa^{2} mɛ^{1} naːi^{6}

就　这　养　一　只　猪　母　大　是吗　全　靠　神　两　年　这

hɣəːu^{1} lai^{3} ɣaːk^{7} ti^{6}jaːŋ^{6} naːi^{6} , lai^{3} taːŋ^{4} tɔ^{2} mu^{5} mai^{4} nəi^{6} lo^{4}. jəu^{1} cən^{1} tɔ^{2} mu^{5} mai^{4}

我们　得　芋头　东西　这　得　养　只　猪　母　这　大　也许　拿　只　猪　母

naːi^{6} paːi^{1} hun^{4} lɔ^{6} sən^{2} lə^{1} . " kɣəːu^{3} mɔ^{6} khai^{1} paːk^{7} caːŋ^{3} cən^{1} tɔ^{2} mu^{5} mai^{4} paːi^{1}

这　去　送　给　神　啦　丈夫　他　开　口　讲　拿　只　猪　母　去

hun^{4} lɔ^{6} sən^{2} , maːi^{4} mɔ^{6} ŋ^{5} kɔm^{3} faːn^{3} təi^{4} , faːn^{3} təi^{4} khɣəːn^{5} ljeu^{4} sən^{2} jəu^{6} kwaːi^{5}

送　给　神　老婆　他　没　敢　反　对　反　对　怕　之后　神　又　责怪

maːi^{4} mɔ^{6} . maːi^{4} mɔ^{6} ŋ^{5} kɔm^{3} caːŋ^{3} ȵin^{4} . fan^{1} ka^{6} mɔ^{6} tu^{6} caːŋ^{3} lai^{3} hwa^{6} pə^{5} ljeu^{6} ,

老婆　他　老婆　他　没　敢　讲　完全　天　那　他　就　说　得　话　了　啦

hɣəːu^{1} tu^{6} paːi^{1} tɔ^{1} siŋ^{2} nə^{5} maːt^{7} , tshaːp^{7} maːt^{7} mjaːu^{6} , tɔ^{1} siŋ^{2} nə^{5} maːt^{7} sən^{2} . hun^{4}

我们　就　去　多　谢　一　次　祭拜　次　庙　多谢　一　次　神　送

tɔ^{2} mu^{5} mai^{4} kə^{6} chɣɛ^{1} sən^{2} paːi^{1} . fan^{1} kə^{6} mɔ^{6} tɔ^{4} tjeu^{2} luk^{7} kɣoŋ^{1} i^{1} nəi^{6} khwaːŋ^{5}

只　猪　母　那　给　神　去　天　那　他　用　条　绳子　棕　这么　交叉

caːp^{7} , mɛŋ^{1} tɔ^{2} mu^{5} mai^{4} kə^{6} paːi^{1} lɔ^{6} sən^{2} , paːi^{1} thəu^{5} ho^{3} mjaːu^{6} kə^{6} at^{7} sən^{2} tjaːŋ^{5}

角　牵　只　猪　母　那　去　给　神　去　到　里　庙　那　个　神　像

kə^{6}niŋ^{5} kə^{6} . mɔ^{6} caːŋ^{3} : " sən^{2} o^{4} , mjaːu^{6} o^{4} , sən^{2} tshø^{3} o^{4} , əi^{2} ɣa^{2} mɛ^{1} tshøn^{6} khau^{5}

那　些　那　他　说　神　呀　庙　呀　神主　呀　我　两　年　全　靠

ȵa^{2} fan^{1} mu^{2} ȵaːu^{6} niŋ^{5} naːi^{6} səu^{3} , fɛ^{4} tshy^{3} jaːu^{4} si^{6} ȵa^{2} kɔŋ^{1} lɔ^{2} . ȵa^{2} fan^{1} mu^{2}

你　白天　黑夜　在　些　这　守　做　主要　是　你　功劳　你　白天　黑夜

ȵaːu^{6} niŋ^{5} naːi^{6} səu^{3} . ŋ^{5} mɛ^{2} nau^{2} aːu^{1} , lai^{3} ɣa^{2} tshən^{1} nə^{5} jaːŋ^{6} ŋ^{5} sjet^{8} . əi^{2} ja^{6} ŋ^{5}

在　些　这　守　没　有　谁　要　得　两　收成　一　样　没　丢　我　也　没

mɛ^{2} naːŋ^{3} məi^{6}. ko^{5} si^{6} taːŋ^{4} nə^{5} tɔ^{2} mu^{5} mai^{4} naːi^{6}, əi^{2} hun^{4} tɔ^{2} mu^{5} mai^{4} nəi^{6} chɣɛ^{1}

有　什么　啦　也　就　养　一　只　猪　母　这　我　送　只　猪　母　这　给

ȵa^{2} lə^{1} . " kwaːn^{1} naːi^{6} mɔ^{6} tu^{6} tha^{1} tɔ^{2} mu^{5} mai^{4} kə^{6} tɔ^{4} tjeu^{2} luk^{7} kɣoŋ^{1} taːŋ^{1} hwɔ^{1}

你　了　关　这　他　就　拖　只　猪　母　那　用　条　绳子　棕　来　绑

njem^{1} at^{7} sən^{2} tjaːŋ^{5} kə^{6} niŋ^{5} kə^{6} paːi^{1}. hwɔ^{1} njem^{1} sən^{2} tjaːŋ^{5} mɔ^{6} tu^{6} fan^{6} ma^{1} ljeu^{6}.

跟　个　神　像　那　些　那　去　绑　跟　神　像　他　就　返　回家　了

ho^{3} maːn^{3} maːŋ^{6} kuŋ^{2} çən^{1} paːi^{1} kau^{5} caːŋ^{3} : "lak^{7} naːi^{6} i^{1}maːŋ^{2} cən^{1} thaːŋ^{5} mu^{5} mai^{4}

里　村子　怎么　多　人　去　看　说　个　这　怎么　拿　个　猪　母

paːi¹ hun⁴ sən². ” hwa¹ naːi⁶ kau⁵ maːn⁶ ȵɔŋ⁴ kɔ⁵, ȵaːu⁶ u¹ khwən¹ kau⁵. kwaːn¹
去 送 神 大家 这 看 蛮 热闹 的 在 上 路 看 关

naːi⁶ mɔ⁶ hun⁴ njem¹ at⁷ sən² tjaːŋ⁵ kə⁶ fan⁶ ma¹, ma¹ thəu⁵ hɣəːn². ma¹ thəu⁵
这 他 送 从 个 神 像 那 返 回 回 到 家 回 到

hɣəːn² thaŋ⁵ mu⁵ mai⁴ kə⁵ tu⁶ tha¹ at⁷ sən² kuŋ³ kə⁵ liŋ⁵ kɔ⁵ lɔŋ⁵ njem¹ lən² fan⁶
家 个 猪 母 那 就 拖 个 神 响 叮 呤 哐 啷 跟 后 返

ma¹, njem¹ lən² fan⁶ ma¹, kwaːn¹ naːi⁶ mɔ⁶ uk⁷ paːk⁷ tɔ¹ paːi¹ kau⁵. mɔ⁶ caːŋ³: “ e⁵,
回家 跟 后 返 回家 关 这 他 出 口 门 去 看 他 说 唉

sən² a⁶, əi² hun⁴ lɔ⁶ ȵa², ȵa² tu⁶ aːu¹ lə⁵ ma⁶. ȵa² ŋ⁵ aːu¹, ȵa² naŋ¹ hun⁴ fan⁵ taːŋ¹?”
神 啊 我 送 给 你 你 就 要 了 嘛 你 不 要 你 还 送 返 来

naːi⁶ kwaːn¹ naːi⁶ çən¹ kau⁵ ȵɔŋ⁴ ȵəp⁸. mɔ⁶ phɛk⁷ puŋ⁴ ka¹ caːŋ³: “ əi² hun⁴ lɔ⁶ ȵa²,
现在 关 这 人 看 热闹 (后置音节) 他 拍 大腿 说 我 送 给 你

ȵa² ŋ⁵ aːu¹, ȵa² naŋ¹ hun⁴ fan⁶ taŋ¹. ȵa² tsən¹ si⁶ kɔŋ¹ tɔ⁶ ljeu⁶. ” mɔ⁶ kwaːn¹ naːi⁶
你 不 要 你 还 送 返 来 你 真 是 公道 了 他 关 这

jəu⁶ tsi⁵ luk⁷ kɣoŋ¹ kaːŋ³ mu⁵ mai⁴ lɔ³ laːn² paːi¹. kwaːn¹ naːi⁶ mɔ⁶ ŋəm³ kɔk⁸ sən²
又 解 绳 棕 赶 猪 母 进 栏 去 关 这 他 抱 块 神

tjaːŋ⁵ kə⁶ thəu⁵ paːk⁷ tɔ¹, mɔ⁶ caːŋ³: “ka⁶ ȵa² ti⁶ ca¹ paːi¹ ma¹ o⁴. əi² tɔ¹ siŋ² ȵa² o⁴,
像 那 到 口 门 他 说 那 你 自 己 去 回家 哦 我 多 谢 你 哦

ȵa² ti⁶ ca¹ ma¹ o⁴. ” nau² hɣɔ³ sən² tjaːŋ⁵ ŋ⁵ hɣɔ³ naŋ⁶ ȵin⁵. fɛ⁴ ȵə² nə⁵ faːŋ⁵ lo⁴,
你 自己 回家 哦 谁 知道 神 像 不 知道 走 完全 做 你 一 阶段 大

hwa¹ laːk⁸te⁵ ŋ⁵ tɔŋ³, hwa¹ laːk⁸te⁵ tsau⁴ taŋ¹ tui⁶ fɛ⁴ fjen³ pəi¹, tui⁶ fɛ⁴ fjen³ jəu⁶ ŋ⁵
们 小孩 不 懂 们 小孩 拿 来 坐 做 玩 去 坐 做 玩耍 又 没

mɛ² naːŋ².
有 什么

tu⁶si⁶ ŋ⁵ tən⁵ sən⁵ laːi⁴, tu⁶ si⁶ thjaːŋ⁵ i⁶naːi⁶.
就 是 不 信 神 鬼 就 是 像 这 样

译文：

有一个村子，不记得是什么村子啦，村头有很宽的一块地，也许有两亩。拥有这块地的那户人家就比较有钱啦。耕作那块地。那块地的边上有一个庙。人们常常去庙里祭拜。现在，这家人的地在这儿，离那个庙非常近呀。（那家人）常常挑粪便去地里给庄稼施肥。地里的收成倒是蛮好的。耕种这块地，钱是挣一些啦，但是这家人的人丁不兴旺。最后，就败了下去。最后这家人就这样断了人丁啦。那些地也就荒废了。那地是他们的呀，没有人去耕作了。

也正是这个村，有一个人呢，没有田地。讨了老婆来养了几个孩子。那人就去开垦这块地。说是要去开垦那儿，但是他老婆不同意他去。他老婆说呢："别人耕种那块地，一家人都死绝了。"那里靠近庙，怕神会责怪。他妻子让他别去。那个男的说道："没关系，我和神商量清楚了，我们头一年呢，头一年开垦，我们就种芋头。我和神抓过了阄，头一年种芋头呢，我就抓到了要地底下的产物，神就抓到了要地面上的产物。"

头一年呢，他施肥也做得比较好。芋头的蔸儿都开了花。好啦，这回就有人说啦："你看看，芋头蔸儿都开了花了，是个预兆呀。现在他家里没有人死就是会有人生重病。"你看芋头蔸儿都开花了。谁知道呢，他家里也没有什么病啦。那年收些芋头他又没有收芋头的蔸。蔸儿是神的啊，他不收。这回呢，芋头他靠着地面割，芋头他拿回家里灶楼上，堆了一大堆的芋头，好几千斤的芋头。煮来吃，他老婆都不大敢多吃，怕呀！

这么一来呢，他孩子们也过得可以啦。第二年呢，因为别人话头太多，担心发生瘟疫。他老婆害怕了，她说："别去种了，我们种了一年就算了。这一年平平安安，今年就别去种了。最好还是别去种了，还种以后会影响到神的。我们又挑东西去，挑肥料这些东西去，会熏到神，神会责怪的。"这回她丈夫说："我和神早就商量清楚了，他说今年第二年我们不种芋头，我们种玉米了。"今年种玉米，抓阄了，神得到地底的产物，他得到地面上的。这可是换了过来，第一年神得到了地面上的，他得到了地底下的；第二年他得到了地面上的，神得到了地底下的。第二年种玉米呢，一棵玉米蔸儿结出了一两个玉米。那年又收到了几千斤的玉米。他去呢，连玉米秆子，从根部这样一割，连玉米秆子一起挑回来给牛吃。地底的是神的，他一点儿不要。又有了一个收成回到家里，堆了一楼的玉米，几千斤。他老婆又说："别去种了，有了两年的平安就算了。"

他说："两年的平安，我们全仗着神在那里，一个都没有丢。完全没有人去偷。"因为那个庙在那里，他和神共有的庄稼呀。最后他老婆说呢："我们应该多谢神。"他说："应该去祭拜一次，去祭拜那个庙，那个庙白天黑夜在那里守着，我们的芋头一个没丢，玉米一个没丢。”他说：“我们有什么，现在我们有什么东西拿去祭拜神，有吗？我们就只养了一头大母猪，对吧？全靠神，这两年我们收到了芋头这些东西来养这只大母猪。也许应该拿这只母猪去送给神啦!”她丈夫开口说拿母猪去送给神，他老婆也没敢反对，反对怕往后神又会责怪他老婆。他老婆完全没敢说不。那天他就说得话了，我们就去谢一谢，拜祭一次那个庙，多谢神。送那头母猪给神吧。那天他就用一根棕绳这么一绑，牵那只母猪去给神，去到庙里那个神像那儿。他说：“神啊，庙啊，主神啊，我两年全靠你白天黑夜在这里守着，主要是你的功劳。你白天黑夜守在这里。没有谁偷我们的庄稼，有了两个好收成，一样东西都没有丢。我也没有什么东西，也就养了这一头母猪，我送这头母猪给你吧!”这回他就拖着那头母猪，用一根棕绳把母猪绑在神像身上。绑上了之后他就返回家里了。村子里很多人去看了就说：“这个人怎么拿头母猪去送给神？”大伙来看热闹的还挺多的，在路上看着。这回他送母猪给神像返回了家里。回到家里那头母猪也拖着神像叮呤咣啷地跟着返回了家里。这下子，他出门口看，说道：“哎呀，神啊，我送给你，你就收下嘛。你不要，你还送回来？”这下来看热闹的人更多了。他拍着大腿说：“我送给你，你不要，你还送回来。你真是公道啊。”这下他就解开棕绳把母猪赶进猪圈。然后，他抱那块神像到门口，他说：“你自己回去哦。我多谢你啦，你自己回吧。”谁知道神像完全不走，待了好久好久。小孩子们不懂什么，就拿神像骑着玩耍，骑着玩耍也没什么。

这就是不信神鬼，就是这样子啦!

7. “phəi^{1} tshəi^{1}” kat^{7} kui^{1} ma^{1} taːŋ^{4} ni^{4} niu^{2} “呸啐”，砍柴回去养我妈妈
呸 啐 砍 柴 回家 养 妈妈 我们

maːt^{7} pwa^{2} niu^{2} tøn^{2} hwən^{1} əi^{2} caːŋ^{3} ：“ phəi^{1} tshəi^{1} ，kat^{7} kui^{1} ma^{1} taːŋ^{4}
以前 奶奶 我们 都 和 我 讲 呸 啐 割 柴 回家 养
ni^{4} niu^{2}. ”
妈妈 我们

pu⁴ ni⁴ ce⁵ ljeu⁶, laːk⁸ te⁵ aːu¹ taːŋ⁴ mu⁶ lo⁴ a⁵. laːk⁸ kə⁶ paːi¹ kat⁷ kui¹ ja⁵.
爸爸 妈妈 老 了 小孩 要 养 老人 啊 孩子 那 去 割 柴 呀
fan¹ fan¹ paːi¹ kat⁷ kui¹, paːi¹ thəu⁵ u¹ pɣa¹, mɔ⁶ tu⁶ caːŋ³ nə⁵ cø⁵: " phəi¹ tshəi, kat⁷
天 天 去 割 柴 去 到 上 山 他 就 说 一 句 呸 啐 割
kui¹ ma¹ taːŋ⁴ ni⁴ niu². " thəu⁵ lən² fɛ⁴ paːi¹ fɛ⁴ fan⁶, tu⁶ mɛ² nə⁵ tɔ² naːn⁴ taŋ¹,
柴 回家 养 妈妈 我们 到 后 做 去 做 返 就 有 一 只 鹿 来
təm¹ jøn⁵ thjeu⁵ uk⁷ taŋ¹: " taːŋ⁴ əi² khɔ⁶? " laːk⁸ naːi⁶ tu⁶ caːŋ³ le⁵: " taːŋ⁴. " kwaːn¹
突然 跳 出 来 养 我 吗 孩子 这 就 说 呢 养 回
naːi⁶ səu³ mɔ⁶ kat⁷ lai³ kui¹ fan⁶ ma¹, kat⁷ lai³ kui¹ thiŋ¹ thu³ la⁶, tɔ² naːi⁶ tu⁶ pjeu¹
这 等 他 割 得 柴 返 回家 割 得 柴 清楚 呢 只 这 就 蹦
tsha⁵ mɔ⁶ u¹ kui¹ paːi¹, njem¹ mɔ⁶ fan⁶ ma¹ la⁶. njem¹ mɔ⁶ fan⁶ ma¹ ljeu⁴ le⁵, mɔ⁶
上 他 上 柴 去 跟 他 返 回家 啦 跟 他 返 回家 了 呢 他
ŋ⁵ li³ tɔ² naːi⁶ pə⁵. mɔ⁶ tu⁶ i¹ naːi⁶ taːŋ⁴ tɔ² naːi⁶. tɔk⁷ lən², ȵa² fan¹ naːi⁶ sa¹ hu³
不 杀 只 这 哦 他 就 这么 养 只 这 往 后 你 天 这 喂 大
taːn¹ lɔ⁶ tɔ², tɔ² fan¹ mɔ³ uk⁷ nə⁵ toi¹ ȵan² lo⁴; hət⁷ mɔ³ sa¹ hu³ kɔk⁷, tɔ² tu⁶ uk⁷
米 给 只 只 明 天 出 一 堆 银子 大 早 以后 喂 谷子 只 就 出
nə⁵ toi¹ cəm¹ lɔ⁶ ȵa². kwaːn¹ naːi⁶ tu⁶ mɛ² tjen² hɣəi³ hu³ tshaːn¹ la⁶. pu⁴ ni⁴ mɔ⁶
一 堆 金子 给 你 关 这 就 有 钱 买 米 吃 啦 爸爸 妈妈 他
ja⁶ ȵaːu⁶ lai³ i¹ la⁶.
也 过活 得 好 了

译文：

以前，我奶奶老是和我讲《"呸啐"，砍柴回去养我妈妈》的故事。

（故事说的是）爸爸妈妈老了，孩子要赡养老人呀。有一个人就去砍柴呀，每天都去砍柴，去到山上，他就说一句："呸啐，砍柴回去养我妈妈咯！"后来，这么来来去去地，就有一只小鹿来了，突然跳出来说："养我吗？"那孩子就说："养！"这么一来，等他砍好柴要回家，把柴都砍好了呢，那只小鹿就一下子蹦到他的柴担子上，跟他回家去了。回到家了呢，他也不杀它呀，就这么养这小鹿。后来，你只要今天喂大米给小鹿，明天它就拉出一大堆的银子，明早儿你喂谷子给它，它就拉出一堆金子给你。这下他就有钱买粮食吃了。他爸爸妈妈也过活得很好了。

8. kuŋ^{6} paːi^{5} hwən^{4} mu^{6}lau^{2} kui^{5}ca^{5}蚂蚱和猴子打架①

蚂蚱　和　猴子　打架

ti^{6} mɛ^{1} , kuŋ^{6} paːi^{5} hwən^{4} mu^{6} lau^{2} tɔŋ^{6} te^{2} ȵ̥aːu^{6} ta^{5} ɣa^{5} . tin^{3} chi^{3} tøn^{2} ŋ^{5} mɛ^{2}

过去　蚂蚱　和　猴子　共同　在　中　田　开始　全　没有

ŋ^{5}naːŋ^{2}.

什么

ta^{6} lai^{3} nə^{5} faːŋ^{5} , mɔ^{6} ɣa^{2} mu^{6} tøn^{2} tjaːŋ^{3} fɛ^{4} lak^{7} tau^{2} , tsjem^{5} ta^{5} ɣa^{5} , pa^{3} leŋ^{6}

过得一时间　他　两　个　都　想　做个　头　占　中田　把　另

lak^{7} kaːn^{3} tsha^{5} u^{1} pɣa^{1} paːi^{1} , ti^{6} ca^{1} ȵ̥aːu^{6} ta^{5} ɣa^{5} tshiŋ^{1} joŋ^{2} . jin^{1} wəi^{6} hɔ^{6} naːi^{6} ,

个　赶　上　上　山　去　自己　在　中　田　称　王　因为　样　这

kuŋ^{6} paːi^{5} hwən^{4} mu^{6} lau^{2} tɔŋ^{6} te^{2} cø^{6} teŋ^{6} kui^{5} nə^{5} ca^{5} , nau^{2} kui^{5} lai^{3} jeŋ^{2} , nau^{2} tu^{6}

蚂蚱　和　猴子　一起　决定　打　一　架　谁　打　得　赢，谁　就

ȵ̥aːu^{6} ta^{5} ɣa^{5} , nau^{2} kui^{5} sø^{1} , nau^{2} tu^{6} tsha^{5} u^{1} pɣa^{1} paːi^{1} , jyn^{3} jøn^{3} ŋ^{5} tsən^{3} lui^{6} ta^{5}

在　中　田　谁　打　输　谁　就　上　上　山　去　永远　不　准　下　中

ɣa^{5} taŋ^{1}.

田　来

thəu^{5} fan^{1} kui^{5} ca^{5} ka^{6} , kuŋ^{6} paːi^{5} tau^{2} tai^{5} taŋ^{1} cəu^{3} sɿ^{6} cəu^{3} tɔ^{2} kuŋ^{6} paːi^{5} , mu^{6}

到　天　打架　那　蚂蚱　头　带　来　九　十　九　只　蚂蚱　猴

lau^{2} çən^{3} taŋ^{1} cəu^{3}sɿ^{6} cəu^{3} tɔ^{2} mu^{6} lau^{2}. tɔŋ^{6} te^{2} ȵ̥aːu^{6} te^{3} pɣa^{1} kui^{5} ca^{5}.

子　带　来　九　十　九　只　猴子　一起　在　底　山　打　架

naːi^{6} nə^{5} tɔ^{2} mu^{6} lau^{2} tsau^{4} nə^{5} taŋ^{5} puŋ^{6} tsui^{2} . kuŋ^{6} paːi^{5} nə^{5} çaːŋ^{6} ŋ^{5} tsau^{4} ,

现在一只　猴子　拿　一　个　棒槌　蚂蚱　一　样　不　拿

ho^{3} nja^{2} məi^{6} phiu^{5} . tɔ^{2} mu^{6} lau^{2} ho^{3} təm^{1} tjaːŋ^{3} : " kuŋ^{6} paːi^{5} tɔ^{2} niŋ^{5} niŋ^{5} ka^{6} , əi^{2}

里　手　空（后置音节）　只　猴子　里　心　想　蚂蚱　只　小　小　那　我

① 语料原文记录在《侗台语概论》（2010）一书的附录部分，根据本书整理的音系，笔者做了一些语音记录的调整。

naːu^{3} puŋ^{6} tsui^{2} kui^{5} lui^{6} paːi^{1} tu^{6} pa^{3} mɔ^{6} tsui^{2} pjɛn^{3} pə^{6} ljeu^{6}.”
一　棒槌　打　下　去　就　把　他　捶　扁　了　了

kui^{5} ca^{5} khaːi^{5} sɿ^{3}，nə^{5} fɛːk^{7} tɔ^{2} kuŋ^{6} paːi^{5} ti^{5} tshø^{5} pə^{6} li^{2} pə^{6} lu^{2} lon^{6} fən^{3}，
打架　开　始　一　百　只　蚂蚱　四处　噼里啪啦　乱　飞

mu^{6} lau^{2} kui^{5} kon^{6} naːi^{6} ja^{6} ŋ^{5} tsjaːk^{8}，kui^{5} kon^{6} ka^{6} ja^{6} ŋ^{5} tsjaːk^{8}，chi^{5} tɔ^{4} ȵə^{2} tin^{3}
猴子　打　地方　这　也　不　是　打　地方　那　也　不　是　气得　你　叫

tsja^{3} tsja^{3}. ta^{6} lai^{3} nə^{5} tsən^{6}，nə^{5} tɔ^{2} kuŋ^{6} paːi^{5} tɔk^{7} ȵaːu^{6} nə^{5} tɔ^{2} mu^{6} lau^{2} kɔ^{5} u^{1}
渣渣　过　得　一　阵子　一　只　蚂蚱　落　在　一　只　猴子　的　上

ŋə^{6} pɤaːk^{7}，leŋ^{6} nə^{5} tɔ^{2} mu^{6} lau^{2} kau^{5} lən^{1} ljeu^{6}，tu^{6} toi^{5} tɔ^{2} ka^{6} caːŋ^{3}：“jəu^{5} nai^{1}！
额头　另　一　只　猴子　看　见　了　就　对　只　那　说　别　动

jəu^{5} nai^{1}！”“pɔŋ^{2}！”nə^{5} puŋ^{6} tsui^{2} ŋaːu^{6} ta^{6} paːi^{1}，tɔ^{2} mu^{6} lau^{2} naːi^{6} kɤo^{3} mən^{1}
别　动　砰　一　棒槌　甩　过　去　只　猴子　这　头　都

khai^{1} hwa^{1} ljeu^{6}，naŋ^{1} ŋ^{5} tai^{1} naŋ^{1} mɛ^{2} ca^{3}！tɔ^{2} kuŋ^{6} paːi^{5} ka^{6} le^{5}？nau^{1} lən^{1} puŋ^{6}
开　花　了　还　不　死　还　有　假　只　蚂蚱　那　呢　一　看见　棒

tsui^{2} i^{6} kui^{5} thəu^{5}，tu^{6} fən^{3} naŋ^{6} pə^{6} ljeu^{6}. thəu^{5} mjɛn^{6} ka^{6} tɔk^{7} ȵaːu^{6} leŋ^{6} nə^{5} tɔ^{2}
槌　一旦　打　到　就　飞　走　了　了　到　面　那　落　在　另　一　只

mu^{6} lau^{2} kɔ^{5} u^{1} kə^{5} naŋ^{1}. tɔ^{2} mu^{6} lau^{2} ka^{6} tseŋ^{5} chi^{5} tɔ^{4} ȵə^{2} haːi^{3} tai^{1}，jəu^{6} kau^{5} lən^{1}
猴子　的　上　鼻子　只　猴子　那　正　气　得　你　几乎　死　又　看　见

tɔ^{2} kuŋ^{6} paːi^{5} ka^{6} ȵaːu^{6} hui^{5}，ɤa^{2} nja^{2} sø^{6} lɔk^{7} puŋ^{6} tsui^{2}，“pɔŋ^{2}！”jəu^{6} nə^{5} puŋ^{6}
只　蚂蚱　那　在　那里　两　手　举　起　棒槌　砰　又　一　棒

tsui^{2} hɔm^{6} ta^{6} paːi^{1}. tɔ^{2} mu^{6} lau^{2} ka^{6} tin^{3} laːn^{4} lai^{3} tin^{3} nə^{5} cø^{5}，kə^{5} naŋ^{1} mən^{1} pɛ^{2}
槌　砸　过　去　只　猴子　那　叫　都不得　叫　一　句　鼻子　就　凹

lui^{6} paːi^{1} pə^{6} ljeu^{6}，thek^{7} thek^{7} çen^{5}，jəu^{6} tsən^{3} lai^{3} ljeu^{6}. tɔ^{2} kuŋ^{6} paːi^{5} ka^{6} le^{5}？
下　去　了　了　踢　踢　蹄子　又　准　得　了　只　蚂蚱　那　呢

khɤam^{1} jəu^{6} fən^{3} naŋ^{6} pə^{6} ljeu^{6}.
早　又　飞　走　了　了

kui^{5} paːi^{1} kui^{5} fan^{6}，thəu^{5} fan^{1} haːi^{3} lui^{6} pɤa^{1} kɔ^{5} ti^{6} si^{2}，nə^{5} fɛːk^{7} tɔ^{2} kuŋ^{6} paːi^{5}
打　来　打　去　太阳　差不多　下　山　的　时候　百　只　蚂蚱

nə^{5} tɔ^{2} laːn^{4} sjaːŋ^{1}. mu^{6} lau^{2} le^{5}，cəu^{3} sɿ^{6} cəu^{3} tɔ^{2} tøn^{2} ŋaːi^{6} puŋ^{6} tsui^{2} khaːu^{1} tai^{1}，
一　只　都没　伤　猴子　呢　九　十　九　只　全　挨　棒槌　打　死

tsəi4 həu4 naŋ1 siŋ6 naːu3 tɔ2 mu6 lau2 tau2 . tɔ2 kaːn3 cəp7 thaːŋ5 tsha5 u1 pɣa1 paːi1
最后 还 剩 一 只 猴子 头 他 赶快 跑 上 上山 去
ljeu6. tɔk7 lən2 ŋ5 kɔːm3 lui6 ta5 ɣa5 ȵin5 ȵin5.
了 后来 不 敢 下 中 田 (后置音节)

thəu5 tsən6 naːi6 , kuŋ6 paːi5 mə5 naŋ1 si6 ȵaːu6 ta5 ɣa5 , mu6 lau2 mə5 naŋ1 si6
到 时候 这 蚂蚱 仍旧 是 在 中 田 猴子 仍旧 是
ȵaːu6 u1 pɣa1 . thəu5 fan1 mu6 lau2 ŋ5 kɔːm3 lui6 pɣa1 , tsi3 si6 thəu5 mu2 mɛ2 tsən6
在 上 山 白天 猴子 不 敢 下 山 只是 夜晚 有 时
hai5 kɔːm3 fɛ4 lak8 lui6 taŋ1 lak8 niŋ5 jəu6 mɛ4 ti6 jaːŋ6 naːi6.
才 敢 做 偷 下 来 偷 些 玉米 东西 这

译文：

过去，蚂蚱和猴子共同住在田里。开始相安无事。

过得一段时间，它们两个都想做头儿，霸占田里，把另一个赶到山上去，自己在田中称王。因为这样，蚂蚱和猴子双方一起决定打一架，谁打得赢，谁就在田中，谁打输了，谁就到山上去，永远不准下田来。

到了打架那天，蚂蚱头儿带来九十九只蚂蚱，猴子头儿也带来九十九只猴子，一起在山坡下打架。

现在每一只猴子都拿了一个棒槌子。蚂蚱一样不拿，两手空空。猴子心里想："那些蚂蚱小小的，我一槌子打下去就可以把它捶扁了。"

打架开始，一百只蚂蚱噼里啪啦四处乱飞，猴子打这个地方也不是，打那个地方也不是，气得吱吱叫。过了一阵子，一只蚂蚱落在一只猴子的额头上，另一只猴子看见了，就对他说："别动！别动！""砰！"一棒槌甩过去，这只猴子头都开花了，不死还有假！那只蚂蚱呢？一看见棒槌打过来就飞走了。到那边落在另一只猴子的鼻子上。那只猴子正气得要死，又看见那只蚂蚱在那里，两手举起棒槌，砰，又一棒槌打过去。那只猴子还没来得及叫一句，鼻子就扁下去了，踢踢腿，又死掉了。那只蚂蚱呢？早就又飞走了。

打来打去，太阳差不多下山的时候，一百只蚂蚱一只没伤。猴子呢，九十九只全挨棒槌打死了，最后还剩下一只猴子头儿。他赶快跑上山去了。后来再也不敢下田来了。

到现在，蚂蚱仍旧是在田里，猴子仍旧是在山上。白天猴子不敢下山，只是在夜晚有时才敢偷偷下山来偷一些玉米之类的东西。

9. ku3 pwa2 mɛ1熊婆的故事
故事 婆　熊

at7 ku3 pwa2 mɛ1 naːi6 ja6 fət7 ŋ5 ljeu4 ljeu6 . tu6 caːŋ3 mɛ2 hɣəːn2 ti5 mu6 çən1:
个故事　熊婆　这 也 记 不　完　了　就 说 有　家　四 个　人
pu4 ni4 , nə5 tsɛ2 , nə5 nuŋ4 lək8 maːn1 . pu4 ni4 aːu1 paːi1 kon6 ce1 fɛ4 sjaːŋ5 i5 . tu6 tin3
爸 妈 一 姐 一 弟 儿 男 爸 妈 要 去 处 远做 生 意 就 叫
pwa2 taŋ1 hwən4 ɣa2 tsɛ2 nuŋ4 i6 chi3 ɳaːu6 hɣəːn2 . pu4 ni4 mɔ6 caːu1 tai5 thəu5 :
婆 来 和 俩 姐 弟 一 起 在 家 爸 妈 他 交代 道
“ pwa2 taŋ1 thəu5 tin3 tɔ1 , saːu1 tin3 mɔ6 njɛm1 luŋ1 lu2 lœ5 nja2 lɔ3 taŋ1 , mwa3
婆 来 到 叫 门 你们 叫 她 从 洞 炉 伸 手 进 来 摸
kau5 kɣoŋ1 ŋ5 kɣoŋ1 , kɣoŋ1 tu6 si6 pwa2 hɣəːu1. ɳaːp7 tu6 ŋ5 si6 o5. ”
看 光滑 不 光滑 光滑 就 是 婆 我们 粗糙 就 不 是 哦

u1 pɣa1 nə5 tɔ2 pwa2 mɛ1 hɣɔ4 lai3 hɣəːn2 naːi6 tu6 mɛ2 nə5 tsɛ2 nuŋ4 ɳaːu6
上 山 一 只 熊婆 知道得 家 这 就 有 一 姐 弟 在
hɣəːn2 . tu6 fə3 taŋ1 khaːu1 tɔ1 , tjaːŋ3 tsaːn1 ɣa2 lək8 tɛ5 naːi6 paːi1 . ɣa2 tsɛ2 nuŋ4
家 就 跑 来 敲 门 想 吃 俩 儿 小 这 去 俩 姐 弟
theŋ5 hai5 mɛ2 çən1 khaːu1 tɔ1 , tu6 saːi3 si6 nau2 . pwa2 mɛ1 theŋ5 hai5 saːi3 si6 nau2 .
听 见 有 人 敲 门 就 问 是 谁 熊婆 听 见 问 是 谁
tu6 caːŋ3 : “nuŋ6 , khai1 tɔ1 o1 , əi2 si6 pwa2. ” ɣa2 tsɛ2 nuŋ4 theŋ5 hai5 caːŋ3 si6 pwa2 ,
就 讲 妹 开 门 哦 我 是 婆 俩 姐 弟 听 见 讲 是 婆
tu6 tin3 mɔ6 njɛm1 luŋ1 lu2 lœ5 nja2 lɔ3 taŋ1 mwa3 kau5 . pwa2 mɛ1 tu6 lœ5 nja2 lɔ3
就 叫 她 从 洞 炉 伸 手 进 来 摸 看 熊婆 就 伸 手 进
paːi1 . ɣa2 tsɛ2 nuŋ4 nə5 mwa3 thaŋ5 nja2 ka6 tsən1 tshɔp7 tshɔp7 . tu6 caːŋ3 : “ ɳa2 ŋ5
去 俩 姐 弟 一 摸 个 手 那 毛 (后置音节) 就 讲 你 不
si6 pwa2 niu2 , pwa2 niu2 kɔ5 nja7 kɣoŋ1 py5 py5 , ɳa2 kɔ5 nja2 tsən1 tshɔp7 tshɔp7 . ”
是 婆 我们 婆 我们 的 手 光 (后置音节) 你 的 手 毛 (后置音节)

pwa^{2} mɛ^{1} hai^{5} tu^{6} paːi^{1} ho^{3} ci^{1} lau^{3} la^{4} ə^{3} kɣəi^{5} ci^{1} ŋɔ^{1} taŋ^{1} thaːt^{7} nja^{2}. pon^{2} naːi^{6}

熊婆 见 就 去 里 鸡 篓 找 那 蛋 鸡 坏 来 抹 手 盘 这

ɣa^{2} tsɛ^{2} nuŋ^{4} tu^{6} khai^{1} tɔ^{1} chɣɛ^{1} pwa^{2} mɛ^{1} lɔ^{3} hɣəːn^{2}. khai^{1} tɔ^{1} lɔ^{3} hɣəːn^{2}, lak^{7} tsɛ^{2}

俩 姐 弟 就 开 门 给 熊婆 进 家 开 门 进 家 个 姐

ka^{6} caːŋ^{3} tu^{6} fi^{1} taŋ^{1}, pwa^{2} mɛ^{1} caːŋ^{3} jəu^{5} tu^{6}, pwa^{1} la^{1} cit^{7}. caːŋ^{3} aːu^{1} taŋ^{5} khɣɛ^{1} tui^{6},

那 讲 点 火 灯 熊婆 讲 别 点 婆 眼 疼 讲 要 凳子 给 坐

mɔ^{6} caːŋ^{3} khɔŋ^{3} cit^{7}. ka^{6} tu^{6} i^{1} maːŋ^{2} le^{5}. mɔ^{6} caːŋ^{3}: "ȵa^{2} la^{4} at^{7} lau^{3} ci^{1} mai^{4} chɣɛ^{1}

她 讲 屁股 疼 那 就 样 什么 咧 她 讲 你 找 个 篓 鸡 母 给

əi^{2} tui^{6}." i^{6} nai^{5} mɔ^{6} tu^{6} khon^{1} thaŋ^{5} khɣət^{7} ka^{6} lɔ^{3} paːi^{1}. thəu^{5} mu^{2} ta^{3} ton^{5} paːi^{1}

我 坐 样 这 她 就 缠 个 尾巴 那 进 去 到 晚上 打 算 去

nun^{2} ljeu^{6} tu^{6} aːu^{1} suk^{7} tin^{1}. pwa^{2} mɛ^{1} tu^{6} luk^{7} caːŋ^{3}: "nau^{2} thjeu^{5} lai^{3} ta^{6} pən^{2} tin^{1},

睡 了 就 要 洗 脚 熊婆 就 哄 讲 谁 跳 得 过 盆 脚

mu^{2} naːi^{6} tu^{6} lai^{3} hwən^{4} pwa^{2} tsoŋ^{6} kɣo^{3} nun^{2}." lak^{7} nuŋ^{4} ka^{6} ŋaːŋ^{5}, mɔ^{6} tu^{6} thjeu^{5}

夜 这 就 得 和 婆 共 头 睡 个 弟 那 傻 他 就 跳

ta^{6}. at^{7} nuŋ^{4} ka^{6} tu^{6} lai^{3} hwən^{4} mɔ^{6} tsoŋ^{6} kɣo^{3} nun^{2}. ak^{7} tsɛ^{2} ka^{6} tu^{6} tsa^{5} thjeu^{5} ŋ^{5}

过 个 弟 那 就 得 和 她 共 头 睡 个 姐 那 就 装 跳 不

ta^{6}. lak^{7} nuŋ^{4} ka^{6} tu^{6} hwən^{4} mɔ^{6} tsoŋ^{6} kɣo^{6} nun^{2}, lak^{7} tsɛ^{2} ka^{6} nun^{2} nə^{5} kɣo^{3}.

过 个 弟 那 就 和 她 共 头 睡 个 姐 那 睡 一 头

thəu^{5} mu^{2} lak^{7} pwa^{2} mɛ^{1} ka^{6} tu^{6} cət^{8} at^{7} nuŋ^{4} ka^{6} tsaːn^{1} paːi^{1}. phɣəːt^{7} fu^{4} lai^{3}

到 夜 个 熊婆 那 就 咬 个 弟 那 吃 去 血 弄 得

tə^{5} tshø^{5} si^{6}. lak^{7} tsɛ^{2} ka^{6} theŋ^{5} hai^{5} kɣo^{3} pho^{5} ɣak^{7} pə^{6} saːt^{7}. tu^{6} saːi^{3}: "ho^{3} pho^{5}

到处 是 个 姐 那 听 见 头 床 湿 (后置音节) 就 问 里 床

naːi^{6} i^{1} maːŋ^{2} i^{1} naːi^{6} ɣak^{7}?" "o^{6}, nuŋ^{4} uk^{7} njaːu^{5}." pwa^{2} mɛ^{1} jəu^{6} ȵaːi^{5} nuŋ^{4} mɔ^{6} kɔ^{5}

这 样 什么 样 这 湿 哦 弟 屙 尿 熊婆 又 嚼 弟 她 的

hɣaːk^{7} koŋ^{3} tik^{7} tuk^{7}. tsɛ^{2} mɔ^{6} jəu^{6} saːi^{3}: "pwa^{2}, ȵa^{2} ȵaːi^{5} nə^{5} naːŋ^{2} kuŋ^{3} tik^{7} tuk^{7}?"

骨头 响 (后置音节) 姐 她 又 问 婆 你 嚼 什么 响 (后置音节)

"o^{6}, əi^{2} fan^{1} naːi^{6} phɣət^{7} hɣəːn^{2} tsəp^{7} lai^{3} ɣa^{2} ȵən^{2} tau^{6} ŋaːn^{3} tsən^{6} naːi^{6} ȵaːi^{5} kuŋ^{3}."

哦 我 天 这 扫 屋子 捡 得 两 颗 豆 黄 时 这 嚼 响

tsɛ^{2} mɔ^{6} thek^{7} paːi^{1} ŋ^{5} hai^{5} nuŋ^{4} la^{6}. pon^{2} naːi^{6} tsɛ^{2} mɔ^{6} tu^{6} hɣɔ^{4} la^{3}. hɣɔ^{4} lai^{3} tsaːn^{1}

姐 她 踢 去 不 见 弟 了 盘 这 姐 她 就 知道 啦 知道 得 吃

ljeu4 nuŋ4 mɔ6 tu6 aːu1 tsaːn1 mɔ6 la3. tsɛ2 mɔ6 tu6 caːŋ3: " pwa2, əi2 aːu1 lɔk7 taŋ1
完 弟 她 就 要 吃 她 啦 姐 她 就 讲 婆 我 要 起 来

uk7 njaːu5." pwa2 mɔ1 caːŋ3: " jəu5 paːi1, uk7 kə6 mɛ2 laːi4." tsɛ2 mɔ6 caːŋ3: " khə5
屙 尿 婆 她 讲 别 去 外 那 有 鬼 姐 她 讲 (前缀)

nau1 paːi1 uk7 tu6 ŋ5 mɛ2 laːi4?" " tə5 tshø5 paːi1 mən1 mɛ2 laːi4, jəu5 paːi1." lak7 tsɛ2
哪 去 屙 就 没 有 鬼 到处 去 都 有 鬼 别 去 个 姐

kə6 kɣo3 khaːk7 nə5 tsøn5, tu6 caːŋ3: " kə6 ȵa2 tu6 tuk8 əi2 kɔ5 nə5 mjen6 tin1 tɔ6,
那 头 壳 一 转 就 讲 那 你 就 绑 我 的 一 边 脚 着

ȵa2 chen1 əi2 tɔ6, əi2 paːi1 tshoŋ5 toi5 laːi4, ȵa2 tu6 mɛŋ1 əi2 fan6." pwa2 mɛ1 tu6
你 牵 我 着 我 去 遇 对 鬼 你 就 扯 我 回 熊婆 就

tuk8 lak7 tsɛ2 kə6 lɔk7 taŋ1, ti6 ca1 chen1 tɔ6 nə5 kɣo3. tuk8 ljeu4 lak7 tsɛ2 kə6 tu6
捆 位 姐 那 起 来 自己 牵 着 一 头 捆 完 个 姐 那 就

kau2 kau2 tsha5 lau2 paːi1. tsha5 lau2 paːi1 mwa6 u1 kə5 thaŋ5 mwa6 lo4 ka6 kuŋ3
噔噔 上 楼 去 上 楼 去 磨 上 那 个 磨 大 那 响

çi2hu2. pon2 naːi6 mɔ6 caːŋ3: " pwa2 o1, lək7 pɣa3 caːŋ3 aːu1 ɔp7 ȵa2 o1." pwa2 mɛ1
(后置音节) 盘 这 她 讲 婆 哦 雷公 讲 要 劈 你 哦 熊婆

tu6 caːŋ3: " lək7 pɣa3 aːu1 əp7 əi2, naːi6 tu6 thaːŋ5 khə5 nau1 paːi1 tsam2?" lək8 jaːk7
就 讲 雷公 要 劈 我 现在 就 跑 哪里 去 躲 儿 女

kə6 caːŋ3: " ŋ5 khɣəːn5, pwa2, niu2 cak7 tɔ1 mɛ2 thaŋ5 ɔŋ5, ȵa2 lɔ3 ho3 ɔŋ5 kə6 paːi1,
那 讲 不 怕 婆 我们 角 门 有 个 瓮 你 进 里 瓮 那 去

əi2 kəp8 kai5 tɔ6, lək7 pɣa3 əp7 ja6 əp7 ŋ5 toi5 ȵa2." pwa2mɛ1 theŋ5 caːŋ3 tu6 lɔ3 paːi1,
我 盖 盖 着 雷公 劈 也 劈 不 对 你 熊婆 听 讲 就 就 去

lak7 tsɛ2 kə2 tu6 kəp8 at1 kai5 kə3 fan6 taŋ1. tin5 ka6 khɣəu1 mɛ2 nə5 luŋ1 chyŋ3.
个 姐 那 就 盖 个 盖 那 返 来 边 那 留 有 一 洞 穿

maːt7 naːi6 mɔ6 tu6 saːi3: " pwa2, ȵa2 khaːt7 khɔ6? khaːt7 le5, əi2 tu6 hui3 nəm4
回 这 她 就 问 婆 你 渴 吗 渴 的话 我 就 舀 水

chɣɛ1 ȵa2 tsaːn1." pwa2 mɛ2 caːŋ3: " khaːt7 ljeu6, ȵa2 hui3 taŋ1." lak7 tsɛ2 kə6 tu6
给 你 吃 熊婆 讲 渴 了 你 舀 来 个 姐 那 就

lat7 taŋ1 nə5 kon5 nəm4 kwən3 jwa3, nə5 maːt7 thɔ3 lɔ3 ho3 ɔŋ5 kə6. maːt7 naːi6 lak7
端 来 那 锅 水 滚 (后置) 一 下 倒 进 里 瓮 那 回 这 个

pwa^{2} mɛ^{1} kə^{6} tu^{6} ŋaːi^{6} laːi^{5} tai^{1} ȵaːu^{6} ho^{4} ɔŋ^{5} ka^{6}.

熊婆　那 就 挨 烫 死 在 里 瓮 那

phjen^{1} phjen^{1} ɣa^{2} lak^{7} kɣak^{8} ta^{3} ton^{5} taŋ^{1} lɔŋ^{6} hɣəːn^{2} mɔ^{6} . tin^{3} thəu^{5} ："khai^{1}

偏偏　俩 个　贼 打 算 来 偷　家　她　叫 道　开

tɔ^{1}，nuŋ^{4} ."tsɛ^{2} mɔ^{6} caːŋ^{3} ："ŋ^{5} khai^{1}，pu^{4} ni^{4} niu^{2} ŋ^{5} ȵaːu^{6} hɣəːn^{2} . hɣəːn^{2} niu^{2} mɛ^{2}

门　妹　姐 她 讲　不 开　爸 妈 我们 不 在　家　家 我们 有

nə^{5} ɔŋ^{5} cəm^{1}. khɣəːn^{5} çən^{1} taŋ^{1} lak^{8}."lak^{7} kɣak^{8} ka^{6} caːŋ^{3}："ȵa^{2} ɔŋ^{5} cəm^{1} ka^{6} tɔŋ^{5}

一 瓮 金子　怕　人 来　偷　个　贼 那 讲　你　瓮 金子 那 放

ȵaːu^{6} khə^{5} nau^{1}？nau^{2} tu^{6} lɔŋ^{6} lai^{3} ."" tseŋ^{5} tseŋ^{5} tɔŋ^{5} ȵaːu^{6} cak^{7} tɔ^{1} tsɿ^{1} . jəu^{6} ŋ^{5}

在　哪里　谁 就　偷 得　正　正 放　在　角 门 而已 又 不

tɔŋ^{5} ce^{1} ."ɣa^{2} lak^{7} kɣak^{8} ka^{6} tsa^{5} caːŋ^{3} si^{6} çən^{1} i^{1} ȵaŋ^{6} tɔ^{6} lɔ^{3} . lɔ^{3} hɣəːn^{2} li^{3} ci^{1} tuŋ^{1}

放 远　俩 个　贼　那 谎　讲 是 人 好 强 行 着 进　进　家　杀 鸡 煮

tsaːn^{1} . lak^{8} jaːk^{7} ka^{6} tsa^{5} nun^{2} nak^{7} . tsaːn^{1} ljeu^{4} la^{2} lak^{7} kɣak^{8} kə^{6} tu^{6} cyŋ^{1} thaŋ^{5}

吃　女孩　那 假装 睡　着　吃　完 了 个　贼　那 就 抬　个

ɔŋ^{5} ka^{6} naŋ^{6}.

瓮 那 走

cyŋ^{1} thəu^{5} mɣaːŋ^{6} khwən^{1} tu^{6} hai^{5} ȵin^{1} . mɛ^{2} lak^{7} kɣak^{8} tu^{6} caːŋ^{3} ："hɣəu^{1}

抬 到　半　路　就 见 臭　有 个　贼　就 讲　我们

khai^{1} taŋ^{1} kau^{5} kau^{5}，kau^{5} si^{6} cəm^{1} si^{6} ȵan^{2} ."nə^{5} khai^{1} kau^{5}，tai^{1} ə^{6}，ho^{3} ka^{6} si^{6} nə^{5}

开　来　看看　看　是 金子 是 银子　一　开　看　死 呃 里 那 是 一

si^{1} haːi^{2}，si^{6} nə^{5} pwa^{2} mɛ^{1} tai^{1} ȵin^{1} . maːt^{7} naːi^{6} ɣa^{2} lak^{7} kɣak^{8} ka^{6} caːŋ^{3} ："tai^{1} ə^{6}，

尸骸　是 一　熊婆　死 臭　回　这 俩 个　贼 那 讲　死 呃

poi^{6} si^{2} ljeu^{6} . i^{1} naːi^{6} lo^{4} fɛ^{4} kɣak^{8} taŋ^{2} ŋaːi^{6} kwaːn^{1} naːi^{6} . maːt^{7} naːi^{6} səu^{1} ɔŋ^{5} naːi^{6}

背时 了　样 这 大 做　贼　未 挨　关　这　回　这 搜 瓮 这

nau^{2} hɣɔ^{4} si^{6} ɔŋ^{5} pwa^{2} mɛ^{1} tai^{1} . maːt^{7} naːi^{6} mɔ^{6} tu^{6} løŋ^{4} thaŋ^{5} ɔŋ^{5} ka^{6} te^{3} tsən^{2} ka^{6}

谁 知道 是 瓮　熊婆 死　回　这　他 就 滚　个　瓮 那 底　岭　那

paːi^{1}. caːŋ^{3} poi^{6} si^{2}. ɣa^{2} lak^{7} təm^{1} ȵit^{7} tu^{6} ma^{1} lə^{6} pe^{6}.

去　讲　背时 俩 个　心　冷 就 回家 了 咯

ljeu^{4} ljeu^{6}.

完　了

译文：

《熊婆的故事》这个故事我也记得不完全了。话说有一家一共四个人：爸爸、妈妈、一个姐姐和一个弟弟。爸爸和妈妈要出远门去做生意，就叫阿婆来家里和姐弟俩一起住。爸爸妈妈交代："阿婆来到家里叫开门，你们就叫她从门洞把手伸进来摸摸看她的手光不光滑，光滑的话就是我们的阿婆；很粗糙的话，就不是哦。"

山上一只熊婆听说这家就只有姐弟俩在家，就跑来敲门，（一心）想吃掉两个小孩。姐弟俩听到有人敲门，就问是谁？熊婆听见这么问就说道："孩子，开门啊！我是阿婆。"姐弟俩听见说是阿婆，就叫她从门洞里把手伸进来摸摸看。熊婆就把手伸进去，姐弟俩一摸，那手毛茸茸的，就说道："你不是我们的阿婆，我们的阿婆的手滑溜溜的，你的手毛茸茸的。"熊婆听这么一说，就去鸡笼里找来臭鸡蛋抹在手上。这下姐弟俩就把门给开了，让熊婆进来了。

进家门后，姐姐说要点灯，熊婆说："别点，阿婆眼睛疼。"说要凳子给她坐，熊婆说："屁股疼。"那怎么办？熊婆说："你找个母鸡窝给我坐吧。"这样她就可以把尾巴盘进鸡窝里。

到了晚上，打算去睡觉了，要洗脚。熊婆就骗说："谁跳得过洗脚盆，今晚上就可以和阿婆同睡一边床头。"弟弟傻，就跳了过去。弟弟就和熊婆同睡一头儿。那姐姐就装跳不过去。这样，弟弟和熊婆睡一头儿，姐姐睡一头儿。到了夜里，熊婆就开吃弟弟，弄得到处都是血。姐姐觉得床上湿了，就问："床里怎么这么湿呀？""哦，弟弟尿尿在床上了。"熊婆又啃起弟弟的骨头，响声不断。姐姐又问："阿婆，你啃什么东西响嘟嘟的？""哦，我今天打扫屋子捡到两颗黄豆，现在拿出来嚼才响这声音。"姐姐踢过去，不见弟弟了。这下，姐姐知道啦。一会儿吃完弟弟就要吃她了。姐姐就讲："阿婆，我要起来尿尿。"熊婆说："别去，外边有鬼。"姐姐就问："哪里去尿就没有鬼呢？""哪里去都有鬼。"姐姐灵机一动，说道："那你就（用绳子）把我一边脚绑起来，你牵着一头儿，我出去遇上鬼，你就扯我回来。"熊婆就把那姐姐（的一边脚）绑起来，自己牵着一头儿。绑好了之后，那姐姐就快速地爬上楼，到楼上磨石磨。石磨磨出轰隆隆的声音。这时，她就说："阿婆啊，雷公说要劈你哦。"熊婆说："雷公要劈我，那现在跑哪里去躲？"那女孩就说："不要怕，阿婆。我们家后门有一个瓮。你进到那个瓮里去，我盖上盖子，雷公就劈不到你了。"熊婆听这么一说，就进去了。

那姐姐就把盖子盖了回去。瓮的边上有一小洞做气孔。这下，女孩就问："阿婆，你口渴吗？渴的话，我就舀水来给你喝。"熊婆说："渴啦，你舀来吧！"那姐姐就端来一锅滚烫的开水，一下子就倒进那瓮里去。这下，熊婆就被烫死在那个瓮里啦。

偏偏（这个时候），有两个贼打算来偷她家的东西，叫道："开门啊，小妹妹。"那个姐姐说："不开，我爸爸妈妈不在家，我家里有一瓮金子，怕被人偷走。"贼人说："你家的那瓮金子放在哪儿呢？别人怎么就偷得走呀？""就刚好放在门后面，没放远。"那两个贼假装说是好人，强行进了她家。进她家就杀鸡弄饭来吃。那女孩就假装睡着了。吃完了，那两个贼就把（门后的）瓮抬走了。抬到半道上，觉得有臭味。一个贼就说："我们开来看看，看是金子还是银子。"一打开，见到里面是一尸骸，一熊婆臭死了。这下，那两个贼讲："死了，这么倒霉呀！长这么大，做贼还从来没挨这样一关。这次搜来的谁知道是一瓮死了的熊婆。"这样，他们就把那个瓮抛下山岭下面。心想："倒霉！"两个贼心凉了，就回去了。

完了。

二、童谣、顺口溜

1. tjen^{5} tjen^{5} wa^{4}，kɣəu^{1} lik^{8} ma^{4}，ma^{4} uk^{7} kɣəi^{5}，　khai^{1} tai^{6} tsoŋ^{1}，
　(发语词)　　乞丐　追　马　马　下　蛋(指马粪)　开　袋子　装
tsau^{4} paːi^{1} cɛ^{1}，cɛ^{1} ŋ^{5} lai^{3}，ma^{1} thəu^{5} mɣaːŋ^{6} khwən^{1} ȵɛ^{3} chɣɛ^{1} kwai^{3}.
　拿　去　卖　卖不得　回家到　半路　哭　给　青蛙

哒哒哒，乞丐追着马，马拉屎，（乞丐）开袋装，（装了）拿去卖，没卖掉，回到半路哭着给了青蛙。

2. ta^{1} sɿ^{6} mən^{6} ja^{6} li^{3} caːu^{5} ja^{6} , tə^{6} njen^{2} tən^{5} thai^{3} li^{3} ci^{1} tai^{3} , ta^{6} nə^{6} faːŋ^{5} li^{3}
　大年　三十　夜　宰　大板鸭　　新年　　初始　宰　鸡公　过　一　段　宰
ci^{1} ŋaːŋ^{5}.
小母鸡

大年三十宰板鸭，新年到来宰公鸡，过一段宰只小母鸡。

3. tsaːn^{1} ljeu^{4} səp^{8} ŋɔ^{4} mu^{6} mu^{6} hɣɔ^{4}, tsaːn^{1} ljeu^{4} səp^{8} lɔk^{8} mu^{6} mu^{6} fɔk^{8},

吃　完　十　五　个　个　知道　吃　完　十　六　个　个　服气

tsaːn^{1} ljeu^{4} səp^{8} thət^{7} mu^{6} mu^{6} fət^{7}, tsaːn^{1} ljeu^{6} səp^{8} paːt^{8} mu^{6} mu^{6} u^{1} ha^{1}

吃　完　十　七　个　个　记起　吃　完　十　八　个　个　上　肩

kɣəːp^{7} ŋaːt^{7} ŋaːt^{7}.

挑　（后置音节）

吃完十五的饭，每个人都知道（新年过完了）；吃完十六的饭，每个人都心服口服（认为新年确实过完了）；吃完十七每个人都醒悟了（该去劳动了）；吃完十八每个人肩上都挑上了担子（开始新年后的劳作）。

4. nuŋ^{4} a^{6} nuŋ^{4}, tsheŋ^{5} tjeu^{2} kyŋ^{4}, tjeu^{2} kyŋ^{4} hɣəːn^{3}, ca^{5} mjen^{6} kən^{3},

娃呀娃　撑　根　拐杖　根　拐杖　短　嫁　面　梗

mjen^{6} kən^{3} təu^{5}, fɛ^{4} nə^{5} tsəu^{5}.

面　梗　断　做　一　周

娃娃，娃娃，拄拐棍，拐棍短，嫁面团，面团断，成一圈。

5. tɔ^{2} lau^{5} ŋwa^{5} ŋwa^{5}　ȵaːu^{6} ta^{5} ɣa^{5},

只　螺蛳（摹声词，形容行动缓慢）　在　中　水田

tɔ^{2} məm^{6} hwa^{1} hwa^{1}　ȵaːu^{6} ta^{5} nja^{1},

只　鱼（摹状词，形容样子斑驳）　在　中　河

tjeu^{2} çaːu^{1} ma^{3} ma^{3}　ȵaːu^{6} ta^{5} pɔŋ^{6},

条　藤蔓（摹状词，形容质地软）　在　中　草丛

tjeu^{2} kui^{1} lɔ^{3} lɔ^{3}　ȵaːu^{5} phɣœ^{1} pɣa^{1}.

条　柴（摹状词，形容样子很直）　在　顶　山

一只螺蛳慢悠悠地在水田里，一只身上带着花斑的鱼儿在河里，一条很柔软的藤蔓在草丛中，一条很直的柴火在山顶上。

6. ni^{4} a^{6} ni^{4}, sik^{8} tən^{2} tshaːu^{3} ku^{1} li^{5}, ku^{1} li^{5} kam^{1}, ca^{5} tɔŋ^{6} kwan^{1}, tɔŋ^{6} kwan^{1}

妈呀妈　肉　牛　炒　苦瓜　苦瓜　苦　嫁棵　竹　棵　竹

pɛŋ^{5}, ca^{5} te^{3} lɛ^{5}, te^{3} lɛ^{5} liŋ^{1}, kɣo^{3} fən^{1} phiŋ^{1}, ca^{5} tɔ^{2} ȵiŋ^{1}, tɔ^{2} ȵiŋ^{1} ȵit^{7}, ca^{5}

爆　嫁底坳底坳陡　头　成　脓包　嫁只臭虫　只臭虫冷　嫁

pɔŋ^{6} lyn^{1}, pɔŋ^{6} lyn^{4} tət^{7}, ca^{5} tɔ^{2} kəp^{7}, tɔ^{2} kəp^{7} ȵan^{1}, ca^{5} tjeu^{2} ȵak^{7}, tjeu^{2} ȵak^{7}

丛　刺　丛　刺　晒　嫁只　蟾蜍　只蟾蜍不讲理　嫁　条　干草　条　干草

phjen^{5} , ca^{5} pɛŋ^{5} sjen^{5} , pɛŋ^{5} sjen^{5} …… ca^{5} kɔk^{8} tui^{2} , kɔk^{8} tui^{2} ma^{3} , ca^{5} tsɛ^{2} pa^{3} ,
让开 嫁 把 扇子 把 扇子 嫁 块 石头 块 石头 软 嫁 姐 表

tsɛ^{2} pa^{3} hɣɔ^{4} ai^{5} , ca^{5} lak^{7} jai^{5} , lak^{7} jai^{5} ŋap^{8} , ca^{5} cɛ^{3} khɣap^{7} , cɛ^{3} khɣap^{7} cet^{8} , ca^{5}
姐 表 知道 笑 嫁 个 螃蟹 螃蟹 钳 嫁 蜈蚣 蜈蚣 咬 嫁 只

tɔ^{2} mɣət^{8} , tɔ^{2} mɣət^{8} hɣɔ^{4} lyt^{7} , ca^{5} khak^{7} lik^{7} , khak^{7} lik^{7} hɣɔ^{4} tshui^{1} , ca^{5} pɔk^{8} kui^{1} ,
蚂蚁 只 蚂蚁 知道 蛰 嫁 壳 竹壳 壳 竹壳 知道 吹 嫁 堆 柴

pɔk^{8} kui hɣɔ^{4} to^{6}, tshja^{3} ȵi^{4}ȵɔ^{4}, ȵi^{4}ȵɔ^{4} tshja^{3}, ca^{5} lən^{2} kɣa^{3}.
堆 柴 知道 生火 扯 呼啦啦 呼啦啦 扯 嫁 后 秧

妈妈，妈妈，牛肉炒苦瓜，苦瓜苦，嫁竹子，竹子裂了，嫁山底，山底陡，会长包，嫁臭虫，臭虫冷，嫁草丛，草丛有刺，嫁蟾蜍，蟾蜍狠，嫁干草，干草闪，嫁蓬扇，蓬扇……，嫁石头，石头软，嫁表姐，表姐会笑话，嫁螃蟹，螃蟹有钳子，嫁蜈蚣，蜈蚣咬，嫁蚂蚁，蚂蚁会蛰，嫁竹壳，竹壳会飞，嫁柴堆，柴堆会着火，呼呼啦啦，呼呼啦啦，嫁秧田。

7. hwa^{1} kəm^{5} khai^{3} , ni^{4} paːi^{1} fai^{3} , laːk^{8} ȵaːu^{6} hɣəːn^{2} , li^{3} ci^{1} tai^{3} , tsaːn^{1} ŋ^{5} ljeu^{4} ,
花 百合 妈 去 街 儿 在 家 宰 鸡 公 吃 不 完

tshiŋ^{3} tɔ^{4} khœŋ^{5} tɔ^{1}, ni^{4} ma^{1} ȵɛ^{3} ŋwaːk^{7}ŋwaːk^{7}, pu^{4} ma^{1} tshət^{7} khɔŋ^{3} kɣak^{8}.
藏 放 缝 门 妈 回家 哭 哇哇 爸 回家 搜 洞 贼

百合花，妈妈去逛街，孩子看着家，杀公鸡，吃不完，藏在门缝里，妈妈回来哭嗷嗷，爸爸回来搜贼窝。

8. ȵi^{6} ljen^{2} ȵaːu^{5} ȵaːu^{5}, kɔŋ^{1} cɛ^{1} ci^{1}, pwa^{2} cɛ^{1} mjaːu^{4},
银联（地名） （协音词）公 卖 鸡 婆 卖 猫

ma^{1} thəu^{5} mɣaːŋ^{6} khwən^{1}, kɔŋ^{1} sɔ^{3} tjen^{2}, pwa^{2} uk^{7} njaːu^{5}.
回家 到 半 路 公 数 钱 婆 屙 尿

遥遥银联路，爷爷卖鸡，奶奶卖鸭，回到半路，爷爷数着钱，奶奶去撒尿。

9. caːu^{3} hwa^{5} hwən^{4} mjaːu^{2} tsən^{1} si^{6} i^{1}, tu^{6} thjaːŋ^{5} naːm^{6} mjɛn^{1} nɔk^{8} thaːn^{5} ti^{2},
巧花 和 苗 真 是好 就 像 泥 浆 搅 碳 糍粑

caːu^{3} hwa^{5} caːŋ^{3} hwa^{6} mjau^{2} ŋ^{5} hai^{5}, tu^{6} thjaːŋ^{5} tɔ^{2} jɛp^{7} hwən^{4} tɔ^{2} ci^{1}.
巧花 讲 话 苗 不 闻 就 像 只 鸭 和 只 鸡

巧花（银村旧时的一个精神病人）和苗（银村旧时的一个聋子）真是好，就像泥巴和碳粑，巧花讲话苗听不到，就像鸭和鸡。

10. lən^{2} pɣa^{1} jəu^{6} tsa^{5} kuŋ^{3} tiŋ^{1}　tɔŋ^{1}，maːn^{3} te^{3} ti^{6} pwa^{2} taːŋ^{4} ti^{6} kɔŋ^{1}，

寨背（地名）榨油机　响（后置音节）桥头（地名）　女人　养 男人

kui^{5} ca^{5} ȵaŋ^{6} paːt^{7}tɔŋ^{1}，khɔŋ^{1}tsɔŋ^{1}　ȵən^{2} tau^{6} lui^{1} taːm^{1} tsɔŋ^{1}.

打架　让　八冬（地名）空中（地名，即石围）颗　豆　送　三　盅

寨背的榨油机响轰轰，桥头的女人（挣钱）养家，打架让着八冬（人），石围一颗黄豆下三杯（酒）。

11. fi^{1}fi^{1}fɔ^{1}fɔ^{1} muk^{8} pe^{1} paːi^{2} tɔ^{1}，tsiu^{3} tsiu^{3}tsei^{4}tsei^{4} muk^{8} pe^{1} ŋai^{6}.

呼呼啦啦 鼻涕 甩向 壁 门　糊里糊涂　鼻涕 贴 脸颊

呼呼啦啦，鼻涕甩向墙，糊里糊涂，鼻涕贴着脸。

三、俗 语

1. tsau^{4} pɔ^{1} sɛŋ^{1} paːi^{1} mɔk^{7}，tsau^{4} pɔ^{1} i^{1} taŋ^{1} taːŋ^{4}.

拿　新生儿　去　埋　拿　胞衣　来　养

拿出生的孩子去埋，拿胎盘来养。(形容本末颠倒)

2. nau^{2} ho^{3} lɔŋ^{2} ŋ^{5} mɛ^{2} taːm^{1} tjem^{3} phɣəːt^{7}.

谁　里 肚 没 有　三　滴　血

人都有自己的想法。

3. hɣəi^{3} ma^{4} tjen^{2} sjeu^{3}，hɣəi^{3} aːn^{1} tjen^{2} kuŋ^{2}.

买　马　钱　少　买　鞍　钱　多

买马花钱少，买鞍花钱多。

4. i^{1} tu^{6} hɣaːŋ^{6} mjen^{2} ça^{5} hu^{3} kɔk^{7}，ŋ^{5} i^{1} tu^{6} pət^{7} ŋ^{5} lɔk^{7}.

好 就 被子　棉　晒　谷子壳 不 好 就　掰 不 起

（情绪）好就什么都好（办），不好就万事没商量。

5. pu^{4} tshɿ^{5} ȵɔŋ^{1}，ni^{4} t shɿ^{5}ȵɔŋ^{1}，taːŋ^{4} laːk^{8} khaɪu^{3} tjaːŋ^{5} kɔŋ^{1}.

爸　不靓　妈　不靓　养　儿　考　相公

爸爸、妈妈都是吊儿郎当的样子，儿子偏偏当上官。

四、古 歌

1. khai^{1} paːk^{7} naːn^{2}, tshaːp^{7} hwa^{1} jɔŋ^{6} i^{6} phoi^{5} hwa^{1} naːn^{2},

开 口 难 插 花 容易 配 花 难

ŋ^{5} tən^{5} ȵa^{2} paːi^{1} ço^{6}çaːu^{4} kau^{5}, poi^{6} sɿ^{1} jɔŋ^{6} i^{6} fɛ^{4} sɿ^{1} naːn^{2}.

不 信 你 去 学校 看 背 诗 容易 做 诗 难

开口难，插花容易配花难，不信你去学校看，背诗容易作诗难。

2. at^{7} mən^{5} niŋ^{5} niŋ^{5} ja^{6} si^{6} mən^{5}, tɔŋ^{6} fja^{1} tek^{7} tek^{7} ja^{6} si^{6} fja^{1},

个 水池 小 小 也 是 水池 把 头发 点 点 也 是 头发

ku^{1} li^{5} kam^{1} kam^{1} jəu^{6} tsaːn^{1} ljeu^{4}, tjeu^{2} juŋ^{3} fjɛn^{1} fjɛn jəu^{6} ce^{1} tsa^{1}.

苦瓜 苦 苦 又 吃 完 根 甘蔗 甜甜 又 吐 渣

小小的水池也是水池，小小的一把头发也是头发，苦苦的苦瓜也会吃完，甜甜的甘蔗也要吐渣。

3. poi^{6} sɿ^{1} jɔŋ^{6} i^{6} fɛ^{4} sɿ^{1} naːn^{2}, tshaːp^{7} hwa^{1} jɔŋ^{6} i^{6} phoi^{5} hwa^{1} naːn^{2};

背 诗 容易 做 诗 难 插 花 容易 配 花 难

at^{7} hui^{1}fjɛn^{1} ljɛt^{7} mai^{4} naːn^{2} tɔ^{4}, fɛ^{4} tshjaːŋ^{5} jɔŋ^{6} i^{6} tshjaːŋ^{5} lam^{1} naːn^{2}.

个果子甜（后置音节） 树 难 种 做 唱 容易 唱 仫佬 难

背诗容易作诗难，插花容易配花难；

果儿甜甜树难种，唱歌容易唱仫佬歌难。

4. si^{5} fɛ^{4} tsik^{7} tshjaːŋ^{5} i^{1} ŋ^{5} i^{1}, si^{5} theŋ^{5} sɛŋ^{1} jəm^{1} hɔp^{7} ŋ^{5} hɔp^{7};

试 做 支 唱 好不好 试 听 声音 合适 不 合适

jo^{6} si^{6} i^{1} taŋ^{1} əi^{2} tu^{6} tshjaːŋ^{5}, jo^{6} si^{6} ŋ^{5} hɔp^{7} əi^{2} tu^{6} naŋ^{6}.

若 是 好 来 我 就 唱 若 是 不 合适 我 就 离开

试唱支歌好不好，试听声音合适不合适；

若是好来我就唱，若是不合适我就走。

5. hun^{4} thəu^{5} kɣo^{3} maːn^{3} çən^{1} ȵɔ^{2} ȵɔ^{2}, tjaːŋ^{3} kau^{5} çən^{1} mai^{5} si^{6} mu^{6} nau^{1};

送 到 头 村 人 沸沸扬扬 想 看 人 新 是 个 谁

lœm^{1}kau^{5} çən^{1} mai^{5} tsən^{1} si^{6} caːŋ^{6}, paːk^{7} tɔ^{1} tsi^{3} phɔ^{5} kuŋ^{3} hɣɔ^{2} hɣɔ^{2}.

望 看 人 新 真 是 漂亮 口 门 纸 炮 响 哗啦啦

送到村口的人多又多，想看新娘子是谁个，

看到新娘真漂亮，门口鞭炮响啪啪。

6. to^{5} siŋ^{2} tsy^{3} ca^{1} tuŋ^{1} hu^{3} mɔŋ^{1}, hui^{3} hu^{3} tsha^{5} kon^{2} ma^{3} jəu^{6} mɤaːŋ^{1};

多 谢 主 家 煮 饭 松软 舀 饭 上 桌 软 又 香

khɔŋ^{1} si^{6} ca^{1} kɔŋ^{1} u^{1} fai^{3} hɤəi^{3}, a^{6} si^{6} ca^{1} pwa^{2} ho^{3} ɤa^{5} tsɔŋ^{5}?

不 是 家 公 上 街 买 还 是 家 婆 里 田 种

多谢主家煮松软的米饭，盛上桌来香又软，

不知是家公街上买的，还是家婆田里种的？

7. ti^{5} ȵøt^{8} ti^{6} si^{2} çən^{1} fɛ^{4} hɤam^{1}, ɤa^{5} nəm^{4} khɔŋ^{1} min^{1} ja^{6} khɔŋ^{1} jam^{1};

四 月 时 候 人 做 插秧 田 水 不 浅 也 不 深

fɛ^{4} hɤam^{1} ɤa^{5} nəm^{4} aːu^{1} hɔp^{7} si^{2}, tɔŋ^{6} hu^{3} hwəi^{5} fən^{1} jəu^{6} hwəi^{5} mam^{1}.

做 插秧 田 水 要 合 适 棵 水稻 快 成 又 快 绿

四月时候人插秧，水田不深也不浅；

插秧田里水要适宜，水稻才能快长又快绿。

ŋɔ^{4} ȵøt^{8} ti^{6} si^{2} loi^{6} kɔŋ^{1} fu^{1}, jəu^{6} paːi^{1} kwaːi^{4} ɤa^{5} jəu^{6} kɤəːp^{7} mu^{2};

五 月 时 候 劳作 功夫 又 去 耕作 田 又 挑 厩肥

mu^{2} hət^{7} tsik^{7} ɤa^{5} tøn^{2} tsøn^{6} thəu^{5}, tsi^{3} mɔŋ^{6} mɛ^{1} naːi^{6} taːi^{6} pa^{3} hu^{3}.

晚 早 块 田 都 转 到 只 盼望 今年 大 把 米

五月时候劳作累，又去耕田又挑肥；

早晚田地都看遍，只盼今年大丰年。

ŋɔ^{4} ȵøt^{8} ti^{6} si^{2} tshaːp^{7} tshjaːŋ^{1} pu^{2}, mu^{6} mu^{6} ta^{3} ton^{5} paːi^{1} kɤəːp^{7} mu^{2};

五 月 时候 插 菖蒲 个 个 打 算 去 挑 厩肥

thəu^{5} hət^{7} kɤəːp^{7} mu^{2} ta^{5} ɤa^{5} tɔŋ^{5}, thəu^{5} fan^{1} tu^{6} paːi^{1} pa^{3} mu^{2} phu^{1}.

上午 挑 厩肥 中 田 放 下午 就 去 把 农肥 铺

五月时候插菖蒲，人人打算挑农肥；

上午挑到田里放，下午就去铺农肥。

lɔk^{8} ȵøt^{8} ti^{6} si^{2} haːi^{3} mɤaːŋ^{6} mɛ^{1}, kau^{5} nən^{1} ho^{3} ɤa^{5} hu^{3} mɤaːŋ^{2} pjeu^{1};

六 月 时 候 快 半 年 看 见 里 田 谷子 稻穗 抽

juŋ^{1} ȵaːu^{6} tin^{5} ɤa^{5} çon^{1} təm^{1} ɜcŋ^{1}, hu^{3} tsaːn^{1} khɔŋ^{1} ljeu^{4} ja^{6} mɛ^{2} cɛ^{1}.

蹲 在 边 田 人 心 欢喜 米 吃 不 完 又 有 卖

六月时候快半年，看见田里稻穗抽长；

蹲在田边心欢喜，大米吃不完来还能卖。

lɔk^{8} ȵøt^{8} tshɔ^{1} lɔk^{8} pɔ^{1} yt^{7} lu^{1}， ta^{5} khwən^{1} fɛ^{4} kɣəːp^{7} kwən^{3} hu^{2} hu^{2}；

六 月 初 六 包 粽 卤 中 路 做 担 翻滚 匆忙

lak^{8} te^{5} tsɔŋ^{5} i^{5} kɣəːp^{7} at^{7} lo^{4}， mu^{6} lo^{4} tsoŋ^{1} paːi^{1} fɛ^{4} kɔŋ^{1} fu^{1}.

小孩 中意 挑 个大 大人 装 去 做 功夫

六月初六包大粽，路上挑着粽子相赠送的人来来往往；

小孩喜欢（把粽子）当担子挑，大人装上粽子去干活。

thət^{7} ȵøt^{8} ti^{6} si^{2} hu^{3} ŋaːn^{3} ljeu^{6}， mən^{1} kɣaːŋ^{1} kwan^{2} ljem^{4} paːi^{1} kui^{5} hu^{3}；

七 月 时候 稻子黄 了 天 亮 磨 镰刀 去 打 谷子

tsən^{6} naːi^{6} hɣəi^{5} ɣa^{5} pɔ^{1} thəu^{5} hu^{4}， kɔk^{7} mu^{6} tswa^{1} can^{3} fɛ^{4} kɔŋ^{1} fu^{1}.

这时 旱地 水田 包 到 户 各 个 抓 紧 做 功夫

七月时候稻子黄，天亮就磨好镰刀去打谷；

现在田地包干到户，各自抓紧做功夫。

thət^{7} ȵøt^{8} ti^{6} si^{2} si^{6} lak^{8} thəu^{1}， ta^{5} ɣa^{5} təu^{6} lu^{6} ho^{3} təm^{1} jəu^{1}；

七 月 时候 是 立秋 中 田 活儿 里 心 忧

kui^{5} lai^{3} hu^{3} ma^{1} jəu^{6} khɣəi^{5} ɣa^{5}， mjɛn^{4} lai^{3} ta^{6} si^{2} khɔŋ^{1} mɛ^{2} səu^{1}.

打 得 谷子 回 又 耙 田 免 得 过 时候 没 有 收

七月时候是立秋，田里活儿心里愁；

收了谷子又耙田，以免过时没收成。

paːt^{7} ȵøt^{8} ti^{6} si^{2} kui^{5} tau^{6} ŋaːn^{3}， kui^{5} ljeu^{4} nə^{5} taːn^{2} jəu^{6} nə^{5} taːn^{2}；

八 月 时 候 打 豆 黄 打 完 一 坛 又 一 坛

aːu^{1} saːu^{1} kɔŋ^{1} pwa^{2} te^{2} jɔŋ^{6} keŋ^{5}， nə^{5} mu^{6} kui^{5} taŋ^{1} nə^{5} mu^{6} faːn^{1}.

要 你们 公 婆 齐 用 劲 一 个 打 来 一 个 翻

八月时候打黄豆，打完一坛又一坛；

要你夫妇齐使劲，一个打来一个翻。

paːt^{7} ȵøt^{8} səp^{8} ŋɔ^{4} çən^{1} hɣəi^{3} peŋ^{3}， lak^{8} te^{5} tsau^{4} paːi^{1} çen^{5} kɣaːŋ^{1} njen^{2}；

八 月 十 五 人 买 饼 小孩 拿 去 逗 月亮

hɣəi^{3} peŋ^{3} hon^{5} fən^{3} paːi^{1} kau^{5} ŋwaːi^{6}， hau^{5} sɛŋ^{1} cən^{1} peŋ^{3} hun^{4} tɔŋ^{6} njen^{2}.

买 饼 换 米粉 去 看 外婆 后生 拿 饼 送 同 年

八月十五买月饼，小孩拿去逗月亮；

买了月饼换了米粉拿去看外婆，后生拿饼送同伴。

cəu^{3} ȵøt^{8} ti^{6} si^{2} tshja^{3} hu^{3} lo^{4}，tshja^{3} lai^{3} tuk^{8} i^{1} kɣəːp^{7} fan^{6} ma^{1}；

九　月　时候　扯　米大　扯　得捆好　挑　返回家

cəu^{3} ȵøt jəu^{6} thəu^{5} i^{5} faːn^{6} tjet^{7}，jəu^{6} pɔ^{1} yt^{7} taŋ^{1} jəu^{6} tshɔk^{7} pa^{1}.

九　月　又　到　依饭　节　又　包粽子　来　又　舂糍粑

九月时候收糯米，收好捆好挑回家；

九月又到依饭节，又包粽子来又舂糍粑。

cəu^{3} ȵøt^{8} tshɔ^{1} cəu^{3} si^{6} tsɔŋ^{6} jaːŋ^{2}，kɔŋ^{1} pwa^{2} tjaːŋ^{1} ljaːŋ^{2} hun^{4} hu^{3} ljaːŋ^{2}；

九　月　初　九　是　重阳　公　婆　商量　送　米　粮

ȵa^{2} caːŋ^{3} tseŋ^{5} haːŋ^{5} tsha^{5} tɔk^{7} kun^{5}，əi^{2} jəu^{6} caːŋ^{3} si^{6} ləu^{2} kun^{5} caŋ^{2}.

你　说　正当　上　之前　我　又　说　是　留　先　强

九月初九是重阳，夫妻商量送公粮；

你说应当先送去，我说还是先留着。

səp^{8} ȵøt^{8} ti^{6} si^{2} mən^{1} pjen^{5} ȵit^{7}，tɔŋ^{6} te^{2} kɣəm^{5} fi^{1} taŋ^{1} khɣəu^{3} man^{2}；

十　月　时候　天　变　冷　同　齐　生　火　来　煨　红薯

mɛ^{2} tjen^{2} ta^{3} ton^{5} hɣəi^{3} thaːn^{5} tɔ^{4}，khɔŋ^{1} mɛ^{2} tɛ^{5} kui^{1} ma^{1} hɣəːn^{2} tan^{2}.

有　钱　打算　买　碳　烧　没　有　砍　柴　回　家　存

十月时候天变冷，众人一起生火烤红薯；

有钱打算买炭烧，没钱就砍柴回家存。

səp^{8} ȵøt^{8} ti^{6} si^{2} si^{6} lak^{8} tɔŋ^{1}，təu^{6} lu^{6} tswa^{1} can^{3} jəu^{6} tɔŋ^{5} sɔŋ^{1}；

十　月　时候　是　立冬　活儿　抓　紧　又　放　松

ho^{3} ɣa^{5} ȵi^{6} mjaːu^{2} səu^{1} ljeu^{4} ljeu^{6}，ça^{5} khɣɔ^{3} fɔŋ^{1} sjaːu^{5} tsha^{5} lau^{2} phɣɔŋ^{2}.

里　田　二　苗　收　完　了　晒　干　风　净　上　楼　封存

十月时候是立冬，活儿抓紧又放松；

田里二稻收完了，晒干风好存楼上。

səp^{8} jet^{7} ȵøt^{8} thəu^{5} ȵit^{7} sy^{1} sy^{1}，u^{1} pɣa^{1} tɔk^{7} nui^{1} mai^{4} phik^{7} phak^{7}；

十　一　月　到　冷　飕飕　上山　下　雪　树　噼里啪啦

ŋ^{5} ɣəi^{3} ta^{6} njen^{2} jəu^{6} haːi^{3} thəu^{5}，u^{1} pɣa^{1} fa^{5} mai^{4} pɣœ^{1} swa^{2} swa^{2}.

不久　新年　又　快　到　上　山　叶子　树　掉　（后置音节）

十一月到冷飕飕，山上下雪树枝折；

不久新年又要到，山上叶子哗哗掉。

səp^{8} ȵi^{6} ȵøt^{8} taŋ^{1} thəu^{5} tjeu^{3} haːn^{2}，u^{1} tsən^{2} kat^{7} ça^{1} ma^{1} tjem^{6} laːn^{2}；

十 二 月 来 到 小寒 上 岭 割 干草 回 垫 栏

ho^{3} ɣa^{5} ti^{6} tɔŋ^{6} səu^{1} ljeu^{4} ljeu^{6}，nə^{5} mɛ^{1} ti^{5} ci^{5} naːi^{6} təm^{1} haːn^{1}.

里 田 庄稼 收 完 了 一 年 四 季 现在 心 安然

十二月来到小寒，山岭上割了干草回家铺在牲口栏；

田里庄稼收完了，一年四季此刻心悠闲。

səp^{8} ȵi^{6} ȵøt^{8} taŋ^{1} si^{6} taːi^{6} haːn^{2}，tɔk^{7} nui^{1} uk^{7} tɔ^{1} tshaːm^{3} a^{6} naːn^{2}；

十 二 月 来 是 大寒 下 雪 出 门 走 也 难

ho^{3} hɣəːn^{2} hɣəi^{5} ɣa^{5} li^{4} i^{1} ljeu^{6}；tui^{6} ȵaːu^{6} tin^{5} lu^{2} maːn^{6} maːn^{6} taːn^{2}.

里 家 田地 打理 好 了 坐 在 边 炉子 慢 慢 谈

十二月来是大寒，下雪出门路难走；

家里田地打理好了，坐在炉边悠闲说话。

tjeu^{3} haːn^{2} taːi^{6}haːn^{2} səp^{8} ȵi^{6} ȵøt^{8}，hɣəːn^{2} hɣəːn^{2} tsha^{5} fai^{3} paːi^{1} paːn^{6} khwa^{5}；

小寒 大寒 十 二 月 家 家 上 街 去 办 货

u^{1} lau^{2} mɛ^{2} hu^{3} laːn^{2} mɛ^{2} mu^{5}，mɛ^{1} naːi^{6} ta^{6} njen^{2} sjaːŋ^{6} i^{1} ta^{6}.

上 楼 有 米 栏 有 猪 今年 过 年 相当 好 过

小寒大寒十二月，家家上街办年货；

楼上有米栏里养有猪，今年相当好过年。

ta^{6} njen^{2} khɣa^{3} mu^{5} jəu^{6} li^{3} ci^{1}，mu^{6} lo^{4} lak^{8} te^{5} ai^{5} mi^{1} mi^{1}；

过年 劏 猪 又 杀 鸡 大人 小孩 笑 咪咪

hau^{5} sɛŋ^{1} fɛ^{4} toi^{6} paːi^{1} tshaːm^{3} phwa^{1}，mu^{6} lo^{4} tshɔŋ^{5} i^{5} ho^{3} hɣəːn^{2} tui^{6}.

后生 做 对 去 走 坡 大人 中意 里 家 坐

过年劏猪又杀鸡，大人小孩笑眯眯；

年轻一辈结伴去走坡，老人喜欢家里坐。

cəu^{3} tɔŋ^{1} səp^{8} ȵi^{6} fi^{1} taːu^{3} pɣa^{1}，taŋ^{2} hai^{5} tshən^{1} thəu^{5} mai^{4} pɔ^{5} ŋa^{2}；

九 冬 腊月 火 烧 山 未 觉察 春 到 树 冒 芽

tɔŋ^{6} hɣɔk^{8} uk^{7} ŋa^{2} jəu^{6} hwəi^{5} həu^{1}，ŋ^{5} ɣaːi^{3} tɔŋ^{6} hɣɔk^{8} pjen^{5} tɔŋ^{6} ça^{1}.

棵 草 出 芽 又 快 绿 不 长 棵 草 变 棵 茅草

九冬腊月火烧山，不知不觉春到来，树枝又冒芽；

小草抽芽又变绿，不久小草变茅草。

8. tshøn^{1}saːn^{1}　pɣa^{1} niŋ^{5} pɣa^{1} lo^{4} pɣa^{1} jəu^{6} liŋ^{1}，

川山（地名）　山　小　山　大　山　又　陡

mu^{6} lo^{4} mu^{6} niŋ^{5} hɣɔ^{4} fɛ^{4} chiŋ^{1}，

位　大　位　小　知道　做　箩筐

ŋ^{5}　tən^{5} saːu^{1} tu^{6} paːi^{1} kau^{5}，

不　信　你们　就　去　看

naŋ^{1} siŋ^{6} pət^{7} kɔŋ^{3} chɣɛ^{1} saːu^{1} fɛ^{4} puŋ^{4} siŋ^{1}.

还　剩　节　底端　给　你们　做　米筒

tshøn^{1} saːn^{1} pɣa^{1} lo^{4} pɣa^{1} niŋ^{5} pɣa^{1} chen^{1}ljen^{2}，

川山（地名）　山　大　山　小　山　牵连

laːk^{8} te^{5} mu^{6} lo^{4} hɣɔ^{4} tu^{3} tjen^{2}，

小孩　位　大　知道　赌　钱

ŋ^{5} tən^{5} saːu^{1} tu^{6} paːi^{1} kau^{5}，

不　信　你们　就　去　看

hɣɔ^{4} fan^{1} nau^{1} tən^{1} mai^{4} tsəu^{1} çən^{1} chen^{1}.

知道　天　哪　牛　母　挨　人　牵

川山，山大山小山又陡，大人小孩会编筐，

不信你们去看看，还剩竹节给你做米筒。

川山，山大山小山连山，大人小孩会赌钱，

不信你们去看看，不知哪天（你家）母牛挨别人牵走。

9. won^{1}tau^{6} khai^{1} hwa^{1} ho^{3} jəu^{6} səm^{1}，ŋ^{5} hɣɔ^{4} tshjaːŋ^{5} khɛk^{7} tu^{6} tshjaːŋ^{6} lam^{1}，

豌豆　开　花　里　又　紫　不　知道　唱　客　就　唱　仫佬

mu^{6} lo^{4} lək^{8} te^{5} tui^{6} ni^{5} theŋ^{5}，theŋ^{5} kau^{5} jaːŋ^{6} nau^{1} təu^{6} li^{6} jam^{1}.

位　大　小孩　坐　这　听　听　看　样　哪　道理　深

豌豆开花心也紫，不懂唱客家话就唱仫佬语，

大人小孩坐着听，听听什么道理深。

10. u^{1} pɣa^{1} kat^{7} kui^{1} jəu^{6} tshoŋ^{5} ça^{1}，kat^{7} ljeu^{6} nə^{3} pɣa^{1} jəu^{6} nə^{3} pɣa^{1}，

上　山　割　柴　又　遇　茅草　割　完　一　山　又　一　山

si^{6} naːi^{6} se^{5}caːi^{5} tsən^{1} si^{6} leŋ^{6}, lək^{8} te^{7} nin^{5} nin^{5} hɣɔ^{4} tshaːm^{3} phwa^{1}.

时 这 世界 真 是另类 小孩 小 小 知道 走 坡

u^{1} pɣa^{1} kat^{7} kui^{1} jəu^{6} tshoŋ^{5} lyn^{1}, kat^{7} ljeu^{6} nə^{5} luŋ^{1} jəu^{6} nə^{5} luŋ^{1}.

上 山 割 柴 又 遇 刺 割 完 一 丛 又 一 丛

si^{6} naːi^{6} se^{5} caːi^{5} tsən^{1} si^{6} leŋ^{6}, lək^{8} te^{7} niŋ^{5} niŋ^{5} hɣɔ^{4} tin^{3} suŋ^{1}.

时 这 世界 真 是另类 小孩 小 小 知道 叫 伴

上山砍柴又遇茅草，割了一山头又一山头，

现今小孩真不同，小小年纪会走坡。

上山砍柴又遇刺，割完一丛又一丛，

现今小孩真不同，小小年纪呼朋又唤友。

11\. tshɔ^{1} haːk^{7} tshjaːŋ^{5} tu^{6} thjaːŋ^{5} lək^{8}te^{5} tshɔ^{1} tshaːm^{3} khwən^{1},

初 学 唱 就 像 小孩 初 走 路

tshɔ^{1} tshɔ^{1} tshaːm^{3} khwən^{1} tshaːm^{3} ŋ^{5} wən^{3}.

初初 走 路 走 不 稳

tshɔ^{1} haːk^{7} fɛ^{4} tshjaːŋ^{5} ja^{6} ŋ^{5} tjeu^{1};

初 学 做 唱 也 不 刁

tshɔ^{1} haːk^{7} tshjaːŋ^{5} tan^{3} çaːi^{1} tan^{3} maːt^{8} taŋ^{1} tshaːm^{3} ceu^{2},

初 学 唱 穿 鞋 穿 袜子 来 走 桥

tshɔ^{1} tshɔ^{1} tshaːm^{3} ceu^{2} tshɔ^{1} ŋ^{5} wən,

初 初 走 桥 初 不 稳

tshɔ^{1} haːk^{7} fɛ^{4} tshjaːŋ^{5} ja^{6} khɔŋ^{1} kwaːi^{1}.

初 学 做 唱 也 不 乖

初学唱歌就像小孩初走路，初学走路走不稳，初学唱歌也不刁；

初学唱歌（就像）穿鞋穿袜去走桥，初初走桥走不稳，初学唱歌也不巧。

12\. li^{2} ljeu^{4} ho^{3} maːn^{3} li^{2} ljeu^{4} hɣəːn^{2}, li^{2} ljeu^{4} tsɛ^{2} nuŋ^{4} kon^{6} çən^{1} paːi^{1},

离 完 里 村 离 完 家 离 完 姐 妹 处 人 去

li^{2} ljeu^{4} pu^{4} ni^{4} li^{2} ljeu^{4} tsɛ^{2} nuŋ^{4}, li^{2} ljeu^{6} taŋ^{1} pek^{8} çaːŋ^{1} ȵaːu^{6},

离 完 爸 妈 离 完 姐 妹 离 完 来 陌生 乡 住

taŋ^{1} thəu^{5} pek^{8} çaŋ^{1} naːn^{2} kɔp^{7} çən^{1}. u^{1} pɣa tɔ^{2} nɔk^{8} tin^{3} ka^{2} ka^{2},

来 到 陌生 乡 难 和 人 上 山 只 鸟 叫 嘎嘎

hət^{7} naːi^{6} mən^{1} kɣaːŋ^{1} taːp^{7} tsha^{1} ma^{1}, ma^{1} thəu^{5} tshoŋ^{5} saːu^{1} lai^{3} fɛ^{4} tshjaːŋ^{5},

早 这 天 亮 搭 车 回 回 到 遇 你们 能 做 唱

tɔŋ^{6} te^{2} fɛ^{4} tshjaːŋ^{5} kai^{5} mɛ^{2} hwa^{6}.

共同 做 唱 真 有 话

告别了村庄和家乡，离开了姐妹去他乡，告别了父母告别了姐妹，告别了之后去他乡，来到他乡难处人。山上鸟儿喳喳叫，今早天亮搭车把乡回，回到家乡遇见你们来唱歌，一起唱歌真有得聊。

五、谜　语

caːŋ^{3} ku^{3} caːŋ^{3} ku^{3}, hɣa^{2} kɣo^{3} lon^{5} lu^{3},

讲 故事 讲 故事 两 头 秃（后置音节）

tsha^{1} mi^{5} tsha^{1}mi^{5}, hɣa^{6} kɣo^{3} lau^{6} chi^{5}.

猜 谜 猜 谜 两 头 漏 气

讲故事，讲故事，两头秃；猜谜，猜谜，两头漏气。

六、日常话语及对话

1. ton^{5} mɛŋ^{6}算命①

算 命

thət^{7} ȵøn^{2} tshɔ^{1} paːt^{7} tu^{6} pit^{7} ta^{1} sʅ^{6} ŋɔ^{4} pə^{6}, mɔ^{6} tsha^{5} wən^{6} si^{2}, səp^{8} mɛ^{1}

七 月 初 八 就 满 三 十 五 咯 他 上 运 是 十 岁

paːi^{1} mɔ^{6} hai^{5} tsha^{5} taːi^{6} wən^{6}, mɔ^{6} si^{6} ȵaːu^{6} ɣəːn^{2} tshət^{7} se^{5} lɔk^{7} taŋ^{1} le^{5}, ka^{6}

去 他 快 上 人 运 他 是 在 家 出世 起 来 的话 那

tshət^{7} se^{5} ljeu^{4}, ti^{6} pwa^{2} lɔ^{3} ɣəːn^{2} tshwaːi^{3} sɛŋ^{1}? saːu^{1} hɣɔ^{4} ci^{5} khɔ^{1}? ti^{6} kɔŋ^{1}? ka^{6}

出生 完 女人 进 家 踩 生 你们 知道 记 吗 男人 那

① 这是银村一位母亲为了孩子姻缘去求神占卜得到的解说。这份语料一方面作为探讨仫佬语语言形式的长篇语料，一方面可作为研究仫佬族民族心理和社会状况的参考材料。

mɔ6 si6 saːŋ4 khə6 . tsuŋ5 khə6 tu6 si6 ti6 pwa2 . mɔ6 tsøn6 lwa2 naːu3 at7 si6 tseŋ5 ta5
他是上克 中克就是女人 他旋螺在个是正中

kɔ5？（si6 a6.） mɔ6 tshət7 se5 si6 əːn6 kaːŋ5 tshət7 se5. mɛ2 nə3 niŋ5 si6 tsak7 hɣən1,
吗 是啊 他 出世 是 昂 仰 出世 有一些是侧身

mɛ2 nə3 niŋ5 si6 əːn6 kaːŋ5. mɔ6 si6 əːn6 kaːŋ4 tshət7 se5. mɔ6 tshət7se5 ljeu4 le5, pit7
有一些是昂仰 他是昂仰 出世 他 出世 完呢 满

lai3 ŋɔ4 mɛ1 pon5 thəu5 paːt7 mɛ1 pon5 mɔ6 tu6 mɛ2 niŋ5 səi5 . ŋ5 jaːŋ6 naːi6 naːn6 tu6
得五岁半到八岁半他就有些衰不样这难就

jaːŋ6 ka6 naːn . naŋ1 ti6 at7 mɛ1 ka6 mən1 si6 peŋ2 peŋ2 ta6 moi6 . tsɿ3 si6 pit lai3 ŋɔ6
样那难 还(前缀)个岁那都是平平过而已 只是满得五

mɛ6 leŋ2 lɔk8 mɣən2 pə6 la5 , tɔk7 lən2 tu6 mɛ1 nə3 maːt7 tɔ6 ci5 niŋ5 . fan6 taŋ1 pit7
岁零五月了啦 往后就有一次逗气些 返来满

thət7 mɛ1 tu6 i1 la5 . pit7 paːt7 mɛ1 i1 . thəu5 paːt7 mɛ1 pon5 jəu6 mɛ2 niŋ5 khui1 pə6 la6 .
七岁就好了 满八岁好 到八岁半又有些亏了啦

tu6 si6 naːn2 pu4 ni4 the5 mɔ6 jɔŋ6 tjen2 . pit7 səp8 mɛ1 mɔ6 tu6 paːi1 tɔk8 lɛ4 , səp8
就是难爸妈替他用钱 满十岁他就去读书 十

mɛ1 mɔ6 hai5 tsha5 taːi6 wən6 . səp8 mɛ1 thəu5 səp8 ŋɔ5 mɛ1 ti6 mɛ1 ka6 naŋ1 si6 poi6
岁他才上大运 十岁到十五岁(前缀)岁那还是背

si2 niŋ5 kɔ5 pə5 . tshaːm3 wən6 , ɳa2 ŋ5 jaːŋ6 naːi6 tu6 jaːŋ6 ka6 tɔ2 chi5 , ləu2 ɳa2
时些的呗 走运 你不样这就样那逗气 留你

the5 mɔ6 kwa5 chem5 . səp8 mɛ1 thəu5 səp6 ŋɔ4 mɛ1 ti6 wən6 ka6 naŋ1 si6 ŋ5 tai6 i1 .
替他挂牵 十岁到十五岁字运那还是不大好

səp8 lɔk8 mɛ1 tshaːm1 wən6 tu6 i1 la6 . səp8 lɔk8 mɛ1 thəu5 ɳi6 sɿ6 lɔk8 mɛ1 səp8 mɛ1
十六岁走运就好了 十六岁到二十六岁十年

ka6 tu6 ŋ5 mɛ2 naːŋ2 ɳin5 la6. tɔk8 lɛ2 ja6 lai3, fɛ4 nə3 naːŋ2 ja6 lai3, mɔ6 ja6 paːi1 lai3.
那就没有什么完全了 读书也得 做什么也得 他也去得

fan6 taŋ1 le5 , thəu5 ɳi6 sɿ6 lɔk8 mɛ1 thəu5 ta1 sɿ6 mɛ1 , ti6①lɛ2 ka6 jəu6 mɛ2 nə6
返来呢 到二十六岁到三十岁 字那又有一

① ti6 作为文字的专有量词，即 ti6 作为其后 lɛ2 的称量量词。

maːt7 poi6 si2 o4 . jɔŋ6 ȵiŋ5 tjen2 , ȵi6 sɿ6 lɔk8 mɛ1 thəu5 ta1 sɿ6 mɛ1 , naŋ1 mɛ1 nə5
次 背时 哦 用 些 钱 二 十 六 岁 到 三 十 岁 还 有 一
maːt7 poi6 si2 . ȵi6 sɿ6 thət7 , ȵi6 sɿ6 paːt7 , ȵi6 sɿ6 cəu3 a6 si6 mɛ2 nə3 maːt7 naːn6 .
次 背 时 二 十 七 二 十 八 二 十 九 也是 有 一 次 难
ləu2 ȵa2 jɔŋ6 nə5 niŋ5 tjen2 . (ka6 ti6 tsən6 ka6 , ȵaːu6 uk7 kə6 , hɣaːu6 jəu6 ŋ5 tɔŋ3
留 你 用 一 些 钱 那(前缀) 时 那 在 外 那 我们 又 不 懂
lai3 , mɔ6 jəu6 ŋ5 caːŋ3 chɣɛ1 hɣaːu1 teŋ5 .) pit7 lai3 ta1 sɿ6 mɛ1 , tshaːm3 mɛ1 naːi6
得 他 又 不 讲 给 我们 听 满 得 三 十 岁 走 年 这
ta1 sɿ6 ŋɔ4 mɛ1 . mɛ1 naːi5 hwən4 tai5 toi5 tuŋ5 tshoŋ5 , fɔm6 tai5 toi5 , mɛ1 naːi6 mɔ6
三 十 五 年 岁 这 和 太 岁 相互 撞 犯 太 岁 岁 这 他
tshaːm3 wən6 ŋ5 i1 la6 . mɛ1 naːi6 ȵa2 tu6 si6 ŋ5 tshoŋ5 wa4 ja6 si6 khɣəːn5 sjen2
走 运 不好了 岁 这 你 就 是不 碰 霉运 也是 怕 丢
tən2 . ta1 sɿ6 ŋɔ4 mɛ1 thəu5 ta1 sɿ7 cəu3 mɛ1 , ti6 lɛ2 naːi6 ja6 si6 ŋ5 tai6 i1 tuk7 . mɛ1
牛 三 十 五 岁 到 三 十 九 岁 字字 这 也 是 不 太 好 多少 岁
naːi6 lɔk7 taːŋ1 ȵa2 ŋ5 tshoŋ5 wa4 tu6 khɣəːn5 sjen2 tən2 . mɛ1 lən2 ti5 sɿ6 mɛ1 tu6 ŋ5
这 起 来 你不 碰 霉运就 怕 丢 牛 岁 后 四 十 岁 就不
kon3 ci3 lak7 . o6 , lɔ3 thəu5 ti5 səp8 , mɛ1 lən2 taŋ2 thəu5 ti5 səp8 . lɔ3 thəu5 ti5 səp8 ,
关 几 啦 哦 进 到 四 十 岁 后 未 到 四 十 进 到 四 十
tu5 ŋ5 mɛ2 təu6 lu6 lak7 . ti5 sɿ6 mɛ1 thəu5 ti5 sɿ6 ŋɔ4 mɛ1 ljen2 ljen2 mɛ2 ȵi6 sɿ6 mɛ1 ,
就没 有 活路 了 四 十 岁 到 四 十 五 岁 连 连 有 二 十 年
ȵi6 sɿ6 mɛ1 ka6 ŋ5 mɛ2 naːŋ2 təu6 lu6 . ti6 ca1 ja6 khɔ5 mɛ2 peŋ6 . ȵa2 ton5 teŋ6 əi2
二 十 年 那没有 什么 活路 自己 也 空 有 病 你 算 定 我
paːi1 kuŋ5 tshaːŋ3 thəu5 tə6 njɛn2 lɔŋ6 lai3 ɣa2 waːn6 , ljeu4 lai3 ȵi6 waːn6 ŋɔ4 .
去 工厂 到 过 年 赚 得 两 万 完 得 二 万 五
tshaːm3 ti6 wən6 ka6 i1 mɛ2 ȵi6 sɿ6 mɛ1 . ȵi6 sɿ6 mɛ1 ka6 le5 , ka6 tseŋ5 si6 i1 la5 . ȵa2
走 字 运 那 好 有 二 十 年 二 十 年 那 呢 那 正 是 好了 你
tsən6 ka6 ȵi6 sɿ6 mɛ1 ka6 lɔk7 taŋ1 tu6 tɔŋ2 paːt7 ȵøt8 səp8 ŋɔ5 kɔ5 kən1 njen2 jaːŋ6
时 那 二 十 年 那 起 来 就 同 八 月 十 五 的 亮 年 样
tsjcu5 thəu5 ȵa2 kɔ5 paːk7 tɔ1 , tin3 lai3 kwən1 thəu5 , tin3 lai3 ləm2 ja6 taŋ1 ,
照 到 你 的 口 门 叫 得 雨 到 叫 得 风 也 来

mɤaːŋ1 lak7 . ȵa2 jau6 si6 lɔ3 nja1 paːi1 tsha5 søn2 , ljeu4 ȵa2 ŋ5 jɔŋ6 hwaːk8 ti6 kwaːi6

香 啦 你 要 是 进 河 去 上 船 完 你 不 用 划 (前缀) 块

tsjaːŋ3 kə6 søn2 mən1 si6 paːi1 , søn2 mən1 ti6 ca1 paːi1 , toi5 tin5 lam1 ta6 . thəu5 ti6

浆 那 船 都 是 去 船 都 自己 去 对 边 湖 过 到 字

lɛ2 ka6 mɛ2 ȵi6 sɿ6 mɛ1 , ti6 mɛ1 ka6 ȵa2 tshaːm3 tin5 lam1 ta6 nəm4 ja2 mɤaːŋ1 .

字 那 有 二 十 年 (前缀) 年 那 你 走 边 湖 过 水 也 香

ȵaːu6 u1 laːi2 ma4 ci2 ma4 , ȵa2 ŋ5 tsau4 luk7 mən1 lai3 , ȵa2 mən1 ŋ5 lai3 sɛːk7 . ti6

在 上 背 马 骑 马 你 不 抓 绳子 都 得 你 都 不 得 摔 字

wən6 ka6 tu6 i1 lak7 . (i1 maːŋ2 tu6 ŋ5 mɛ2 nə6 ti6 lɛ2 caːŋ3 tshaːm3 thaːu6 hwa5 jyn5

运 那 就 好 了 怎么 就 不 有 一 字 字 讲 走 桃花 运

le5 ?) thaːu6 hwa5 jyn5 ne5 ? mɛ1 naːi6 ljeu4 paːi1 ma1 naŋ1 caːi3 nə6 maːt7 , ŋ5 caːi3

呢 桃花 运 呢 年 这 完 去 回家 还 改 一 次 不 改

nə6 maːt7, mɛ1 naːi6 nə6 taŋ2lai3 tsəŋ4 sɿ4 tshaːm3. mɛ2 ȵi6 sɿ6 mɛ1 i1, ȵi6 sɿ6 mɛ1 i1,

一 次 年 这 还未 得 正式 走 有 二 十 年 好 二 十 年 好

naːi6 mɔ6 thəu5 mɔ3 mɔ6 ȵaːu6 nə3 se5 naːi6 , tsjeu5 mɔ6 kɔ5 səu6 ȵøt8 kaːu5 , mɔ6

现在 他 到 以后 他 活 一 世 这 照 他 的 寿 月 看 他

si6 paːt7 sɿ6 lɔk8 mɛ1 kwəi5 ku5 . toi5 mɔ6 tshət7 se5 ȵaːu6 thəu5 paːt7 sɿ6 lɔk8 mɛ1 .

是 八 十 六 岁 归 故 对 他 出世 活 到 八 十 六 岁

mɔ6 tu6 si6 khɤəːn5 thəu5 lɔk8 sɿ6 mɛ1 thəu5 lɔk8 sɿ6 cəu3 mɛ2 niŋ5 poi6 si2 , lɔk8 sɿ6

他 就 是 怕 到 六 十 岁 到 六 十 九 有 些 背时 六 十

lɔk8 mɛ1 ȵa2 ŋ5 nun2 pho5 , lɔk8 sɿ6 thət7 、lɔk8 sɿ6 paːt7 mɛ1 ja4 si6 ŋaːi6 . thəu5

六 岁 你 不 睡 床 六 十 七 六 十 八 岁 也 是 挨 到

nun2 maːt7 pho5 ka6 ȵa2 tu6 tin3 ti6 laːk8 、laːk8 khɤəːn1 paːi1 caːi1 nə6 maːt7 , caːi3

睡 次 床 那 你 就 叫 孩子 孙子 去 改 一 次 改

nə6 maːt7 saːn5 tshe3 sa6 . ka6 tu6 thjeu5 lai3 thəu5 paːt7 sɿ6 lɔk8 mɛ1 . mɔ6 kwəi5 ku5

一 次 三 姐 煞 那 就 跳 得 到 八 十 六 岁 他 归 故

kɔ5 ti6 si2 , kwəi5 ku5 kɔ5 ti6 si2 si6 ȵaːu6 tɔŋ1 ha5 mən1 ȵit7 , ja6 ŋ5 hɤɔ4 si6 paːi1

的 时候 归 故 的 时候 是 在 冬天 天 冷 也 不 知道 是 去

fai3 taŋ2 ma1 a6 si6 paːi1 ho3 fjen1 paːi1 khə5 naːu1 paːi1 suk7 kuk7 a6 si6 paːi1 hɤəːn2

街 未 回 还是 去 里 园子 去 哪里 去 洗 衣服 还是 去 家

nau^{2} fjen^{3} . tsjeu^{5} mɔ^{6} kɔ^{5} paːt^{7} ti^{6} , ka^{6} tu^{6} ŋ^{5} hɣɔ^{4} mɔ^{6} mɛ^{1} nau^{1} aːu^{1} maːi^{4} , tsjeu^{5}
谁 玩 照 他 的 八 字 那 就不知道 他 年 哪 要 老婆 照

mɔ^{6} kɔ^{5} paːt^{7} ti^{6} kɔ^{5} mɛŋ^{6} , mɔ^{6} mɔ^{3} naŋ^{1} si^{6} mɛ^{2} lɔk^{8} jaːk^{7} tɔk^{7} kun^{5} . (lɔk^{8} jaːk^{7}
他 的 八 字 的 命 他 以后 还 是 有 女儿 往 前 女儿

ja^{6} si^{6} i^{1} , aːu^{1} mɔ^{6} aːu^{1} maːi^{4} aːu^{1} lai^{3} .) mɔ^{3} ljeu^{4} ȵa^{2} si^{6} ti^{6} pwa^{2} kɔ^{5} mɛŋ^{6} tu^{6} ŋ^{5}
也是好 要 他 要 老婆 要 得 以后 完 你 是 女人 的 命 就不

tɔŋ^{3} . tsjeu^{5} mɔ^{6} kɔ^{5} naŋ^{1} si^{6} lɔk^{8} jaːk^{7} tɔk^{7} kun^{5} . mɔ^{6} si^{6} u^{4} u^{3} mɛ^{1} . mɔ^{6} kɔ^{5} ti^{6} pwa^{2}
同 照 他 的 还 是 女儿 往 前 他 是 戊午 年 他 的 老婆

le^{5} , jaːu^{2} si^{6} tsoŋ^{6} mɛ^{1} tu^{6} jəu^{5} hwən^{4} mɔ^{6} pə^{5} . fan^{6} taŋ^{1} mɔ^{6} mɛ^{2} ti^{6} sɿ^{6} mɛ^{1} naŋ^{1}
呢 要 是 共 年 就 别 和 她 哦 返 来 他 有 四 十 岁 还

mɛ^{2} nə^{3} mɛ^{1} pi^{6} naːn^{6} . tsoŋ^{6} mɛ^{1} jəu^{5} aːu^{1} . mɔ^{6} lo^{4} lɔk^{8} jaːk^{7} kɔ^{5} le^{5} , lo^{4} na^{3} mɛ^{1} ,
有 一 年 避 难 共 年 别 要 他 大 女孩 的呢 大 一 岁

lo^{4} ɣa^{2} mɛ^{1} , taːm^{1} mɛ^{1} løn^{2} lai^{3} . si^{6} tsoŋ^{6} mɛ^{1} lɔk^{8} jaːk^{7} taŋ^{1} hwən^{4} ȵa^{2} thaːn^{6} ,
大 两 岁 三 岁 都 得 是 共 岁 女孩 来 和 你 谈

jəu^{5} hwən^{4} . hwən^{3} mɔ^{6} tsoŋ^{6} mɛ^{1} kɔ^{5} , mɔ^{3} thəu^{5} ti^{5} sɿ^{6} mɛ^{1} ŋɔ^{5} sɿ^{6} mɛ^{1} kɔ^{5} , tu^{6}
别 和 和 他 共 岁 的 他 到 四 十 岁 五 十 岁 的 就

khɣəːn^{5} ŋaːi^{6} naːn^{6} . mɔ^{6} tsi^{3} si^{6} lo^{4} lɔk^{8} jaːk^{7} nə^{3} mɛ^{1} ja^{6} lai^{3} . thəu^{5} mɔ^{3} thəu^{5} mɔ^{6}
怕 挨 难 他 只 是 大 女孩 一 岁 也 得 到 以后 到 他

lo^{4} lɔk^{7} taŋ^{1} le^{5}, mɔ^{6} mɛ^{2} ŋɔ^{5} lɔk^{8} sɿ^{6} mɛ^{1} lɔk^{7} taŋ^{1} kɔ^{5} ti^{6} si^{2}. pu^{4} ȵaːu^{6} paːt^{7} səp^{8},
大 起 来 了 他 有 五 六 十 岁 起 来 的 时候 爸 活 八 十

ni^{4} tu^{6} paːt^{7} sɿ^{6} ci^{3} . pu^{4} ȵaːu^{6} pit^{7} fɛːk^{7} , ni^{4} tu^{6} fɛːk^{7} leŋ^{2} ci^{3} . pu^{4} tai^{1} lɔk^{7} taŋ^{1} ,
妈 就 八 十 几 爸 活 满 百 妈 就 百 零 几 爸 死 起 来

ni^{4} naŋ^{1} ȵaːu^{6} hɣəːn^{2} hwən^{4} lɔk^{8} khɣəːn^{1} phət^{7} ta^{5} theŋ^{1} a^{5} . tsjeu^{5} mɔ^{6} lɔk^{7} taŋ^{1} le^{5} ,
妈 还 活 家 和 孙子 扫 大堂 啊 照 他 起 来 呢

mɔ^{6} kɔ^{5} paːt^{7} ti^{6} , pon^{1} caːŋ^{3} mɔ^{6} nə^{3} se^{5} le^{5} , kɔ^{5} ȵaːu^{6} thəu^{5} paːt^{7} sɿ^{6} lɔk^{8} mɛ^{1} . tu^{6}
他 的 八字 刚 讲 他 一 世 呢 就 活 到 八 十 六 岁 就

si^{6} ȵaːu^{6} thət^{7} sɿ^{6} lɔk^{8} mɛ^{1} aːu^{1} nun^{2} pho^{5} , thəu^{5} tsən^{5} ka^{6} , ȵa^{2} tu^{6} caːi^{3} nə^{3} maːt^{7}
是 活 七 十 六 岁 要 睡 床 到 时 那 你 就 改 一 次

saːn^{5} tshe^{5} sa^{6} , caːi^{3} maːt^{7} ka^{6} hai^{5} lai^{3} , ŋ^{5} caːi^{3} at^{7} saːn^{5} tshe^{3} sa^{6} kɔ^{6} tu^{6} caːŋ^{3}
二 姐 敍 改 次 那 才 得 不改 个 二 姐 敍 那 就 说

thjeu^{5} ŋ^{5} ta^{6} . mɛ^{1} naːi^{6} mɔ^{6} si^{6} ta^{1} sʅ^{6} ŋɔ^{5} . naːi^{6} ljeu^{4} paːi^{1} ma^{1} ȵa^{1} hwən^{4} mɔ^{6} caːi^{3}
跳 不过 年 这 他 是三 十 五 现在 完 去 回家 你 和 他 改
nə^{3} maːt^{7} taːm^{1} sjaːu^{3} wən^{6} , caːi^{3} pə^{6} hu^{3} , caːi^{3} thjen^{1} tau^{3} , caːi^{3} tsəu^{5} ta^{3} , mɛ^{2}
一 次 三 小 运 改 白虎 改 天 斗 改 周大 有
ti^{5} jaːŋ^{6} aːu^{1} caːi^{3} . təu^{6} pjen^{6} ȵa^{2} jəu^{6} cəm^{6} ja^{6} lai^{3} , tshɔ^{1} sən^{2} ja^{6} lai^{3} , poŋ^{1} mɔ^{6}
(前缀) 样 要 改 随 边 你 仙姑 也 得 道士 也 得 帮 他
caːi^{3} nə^{5} maːt^{7}. tshɔ^{1} sən^{2} taŋ^{2} poŋ^{1} caːi^{3}, ka^{6} ȵa^{2} jɔŋ^{6} sʅ^{5} cɔŋ^{5} ceŋ^{5} nə^{5} maːt^{7} mjen^{6}
改 一 次 道士 未 帮 改 那 你 用 贡品 敬 一 次 面
tət^{7} uk^{7} , ceŋ^{5} taːm^{1} çət^{7} , tsaːn^{1} mu^{6} ljeu^{6} ceŋ^{5} thət^{7} tse^{6} nuŋ^{4} ceŋ^{5} taːm^{1} mu^{6} ,
日光出 敬 三 早上 吃 夜 完 敬 七 姐 妹 敬 三 夜
mu^{6} naːi^{6} ȵa^{2} ceŋ^{5} thət^{7} tse^{6} nuŋ^{4} , tsaːn^{1} hu^{3} kaːŋ^{5} ceŋ^{5} thət^{7} tse^{6} nuŋ^{4} . ho^{3} hɣəːn^{2}
夜 这 你 敬 七 姐 妹 吃 饭 饱 敬 七 姐 妹 里 家
tjem^{3} thət^{7} tjeu^{2} çaːŋ^{1} , uk^{7} ta^{5} khɣəːŋ^{1} paːi^{1} , ta^{5} khɣəːŋ^{1} ŋ^{5} khwaːŋ^{3} uk^{7} lən^{2} fjen^{1}
点 七 条 香 出 中 庭院 去 中 庭院 不 宽 出 后 园子
paːi^{1} . thəu^{5} saːu^{1} ti^{6} ȵi^{6} taŋ^{2} lau^{2} , ti^{6} taːm^{1} taŋ^{2} lau^{2} paːi^{1} ja^{6} si^{6} lai^{3} . ȵa^{2} ko^{5} jəu^{5}
去 到 你们 第二 层 楼 第 三 层 楼 去 也是 得 你 千万 别
lɔ^{6} ȵaːu^{6} te^{3} tin^{5} fe^{5} , u^{1} naːu^{6} nam^{6} jem^{2} mə^{1} naŋ^{1} taːŋ^{3} , u^{1} lau^{2} hɣəːn^{2} niŋ^{5} ja^{6} si^{6}
给 在 底 台阶 上 在 屋檐 都 还 挡 上 楼 房 小 也是
lai^{3}. tɔŋ^{5} u^{1} lau^{2} hɣəːn^{2} niŋ^{5} ja^{6} lai^{3}. tən^{6} u^{1} ŋ^{5} mɛ^{2} naːŋ^{2} taːŋ^{5}, ceŋ^{5} thət^{7} tse^{6} nuŋ^{4},
得 放 上 楼 房 小 也 得 但凡 上 没有 什么 挡 敬 七 姐 妹
tjem^{3} thət^{7} tjeu^{2} çaːŋ^{1} , ho^{3} hɣəːn^{1} tu^{6} thət^{7} tjeu^{2} çaːŋ^{1} tsha^{5} u^{1} lau^{2} paːi^{1} ceŋ^{5} thət^{7}
点 七 条 香 里 家 就 七 条 香 上 上楼 去 敬 七
tse^{6} nuŋ^{4} , nə^{5} maːt^{7} tshaːp^{7} nə^{5} tjeu^{2} , tshaːp^{7} thət^{7} maːt^{7} . tshaːp^{7} thət^{7} maːt^{7} ljeu^{4}
姐 妹 一 次 插 一 条 插 七 次 插 七 次 完
ȵa^{2} tu^{6} tsau^{4} nə^{5} at^{7} kaːm^{5} , nə^{5} tsɔŋ^{1} fa^{5} tsha^{2} , ci^{3} kwaːi^{6} pin^{3} kaːn^{5} , mɛ^{2} taːm^{1}
你 就 拿 一 个 柑子 一 盅 叶 茶 几 块 饼干 有 三
jaːŋ^{6} taŋ^{1} paːi^{1} paːi^{3} , ceŋ^{5} thət^{7} tse^{6} nuŋ^{4} . mən^{1} kɣaːŋ^{1} aːu^{1} ceŋ^{5} mjen^{6} tət^{7} uk^{7} ,
样 来 去 摆 敬 七 姐 妹 天 亮 要 敬 面 日 出
aːu^{1} ceŋ^{5} taːm^{1} çət^{7} , ja^{6} si^{6} tɔ^{4} niŋ^{5} ka^{6} . ȵa^{2} mjen^{6} tət^{7} uk^{7} pə^{5} , mən^{1} kɣaːŋ^{1} tət^{7}
要 敬 三 早 也是 放 些 那 你 面 日 出 哦 天 亮 日

toi^5 mjen^6 nau^1 uk^7 , ȵa^2 tu^6 ça:ŋ^5 na^3 mjen^6 ka^6 pa:i^1 ta:u^3 tsi^3 . niŋ^5 ka^6 tu^6 a:u^1
从 面 哪出 你就向脸面 哪去烧纸 些哪就要

ta:u^3 ŋɔ^5 tsø^3 ça:ŋ^1 . tən^6 kau^5 lai^3 u^1 mən^1 ŋ^5 ta:ŋ^3 tu^6 lai^3 ljeu^6 . ta^5 khɣa:ŋ^1 khwa:ŋ^3
烧 五 炷 香 但凡 看 得 上 天 不 挡 就 得 了 中 庭院 宽

ȵa^2 tu^6 ȵa:u^6 ta^5 khɣə:ŋ^1 . tə^5 pjen^6 ka:m^5 , na:i^6 ŋ^5 mɛ^2 ka:m^5 ljeu^6 , tshən^6 tsɿ^3 ,
你 就 在 中 庭院 随便 柑子 现在 没有 柑子 了 橙子

phin^6 ko^3 ja^6 lai^3 , nə^5 tsoŋ^1 fa^5 tsa^2 , na:i^6 ljeu^4 nə^5 tsoŋ^1 fa^5 tsa^2 ho^3 fai^3 hɣə:i^3
苹果 也得 一 盅 叶 茶 现在 完 一 盅 叶 茶 里 街 买

fan^6 ma^1 kwən^3 kɔ^5 nə^4 tsoŋ^1 , jəu^6 ŋ^5 tsja:k^8 ho^3 tsha^6 thuŋ^6 thɔ^3 uk^7 taŋ^1 kɔ^5 . ə^6
返 回家 滚 的 一 盅 又 不 是 里 茶 筒 倒 出 来 的 那

fa^5 tsa^2 khu^1 ka^6 , at^7 khu^1 , tɔ^4 ta:m^1 tsik^7 tsoŋ^1 niŋ^4 ja^6 lai^3 , ta:m^1 tsik^7 on^3 niŋ^5
叶 茶 干 那 个 干 放 三 只 盅 小 也得 三 只 碗 小

ja^6 lai^3 . (tɔ^4 khɣa:u^3 ti^6 ja:ŋ^6 khɔ^6 ?) ŋ^6 jɔŋ^6 , ŋ^5 jɔŋ^6 , tɔ^4 khɣə:u^3 ȵa^2 tu^6 a:u^1 mɛ^2
也 得 放 酒(前缀) 样 吗 不用 不用 放 酒 你 就 要 有

sik^8 . ceŋ^5 ta:i^5 toi^5 si^6 a:u^1 at^7 su^5 kɔ^5 . ti^6 jət^7 mu^2 , ceŋ^5 nə^5 tsən^6 ja^6 si^6 ta:u^3 nə^5
肉 敬 太岁 是 要 个 素 的 第 一 夜 敬 一 时 也 是 烧 一

toi^5 fi^1 , ta:u^3 ça:ŋ^1 taŋ^1 ceŋ^5 . çət^7 ti^6 ȵi^2 jəu^6 ta:u^3 ça:ŋ^1 taŋ^1 ceŋ^5 . ja^6 ŋ^5 teŋ^6 a:u^1
堆 火 烧 香 来 敬 早 第 二 又 烧 香 来 敬 也 不 定 要

səu^3 tət^7 uk^7 . mən^1 kɣə:ŋ^1 na:i^6 ȵa:u^6 lɔk^8 tjem^3 mən^1 tu^6 kɣə:ŋ^1 pə^6 ljeu^6 . ȵa^2
守 日 出 天 亮 现在 在 六 点 天 就 亮 了 了 你

ȵa:u^6 lɔk^8 tjem^3 pon^5 thət^7 tjem^3 ȵa^2 ça:ŋ^6 mjen^6 tət^7 mjem^6 kə^6 pa:i^1 . ȵa^2 mən^1
在 六 点 半 七 点 你 向 面 日 面 那 去 你 天

ɣam^5 ja^6 si^6 ceŋ^5 lai^3 . ceŋ^5 ti^6 jət^7 ceŋ^5 ta:m^1 çət^7 , ti^6 mu^2 ceŋ^5 ta:m^1 mu^2 . mɛ^1 na:i^6
阴 也是 敬 得 敬 第一 敬 三 早(前缀) 夜 敬 三 夜 年 这

mɔ^6 tai^5 ŋ^5 lai^3 çau^5 kɔ^5 ȵa^2 ho^3 ma:n^3 mu^6 lo^4 ŋ^5 ȵa:u^6 , mɔ^6 jəu^6 pa:i^1 , si^6 phəi^5
他 戴不得 孝 的 你 里 村 个 大不 在 他 别 去 是 近

lo^2 ȵa^2 khu^5 pa:i^1 ȵa^2 i^5 khu^5 ta^6 , çən^1 ca:ŋ^3 ȵa^2 la:n^4 . ka^6 pa:i^1 lɔk^7 taŋ^1 çən^1 lœ^5
啰 你 不 去 你 意 不 过 人 讲 你 懒 那 去 起 来 人 递

pha^5 ko^3 pa:k^8 ȵa^2 tu^6 jəu^5 a:u^1 . mɛ^1 na:i^6 ŋ^5 tai^5 çau^5 . pət^8 lai^3 tu^6 lɔ^6 hwa^1 na:i^6
帕子头 白 你 就 别 要 年 这 不带 孝 丢 得 就 给 们 这

paːi^{1} , pət^{8} ŋ^{5} lai^{3} tu^{6} si^{6} paːi^{1} jəu^{6} aːu^{1} pha^{5} ko^{3} . naŋ^{1} tin^{3} jəu^{6} cəm^{5} caːi^{3} ja^{6} lai^{3} ,

去 丢 不 得 就 是 去 别 要 帕子头 还 叫 仙姑 改 也 得

tshɔ^{1} sən^{2} caːi^{3} ja^{6} lai^{3} . jaːŋ^{6} nau^{1} jɔŋ^{6} i^{6} la^{4} ȵa^{2} tu^{6} la^{4} jaːŋ^{6} ka^{6} . caːi^{3} thjen^{1} tau^{3} ,

道士 改 也 得 样 哪 容易 找 你 就 找 样 那 改 天斗

caːi^{3} taːm^{1} chaːu^{3} wən^{6} , caːi^{3} pɛk^{8} hu^{3} , caːi^{3} tsəu^{5} ta^{3} . mɛ^{2} ti^{5} jaːŋ^{6} caːi^{3} , jəu^{6}

改 三 小 运 改 白虎 改 周大 有(前缀) 样 改 仙

cəm^{5} hwən^{4} ȵa^{2} caːi^{3} , ka^{6} jət^{7} teŋ^{6} si^{6} cəŋ^{1} ə^{6} maːŋ^{2} kuŋ^{2} hu^{3} , cəŋ^{1} ə^{6} maːŋ^{2} kuŋ^{2}

姑 和 你 改 那 一 定 是 带 多少 多 米 带 多少 多

phjeu^{5} o^{5} , thəu^{5} fan^{1} nau^{1} ȵa^{2} tu^{6} taŋ^{1} . ka^{6} saːu^{1} tu^{6} tsjeu^{5} mɔ^{6} caːi^{3} ci^{3} jaːŋ^{6} əi^{2}

钱 哦 到 天 哪 你 就 来 那 你们 就 照 他 改 几 样 我

tøn^{2} tja^{3} tɔ^{4} mjen^{6} lən^{2} nəi^{5}.

全 写 在 面 后 这

译文：

七月初八他就满三十五岁了。他是十岁才走上运势，才走上大运势。他出生时是女人进到家里踩生还是那人进到家里踩生的？你们记得吗？（男人。）那他是上克，中克是女人踩的生。他的头旋是一个正中头顶的旋，是吗？（是。）他出生的时候是仰着身子稍微有一点儿侧着出生的。他出生了之后，来到五岁半到八岁半这段时间就有些不走运了。不是有这样的灾难就是有那样的灾难。别的年份是平平而过的。就是五岁零五个月的时候就有那么一次折磨人的事。然后到了七岁就好了，八岁也没有什么灾难病痛的。但是，到了八岁半又有些亏损了。这时候，父母要为他花上一些钱消灾。到了十岁他就开始走大运势了。七八岁的时候去上学读书，但是到了十岁才走大运势。十岁到十五岁这几年他是比较走霉运的，运势不是这种磨人的困难就是那种让你牵肠挂肚的。那几年的运势不大好。十六岁到二十六岁这几年就没什么了。读书成绩也好，做什么事都满顺利。然后到二十六到三十六岁，他的运势里就又一次有霉运哦，得花上一些钱消灾。二十六到三十岁有一次霉运，二十七、二十八、二十九岁也各有一次灾难，得要你花些钱消灾。（那时候他在外地，没有和家里人讲，我们又不了解。）到了三十岁，一直到今年三十五岁，他和太岁对撞，犯了太岁。今年的运势也不好。今年，你就是不碰上倒霉的灾难也怕会走丢一只牛。三十五岁到三十九岁，他的运势也不好。今年起，就是各种灾难不断。明年四十岁就没事啦！哦，进到四十岁，明年还不到四十岁。等到了四十岁的年纪就没有什么事了。四十到四十五岁连着二十年，都没有什么灾难病痛。自己也没有生什么病，本想着在工厂里一年能挣两万，然后，一年挣了两万五。那时的运势会很好。那二十年都很好，就像八月十五的月亮照到你的家门口，你能要风得风、要雨得雨，顺顺利利。你要是在河里划船，你不用拿着桨划，船也会自己顺风沿着河边行驶。这个运势有二十年之久，这二十年走在湖边就顺风顺水，骑在马背上，不用拽缰绳也不会从马上摔下来，这是很好的运势。（怎么没有一个运势说到走桃花运的事?）桃花运呢，今年，过一会儿你回家要改一下运势，不改的话，今年还是不会走桃花运的。有二十年的好运势，然后，他这一生，按照他的阳寿看，他是八十六岁的时候去世的。以后就是怕到六十六岁和六十九岁有些霉运。六十六岁，如果不卧病在床，六十七岁、六十八岁也会卧病在床的。到时，就叫儿子或是孙子去改一次运势，改一次三姐煞。那就能活到八十六岁。他去世的时候是在冬天，也不知道是十月份还是十一月份。有那么一个人不知道是去赶集没回来，还是去集市或哪里，还是去洗衣服或是去谁家里玩去啦。按照他的八字，那就不知道他是哪年讨老婆，可是看着他以后还是先生个女儿。（女儿也好，只要他讨到老婆。）如果这个命数是个女人的命，那结局又不一样。按照他的命数，他还是先生一个女儿。他是戊午年，那他老婆呢，如果是同一年生的就别和她来往。然后，他四十岁时还有一次灾难。同年的老婆不要要。他要大女方一两岁、三岁都可以。同年纪的女孩来和他谈婚论嫁，就不要搭理。和同年的结婚，就怕到四十岁五十岁的时候会有大灾难。如果只是大女孩一岁也是可以的。以后到年纪大了，他五六十岁的时候，爸爸活到八十岁，妈妈就活到八十几岁；爸爸活到一百岁，妈妈就活到一百零几岁。爸爸过世后，妈妈还在家里带孩子、扫厅堂。按照他的八字来看，就像刚才说的，他一生能活到八十六岁，就是到了七十六岁要卧病一场。到时候，你就改一改三姐煞，那就能顺利度过那年了。不改的话，就跳不过去。今年他是三十五岁，一会儿你回家就帮他改一改三小运势、白虎运、天斗和周大，改四样。可以请仙姑或是道士改都可以，帮他改上一改。道士没帮改之前，你就用贡品祭拜一下东方的日出，祭上三个早上。吃完晚饭再祭拜一下七姐妹，也祭三个晚上。今晚你就可以祭七姐妹了。吃完晚饭祭七姐妹时，家里点上七支香，出门到天井去。如果家里的天井不够宽敞就到家里的后院去，到你们家的二楼、三楼去也是可以的。就是千万不能在屋檐下的台阶那儿祭拜，不能挡着。到家里楼上的小阁楼去祭拜也是可以的，把祭品放在家里的小阁楼上。只要是没有什么挡着，就可以在那儿祭拜七姐妹。在家里点上七支香，上到楼上去请天上的七姐妹，一支一支地把香插好，然后就拿一个柑子、一盅茶水和几个饼干，把三样祭品摆上，敬拜几分钟，然后就烧些纸钱。第二第三天晚上也是一样摆上这三样祭品，敬拜几分钟。这就是祭拜七姐妹了。天亮的时候就要祭东方的日出，要敬拜三个早上。同样也是用那些祭品，一定是要在日出的方向，太阳从哪边出来你就面朝哪边烧上纸钱。这时，烧香就烧上五支。但凡是看得到天，不被挡住的地方就可以在那祭拜，天井宽敞你就在天井祭拜。祭品用柑子也可以，现在要是没有柑子就用橙子、苹果都可以。一盅茶水，茶水是到集市上买回来的茶叶烧好的水，不能是家里茶壶直接倒出来的那种，要买那种干茶叶。用三个小杯子，或是小碗装上茶水。(需要用酒这些东西吗?) 不用，用酒的话，你就要有肉配上。敬拜太岁素的就可以了。第一天，敬一会儿然后就烧些纸钱。第二天也一样。其实，也不一定要等到见到太阳光。现在都是六点天就亮了，你在六点半七点的时候，面向太阳出来的方向，即使是阴天也可以祭拜的。重要的是一定要敬上三个早上，晚上敬上三个晚上。今年，他也不能戴孝。如果村里有老人去世，又是近邻，如果不去又过意不去，别人会说你懒，那就去，但是，要是别人递给你白头巾，你就不要接。今年不能戴孝，直接拒绝，给别人去，拒绝不了的话就去，就是不要那白头巾。还要记得叫仙姑或是道士改一改运势。仙姑容易找就找仙姑，道士容易找就找道士来改天斗、三小运、白虎和周大。带上东西去改，仙姑给你改，那就是要带上多少米多少钱，哪天让你去你就去。你们就叫她帮改这四样，我都写在这张纸的背面了。

2. niu^{2} kɔ^{5} njen^{6} ci^{3}我们的年纪①
我们 的 年 纪

A：əi^{2} taŋ^{1} ni^{5} (ȵan^{2} tən^{1}) ŋ^{5} mɛ^{2} ŋɔ^{4} sɿ^{6} mɛ^{1} ljeu^{6} mə^{6}，ti^{5} səp^{8} ci^{3} ljeu^{6} ho^{3}?
我 来 这 银 村 没 有 五 十 年 了 嘛 四 十 几 了 吧

① 对话中出现的名字均为化名。

我来这里（银村）有五十年了吧，或者是四十几了吧？

B：hai⁵ tsi³ ti⁴ səp⁸ mə⁶？

哪里 止 四 十 呀

哪止四十呀？

A：caːŋ³ pu⁴ si⁴ ci⁶ tai¹ mən¹ lai³ ta¹ sɿ⁶ ci³ mɛ¹ lə⁶ pə⁶.

讲 爸爸 细吉 死 都 得 三 十 几 年 啦 哦

算来细吉的爸爸死都已经三十几年了哦。

B：ȵa² naŋ¹ taŋ¹ tɔk⁷ kun⁵，a⁶ si⁶ əi⁶ taŋ¹ tɔk⁷ kun⁵？

你 还 来 往 前 还是我来 往 前

你来这儿早，还是我来得早？

A：ȵa² naŋ¹ taŋ¹ tɔk⁷ kun⁵.

你 还 来 往 前

你先来的。

B：naːi⁶ ȵa² kau⁵ ljen⁶ tsəu⁵ hwa¹ naːi⁶ i¹ maːŋ² lo⁴ ljeu⁶？

现在 你 看 连 周 们 这 这么 大 了

那你看连周他们都这么大了。

A：ljen⁶ tsəu⁵ mɛ¹ naːi⁶ ta¹ sɿ⁶……

连周 今年 三 十

连周今年三十……

B：ka⁶ əi² tɔk⁷ kun⁵ thəu⁵ khə⁵ nau¹ pə⁶.

那 我 往 前 到 哪里 啦

那我比你来这儿早多了。

A：əi² si⁶ lu⁶ wu³ njen⁶ hai⁵ taŋ¹. lu⁶ wu⁵ njen⁶ taŋ¹，tsən⁵ cy⁶ lu⁶ lu⁶ njen⁶ tshət⁷ se⁶.

我 是 六 五 年 才 来 六 五 年 来 真菊 六 六 年 出 生

我是六五年才来的。六五年来，真菊六六年出生。

B：ljen⁶ tsəu⁵ lu⁸ pa⁶ njen⁶.

连周 六 八 年

连周六八年（出生）的。

A：kaːi³ faŋ⁴ taŋ¹ pjəu⁶ mɔ⁶？

解放 来 了 吗

那时解放了吗？

B：ka^{6} jəu^{6} naŋ^{1} ŋ^{5} taŋ^{1}.

那 又 还 不 来

那还不早解放了。

A：kaːi^{3} faŋ^{4} taŋ^{1} mən^{1} mɛ^{2} ŋɔ^{4} sɿ^{6} ci^{3} mɛ^{1} pjeu^{6}.

解放 来 都 有 五 十 几 年 了

现在都解放了五十几年了。

B：tu^{6} si^{6} caːŋ^{3} a^{5}.

就 是 说 呀

就是说呀！

A：naːi^{6} əi^{2} si^{6} ŋ^{5} fət^{7} əi^{2} mɛ^{2} ci^{3} ta^{1} njen^{6} ci^{3}. pu^{4} ni^{4} tai^{1} khɣam^{1} əi^{2} si^{6} ŋ^{5} hɣɔ^{4}.

现在 我 是 不 记 我 有 几 多 年 纪 爸爸妈妈死 早 我 是 不 知道

ton^{4} taŋ^{1} si^{6} thət^{7} ci^{3}，ŋ^{5} ton^{4} taŋ^{1} si^{6} ŋɔ^{4} səp^{8}. si^{6} a^{5}，ka^{6} əi^{2} i^{1} maːŋ^{2} mɛ^{2}……

算 来 是 七 几 不 算 来 是 五 十 是 啊 那 我 怎么 有

thət^{7} sɿ^{6} ci^{3} mɛ^{1}？kaːi^{3} faŋ^{4} taŋ^{1}，əi^{2} tu^{6} ma^{5} lai^{3} thaŋ^{5} səu^{2} naːi^{6} tsha^{5} tsaːi^{6} pjeu^{4}.

七 十 几 岁 解放 来 我 就 背 得 个 舅舅 这 上 寨 了

ŋ^{5} mɛ^{2} paːk^{7} mɛ^{1} ŋa^{2} maːŋ^{2} ma^{5} nuŋ^{4} tsha^{5} tsaːi^{6}？maːt^{7} əi^{2} ma^{5} nuŋ^{4} tsa^{5} tsaːi^{6}，

没有 八 岁 怎么 背 弟弟 上 寨 以前 我 背 弟弟 上 寨

ni^{4} niu^{2} njem^{1} lən^{2} kɣəːp^{7} niŋ^{5} man^{2}.

妈妈 我们 面 后 挑 些 红薯

现在我也不记得我有多大年纪了。我爸爸妈妈死得早，我真不知道了。算起来是七十几，不算就是五十。是哦，我怎么有七十几岁？解放来，我就能背着弟弟上山了。没有八岁怎么背得了弟弟上山？以前我背着弟弟上山，我妈妈在我后边挑着一些红薯。

B：ka^{6} ȵa^{2} jəu^{6} ȵi^{4} si^{6} naŋ^{1} ŋ^{5} ce^{5} o^{1}.

那 你 又 认为 是 还 不 老 啊

那你认为自己还年轻呀？

A：caːŋ^{3} taŋ^{1} mɛ^{2} thət^{7} jət^{1} thət^{7} ȵi^{6}. kau^{5} taŋ^{1} si^{6} ŋɔ^{4} sɿ^{6} mɛ^{1} çən^{1}，ŋ^{5} hɣɔ^{4} a^{5}.

说 来 有 七 一 七 二 看 来 是 五 十 岁 人 不知道啊

说起来是七十一、七十二岁了，看起来是五十岁的人，不知道啊。

B：ȵa^{2} tsi^{3} ŋɔ^{4} sɿ^{6} mɛ^{1} ma^{6}? thət^{7} sɿ^{6} pa^{6}?

你 止 五 十 岁 吗 七 十 吧

你不止五十岁了吧？有七十吧？

A：ŋ^{2}，thət^{7} jət^{7}，thət^{7} ȵi^{6} lo^{1}.

嗯 七 一 七 二 啰

嗯，应该七十一、七十二岁啰。

3. kaːn^{3} fai^{3} fan^{6} ma^{1} laːm^{2} taːn^{5}赶集回来忘拿伞

赶 街 返 回 忘伞

A：e^{5}，laːm^{2} taːn^{5} pjeu^{6}.

唉 忘 伞 了

哎呀！伞忘拿了。

B：taːn^{5} tɔŋ^{5} khə^{5} nau^{1}?

伞 放 哪里

伞放哪儿了？

A：laːm^{2} tɔŋ^{5} cɛ^{1} paːu^{5} tsɿ^{3} pwa^{2} lo^{4} ka^{6} niŋ^{5} ka^{6} pjeu^{6} le^{6}.

忘 放 卖 包子 婆 大 那 地 那 了 了

忘在卖包子的大妈那里了。

B：tɔŋ^{5} u^{1} ka^{6} paːi^{1} mə^{6}? kə^{6} naːi^{6} naŋ^{1} fan^{6} mə^{6}?

放 上那 去 呀 那 现在 还 返 呀

放那里了呀？现在还回去吗？

A：ŋ^{5} fan^{6} ljeu^{6}.

不 返 了

不回了。

B：kui^{5} tjen^{4} hwa^{4} khɣɛ^{1} si^{4} fuŋ^{4} kau^{5}，kau^{5} mɔ^{6} naŋ^{1} ȵaːu^{6} khɔ^{6}. tin^{3} mɔ^{6} paːi^{1} aːu^{1}.

打 电话 给 细凤 看 看 她 还 在 吗 叫 她 去 要

打电话给细凤看，看她还在（那里）吗？叫她去要。

A：e^{5}, hɣɔ^{4} si^{6} hui^{5} khɔ^{6}. hɣɔ^{4} si^{6} hui^{5} a^{6} si^{6} paːi^{1} hɣəi^{3} ma^{1} tɔŋ^{5} khə^{5} nau^{1}?

呃 知道 是 那 吗 知道 是 那 还 是 去 买 菜 放 哪里

əi^{2} ŋ^{5} fət^{7} lai^{3} pjeu^{6}. naːi^{6} əi^{6} ja^{6} si^{6} ŋwən^{6}, nə^{5} mwaːi^{5} taːn^{5} uk^{7} taŋ^{1} khən^{3} teŋ^{6} pɣø^{1}.

我不 记 得 了 现在 我 也 是 晕 一 带 伞 出 来 肯 定 掉

呃，不知道是不是在那儿？不知是那儿还是去买菜时，放在买菜的那里了？我不记得了。现在我真是晕，一带伞出来就肯定弄丢。

B：ka^{6} jəu^{5} kwaːi^{5} ljeu^{6}, ləu^{2} kwən^{1} ləm^{2}.

那 别 怪 了 留 雨 淋

那怪不了（谁），留着淋雨吧。

C：naːi^{6} ȵa^{2} caːŋ^{3} taːn^{5}, əi^{2} kɔ^{5} əi^{2} jəu^{6} laːm^{2} pa^{1} pjeu^{6}, əi^{2} kɔ^{5} pɣø^{1} ja^{6} ŋ^{5}

现在 你 讲 伞 我 的 我 又 忘 去 了 我 的 掉 也不

hɣɔ^{4} tɔŋ^{5} khə^{5} nau^{1} pjeu^{6}.

知道 放 哪里 了

现在你说到伞，我的我也忘了什么地方了，我的丢哪儿了，也不知道丢在哪里了。

B：ka^{6} ȵa^{2} kɔ^{5} laːm^{2} khə^{5} nau^{1} pjeu^{6}?

那 你 的 忘 哪里 了

那你的忘哪儿了？

C：kə^{6}pon^{1} ȵaːu^{6} u^{1} tsja^{1}, laːm^{2} u^{1} tsja^{1} pjeu^{6}. khɣəu^{1} mɔ^{6}, pɛŋ^{5} taːn^{5} ja^{6} ŋ^{5} mɛ^{2} maːŋ^{2} i^{1}.

刚才 在 上 车 忘 上 车 了 留 它 把 伞 也 不 有 怎么 好

si^{6} hɣəi^{3} ti^{6} jaːŋ^{6} çən^{1} hun^{4} kɔ^{5}.

是 买 东西 人 送 的

刚在车上，忘在车上了吧。不管了，也不是多好的一把伞，是买东西赠送的。

第三章　四把镇语言点话语材料

四把镇语言点的话语材料的收集主要是在石门村委会的良莫屯，词汇发音来自该屯的刘某解（1951 年生），部分语料的提供者来自居住在四把街道（四把社区）的仫佬族热心群众。

第一节　音　系

四把镇仫佬语语言点的语音结构跟东门镇语言点基本特点大致相同。基本情况是“首辅音+（腭化/唇化音）+元音+（尾辅音）+声调”，尾辅音一共有三个：m、n、ŋ（作为尾辅音在促声调中变为塞擦音 p、t、k），腭化和唇化音指 ɣ/j 和 w 音，元音区分长短。“首辅音+腭化/唇化音”部分为声母部分，“元音+尾辅音”部分是韵母部分。共有 8 个声调。元音和声调是一个音节中必要成分。其语音形式分别介绍如下。

一、声　母

石门村的仫佬语共有 57 个声母。其中包括 26 个单纯声母，18 个腭化声母（后腭化 8 个、前腭化 10 个），13 个唇化声母。如表 3-1：

表 3-1　声母列表

声母	例词一		例词二		例词三	
p	pu^4	父亲	put^8	荸荠	$pa:k^7$	嘴巴
ph	pho^5	床	$phɔ^1$	颠簸	phy^1	吐
t	tan^3	穿（衣服）	$ta:ŋ^4$	养	tin^3	叫

续表

声母	例词一		例词二		例词三	
th	tha^{1}	拉	thaːk7^{1}	错	the^{5}	削
ts	tsaːn^{1}	吃	tsau^{4}	拿	tsak^{7}	侧
tsh	tshəm^{1}	缝衣针	tshaːm^{3}	走	tsha^{5}	上
c	cɛ^{3}	屎	can^{1}	啼	cit^{8}	咬
ch	chø^{1}	（树）空心	chyt^{7}	糊、焦	chi^{1}	梳子
k	kaːm^{1}	山洞	kau^{5}	看	kun^{7}	前面
kh	kha^{1}	瞎	khɔŋ^{3}	屁股	khɛːk^{7}	客人
ʔ	ʔi^{3}	椅子	ʔaːu^{1}	要	ʔu^{1}	上面
m	mai^{4}	树	mu^{5}	猪	mai^{5}	新
n	nam^{6}	土	na^{3}	脸	nai^{1}	动
ȵ	ȵa^{2}	你	ȵau^{5}	皱纹	ȵaːu^{6}	在、住
ŋ	ŋa^{2}	芽	ŋam^{1}	浑	ŋai^{6}	脸颊
l	ləm^{2}	风	laːi^{5}	热（水热）	lo^{4}	大
f	fəi^{1}	火	faːi^{4}	哥哥	fan^{1}	牙齿
s	saːu^{1}	你们	so^{5}	叔叔	səm^{3}	婶娘
ç	ça^{5}	晒	çən^{1}	人	çaːi^{1}	鞋子
h	hu^{3}	米	haːi^{5}	韭菜	ha^{1}	肩膀
w	waːŋ^{5}	缺口	wa^{6}	话	wa^{5}	脏
ʔw	ʔwa^{3}	蝴蝶	ʔwət^{7}	腌制	ʔwaːt^{7}	挖
j	jak^{7}	掐	ja^{1}	布	jan^{3}	忍
ʔj	ʔjaːp^{7}	鸭子	ʔjam^{1}	深	ʔjeːu^{1}	腰
ɣ	ɣa^{5}	田	ɣən^{3}	脖子	ɣaːn^{2}	房子
ʔɣ	ʔɣaːk^{7}	芋头	ʔɣa^{1}ci^{1}	鸡肫	ʔɣaːp^{7}	蟑螂
pɣ	pɣam^{1}	毛发	pɣai^{1}	死	pɣai^{5}	干裂
phɣ	phɣaːt^{7}	血	phɣət^{7}	扫	phɣai^{5}	近
kɣ	kɣa^{3}	禾苗	kɣaːŋ^{3}	小米	kɣo^{3}	头
khɣ	khɣa^{1}	耳朵	khɣaːu^{3}	酒	khɣai^{1}	犁

续表

声母	例词一		例词二		例词三	
mɣ	mɣaːŋ^{2}	穗	mɣa^{1}	眼睛	mɣɔk^{8}	鸟
ŋɣ	ŋɣa^{2}	皮肤				
hɣ	hɣɔ^{4}	知道	hɣaːk^{7}	骨头	hɣaːu^{3}	嫂子
pj	pjeːu^{1}	溅				
phj	phjep^{7}	瘪				
tj	tjaːŋ^{3}	想	tja^{5}	凋谢	tja^{3}	写
thj	thjeu^{5}	跳	thja^{5}	削		
tsj	tsjaːk^{7}	草鞋	tsjep^{8}	切	tsja^{1}	盖（被子）
tshj	tshja^{1}	车	tshja^{3}	扯	tshjaːŋ^{5}	唱
mj	mjaːk^{7}	饿	mjaːŋ1	溪	mjø^{5}	（伸手）够
nj	nja^{1}	河	nja^{2}	手	njaːp^{7}	夹（菜）
fj	fja^{5}	叶子	fjeːn^{1}	菜园	fja^{1}	头发
sj	sjaːk^{8}	瓢	sjeːt^{8}	丢失	sja^{1}	纺车
lj	ljɛːn^{6}	辣	ljaːm^{5}	舔	ljeu^{4}	完成
pw	pwa^{2}	奶奶				
phw	phwa^{1}	坡	phwa^{5}	破、劈		
tw	twa^{3}	锁				
tsw	tswa^{1}	抓				
tshw	tshwaːi^{3}	踩				
sw	swa^{5}	撒	swaːi^{1}	鱼鳃	swaːt^{7}	刷
kw	kwat^{7}	死结	kwən^{1}	雨	kwaːt^{7}	板锄
khw	khwən^{1}	路	khwan^{1}	着火	khwaːn^{1}	甜
mw	mwa^{6}	磨	mwa^{3}	摸		
nw	nwa^{1}	搓	nwaːn^{5}	温		
ŋw	ŋwa^{1}	狗	ŋwa^{4}	瓦	ŋwaːi^{6}	外祖
lw	lwa^{2}	骡子				
hw	hwa^{1}	花	hwa^{5}	裤子		

说明：

1. 腭化声母分为前腭化声母 j 和后腭化声母 ɣ。

2. 从实际音值来看，腭化和唇化成分的摩擦都相当轻微，具有一定的元音色彩。

3. 声母 h 的实际音值为 x。

4. 不与 j、w 和 ɣ 组合的辅音：c、ch。

5. ŋ 不与 j 组合；f 不能与 w 组合；t、th、ts、tsh、n、f、s、l 不与 ɣ 组合。

6. h 不与 j 组合，hj 舌位变化不大，实际就等于 ç。

7. 喉塞音声母 ˀ作为发音的基础声母出现在元音开头的词，例如：ˀu¹ "上"、ˀuk⁷ "外出"、ˀaːu¹ "要"、ˀi¹ "好"、ˀi³ "椅子" 等词。称为零声母，略去不标出来。

8. 喉塞音 ˀ作为一个发音前的基本动作出现在声母 w、j 和 ɣ 前。例如：ˀwa³ "蝴蝶"、ˀjaːk⁷ "饿" 和ˀɣaːk⁷ "芋头" 等词。

9. 双元音后面不能和鼻音、塞音组合构成音节，即 "双元音+鼻音" "双元音+塞音" 的构词形式不存在。

10. 四把镇的仫佬语中已经很难捕捉到清化的鼻音韵母。

二、韵　母

石门村仫佬语的韵母有（1）单元音韵母，（2）双元音韵母，（3）带尾辅音韵尾的韵母。其中单元音韵母 12 个，双元音韵母 10 个，带尾辅音韵母包括带鼻音韵尾-m、-n、-ŋ，塞擦音韵尾-p、-t、-k，共 82 个。另外，还有一个自成音节的 ŋ̍。

1. 韵母

韵母的音位系统如表 3-2 所列：

表 3-2　韵母列表

韵母	例词 1		例词 2		例词 3	
a	ma¹	回	na¹	厚	ta⁵	中间
aːi	haːi⁵	韭菜	laːi⁶	蚜虫	faːi⁴	哥哥
ai	mai⁴	树	fai³	街	nai¹	动

续表

韵母	例词 1		例词 2		例词 3	
aːu	ȵaːu⁶	住	caːu¹	柿子	khɣaːu³	酒
au	tau⁶	豆子	kau⁵	看	ȵau⁵	皱
aːm	taːm⁶	淡	tshaːm³	走	taːm¹	三
am	lam¹	池塘	cam¹	金子	lam³	阴
aːn	tsaːn¹	吃	taːn²	发抖	laːn⁶	红
an	can³	紧	fan¹	日	kwan¹	竹子
aːŋ	maːŋ¹	稻草	taːŋ¹	根	caːŋ³	讲
aŋ	taŋ¹	来	paŋ⁶	靠	naŋ⁵	咸
aːp	laːp⁸	蜡烛	kaːp⁸	拃	haːp⁷	刚才
ap	lap⁷	黑暗	cap⁷	夹杂	nap⁷	折叠
aːt	khaːt⁷	渴	maːt⁷	次	phɣaːt⁷	血
at	mat⁷	节省	kat⁷	剪	cat⁸	稠
aːk	thaːk⁷	错	paːk⁷	嘴巴	laːk⁸	儿子
ak	tak⁷	堵	kɣak⁸	贼	jak⁷	掐
ə	tə¹	茧（手脚上）				
əi	fəi¹	火	pəi²	胖		
əu	thəu⁵	到	səu²	舅舅	jəu⁵	别、不要
əm	ləm⁶	肿	ləm²	风	ŋəm³	抱
əːn	ɣəːn²	房子	mɣəːn² piu⁵	豹子		
ən	çən¹	人	wən³	湿润	lən²	后
əŋ	nəŋ⁵	牵连				
əp	kəp⁷	啃	həp⁷	趴	tɕəp⁷	拾
ət	thət⁷	七	phɣət⁷	咬	mɣət⁸	蚂蚁
ək	kək⁸	饱嗝				
ɛ	fɛ⁴	做	mɛ²	有	lɛ²	书
ɛn	khɣɛn¹	甜	ljɛn⁶	辣		
ɛːŋ	pɛːŋ²	堆	nɛːŋ⁵	耳坏	mɛːŋ⁶	命

续表

韵母	例词 1		例词 2		例词 3	
ɛŋ	tshɛŋ^{5}	撑	pɛŋ^{4}	弹（棉花）		
ɛːk	mɛːk^{7}	剥	tɛːk^{7}	滴	mɛːk^{8}	麦子
e	ce^{1}	吐出	te^{3}	下面	pe^{1}	卖
eu	jeu^{1}	腰	ceu^{2}	桥	thjeu^{6}	跳
em	cem^{2}	手镯	ljem^{4}	镰刀		
en	khu^{1} ljeːn^{2}	可怜	ta^{6} njeːn^{2}	过年	tjen^{2}	钱
eŋ	peŋ^{2}	瓶子	peŋ^{6}	病了	theŋ^{5}	听
ep	tsjep^{8}	切	tjep^{8}	碟子	tjep^{7}	接
et	ȵet^{8}	热	cet^{7}	结	tjet^{7}	节日
ek	tek^{8}	席子	thek^{7}	踏	tsek^{7}	烤
i	li^{3}	杀	ni^{4}	妈妈	ci^{1}	鸡
iu	tiu^{5}	凿子	ȵiu^{3}	蕨菜	niu^{3}	拧
im	lim^{4}	楔子	lim^{3}	瓣儿		
in	tin^{3}	叫	tin^{1}	脚	ȵin^{1}	臭
iŋ	miŋ^{1}	贵	chiŋ^{1}	筐	ŋiŋ^{1}	臭虫
ip	nip^{7}	摘				
it	cit^{7}	疼	mit^{8}	刀	ȵit^{7}	冷
ik	sik^{8}	肉	lik^{8}	赶	pik^{7}	满
ɔ	ŋɔ^{4}	五	sɔ^{1}	膻	tɔ^{1}	门
ɔm	kɔm^{3}	敢	tɔm^{5}	（手上磨的）水泡	kɔm^{5}	瓢虫
ɔːŋ	tɔːŋ^{5}	放	tin^{1} khɣɔːŋ^{1}	鞋后跟	jɔːŋ^{2}	王
ɔŋ	thɔŋ^{1}	葱	lɔŋ^{2}	龙	thɔŋ^{3}	桶
ɔp	lɔp^{8}	塌	hɣɔp^{7}	喝	hɔp^{7}	合适
ɔk	tsɔk^{7}	稀饭	tɔk^{8}	读	sɔk^{8}	熟
o	kɣo^{3}	头	lo^{4}	大	pho^{5}	床
oi	moi^{2} thaːn^{5}	煤炭	toi^{5}	对（面）		

续表

韵母	例词 1		例词 2		例词 3	
on	kon^{5}	沙罐	ɣɔ^{2}kon^{4}	蒜苔	ʔwon^{3}	碗
oŋ	poŋ^{1}	帮忙	moŋ^{4}	渔网	moŋ^{6}	梦
ot	phot^{7}	冲（水）	pot^{8}	（用食具）喂	thot^{7}	脱
ok	hɣok^{7}	呕吐	cok^{7}	锄头	tshok^{7}	捅
u	hu^{3}	米	pu^{4}	父亲	kɣu^{2}	猪食
ui	nui^{1}	雪	lui^{1}	下去	hɣui^{6}	坐
um	kɣum^{1}	鱼鳞	kɣum^{3}	疤		
un	hun^{5}	洒	kun^{5}	前	mun^{6}	猴子
uŋ	kuŋ^{3}	茎	ȵuŋ^{2}	苍蝇	luŋ^{1}	窟窿
up	khɣup^{7}	（嗓子）哑				
ut	put^{8}	荸荠	mut^{8}	胡子		
uk	luk^{7}	绳子	muk^{8}	鼻涕	kuk^{7}	衣服
ø	kø^{2}	倒塌	lø^{6}	流	sø^{4}	竖
øm	tshøm^{5}	钹				
øn	tsøn^{6}	转动	tshøn^{5}	串	mɣøn^{2}	月（量词）
øŋ	phɣøŋ^{5}	段、节	løŋ^{4}	滚		
øt	søt7	告诉	løt^{7}	蘸	ȵøt^{8}	月（月份）
øk	pɣøk^{7}	剥				
y	phy^{1}	吐	tsy^{2}	摘除	sy^{5}	把（尿）
yn	tyn^{3}	蚊帐	nyn^{2}	睡	ȵyn^{2}	睡
yt	ʔyt^{7}	粽子	chyt^{7}	糊	lyt^{7}	蛰
œ	kœ^{5}	切	phɣœ^{1}	顶端	lœ^{5}	伸
œn	pɣœn^{6}	线	tsœn^{5}	蛀	kœn^{6}	圆
œŋ	khœŋ^{5}	缝儿	tœŋ^{1}	叮、啄	lœŋ^{4}	滚
œp	tsœp^{7}	抓、撮（量词）				
ɿ	ȵi^{6}sɿ^{6}ŋɔ^{2}	二丨五	sɿ^{5} tu^{3}	狮子		

说明：

1. 前超高音区展唇元音 ɿ 只有单元音韵，和舌尖音 ts、tsh、s 相拼，一般用于拼仫佬语中的汉语借词和“几十几”中的“十”等。例如：sɿ^{5} tu^{3} “狮子”、tsɿ^{5} sɿ^{6} “知识”、ti^{5} sɿ^{6} ŋɔ^{4} “四十五”、lɔk^{8} sɿ^{6} thət^{7} “六十七”。

2. 单元音韵 ə 主要出现在-ə＊音节（主要是由于音节弱化音变构成的音节）及汉语借词中。例如：ka^{6} 弱读为 kə^{6} “那”、ta^{6} njeːn^{2} 弱读为 tə^{6} njeːn^{2} “过年”、mə^{6} swəi^{3} “墨水”。

3. 单元音发音有长短，发音舌位不变，不构成对立的音位，不区别意义，因此不需标出长元音符号［ː］。

4. 圆唇前次高元音 ø 舌位和 e、o 同高。例如：sø^{1} “输”、lø^{6} “滴水”。

5. 圆唇前次低元音 œ，舌位和 ɛ、ɔ 同高。

6. 次高元音 e、o、œ 带韵尾的韵母都是长元音，不标注长音符号［ː］。

7. 次高元音 ɛ 和 ɔ 在舌根音韵尾-ŋ 之前有长短的对立，ɛ 在-k 之前都是长音，ɔ 在-k 之前都是短音。

三、声　调

四把仫佬语共有 8 个声调，声调区分舒声调和促声调。以元音和鼻音尾辅音-m、-n、-ŋ 结尾的音节是舒声调，以塞擦音尾辅音-p、-t、-k 结尾的音节是促声调。舒声调共有 6 个，调类分别是 1、2、3、4、5、6 调，调值分别对应中降（42）、低升降（231）、高降（53）、中升（34）、次平（44）、低平（11）。促声调一共两个，调类标记为 7、8 调，按元音的长短对应的调值而有变换，其中短音的调值分别是高平（44）和低升（12），长音的调值分别是中平（33）和低升（12）。声调如表 3-3 所示：

表 3-3　声调列表

调类	调值	例词					
第 1 调	42	ma^{42}	菜	ha^{42}	肩膀	mɛ^{42}	年
第 2 调	121	ma^{121}	舌头	ɣa^{121}	二	ȵa^{121}	你
第 3 调	53	na^{53}	脸	hu^{53}	米	kwa^{53}	云
第 4 调	34	ma^{34}	马	ŋwa^{34}	瓦	la^{34}	找

续表

调类	调值	例词					
第 5 调	44	ma^{44}	背（动词）	ça^{44}	晾晒	tsha^{44}	上
第 6 调	11	ja^{11}	也	ta^{11}	过	nwa^{11}	磨
第 7 调（长）	33	paːk^{33}	嘴巴	thaːk^{33}	错	haːk^{33}	学
第 7 调（短）	44	tak^{44}	堵	jak^{44}	掐	tsak^{44}	侧
第 8 调（长）	12	paːk^{12}	白	laːk^{12}	儿子	sjaːk	瓢
第 8 调（短）	12	lak^{12}	勒	mak^{12}	剁	mit^{12}	刀

第二节　分类词汇

名　词

一、天文地理

天　mən^{1}

太阳　thəu^{5} fan^{1}

月亮　kɣaːŋ^{1} njen^{2}

星星　laːk^{8} mɣət^{7}

天河　çaːŋ^{1} hu^{3}

云　kwa^{3}

乌云　kwa^{3} nam^{1}

风　ləm^{2}

旋风　ləm^{2} ta^{3} tsøn^{6}

闪电　lap^{8} lıŋ^{6}

雷　laːi^{4} pɣa^{3}

雨　kwən^{1}

毛毛雨　kwən^{1} muŋ^{5}

阵雨　kwən^{1} hɣaːu^{5}

下雨　tɔk^{7} kwən^{1}

水　nam^{4}

雪　nui^{1}

冰　nui^{1}

冰雹　laːk^{8} paːk^{8}

霜　ŋe^{2} paːk^{8}

雾　mɔk^{8} lu^{4}

露　ŋe^{2}，nam^{4} ŋe^{2}

虹　luŋ^{2} kaːŋ^{4}，luŋ^{2} tsaːn^{1} nam^{4}

日晕　thəu^{5} fan^{1} tsheːŋ^{5} taːn^{5}

月晕　kɣaːŋ^{1} njen^{2} tsheːŋ^{5} taːn^{5}

山　pɣa^{1}

山谷　tɔ^{2}

山顶　phɣœ^{1} pɣa^{1}

山崖　luŋ^{6}

山脚　te^{3} pɣa^{1}

坡　mɔk^{7}，phwa^{1}

山腰　mɣaːŋ^{6} pɣa^{1}

山坳口　paːk^{7} ȵiŋ^{5}

悬崖　lɛ^{5}

山洞　kaːm^{1}

江，河　nja^{1}

溪　mjaːŋ^{1}

水沟儿　kau^{1}

湖　fu^{2}

池塘　lam^{1}

瀑布　nam^{4} lɛ^{5}

旋涡　nam^{4} tsøːn^{5}

水泡　kə^{6} lɔ^{5}

泡沫　kuk^{8}

河岸　ŋaːn^{5} nja^{1}

坝　paŋ^{2}

窟窿　luŋ^{1}

地　ti^{6}

井　teːŋ^{3}

泉　mən^{5}

泥（稀泥）　mɣan^{1} mwaːt^{7}

尘土　tsən^{2}

土　mɣan^{1}

水田　ɣa^{5}

田埂　khaːn^{1} ɣa^{5}

旱地　hɣaːi^{5}

荒地　hɣɔːŋ^{1}

平原　ta^{5} peːŋ^{2}

平地　peːŋ^{2} ti^{6}

石头　tui^{2}

鹅卵石　tui^{2} mɔk^{8} loːn^{5}

沙子　sa^{1}

沙滩　sa^{1} thaːn^{1}

二、矿物及其他无生命自然物

矿物　khwaːŋ^{1}

金子　cam^{1}

银子　nan^{2}

铜　tɔŋ^{2}，kaːŋ^{1}

铁　khɣət^{7}

锡　teːk^{7}

铅　jøːn^{2}

煤　moi^{2} thaːn^{5}，thaːn^{5}

水银　sui^{3} ȵan^{2}

硫磺　liu^{2} hɔːŋ^{2}，hɔːŋ^{2}

硝石　tjeːu^{1}

碱水　nam^{4} kwaːt^{7}

明矾　pɛːk^{8} faːn^{2}

铁锈　teːŋ^{5}

火石　fəi^{1} ljen^{2}

火　fəi^{1}

火炭　çaːŋ^{1} thaːn^{5}

炭　thaːn^{5}

火苗　fəi^{1} ma^{2}

火花　fəi^{1} teːŋ^{1}

火种　fəi^{1} pən^{3}

烟　kwan^{1}

煤烟子　fəi^{1} ŋik^{8}

锅煤烟　ŋiŋ^{5}

三、方位、时间

东　tɔŋ^{1}

南　naːm^{2}

西　te^{1}

北　pak^{7}

上面　ʔu^{1}

下面　tc^{3}

以上　tɔ^{6} tsha^{5}

以下　tɔ^{6} lui^{6}

底下　mjen^{6} te^{3}

外面　mjen^{6} ʔuk^{7}

前面　kun^{5}

面前　kun^{5} na^{3}

里面　mjen^{6} hɔ^{3}

正面　mjen^{6} tseːŋ^{5}

背面　mjeːn^{6} lən^{2}

正面　kun^{3} ka^{6}

对面　toi^{5} na^{3}

右面　mjen^{6} fa^{1}

左面　mjen^{6} ce^{4}

旁边　lin^{6}，lin^{6} pjen^{1}

边（路边）　lin^{6}

边（衣服边）　pjen^{1}

端（棍子两端）　kɣo^{3}

当中　ta^{5}

中间　ta^{5}

中间（两棵树中间）　khœɪŋ^{5}

半路　mɣaɪŋ^{6} khwən^{1}

附近　kɣøːn^{5} phɣai^{5}

周围　tsøn^{6} tsøn^{6}

地方　ti^{6} foːŋ^{1}

角落　caːk^{7}

界限　cap^{7} caːi^{5}

古代　ku^{3} si^{2}

从前　ti^{6} mɛ^{1}

以前　ʔi^{3} tjen^{2}

以后　ʔi^{3} hau^{6}

今后　tɔk^{7} lən^{2}

现在　tsən^{6} naːi^{6}，naːi^{6}

后来　tɔk^{7} lən^{2}

近来　tsəi^{4} cin^{4}

过去　ti^{6} maːt^{7}

代　tai^{6}

后代　tai^{6} lən^{2}，hau^{6} tai^{6}

平时　peːŋ^{2} si^{2}

时候　si^{2} hau^{5}

春　tshən^{1}

夏　ha^{5}

秋　thəu^{1}

冬　tɔŋ^{1}

年　mɛ^{1}

岁　mɛ^{1}

今年　mɛ^{1} ni^{5}，mɛ^{1} naːi^{6}

明年　mɛ^{1} lən^{2}

去年　mɛ^{1} ce^{1}

前年　mɛ^{1} kun^{5}

大前年　mɛ^{1} kun^{5} hən^{3}

后年　mɛ^{1} lən^{2} ʔi^{5}

大后年　mɛ^{1} i^{5} hɔn^{3}

往年　ti^{5} mɛ^{1}，tsjaːŋ^{2} mɛ^{1}
端午　ŋɔ^{4} ȵøːt^{8} tshɔ^{1} ŋɔ^{4}
中元　thət^{7} ȵøːt^{5} səp^{8} ti^{5}
中秋　paːt^{7} ȵøːt^{8} səp^{8} ŋɔ^{4}
除夕　ta^{1} sə^{6} mən^{6} ja^{6}
春节　ta^{6} njeːn^{2}
月　ȵøːt^{8}，mɣøːn^{2}
正月　tse^{6} ȵøːt^{8}
二月　ȵi^{2} ȵøːt^{8}
三月　tam^{1} ȵøːt^{8}
四月　ti^{5} ȵøːt^{8}
五月　ŋɔ^{4} ȵøːt^{8}
六月　lɔk^{8} ȵøːt^{8}
七月　thət^{7} ȵøːt^{5}
八月　paːt^{7} ȵøːt^{8}
九月　cəu^{3} ȵøːt^{8}
十月　səp^{8} ȵøːt^{8}
十一月　səp^{8} ʔət^{7} ȵøːt^{8}
十二月　səp^{8} ȵi^{6} ȵøːt^{8}
上月　mɣøːn^{2} kun^{5}
下月　mɣøːn^{2} lən^{2}
天　fan^{1}
今天　fan^{1} ni^{5}，fan^{1} naːi^{6}
昨天　fan^{1} ȵiu^{1}
前天　fan^{1} kun^{5}
大前天　fan^{1} kun^{5} hən^{3}
大大前天　fan^{1} kun^{5} ji^{5} ji^{5}
明天　fan^{1} mɔ^{3}
后天　fan^{1} na^{3}
大后天　fan^{1} na^{3} ʔi^{5}
大大后天　fan^{1} na^{3} ji^{5} ji^{5}
白天　thəu^{5} fan^{1}
夜里　thəu^{5} fɛ^{1}
早晨　thəu^{5} hət^{7}
晚上　thəu^{5} fɛ^{1}
半夜　mɣaːŋ^{6} ȵam^{5}
中午　thəu^{5} fan^{1}，tsaːn^{1} fan^{1}
上午　tsaːn^{1} hət^{7}
下午　a^{4} ʔu^{3}
初一　tshɔ^{1} ʔət^{7}
初二　tshɔ^{1} ȵi^{6}
初三　tshɔ^{1} taːm^{1}
初四　tshɔ^{1} ti^{5}
初五　tshɔ^{1} ŋɔ^{4}
初六　tshɔ^{1} lɔk^{8}
初七　tshɔ^{1} thət^{7}
初八　tshɔ^{1} paːt^{7}
初九　tshɔ^{1} cəu^{3}
初十　tshɔ^{1} səp^{8}
十一　səp^{7} ʔət^{7}
十五　səp^{7} ŋɔ^{4}
十六　səp^{7} lɔk^{8}
三十　ta^{1} ȵaːt^{8}
甲　ca^{6}，caːp^{7}
乙　je^{6}
丙　pin^{3}
丁　teːŋ^{1}，tin^{5}
戊　ʔu^{4}
己　ci^{3}
庚　kən^{5}

辛　sin^{5}

壬　jin^{6}

葵　kwəi^{4}

子　ti^{3}

丑　tshəu^{3}

寅　jin^{6}

卯　maːu^{3}

辰　sən^{2}

巳　ti^{4}

午　ʔu^{3}

未　wəi^{4}

申　seːŋ^{1}

酉　jəu^{3}

戌　sy^{6}

亥　haːi^{4}

节气　tjeːt^{7} chi^{5}

立春　ləp^{8} tshən^{1}

雨水　ləp^{8} tshən^{1}

惊蛰　ʔy^{3} swəi^{3}

春分　keːŋ^{1} tsəp^{7}

清明　tshən^{1} fən^{1}

谷雨　thiŋ^{1} mɛːŋ^{2}

立夏　ləp^{8} pha^{5}

小满　tjeu^{3} mon^{3}

芒种　moːŋ^{6} tsɔŋ^{5}

小暑　sjaːu^{3} sy^{3}

大暑　ta^{4} sy^{3}

立秋　ləp^{8} thəu^{1}

处暑　tshy^{4} sy^{3}

白露　pɛk^{8} lu^{6}

秋分　thəu^{1} fən^{1}

寒露　haːn^{2} lu^{6}

霜降　søːŋ^{1} kaːŋ^{1}

立冬　ləp^{8} tɔŋ^{1}

小雪　tjeu^{3} søːt^{7}

大雪　taːi^{1} søːt^{7}

冬至　tɔŋ^{1} tsi^{5}

小寒　sjaːu^{3} haːn^{6}

大寒　taːi^{6} haːn^{2}

四、动　物

牛　tən^{2}

黄牛　tən^{2} ŋaːn^{3}

水牛　fi^{2}，ui^{2}

公牛　tən^{2} tak^{8}

公牛（阉过的）　tən^{2} jem^{1}

公牛（配种的）　tən^{1} tak^{7}

母牛（已产崽的）　tən^{2} mai^{4}

母牛（未产崽的）　tən^{2} tai^{5}

马　ma^{4}

驴　lø^{2}

骡子　lwa^{2}

羊　kwa^{2}

山羊　kwa^{2}

绵阳　mjen^{2} jaːŋ^{2}

猪　mu^{5}

公猪　mu^{5} tak^{8}

公猪（配种的）　mu^{3} kɔ^{1}

母猪　mu^{5} mai^{4}

狗　ŋwa^{1}

疯狗　ŋwa^{1} tjen^{1}

猎狗　ŋwa^{1} lik^{8} naːn^{4}

猫　mjau^{4}

野兽　naːn^{4}

老虎　mɣəːn^{4}

狮子　sɿ^{5} tu^{3}

豹　mɣəːn^{4} piu^{5}

象　tjaŋ^{4}

熊　mɛ^{1}

狗熊　mɛ^{1}

猩猩　pwa^{2} mɛ^{1}

猴子　mun^{6}

鹿　ma^{4} lɔk^{8}，saːn^{1} pa^{2}

麂子　naːn^{4} hoːŋ^{2} kɛːŋ^{1}，naːn^{4} ci^{3}

野猪　mu^{5} laːi^{5}

豪猪　min^{3}

刺猬　naːn^{4} tui^{1}

麝　sja^{4} çaːŋ^{1}

狼　laːŋ^{6}

夜猫　ȵan^{1}

狐狸　hwaːŋ^{5} kəu^{3} mu^{3}

黄鼠狼　hwaːŋ^{6} sy^{6} ljaŋ^{2}

水獭　y^{2} tshaːt^{7}

兔子　thu^{5}

穿山甲　tshøːn^{1} saːn^{1} caːp^{7}

松鼠　suŋ^{5} sy^{3}

老鼠　nɔ^{3}

鸡　ci^{1}

公鸡　ci^{1} tai^{3}

小公鸡　ci^{1} tai^{3} laːk^{8}

母鸡　ci^{1} mai^{4}

小母鸡　ci^{1} ŋaːŋ^{5}

阉鸡　ci^{1} ʔjem^{1}

雉（野鸡）　mɣɔk^{8} kuk^{7}

秧鸡　mɣɔk^{8} kan^{3}

鸭子　ʔjaːp^{7}

野鸭子　ʔjaːp^{7} ça^{4}

鹅　ŋaːn^{6}

鸟　mɣɔk^{8}

雁　ŋaːn^{6} mən^{1}

鸬鹚　lu^{6} ti^{2}

白鹭　mɣɔk^{8} pɛːk^{8}

白鹤　mɣɔk^{8} pɛːk^{8}

鸳鸯　jøːn^{1} jaːŋ^{1}

翠鸟　mɣɔk^{8} tœːŋ^{1} mɣəm^{6}

鸽子　mɣɔk^{8} pɛːk^{8} hɔːp^{8}

老鹰　jeːu^{6} pu^{2}

鹞　jeːu^{6}

猫头鹰　mɣɔk^{8} ŋu^{1}

鹧鸪　mɣɔk^{8} ka^{2}

斑鸠　mɣɔk^{8} kau^{2}

布谷鸟　mɣɔk^{8} pu^{4} ku^{6}

啄木鸟　mɣɔk^{8} tœːŋ^{1} mai^{4}

喜鹊　mɣɔk^{8} khɣaːk^{7}

乌鸦　ka^{1}

八哥　mɣɔk^{8} ciu^{5}

麻雀　mɣɔk^{8} ja^{1}

燕子 mɣɔk^{8} ʔin^{5}

画眉鸟　mɣɔk^{8} hwa^{1} mi^{2}

蝙蝠　pau^{1}

凤凰　fuŋ^{4} waːŋ^{6}

龙　lɔŋ^{2}

蛴蝪　tshaːu^{3} pjaːu^{5}

壁虎　pi^{4} hu^{3}

蛇　tui^{2}

蟒蛇　tui^{2} lo^{4}

眼镜蛇　pjen^{3} thəu^{6} fuŋ^{5}

金环蛇　tui^{2} paːn^{1} lɔŋ^{3}

银环蛇　tui^{2} paːn^{1} lɔŋ^{3}

草蛇　tui^{2} kwai^{3}

青竹蛇　tui^{2} həu^{1}

水蛇　tui^{2} ɣam^{2}

虫　kɣa^{1}

蝴蝶　ʔwa^{3}

蛾子　ŋo^{6}

蜻蜓　təm^{6} ty^{5}

蜘蛛　taŋ^{1} ȵɔːŋ^{2}

蟑螂　ʔɣaːp^{7}

蜈蚣　ce^{3} khap^{7}

蟋蟀　khø^{6} lyt^{7}

萤火虫　miŋ^{3}

蚂蚁　mɣət^{8}

白蚁　mɣət^{8} paːk^{8}

纺织娘　hɣaːn^{5}

蝉　tsi^{5} tsɛ^{5}

螳螂　khau^{1} ȵan^{2} mɣa^{1}

蚱蜢　kuŋ^{2}

蝗虫　kuŋ^{2}

蜜蜂　taːŋ^{2} neːm^{6}

蜂王　taːŋ^{2} nɵːm^{6} tau^{2}

黄蜂　huŋ^{6} lyn^{1}

黑锋　lu^{1}，tən^{5} lu^{1}

水蜘蛛　ŋaːu^{2} khɣaːu^{3}

蝼蛄　ŋwa^{1} lu^{5}

臭大姐　put^{8} put^{8}

屎壳郎　kɣa^{1} cɛ^{3}

瓢虫　kɔːm^{5}

天牛　ku^{1} ʃi^{2}

苍蝇　ȵuŋ^{2} thəu^{5} fan^{1}

牛虻

孑孓　kɣa^{1} tiŋ^{5} tau^{3}

蚊子　ȵuŋ^{2} thəu^{5} fɛ^{1}

蠓　ȵuŋ^{2} mak^{8}

蚜虫　laːi^{6}

蛀虫　kɣa^{1} tsy^{5} mai^{4}

蛀虫（粮食里的，幼虫像蛆，成虫会飞）　kɣa^{1} hu^{3}

毛虫　kɣa^{1} pɣaːm^{1}

跳蚤　mat^{7}

臭虫　ŋiŋ^{1}

虱子　mɣan^{2}

头虱　kɣəu^{1}

牛虱　mɣan^{2} tən^{2}

鸡虱　mɣai^{2}

蜗牛　kɣa^{1} lau^{5}

鼻涕虫　kɣa^{1} muk^{8}

蛆　thø^{1}，kɣ^{1} thaːi^{6} fən^{5}

蚕　tshaːn^{6} tshuŋ^{6}

樟树蚕　kɣa^{1} mai^{4} hɣəu^{1}

蛔虫　tan^{4}

蚯蚓　tan^{4}

青蛙　kwai^{3}

田鸡　kəp^{7}

癞蛤蟆　kəpsu^{1}

蝌蚪　ȵuk^{7}

虾　ȵɔ^{2}

螃蟹　jai^{5}

蚌　lau^{5} pɣa^{1}

螺蛳　lau^{5}

乌龟　kwəi^{1}

甲鱼　pjeːt^{7}

鱼　mɣəm^{6}

鲤鱼　mɣəm^{6} mɣai^{4}

鲫鱼　mɣəm^{6} kwan^{3}

草鱼　mɣəm^{6} waːn^{3}

金鱼　cin^{5} y^{6}

鳙鱼　mɣəm^{6} kə^{6} lo^{4}

鲶鱼　mɣəm^{6} ȵɔ^{3}

塘角鱼　mɣəm^{6} ɣɔk^{7}

黑鱼　mɣəm^{6} tjeːm^{3} tshiŋ^{5}

黄鳝　thaːŋ^{6} sjen^{4}

泥鳅　ŋət^{8}

水蚂蟥　miŋ^{2}

旱蚂蟥　miŋ^{2} pɣa^{1}

角（兽角）　ku^{1}

牛角　ku^{1} tən^{2}

牛皮　ŋɣa^{2} tən^{2}

牛筋　cən^{1} tən^{2}

牛背峰　fɔŋ^{1}

蹄　nəp^{7} ma^{4}

爪　tsaːu^{3}

尾巴　kɣət^{7}

马鬃　tɔŋ^{1} ma^{4}

猪鬃　tɔŋ^{1} mu^{5}

毛　pɣam^{1}

翅膀　çi^{5}

鸡冠　ȵan^{2} ci^{1}

鸡翎　pɣam^{1} kɣət^{7}

鸡肫　ʔɣa^{1} ci^{1}

鸡距　kø^{4}

鸡嗉囊　ʔɛ^{1}

鸟嘴　paːk^{7} mɣɔk^{8}

触角　ku^{1}

鱼鳞　kɣum^{1}

鱼鳃　swaːi^{1}

鱼鳔　tɔːm^{1}

鱼刺　kaːŋ^{3}

鱼鳍　çi^{5} mɣəm^{6}

蜘蛛网　moːŋ^{4} taŋ^{1} ȵɔːŋ^{2}

蜘蛛丝　ti^{1} taŋ^{1} ȵɔːŋ^{2}

蚕茧　ceːn^{3}，pɔ^{1}

蚕蛹　hwa^{5} sən^{3} mi^{3}

蜂刺　tshəm^{1} lu^{1}，lyn^{1}

五、植　物

树　mai^{4}

柏树　mai^{4} pjeːn^{3} tsi^{5}

松树　mai^{4} tsɔŋ^{2} pɛːk^{7}

松香　søːŋ^{1} çaːŋ^{1}

松针　fja^{5} tsɔŋ^{6} pɛːk^{7}

杉树　mai^{4} sa^{1}
杉木皮　ŋɤa^{2} mai^{4} sa^{1}
樟木　mai^{4} tsjaːŋ^{1}
樟脑　tsjaːŋ^{1} naːu^{3}
枫树　mai^{4} hɤəu^{1}
柳树　jaːŋ^{6} ləu^{4}
漆树　thət^{7}
棕树　mai^{4} kø^{1}
棕皮　kø^{1}
桑树　mai^{4} saːŋ^{5}
榕树　mai^{4} jɔŋ^{2}
香椿树　mai^{4} kɤam^{2}
桐油　mai^{4} tɔŋ^{2} lau^{5}
木棉树　tɔŋ^{2} jəu^{2}
苦楝树　mai^{4} mɔk^{8} mjen^{2}
寄生树　mai^{4} ci^{4} sən^{5}
树林　saːn^{1} ləm^{2}
树皮　ŋɤa^{2} mai^{4}
树梢　phɤœ^{1} mai^{4}
树干　mai^{4} thaŋ^{5}
树疙瘩　mai^{4} hɤən^{1}
树杈　mɤa^{1} mai^{4}
树枝　mai^{4} ŋa^{1}
树浆　mai^{4} ɳa^{5}
树墩　kwɔn^{5} mai^{4}
根　taːŋ^{1}
茎　kuŋ^{3}
芽　ŋa^{7}
叶子　fja^{5}
叶脉　cɵn^{1} fja^{5}

花　hwa^{1}
蓓蕾　hwa^{1} pɔ^{1}
花瓣　hwa phjeːn^{3}
蒂　peːŋ^{5}
藤　mjaːu^{1}
果子　hɤui^{1}
核　ɳan^{2}
仁　laːk^{8}
种子　pən^{3}
葡萄　laːk^{8} ʔyt^{7}
野葡萄　laːk^{8} ʔyt^{7} ça^{4}
芭蕉　pa^{5} tsjaːu^{5}
香蕉　çaːŋ^{5} tsjaːu^{5}
栗子　kɤøi^{5} lo^{4}
毛栗　kɤøi^{5}
桃子　hɤui^{1} tɔ^{2}
柿子　caːu^{1}
李子　jen^{5} tsɿ^{5} li^{6}
梨　taːŋ^{2} li^{2}
杨梅　jaːŋ^{6} moi^{2}
桃金娘　tuk^{7} njem^{1}
枇杷　puk^{8} pa^{2}
柚子　laːk^{8} puk^{8}
橙子　kaːm^{5} tsən^{2}
桔子　kaːm^{5} liu^{2}
柑子　kaːm^{5} pin^{3}
石榴　sɛːk^{8} ləu^{2}
甘蔗　jiu^{3}
向日葵　tɔŋ^{1} thəu^{5} fan^{1}
浮萍　ɳai^{3}

水葫芦　swəi^{3} fu^{6} lu^{1}
菖蒲　tshjaːŋ^{1} pu^{2}
金银花　cəm^{1} ȵan^{2} hwa^{1}
栀子　laːk^{8} mɣɔ^{2}
五倍子　u^{3} pəi^{4} tsɿ^{3}
车前草　ma^{1} nəp^{7} ma^{4}
草　ɣɔk^{8}
茅草　ça^{1}
艾草　ŋaːi^{2}
烟　ʔjeːn^{1}
蓝点草　ȵam^{4}
狗尾巴草　ɣɔk^{8} ŋwa^{1} lu^{5}
蕨草　ȵiu^{3}
鸡冠花　hwa^{1} ȵan^{6} ci^{1}
菊花　hwa^{1} ŋau^{4}
牵牛花　hwa^{1} ti^{5} te^{5}
金英花　lyn^{1} muŋ^{1}
八角　paːt^{7} kak^{7}
薄荷　po^{6} ho^{5}
紫苏　tsɿ^{3} su^{5}
茴香　saːn^{1} laːi^{6}
木耳　ŋa^{1} mɔk^{8} ȵni^{4}
香菌　ŋa^{1} çaːŋ^{1} kwan^{6}
菌子　ŋa^{1}
青苔　lau^{1}
棉花　mjeːn^{2}
棉桃　mjen^{1} twa^{2}
黄麻　ŋaːn^{1}
苎麻　ŋaːn^{1}
蓖麻　tɔŋ^{2} lau^{5} kəp^{7}
芦苇　huŋ^{1} teːk^{8}
竹子　kwan^{1}
竹膜　kwan^{1} ʔi^{1}
竹笋　naːŋ^{2}
竹壳　lik^{7}（老）；naːŋ^{2} khaːk^{7}
竹节　kwan^{1} mɣa^{1}
毛竹　kwan^{1} ɣaːu^{5}
刺竹　kwan^{1} lyn^{1}
刺（植物上的刺）　lyn^{1}
刺（竹木边缘上的）　nəm^{3}
庄稼　ho^{3} ɣa^{5} ti^{6} tɔŋ^{6}
稻子　hu^{3}
秧　kɣa^{3}
禾苗　hu^{3}
旱稻　hu^{3} khɣam^{1}
晚稻　hu^{3} tsi^{2}
早稻　hu^{3} haːn^{5}
穗儿　mɣaːŋ^{2}
谷芒　hu^{3} mut^{8}
谷粒　hu^{3} kɔk^{7}
谷粒（米中的谷粒）　hu^{3} mɣa^{1}
秕子　hu^{3} phjəp^{7}
谷种　hu^{3} pən^{3}
稻草　maːŋ^{1}
谷蔸　kwən^{5} maːŋ^{1}
稗子　kwaŋ^{1}
玉米　ȵi^{6} mɛ^{4}
玉米轴　kaːŋ^{3} ȵi^{6} mɛ^{4}
天花（玉米的雄花）　hwa^{1} tai^{3}
玉米秆　kuŋ^{3} ȵi^{6} mɛ^{4}

麦子　mɛːk^{8}

小麦　mɛːk^{8} niŋ^{5}

荞麦　mɛːk^{8} taːm^{1} caːk^{7}

高粱　ku^{1} ljaːŋ^{2}

小米　kɣaːŋ^{3}

豆子　tau^{6}

黄豆　tau^{6} ŋaːn^{3}

刀豆　tau^{6} tsaːi^{2}

豌豆　waːn^{3} tau^{6}

蚕豆　tshaːn^{6} təu^{4}

饭豆　fan^{6} tau^{6}

豇豆　tau^{6} tjeu^{2}

绿豆　lɔk^{6} tau^{6}

小豆　tau^{6} mɛːŋ^{5}

豆芽菜　tau^{6} ŋa^{2}

豆荚　tau^{6} chaːk^{7}

花生　ti^{6} tau^{6}

蔬菜　ma^{1} nəp^{7} ma^{4}

白菜　ma^{1} pɛːk^{8} thai^{5}

芥菜　ma^{1} kaːt^{7}

菠菜　po^{5} tshaːi^{4}

西红柿　maːu^{6} siu^{4} tshaːi^{6}

茄子　ca^{6} nam^{2}

苦马菜　ma^{1} mjaːk^{7}

苋菜　ma^{1} ɣəm^{2}

芸薹（油菜）　ma^{1} jəu^{2} thai^{5}

菜薹　ma^{1} təm^{1}

茼蒿菜　ma^{1} thuŋ^{6} haːu^{5}

空心菜　ʔɔŋ^{5} thai^{5}

韭菜　haːi^{5}

芹菜　chin^{6} tshaːi^{4}

黄花菜　hwa^{1} cəm^{1} thai^{5}

葱　thɔŋ^{1}

蒜　ɣɔ^{2}

蒜苔　ɣɔ^{2} koːn^{3}

芫荽（香菜）　jeːn^{6} sy^{5}

姜　hiŋ^{1}

辣椒　laːk^{8} ljeːn^{6}

胡椒　fu^{6} tjeu^{1}

芝麻　jəu^{6} ma^{2}

八角　paːt^{7} kaːk^{7}

瓜　kwa^{1}

冬瓜　tɔŋ^{1} kwa^{1}

南瓜　naːm^{2} kwa^{1}

黄瓜　kwa^{1} paːk^{8}

西瓜　te^{1} kwa^{1}

丝瓜　thjen^{1} la^{2}

苦瓜　ku^{5} li^{5}

瓜瓤　kwa^{1} naːŋ^{5}

瓜络　hɣaːn^{5}

瓜子　kwa^{1} laːk^{8}

地瓜　ko^{6} sy^{6}

红薯　man^{2}

芋头　ʔɣaːk^{7}

马铃薯　ma^{5} lin^{6} sy^{6}

荸荠　put^{8}

茨菇　khɣəu^{3}

葫芦　fu^{6} lu^{3}，pu^{2}

藕　ŋau^{4}

萝卜　laːk^{8} pak^{8}

六、身体、生理

身体 hɣən^{1}

头 kɣo^{3}

头顶 ʔu^{1} kɣo^{3}

额头 ŋɣa^{2} pɣaːk^{7}

脑门心 ta^{5} na^{2}

脑髓 ȵui^{2}

头发 pɣam^{1} kɣo^{3}

髻 ku^{1} ceu^{4}

辫子 fja^{1}

发旋 lən^{2} tøːn^{6}

脸 na^{3}

太阳穴 paːi^{2} cəm^{1} ȵi^{4}

颧骨 na^{3} hɣaːk^{7}

脸颊 ŋai^{6}

酒窝 ŋai^{6} tsəm^{6}

耳朵 khɣa^{1}

耳垂 khɣa^{1} peːŋ^{5}

眼睛 mɣa^{1}

眼皮 kai^{5} mɣa^{1}

眼角 caːk^{7} mɣa^{1}

眼珠 mɣa^{1} ȵan^{2}

眉毛 pɣam^{1} mɣa^{1}

睫毛 pɣam^{1} mɣa^{1} nam^{4}

鼻子 naŋ^{1}

鼻梁 naŋ^{1} ceːu^{2}

鼻孔 luŋ^{1} naŋ^{1}

人中 ʔu^{1} sən^{2} paːk^{7}

嘴 paːk^{7}

嘴唇 sən^{2} paːk^{7}

胡子 mut^{8}

上颚 ʔu^{1} ŋɔːm^{6}

牙齿 fan^{1}

大牙 fan^{1} o^{4}

犬牙 fan^{1} ɣa^{3}

门牙 fan^{1} kun^{5}

下巴 ŋa^{6} kaːu^{5}

舌头 ma^{2}

小舌 ma^{2} niŋ^{5}

舌苔 ma^{2} ȵaːi^{1}

喉咙 te^{3} fu^{1}

喉结 kɔk^{8} tsɔŋ^{1} khɣaːu^{3}

脖子 ɣən^{3}

后颈窝 lən^{2} ɣən^{3}

肩膀 ha^{1}

脊背 lən^{2} laːi^{2}

胸脯 təm^{1} tau^{2}

腋下 te^{3} khɣaːk^{7}

乳房 nɛ^{6}

奶头 nɛ^{6} peːŋ^{5}

肚子 lɔŋ^{2}

肚脐 lɔŋ^{2} mɣa^{1}

脐带 kɣaːi^{3} lɔŋ^{2} mɣa^{1}

腰 ʔjeːu^{1}

胳膊 nja^{2} puŋ^{4}

肘 chn^{1} nɔ^{3}

手 nja^{2} puŋ^{4}

手掌 kwa^{3} nja^{2}

手背 ʔu^{1} nja^{2}

手心　ta^{5} nja^{2}
手腕　nja^{2} kɔk^{8}
手纹　nja^{2} can^{5}
手指　nja^{2} laːk^{8}
拇指　nja^{2} mai^{4}
十指　nja^{2} laːk^{8} ti^{6} ȵi^{6}
中指　nja^{2} ta^{5}
无名指　nja^{2} laːk^{8} ti^{6} ti^{5}
小指　nja^{2} laːk^{8} məi^{2}
叉子（六指）　nja^{2} laːk^{8} khai^{1} ŋa^{5}
指甲　nja^{2} nap^{7}
指纹　nja^{2} lau^{5}
箕（指纹）　laːk^{8} li^{2}
斗（指纹）　laːk^{8} lau^{5}
拳头　cøːn^{2} tau^{2}
脚　tin^{1} paːn^{3}
脚心　te^{3} tin^{1} kwa^{3}
脚背　ʔu^{1} tin^{1} kwa^{3}
脚后跟　tin^{1} khɣɔːŋ^{1}
脚踝　tin^{1} mɣa^{1}
脚趾　tin^{1} laːk^{8}
膝盖　ku^{1} ko^{5}，kəm^{1} ko^{5}
腿　tən^{3}，tin^{1}
大腿　tən^{3} tsheːŋ^{5}
小腿　tin^{1} puŋ^{4}
腿肚子　tin^{1} lɔŋ^{2}
屁股　khɔŋ^{3}
肛门　luŋ^{1} khɔŋ^{3}
阴囊　kɣai^{5} tai^{6}
睾丸　kɣai^{5} ȵon^{2}

心　təm^{1} tau^{2}
肺　fe^{5}
肝　tap^{7}
胆　mɣɔ^{5}
肾　ʔjeːu^{1}
脾脏　ma^{5}
胃　tu^{3}
肠子　kɣaːi^{3}
大肠　kɣaːi^{3} lo^{4}
小肠　kɣaːi^{3} niŋ^{5}
盲肠　kɣaːi^{3} ŋa^{5}
膀胱　tu^{3} njaːu^{5}
筋　cən^{1}
腱子肉　sik^{8} caːn^{5}
血　phɣaːt^{7}
脉搏　mɛːk^{8}
皮肤　ŋɣa^{2}
汗毛　pɣam^{1} ȵuŋ^{2}
骨头　hɣaːk^{7}
骨髓　ȵui^{2} hɣaːk^{7}
骨节　hɣaːk^{7} tuk^{7} tau^{5}
筋骨　hɣaːk^{7} sɛːk^{7}
脊椎骨　hɣaːk^{7} lən^{2} laːi^{2}
肩胛骨　hɣaːk^{7} pən^{2} si^{2}
奶　nɛ^{6}
眼泪　nam^{1} mɣa^{1}
眼屎　cɛ^{3} khɣa^{1}
鼻涕　muk^{8}
口水　ŋø^{2}
痰　ŋø^{2} ʔou^{1}

汗　haːn^{6}

汗垢　ȵaːi^{3}

屎　cɛ^{3}

尿　njaːu^{5}

屁股　kɣət^{7}

痣　tsi^{5}

雀斑　paːn^{3}

记（斑记）　mɛ^{1}

汗斑　haːn^{6} paːn^{1}

胞衣　po^{1} ʔi^{1}

尸体　si^{1} haːi^{2}

趼（手脚上的茧子）　tə^{1}，ʔɣa^{1}

水泡（皮肤因摩擦而起的泡）　tɔːm^{5}

鸡皮疙瘩　lɔk^{7} sik^{8} ci^{1}

皱纹　ȵau^{5}

七、亲属称谓

祖先　kɔŋ^{1} maːŋ^{6}

后代　tai^{6} lən^{2}，hau^{6} tai^{6}

曾祖父　maːŋ^{6} kɔŋ^{1}

曾祖母　maːŋ^{5} pwa^{2}

祖父　kɔŋ^{1}

祖母　pwa^{2}

父母　pu^{4} ni^{4}

父亲　pu^{4}

母亲　ni^{4}

后母　ni^{4} lən^{2}

夫妇　kɔŋ^{1} pwa^{2}

丈夫　kɣaːu^{4}

妻子　maːi^{4}

哥哥　faːi^{4}

嫂子　hɣaːu^{3}

弟弟　te^{4}

弟媳　maːi^{4} te^{4}

妯娌　hɣaːu^{3} nuŋ^{4}

弟兄　faːi^{4} nuŋ^{4}

姊妹　tsɛ^{2} nuŋ^{4}

姐姐　tsɛ^{2}

姐夫　faːi^{4} tsɛ^{2}

妹妹　nuŋ^{4}

妹夫　nuŋ^{4} kɣaːu^{4}，kɣaːu^{4} nuŋ^{4}

儿子　laːk^{8}

儿媳　laːk^{8} maːi^{4}

女儿　laːk^{8} fjaːk^{7}

女婿　laːk^{8} kɣaːu^{4}

儿女　ti^{6} laːk^{8}

幺儿　laːk^{8} məi^{2}

幺女　laːk^{8} fjaːk^{8} məi^{2}

子孙　laːk^{8} khɣaːn^{1}

孙子　laːk^{8} khɣaːn^{1} maːn^{1}

孙女　laːk^{8} khɣaːn^{1} fjaːk^{7}

曾孙　laːk^{8} khɣaːn^{1} lui^{3}，khɣaːn^{1} lui^{3}

伯父　pa^{5}

伯母　mu^{4}

叔父　so^{5}

叔母　səm^{3}

侄儿　nuŋ^{4} khɣaːn^{1} maːn^{1}

侄女　nuŋ^{4} khɣaːn^{1} fjaːk^{7}

姑母（父之姐）　pa^{3}

姑母（父之妹）　ku^{1}

姑父（父姐之夫）　luŋ^{2}

姑父（父妹之夫）　so^{5} ku^{1}

姨母（母之姐）　pa^{3}

姨母（母之妹）　fai^{6}

姨父（母姐之夫）　luŋ^{2}

姨父（母妹之夫）　ȵi^{6} fu^{1}

外祖父　ŋwaːi^{6} kɔŋ^{1}

外祖母　ŋwaːi^{6} pwa^{2}

舅父（母之兄）　luŋ^{2}

舅父（母之弟）　səu^{2}

舅母（母兄之妻）　pa^{3}

舅母（母弟之妻）　fai^{6} səu^{2}

表兄　faːi^{4} pa^{3}，faːi^{4} luŋ^{2}

表嫂　hɣaːu^{3} faːi^{4} pa^{3}

外甥　ŋwaːi^{6} sɛːŋ^{1} maːn^{1}

外甥女　ŋwaːi^{6} sɛːŋ^{1} fjaːk^{7}

外孙　ŋwaːi^{6} sɛːŋ^{1}

外孙女　ŋwaːi^{6} sɛːŋ^{1} fjaːk^{7}

公公　ca^{1} kɔŋ^{1}，pu^{4}

婆婆　ca^{1} pwa^{2}，ni^{4}

岳父　pu^{4}

岳母　ni^{4}

干爹　pu^{4} maːn^{3}

干妈　ni^{4} maːn^{3}

亲戚　thən^{1} thik^{7}

亲家　thən^{1} ca^{1}

八、称谓、职业

人　çən^{1}

主人　tsø^{3} ca^{1}

客人　khɛːk^{7}

长辈　paːn^{1} lo^{4}

平辈　tɔŋ^{2} paːn^{1}

晚辈　paːn^{1} niŋ^{5}

老翁　kə^{6} laːu^{4}

老太太　ni^{4} lo^{4} ce^{5}

老人　mu^{6} lo^{4}

大人　mu^{6} lo^{4}

男人　ti^{6} kɔŋ^{1}

女人　ti^{6} pwa^{2}

青年男子　hau^{5} sɛːŋ^{1}

青年女子　hau^{5} sɛːŋ^{1}

新郎　laːk^{3} kɣaːu^{4} mai^{5}

新娘　laːk^{8} maːi^{4} mai^{5}

情人（相好）　tjaːŋ^{1} ʔi^{1}

媒人　moːi^{2}

单身汉　taːn^{1} sən^{1}

婴儿　laːk^{8} te^{5}

儿童　laːk^{3} te^{5}

养子　laːk^{8} tjeːp^{7}

双生子　tshɔŋ^{5} sɛːŋ^{1}

私生子　laːk^{8} ça^{4}

鳏夫　kə^{6} laːu^{4} kun^{3}

寡妇　pwa^{2} kun^{3}

孤儿　laːk^{8} kun^{3}

邻居　ceːk^{7} peːk^{7}

医生　thjaːŋ^{6} kɣa^{2}

先生　thjen^{5} sɛːŋ^{1}

校长　çaːu^{4} tsaːŋ^{3}

老师　laːu^{4} sɿ^{5}

学生 haːk^{7} sɛːŋ^{1}

私服 sɿ^{5} su^{6}

徒弟 tu^{3} te^{6}

恩人 ʔan^{1} cən^{1}

仇人 tsəu^{2} çən^{1}

熟人 sɔk^{8} çən^{1}

朋友 pɔŋ^{2} jəu^{6}，puŋ^{6} jəu^{6}

敌人 ti^{6} jin^{6}

长工 tsjaːŋ^{2} kɔŋ^{1}

短工 ljeːŋ^{2} kɔŋ^{1}

雇农 ku^{4} nuŋ^{6}

贫农 phin^{6} nuŋ^{6}

奴隶 nu^{2}

地主 ti^{4} tsy^{3}

匠人 tjaːŋ^{6}

木匠 tjaːŋ^{6} mai^{4}

银匠 tjaːŋ^{4} tui^{2}

石匠 tjaːŋ^{4} khɣət^{7}

补锅匠 tjaːŋ^{4} pu^{3} ko^{5}

商人 sjaːŋ^{1} ʔi^{5} çən^{1}

厨师 tsø^{6} fɔːŋ^{2}

屠夫 tu^{6} haːŋ^{2}

歌手 ko^{5} səu^{3}，ko^{1} tau^{2}，mu^{6} fɛ^{4} tsjaːŋ^{5}

猎人 mu^{5} lik^{8} naːn^{4}

牧童 laːk^{8} te^{5} kau^{5} tən^{2}

乞丐 kɣau^{1}

跛子 laːk^{8} kwɛ^{6}

哑巴 laːk^{8} ŋa^{3}

瞎子 laːk^{7} mɣa^{1} kha^{1}

驼子 laːk^{7} cuŋ^{2}

聋子 laːk^{1} khɣa^{1} lak^{7}

傻子 laːk^{1} sɔŋ^{2}，laːk^{7} ŋaːŋ^{5}

麻子 laːk^{7} ɣaːi^{2}

疯子 laːk^{7} tjeːn^{1}

好人 çən^{1} ʔi^{1}

坏人 çən^{1} hwaːi^{5}

犯人 fɔːm^{2} çən^{1}

鬼师 taːu^{4}

巫婆 pwa^{2} ja^{6} cam^{5}

道士 taːu^{4}

匪首 kɣak^{8} tau^{2}

土匪 thu^{3} fəi^{3}

强盗 kɣak^{8}

贼 kwaːi^{3}

骗子 mu^{6} pheːn^{5}

富翁 mu^{6} fat^{7} tai^{2}

皇帝 jɔːŋ^{2}

官 ʔuŋ^{3}

兵 peːŋ^{1}

主席 tsy^{3} si^{6}

总理 tsuŋ^{3} li^{3}

部长 pu^{4} tsaːŋ^{3}

省长 sən^{3} tsaːŋ^{3}

书记 sy^{5} ci^{4}

县长 jøːn^{6} tsjaːŋ^{3}

区长 chy^{5} tsaːŋ^{3}

乡长 çaːŋ^{1} tasːŋ^{3}

社长 se^{4} tsaːŋ^{3}

社员 se^{4} jøːn^{6}

党员　taːŋ^{3} jøːn^{6}

团员　thwaːn^{6} jøːn^{6}

同志　thuŋ^{6} tsɿ^{4}

干部　kaːn^{4} pu^{4}

群众　chyn^{6} tsuŋ^{4}

百姓　pɛːk^{7} tjeːŋ^{5}

人民　jin^{6} min^{6}

工人　kuŋ^{6} min^{6}

农民　nuŋ^{6} min^{6}

代表　taːi^{4} pjaːu^{3}

模范　mu^{6} faːn^{4}

英雄　ʔɛŋ^{1} jɔŋ^{2}

九、居住、建筑、交通

家　ɣəːn^{2}

房屋　ɣəːn^{2}

房间　kɣaːŋ^{2}

学校　ço^{6} çaːu^{4}

礼堂　li^{3} thaːŋ^{6}

课堂　caːu^{4} sɿ^{6}

办公室　paːn^{4} kuŋ^{5} sɿ^{6}

商店　saːŋ^{5} tjeːn^{4}

旅店　çeːt^{7} tjeːm^{5}

托儿所　tho^{6} ʔə^{6} so^{3}

衙门　ja^{6} mən^{2}

监狱　ceːn^{1} lɔ^{2}

厨房　tsø^{6} foːŋ^{2}，kun^{5} tɔ^{5}

灶　tɔ^{5}

灶口　paːk^{7} tɔ^{5}

灶眼　luŋ^{1} çaːu^{5}

烟囱　ʔjeːn^{1} thuŋ^{5}

茅屋　ɣaːn^{2} ʔja^{1}

棚子　pɔŋ^{2}

厕所　sɿ^{5} khɛːŋ^{1}，tən^{2} pu^{1}

粮食　hu^{3} kɣɔ^{4}

晒谷场　ti^{6} peːŋ^{2}

菜园　fjeːn^{1}

篱笆　pa^{1}

牛圈　laːn^{2} tən^{2}

猪圈　laːn^{2} mu^{5}

鸡窝　lɔk^{8} ci^{1}

鸡窝（鸡下蛋的地方）　lau^{3} ci^{1}

鸡罩子　tsaːu^{5} ci^{1}

鸟窝　tən^{1} mɣɔk^{8}

蜂房　tən^{1} huŋ^{6} lyn^{1}

蚂蚁窝　tən^{1} mɣət^{8}

猪笼　lau^{4} mu^{5}

鸡窝（用竹木条编织而成，可以挑着走）　lau^{4} ci^{1}，khap^{7} ci^{1}

鸟笼　ɣau^{4} mɣɔk^{8}

屋檐　ŋwa^{4} jeːm^{2}

屋背　ʔu^{1} kəm^{1} ɣaːn^{2}

屋脊　kəm^{1} ɣaːn^{2}

梁　ljaːŋ^{2}

檩条　kəm^{1} laːŋ^{2}

柱子　tsø^{4}

椽子　tsø^{4} caːk^{7}

栅栏　laːn^{6} kaːn^{1}

楼　lau^{2}

楼板　lau^{2} pjeːn^{3}

楼梯　kɛ^{3}

门　tɔ^{1}

门扣　tɔ^{1} phaːn^{5}

门闩　tɔ^{1} swaːn^{1}

门槛　khaːn^{3} tɔ^{1}

门缝　khœːŋ^{5} tɔ^{1}

门板　paːn^{5} tɔ^{1}

后门　tɔ^{1} lən^{2}

窗户　luŋ^{1} tshoːŋ^{1}

石灰　hoːi^{1}

瓦　ŋwa^{4}

砖　tsøːn^{1}

窑　jeːu^{2}

墙壁　tjaːŋ^{2}

木板墙　tjaːŋ^{2} pjeːn^{3}

土墙　tjaːŋ^{2} mɣan^{1}

路　khwən^{1}

铁路　the^{6} lu^{4}

公路　kuŋ^{5} lu^{4}

岔路　khwən^{1} ŋa^{5}

车子　tshja^{1}

火车　fəi^{1} tshja^{1}

汽车　chi^{4} tshe^{5}

自行车　taːn^{1} tshja^{1}

牛车　tshja^{1} tən^{2}

轮子　lan^{2}

车橡　tshja^{1} kaːŋ^{5}

车辐　tshja^{1} teːn^{5}

车轴　tshja^{1} təm^{1}

车辋　tshja^{1} ca^{5}

轿子　cuːu^{6}

桥　ceːu^{2}

船　søːn^{2}

筏子　paːi^{2}

船蓬　søːn^{2} pɔŋ^{2}

船桨　søːn^{2} tsjaːŋ^{3}

船篙　kaːn^{6} tsheːŋ^{1} søːn^{2}

舵　tɔ^{4}

飞机　fəi^{5} ci^{5}

十、服　饰

衣服　kuk^{7}

单衣　kuk^{7} taːn^{1}

棉衣　kuk^{7} mjeːn^{2}

夹衣　kuk^{7} caːp^{7}

背心　pəi^{4} sin^{5}

蓑衣　tui^{5}

衣领　fɔŋ^{1} ljeːŋ^{4}

大襟　kuk^{7} pu^{2} lo^{4}

小襟　kukpu^{2} niŋ^{5}

袖子　chin^{1} kuk^{7}

扣子　khau^{5}

袋子　puŋ^{2} tai^{6} ːpuŋ^{2} pa^{4}

衣缝儿　kuk^{7} sɛːk^{7}

裤子　hwa^{5}

裤腰　kɣo^{3} hwa^{5}

裤裆　nɔːŋ^{6} hwa^{5}

裤管　chin^{1} hwa^{5}

裤脚　tin^{1} hwa^{5}

短裤　hwa^{5} hɣən^{3}

裤衩 hwa^{5} hɔ^{3}

开裆裤 hwa^{5} pjaŋ^{6}

裙子 kwən^{2}

围裙 wəi^{6} kwən^{2}

裤带 kɛ^{1} hwa^{5}

补丁 pu^{3} pa^{5}

鞋子 çaːi^{1}

胶鞋 caːu^{5} haːi^{6}

草鞋 tsjaːk^{7}

凉鞋 ljaːŋ^{6} haːi^{6}

木板鞋 çaːi^{1} mɔk^{8} ceːk^{8}

鞋样 çaːi^{1} jaːŋ^{6}

鞋帮 çaːi^{1} mjeːn^{6}

鞋底 çaːi^{1} te^{3}

鞋楦子 tshɔŋ^{5} çaːi^{1}

鞋后跟 çaːi^{1} khɣɔŋ^{1}

袜子 maːi^{8}

布 ja^{1}

花布 ja^{1} hwa^{1}

土布 ja^{1} ɣaːn^{2}

绸子 tsəu^{2}

缎子 toːn^{6}

呢子 ni^{6} tsɿ^{3}

花边 hwa^{1} pjeːn^{1}

珠子 tsø^{1}

麻布 ja^{1} ŋaːn^{1}

被子 ɣaːŋ^{6}

棉被 ɣaːŋ^{6} mjeːn^{2}

棉絮 mjeːn^{2} thai^{1}

背面 ɣaːŋ^{6} mjeːn^{6}

被里 ɣaːŋ^{6} taːn^{1}

毯子 thaːm^{3}

床单 tshwaːŋ^{6} thaːn^{4}

席子 teːk^{8}

枕头 kɣo^{3} mun^{1}

蚊帐 tyn^{3}

帽子 mɔ^{6}

斗笠 mɔ^{6} kɣuŋ^{1}

头巾 pha^{5} kɣo^{3}

包袱 po^{1} fɔk^{8}

背带 haːŋ^{3}

首饰 səu^{3} sik^{7}

戒指 kaːi^{4} ku^{3}

簪子 cin^{5} tsaːn^{5}

手镯 ceːm^{2}

手表 səu^{3} pjaːu^{3}

项圈 ɣən^{3} chøːn^{1}

耳环 khɣa^{1} nɛːŋ^{5}

十一、生活用具、武器

碗 ʔwoːn^{3}

大碗 ʔwoːn^{3} lo^{4}

碗柜 kon^{3} chin^{5}

筷子 tsø^{6}

筷筒 puŋ^{4} tsø^{6}

饭勺 pən^{6} si^{7}

粥勺子 sjaːk^{8} tsɔk^{7}

锅（炒菜的） chik^{7}

鼎锅（煮饭的） tiŋ^{5} kwa^{1}，tcɪŋ^{5} kwa^{1}

铝锅 thi^{5} ko^{5}

砂锅　koːn^{5}

锅铲　tsəp^{7} tshaːn^{3}

锅圈　chik^{7} chøːn^{1}

锅架子　ca^{5} chik^{7}

三脚架　taːm^{1} tsheːŋ^{5}

火盆　fəi^{1} pən^{2}

吹火筒　tshui^{1} tɔŋ^{2}

柴　hɣət^{7}

劈柴　hɣət^{7} phwa^{5}

盖子　kai^{5}，cəm^{6}

壶　fu^{2}

茶壶　tsa^{2} fu^{2}

杯子　tsɔŋ^{1} tsa^{2}

瓶子　peːŋ^{2}

塞子　tak^{7}

钵　poːt^{7}

碟子　tjeːp^{8}

盘子　poːn^{2}

调羹（汤匙）　pə^{6} kɛːŋ^{1}

瓢　sjaːk^{8} nam^{4}

坛子　ʔɔŋ^{5}

瓮　ʔɔŋ^{5}

罐子　koːn^{5}

缸　taːŋ^{6}

水缸　taːŋ^{6} nam^{4}

甑子　khe^{1}

盆　pən^{2}

木盆　pən^{2} mai^{4}

脸盆　pən^{2} na^{3}

桶　thɔŋ^{3}

箍　khu^{5}

底儿　thɔŋ^{3}

大簸箕（大，晒粮食用）　lɔŋ^{3} lo^{4}

簸箕（平底，簸米用）　lɔŋfan^{5}

簸箕（盛物品用）　lɔ^{2} li^{2}，jau^{6} li^{2}

筛子（细小孔的）　lɔŋ^{3} swaːi^{1}

筛子（大孔的）　swaːi^{1}

箩斗　lo^{6} təu^{3}

晒席　la^{1}

木槽　pən^{2} mai^{4}

石槽　pən^{2} tui^{2}

刀　mit^{8}

菜刀　mit^{8} tsjeːp^{8} ma^{1}

尖刀　mit^{8} khɣa^{1}

剃头刀　mit^{7} tsjeːp^{8} ma^{1}

刀刃　paːk^{8} mit^{8}

刀尖　phɣœ^{1} mit^{8}

刀背　kaːŋ^{1} mit^{8}

刀鞘　khwak^{7} mit^{8}

刀把　taːm^{1} mit^{8}

砧板　kiŋ^{2}

桌子　koːn^{2}

凳子　taŋ^{5}

长凳　taŋ^{2} ɣaːi^{3}

木墩　kɣɔk^{8} tɔk^{8}

椅子　ʔi^{3}

梯子　kɛ^{3}

床　pho^{5}

柜子　kwəi^{6}

抽屉　tshəu^{5} thi^{6}

箱子　tjaːŋ^{1}

盒子　hɔːp^{8}

箩筐　chiŋ^{1}

提篮（小竹篮）　muŋ^{1}

竹筒　puŋ^{4} kwan^{1}

扫帚　siŋ^{1} hu^{3}，puŋ^{4} siŋ^{1}

竹扫帚　jaːŋ^{1} phɣət^{7}

袋子　tai^{6}

麻袋　tai^{6} ŋaːn^{1}

镜子　keːŋ^{5}

眼镜　ŋaːn^{6} keːŋ^{5}

玻璃　po^{5} li^{6}

毛巾　pha^{5} na^{3}

梳子　chi^{1}

篦子　pe^{6}

扇子　sjeːn^{5}

伞　taːn^{5}

刷子　swaːt^{7}

肥皂　jaːŋ^{6} ceːn^{3}

针　tshəm^{1}

线　pɣøːn^{6}

麻线　pɣøːn^{6}

丝线　pɣøːn^{6} ti^{1}

带子　kɛ^{1}

剪子　miu^{1}

绳子　luk^{7}

粽绳　luk^{7} kœ^{5}

麻绳　luk^{7} hwaːŋ^{6} ma^{6}，luk^{7} ŋaːn^{6}

纥垯　hɔk^{8}

死结　kwat^{7} pɣai^{1}

活结　khy^{5}

烟斗　ʔjeːn^{1} tau^{3}，ʔjeːn^{1} tɔŋ^{4}

水烟筒　ʔjeːn^{1} tɔŋ^{4} nam^{4}

烟袋　tai^{6} ʔjeːn^{1}

火笼　fəi^{1} lɔŋ^{2}

火柴　tsɿ^{4} laːi^{6} ho^{3}，ho^{3} tshaːi^{6}

灯　taŋ^{1}

灯筒　tən^{5} thuŋ^{5}

电灯　tjeːn^{4} tən^{5}

汽灯　chi^{4} tən^{5}

灯草　taŋ^{1} thɔ^{3}

灯笼　taŋ^{1} lɔŋ^{2}

灯罩　taŋ^{1} tsaːu^{5}

蜡烛　laːp^{8}

黄蜡　hwaːŋ^{6} laːp^{8}

棍子　mɔk^{8} kwən^{5}

拐杖　mai^{4} kɣuŋ^{4}

竹竿　kaːn^{6}

秤　tshiŋ^{5}

秤星　tshiŋ^{5} hwa^{1}

秤砣　tshiŋ^{5} twa^{2}

秤盘　tshiŋ^{5} poːn^{2}

秤杆　tshiŋ^{5} kaːn^{3}

秤钩　tshiŋ^{5} ŋau^{1}

秤索　tshiŋ^{5} tɔŋ^{1}

戥子　taŋ^{3}

锁　twa^{3}

钥匙　laːi^{8} si^{2}

酒提子　te^{6} khɣaːu^{2}

漏斗　khɣaːu^{3} lø^{6}

耳子（器皿上的挂耳） khɤa^{1}

把耳 taːm^{1}，peːŋ^{5}

釉 jəu^{6}

瓷器 ŋwa^{4}

鞍子 aːn^{1}

马镫 ma^{4} tɔk^{8} taŋ^{5}

缰绳 ma^{4} tsaːp^{8} khau^{3}

马衔（马嚼子） ma^{4} tsɔk^{8} khau^{3}

鞭子 ma^{4} pjeːn^{1}

牛嚼笼 paːk^{7} kɤɔŋ^{2}

牛绳 luk^{7} tən^{2}

牛鼻环 khɤət^{7} chøːn^{1}

牛鼻索 min^{5}

牛轭 ʔik^{7}

弓 cɔŋ^{1}

弓弦 pɤœːn^{6} cɔŋ^{1}，tjeːn^{5} cɔŋ^{1}

箭 theːn^{5}

矛 thjaːŋ^{1}

炮 tshɔŋ^{5} lo^{4}

枪 tshɔŋ^{5} lo^{4}

子弹 pit^{7} ma^{4}，jøːn^{2} ma^{4}

鸟枪 ce^{6} tshjaːŋ^{5}

铁砂 sa^{1} pɛːŋ^{5} mɤɔk^{8}

火帽 ceːk^{7}

十二、生产工具

犁 khɤai^{1}

犁镜 li^{2} mjeːn^{6}

犁弯 khɤai^{1} kaːn^{3}

犁头 paːk^{7} khɤai^{1}

锹 kø^{3}

耙 pa^{2}

谷耙 mɔk^{8} kwaːi^{6}

钉耙 tsaːu^{3}

拖拉机 tho^{5} la^{5} ci^{5}

锄头 coːk^{7}

板锄 kwaːt^{7}

水车（靠水力转动的筒车） tsja^{1} nam^{4}

戽斗 hɤun^{5}

水车 tshja^{1} lɔŋ^{2} kwat^{7}

梿枷 mɔk^{8} ȵaːu^{4}

打谷桶 huŋ^{6} thɔŋ^{3}

杠子 kaːŋ^{5}

粪箕 jəu^{6} li^{2}，lɔ^{6} li^{2}

撮箕 lɔ^{6} li^{2}

风车 fɔŋ^{1} tshja^{1}

铡刀 mit^{8} tsaːp^{8}

柴刀 mɤa^{4}

镰刀 ljeːm^{4}

禾叉 tsha^{5} ŋa^{1}

磨 mwa^{6}

碾子 swəi^{3} liŋ^{2}

碓 luŋ^{1} toːi^{5}

碓杆 toːi^{5} kaːn^{3}

碓窝 kəm^{1} toːi^{5}

臼 kəm^{1} tui^{2}

木杵 kəm^{1} tsui^{2}

纺车 sja^{3}

织布机 tuŋ^{2}

梭子 phi^{3} so^{3}

卷纱的竹筒　puŋ^{2} lyt^{7}

纬线　pɣœːn^{6} tam^{3}

经线　pɣœːn^{6} fɛːŋ^{3}

鱼叉　y^{2} tsha^{1}

浮子　fəu^{2} tɔŋ^{2}

叉子　tsha^{1} ŋa^{1}

钓鱼竿　tjeːu^{5} kaːn^{3}

鱼钩　tjeːu^{5} ŋau^{1}

鱼篓　phiu^{1} ljeːm^{2}

渔网　moːŋ^{4}

渔网（长形）　moːŋ^{4}

罾（方形渔网，上有竹竿做支架）　tam^{1}

鱼笼　hɣaːi^{1}

雀套　thɔ^{5}

斧头　fo^{3}

锯子　kø^{5}

刨子　pɔ^{2}

凿子　tiu^{5}

攒子　cəm^{1} kaːŋ^{1} tui^{5}

锥子　tsui^{5}

锉刀　thɔ^{5}

木马　mɔk^{8} ma^{4}

墨斗　mak^{8} tau^{3}

墨线　mak^{8} tjeːn^{5}

磨刀石　tui^{2} kwan^{2} mit^{7}

锤子　tsui^{5}

铁砧　khɣət^{7} tən^{1}

钳子　ŋap^{7} ceːm^{2}

火钳　ŋap^{7} ceːm^{2}

钩子　qu^{1}

风箱　fɔŋ^{1} tjaːŋ^{1}

铁线　khɣət^{7} tjeːn^{5}

钉子　teːŋ^{1}

铁链　ljeːn^{6}

木头　mai^{4}

板子　paːn^{3}

篾条　mjeːt^{8}

木屑　mɣaːk^{7} mai^{4}

刨花　tsa^{1} pɔ^{2}

锯末　pən^{5} mai^{4}

隼子　sən^{3} tau^{2}

楔子　lim^{4}

机器　ci^{5} chi^{4}

十三、经济、文化、娱乐

集市　fai^{3}，caːi^{1}

钱　tjeːn^{2}，pjeːu^{5}

银元　ləi^{5} ȵan^{2}

铜板　ləi^{5} tɔŋ^{2}，thuŋ^{6} ləi^{5}，thuŋ^{6} paːn^{3}

铜钱　mən^{1} tjeːn^{2}

工钱　kɔŋ^{1} tjeːn^{2}

公分　kɔŋ^{1} fən^{1}

工资　kɔŋ^{5} tsɿ^{5}

生意　sɛːŋ^{1} ji^{5}

价钱　ca^{5} tjeːn^{2}

银行　jin^{6} haːŋ^{6}

利息　theːn^{2} li^{4}

税　suːi^{5}

债　tsjaːŋ^{5}

笔　pət^{7}

铅笔　jøːn^{6} pi^{6}，tsheːn^{5} pi^{6}

自来水笔　swəi^{3} pi^{6}，kaːŋ^{5} pi^{6}

纸　tsi^{3}

墨　mak^{8}

墨水　mak^{8} nam^{4}

砚台　mak^{8} ȵeːn^{6}

浆糊　tsjaːŋ^{4} hu^{6}

字　ti^{6}，lɛ^{2}

书　lɛ^{2}

图画　hwa^{5}

对联　toːi^{5}

历书　huŋ^{6} leːk^{8}

信　tən^{5}

印　ʔjən^{5}

电话　tjeːn^{2} hwa^{4}

算盘　toːn^{5} poːn^{2}

尺子　tsheːk^{7}

旗子　ci^{2}

球　cəu^{2}

棋　ci^{2}

谜语　mi^{4}

歌　tshjaːŋ^{5}

山歌　tshjaːŋ^{5}

民歌　tshjaːŋ^{5}

情歌　tshjaːŋ^{5} tɔŋ^{6} njeːn^{2}

舞蹈　thjeːu^{5} ʔu^{3}

电影　tjeːn^{4} jin^{3}

故事　ku^{3}

扑克牌　phe^{5}

秋千　tshiu^{5} tshjeːm^{5}，tɔːŋ^{6} nɔːŋ^{5}

风筝　fuŋ^{5} tsən^{5}

钟　tsɔŋ^{1}

钟（时钟）　tsɔŋ^{1}

铃（摇的）　leːŋ^{2}

唢呐　ti^{5} tɛ^{5}

喇叭　hɔ^{6}，jaːŋ^{6} haːu^{4}

钹　tsəm^{6} tshœ^{3}，tshøːm^{5} tsøːm^{5}

锣　la^{2}

铜鼓　ku^{3}

鼓棒　thuŋ^{2} ku^{5}，tɔŋ^{2} ku^{3}

二胡　ȵi^{6} ȵeːn^{2}

箫　teːk^{8}

哨子　saːu^{5}，jaːŋ^{6} ci^{5}（小哨子）

十四、行政区域、民族

世界　se^{5} caːi^{5}

国　koːk^{7}

中国　tsuŋ^{5} koːk^{7}

省　sɛːŋ^{3}

州　tsəu^{1}

县　jøːn^{6}

区　khy^{5}

乡　çaːŋ^{1}

村　maːn^{3}

村寨　tsaːi^{6}

城　seːŋ^{2}

京城　cəm^{1} seːŋ^{2}

北京　pak^{7} keːŋ^{1}

民族　min^{6} tsu^{6}

汉族　mu^{6} kwan^{1}

壮族　mu^{6} tsoːŋ^{6}

仫佬族　mu^{6} lam^{1}

苗族　mjaːu^{2}

瑶族　jeːu^{2}

十五、风　俗

仙人　sən^{2} tjeːn^{1}

神　sən^{2} tjeːn^{1}

土地神　thu^{3} ti^{6}，saːm^{1} tsø^{3}

鬼　laːi^{4}

妖怪　ʔjaːu^{5} kwaːi^{4}

魂魄　wən^{2}

菩萨　phu^{6} saːt^{7}

庙　mjaːu^{6}

碑　poːi^{1}

塔　pət^{7} thaːp^{7}

坟墓　fən^{2}

经（念经）　keːŋ^{1}

咒语　tsəu^{5}

符　fu^{2}

棺材　mai^{4}，səu^{6}

纸钱　theːn^{2} tsi^{3}

香　çaːŋ^{1}

香炉　poːt^{7} çaːŋ^{1} lu^{2}

蜡烛　laːp^{8}，laːp^{8} tsɔk^{7}

爆竹　tsi^{3} phɔ^{5}

风俗　fɔŋ^{1} sɔk^{8}

生日　sik^{8} ȵat^{8}

八字　paːt^{7} ti^{6}

十六、疾病、医药

病　peːŋ^{6}

疟疾　fɛ^{4} nɔ^{1}

痨病　lɔ^{2}

痢疾　uk^{7} li^{4}

胃病　lɔŋ^{2} cit^{7}

瘟疫　faːt^{7} wən^{1}

天花　ʔuk^{7} tau^{6}

麻疹　ʔuk^{7} ma^{2}

水痘　ʔuk^{7} swəi^{3}

黄疸病　tsjːŋ^{5} mɣɔ^{5}

水肿病　ləm^{6}

流产　swaːt^{7} thai^{1}

痧症　faːt^{7} sa^{1}

麻疯　ma^{6} fɔŋ^{1}

酒疯　khɣaːu^{3} tjeːn^{1}

癫痫　faːt^{7} ŋən^{3}

疳积　khwən^{3} kɔːm^{1}

夜盲　mɣa^{1} moːŋ^{2} ci^{1}

抽筋　tshau^{1} can^{1}

伤口　sjaːŋ^{1} khau^{3}

疤　kɣum^{3}

疮　tshoːŋ^{1}

疥疮　kɣat^{7}

脓　hɣat^{7}

癣　søːn^{3}，khwən^{3} laːn^{6} tøːn^{6}

冻疮　ʔəm^{5} tɔŋ^{5}

癞痢头　khwən^{3} laːi^{6}

痱子　ɣən^{5}

九子痒　piŋ^{1} nɔ^{3}

大经泡　pə^{6} hɛ^{2}

瘤子　pɔk^{7}

瘊子　khwən^{3} kyt^{7}

鸡眼　mɣa^{1} ci^{1}，mɣa^{1} mɣɔk^{8}

疙瘩　pɔk^{7}

翳子（眼疾）　mɣa^{1} tsha^{5} moːi^{2} hwa^{1}

龅牙　fan^{1} tsho^{5}

瘀血　nam^{2} phɣaːt^{7}

药　kɣa^{2}

药方　kɣa^{1} taːn^{1}

膏药　caːu^{1} jːk^{8}

麝香　sja^{4} çaːŋ^{1}

十七、食品、饲料

食物　ti^{6} ceːn^{4} tsaːn^{1}

粮食　ljaːŋ^{2}

米　hu^{3}

糙米　hu^{3} thɔ^{5}

精米（白米）　hu^{3} taːn^{1}

粳米　hu^{3} ȵi^{5} mjaːu^{2}

糯米　hu^{3} kœ^{3}

糯米饭　maːi^{5}

米粉　fən^{3}

米汤　hɣɔ^{5} hu^{3}

饭　hu^{3}

锅巴　hu^{3} khyt^{7}

午饭　tsaːn^{1} fan^{1}

早饭　tsaːn^{1} hət^{7}

晚饭　tsaːn^{1} fɛ^{1}

粥　tsɔk^{7}

面粉　mjeːn^{4} fən^{3}

面条　mjeːn^{6} tjeːu^{2}

面末　pən^{5}

糍粑　ti^{2}

粽子　ʔyt^{7}

饼子　peːŋ^{3}

汤圆　ti^{6} pɣɔ^{5}

米花糖　hu^{3} puk^{7}

菜（饭菜）　ma^{1}

酸菜　ma^{1} khəm^{3}

汤（菜汤）　hɣɔ^{5} ma^{1}

汤（菜汁）　hɣɔ^{5}

肉　sik^{8}

牛肉　sik^{8} tən^{2}

牛脯　tshwaːi^{5} tən^{2}

猪肉　sik^{8} mu^{5}

腊肉　sik^{8} laːp^{8}

肥肉　sik^{8} pəi^{2}

瘦肉　sik^{7} teːŋ^{1}

肉冻　tɔŋ^{5}

油　jəu^{2}

植物油　jəu^{2} su^{5}

荤油　man^{2}

牛羊油　jəu^{2} tən^{2}

猪油　jəu^{2} mu^{5}

网油（肠油）　man^{2} moːŋ^{4}

板油　man^{2} lɔŋ^{2}

油渣　jəu^{2} tsa^{1}

酱　tjaːŋ^{5}

酱油　tsjaːŋ^{4} jəu^{6}

醋　khɣau^{3}

盐　kɣwa^{1}

酒　khɣaːu^{3}

甜酒　khɣaːu^{3} khwaːn^{1}

酒曲　khɣaːu^{3} peːŋ^{3}

酒糟　khɣaːu^{3} laːk^{7}

糖　taːŋ^{2}

白糖　pɛːk^{8} taːŋ^{2}

红糖　taːŋ^{2} ŋaːn^{3}

冰糖　pin^{5} thaːŋ^{6}

蜂蜜　taːŋ^{2} njeːm^{6}

豆腐　tau^{6} fu^{6}

豆渣　tau^{6} fu^{6} tsa^{1}

豆豉　tau^{6} si^{6}

蛋　kɣai^{5}

蛋白　kɣai^{5} paːk^{8}

蛋黄　kɣai^{5} ŋaːn^{3}

蛋壳　kɣai^{5} chaːk^{7}

茶　tsa^{2}

茶叶　fja^{5} tsa^{2}

烟　ʔjeːn^{1}

开水　nam^{4} kwən^{3} ːkhai^{5} swəi^{5}

猪食　kɣu^{2}

细糠　kwa^{6} ȵø^{3}

粗糠　kwa^{6} ce^{5}，ʔoːŋ^{3}

十八、抽象及其他

阳光　tət^{7}

荫　lam^{3}

影子　ʔoːŋ^{3}

颜色　sak^{7} tɔ^{6}

花纹　hwa^{1} sak^{7}

记号　hɔ^{6} ci^{5}，mɛ^{1}

点儿　tɛk^{7}

样子　ʔjaːŋ^{6}

粪　cɛ^{3}

灰（草木灰）　pu^{3}

厩肥　mu^{2}

垃圾　ȵaːk^{7}

壳　chaːk^{7}

沉淀物　caːk^{7}

渣滓　tsa^{1}

胶　caːu^{1}

裂缝　phik^{7}

痕迹　han^{1}，kɣan^{5}

脚印　tin^{1} ɣan^{1}，ʔən^{5} tin^{1}

脚步　tin^{1} jaːm^{5}

瓣儿　lim^{3}

霉（衣服上的）　moːi^{2}

霉（事物上的）　a^{1}

话　wa^{6}，hwa^{6}

耳语　wa^{6} te^{5}

传说　tsøːn^{2}

声音　ŋɔ^{2}

回声　ʔeːŋ^{3}

梦　sən^{6} moːŋ^{6}

梦话　wa^{6} moːŋ^{6}

口哨　saːu^{5}

姓　teːŋ^{5}

名字　ɣaːn^{1}

东西　ti^{6} ceːn^{4}

福气　fɔk^{7} chi^{5}

命运　mɛːŋ^{6}

姓名　sən^{6} mɛːŋ^{6}

罪过　toːi^{6}

礼物　le^{4}

手艺　sau^{3} ŋɛ^{6}

工作　kuŋ^{5} fu^{1}

事情　ti^{6} teːŋ^{2}

坏事　hwaːi^{5} ti^{6}，ti^{6} hwaːi^{5}

道理　təu^{6} li^{4}

脾气　pi^{6} chi^{5}

习惯　kwaːn^{5}

胆量　mɣɔ^{5}

力气　lik^{8} chi^{5}

记性　ci^{5} teːŋ^{5}

瘾　jin^{4}

头（开端）　chi^{3} tau^{2}

末尾　saːt^{7} phɣœ^{1}

动　词

一、自然现象及一般事物的活动变化

破晓　phuŋ^{3} kɣaːŋ^{1}

天亮　mən^{1} kɣaːŋ^{1}

出（太阳）　ʔuk^{7}

晒　ça^{5}

落（太阳）　lui^{6}

薄暮　haːi^{3} lap^{7}

天黑　mən^{1} lap^{7}

晴　liŋ^{4}

阴　lam^{3}

日蚀　ŋwa^{1} tsaːn^{1} thəu^{5} fan^{1}

月蚀　ŋwa^{1} tsaːn^{1} kɣaːŋ^{1} njeːn^{2}

打雷　loːi^{2} pɣa^{1} tin^{3}

雷击　pɣa^{3} maːk^{7}

打闪　mən^{1} laːp^{7}，laːp^{7} liŋ^{6}

下雨　tɔk^{7} kwən^{1}

潲　kwən^{1} phoːt^{7}

淋　lam^{2}

吹　tshui^{1}

刮风　fan^{1} ləm^{2}

涨　lo^{4}

流　thoːi^{1}

溅　pjeːu^{1}

冲　tshɔŋ^{5}

淹　ʔəm^{5}

淹死　ʔəm^{5} pɣai^{1}

结冰　ceːt^{7} nui^{1}

散　taːn^{5}

膨胀　tsjaːŋ^{5}

伸长　la^{1} ɣaːi^{3}

缩　sɔk^{7}

渗透　thəm^{5}

缺（碗缺口）　waːŋ^{5}

缺（刀缺口）　waːŋ^{5}

缺（缺牙）　waːŋ^{5}

破（罐子破了）　khai^{1}，laːn^{6}

裂开　phik^{7}，khai^{1}

皲裂　pɣai^{5}

散（鞭子散了）　taːn^{5}

沾　njeːm^{1}

刺（刺眼）　miŋ^{3}

扎（手扎破）　tshaːn^{1}

破（衣服破）　kwaːt^{8} khai^{1}

绊住　phaːn^{5}

滚（石头滚）　lœːŋ^{4}

垮　paŋ^{1}

干涸　khɣɔ^{1}，khu^{1}

坏　hwaːi^{5}

朽　ŋam^{2}

断　təu^{5}，kɣak^{7}

连（牵连）　nəŋ^{5}

露　lau^{6}

浮　fau^{2}，fu^{2}

沉　tsam^{2}

掉（松落）　pɣœ^{1}，thoːt^{7}

掉（掉地上）　pɣœ^{1}

陷　lɔːp^{8}

轧　lai^{4}

旋转　ta^{3} tsøːn^{6}

转动　tsøːn^{6}

撞　phɔŋ^{5}

倒（树倒了）　khɣam^{5}

倒塌　kø^{2}

冒烟　tshɔŋ^{5} fəi^{1}，kwan^{1}

着（火）　khwan^{1}

烧　pɣaːu^{3}

灭　lap^{7}

响　kuŋ^{1}

爆炸　paːu^{4} tsa^{4}

熏　tshaːn^{1}

呛　tshɔŋ^{5}，mɣak^{7}

鲠（骨鲠在喉）　ka^{2}

闪　sən^{3}

崴　ʔwat^{7}

脱　thoːt^{7}

脱（脱发）　pɣœ^{1}

秃　lɔ^{5}

溢　foːt^{7}

漏　lau^{6}

滴　tɛːk^{7}

沸　kwan^{3}

洒　pɣœ^{1}

剩　siŋ^{6}

凝结　ceːt^{7}

熔化　jɔŋ^{2}

沉淀　tsəm^{2}

颠倒　tiŋ^{3} tɔ^{5}

颠簸　phɔ^{1}

震动　nai^{1}

动摇　sɔŋ^{1}，nai^{1}

摆动　nai^{1}

发霉　moːi^{2}

发酵　moːi^{2}

霉烂　ŋam^{2}，ŋa^{1}

糟（衣服破旧不结实）　ŋam^{2}

褪色　thoːi^{5} ɕak^{7}

生锈　tsha^{5} teːŋ^{5}

通　thɔŋ^{1}

硌　ŋən^{1}

二、动植物的活动和生长变化

守　səu^{3}

摆尾　khɣaːu^{5} kɣət^{7}

啃　kəp^{7}

咬　cit^{8}

蛀　tsœːn^{5}

咆哮　ɣɔŋ^{4}

嘶　tin^{3}

吠　khɣau^{5}

啼　can^{1}

叫　tin^{3}

爬　la^{6}

飞　fən^{3}

扑　phu^{1}

缠绕　kɣau^{3}

打滚　løːŋ^{4}

小跑　pɣaːu^{5} lek^{7} lek^{7}

大跑　pɣaːu^{5}

游　jau^{2}

泡水　təm^{5}

滚泥　løːŋ^{4} mɣan^{1}

抵（牛抵人）　taːu^{3}，tshaːu^{5}

打架（牛打架）　taːu^{3} ca^{5}

打架（鸡打架）　tœːŋ^{1}

蜇　lyt^{7}

脱壳　thoːt^{7}

脱皮　thoːt^{7}

拱（猪拱泥）　ȵyn^{5}，phɔ^{5}

结网（蜘蛛结网）　ceːt^{7} moːŋ^{4}

做窝　fɛ^{4} tən^{1}

驮　moːi^{5}

啄　tœːŋ^{1}

反刍　tɔ^{5}

繁殖　sɛŋ^{1}

发情　faːt^{7} hwa^{1}

生（生蛋）　ʔuk^{7}

生（生小牛）　taːŋ^{4}

抱窝（鸡抱窝）　laːi^{6} pɣam^{1}

孵　pɣam^{1}

变（蛹变蛾）　pjeːn^{5}

长（猪长大）　tsjaːŋ^{3}，lo^{4}

长（野草长）　pjeːu^{1} lɔk^{7}

发芽　faːt^{7} ŋa^{2}，ʔuk^{7} ŋa^{2}

开花　khai^{1} hwa^{1}

凋谢　tja^{5}，kɣu^{3}

结果　ceːt^{7} ʔat^{7}

成熟　sɔk^{8}

垂　tjeːu^{5}

枯萎　khɣɔ^{3}

落（落叶）　pɣœ^{1}

烂　laːn^{6}

三、判断、存在、趋向

是　si^{6}

不是　khu^{5} si^{6}

像　tjaːŋ^{5}

当（当兵）　taːŋ^{5}

有　mɛ^{2}

没有　khu^{5} mɛ^{2}

来　taŋ^{1}

去　paːi^{1}

回　ma^{1}

回来　fan^{6} ma^{1}

回去　fan^{6} paːi^{1}

出　ʔuk^{7}

出来　ʔuk^{7} taŋ^{1}

出去　ʔuk^{7} paːi^{1}

进　lɔ^{3}

进来　lɔ^{3} taŋ^{1}

进去　lɔ^{3} paːi^{1}

上　tsha^{5}

上来　tsha^{5} laŋ^{1}

上去　tsha^{5} paːi^{1}

下　lui^{6}

下来　lui^{6} taŋ^{1}

下去　lui^{6} paːi^{1}

返　fan^{6}

返回　fan^{6} ma^{1}

到　thəu^{5}

要　ʔaːu^{1}

将要　ʔaːu^{1}

应当　ʔeːŋ^{1} taːŋ^{1}

应该　ʔeːŋ^{1} kai^{1}

肯　khaŋ^{3}

愿意　ȵøːn^{6}

可以　kho^{3} ʔi^{3}

能　lai^{3}

敢　kɔːm^{3}

会　ɣɔ^{4}

甘心　kaːn^{1} təm^{1}

四、心理活动

懂　ɣɔ^{4}，tɔŋ^{3}

认识　ɣɔ^{4}

记得　ɣɔ^{4} mɛ^{1}

忘记　laːm^{2}

爱　tsɔŋ^{5} ʔi^{5}

喜欢　tsɔŋ^{5} ʔi^{5}

好（喜好）　hɔ^{5}

疼（疼爱）　cit^{7}

心疼　khu^{5} sik^{7}，cit^{7} lɔŋ^{2}

宠爱　tsɔŋ^{1} jɔŋ^{2}

高兴　aːŋ^{5}

痛快　sø^{1} fɔk^{8}

满意　moːn^{4} ʔi^{5}

羡慕　seːn^{4} mu^{4}

嫉妒　mɣa^{1} laːn^{3}

相信　tan^{5}

怀疑　ȵi^{2}

想　tjaːŋ^{3}

盼望　mɣœ^{6}

思考　nam^{3}

猜　tshaːi^{1}

贪（贪婪）　ŋa^{6}

馋　tu^{2} tsaːn^{1}

舍得　sjɔ^{3} lai^{3}

希望　çi^{1} moːŋ^{6}

忌讳　khu^{5} tsən^{3}

嫌弃　çeːm^{1}

憎恶　khu^{5} tsɔŋ^{1} ʔi^{5}

恨　han^{5}

发怒　naːu^{3} nu^{6}

生气　faːt^{7} chi^{5}

气　chi^{5}

恐吓　hak^{7}

吓　hak^{7} naŋ^{6}

慌　moːŋ^{2}

怕　khɣɛːn^{5}

惊跳　moːŋ^{2}

害羞　kɣɛːn^{5} sai^{4}

丢脸　tshəu^{3} na^{3}

发愁　jəu^{1} tsəu^{2}

痛苦　khu^{3}

后悔　hoːi^{3}

反悔　hoːi^{3}

灰心　hoːi^{3} təm^{1}

留心　ləu^{2} təm^{1}

担心　kwa^{1} təm^{1}，kwa^{1} lɔŋ^{2}

着急　tsjaːk^{8} cəp^{7}

可怜　khɔ^{3} ljeːn^{2}

可惜　khɔ^{3} sik^{7}

心服　fɔk^{8}

佩服　fɔk^{8}

尊敬　phoːi^{3} fɔk^{8}

忍耐　ceːŋ^{5} tsɔŋ^{6}

忍受　jan^{3}

撒娇　ta^{6} caːu^{5}

假装　ca^{3} tsoːŋ

五、疾病、医疗

生病　peːŋ^{6}，mɛ^{2} peːŋ^{6}

医治　ʔi^{1} peːŋ^{6}

敷　pɔ^{1}

着凉　ȵit^{7} tsjaːk^{8}

伤风　sjaːŋ^{1} haːn^{1}

发烧　faːt^{7} laːi^{5}

发冷　faːt^{7} ȵit^{7}

发抖　taːn^{2}

疼痛　cit^{7}

咳嗽　ɣuk^{8}

呕吐　hɣoːk^{7}

吐奶　ce^{1} nɛ^{6}

晕　ŋwən^{6}

昏　ŋwən^{6}

昏迷　ŋœ^{2}

抽筋　tshəu^{1} cən^{1}

抽搐　tshəu^{1} fɔŋ^{1}

喘　chi^{5} lən^{4}

呻吟　ʔɣaːŋ^{1}

拉肚子　lɔŋ^{2} cit^{7} khɣɔ^{5}

出天花　ʔuk^{7} tau^{6}

传染　la^{1}，la^{6}

肿　ləm^{6}

眼花　mɣa^{1} hwa^{1}

受伤　səu^{6} sjaːŋ^{1}

发疯　faːt^{7} tjeːn^{1}

死　pɣai^{1}

夭亡　pɣai^{1} toːn^{3} mɛːŋ^{6}

瘟死　ʔwan^{1} pɣai^{1}

活　sɛːŋ^{1}

六、风　俗

做媒　fɛ^{4} moːi^{2}

合　hɔːp^{7}

结婚　ceːt^{7} hwən^{1}

订婚　teːŋ^{6} hwən^{1}

嫁　ca^{5}

娶　ʔaːu^{1} maːi^{4}

招赘　ʔaːu^{1} kɣaːu^{4}

入赘　tsha^{5} tɔ^{1}

回门　woːi^{2} mən^{2}

怀孕　mɛ^{2} thai^{1}

生　sɛːŋ^{1}

接生　tjeːp^{7} sɛːŋ^{1}

坐月子　ȵaːu^{6} mɣøːn^{2}

满月　pik^{7} mɣøːn^{2}

作揖　fɛ^{4} wa^{4}

磕头　pɔk^{8} kɣo^{3}

拜　paːi^{5}

拜堂　paːi^{5} taːŋ^{2}

拜年　paːi^{5} njeːn^{2}

算命　toːn^{5} mɛːŋ^{6}

卜卦　tsjeːm^{5} kwa^{5}

保佑　paːu^{3} jəu^{6}

诅咒　tu^{3} tsəu^{5}

祭祀　lioːŋ^{5}

祭天　keːŋ^{5} mən^{1}

供神　keːŋ^{5} sən^{2}

敬鬼　keːŋ^{5} laːi^{4}

驱鬼　kaːn^{3} laːi^{4}

念经　njeːm^{6} keːŋ^{1}

打斋　fɛ^{4} tsaːi^{1}

招魂　tin^{3} wən^{2}

超度　thoːt^{7} liŋ^{2}

放蛊　tɔŋ^{3} ku^{3}

过年　ta^{6} njeːn^{2}

过节　ta^{6} tjeːt^{7}

扫墓　tsha^{5} fən^{2}

七、五官的动作

抬头　tshiŋ^{3} kɣo^{3}

仰头　ŋaːŋ^{3} kɣo^{3}

低头　tsam^{3} kɣo^{3}

点头　tjeːm^{3} kɣo^{3}

摇头　ŋwan^{5} kɣo^{3}

回头　tsøːn^{5} kɣo^{3}

侧头　tsaːk^{7} kɣo^{3}

转脸　tsøːn^{5} na^{3}

枕头　tjeːm^{6}

笑　ʔai^{5}

微笑　ŋəm^{3}

大笑　ʔai^{5} lo^{4}

哭　ȵɛ^{3}

哽咽　ȵɛ^{3} lə^{3}

说　caːŋ^{3}

讲　caːŋ^{3}

谈天 ljeːu^{3} theːn^{1}

问 ke^{3}

答 taːp^{7}

应 jeːn^{5}

答应 taːp^{7} jin^{5}

准许 tsən^{3}

吩咐 caːu^{1} tai^{5}

告诉 søːt^{7}

夸口 tshui^{1} ta^{6} phɔ^{5}

怂恿 sy^{3}，tshɔk^{7} sy^{3}

告状 kɔ^{5} saːŋ^{6}

商量 tjaːŋ^{1} ljaːŋ^{2}

叫 tin^{3}

喊 tin^{3}

唱 tshjaːŋ^{5}

劝 tshjaːŋ^{5} saːn^{1} ko^{1}，fɛ^{4} tshjaːŋ^{5}

闹 naːu^{6}

哄（哄小孩睡觉） luk^{7}

骗 phjeːn^{5}，luk^{7}

瞒 moːn^{2}

唆使 sy^{3}

叹气 thaːn^{5} chi^{5}

吵架 tsɛːŋ^{1} ca^{5}

骂 ɣa^{5}

咒骂 tsəu^{5}

读 tɔk^{7}

背诵 poːi^{6}

张开 khai^{1}

闭合 ȵap^{7}

呼吸 tshɔk^{7} chi^{5}

吸气 toːt^{7}

呼气 phu^{1}

哈气 ha^{5}

喝 hɣɔːp^{7}

吃 tsaːn^{1}

尝 lu^{5}

咬 cit^{8}

嗑 ȵaːi^{5}

嚼 ȵaːi^{5}

咽 lan^{1}

吞 lan^{1}

吐（口水） phy^{1}

吐（把饭吐出来） ce^{1}

含 ŋam^{1}

吮 toːt^{7}

咂 ȵam^{5}

舔 ljaːm^{5}

流 lø^{6}

打呵欠 ta^{3} ʔa^{5} ham^{6}

打鼾 kɣan^{1}

打喷嚏 ʔa^{5} tshiu^{3}

涑 suk^{7}

喷 phən^{5}

抽烟 pɣaːu^{3} jeːn^{1}

伸 lœ^{5}

接吻 toːt^{7} paːk^{7}

吹口哨 tshui^{1} saːu^{4}

打嗝 lak^{7} lut^{7}

打饱嗝 kək^{8}

噎 ka^{2}

呛　tshɔŋ^{5}

看　kau^{5}

看见　kau^{5} nən^{1}

看守　səu^{3}

窥探　fɛ^{4} lak^{8} kau^{5}

望　moːŋ^{6}

睁眼　kahi^{1} mɣa^{1}

瞪眼　ku^{3} mɣa^{1}

眯眼　my^{5} mɣa^{1}

眨眼　ȵap^{7} mɣa^{1}

闭眼　khɣap^{7}

流泪　pɣœ^{1} nam^{4} mɣa^{1}

瞄准　mjaːu^{2} tsən^{3}

皱眉　ȵau^{5} mɣa^{1}

听　theːŋ^{5}

偷听　fɛ^{4} lak^{8} theːŋ^{5}

听见　hai^{5}

闻　ȵiu^{5}

八、日常行为动作

坐　kɣui^{6}

躺　nyn^{2}

休息　çeːt^{7} nɛ^{5}

纳凉　çeːt^{7} hɣəm^{5}

打瞌睡　uk^{7} nyn^{2}

睡　nyn^{2}

翻身　faːn^{1} hɣən^{1}

睡着　nyn^{2} nak^{7}

做梦　sən^{6} moːŋ^{6}

说梦话　caːn^{3} moːn^{6} wa^{6}

咬牙　cit^{8} fan^{1}

醒　teːŋ^{3}，hɣœ^{1}

醉　mɛ^{2}

起床　lɔk^{7} pho^{5}

伸懒腰　tshyn^{5} ʔjeːu^{1}

弯　ʔwaːn^{1}

蜷缩　cau^{1}

挺　ʔcːŋ^{3}，teːŋ^{1}

住　ȵaːu^{6}

在　ȵaːu^{6}

停　teːŋ^{2}

等候　kɣa^{3}

躲　tsam^{2}

避　tsam^{2}

爬行　pɣa^{2}，kɣaːŋ^{2}

爬（爬树）　pɣa^{2}

钻　loːn^{1}

搭　taːp^{7}

过　ta^{6}

经过　ceːŋ^{1} ta^{6}

玩耍　fɛ^{4} cøːn^{3}

捉迷藏　fɛ^{4} tuk^{7} tsam^{2}

翻筋斗　faːn^{1} can^{1} tau^{3}

游泳　jəu^{2} nam^{4}

潜水　tsəm^{2} nam^{4}

打拳　kui^{5} cøːn^{2}

跌　sɛːk^{7} kham^{5}

打滚　løːŋ^{4}，ljcːn^{5}

趴　həp^{7}

靠　paŋ^{6}

挨着 pɣaːi^{2}

小便 uk^{7} njaːu^{5}

大便 uk^{7} cɛ^{3}

把尿 sy^{5} njaːu^{5}

出汗 uk^{7} haːn^{6}

尿床 uk^{7} njaːu^{5} tɔ^{4} pho^{5}

冒汗 haːn^{6} hɣaːt^{7}

请 theːŋ^{3}

催 tshui^{1}，tsui^{1}

求 cau^{2}

帮助 poːŋ^{1}

替 the^{5}

代替 tai^{5} the^{5}

托 poːŋ^{1}

探 kau^{5}，tshaːm^{3}

访 faːŋ^{3}

交 ceːt^{7}

遇见 phɔŋ^{5}，tshoːŋ^{5} toːi^{5}

见面 nən^{1} na^{3}

分别 fən^{1} khai^{1}

离 li^{2}

跟踪 njeːm^{1}

相碰 tuk^{7} phɔŋ^{5}

陪伴 poːi^{2}

迷 khwən^{1} thaːk^{7}

顺路 sən^{6} khwən^{1}

顺风 sən^{6} ləm^{2}

逆风 teːŋ^{3} ləm^{2}

拐弯 tsøːn^{5} ʔwaːn^{1}

绕 ȵaːu^{3} khwən^{1}

蒙头 mɔk^{7}

讨饭 ke^{3} ʔaːu^{1}

欺负 chaːŋ^{5}

害 hai^{6}

救 cau^{5}

饶 ȵaːu^{2}

教 caːu^{5}

学 haːk^{7}

考 khaːu^{3}

抹黑 mwa^{1} lap^{7}

瞎摸 loːn^{6} mwa^{1}

遗失 pɣœ^{1}，sjeːt^{8}

寻找 la^{4}

追 tsui^{1}

赶（驱赶） lik^{8}

挤 nap^{7}

拦 laːn^{2}

佩带 phoːi^{5}，hɣak^{7}

带（带领） tai^{5}

带头 tai^{5} tau^{2}

带（携带） tai^{5}

带（带孩子） tai^{5}，cən^{3}

逗 tau^{1}

穿（穿针） tshøːn^{5}

穿（穿鞋） tan^{3}

穿（衣服） tan^{3}

戴（帽子） tan^{3}

戴（项链） kwa^{5}

戴（耳环） tan^{3}

戴（头巾） pɔ^{1}

披　phe^{1}

套　$thɔ^{5}$

镶嵌　$tjaːŋ^{1}$

换　$hoːn^{5}$

脱　$thoːt^{7}$

裸体　$laŋ^{6}$ $caːŋ^{4}$

打扮　$tsoːŋ^{1}$ $paːn^{6}$

搬　$poːn^{1}$

扛　$moːi^{5}$

抬　$kɣuŋ^{1}$

挑　$kɣaːp^{7}$

背（背孩子）　ma^{5}

背（背书包）　$moːi^{5}$

骑　$moːi^{5}$

围拢　$wəi^{2}$

包围　$pɔ^{1}$ $wəi^{2}$

放哨　$tɔŋ^{5}$ $saːu^{5}$

打架　kui^{5} ca^{5}

打仗　kui^{5} $tsjaːŋ^{5}$

攻打　kui^{5}

守卫　$səu^{3}$

引诱　luk^{7}

打猎　lik^{8} $naːn^{4}$

钓　$tjeːu^{5}$

熏（用烟熏肉）　$laːp^{8}$，$hɣuŋ^{5}$

熏（用烟熏老鼠）　$ʔau^{5}$

烤（火）　$tseːk^{7}$，phu^{3}

烤（衣服）　$hwən^{1}$

烧　$pɣaːu^{3}$

点（点燃）　$tjeːm^{3}$

点（灯）　$tjeːm^{3}$

熄　lap^{7}

防火　$faːŋ^{2}$

分　$khɣaːi^{1}$

挑选　$caːn^{3}$

要　$ʔaːu^{1}$

给　$lɔ^{6}$，$khɣaːi^{1}$

得　lai^{3}

打赌　ta^{3} tu^{3}

隔开　$kɛːk^{7}$ $khai^{1}$

合拢　$hɔːp^{7}$ $lɔŋ^{4}$

合并　$phin^{4}$

洗　suk^{7}

洗澡　suk^{7} $hɣən^{1}$

涮　$laːŋ^{5}$，$kɣaːŋ^{4}$

晾　$ça^{5}$

漂洗　$kɣaːŋ^{4}$

戒　kai^{5}

泡　pho^{5}，$phɔ^{5}$

留　$ləu^{2}$

灌　$koːn^{5}$

喂（用食具喂小孩）　$poːt^{8}$

喂（用嘴喂小孩）　$ȵaːm^{4}$

养　$taːŋ^{4}$

猜拳　$tshaːi^{1}$ $cøːn^{2}$

下饭　lui^{1} hu^{3}

敬　$keːŋ^{5}$

搀　$tshɔŋ^{1}$

过滤　$lø^{6}$

照　$tsjeːu^{5}$

遮　taːŋ^{3}

垫　tjeːm^{6}

填　tam^{2}

堆　toːi^{1}

压　ʔaːp^{7}

顶　teːŋ^{3}，tshɛːŋ^{5}

竖　sø^{4}

拆　tshɛːk^{7}

埋　mɔk^{7}

埋葬　taːŋ^{5}，mɔk^{7}

吊　tjeːu^{5}

挂　kwa^{5}

贴　njeːm^{1}，khɣa^{1}

装　tsoːŋ^{1}

摊开　phu^{1}

铺　phu^{1}

叠　nap^{7}

收拾　səu^{1} səp^{8}

收　səu^{1} səp^{8}

收到　səu^{1} thəu^{5}

寄信　ci^{5}

送　hɣyn^{4}

九、手的动作

伸　lœ^{5}，tshyn^{5}，hɣaːŋ^{4}

招　hwak^{7}，fak^{7}

摇　paːi^{3}

摆（走路时双数前后摆动）　paːi^{3}

摇动　ŋaːu^{2}

指　tsi^{3}，tsy^{3}

翘起（手指）　sø^{4}，ceːu^{5}

举　sø^{4}

够　mjø^{5}

拿　tsau^{4}

搂　phaːn^{5} ha^{1}

抱　ŋəm^{3}

围抱　po^{4}，khəp^{7}

握　kap^{8}

撒　sa^{5}，swa^{5}

扔　maːk^{7}，kwət^{8}

掷　maːk^{7}

拾　tsəp^{7}

掰　mɛːk^{7}，mɛk^{7}

抓（几个手指尖抓一撮）　tsœːp^{7}，tswa^{1}

抓（抓一把）　kwa^{4}

拍　phɛːk^{7}

捧　ɣəp^{8}

捂　mɔk^{7}，kəp^{8}

掩　tak^{7}

扶　fu^{4}

搀　fu^{4}，po^{4}

捏　ŋan^{3}

擤　phu^{3}

托　tshɛːŋ^{5}

叉　tshɛːŋ^{5}

抹（用手抹住）　ŋan^{3}

按　tsam^{6}，kam^{6}

搔　kwaːi^{4}

做　fɛ^{4}

端　çɔːp^{7}，nat^{7}

递　lœ^{5}，tshyn^{5}，hɣaːŋ^{4}

拧　niu^{3}

捻（用手指捻线）　ŋyn^{3}

捻（用手指捻虫子）　ŋan^{3}

搓　khɣaːt^{7}，nwa^{1}

推　thoːi^{1}

拉（向前拉）　tha^{1}，la^{1}

拉（拉长）　tshja^{3}

掀　khai^{1}

勒　lak^{8}

提　çɔːp^{7}，nat^{7}

弹　taːn^{2}，pit^{7}

戳　tshoːk^{7}

摘（摘除）　jak^{7}，tsy^{2}

摘（摘花）　jak^{7}，nip^{7}

揭开　khai^{1}

卷（卷帘子）　kɣœːn^{3}

卷（卷衣袖）　nap^{7}

抠　khau^{1}

掏　tsap^{7}

拄（拐杖）　tshɛːŋ^{5}

拔（拔刀）　tshja^{3}

拔（拔毛）　tshja^{3}

撕　tshja^{3}

敲　khaːu^{1}，phɛːk^{7}

开　khai^{1}

敞开　khai^{1}

关　kwaːn^{1}

闩　swaːn^{1}

牵　cheːn^{1}

折　nap^{7}

抖　khɣau^{5}

打　kui^{5}

捶　tsui^{2}，kui^{5}，tshɔk^{7}

捆　sɛːk^{7}，seːn^{5}

捉　tap^{7}

放（牛）　laːŋ^{6}

放（手）　tɔːŋ^{5}

放（置）　tɔːŋ^{5}

存放　tan^{2}

抚摸　pi^{4}，loːt^{8}

摸索　mwa^{3}

绕　caːu^{3}，kɣəu^{3}

甩　fit^{7}，fin^{5}

接住　tseːp^{7}，tjeːp^{7}

连接　taːp^{7}

绑　tuk^{8}

捆　tuk^{8}，ɣau^{2}

包、裹　pɔ^{1}

解　tsi^{5}

藏　tshiŋ^{3}

扣（扣子）　khau^{5}

扣（扳机）　khau^{1}

掐　jak^{7}

剥　mɛːk^{7}

套　thɔ^{5}

斟　thɔ^{3}，saːi^{1}

编（辫子）　fja^{1}

十、手的动作（使用工具）

砍　tɛ^{5}

剁　phwa^{5}

削　the^{5}

剥（剥果皮）　pɣøːk^{7}

剥（剥树皮）　pɣøːk^{7}

磨（墨）　mwa^{6}

磨（磨刀）　kwan^{2}

磨（磨米）　mwa^{6}

碾　liŋ^{2}

筛　swaːi^{1}

簸　fan^{5}

量　hɣɔ^{1}

称　tshiŋ^{5}

夹（用筷子）　njaːp^{7}

夹（夹杂）　cap^{7}

划（划船）　caːu^{3}

撑（撑伞）　tshɛŋ^{5}

撑（撑船）　tshɛŋ^{1}

撬　ceːu^{6}

钩　ŋau^{1}

梳　chi^{1}

插　sjaːp^{7}

剪　kat^{7}

杀　li^{3}

挑　ljaːu^{5}

剔（剔牙）　tshoːk^{7}

扎　tshan^{1}

咂　khaːu^{1}

扇　seːn^{5}

锁　twa^{3}

刻　khau^{1}，khak^{7}

画　hwa^{5}

划（界限）　hwa^{5}

封　fɔŋ^{1}

塞　tak^{7}

盖（锅盖）　kəp^{8}

盖（房子）　kai^{5}

盖（被子）　tsja^{1}

漆　jəu^{2}

射　pɛːŋ^{5}，tja^{5}

打枪　pɛːŋ^{5} tshɔŋ^{5}

打（电话）　kui^{5}

打（线结）　kwat^{7}

打（记号）　fɛ^{4}

打　kui^{5}

抽打　fat^{8}

打（鼓）　kui^{5}

敲（锣）　khaːu^{1}

写　tja^{3}

擦（把字擦掉）　tu^{2}

擦（擦干净桌子）　maːt^{8}

擦（擦皮鞋）　swaːt^{8}

涂　tu^{2}

拂　phɛːk^{7}

扫　phɣət^{7}

撮　thoːt^{7}

倒掉、倒出　thɔ^{3}

添加　thjeːm^{1}

舀　hɣui^{3}

洒　hun^{5}

泼　phoːt^{7}

蘸　tsam^{5}，løːt^{7}

十、脚的动作

站　taŋ^{4}

踮　tshɛːŋ^{5}

跺　kɣam^{4}

蹲　juŋ^{1}

翘　ceːu^{6}

踢　theːk^{7}

跳　thjeːu^{5}

踩　tshwaːi^{3}

跨过　jaːp^{7}

走　tshaːm^{3}

逃　fɛ^{4} lak^{8} naŋ^{6}

跑　pɣaːu^{5}

退　thoːi^{5}

涉水　ta^{6} nam^{4}

打赤脚　tin^{1} jaːm^{5}

舂　toːi^{5}

跪　kwai^{6}

跳舞　thjeːu^{5} ʔu^{3}

十一、手工业劳动

建筑　chi^{3}

修理　tseːŋ^{3}

炸　tsa^{5}，pɛːŋ^{5}

打（桩）　kui^{5}

打夯　tshɔk^{7}

砌　the^{5}

糊　thaːŋ^{5}，pe^{1}

抹　thaːŋ^{5}

盖（瓦）　kai^{5}

搭建　kai^{5}，taːp^{7}

塑　su^{5}

锯　kø^{5}

刨　pɔ^{2}

凿　tiu^{5}，tsaːm^{6}

钻　tsøːn^{5}

拼接　laːp^{8}

钉　phɛːŋ^{1}

做　fɛ^{4}

箍　ku^{1}

炼　ljeːn^{6}

拉　la^{1}，tshja^{3}

焊　haːn^{5}

挫　thɔ^{5}

打（铁）　kui^{5}

淬火　ceːn^{5} sui^{3}

铸　thɔ^{3}

补（锅）　pu^{3}

弹（棉花）　pɛŋ^{4}

纺　mɛːŋ^{1}

织　tam^{3}

裁　tshja^{1}

缝　kəp^{7}

补（衣服）　pu^{3}

染　jam^{3}

纳　thik^{7}

绱（鞋） tsha^{5}

绣 tshaːp^{7}

榨 tsa^{5}，pɛːŋ^{5}

酿 ŋaːu^{2}

熬 ŋaːu^{2}

破（竹篾） phwa^{5}

弯 taːn^{2}

编 taːn^{1}

印 ʔən^{5}

十三、农业活动

开荒 khai^{1} hɔːŋ^{1}

锄 coːk^{7}，kwaːt^{7}

挖（挖洞） ʔwaːt^{7}

挖（用手挖） lau^{1}

培（培土） mɔk^{7}

犁 khɣəi^{1}

耙 khɣaːi^{5}

选 caːn^{3}

浸 təm^{5}

撒 swa^{5}，hɣɔk^{7}

扯（扯秧） tshja^{3}

插（插秧） ɣam^{1}

间苗 tshɛːk^{7} tɔŋ^{6}

补苗 pu^{3} tɔŋ^{6}

移植 ji^{2}

种（种菜） ɣam^{1}，mɣa^{2}

种（种树） mɣa^{2}

屙 fun^{5}，hun^{5}

车（车水） tshja^{1}

扇（用风车扇谷子） fɔŋ^{1}

浇（浇水） ləm^{2}

放（放水进田） khai^{1}

薅 kwaːt^{7} ɣɔk^{8}

耘 kwaːi^{4}

捞 lɔ^{2}

拔 tshja^{3}

除虫 tsy^{2} kɣa^{1}

施肥 tɔ^{4} mu^{2}

割（割草） kat^{7}

收割 səu^{1}

打（谷子） kui^{5}

脱（脱玉米粒） mɛːk^{7}，pət^{7}

扬（扬谷子） tɔŋ^{5} ləm^{2}

晒（晒谷子） ça^{5}

烤（烤谷子） hɣuŋ^{5}

增产 tsən^{5} tshaːn^{3}

减产 kaːn^{3} tshaːn^{3}

养 taːŋ^{4}

喂（鸡） sa^{1}

放牧 laːŋ^{6}

赶（牛） lik^{8}，kaːn^{3}

拴 teːŋ^{1}，hɣɔ^{1}

圈养 kwaːn^{1}，cəm^{5}

拌（拌猪食） caːu^{3}

阉割 ʔjeːm^{1}

十三、牧事劳动

引火 hɣa^{1} fəi^{1}

烧火 pɣaːu^{3}

吹（火）　tshui^{1}

雍火（埋火种）　ʔəp^{7}，mɔk^{7}

淘（米）　suk^{7}，thap^{7}

煮　tuŋ^{1}

潷（米汤）　ɣən^{6}

蒸　tsiŋ^{1}

熬　tuŋ^{1}

炒　tshaːu^{3}

煎　tjeːn^{1}

炸　saːp^{8}

盛　hɣui^{3}

铲　tshaːn^{3}

翻　faːn^{1}

热（加热）　hɣo^{3}

煨　khɣau^{3}

劈　phwa^{5}

切　tsjeːp^{8}

刨　pɔ^{2}

割　kat^{7}

剁　mak^{8}

剔（从骨头上剔下肉）　khɣak^{7}

刮　pɔ^{2}

杀　li^{3}

烫　laːi^{5}

腌制　ʔwət^{7}

腊（腊肉）　laːp^{8}

燉（燉肉）　ʔwoːi^{1}，au^{5}

四、经济活动

赶场、赶集　kaːn^{3} fai^{3}，pai^{1} fai^{3}

散（散场）　taːn^{5}

买　hɣai^{3}

卖　pe^{1}

贩　faːn^{5}，toːi^{3}

交换　tuk^{7} hoːn^{5}

换（换工）　hoːn^{5}

雇（雇佣）　theːŋ^{3}

分（分工）　khɣaːi^{1}

分（分配）　khɣaːi^{1}

发（发工资）　faːt^{7}

数　sɔ^{3}

算　toːn^{5}

打（打算盘）　kui^{5}

增加　tsən^{5} ca^{5}

减少　kaːn^{3} sjeːu^{3}

加　ca^{1}

减少　kaːn^{3}

乘　sən^{6}

除　tshy^{6}

估计　ku^{3} ci^{5}

值　te^{3}，tik^{8}

涨价　lɔk^{7} ca^{5}

跌价　pɣœ^{1} ca^{5}

上算　te^{3} lai^{3}，hɔːp^{7} toːn^{5}

吃亏　tsaːn^{1} khui^{1}

赚　tsaːn^{6}

赔　khwai^{1} pən^{3}

欠　cheːm^{5}

赊　sja^{1}

典当　taːŋ^{5}

抵押　ʔaːp^{7}
赎　sɔk^{8}
租　tu^{1}
借　ʔjeːm^{1}
还　hwaːn^{2}
缴　caːu^{3}
扣　khau^{5}
赔偿　poːi^{2}
罚　faːt^{8}
浪费　loːn^{6} jɔŋ^{6}
节省　mat^{7}
攒　tseːŋ^{3} tjen^{2}
合伙　kɔːp^{7} hwa^{3}
赌　tu^{3}
竞赛　tuk^{7} saːi^{5}
赢　heːŋ^{2}
输　sø^{1}

十五、抽象行为及其他

过瘾　ta^{5} jin^{4}
习惯　kwaːn^{5}
中（射中）　tsɔŋ^{5}，toːi^{5}
对（说得对）　toːi^{5}
比　pi^{3}
试　si^{5}
差　tsha^{1}
算　toːn^{5}
完　ljeːu^{4}，saːt^{7}
了事　ljeːu^{4} ti^{6}
用　jɔŋ^{6}
用力　jɔŋ^{6} lik^{8}
管　koːn^{3}
当家　taːŋ^{1} ca^{1}
做主　fɛ^{4} tsø^{3}
靠　khaːu^{5}
依靠　khaːu^{5}
同（同去）　fɛ^{4} toːi^{6}
随便　tui^{2} pjeːn^{6}
随　tui^{2} pjeːn^{6}
争　tsɛːŋ^{1}
让（让路）　ȵaːŋ^{6}
让（让我去）　khɣəu^{1}
向（向着太阳）　çaːŋ^{5}
向（向东方走）　çaːŋ^{5}
到　thəu^{5}
腾挪　than^{5}，ȵaːŋ^{6}
凑　tshau^{5}
趁着　tshən^{1}，poːk^{7}
轮流　lən^{2} ləu^{2}
感谢　tɔ^{1} siŋ^{2}
赞扬　tsaːn^{4} jaːŋ^{2}
约定　teːŋ^{6}
翻脸　faːn^{1} na^{3}
耍赖　swa^{3} mɛːŋ^{2} taŋ^{2}
诬赖　laːi^{6}
抵赖　ti^{3} laːi^{6}
冤枉　jøːn^{1} ʔoːŋ^{3}
连累　ljeːn^{2} loːi^{6}
拼命　phiŋ^{5} mɛːŋ^{6}
报仇　pɔ^{5} tsəu^{2}

争夺　tsɛːŋ^{1}

霸占　tsjeːm^{5}

偷　lak^{8}

抢　thjaːŋ^{3}

犯法　faːn^{6} fɔːp^{7}

犯罪　faːn^{6} tsəi^{4}

得罪　tak^{7} toːi^{6}

错　thaːk^{7}

认错　sən^{6} thaːk^{7}

改正　caːi^{3}

形容词

红　laːn^{3}

黄　ŋaːn^{3}

蓝　səm^{1}

白　paːk^{8}

黑　nam^{1}

天黑　lap^{7}

绿　həu^{1}

紫　nam^{2}，səm^{1}

灰色　kha^{1}

花　hwa^{1}

光　kɣaːŋ^{1}

亮　kɣaːŋ^{1}

暗　lap^{7}

晴朗　liŋ^{4}

阴　ɣəm^{5}

甜　khwaːn^{1}

酸　khɣəm^{3}

苦　kam^{1}

辣　ljɛːn^{6}

咸　naŋ^{5}

涩　sap^{7}

淡　taːm^{6}

新鲜　thiŋ^{3} tjeːn^{1}

鲜美　khwaːn^{1}

浓　nɔŋ^{5}

香　mɣaːŋ^{1}

臭　ȵin^{1}

膻　sɔ^{1}

腥　tiŋ^{1}

臊　khɣa^{5}

直　lɔ^{3}

弯　ʔwaːn^{1}

弯弯曲曲　ʔwaːn^{1} chɔk^{7}

竖　sø^{4}

横（横线）　feːŋ^{1}，hwɛːŋ^{1}

横（横躺着）　hwɛːŋ^{1} paːŋ^{4}

大　lo^{4}

小　niŋ^{5}

长　ɣaːi^{3}

短　hɣən^{3}

厚　na^{1}

薄　ʔwaːŋ^{1}

圆　kœːn^{6}

扁　pɛːn^{3}

方　ti^{5} teːŋ^{2}，ti^{5} caːk^{7}

宽　khwaːŋ^{3}

窄 çaːp^{7}

高 foːŋ^{1}

矮 hɣam^{5}

低 te^{3}

洼 tsəm^{6}

凹 tsəm^{6}

凸 cuŋ^{3}

崎岖 ʔwaːn^{1} cɔŋ^{3}

平 peːŋ^{2}

陡 tau^{3}

滑 kɣɔ^{1}

光滑 kɣɔ^{1}

尖 khɣa^{1}

正 tseːŋ^{5}

歪 liu^{5}

倾斜 liu^{5}，thja^{5}

反 faːn^{1}

倒 tiŋ^{5} tɔ^{5}

侧（侧着身睡） tsak^{7}

满 pik^{7}

饱满 pɔ^{3} moːn^{4}，tsjaːŋ^{5}

瘪 phjəp^{7}

碎 jɔŋ^{2}

破烂 laːn^{6}

僵硬 kɣa^{3}

硬 kɣa^{3}

软 ma^{3}

韧 kœ^{5}

脆 hɣəm^{1}

干净 sjaːu^{5}

脏 wa^{5}

毒 tɔk^{8}

深（水深） ʔjam^{1}

深（夜深） səm^{1}

浅 min^{5}

清 ləu^{1}

浑 ŋam^{1}

快（刀快） hɣaːi^{6}

钝 təp^{8}

松 sɔŋ^{1}

紧 can^{3}

粗糙 thɔ^{1}

粗糙（桌面粗糙） ȵaːp^{7}

粗 thɔ^{1}

细小 te^{5}

细（面粉很细） ȵe^{3}

稠 cat^{8}

稀（粥很稀） ləu^{1}

稀（布织得稀） ʔwaːŋ^{1}

疏（菜种得疏） ʔwaːŋ^{1}

密 na^{1}

焦（饭焦了） chyt^{7}

黏 njeːm^{1}

干（衣服干了） khu^{1}

干（晒干了） khɣɔ^{3}

湿 ɣak^{7}

潮湿 wən^{6}

旱 haːn^{5}

轻 ça^{3}

重 çan^{1}

多　kuŋ^{2}

许多　kuŋ^{2}

少　sjeːu^{3}

远　ce^{1}，ke^{1}

近　phɣai^{5}

快　fai^{5}

慢　maːn^{6}

早　khɣam^{1}

晚　khɣam^{1}

迟　tsi^{2}

忙　moːŋ^{2}

闲　khɔŋ^{5}

有空　lai^{3} pin^{6}

热（天气热）　ȵeːt^{8}

热（水热）　laːi^{5}，tyn^{1}

冷　ȵit^{7}

凉（天气凉）　hɣəm^{5}

凉（饭凉了）　ȵit^{7}

凉快　hɣəm^{5}

暖和　hɣo^{3}

温　nwaːn^{5}

饱　kɣaŋ^{5}

饿　mjaːk^{7}

腻　ȵai^{4}

渴　khaɪt^{7}

困　nɛ^{5}

累　loːi^{6}，nɛ^{5}

烦闷　faːn^{2}

恶心　lɔŋ^{2} hɣəm^{2}

高兴　aːŋ^{5}

辛苦　tən^{5} khu^{3}

舒服　sø^{1} fɔk^{8}

麻木　la^{6} mɣət^{8}

闷　mən^{4}

瞎　kha^{1}

聋　lak^{7}

耳背　poːi^{6}

哑　ŋa^{3}

哑（嗓子哑）　khɣup^{7}

瘸　kwɛ^{6}

强壮　tsoːŋ^{5}

弱　tsha^{3}，ȵo^{6}

痛　cit^{7}

痒　ȵin^{3}

痒（吃生芋头喉咙痒）　mjaːŋ^{6}

痒（挠痒痒）　ɣəm^{1}

肿　ləm^{6}

好　ʔi^{1}

坏　hwaːi^{5}

新　mai^{5}

旧　kɔ^{5}

生　sɛːŋ^{1}

陌生　sɛːŋ^{1} so^{1}

夹生（夹生饭）　cap^{7} sɛːŋ^{1}

熟　sk^{8}

熟（熟人）　sɔk^{8} si^{2}

真　tsən^{1}

确实　si^{6} sət^{8}

假　ca^{3}

便宜　pin^{6} ȵi^{2}

贵　miŋ^{1}

土（土布）（ja^{1}）ɣaːn^{2}

本地　pən^{3} ti^{6}

合（合身）　hɔːp^{7} hɣən^{1}

耐用　ceːŋ^{1} jɔŋ^{6}

够　kau^{5}

久　ɣaːi^{3}

急　cəp^{7}

紧急　kan^{3} cəp^{7}

旺　jɔŋ^{3}

稳当　wən^{3}

静　thiŋ^{1} teːŋ^{6}

平安　peːŋ^{2} ʔaːn^{1}

太平　thai^{5} peːŋ^{2}

方便　foːŋ^{1} pjeːn^{6}

费力　fɛ^{5} lik^{8}

妥当　tho^{3} taːŋ^{4}

灵验　liŋ^{2}

奇怪　kwaːi^{5}

容易　jɔŋ^{2} ji^{6}

难　naːn^{2}

麻烦　faːn^{2}，ma^{2} faːn^{2}

嘈杂　tshaːu^{6} tsa^{6}，loːn^{6}

拥挤　nap^{7}

结实　caːn^{5}，tsap^{7} sət^{8}

空　khɔŋ^{1}，məi^{6}

空手　nja^{2} məi^{6}

空心（树空心）　chø^{1}

糠心（萝卜糠心）　phu^{5}

荒芜　hoːŋ^{1}

乱（东西摆放乱）　loːn^{6}

乱（头发乱）　ȵin^{3}

蓬松　loːn^{6}

朦胧　muŋ^{2}

清楚　thiŋ^{1} thu^{3}

齐（人来齐了）　te^{2}

整齐　te^{2} tseːŋ^{3}

均匀　wən^{2}

相同　tuk^{7} tɔŋ^{2}

富　mɛ^{2}

穷　cɔŋ^{2}

漂亮　caːŋ^{6}

俊　caːŋ^{6}

美丽　caːŋ^{6}

丑　tshəu^{3}

难看　naːn^{2} kau^{5}

年轻　njeːn^{2} thiŋ^{1}

老　ce^{5}

年幼　naŋ^{1} niŋ^{5}

嫩（菜嫩）　ȵø^{3}

胖　pəi^{2}

肥　pəi^{2}

瘦（肉瘦）　teːŋ^{1}

瘦（人瘦）　ɣəm^{1}

瘦（土地瘦）　ɣəm^{1}

娇气、傲慢　muŋ^{1} mɛ^{5}

乖　kwaːi^{1}

巧　cheːu^{3}

勤　can^{2}，hɣak^{7}，nəu^{1}

努力　jɔŋ^{6} lik^{8}

匆忙　cap^{7}，moːŋ^{2}

懒　laːn^{4}

能干　nan^{2} kaːn^{5}

聪明　thɔŋ^{1} mɛːŋ^{2}

直爽　lɔ^{3}

老实　lɔ^{6} sət^{8}

温和　wən^{3} sət^{8}

客气　khɛːk^{7} chi^{5}

孤独　ku^{1} tɔk^{8}

和睦　hɔːp^{7} mɔk^{8}

驯　caːu^{5}

顽皮　tɔ^{6} chi^{5}

调皮　tjeːu^{2} pi^{2}

愚蠢　tshən^{3}，pən^{6}

傻　sɔŋ^{2}，ŋaːŋ^{5}

糊涂　fu^{6} tu^{2}

唠叨　lo^{5} so^{5}，tsɔk^{8} ȵœ^{4}

饶舌　paːk^{7} kuŋ^{1}

沉默　ʔau^{5} ŋam^{2}

小气　cheːu^{3} chi^{3}，tjeːu^{3} ljaːŋ^{6}

骄傲　ta^{4} tjaːu^{6}，tshuŋ^{5} tjaːu^{5}

大胆　mɣɔ^{5} lo^{4}

小心　tjeːu^{3} təm^{1}

粗心　təm^{1} thɔ^{1}

节俭　mat^{7}

吝啬　cit^{7} lɔŋ^{2}

贪心　thaːm^{1}

馋　tu^{2} tsaːn^{1}，ŋa^{6}

贪吃　tu^{2} tsaːn^{1}

淫荡　hɣɔ^{1}

犟　kɣa^{3}，tshən^{3}

野蛮　maːn^{2}

凶恶　aːk^{7}

心毒　təm^{1} tɔk^{8}

相好　tjaːŋ^{1} ʔi^{1}

平等　phin^{6} tən^{3}，tɔŋ^{2} jaːŋ^{6}

公平　kɔŋ^{1} peːŋ^{2}

丰收　fɔŋ^{1} səu^{1}

光彩　caːŋ^{6}，ʔəŋ^{1} jɔŋ^{2}

光明　kwaːŋ^{5} min^{6}

光荣　mɛ^{2} na^{3}

落后　tɔk^{7} lən^{2}

数　词

一　naːu^{3}，ʔjət^{7}

二　ɣa^{2}，ȵi^{6}

三　taːm^{1}

四　ti^{5}

五　ŋɔ^{4}

六　lɔk^{8}

七　thət^{7}

八　paːt^{7}

九　cəu^{3}

十　səp^{8}

十一　səp^{8} ʔjət^{7}

十二　səp^{8} ȵi^{6}

十三　səp^{8} taːm^{1}

十四　səp^{8} ti^{5}

十五　səp^{8} ŋɔ^{4}

十六　səp^{8} lɔk^{8}

十七　səp^{8} thət^{7}

十八　səp^{8} paːt^{7}

十九　səp^{8} cəu^{3}

二十　ȵi^{6} səp^{8}

二十一　ȵi^{4} sʅ^{6} ʔjət^{7}

二十五　ȵi^{6} sʅ^{6} ŋɔ^{4}

五十　ŋɔ^{4} səp^{8}

六十　lɔk^{8} səp^{8}

八十　paːt^{7} səp^{8}

百　nə^{0}pɛːk^{7}，nə^{0}fɛːk^{7}

千　thjeːn^{1}

万　waːn^{6}

亿　ji^{4}

零（一百零一）　leːŋ^{2}

零（0）　lin^{6}

第一　ti^{6} ʔjət^{7}

第二　ti^{6} ȵi^{6}

第五　ti^{6} ŋɔ^{4}

第八　ti^{6} paːt^{7}

第末　saːt^{7}

半（一半）　nə^{0}mɣaːŋ^{6}

半年　mɣaːŋ^{6} mɛ^{1}

半天　mɣaːŋ^{6} fan^{1}

半斤　mɣaːŋ^{6} can^{1}

半桶　mɣaːŋ^{6} thɔŋ^{3}

整天　lən^{6} fan^{1}

单（不成双）　tsik^{7}，taːn^{1}

双（成双成对）　hɣoːi^{5}，tsau^{6}

一点儿　nə^{0}tɛk^{7}

一部分　nə^{0}niŋ^{5}

很多　hən^{3} kɣuŋ^{2}

几　ci^{3}

大半　mɣaːŋ^{6} lo^{4}

量　词

亩　məu^{3}

里　li^{4}

丈　tsjaːŋ^{4}

尺　tsheːk^{7}

寸　thən^{5}

分（长度）　fən^{1}

庹　phaːi^{3}

拃　kaːp^{8}

石（十斗）　kɣaːp^{7}，seːk^{8}

斗　hɣau^{3}，tau^{3}

升　siŋ^{1}

斤　can^{1}

两　ljaːŋ^{4}

钱　tjeːn^{2}

厘　li^{2}

元　kwaːi^{6}，khwaːi^{5}

角　haːu^{6}，koːk^{7}

个（一个人）　mu^{6}，lu^{6}

个（一个碗）　tsik^{7}，ʔat^{7}

只（一只鸡）　tɔ^{2}

头（一头牛）　tɔ^{2}

匹（一匹马）　tɔ^{2}
棵　tɔŋ^{6}
蔸　tɔŋ^{6}
根　tjeːu^{2}
把（一把豆子）　ȵam^{1}
把（一把锄头）　tsjaːŋ^{1}
把（一把菜刀）　tsjaːŋ^{1}
颗（一颗谷子）　ȵan^{2}
粒（一粒米）　ȵan^{2}
块（一块大石头）　kɔk^{8}，kwaːi^{6}
块（一块肉）　man^{5}
块（一块布）　kwaːi^{6}，khwaːi^{5}
架、辆　ca^{5}
顶（一顶帽子）　ʔat^{7}，teːŋ^{3}
面（一面旗子）　tsjaːŋ^{1}，mjeːn^{6}
座（一座山）　ʔat^{7}
枝（一枝花）　koːn^{5}
扇（一扇门）　sjeːn^{5}
间（一间房子）　khɔŋ^{5}
件（一件衣服）　məi^{6}
件（一件事）　ceːn^{4}
条（一条绳子）　tjeːu^{2}
条（一条路）　tjeːu^{2}
条（一条鱼）　tɔ^{2}
条（一条裙子）　ʔwa^{1}
滴（一滴水）　tɛːk^{7}，tɛk^{7}，tjeːm^{3}
份（一份文件）　pən^{6}
层（一层皮）　taːŋ^{7}
行（一行玉米）　çaːŋ^{5}，lu^{6}
排（一排椅子）　paːi^{2}

叠（一叠纸）　taːp^{8}，tjeːp^{8}
袋（一袋米）　tai^{6}
套（一套衣服）　thɔ^{5}
张　tsjaːŋ^{1}
盏（一盏灯）　tsaːn^{3}
朵（一朵花）　ku^{2}
朵（一朵云）　kwaːi^{6}
枝（一枝花）　ŋa^{5}
段（一段木头）　pɣat^{7}，phɣøːŋ^{5}
块（一块田）　tsik^{7}
片（一片稻田）　phjeːn^{5}
垌（一垌田）　faːn^{5}
匹（一匹布）　pi^{2}
本（一本书）　pən^{3}
封（一封信）　fɔŋ^{1}
首（一首歌）　tsik^{7}
页（一页书）　phjeːn^{1}
句（一句话）　kø^{5}
顿（一顿饭）　tən^{5}
阵（一阵雨）　hɣaːu^{5}
泡（一泡尿）　pɔŋ^{3}
种（一种稻谷）　tsɔŋ^{3}，jaːŋ^{6}
样（一样东西）　tsɔŋ^{3}，jaːŋ^{6}
代（一代人）　tai^{6}
圈（一圈绳子）　cøːn^{1}
节（一节竹子）　pɣat^{7}
付（一副扑克）　fu^{5}
双（一双筷子）　tsau^{6}
双（一双鞋）　tsau^{6}，hɣøːi^{5}
只（一只鞋）　tsik^{7}

对（一对镯子） hɣøːi^{5}
群（一群人） toːi^{6}
缕（一缕烟） ku^{3}
缕（一缕线） kwat^{7}，piu^{3}
床（一床被子） ʔwa^{1}
家（一家人） ɣaːn^{2}
窝（一窝猪） laːn^{2}
筐（一筐菜） chiŋ^{1}
盒（一盒饼干） hɔːp^{8}
筒（一筒米） siŋ^{1}
桌（一桌菜 ） koːn^{2}
杯（一杯水） tsɔŋ^{1}
瓶（一瓶油） peːŋ^{2}
身（一身汗） hɣən^{1}
口（一口饭） paːk^{7}
围（树的一圈） khəp^{7}
担（一担水） kɣaːp^{7}
捧（一捧米） ɣəp^{8}
撮（一撮毛） tsœːp^{8}，tshœːp^{7}
撮（一撮盐） tsœːp^{8}，tshœːp^{7}
捆（一捆柴） pɣɔk^{8}
堵（一堵墙） tu^{6}，tjeːu^{2}
堆（一堆草） pɛːŋ^{2}，toːi^{1}
堆（一堆肥料 ） pɛːŋ^{2}，toːi^{1}
串（一串钥匙） tshøːn^{5}
点钟（一点钟） tjeːm^{3} tsɔŋ^{1}
天（一天） fan^{1}
月（一个月） mɣøːn^{2}
年（一年） mɛ^{1}
处 pɣa^{6}，koːn^{6}
面（一面旗子） mjeːn^{6}
边 mjeːn^{6}
次 maːt^{7}
下（打一下） maːt^{7}
回（去两回） maːt^{7}
趟 maːt^{7}
遍（读两遍） maːt^{7}
顿（打一顿） tən^{5}，maːt^{7}
觉（睡一觉） hɣaːu^{5}
步（走一步） jaːm^{5}
拳（打一拳） cøːn^{2}，tsui^{2}
脚（踢一脚） tin^{1}，cat^{7}

代　词

我 miu^{2}
你 ɳ̥a^{2}
他 mɔ^{6}
我们 miu^{6} ni^{5}
咱们 hɣaːu^{1}
你们 saːu^{1}
他们 mɔ^{6}
自己 ti^{6} ca^{1}
别人 leːŋ^{6} çən^{1}
人家 leːŋ^{6} lu^{6}
大家 thɔŋ^{1} hwa^{3}
我们俩 hɣaːu^{1} ɣa^{2} çən^{1}
你们俩 saːu^{1} ɣa^{2} çən^{1}
他们俩 mɔ^{6} ɣa^{2} çən^{1}

这　naːi^{6}

这个　niŋ^{5} naːi^{6}，mu^{6} naːi^{6}，ʔat^{7} naːi^{6}

这么　ʔi^{5} naːi^{6}

这些　ʔi^{5} naːi^{6}

那　ka^{6}

那个　mu^{6} ka^{6}，ʔat^{7} ka^{6}

那么　ʔi^{5} ka^{6}

那里　kɣo^{3} ka^{6}，niŋ^{5} ka^{6}

那些　niŋ^{5} ka^{6}

各（各个）　kɔk^{7}

每（每天）　moːi^{4}

谁　nau^{2}，mu^{6} nau^{1}

什么　an^{5} maŋ^{1}

为什么　wəi^{6} an^{5} maŋ^{1}

怎么　ʔi^{5} maŋ^{1} ʔjaːŋ^{6}

多么　i^{5} maŋ^{1} ʔ

多少　kuŋ^{2} sjeːu^{3}

几　ci^{3}

哪　nau^{1}

哪个　ʔat^{7} nau^{1}

哪里　khu^{5} nau^{1}，niŋ^{5} nau^{1}

副　词

最　tsəi^{5}，tsui^{5}，kai^{5}

很　tsui^{5}，kai^{5}，hən^{3}

非常　hən^{3}

极（好极了）　tsui^{5}，kai^{5}，hən^{3}

太　thaːi^{5}

比较　pi^{3} çaːu^{4}

更加　keːŋ^{5} ca^{1}

差不多　haːi^{3}

才　haːp^{7}

刚刚　tsjeːŋ^{5} tsjeːŋ^{5}

刚才　haːp^{7}，thəu^{5} poːn^{1}

已经　ʔi^{3} cin^{5}

常常　teːŋ^{6} teːŋ^{6}

正在　tseːŋ^{5}

立刻　ma^{4} sjaːŋ^{6}

先（先走）　kun^{5}

后　lən^{2}

开头　chi^{3} tau^{2}，khai^{1} tau^{2}

后来　ʔi^{3} lən^{2}

快　haːi^{3}

就　təu^{6}，tsəu^{6}

一会儿　nə0maːt^{7}，nə0tsən^{6}

渐渐　tjeːm^{6} tjeːm^{6}

慢慢　maːn^{6} maːn^{6}

快快（快快走）　fəi^{5} fəi^{5}，ɣəu^{6} ɣəu^{6}

最好　tsui^{5} ʔi^{1}

还有　ʔnaŋ^{1} mɛ^{2}

还（还没有来）　taŋ^{2}

继续　ci^{4} su^{6}，tjeːp^{7}

连续　cheːn^{1} ljeːn^{2}，ljeːn^{2} cheːn^{1}

忽然　təm^{1} jøːn^{5}

都　tu^{5}

也　ja^{6}

再（明天再来）　tsai^{5}

完全（完全不同） peːŋ^{3}

全（全体） tshøːn^{6}，thɔŋ^{1} maːn^{3}

总共 lɔŋ^{6} kɔŋ^{6}

只，单单 tsəu^{6}

只（只有一个学生） tu^{6} mɛ^{2}

一起 ʔi^{6} chi^{3}，thɔŋ^{5} hwa^{3}

又 jəu^{6}

一定 ʔjət^{7} teːŋ^{6}

特地 tɔk^{8} ti^{6}

故意 tɔk^{8} ti^{6}

偏偏 phjeːn^{1}

另外 leːŋ^{6} ŋwaːi^{6}

仍旧 ȵin^{6} cau^{6}，fan^{6} cau^{6}

当然 taŋ^{1} jeːn^{2}

必须 pi^{6} sy^{5}

恰巧 keːŋ^{5} cheːu^{3}，hɔːp^{7} cheːu^{3}

幸亏 khau^{5}，cøːn^{2} chaːu^{5}

可能 kho^{3} nən^{4}

白（白吃） pɛːk^{8}

不（他不走） khu^{5}

别（别跑） jəu^{5}

不要（不要看） jəu^{5}

没有 khu^{5}

未曾 taŋ^{2}

可以 kho^{3} ji^{3}，lai^{3}

大约 ta^{4} khaːi^{4}

好像 thjaːŋ^{5}

原来 jøːn^{2} laːi^{6}

连 词

和 kəp^{7}，hwən^{3}

或者 ho^{6} tsɛ^{3}

如果 jy^{6} ko^{3}

因为 ʔən^{1} wəi^{6}

所以 so^{3} ji^{3}

虽然 səi^{3} jeːn^{2}

但是 taːn^{6} si^{6}

不然 pu^{4} jeːn^{6}

只要 tsi^{5} ʔaːu^{1}

为了 wəi^{6} ljaːu^{3}

介 词

把 pa^{3}

挨 ŋaːi^{6}

被 ŋaːi^{6}

给（碗给他打破了） ŋaːi^{6}

从 toːi^{5}，jəu^{2}

由 jəu^{2}

在 ȵaːu^{6}

到 thəu^{5}

向 çaːŋ^{5}

往 çaːŋ^{5}

用 jɔŋ^{6}

沿着 njeːm^{1}

跟 njeːm^{1}

依（依照） ʔi^{1}，tseːu^{5}

比　pi^{3}　　　　　　过（高过）　ta^{6}

连　ljeːn^{2}　　　　　　自从　tsɿ^{4} tshuŋ^{6} ŋ

过（去过）　thəu^{5} ta^{6}

第三节　长篇话语

一、当地情况

si^{4} pa^{4} tsən^{4} sɿ^{6} mən^{6} tshən^{4} ljaːŋ^{6} se^{4} thən^{6} , ti^{6} mɛ^{1} , mjen^{6} ka^{6} tin^{3} fɛ^{4}
四 把 镇 石 门 村 良 谢 屯 (前缀) 年 边 那 叫 做
ljaːŋ^{6} mo^{6} a^{6}. naːi^{6} ljeu^{4} wən^{6} ta^{4} ta^{6} i^{3} həu^{4} tu^{6} jɔŋ^{6} ti^{5}. chi^{3} səu^{3} tu^{6} jɔŋ^{6} sin^{4} ljaːŋ^{6},
梁 莫 啊 现在 完 文 大 过 以后 就 用 的 起 首 就 用 姓 梁
naːi^{6} i^{3} həu^{4} ljeu^{4} , ho^{3} maːn^{3} khu^{5} mɛ^{2} nau^{2} teŋ^{5} ljaːŋ^{2} , naːi^{6} miu^{2} ho^{3} maːn^{3}
现在 以后 完了 里 村 没 有 谁 姓 梁 现 我们 里 村
i^{6} chi^{3} mɛ^{2} taːm^{1} teŋ^{5} . teŋ^{5} tja^{6} taŋ^{1} kun^{5} , miu^{2} si^{6} teŋ^{5} ləu^{2} ti^{5} . fan^{1} ȵiu^{1} miu^{2}
一起 有 三 姓氏 姓 谢 来 先 我们 是 姓 刘 的 天 昨 我们
ləu^{2} ca^{1} ti^{5} kɔŋ^{1} maːŋ^{6} ma^{1} , i^{1} naːi^{6} , (thət^{7} ȵøːt^{8}) səp^{7} ȵi^{6} . tja^{6} ca^{1} tshɔ^{1} thət^{7} a^{5} .
刘 家 的 公 祖 回 样 这 七 月 十 二 谢 家 初 七 啊

taŋ^{1} ni^{5} lo^{6} hu^{4} njen^{6} twaːn^{4} khu^{5} tɔŋ^{2} . tja^{6} ca^{1} sjaːŋ^{5} taːŋ^{5} kun^{5} . tja^{6} ca^{1} hai^{5}
来 这 落 户 年 段 不 同 谢 家 相 当 前 谢 家 听说
caːŋ^{3} si^{6} tsha^{5} tɔ^{1} ma^{6} , an^{1} maŋ^{1} ? tja^{6} ca^{5} u^{1} khɔːm^{1} mɔ^{6} tja^{3} tsuŋ^{5} se^{4} , in^{1} kai^{1}
讲 是 上 门 嘛 怎么 谢 家 香 火阁 他 写 钟 谢 应 该
si^{6} tsɔŋ^{1} ca^{1} taŋ^{1} ni^{5} ləp^{8} maːn^{3} kun^{5} . tɔk^{7} lɔn^{2} ta^{6} ɕi^{6} tɕha^{5} tɔ^{1} ɕi^{6} fɛ^{4} laːk^{8} , khu^{5}
是 钟 家 来 这建造 村 先 往 后 过 是 上 门 是 做 儿子 不
thiŋ^{1} thu^{3} . ja^{2} laːk^{7} maːn^{1} , faːn^{3} tsən^{4} li^{6} si^{3} ni^{5} tu^{6} caːŋ^{3} tsɔŋ^{1} ca^{1} ȵaːu^{6} ni^{5} tɔk^{7}
清 楚 两 孩子 男 反 正 历史 这 就 讲 钟 家 在 这 往
kun^{5} kon^{3} . tsha^{5} pɣø^{1} mɔ^{6} taŋ^{1} fɛ^{4} laːk^{8} 、tsha^{5} tɔ^{1} tu^{6} khu^{5} thiŋ^{1} thu^{3} . ta^{6} ljeu^{4} tɔk^{7}
前 管 上 端 他 来 做 孩子 上 门 就 不 清 楚 过 完 往

lən^{2} tu^{6} tin^{3} fɛ^{4} tsuŋ^{5} se^{4} . in^{5} kai^{1} si^{6} tsha^{5} tɔ^{1} . fɛ^{4} laːk^{8} khu^{5} kon^{3} , ja^{2} laːk^{8} te^{5} .
后 就 叫 做 钟 谢　应该 是 上 门　做 孩子 不 管　两 孩子 小

ləu^{2} ca^{1} taŋ^{1} ti^{6} ȵi^{6} , ljeu^{4} thəu^{5} tsjaːŋ^{1} ca^{1} . ləu^{2} ca^{1} chi^{3} ma^{3} mɛ^{2} ci^{3} pɛːk^{7} mɛ^{1}
刘 家 来 第二　完　到　张 家 刘 家 起码 有 几 百 年

pjeu^{6} . thəi^{5} li^{3} a^{5} , nə^{3} tai^{6} mɛ^{2} ta^{1} sɿ^{6} mɛ^{1} , ti^{6} mɛ^{1} lo^{4} paːn^{1} çən^{1} ci^{5} mɛ^{2} tsɿ^{4}
了　推理 啊　一 代 人 三十 年 （前缀）年 大 辈 人 记 有 字

pəi^{4} o^{5} . mu^{6} ni^{5} tɔk^{7} kun^{5} kon^{3} , çi^{3} 、waːn^{4} 、min^{6} 、ko^{6} 、si^{4} 、taːi^{4} 、jyn^{3} 、chi^{3} 、
辈 哦　个 这 往 前 管　喜 万　民 国 世 代 永 启

in^{6} , khɔ^{6} naːi^{6} thəu^{5} miu^{2} , ni^{5} i^{2} tin^{3} fɛ^{4} kɔŋ^{1} . at^{7} tsɿ^{4} pəi^{4} “tshaːi^{6} 、hwa^{6} ……”
仁　样 这 到 我们　这 我 叫 做 公　个 字 辈　才 华

ni^{5} i^{2} tin^{3} fɛ^{4} pu^{4} la^{6} . miu^{2} tu^{6} thəu^{5} tshyn^{5} tsɿ^{4} pəi^{4} a^{5} . nə^{3} tai^{6} ta^{1} sɿ^{6} mɛ^{1} taŋ^{1} thəi^{5}
这 我 叫 做 爸 了　我们 就 到　春 字 辈 啦　一 代 三 十 年 来 推

li^{3} , naːu^{3} , ɣa^{2} , taːm^{1} , ti^{5} , ŋɔ^{4} , lɔk^{8} , thət^{7} , paːt^{7} , cəu^{3} , səp^{8} , ni^{5} ŋaːn^{4}
理　一　二　三　四　五　六　七　八　九　十　这 按

təu^{6} li^{4} taŋ^{1} naŋ^{1} khu^{5} mɛ^{2} taːm^{1} pɛːk^{7} mɛ^{1} mə^{6} , chi^{3} ma^{3} ȵi^{6} pɛːk^{7} thət^{7} . lo^{4} paːn^{1}
道理 来 还 不 有 三 百 年 吗　起 码 二 百 七 大 班

caːŋ^{3} nə^{3} tai^{6} ta^{1} sɿ^{6} mɛ^{1} , nə^{3} se^{5} si^{6} lɔk^{8} sɿ^{6} mɛ^{1} . naːi^{6} miu^{2} thəu^{5} ə^{3} nau^{1} le^{5} , “tiŋ^{4} ,
辈 讲 一 代 三十年　一 世 是 六 十 年　现在 我们 到 哪里 呢 定

jəu^{3}” , thəu^{5} tai^{6} ni^{5} la^{1} …… , laːk^{8} te^{5} ȵaːu^{6} səp^{8} mɛ^{1} tɔ^{6} lui^{6} ti^{5} taŋ^{2} ton^{5} nə^{3}
有　到 代 这 啦　孩子 小 活 十 岁 往 下 的 未 算 一

tai^{6} ma^{6} . ni^{5} chi^{3} ma^{3} ton^{5} lɔk^{8} at^{7} ta^{1} səp^{8} lə^{6} ma^{6} , fɛːk^{7} paːk^{7} , kə^{6} laːu^{4} ce^{5} kon^{5}
代 嘛　这 起 码 算 六 个 三 十 了 嘛　百 八　老头 老 管

kon^{5} ni^{5} taŋ^{2} ton^{5} lə^{6} ma^{6} . tsy^{2} paːi^{1} ta^{1} sɿ^{6} mɛ^{1} . mɔ^{6} chi^{3} ma^{3} tsəi^{4} sjau^{3} na^{2} ton^{5} mɔ^{6}
管 这 不 算 了 嘛　除 去　三 十 年　他 起 码 最 少 你 算 他

səp^{8} mɛ^{1} lə^{6} ma^{6} . səp^{8} mɛ^{1} tu^{6} ȵi^{6} pɛːk^{7} paːt^{7} , ȵi^{6} pɛːk^{7} paːt^{7} ca^{1} nə^{3} pɛːk^{7} paːt^{7} tu^{6}
十 年 了 嘛　十 年 就 二 百 八　一 百 八 加 一 百 八 就

ti^{5} pɛːk^{7} lɔk^{8} ljeu^{6} . faːn^{3} tsən^{4} i^{2} ja^{6} khu^{5} taːi^{6} hyɔ^{4} tsha^{5} paːi^{1} ə^{1} maŋ^{1} ti^{5} , khu^{5}
四 百 六 了　反 正 我 也 不 大 知道 上 去 什么 的 不

taːi^{6} jen^{5} cəu^{4} . pon^{1} ni^{5} thəi^{5} li^{3} , ŋaːn^{4} tsaːu^{4} lo^{4} paːn^{1} tshøn^{2} lui^{6} taŋ^{1} , nə^{3} tai^{6}
大 研 究　回 这 推 理　按 照 大 班 辈 传 下 来　一 代

ta^{1} sɿ^{6} mɛ^{1} , miu^{2} ləu^{2} ca^{1} taŋ^{1} mən^{1} khu^{5} mɛ^{2} tin^{3} fɛ^{4} ti^{5} pɛːk^{7} ci^{3} mɛ^{1} , haːi^{3} mɛ^{2}
三 十 年 我们 刘 家 来 都 不 有 叫做 四 百 几年 差不多 有
ŋɔ^{5} pɛːk^{7} mɛ^{1} mə^{6}.
五 百 年 吗

tja^{6} ca^{1} kho^{3} nən^{6} mɛ^{2} ŋɔ^{4} pɛːk^{7} ci^{3} mɛ^{1} la^{6} , i^{1} naːi^{6} . naːi^{6} ho^{3} maːn^{3} çən^{1} pi^{3}
谢 家 可 能 有 五 百 几 年了 样 这 现在 里 村 人 比
caːu^{4} kɣuŋ^{2} ti^{5} hwa^{4} le^{5} si^{6} tsjaːŋ^{1} ca^{1} . miu^{2} ləu^{2} ca^{1} çən^{1} pi^{3} caːu^{4} sjeːu^{3} . miu^{2} ləu^{2}
较 多 的 话 咧 是 张 家 我们 刘 家 人 比 较 少 我们 刘
ca^{1} fən^{5} pu^{4} tə^{6} tshø^{5} . tu^{6} caːŋ^{3} le^{5} , mɛ^{2} maŋ^{1} niŋ^{5} uk^{7} paːi^{1} ja^{5} , mɛ^{2} lak^{7} çən^{1}
家 分 布 (前缀) 处 就 讲 咧 有 那么 些 出 去 呀 有 个 人
ȵaːu^{6} ɣaːn^{2}, lak^{7} çən^{1} ni^{5}, mɔ^{6} paːi^{1} tsha^{5} ca^{5} tsɿ^{4} jøn^{4} cyn^{5}. thjaːŋ^{5} naːi^{6} ȵaːu^{6} tɔŋ^{1}
在 家 个 人 这 他 去 参 加 志 愿 军 像 现在 在 东
mən^{2} ja^{6} maːn^{6} kɣuŋ^{2}.
门 也 蛮 多

caːŋ^{3} miu^{2} ləu^{2} ca^{1} ti^{5} pɛːk^{7} mɛ^{1} i^{3} tjen^{2} toi^{5} fu^{6} naːm^{2} taŋ^{1} ti^{5} . lən^{2} mɛ^{2} kwaːi^{6}
讲 我们 刘 家 四 百 年 以 前 对 湖南 来 的 后 有 块
poi^{1} kə^{6} maŋ^{1} tsaːm^{6} mɛ^{2}. miu^{2} ni^{5} mən^{1} tja^{3} phuŋ^{6} tshən^{6} thaːŋ^{6}. ① mɛ^{1} kə^{6} i^{2} ȵaːu^{6}
碑 那 还 刻 有 我们 这 还 写 彭 城 堂 年 那 我 在
nəm^{6} niŋ^{2} , mɛ^{2} lak^{7} tja^{6} ca^{1} ti^{5} . mɔ^{6} tsjaːŋ^{1} ti^{4} thu^{6} kə^{6} , i^{2} kau^{5} nə^{3} maːt^{7} phuŋ^{6}
南 宁 有 个 谢 家 的 他 张 地图 那 我 看 一 下 彭
tshən^{6} si^{6} naːi^{6} ȵaːu^{6} tseŋ^{5} tseŋ^{5} sən^{5} tsən^{4} . khuŋ^{1} miu^{2} u^{1} naːi^{6} tja^{3} phuŋ^{6} tshən^{6}
城 是 现在 在 正 正 深圳 这样 我们 上 这 写 彭 城
thaːŋ^{6} a^{6} . miu^{1} fu^{6} naːm^{2} tsu^{3} sjen^{5} in^{5} kai^{1} si^{6} toi^{5} kwaːŋ^{3} tɔŋ^{1} sən^{5} tsən^{4} niŋ^{5} ka^{6} taŋ^{1}
堂 啊 我们 湖南 祖先 应该 是 从 广 东 深圳 些 那 来
ti^{6}, fu^{6} naːm^{2} tshaːŋ^{6} sa^{5} fu^{3} tshe^{5} tshjen^{6} tshən^{5} niŋ^{5} ka^{6} sjen^{5} si^{6} njem^{1} phuŋ^{6} tshən^{5}
的 湖南 长 沙 府 车 前 村 些 那 先 是 从 彭 城

① 仫佬族几大姓氏的族谱都记载自己的祖先是从不同地方迁徙而来的，并在自家的香火阁上供奉着彭城堂、河西堂等神位牌（也有供奉喻意福禄寿的“三多堂”神位牌）。值得一提的是，学者对于仫佬族几大姓氏族谱中关于祖先来源的真实性普遍存在怀疑的态度。

thəu5 fu6 naːm2, fu6 naːm2 ljeu4, miu2 kə6 laːu4 ka6 pon1 caːŋ3 tin3 fɛ4 liu6 çi3 tsən5,
到 湖 南 湖 南 完 我们 老头 那 刚 讲 叫 做 刘 喜 珍
mɔ6 at7 jen1 tin3 fɛ4 liu6 çi3 tsən5, kə6 laːu4 ni5 mɔ6 taŋ1 pe1 ljeːm4 a5. pe1 ljeːm4
他 个名 叫 做 刘 喜 珍 老头 这 他 来 卖 镰刀 啊 卖 镰刀
ȵaːu6 ni5 ləp8 ca1 i6 naːi6.
在 这 安顿 家 样 这

fuŋ4 hwaːŋ6 maːn3 tu6 si6 sɿ6 phin6 tshən5, fai3 te3 lui6 paːi1 nə3 tek7, naːi6 fɛ4
凤 凰 村 就 是 思 平 村 街 底 下 去 一 点 现 做
jen2 pen3 ȵaːu6 niŋ5 ka6. nə6 ta6 niŋ5, thəu5 ə1 maŋ1 le5, fuŋ4 hwaːŋ6, kwəi4
房 都 在 些 你 一 过 些 到 (前缀) 什么 呢 凤 凰 贵
ŋaːn5 si6 mo5laːu3 ti5. lui6 paːi1 tin3 fɛ4 naːn6 phin6 tu6 khu5 tsjaːk8 lak7. naːn6 phin6 si6
安 是 仫佬 的 下 去 叫 做 南 平 就 不 是 啦 南 平 是
tsoŋ6 ti5, lui6 te3 paːi1 pen3 si6 tsoŋ6 ti5. naːi6 sɿ5 phin6、fu6 tsɿ3 si6 caːŋ3 lam1 ti5,
壮 的 下 底 去 都 是 壮 的 现 思 平 佛 子 是 讲 仫佬 的
ta4 lin3、sjaːu3 lin3 si6 caːŋ3 lam1 ti5, cin5 ci5 si6 caːŋ3 lam1 ti5, mjaːu6 lɔ6 phu3 si6
大 稔 小 稔 是 讲 仫佬的 金 鸡 是 讲 仫佬的 苗 洛 甫 是
caːŋ3 lam1 ti5. lo6 tshən5 ja6 si6.
讲 仫佬的 乐 村 也 是

hɣaːu1 ni5 ti5 maːn3 pen3 tin3 fɛ4 "laːk8". ni5 tin3 fɛ4 "laːk8 tja6", te3 ka6 niŋ5
我们 这 的 村子 都 叫 做 孩/人 这 叫 做 人谢(良谢) 底 那 些
ka6 tin3 fɛ4 "laːk8 kɣə5" "laːk8 maːi6" "laːk8 faːn5" "laːk8 mo6". sɿ6 mən6
那 叫 做 人 眷(冲眷) 人迈(冲迈) 人翻(田心) 人莫(良莫) 石门
niŋ5 ka6 mɔ6 tin3 fɛ4 lu6 tuŋ4, ti6 mɛ1. kwən1 tiŋ2 mɛ2 the6 lu4 ni5 mə4, kai5 tiŋ2. fɛ4
些 那 他 叫 做 六 峒 过去 雨 亭 有 铁 路 这 呀 盖 亭子 做
swəi3 khu4 tsaːn4 mɔ6 at7 maːn3 ka6, tsaːn4 at7 maːn3 kə3 paːi1 lak7, naːi6 tu6 caːŋ3
水 库 淹没 他 个 村 那 淹没 个 村 那 去 了 现 就 讲
lui6 taŋ1, toi5 ta5 maːn3 ta6 tin3 fɛ4 tsuŋ5 tshən5 a5, lam1 tu6 si6 laːk8 tsɔŋ1 a5. taŋ1
下 来 对 中 村 过 叫 做 中 村 呀 仫佬 就 是 孩/人 中 呀 来
thəu5 ni5 tin3 fɛ4 li6 in5, si6 ti6 ŋwaːi6 mɛ2 ci3 jen2 pon1 taŋ1. tsuŋ3 thi4 mɔ6 naŋ1
到 这 叫 做 立 新 是 格 外 有 几 家 搬 来 总 体 他 还

ȵaːu6 lən2 maːn3 ka6 ，haːi3 thəu5 fai3 te3 . maːn3 ka6 pen3 si6 tshi6 lin6 njen6 i3 həu4
在 后 村 那 差不多 到 街 底 村 那 都 是 七 零 年 以 后

fɛ4 ti5 . laːk8 mo6 si6 thaːŋ5 teŋ5 o5 ，mɔ6 at7 maːn3 kə6 mɛ2 ɣa2 at7 teŋ5 pə5 . kaːu5
做 的 梁 莫 是 个 姓 哦 他 个 村 那 有 两 个 姓 哦 高

ljaːŋ6 ti5 ljaːŋ6 ka6 naŋ1 hwən3 teŋ5 mo6 ti5 mo6 . naːi6 miu2 ni5 ljaːŋ6 se4 ，miu2 tu6 si6
梁 的 梁 那 还 和 姓 莫 的 莫 现在 我们 这 梁 谢 我们 就 是

hwən3 mɔ6 lo4 paːn1 tuŋ6 te2 faːŋ6 y4 mə4 . mɔ6 in5 kai1 si6 pi3 laːk8 tja6 taŋ1 tɔk7
和 他 大 班辈 共 齐 防 御 呀 他 应 该 是 比 孩/人 谢 来 往

kun5 . tu6 caːŋ3 miu2 hwən3 mɔ6 si6 tshən5 ɕuŋ5 taːu4 ti4 i6 kwaːn5 ɕi4 . mɛ2 ɕən1 taŋ1
前 就 讲 我们 和 他 是 称 兄 道 弟 样 关 系 有 人 来

kui5 ȵa2，miu2 tu6 paːi1 poŋ1.
打 你 我们 就 去 帮忙

miu2 mjen6 naːi6 khu5 mɛ2 teŋ6 ljaːŋ6 ti6 ，mɔ6 mjen6 ka6 teŋ5 ljaːŋ2 ti5 taŋ1 tɔk7
我们 面 这 没 有 姓 梁 的 他 面 那 姓 梁 的 来 往

kun5 le6 ，ljaːŋ6 mo6 ti5 mo6 ca1 naŋ1 taŋ1 tɔk7 lən2 . kwən1 tiŋ2 mɔ6 ni5 mɛ2 niŋ5 fai3
前 呢 梁 莫 的 莫 家 还 来 往 后 雨 亭 他 这 有 些 街

te5 pə6 . tu6 caːŋ3 mɔ6 niŋ5 kə6 mɛ2 ɕən1 pe1 h ɣai3 fɛ4 at7 fai3 te5 ，tu6 kai5 tiŋ3 mə4 .
小 哦 就 讲 他 些 那 有 人 卖 买 做 个 街 小 就 盖 亭 呀

kai5 tiŋ3 chɣɛ1 ɕən1 pe1 ti6 jaːŋ6 ，ni5 mɔ6 tin3 fɛ4 kwən1 tiŋ3 . naːi6 mɔ6 caːŋ3 lam1
盖 亭子 给 人 卖 东西 这 他 叫 做 雨 亭 现 他 讲 仫佬

mɛ2 ɣa2 at7 maːn3 ja6 ，kwən1 tiŋ3 mjen6 ho3 kə6 tin3 fɛ4 laːk8 ŋap7 . ɔ6 ȵaːu6 khœːŋ5
有 两 个 村子 呀 雨 亭 面 里 那 叫 做 孩/人挤① 他 在 山谷

tsən2 hwən3 at7 pɣa1 ta5 kə6 mə4. naŋ1 maŋ1 le5，ljeu4 thəu5 laːk8 faːn5. mɔ6 ni5 tin3
岭 和 个 山 中 那 呀 还 什么 呢 完 到 孩/人 翻（田心）他 这 叫

fɛ4 ceu2 muŋ1 ，ceu2 muŋ1 ，mɔ6 pen3 jɔŋ6 sɿ6 paːn3 taŋ1 ca5 pə5 ti6 mɛ1 kə6 hwa1
做 桥 篮子 桥 篮子 他 都 用 石 板 来 架 哦 过 去 那 大家

caːŋ3 ɕən1 uk7 ka6 ti6 lak7 kwaːn1 taŋ1 ，ci2 ma4 thəu5 u1 ȵiŋ5 kə6 . ŋaːi5 lui6 ma4 ，
讲 人 外 那（前缀） 个 官 来 骑 马 到 上 坳 那 挨 下 马

① 冲牙屯由 kwən1 tiŋ3 和 laːk8 ŋap7 两个小村构成。

i^2 kau^5 nən^1 maːn^3 ni^5 tsən^6 ka^6 taŋ^2 ca^5 ceu^2 pə^6 . mɔ^6 chi^3 səu^3 si^6 caːŋ^3 khu^5 ca^5

我 看 见 村 这 时 那 未 架 桥 哦 他 起 首 是 讲 不 架

ceu^2 , toi^5 kɣo^3 tsən^2 niŋ^5 kə^6 ɳ̥aːu^3 lui^6 . lui^6 nja^1 ljeu^6 niŋ^5 ka^6 tin^3 fɛ^4 tshɔŋ^1 tɔ^2

桥 对 头 岭 些 那 绕 下 下 河 完 些 那 叫 做 冲 山谷

niŋ^5 ka^6 , niŋ^5 ka^6 ta^6 . laːk^8 mo^6 mjen^6 kə^6 paːi^1 , i^1 ni^5 tsha^5 . caːŋ^3 i^1 ni^5 naːn^2 . ca^5

些 那 些 那 过 梁 莫 面 那 去 样 这 上 讲 样 这难 架

thaːŋ^5 ceu^2 kuŋ^4 fɛ^4 kuŋ^5 lu^4 ta^6 paːi^1 . tshɔŋ^1 tɔ^2 si^6 ɳ̥aːu^6 u^1 ni^5 , i^1 maŋ^1 tin^3 fɛ^4

个 桥 篮子做 公 路 过 去 冲 山谷是 在 上这 样 怎么叫 做

tshɔŋ^1 tɔ^2 ? swəi^3 njen^2 a^5 , tu^6 mɛ^2 nə^3 khœːŋ^5 tɔ^2 thoi^1 nəm^4 a^5 . miu^2 hwən^3 kwən^1

冲 山谷 水 碾子呀 就 有 一 窄缝 山谷流 水 呀 我们 和 雨

tiŋ^2 、laːk^8 faːn^5 、laːk^8 mo^6 ti^5 ho^6 caːi^6 , thaːŋ^5 nja^1 . luŋ^1 nau^1 jam^1 , ɳ̥aːu^6 mjen^6

亭 田 心 梁 莫的河 届 个 河 窟窿哪 深 在 面

nau^1 kui^1 mjen^6 ka^6 . at^7 ni^5 , i^1 maŋ^1 i^2 tu^6 tɔŋ^3 le^5 ? ti^6 mɛ^1 ka^6 ta^4 təi^4 hə^6 swaːn^4

哪 归 面 那 个这 样怎么我 就 懂 呢 以前 那大 队 核 算

fɛ^4 tshaːŋ^5 khu^5 . mɔ^6 niŋ^5 ka^6 pen^3 tsaːn^4 u^1 ka^6 . tu^6 caːŋ^3 thəu^5 ni^5 lak^7 . lo^4 paːn^1

做 仓 库 他 些 那 都 占 上那 就 讲 到 这 啦 大班辈

hɣaːu^1 caːŋ^3 ɣa^2 maːn^3 paːu^5 khwa^6 khi^6 tha^5 maːn^3 , thaːŋ^5 nja^1 ni^5 , i^1 maŋ^1 chɣɛ^1

我们 讲 两 村 包 括 其 它 村 个 河这 样怎么 分

ni^5 , i^1 maŋ^1 chɣɛ^1 thaːŋ^5 nja^1 ni^5 , twaːn^4 nau^1 kui^1 maːn^3 nau^1 ? tu^6 luŋ^1 jam^1 ,

这 样怎么 分 个 河 这 段 哪 归 村 哪 就窟窿 深

thaːŋ^5 nja^1 mɛ^2 luŋ^1 jam^1 ɳ̥aːu^6 niŋ^5 nau^1 tu^6 kui^1 mjen^6 ka^6.

个 河 有 窟窿深 在 些 哪 就 归 面 那

译文：

以前，四把镇石门村良谢屯的旁边是良谢屯呀。之后，“文革”过了以后，就用的这个屯名。之前，是用姓梁的梁，过了以后，村里没有谁姓梁。如今我们村里一共就有三个姓氏。姓谢的人最早来到这里，我们是刘姓的。昨天，七月十二，是我们刘家的先祖回家的日子呀。谢家的人是初七（先祖回家）啊。

（各姓氏）来这里落户年代不同。谢家相当早。听说谢家是上门来的，还是怎么的。谢家的香火阁上写的是“钟谢”，应该是钟家最早来这落脚、建成村子的。然后，（我）不清楚到底是最早是领养？是两个男孩子，反正讲了钟家最早来到这里的这么一段历史。最早是来做孩子还是来上门当女婿的就不清楚了。之后，就称为“钟谢”。应该是来上门的吧，还是领养的，两个小孩。

刘家是第二个来的，然后是张家。刘家起码在这儿有几百年了。推理出来的呀。一代人按三十年算，按照老辈人记的字辈算。这个字辈最早，喜、万、民、国、世、代、永、启、仁……，这样到我们，这个字辈的人，我们叫爷爷。这个字辈“才、华……”，我叫爸爸。我们这一代就到了春字辈了。按照三十年一代人来推理，一二三四五六七八九十，这样按道理算，还没三百年吗？起码二百七十年。老辈人讲一代人三十年，一辈子六十年。现在我们到哪一辈了呢？“定、有……”，到这个字辈的这一代了……，活不到十岁的小孩，就不算一代人，这起码算六代人了，一共一百八十年了。这个排第一的老头，不算一代人，除去三十年。起码最少也算十年吗？十年，然后就二百八，二百八加上一百八就四百六十了。我反正也不知道四百六十年前是什么朝代，不大研究。这样推理，按照老辈人传下来的字辈算，一代人三十年，我们刘家来到这里还不到四百多年吗？差不多有五百年吗？

谢家来这里可能有五百多年了。如今，村里人口数量比较多的是张家。我们刘家的人比较少。我们刘家人分布得比较广。就说是，有些人出去呀，有人在家，有人去参加了志愿军呢。现在在东门镇的人也蛮多的。

据说，我们刘家是四百年前从湖南移民过来的。村后还有一块石碑，上面刻有我们来自哪里。我们这儿（香火阁上）写的也是彭城堂。那年，我在南宁，有一个谢家的人，他有一张地图，我看了一下，彭城堂就正好是现在的深圳。所以我们的香火阁上写着彭城堂呀。我们湖南的祖先应该是从广东深圳那里来到湖南长沙府的车前村那里。是先从彭城到的湖南，然后，我们最早的先祖，也就是刚说到的刘喜珍，这个老头，他来这里卖镰刀呀，然后就在这儿安顿落户的。

凤凰屯是归到思平村公所的，四把镇下去一点儿就到凤凰屯了。现在他们屯的房子都在那儿。过去一点儿，到什么地名呢？凤凰和贵安两个屯都是仫佬族人居住。然后往下是南平，这个屯就不是仫佬族族人居住的了，是壮族人。再往下走都是壮族人的村子了。然后，思平和弗了是仫佬族人住的，大稔和小稔是讲仫佬话的。金鸡屯是讲仫佬话的，苗洛甫屯是讲仫佬话，乐村屯也是。

我们这儿的村子名中都带一个“laːk⁸”字。我们这个村子叫 laːk⁸ tja⁶（良谢），往下边去，那叫 laːk^{8} kɣə^{5}（冲眷）、laːk^{8} maːi^{6}（冲迈）、laːk^{8} faːn^{5}（田心）、laːk^{8} mo^{6}（梁莫）。石门村那里，人们以前都叫六峒六峒的。雨亭有铁路（经过）那儿呀，盖有亭子。（当年）建水库，他那个村子被水淹没了，现在就是往下来，过村子中间，所以叫中村呀，仫佬话就是 laːk^{8} “孩/人” tsɔŋ^{1} “中”呀。来到立新，是额外有几家人搬过来的。总体上还是在离四把镇不远那里，都是“七零年”以后建起来的村子。梁莫是个姓氏哦，那个村子有两个姓氏的哦。高粱的“梁（粱）”和姓莫的“莫”。如今，我们是良谢屯。我们老辈人和他们老辈人一起联合防御呀。他们应该是来到这儿比良谢人来得更早。我们以前是和他们称兄道弟的关系。有人来攻击他们，我们就去帮忙（相互联合防御）。

我们这个村子是没有姓梁的人的，他们那边（梁莫）的梁姓人来得更正，莫姓人来着还更晚呢。雨亭那里有小集市哦，就是有人在那里做一些小买卖儿，成了一个小集市，然后就盖上亭子，给人们卖东西，那个村子就叫作雨亭村了。如今，这个村子是讲仫佬话的，是有两个小村子的，雨亭村往里面去就是 laːk^{8} ŋap^{7} “村中村”。这个村子在山谷和一个山中间。还有田心屯，那有一座，是篮子状的，是用石板架成的。过去，人们说外面有一个官员，骑着马，到了那儿的山坳那儿，还要下马走。我觉得那时那个村子是还没架有桥的哦。本来说是不架桥的，说要从山岭上绕下来，来到河那儿叫作冲水谷那里，从那里过来到梁莫。是这么个说法。然后，说是这样很不方便，就架个吊篮式的桥，平坦一条路过去。冲水谷那上面，为什么叫冲水谷呢？因为有个水碾呀，有一个山谷流出一股溪水，（溪水转动水碾）。我们和雨亭、田心、梁莫的河界呀，溪水在哪儿的水深，这一段溪水就归哪个村子。我怎么会知道这个呢？以前大队核算，要建一个仓库，把地占了。那时就说到这个了。老辈人讲两个村子，其他村子也一样，一条河怎么划分呢，哪一段归哪个村子呢？方法就是河里哪段水深，这一段就归哪个村子。

二、自我情况介绍

i^{2} tsen^{5} lɔ^{6} tshən^{6} kaːi^{3} faːŋ^{4} lɔ^{3} mɛ^{1} ti^{6} ȵi^{6} tshət^{7} se^{5} ti^{5} , tə^{6} njeːn^{2} tshɔ^{1} lɔk^{8} .
我 正 罗 城 解 放 进年 第二 出 世的 过 年 初 六

i^{2} hai^{5} hɣaːu^{1} tɔŋ^{1} mən^{2} tin^{3} fɛ^{4} lin^{6} tsəu^{5} tsuŋ^{5} ço^{6} lak^{7} fu^{4} çaːu^{4} tsaːŋ^{3} kə^{6} , lak^{7}
我 听说 我们 东 门 叫做 琳 州 中 学 个 副 校 长 那 个

kə⁶ kho³ nən⁶ pɤai¹ pjeu⁶ , mɔ⁶ taŋ¹ hɤaːu¹ ni⁵ tin³ fɛ⁴ tshuŋ⁵ maːi⁴ thən⁶ niŋ⁵ kə⁶ ,
那 可 能 去世 了　他 来 我们 这 叫 做 冲 迈 屯 些 那
kuŋ⁵ tso⁶ təi⁴ mə⁴ , mɔ⁶ caːŋ³ h ɤaːu¹ lɔ⁶ tshən⁶ kaːi³ faːŋ⁴ in⁵ kai¹ si⁶ i⁶ cəu³ wu³ lin⁶
工 作 队 呀　他 讲 我们 罗 城 解 放 应 该 是 一 九 五 零
njen⁶ sɿ⁶ i⁶ jøn⁶ ə⁴ sɿ⁶ tshi⁶ haːu⁴ . i² tin³ fɛ⁴ cəu³ lin⁶ njen⁶ i² ŋaːi⁶ tshja¹ tan⁵ mə⁴ ,
年 十 一 月 二 十 七 号　我 叫 做 九 零 年 我 挨 车 撞 呀
paːi¹ tɔŋ¹ mən² tsy⁴ jøn⁴ , hwən³ mɔ⁶ tsɔŋ⁶ pin⁴ faːŋ⁶ . mɔ⁶ si⁶ tɔŋ¹ mən² fai³ ti⁵ . mɔ⁶
去 东 门 住 院　和 他 共 病 房　他 是 东 门 街 的 他
si⁶ i¹ ni⁵ caːŋ³ , so³ i³ caːŋ³ i² si⁶ in⁴ wəi⁶ i² si⁶ ȵaːu⁶ wu³ i⁶ njɛn⁶ , ta⁶ njɛn² tshɔ¹
是 样 这 讲　所 以 讲 我 是 因 为 我 是 在 五 一 年 过 年 初
lɔk⁸ . at⁷ kwaːn⁵ çi⁴ naːi⁶ ja⁶ khu⁵ taːi⁶ lo⁴ ça³ . faːn³ tshən⁴ si⁶ tsi⁴ at⁷ li⁶ si³ ni⁵ , ə¹
六　个 关 系 这 也 不 大 大 呀　反 正 实 际 个 历 史 这 样
maŋ¹ paːi¹ khaːu³ tsən⁴ . mɔ⁶ caːŋ³ ja⁶ pi³ caːu⁴ tshyn³ khɔ⁶ ti⁵ , tsən⁶ ka⁶ tin³ fɛ⁴
怎么 去 考 证　他 讲 也 比 较 准 确 的　时 那 叫 做
kuŋ⁵ tso⁶ təi⁵ a⁵ . mɔ⁶ mən¹ caːŋ³ thəu⁵ , tsən⁶ ka⁶ tin³ fɛ⁴ cy⁵ tsuŋ³ təi⁴ , lak⁷ ci⁵
工 作 队 呀　他 都 讲 到　时 那 叫 做 区 总 队　个 机
tshjaːŋ⁵ səu³ kə⁶ tin³ fɛ⁴ tshin⁶ tə⁶ lən³ . lak⁷ moi⁵ ci⁵ tshjaːŋ⁵ kui⁵ hu⁴ wəi⁴ tsaːn⁴
枪 手 那 叫 做 覃 得 冷　个 背 机 枪 打 护 卫 战
pɤai¹ , sjaːŋ⁵ taːŋ⁵ khu⁵ sik⁷ . caːŋ³ thəu⁵ ni⁵ mə⁴ .
牺牲 相 当 可 惜 讲 到 这 呀

ti⁵ mɛ¹ ka⁶ toi⁵ li⁶ sɿ³ fɔŋ¹ mjen⁶ , i² kun⁵ mɛ² niŋ⁵ jen⁵ cəu⁴ . i² si⁶ tsɔŋ⁵ i⁵
(前缀) 年 那 对 历史 方 面　我 之前 有 些 研 究　我 是 中 意
wən⁶ kho⁵ ti⁵ ja⁶ . maːt⁷ ȵaːu⁶ ço⁶ çaːu⁴ ja⁶ i¹ , fɛ⁴ niŋ⁵ paːn⁵ tsaːŋ³ a⁵ , i² pen³ si⁶
文 科 的 呀　以前 在 学 校 也 是 做 些 班 长 呀 我 都 是
tsən³ li³ tshaːi⁶ ljaːu⁴ ni⁵ . naːi⁶ i³ həu⁴ ma¹ , naŋ³ fɛ⁴ ta⁶ ho³ jøn⁶ kwaːŋ³ po⁴ tsaːn⁴
整 理 材 料 这　现在 以后 回家　还 做 过 里 县 广 播 站
pen³ si⁶ paːu⁴ taːu³ jøn⁶ ə⁶ naːi⁶ ko⁶ . kuŋ⁵ tshən⁶ nau¹ i² mən¹ paːi¹ fɛ⁴ paːu⁴ taːu³
都 是 报 导 员 样 这 哦　公 社 哪 我 都 去 做 报 导
jøn⁶ . so³ i³ wən⁶ kho⁵ i² hən³ kaːn³ çin¹ tshy⁵ . ti⁶ mɛ¹ ka⁶ i¹ maŋ¹ le⁵ , thəi⁵ tsjen⁴ ,
员　所以 文 科 我 很 感 兴 趣 (前缀) 年 那 样 什么 呢　推 荐

miu^{2} su^{6} y^{6} thəi^{5} tsjen^{4}. miu^{2} tap^{7} khu^{5} thəu^{5} khaːu^{3} sɿ^{4} a^{5}. thəi^{5} tsjen^{4} caːŋ^{3} tin^{3}
我们 属 于 推 荐 我们 达 不 到 考 试 啊 推 荐 讲 叫
i^{2} paːi^{1} kwaːŋ^{3} si^{5} min^{6} tsu^{6} ço^{6} jøn^{4}. kwaːŋ^{3} si^{5} min^{6} tsu^{6} ço^{6} jøn^{4} mɛ^{2} lak^{7} caːŋ^{3} sɿ^{5}
我 去 广 西 民 族 学 院 广 西 民 族 学 院 有 个 讲 师
taŋ^{1} thəu^{5} i^{2} ho^{3} jen^{2} ŋɔ^{4} maːt^{7} pə^{6} le^{6}. taŋ^{1} la^{4} i^{2}, caːŋ^{3} ləu^{2} i^{2} paːi^{1}. miu^{2} ni^{5} ho^{3}
来 到 我 里 家 五 次 了 呢 来 找 我 讲 让 我 去 我们 这 里
təi^{4} tu^{6} caːŋ^{3} khu^{5} lɔ^{6}.
队 就 讲 不 给

i^{2} tɔk^{8} le^{2} thəu^{5} tshu^{5} tsuŋ^{5}, in^{1} wəi^{6} pu^{4} ni^{4} i^{2} le^{5} ce^{5} ljeu^{6}, tin^{3} i^{2} paːi^{1} tɔk^{8}
我 读 书 到 初 中 因 为 父 母 我 呢 老 了 叫 我 去 读
kaːu^{5} tsuŋ^{5}, i^{2} khu^{5} ta^{6} tjaːŋ^{3} paːi^{1}. i^{1} ja^{6} khu^{5} lai^{3} tɔk^{8} ə^{1} maŋ^{1} lɛ^{2}. tshu^{5} tsuŋ^{5} pi^{6}
高 中 我 不 大 想 去 我 也 不 得 读 样 什么 书 初 中 毕
ne^{6} ljeu^{4} tu^{6} si^{6} ȵaːu^{6} ljaːŋ^{6} se^{4}. i^{2} ja^{6} tsɔŋ^{5} i^{5} mɛ^{2} ən^{1} maŋ^{1} ti^{5}, u^{1} ka^{6} tu^{6} caːŋ^{3} mɛ^{2}
业 完 就 是 在 梁 谢 我 也 喜 欢 有 样 什么 的 上 那 就 讲 有
ti^{5} ŋɔ^{5} kaːi^{4} ti^{5} thən^{6} wəi^{3} ə^{6} ja^{1}. mɛ^{2} maŋ^{1} ti^{6} teŋ^{2}, maŋ^{1} paːi^{1} fai^{3} te^{3} teŋ^{6} tshən^{5}
四 五 届 的 村 委 啊 呀 有 什么 事 情 还 去 街 底 (四把) 定 村
kwəi^{5} min^{6} jo^{6}. tɔk^{8} ti^{6} paːi^{1} la^{4} hɣaːu^{1} ma^{1}. hɣaːu^{1} tsy^{3} jaːu^{4} si^{6} pi^{3} caːu^{4} kɣuŋ^{2} ho^{6}
规 民 约 故 意 去 找 我们 回 我们 主 要 是 比 较 多 活
jo^{6} niŋ^{5} ko^{6}. hɣaːu^{1} jəu^{6} tsɔŋ^{5} i^{5} caːŋ^{3}, ho^{3} maːn^{3} i^{1} maŋ^{2} tsɿ^{4} li^{3}. naːi^{6} ni^{5} fɛ^{4} lak^{7}
跃 些 啦 我们 又 中 意 讲 里 村 样 什么 治 理 现 这 做 个
thən^{6} tsjaːŋ^{3} ti^{5} hwa^{4} le^{5}, pən^{3} taŋ^{1} i^{2} si^{6} khu^{5} tjaːŋ^{3} fɛ^{4}, khu^{5} mɛ^{2} sɿ^{6} kjen^{5}, meŋ^{2}
屯 长 的 话 呢 本 来 我 是 不 想 做 不 有 时 间 明
caːŋ^{3}, fɛ^{4} ja^{6} fɛ^{4} lai^{3} fən^{1}. khu^{5} tai^{6} mɛ^{2} sɿ^{6} kjen^{5}. i^{2} jaːu^{5} lin^{6} njɛn^{6} ti^{5} hwa^{6} le^{5},
讲 做 也 做 得 成 不 大 有 时 间 我 一 零 年 的 话 呢
lin^{6} tshi^{6} njeːn^{6} kaːu^{3} phin^{6} sən^{3} a^{6}, nə^{3} jaːŋ^{6} khu^{5} lai^{3}, phin^{6} sən^{3} kaːu^{3} khu^{5} thiŋ^{1}
零 七 年 搞 评 审 啊 一 样 不 得 评 审 搞 不 清
thu^{3}. fɛ^{4} khu^{5} paːi^{1} ljeu^{6}, jəu^{6} la^{4} hɣaːu^{1}. i^{4} sɿ^{4} caːŋ^{3} hɣaːu^{1} pi^{3} caːu^{4} je^{6} sin^{5} ko^{6}.
楚 做 不 去 了 又 找 我们 意 思 讲 我们 比 较 热 心 呀
caːŋ^{3} nən^{6} li^{6} ma^{6}, caːŋ^{3} khu^{5} mɛ^{2} ni^{5} hɣaːu^{1} ja^{6} kho^{3} i^{3} sən^{4} in^{4}. i^{1} maŋ^{1} ton^{5},
讲 能 力 嘛 讲 不 有 这 我们 也 可 以 胜 任 样什么 算

i^{1} maŋ^{1} kat^{7} , pen^{3} si^{6} hɣaːu^{1} i^{6} səu^{3} tshaːu^{5} tso^{6} . i^{2} ni^{5} caːŋ^{3} . maŋ^{1} ljeu^{4} ta^{6} i^{3} hau^{4} ,

样什么 割 都 是 我们 一手 操 作 我 这 讲 怎么 完 过 以后

naŋ^{1} ljeu^{4} , ti^{6} pɛːŋ^{2} kɔk^{7} ca^{1} hwəi^{4} nuŋ^{6} tsən^{4} tshə^{6} , ta^{4} ljaːŋ^{4} ti^{5} ja^{6} . i^{2} caːŋ^{3} i^{2}

还 结束（前缀） 堆 国 家 惠 农 政 策 大 量 的 呀 我 讲 我

fɛ^{4} khu^{5} lai^{3} , i^{2} khu^{5} mɛ^{2} sɿ^{6} cjen^{5} , pon^{1} i^{2} caːŋ^{3} ja^{5} , i^{2} khu^{5} lai^{3} paːi^{1} tɔk^{8} lɛ^{2} , i^{1}

做 不 得 我 不 有 时 间 刚 我 讲 呀 我 不 得 去 读 书 样

naːi^{6} i^{1} ka^{6} , hwa^{1} naːi^{6} tshɔŋ^{5} paːi^{1} caːŋ^{3} i^{2} pə^{1} , tshən^{6} kə^{6} i^{2} fɛ^{4} khwaːi^{4} ci^{4} . khai^{1}

这 样那 大伙 这 冲 去 讲我 哦 时 那 我做 会 计 开

khwaːi^{4} ci^{4} hwəi^{4} ȵi^{3} , thət^{7} fan^{1} , paːn^{6} ço^{6} si^{6} paːn^{5} lə^{6} , hɣaːu^{1} tshaːn^{5} ca^{5} sɿ^{6} i^{6}

会 计 会 议 七 天 办 学 习 班 了 我们 参 加 十 一

kaːi^{4} hwəi^{4} ȵi^{3} . mɛ^{2} çən^{1} caːŋ^{3} ȵa^{2} ljeu^{4} khu^{5} lai^{3} paːi^{1} tɔk^{8} lɛ^{2} pə^{5} . khu^{5} tɔŋ^{3} at^{7} cy^{4}

届 会 议 有 人 讲 你 完 不 得 去 读 书哦 不 懂 个具

thi^{3} tshin^{6} khwaːŋ^{4} . ta^{6} i^{1} həu^{4} , pa^{6} i^{6} njɛn^{6} i^{2} tu^{6} khaːi^{5} sɿ^{6} tshaːm^{2} tsha^{5} wən^{6} kho^{5} .

体 情 况 过 以后 八 一 年 我 就 开 始 走 上 文 科

cəu^{4} i^{6} njɛn^{6} i^{2} tu^{6} ma^{1} , ma^{1} ljeu^{4} i^{2} ja^{6} lai^{3} niŋ^{5} jaːŋ^{3} laːu^{3} cin^{5} . ȵa^{2} caːŋ^{3} lɔ^{6}

九 一 年 我 就回家 回家 完 我 也得 些 养 老 金 你 讲 老

sət^{8} hwa^{6} , caːŋ^{3} kuŋ^{5} tso^{6} fɔŋ^{1} mjen^{6} , caːŋ^{3} khu^{5} thiŋ^{1} thu^{3} . i^{2} tɔk^{8} lai^{3} lɛ^{2} sjeːu^{3} ,

实 话 讲 工 作 方 面 讲 不 清 楚 我 读 得 书 少

tshu^{5} tsuŋ^{5} tɔk^{8} lai^{3} ɣa^{2} mɛ^{1} . maːn^{3} lo^{4} mɛ^{2} nə^{3} kə^{6} laːu^{4} hwən^{3} i^{2} thuŋ^{5} ço^{6} .

初 中 读 得 两 年 村 大（大银村） 有 一（前缀） 老头 和 我 同 学

译文：

我正是罗城解放第二年出生的，大年初六那天。我们东门镇琳州中学的一个副校长，这个副校长现在可能已经去世了。他来过我们冲迈屯呀，那时候是工作队下来的。他说，我们罗城解放的时间应该是 1950 年 11 月 27 号。我是 90 年被车撞了，去东门镇住院，和他住在同一个病房里。他是东门街的人。他是这么说的，所以我就说我是在（罗城解放后的第二年）51 年过大年初六出生。这个也不是人关系啊！反正是这么说的，这个历史怎么去考证？他说得也比较准确的，那时他是工作队的呀。他还讲到了区里那个叫作覃得汵的机枪手。那个机枪手是去大护卫战牺牲的，相当可惜。是这么说的。

以前，我对历史方面（的知识）有一些研究。我是喜欢文科的呀。以前，我在学校也是做班长呀，总整理材料。之后就回家里了，还做过县里广播站的播报员。哪个工程开展，我都去做播报员。所以，我对文科很感兴趣。当年，是怎么回事呢？推荐呀，我们是属于推荐（去读书）。我们达不到考试（条件）呀。推荐我去广西民族学院。广西民族学院那个讲师来到我家里五次呢。来找我，想让我去（民院读书）。我们队里就说不让去。

我读书读到初中，由于父母年纪大了，让我去读高中，我不大想去。我也没读上什么书。初中毕业后就回到良谢。我也喜欢做做村里的管理事务。在村里做了四五届的村委委员。还去过四把镇参与制定村规民约。还是特意找我去。我主要是比较活跃一些，喜欢说说村里怎么治理的事。现在，我做屯里的屯长。本来是不想做的，没有时间呀。明说，要做也能做，就是没有时间啊。07 年评审呀，评不上，评审弄不清楚。然后又找我，意思是我比较热心呀。说到能力，说我没能力，我也能胜任。怎么算啦，怎么分割啦，都是我一手操办的。过了之后，还有一堆的国家惠农政策，我说我干不了了，没有时间呀。我刚才说我不得去读书的事，那时大家就过来和我讲。那时候，我做会计，开会计会议，办了七天的学习班。我参加了第十一届会议。有人就告诉我我不得去读书了，他们也不懂这个具体情况。过后，到了 81 年我就开始做文科方面的事了，91 年就回家了。回家后我也拿到一些养老金。老实说，工作方面就讲不清楚了。我没读多少书，初中读了两年，和大银村的一个老头儿是同学呢。

三、当地生活小故事

ti^{6} mɛ^{1} ka^{6} tin^{3} fɛ^{4} kɔ^{5} saŋ^{6} . naːi^{6} tin^{3} fɛ^{4} tsy^{5} mu^{3} tuŋ^{4} a^{5} , tsy^{5} mu^{3} tuŋ^{4} jøn^{6}
（前缀） 年 那 叫 做 告 状 现 叫 做 猪 母 洞 呀 猪 母 洞 原
laːi^{6} tin^{3} fɛ^{4} fuŋ^{4} hwaːŋ^{6} at^{7} maːn^{3} ka^{6} niŋ^{5} ka^{6} , tin^{3} fɛ^{4} fuŋ^{4} hwaːŋ^{6} thən^{6} . mjen^{6} ka^{6}
来 叫 做 凤 凰 个 村 那 些 那 叫 做 凤 凰 屯 面 那
fai^{3} te^{3} lui^{6} pai^{1} nə^{3} tɛk^{7} . mɔ^{6} tin^{3} fɛ^{4} fuŋ^{4} hwaːŋ^{6} , ɣən^{1} ka^{6} , tɔ^{2} mɣɔk^{8} ka^{6} ti^{5} i^{4} sɿ^{4} .
街 底 下 去 一 点 他 叫 做 凤 凰 名字 那 只 鸟 那 的 意思
tsɛŋ^{1} nə^{3} at^{7} ti^{6} pon^{2} . chi^{3} səu^{3} , tja^{6} ca^{1} , tsjaːŋ^{1} ca^{1} mɔ^{6} tsɛŋ^{1} khu^{5} lai^{3} . miu^{2} ho^{3}
争夺 一 个 地 盘 起 首 谢 家 张 家 他 争 不 得 我们 里

maːn3 kə6 laːu4 uk7 tsy3 i5 . miu2 ho3 maːn3 tsaːm6 kwaːi6 poi1 , tsy5 mu3 tuŋ4 ,
村（前缀）老头 出 主意 我们里 村 刻 块 碑 猪 母 洞

mən5 a5 , nuŋ6 tshən5 tin3 fɛ4 mən6 pət8 a5 . tsɛŋ1 niŋ5 ka6 , miu2 tin3 fɛ4 kə6 laːu4
杳 呀 农 村 叫 做 杳 扔 呀 争 些 那 我们 叫 做 老 头

maːŋ6 kə6 ja1 , caːŋ3 khak7 nə3 khwaːi6 poi1 , ȵaːu6 niŋ5 kə6 kau5 . kau5 lai3 tam1 mɛ1
太祖 那 呀 讲 刻 一 块 碑 在 些 那 看 看 得 三 年

pə1 , ljeu4 jəu6 leŋ6 kɔ5 . kɔ5 le5 , tsən6 ka6 tin3 fɛ4 çøn4 lin4 kɔ6 , taŋ1 tshy3 li3 . tshy3
哦 完 又 另 告 告 呢 时 那 叫 做 县 令 啊 来 处 理 处

li3 ne5 , tɔk7 lən2 mɔ6 tu6 caːŋ3 , kau5 saːu1 kə6 nau1 phɤəi5 . tsən6 ka6 khu5 mɛ2
理 呢 往 后 他 就 讲 看 你们 里 哪 近 时 那 不 有

tshɔŋ1 , jɔŋ6 ən1 maŋ1 le5 , jɔŋ6 tsa2 , tsa2 ȵit7 tsa2 laːi5 mə4 . miu2 ho3 maːn3 kə6
钟 用 物什么 呢 用 茶 茶 冷 茶 热 呀 我们 里 村 老

laːu4 ni5 tu6 , çɔp7 tsa2 pai1 ȵit7 ja5 , laːi5 ja5 , mɔ6 hɤɔ4 ja6 . miu2 ho3 maːn3 kə6 laːu4
头 这 就 端 茶 去 冷 呀 热 呀 他 懂 呀 我们 里 村 老 头

ȵaːu6 mɤaːŋ6 khwən1 , tshaːm3 pu3 ti6 pi2 ja6 . ti6 mɛ1 ka6 fɛ4 ɤaːk7 ja6 , pen3 tshaːn3
在 半 路 走 灰 地 皮 呀 以 前 那 做 芋头 呀 都 铲

pu3 ti6 pi2 taŋ1 aːu5 tin3 fɛ4 jɔŋ1 . tu6 tin3 h ɤaːu1 naːi6 , ȵaːu6 jen2 kwən3 tsa2 thiŋ1 thu3 ,
灰 地 皮 来 怄 叫 做 壅 就 叫 我们 这 在 家 滚 茶 清 楚

tsən6 ka6 tin3 fɛ4 sa5 kwaːn4 kə6 mə4 . tu6 tsoŋ1 tsa3 mɤaːŋ1 khwən1 ho3 fəi1 paːi1 tɔŋ5
时 那 叫 做 沙 罐 那 呀 就 装 茶 半 路 里 火 去 放

a6 . mɤaːŋ6 khwən1 nə3 pi2 thu3 phi6 hwəi5 , pɤaːu3 a5 , khu5 mɛ2 fəi1 mə6 . mɔ6 tu6
呀 半 路 一 层 土 皮 灰 烧 呀 不 有 火 嘛 他 就

cən1 at7 sa5 kwaːn4 tsoŋ1 tsa2 cən1 ho3 kə6 paːi3 tɔŋ5 . fuŋ4 hwaːŋ6 maːn3 kə6 tu6 ma1
拿 个 沙 罐 装 茶 拿 里 那 去 放 凤 凰 村 那 就 回

jen2 kwən1 cən1 taŋ1 . miu2 ni5 khaːm1 chi3 mən1 kwən1 thiŋ1 thu1 pə6 ljeu4 cən1
家 滚 拿 来 我们 这 早 起 都 滚 清 楚 了 了 拿

paːi1 kə6 laːu4 kə6 tshaːn1 paːi1 nə3 chi5 , ȵa2 hai5 thəu5 . ka6 ni5 tu6 phɔn5 si6 ljaːŋ6
去 老 头 那 吃 去 一 气 你 才 到 那 这 就 判 是 梁

se4 ti5 pon6 naːi6 thəu5 u1 ȵiŋ5 ka6 tu6 liu6 ʒwəi3 wəi6 kaːi4 nəm4 thoi1 mjen6 nau1 kui1
谢的 盘 这 到 上 坳 那 就 流 水 为 界 水 流 面 哪 归

mjen^{6} ka^{6} . u^{1} ȵiŋ^{5} mɛ^{2} nə^{3} niŋ^{5} peŋ^{2} ti^{6} , ljeu^{4} mɔ^{6} tu^{6} khaːi^{1} , ni^{5} fɛ^{4} kaːi^{5} , nəm^{4}
面 那 上 坳 有 一 些 平 的 完 他 就 开 这 做 界 水

thoi^{1} taŋ^{1} ni^{5} tu^{6} kui^{1} mjen^{6} naːi^{6}, nəm^{4} khu^{5} thoi^{1} ɣa^{2} mjen^{6} a^{3}.
流 来 这 就 归 面 这 水 不 流 两 面 呀

译文：

从前，我们是说告状。现在那里有一个叫母猪洞的地方。原来凤凰那个村子，叫凤凰屯，从四把往下走一点儿，名字就是凤凰鸟那个凤凰的意思。（那个村子）和我们争夺母猪洞这个地方。刚开始，我们村的谢家、张家都争不过。然后，我们村有一个老头儿出主意，就让村里刻一块碑，放到母猪洞那个泉眼那里去，那个泉在农村叫扔沓呀。两个村子争夺那个沓，我们村那位，我们叫太公的老头儿啊，提议刻一块碑在那里立着。立了三年，然后又重新告状打官司。那时候县令来处理。他就说看看两个村子哪边离得比较近。那时候没有钟表计时呀，那用什么呢？用茶水呀，端来后茶水冷热来判断。我们村的那个老头儿就端茶去，担心茶在路上变凉呀，需要热茶呀，我们村的那老头儿就在半路走地皮灰路呀。以前种芋头，都铲一层地皮灰①（在田地里），就是壅肥。就叫大伙在家把茶水烧好，用沙罐装上，去到半路就放在地皮灰的火灰里，火灰里还烧着火呀，就把装好茶的沙罐埋在那里。凤凰村的人就回家烧好茶直接拿过来。我们这边早就烧好（放到半道上）了。拿去给那县令喝了一会儿了，凤凰村的人才到。然后就判给了良谢这边。然后到土坳上就使用流水为界来判定哪里归哪里。流水为界就是水从土坳上流往哪边，这一片土地就归哪边的村子。土坳上有一些平地呀，然后浇上水，水往那边流就归那边村子，水不会往两个方向流呀。

四、民间故事

ku^{3} pwa^{2} mɛ^{1} si^{6} caːŋ^{3} pwa^{2} mɔ^{6} çən^{3} ɣa^{2} laːk^{8} khɣəːn^{1} ȵaːu^{6} jen^{2} . ȵaːu^{6} jen^{2}
故事 婆 猕 是 讲 婆 他 带 两 孩子 孙 在 家 在 家

pwa^{2} mɔ^{6} uk^{7} paːi^{1}, caːu^{5} tai^{5} ɣa^{2} laːk^{8} khɣəːn^{1} ka^{6}, mɔ^{6} caːŋ^{3}:
婆 他 出 去 交 代 两 孩子 孙 那 她 说

---

① 地皮灰指为了增加土地的肥性，把庄稼的秸秆杂草等焚烧形成草木灰铺在田地里。

“ təu^{6} pjen^{6} nau^{2} taŋ^{1} tin^{3} tɔ^{1} jəu^{5} khaːi^{1} pə^{5} ，ȵa^{2} khaːi^{1} pwa^{2} mɛ^{1} tsaːn^{1} saːu^{1}
随　便　谁　来　叫门　别　开　哦　你　开　婆　猕　吃　你们

paːi^{1} . ” ə^{1} maŋ^{1} le^{5} ，ɣa^{2} laːk^{8} te^{5} ka^{6} tu^{6} mɛ^{2} at^{7} tse^{2} ，mɛ^{2} at^{7} te^{4} ，at^{7} te^{4} kə^{6} niŋ^{5} .
去　样怎么呢　两 孩子 小 那 就 有 个 姐姐　有 个弟弟个 弟弟 那 小

pwa^{2} mɔ^{6} uk^{7} paːi^{1} la^{1} . at^{7} pwa^{2} mɛ^{1} kə^{6} tu^{6} tsoŋ^{1} ，caːŋ^{3} ：“ pwa^{2} ma^{1} ljeu^{6} ，khaːi^{1} tɔ^{1} ，
婆 他　出 去　了 个　婆　猕 那 就　装　讲　婆　回　了　开　门

nuŋ^{4} a^{6}， khaːi^{1} tɔ^{1} o^{5}. ”
孩子呀　开　门 哦

at^{7} tse^{2} kə^{6} tu^{6} caːŋ^{3}：“ȵa^{2} lœ^{5} nja^{2} chɣɛ^{1} i^{2} mwa^{3} kau^{5}， si^{6} khu^{5} si^{6} pwa^{2} miu^{2}. ”
个 姐　那就　讲　你　伸手　给　我　摸　看　是　不　是婆　我们

mwa^{3} nja^{2} si^{6} pwa^{2} mɛ^{1} ti^{5} pɣam^{1} ，ȵap^{7} ȵiu^{1} ，caːŋ^{3} ：“ ȵa^{2} khu^{5} si^{6} pwa^{2} miu^{2} ，
摸　手　是　婆　猕　的　毛　粗糙（后置音节）讲　你　不　是　婆　我们

khu^{5} khaːi. ”
不　开

pon^{2} naːi^{6} lak^{7} pwa^{2} mɛ^{1} paːi^{1} la^{4} kɣəi^{5} taŋ^{1} lu^{5} ɣa^{2} nja^{2} kə^{6} kɣɔ^{1} taŋ^{1}. tu^{6} khaːi^{1}
回　这　个　婆　猕　去　找　蛋　来　裹　两 手　那　滑　来　就　开

tɔ^{1} . khaːi^{1} tɔ^{1} ti^{5} hwa^{6} le^{5} ，nun^{2} thəu^{5} mɣaːŋ^{6} ȵam^{5} mɔ^{6} tu^{6} tsau^{5} at^{7} te^{4} kə^{6} paːi^{1}
门　开　门 的　话　呢　睡　到　半　夜　她　就　拿　个弟弟那　去

tsaːn^{1}. tsaːn^{1} kuŋ^{3} tuk^{7} tuk^{7}. mɔ^{6} at^{7} tse^{2} kə^{6} caːŋ^{3}：“pwa^{2}， ȵa^{2} tsaːn^{1} at^{7} maŋ^{1}?”
吃　吃　响　咯　咯　他 个 姐 那　讲　婆　你　吃　个 什么

mɔ^{6} caːŋ^{3} ：“ i^{2} tsaːn^{1} tau^{6} ŋaːn^{3} . ” lak^{7} tse^{2} kə^{6} hɣɔ^{4} i^{1} maŋ^{1} lɔk^{7} taŋ^{1} uk^{7} njaːu^{5} ，
她　讲　我　吃　豆　黄　个　姐　那 知道 样 什么 起　来　屙　尿

kɣəu^{2} toi^{5} at^{7} te^{4} kə^{6} ti^{5} kɣaːi^{3} a^{5}， tu^{6} seːk^{7} khɣam^{5}， mɔ^{6} caːŋ^{3}：“ ni^{5} si^{6} ə^{1} maŋ^{1}?”
绊　对 个 弟　那 的 肠子 呀　就　摔　倒　她　讲　这 是物 什么

mɔ^{6} caːŋ^{3} ：“ ni^{5} si^{6} kɛ^{1} hɣaːŋ^{3} . ” maŋ^{1} ljou^{4} at^{7} pwa^{2} mɛ^{1} ljeu^{4} tu^{6} pɣaːu^{5} naŋ^{6} lak^{7} .
她　讲　这 是带子背带　怎么　完 个　婆　猕　完 就　跑　走　啦

tu^{6} i^{1} ni^{5} lak^{7}.
就 样这 啦

译文：

婆猕的故事是讲一个奶奶带着两个孙儿住家里。有一天奶奶要外出，就交代两个小孩子，说道："不管谁来叫门，别开门哦。开门了，婆猕会把你们吃了。"

然后呢，两个小孩儿，一个姐姐，一个弟弟。奶奶出门后，有一个婆猕就假装奶奶，说："奶奶回来了，开门，孩子们，开门哦。"

那个姐姐就说："你把手伸进来给我摸摸看，看看你是不是我们的奶奶。"一摸，是婆猕毛茸茸的手，就说："你不是我们奶奶，不开门给你。"

然后，那个婆猕就找来鸡蛋，把两只手都裹上蛋液，滑溜溜的，来叫门，门就开了。进来后，到了晚上睡觉，婆猕就把那个弟弟给吃了，吃得嘎嘎响。姐姐就问："奶奶，你吃什么？"她回答："我吃黄豆。"那个姐姐不知道怎么就要起来屙尿，绊到了弟弟的肠子，就摔倒了。她问："这是什么呀？"婆猕讲："这是背带的带子。"然后那个婆猕就跑掉了。

故事就是这样了。

第四章　黄金镇语言点话语材料

黄金镇语言点的语言材料收集点主要在黄金镇寨碑村中间寨（tshɔŋ⁵ kaːm¹）屯和黄金社区的地栋（tɛ³ tɔːŋ³）屯。两个屯虽然隶属于不同的村委会和社区，但在地理位置上是相邻的两个自然屯，主要都是仫佬族人居住。发音人有来自中间寨屯的潘某怀（1938 年生）、潘某合（1974 年生）和潘某球（1950 年生），来自地栋屯的梁某堂（1944 年生）也提供了几首山歌。其中词汇部分的语料主要由潘某合与潘某球提供，黄金镇语言点的音系依据其发音整理归纳。

第一节　音　系

寨碑村仫佬语的音节结构是：首辅音+（腭化/唇化音）+元音+（尾辅音）+声调。其中首辅音数量较多。尾辅音一共有三个：m、n、ŋ（作为尾辅音在促声调中变为塞擦音 p、t、k）。相较于银村仫佬语普遍存在的前腭化 j 和后腭化音 ɣ，寨碑村的仫佬语的后腭化音已经很难再捕捉到了，前腭化音保留得很完整；唇化音指 w 音。元音区分长短。“首辅音+腭化/唇化音”部分为声母部分，“元音+尾辅音”部分是韵母部分，共有 8 个声调。元音和声调是一个音节中必要成分。整个音位形式分别介绍如下。

一、声　母

寨碑村仫佬语的声母共 57 个，包括（1）单纯声母；（2）腭化声母；（3）唇化声母。如表 4-1：

表 4-1 声母表

p	ph	m	m̥j	f	w	ˀw
t	th	n	˳	l	l̥	
ts	tsh	s				
c	ch	ɲ	ɲ̥	ç	j	ˀj
k	kh	ŋ	ŋ̊	h		
ʔ						
pj	phj	mj	m̥jj	fj		
tj	thj	nj	lj			
tsj	tshj	ɲj	sj			
pw	phw	mw				
tw	thw	nw	lw			
tsw	tshw	sw				
kw	khw	ŋw	ŋ̊w	hw		

表 4-2 声母例词

声母	例词一		例词二		例词三	
p	pu⁴	父亲	pi²	肥	paːi¹	去
ph	pho⁵	床	phəi⁵	近	phu¹	烤
t	ta²	药	ta¹	虫子	tən²	牛
th	thəu⁵	到	thaːi¹	给	thɔ¹	粗
ts	tsaːn¹	吃	tsø⁶	筷子	tsɛ²	姐姐
tsh	tshəm¹	缝衣针	tshaːm³	走	tsha⁵	上
c	ca⁶	茄子	ci¹	鸡	cət⁸	咬
ch	chøt⁷	缺	chyt⁷	糊	chik⁷	菜锅
k	kaːm⁵	橘子	kəp⁷	青蛙	kuk⁷	衣服
kh	khəu⁵	发抖	khaːt⁷	渴	kha¹	瞎
ʔ	ʔi³	椅子	ʔi¹	好	ʔaːu¹	要
m	mai⁴	树	man²	红薯	ma⁴	马

续表

声母	例词一		例词二		例词三	
m̥	m̥aːn^{1}	稻草	m̥at^{7}	跳蚤	m̥u^{5}	猪
n	nəm^{4}	水	na^{3}	脸	nuŋ^{4}	弟弟
n̥	n̥ɔ^{3}	老鼠	n̥u^{5}	闻	n̥a^{1}	厚
ȵ	ȵɔ^{2}	虾	ȵuŋ^{2}	蚊子	ȵi^{6}	二
ȵ̥	ȵ̥u^{1}	剪子	ȵ̥ak^{7}	垃圾	ȵ̥aːi^{5}	嚼
ŋ	ŋaːn^{6}	鹅	ŋam^{1}	浑	ŋaːn^{3}	黄
ŋ̊	ŋ̊a^{1}kau^{2}	蘑菇	ŋ̊aːn^{1}	苎麻		
l	ləm^{2}	风	lø^{6}	流	lo^{4}	大
l̥	l̥a^{1}	眼睛	l̥un^{1}	刺	l̥ɔ^{3}	伸
f	fi^{1}	火	fa^{5}	叶子	fan^{1}	牙齿
s	sa^{1}	喂	so^{5}	叔叔	sy^{5}	把（屎）
ç	ça^{5}	晒	çən^{1}	人	çaːi^{1}	鞋子
h	hu^{3}	米	haːi^{5}	韭菜	ha^{1}	肩膀
w	wɔk^{8}	草	wɔ^{4}	知道	wa^{5}	脏
ʔw	ʔwaːt^{7}	挖	ʔwɔp^{7}	砸		
j	ja^{5}	水田	ja^{1}	布	juŋ^{3}	甘蔗
ʔj	ʔjɛp^{7}	鸭子	ʔjai^{5}	螃蟹	ʔjak^{7}	芋头
pj	pjɛ^{1}	掉	pjen^{3}	扁	pjeu^{1}	迸
phj	phjeu^{5}	钱	phjen^{5}	遍	phjen^{1}	偏
tj	tjaːŋ^{2}	墙	tjen^{2}	钱	tja^{3}	写
thj	thjeu^{5}	跳	thjet^{7}	削	thja^{5}	斜
tsj	tsjøn^{5}	转	tsɟep^{0}	切	tɕjaːŋ^{1}	张
tshj	tshja^{1}	车	tshja^{3}	扯	tshjaːŋ^{5}	唱
kj	kja^{3}	硬	kjak^{7}	渣滓		
khj	khja^{1}	耳朵	khjaːu^{3}	酒	khja^{3}	杀
mj	mjɛn^{2}	棉花	mjaːu^{4}	猫	mja^{4}	柴刀
m̥j	lək^{8}m̥jaːk^{7}	女孩				

续表

声母	例词一		例词二		例词三	
nj	nja^{1}	河	nja^{2}	手	njaːu^{5}	尿
fj	fjɛt^{7}	翅膀	fjen^{3}	玩耍	fja^{1}	头发
sj	sjaːk^{8}	瓢	sjaːp^{7}	插	sja^{1}	赊
lj	ljem^{4}	镰刀	ljaːm^{5}	舔	ljeu^{4}	完成
pw	pwa^{1}	山	pwa^{2}	奶奶	pwa^{2}	爬
phw	phwaːt^{7}	血	phwa^{5}	破	phwa^{1}	坡
tw	twa^{3}	锁	twa^{2}	羊	twaːn^{6}	线
tsw	tswa^{1}	抓	tswaːn^{6}	赚		
tshw	tshwaːi^{3}	踩	tshwaːi^{5}	揉（面）		
sw	swa^{5}	撒	swa^{3}	要	swaːi^{1}	筛子
kw	kwa^{1}	盐	kwɔm^{3}	敢	kwət^{7}	骨头
khw	khwən^{1}	路	khwaːŋ^{3}	宽	khwaːŋ^{1}	稗子
mw	mwa^{6}	磨	mwa^{3}	摸	mwaːŋ^{6}	一半
nw	nwa^{1}	搓				
ŋw	ŋwən^{6}	晕	ŋwa^{4}	瓦	ŋwət^{8}	摇
ŋ̊w	ŋ̊wak^{7}	摇（头）				
lw	lwa^{2}	骡子	lɔːŋ^{2} lwa^{1}	肚脐	lwaːt^{8} thai^{1}	流产
hw	hwa^{1}	花	hwa^{5}	裤子	hwaːi^{5}	坏

声母说明：

1. 声母 c、ch、ç 可以看作是辅音 k、kh、h 后带摩擦较为轻微的前腭化音 j 的声母形式，并且发音时长很短，舌位变化不大。与之对应的是 k、kh 后出现的 j 摩擦比较明显，形成对立的音位，则仍记作 kj、khj，并且其发音时长明显变长。例如：ca^{1} “家”、ca^{3} “假”、chøt^{7} “缺”、kja^{3} “硬”、khja^{1} “耳朵”。

2. 唇化音 w 和前腭化音 j（除了和 k、kh 相拼的情况外），在音节中的摩擦都相当轻微，具有明显的元音色彩。例如：nja^{2} “手”、pwa^{1} “山”，按其实际读音可以标作［nia^{1}］［pua^{6}］。唇化音 w 和元音 i 相拼时，w 的实际读音为 u，已经完全不带摩擦音，本书如实记录为元音 u，例如：［ui^{2}］“水牛”。

3. 声母 h 的实际音值为 x。

4. 喉塞音声母作为发音的基础声母出现在元音开头的音节。例如：ˀaːu¹ "要"、ˀai⁵ "笑"。这种情况，不标记喉塞音符号［ˀ］。

5. 在收集的词中，还能在少数几个词中捕捉到后腭化音［ɣ］的轻微存在形式。例如：khɣət⁷ "铁"。这些词汇不多，而且处在趋于消失的状态，不将其整理为独立的声母形式，在词条中会注明其实际音值。

6. 以 ŋ̊、ˀw、m̥j、n̥w 和 ŋ̊w 作为声母的词不多，在收集到的词中，以它们作为声母的词都只有约 1—3 个。

7. 声母 phj、tsj、tshj、tsw、tshw 和 hw 往往只作为汉语借词的声母 。

8. 轻化音 m̥、n̥ 、ɲ̊、ŋ̊、l̥、m̥j 等，其轻化音不十分明显，处在趋于消失过程之中。

二、韵　母

寨碑村仫佬语有单元音韵母、双元音韵母和带尾辅音韵尾的韵母。其中单元音韵母 12 个，双元音韵母 11 个，带尾辅音韵母（包括带鼻音韵尾-m、-n、- ŋ 及塞擦音韵尾-p、-t、-k）共 78 个。另外，还有一个自成音节的 ŋ̍。

表 4-3　韵母例词表

韵母	例词 1		例词 2		例词 3	
a	fa¹	右	ta⁶	过	l̥a¹	眼睛
aːi	haːi⁵	韭菜	phaːi³	庹	ɲ̊aːi⁵	嚼
ai	tai¹	死	kai⁵	盖子	mai⁴	树
aːu	ɲ̊aːu⁶	住	saːu¹	你们	taːu³	烧
au	lau⁶	漏	kau⁵	看	ɲ̊au⁵	皱
aːm	naːm⁶	泥巴	tshaːm³	走	kaːm⁵	橘子
am	ŋam¹	浑浊	tsam³	低（头）	nam¹	黑
aːn	maːn³	村子	ŋaːn⁶	鹅	laːn³	红
an	man²	红薯	fan¹	牙齿	tan³	穿
aːŋ	thaːŋ⁵	跑	laːŋ⁶	放	naːŋ⁵	咸

续表

韵母	例词 1		例词 2		例词 3	
aŋ	taŋ^{1}	来	naŋ^{6}	离开	caŋ^{6}	漂亮
aːp	laːp^{8}	蜡烛	taːp^{7}	接	saːp^{8}	煮
ap	l̥ap^{7}	黑暗	ŋap^{7}	挤	tap^{7}	肝
aːt	thaːt^{7}	敷	m̥aːt^{7}	次	phwaːt^{7}	血
at	m̥at^{7}	跳蚤	kat^{7}	剪	cat^{8}	稠
aːk	paːk^{7}	嘴巴	khaːk^{7}	壳	laːk^{8}	儿子
ak	tak^{7}	堵	tak^{8}	贼	lak^{8}	偷
ə	cə^{1}	腰鱼篓	tə^{1}	茧		
əi	khəi^{1}	犁	phəi^{5}	近		
əu	thəu^{5}	到	səu^{2}	舅舅	khəu^{3}	煨
əm	tshəm^{1}	缝衣针	ləm^{2}	风	nəm^{4}	水
ən	çən^{1}	人	tən^{2}	牛	tsən^{2}	尘
əp	səp^{8}	十	kəp^{7}	青蛙	cəp^{7}	急
ət	thət^{7}	七	cət^{8}	咬	mət^{8}	蚂蚁
ɛ	fɛ^{4}	做	tsɛ^{2}	姐姐	tɛ^{5}	砍
ɛn	fjɛn^{1}	甜	ljɛn^{6}	辣	njɛn^{2}	年
ɛm	njɛm^{1}	贴	njɛm^{2}	粘		
ɛŋ	tsjɛŋ^{1}	争吵	tshɛŋ^{5}	撑	sɛŋ^{1}	生
ɛp	ʔjɛp^{7}	鸭子				
ɛt	fjɛt^{7}	翅膀				
ɛːk	phɛːk^{7}	拍	sɛːk^{7}	摔	mɛːk^{7}	掰
e	pe^{6}	篦子	phe^{1}	批	te^{5}	细
eu	çeu^{1}	危险	ceu^{3}	擦	ceu^{6}	撬
em	cem^{2}	手镯	ljem^{4}	镰刀	tjem^{3}	点
en	jen^{2}	房子	cen^{5}	会（客）	tjen^{2}	钱
eŋ	peŋ^{2}	瓶子	peŋ^{6}	病了	theŋ^{5}	听
ep	tsjep^{8}	切	tjep^{8}	堆砌		

续表

韵母	例词 1		例词 2		例词 3	
et	ȵet^{8}	热	pjet^{7}	甲鱼	thjet^{7}	削
ek	tek^{78}	席子	thek^{7}	踏	tshek^{7}	尺子
i	fi^{1}	火	ni^{4}	妈妈	ci^{1}	鸡
iu	ciu^{3}	九	ŋ̊iu^{1}	剪子	ciu^{5}	救命
im	lim^{4}	楔子	çim^{5}	凉	cim^{3}	疤
in	tin^{3}	叫	tin^{1}	脚	min^{5}	浅
iŋ	m̥iŋ^{1}	贵	hiŋ^{1}	姜	tsiŋ^{1}	蒸
ip	tip^{7}	缝	nip^{7}	捏	ȵip^{7}	闭合
it	nit^{8}	赶	fit^{7}	甩	cit^{7}	疼
ik	pik^{7}	逼迫	sik^{8}	肉	tik^{7}	满
ɔ	ŋɔ^{4}	五	mɔ^{6}	他	tɔ^{1}	门
ɔi	wɔi^{1}	熬	mɔi^{2}	霉	mɔi^{5}	扛
ɔm	ŋɔm^{4}	上颚	kwɔm^{3}	敢	fɔm^{6}	犯
ɔːŋ	tɔːŋ^{1}	冬	çaːi^{1} thɔːŋ^{1}	鞋后跟	lɔːŋ^{2}	肚子
ɔŋ	thɔŋ^{1}	葱	kɔŋ^{1}	爷爷	fɔŋ^{1}	封
ɔp	lɔp^{8}	塌	fɔp^{7}	法术	hwɔp^{7}	合
ɔk	tsɔk^{7}	稀饭	tɔk^{8}	读	wɔk^{8}	草
o	ho^{3}	里	lo^{4}	大	pho^{5}	床
oi	hoi^{3}	后悔	poi^{6}	背（诗）	toi^{5}	对联
on	pon^{6}	盘（头发）	pon^{1}	搬	lon^{1}	钻
oŋ	poŋ^{1}	帮忙	foŋ^{1}	高	phoŋ^{5}	碰
ot	phot^{7}	冲（水）	tot^{7}	吸	thot^{7}	脱
ok	kok^{7}ca^{1}	国家	cok^{7}	锄头	tshok^{7}	捅
u	m̥u^{5}	猪	pu^{4}	父亲	phu^{1}	烤
ui	ui^{2}	水牛	lui^{1}	下去	hui^{1}	果子
un	l̥un^{1}	刺	nun^{2}	睡	tun^{3}	蚊帐
uŋ	nuŋ^{4}	弟弟	ȵuŋ^{2}	蚊子	juŋ^{3}	甘蔗

续表

韵母	例词 1		例词 2		例词 3	
uk	suk^{7}	洗	tuk^{8}	戴	kuk^{7}	衣服
ø	tsø^{6}	筷子	lø^{6}	流	sø^{1}	输
øn	tøn^{3}	选	søn^{2}	船	cøn^{2}	瘫
øŋ	jøŋ^{2}	蜘蛛	løŋ^{4}	滚	tøŋ^{1}	啄
øt	chøt^{7}	缺	tseŋ^{1}ŋ̥øt^{8}	正月	jøt^{8}	越（越来越……）
øk	løk^{7}	吐				
y	sy^{5}	把（尿）	tsy^{2}	取	ty^{3}	指
yn	tyn^{4}	拐杖	tyn^{1}	抬		
yt	ʔyt^{7}	粽子	chyt^{7}	糊		
œ	kœ^{2}	倒	jœ^{2}	口水	lœ^{5}	伸
œŋ	khœŋ^{5}	缝儿	hœŋ^{1}	横	hu^{1}kœŋ^{4}	喉咙
œt	lœt^{7}	蛰				
ŋ	ŋ^{5}	不				
ɿ	ta^{1}sɿ^{6}mən^{6}ja^{6}	除夕	tsɿ^{6}taːŋ^{2}	祠堂	kaːi^{4}tsɿ^{3}	戒指

说明：

1. 单元音韵发音有长短，但不构成对立音位，不区别意义，因此不标记长音符号［ː］。自成音节 ŋ 不与任何声母相拼。

2. 双元音 iu 在实际发音中带有轻微的擦音色彩，只和 c、ç、ŋ̥ 等相拼的情况，把其记录为元音。如：ciu^{3}“九”、çiu^{1}“绿”、ŋ̥iu^{1}“剪刀”。

3. 双元音 eu、oi 和 ɔi 的实际音值是长音，没有对应的短音形式，因此不标记长音符号［ː］。

4. ɛ 音带上 -m、-n 作为韵尾的韵母都是出现在带前腭化音 j 的声母之后，实际音值都是长音，没有对应的短音形式，不标记长音符号［ː］。

5. e、o、ø 带尾辅鼻音 -m、-n、-ŋ 及塞音 -p、-t、-k 构成的韵母，都是长音，没有对应的短音形式，不标记长音符号［ː］。

6. i、y、u 和 ə 带尾辅鼻音 -m、-n、-ŋ 及塞音 -p、-t、-k 构成的韵母，都

是短音，没有对应的长音形式。

7. ɔ 与-m、-p、-k 构成的韵母，其音值都是长音，没有对应的短音，不标记长音符号［ː］。

8. 以 ə、ɛp、ɛm、ɛt、ep、øk、yn、yt 和 œt 作为韵母的词不多，在收集到的词中以它们作为韵母的词都只有约 1—3 个。其中 ə 常常会作为音节中元音弱读后的发音。

9. 韵母 ɛm、en、eŋ、ep、ɔŋ、ɔi 和 ɿ 往往只作为汉语借词的韵母。

10. ɛ 音带上-k 作为韵尾的韵母，在单音节词中都是长音，但出现在多音节词中，长音往往丢失，形成明显的长短发音区别。

11. a 音在双音节韵母中的实际发音为［A］，ə 音带上元音或辅音韵尾后，其实际读音为［ɐ］，部分趋近于［ɛ］。

12. 汉语借词发音会出现音调调值降低。例如：so^{44}→so^{33} “叔叔”。

13. œ 元音圆唇不够饱满，发音时嘴唇略展开。

三、声　调

寨碑村仫佬语共有 8 个声调，声调区分舒声调和促声调。以元音和鼻音尾辅音-m、-n、-ŋ 结尾的音节是舒声调，以塞擦音尾辅音-p、-t、-k 结尾的音节是促声调。舒声调共有 6 个，调类分别是 1、2、3、4、5、6 调，调值分别对应中降（42）、低升降（231）、高降（53）、中升（34）、次平（44）和低平（21）。促声调一共两个，调类标记为 7、8 调，按元音的长短对应的调值而有变换，其中短音的调值分别是高平（55）和低升（12），长音的调值分别是中平（33）和低升（12）。寨碑村仫佬语声调如表 4-4 所示：

表 4-4　寨碑村声调表

调类	调值	例词					
第 1 调	42	ma^{42}	菜	tai^{42}	死	fi^{42}	火
第 2 调	231	ma^{231}	舌头	ta^{231}	药	tən^{231}	牛
第 3 调	53	ma^{53}	软	ho^{53}	里	hu^{53}	米
第 4 调	34	ma^{34}	马	ŋɔ^{34}	五	fɛ^{34}	做
第 5 调	44	m̯u^{44}	猪	haːi^{44}	韭菜	fa^{44}	叶子

续表

调类	调值	例 词					
第 6 调	21	mɔ^{21}	帽子	ta^{21}	过	naːm^{21}	泥巴
第 7 调（长）	33	paːk^{33}	嘴巴	tshaːp^{33}	插	thaːt^{33}	敷药
第 7 调（短）	55	tak^{55}	堵	thət^{55}	七	ȵit^{55}	冷
第 8 调（长）	12	paːk^{12}	白	laːk^{12}	儿子	laːp^{12}	蜡烛
第 8 调（短）	12	tak^{12}	贼	mit^{12}	刀	səp^{12}	十

第二节　分类词汇

名　词

一、天文地理

天　mən^{1}

天上　u^{1} mən^{1}

太阳　fi^{1} tɔk^{8}

月亮　caŋ^{1} njɛn^{2}

日晕　fi^{1} tɔk^{8} tan^{3} mɔ^{6}

月晕　caŋ^{1} njɛn^{2} tan^{3} mɔ^{6}

星星　lək^{8} lət^{7}

彗星　lək^{0} lət^{7} uk^{7} cɛ^{3}

云　m̥a^{3}

乌云　m̥a^{3}

风　ləm^{2}

狂风　ləm^{2} lo^{4}

旋风　ləm^{2} laːi^{4}

闪电　lək^{8} jaːp^{8}

雷　ləp^{8} pwa^{1}

霹雷　ləp^{0} pwa^{1}

雨　pən^{1}

暴风雨　pən^{1} lo^{4}

毛毛雨　pən^{1} m̥uŋ^{5}

阵雨　pən^{1} caːu^{5}

雪　nui^{1}

冰　nui^{1}

冰雹　ləp^{8} paːk^{8}

霜　søn^{1}

雾　mɔk^{8} lu^{4}

露　nəm^{0} ŋœ^{2}

日食　fi^{1} tɔk^{8} ŋaːi^{2} m̥a^{1} ljaːm^{5}

月食　caŋ^{1} njɛn^{2} ŋaːi^{2} m̥a^{1} ljaːm^{5}

晴　liŋ^{4}

阴　lam^{3}

旱　haːn^{5}

涝　nəm^{4} jəm^{1}
天亮　mən^{1} caŋ^{1}
水田　ja^{5}
旱地　laːi^{5}
地　ti^{6}
荒地　hoŋ^{1} ti^{6}
平地　peŋ^{2} ti^{6}
岭　leŋ^{4}
山坳　ȵiŋ^{5}
山顶　pwa^{1} teŋ^{3}
山洞　kaːm^{1}
山峰　pwa^{1} teŋ^{3}
山脚　pwa^{1} kjak^{7}
山坡　phwa^{1}
山下　te^{3} pwa^{1}
山腰　mwaːŋ^{6} pwa^{1}
潭　lam^{1}
海　hai^{3}
悬崖　laːŋ^{5} lɛ^{5}
洲　sa^{5} tsu^{1}
沙滩　sa^{5} tsu^{1}
田埂　çaŋ^{1} ja^{5}
路　khwən^{1}
山　pwa^{1}
山谷　khøŋ^{5} pwa^{1}
江　nja^{1}
溪　kui^{3}
水沟儿　kui^{3} laːk^{8}
湖　l̥am^{1}
池塘　l̥am^{1}

水坑儿　nəm^{4} tɔm^{4}
洪水　nəm^{4} lo^{4}
淹　jəm^{5}
河岸　tin^{5} nja^{1}
坝　fɛ^{1}
窟窿　luŋ^{1} kɔːŋ^{2}
缝儿　khœŋ^{5}
石头(统称)　tui^{2}
鹅卵石　kɔk^{8} tui^{2} mɔk^{8} lon^{4}
土　naːm^{6}
泥巴　naːm^{6}
泥土　naːm^{6} thu^{1}
石灰　hoi^{1}
金子　cəm^{1}
铁　khət^{7}
铜　tɔːŋ^{2}
钢　kaːŋ^{1}
锡　tek^{7}
硝　tjeu^{1}
硫磺　ljeu^{6} hoŋ^{2}
光　caŋ^{1}
火焰　fi^{1} ma^{2}
火种　fi^{1} pən^{3}
溶洞　kaːm^{1}
煤烟子　ȵik^{8}
锅煤烟　ȵik^{8}
浪　laːŋ^{4}
漩涡　tot^{7} nəm^{4}
泉　mən^{5}
污垢　ȵaːi^{1}

锯末　mai⁴ tsa¹
铁丝　khɣət⁷ tjen⁵
陷阱　tsoŋ¹ thɔ⁵
锈　teŋ⁵
泥　naːm⁶ mjet⁷
沙子　sa¹
砖　tsjøn¹
瓦　ŋwa⁴
煤　mɔi²
煤油　ho³ jəu⁶
炭（木炭）　çaŋ¹ thaːn⁵
灰（烧成的）　hoi¹
灰（草木烧成的）　pu¹
灰尘　tsən²
火　fi¹
烟　fi¹ kwan¹
失火　sɛk⁷ thaːk⁷ fi¹
水　nəm⁴
凉水　nəm⁴ çim⁵
热水　nəm⁴ laːi⁵
开水　khaːi⁵ swəi³
磁铁　y⁴ the⁶ si⁶

二、时间方位

时候　si⁶ hau⁵
什么时候　si⁶ hau⁵ n̥au¹
现在　tshət⁷ naːi⁶
以前　i³ tjen²
以后　i³ hau⁶
时间　si⁶ hau⁵
从前　i³ tjen²
一辈子　naːu³ se⁵
今年　mɛ¹ naːi⁶
明年　mɛ¹ lən²
后年　mɛ¹ lən² i⁵
去年　mɛ¹ ce¹
前年　mɛ¹ kun⁵
往年　ti⁶ mɛ¹
年初　khai¹ njɛn²
年底　njɛn² te³
今天　fan¹ naːi⁶
明天　fan¹ mɔ³
后天　fan¹ na³
大后天　fan¹ na³ i⁵
昨天　fan¹ niu¹
前天　fan¹ hun⁵
大前天　fan¹ kun⁵ i⁵
整天　tshøn⁶ fan¹
每天　fan¹ fan¹
早晨　mən¹ caŋ¹
上午　thəu⁵ çət⁷
中午　thəu⁵ fan¹
下午　ha⁶ mwaːn⁶ fan¹
傍晚　haːi³ l̥ap⁷
白天　ta⁵ fan¹
夜晚　thəu⁵ mu²
半夜　mwaːŋ⁶ mu⁶
正月　tse¹ ȵøt⁸
大年初一　ta⁶ njɛn¹ tshɔ¹ ʔjət⁷
元宵节　tse¹ ȵøt⁸ səp⁸ ŋɔ⁴

清明　thiŋ^{1} mɛŋ^{2}

端午　ŋɔ^{1} ȵøt^{8} tshɔ^{1} ŋɔ^{4}

七月十五　thət^{7} ȵøt^{8} səp^{8} ŋɔ^{4}

中秋　paːt^{7} ȵøt^{8} səp^{8} ŋɔ^{4}

冬至　tɔŋ^{1} tsi^{5}

腊月　səp^{8} ȵi^{6} ȵøt^{8}

除夕　ta^{1} sɿ^{6} mən^{6} ja^{6}

历书　huŋ^{6} li^{6}

阴历　nuŋ^{6} li^{6}

阳历　jaːŋ^{6} li^{6}

星期天　fan^{1} li^{3} paːi^{4}

将来　thəu^{6} mɔ^{3}

最后　tsəi^{4} sat^{7} phjɛ^{1}

后来　ta^{6} lən^{2}

古代　lo^{4} paːn^{1}

平时　haːn^{6} si^{4}

子　ti^{3}

丑　tshu^{3}

寅　jin^{2}

卯　maːu^{4}

辰　sən^{2}

巳　ti^{6}

午　ŋɔ^{4}

未　ui^{6}

申　sən^{1}

酉　ju^{1}

戌　tət^{7}

亥　hai^{6}

春　tshən^{1}

夏　ha^{6}

秋　thu^{1}

冬　tɔːŋ^{1}

一月　tse^{1} ȵøt^{8}

二月　ȵi^{6} ȵøt^{8}

三月　taːm^{1} ȵøt^{8}

四月　ti^{5} ȵøt^{8}

五月　ŋɔ^{4} ȵøt^{8}

六月　lɔk^{8} ȵøt^{8}

七月　thət^{7} ȵøt^{8}

八月　paːt^{7} ȵøt^{8}

十月　səp^{8} ȵøt^{8}

十一月　səp^{8} ʔjət^{7} ȵøt^{8}

十二月　səp^{8} ȵi^{6} ȵøt^{8}

月初　njɛn^{2} tshɔ^{1}

月底　njɛn^{2} te^{3}

月中　njɛn^{2} ta^{5}

初一　tshɔ^{1} ʔjət^{7}

初二　tshɔ^{1} ȵi^{6}

初三　tshɔ^{1} taːm^{1}

初四　tshɔ^{1} ti^{5}

初五　tshɔ^{1} ŋɔ^{4}

初十　tshɔ^{1} səp^{8}

十一　səp^{8} ʔjət^{7}

十五　səp^{8} ŋɔ^{4}

三十　ta^{1} ȵat^{8}

黎明　mən^{1} eŋ^{3} caŋ^{1}

今晚　mu^{6} naːi^{6}

明晚　mu^{6} mɔ^{3}

昨晚　mu^{6} ȵiu^{1}

昼夜　naːu^{3} fan^{1} naːu^{3} mu^{6}

两天以后　ja^{2} fan^{1} i^{3} tjen^{2}

三年以前　taːm^{1} mɛ^{1} i^{3} tjen^{2}

工夫　lai^{3} pin^{6}

重阳　tsɔŋ^{6} jaːŋ^{2}

中元　thət^{7} ȵøt^{8} səp^{8} ti^{5}

方向　foŋ^{1} çaŋ^{5}

东　tɔːŋ^{1}

东方　mjen^{6} tɔːŋ^{1}

西　te^{1}

西方　mjen^{6} te^{1}

南　naːm^{2}

南方　mjen^{6} naːm^{2}

北　pak^{7}

北方　pak^{7} foŋ^{1}

当中　taːŋ^{1} tsɔŋ^{1}

中间　ta^{5}

房子后　lən^{1} jen^{2}

房子前　kun^{5} jen^{2}

房子外边　jen^{2} n̥uk^{7}

门口　paːk^{7} tɔ^{1}

周围　ti^{6} cøn^{6}

附近　lən^{6} can^{6}

隔壁　kɛk^{7} pɛk^{7}

树林里　ho^{3} mai^{4}

河边　tin^{5} nja^{1}

角落　caːk^{7} ly^{5}

墙上　tjaːŋ^{2}

桶底　thɔŋ^{3} te^{3}

正面　kun^{5} jen^{2}

背面　lən^{2}

半路　mwaːŋ^{6} khwən^{1}

地方　ti^{6} foŋ^{1}

什么地方　ti^{6} foŋ^{1} n̥au^{1}

家里　ho^{3} jen^{2}

城里　ho^{3} seŋ^{2}

乡下　ho^{3} maːn^{3}

上面　u^{1} ka^{6}

下面　mjen^{6} te^{3}

左边　mjen^{6} te^{4}

右边　mjen^{6} fa^{1}

中间　ta^{5}

前面　mjen^{6} kun^{5}

后面　mjen^{6} lən^{2}

末尾　tɔk^{7} lən^{2} ly^{5}

对面　toi^{5} na^{3}

面前　kun^{5} na^{3}

背后　lən^{2} laːi^{2}

里面　mjen^{6} ho^{3}

外面　mjen^{6} nuk^{7}

旁边　naːu^{3} mjen^{6}

上　u^{1} ka^{6}

下　mjen^{6} te^{3}

边儿　tin^{5} pjen^{1}

角儿　caːk^{7}

三、植　物

树　mai^{4}

木头　m̥ɔk^{7} tɔːŋ^{2}

松树　mai^{4} tɔŋ^{6} pɛːk^{7}

杉树　mai^{4} sa^{1}

柳树　mai^{4} jaːŋ^{6} lau^{4}

竹子(统称)　pan^{1}

笋　naːŋ^{2}

叶子　fa^{5}

花　hwa^{1}

花蕾　hwa^{1} pɔ^{1}

荷花　hwa^{1} ŋau^{4}

草　wɔk^{8}

藤　çaːu^{1}

刺　l̥un^{1}

水果　lui^{1}

苹果　phin^{6} ko^{3}

桃子　lui^{1} tɔ^{2}

梨　taːŋ^{0} li^{2}

李子　lui^{1} li^{4}

橘子　kaːm^{5}

柚子　muk^{8} mwa^{4}

柿子　laːk^{8} caːu^{1}

石榴　sik^{8} ljeu^{2}

枣　thaŋ^{6} tsaːu^{3}

栗子　paːn^{3} li^{6}

甘蔗　juŋ^{3}

木耳　ŋ̊a^{1} mɔk^{8} ȵi^{4}

树干　mai^{4} phøŋ^{5}

树根　taːŋ^{1} mai^{4}

树墩　kwən^{5} mai^{4}

树皮　ja^{2} mai^{4}

树梢　mai^{4} teŋ^{3}

树叶　ʃa^{5} mai^{4}

树枝　mai^{4} ŋa^{5}

树林　fjen^{1} mai^{4}

梨树　mai^{4} taːŋ^{6} li^{2}

李树　mai^{4} lui^{1} li^{4}

桃树　mai^{4} lui^{1} tɔ^{2}

枣树　mai^{4} thaːŋ^{6} tsaːu^{3}

漆树　mai^{4} thət^{7}

青杠树　mai^{4} lək^{8} tɔi^{5} m̥u^{5}

桐子树　tɔŋ^{6} lau^{5}

大叶榕　mai^{4} jɔŋ^{2}

茶子树　mai^{4} laːk^{8} tsa^{2}

枫树　mai^{4} hu^{1}

竹节　l̥a^{1} pan^{1}

竹林　fjen^{1} pan^{1}

竹膜　pan^{1} kuk^{7}

笋壳　kak^{7} naːŋ^{2}

毛竹　pan^{1} lau^{5}

花瓣　hwa^{1} phjen^{5}

花蒂　hwa^{1} pɔ^{1}

金银花　cəm^{1} ȵan^{2} hwa^{1}

茅草　wɔk^{8} ça^{1} taːi^{3}

艾草　ŋaːi^{6}

巴芒草　thit^{7}

狗尾草　wɔk^{8} ma^{1} n̥u^{7}

蓝靛草　ȵam^{4}

蕨草　ŋ̊iu^{3}

八角　pa^{1} kak^{7}

薄荷　po^{5} ho^{5}

芭蕉　ʃa^{5} ʃjaːk^{7}

杨梅　jaːŋ^{6} moi^{2}

荔枝　li^{6} tɕi^{1}

葡萄 lək^{8} yt^{7}

枇杷 pit^{8} pa^{2}

橙子 kaːm^{5}

黄泡 təm^{6}

核 laːk^{8} lui^{1}

仁儿 laːk^{8} lui^{1}

子棉 mjɛn^{2}

浮萍 puk^{8} pjaːu^{2}

芦苇 lɔk^{8} tek^{8}

青苔 lau^{1}

菖蒲 tshjaːŋ^{1} fu^{2}

水稻 hu^{3}

旱稻 hu^{3} haːn^{5}

早稻 tau^{2} tɔ^{6}

晚稻 ȵi^{6} tshən^{1}

糯稻 hu^{3} tœ^{3}

籼稻 hu^{3} tsjem^{1}

穗儿 hu^{3} mwaːŋ^{2}

米 hu^{3}

细糠 pwa^{6} he^{3}

粗糠 pwa^{6} thɔ^{1}

米糠 pwa^{6}

秕子 hu^{3} phip^{7}

稗子 khwaːŋ^{1}

荞麦 mɛk^{8} taːm^{1} caːk^{7}

麦子 mɛːk^{8}

玉米秸 kuŋ^{3} ȵi^{6} mɛ^{4}

玉米芯 ȵi^{6} mɛ^{4} tsa^{1}

苧麻 ŋ̊aːn^{1}

豆子 tau^{6}

豆荚 tau^{6} khwak^{7}

豆秸 tau^{6} tsa^{1}

豆芽 tau^{6} ŋa^{2}

豆芽菜 tau^{6} ŋa^{2}

扁豆 tau^{6} khwak^{7}

黑豆 tau^{6} ŋaːn^{3} naːm^{1}

青菜 ma^{1} çiu^{1}

芥菜 ma^{1} kaːt^{7}

白菜 ma^{1} paːk^{8}

苋菜 ma^{1} jəm^{2}

茼蒿菜 ma^{1} thuŋ^{6} haːu^{5}

空心菜 ma^{1} ɔŋ^{5} thai^{5}

蒜薹 wɔ^{2} kon^{5}

瓜 kwa^{1}

瓜蔓儿 kwa^{1} çaːu^{1}

瓜皮 ja^{2} kwa^{1}

瓜子 kwa^{1} laːk^{8}

瓜瓤 ȵam^{1} çɛn^{5}

葫芦 fu^{6} lu^{1}

冬瓜 tɔŋ^{1} kwa^{1}

苦瓜 khu^{1} li^{5}

红薯秧 çaːu^{1} man^{2}

烟叶 jen^{1} fa^{5}

蘑菇 ŋ̊a^{1} kau^{2}

香菇 çaŋ^{1} can^{6}

稻子 hu^{3}

稻谷 hu^{3} kɔk^{7}

稻草 m̥aːn^{1}

大麦 mɛk^{8} kɔk^{7}

小麦 mɛk^{8} mjen^{6}

麦秸　m̥aːn^{1}

谷子　pjaːŋ^{3}

高粱　kɔ^{1} ljaːŋ^{2}

玉米　ȵi^{6} mɛ^{4}

棉花　mjɛn^{2}

油菜　jəu^{6} thai^{5}

芝麻　jəu^{6} ma^{2}

向日葵　hwa^{1} thəu^{5} fan^{1}

蚕豆　tau^{6} khwak^{7}

豌豆　wan^{3} tau^{6}

花生　ti^{6} tau^{6}

黄豆　tau^{6} ŋaːn^{3}

绿豆　lɔk^{8} tau^{6}

豇豆　tau^{6} kak^{7}

大白菜　ma^{1} paːk^{8}

包心菜　kaːi^{4} laːn^{6} paːu^{5}

韭菜　haːi^{5}

香菜　jen^{6} sy^{5}

葱　thɔŋ^{1}

蒜　ku^{1} wɔ^{2}

姜　hiŋ^{1}

辣椒　lək^{8} ljɛn^{6}

茄子　ca^{6}

西红柿　hwa^{5} khø^{6}

萝卜　lək^{8} pak^{8}

胡萝卜　lək^{8} pak^{8} laːn^{3}

黄瓜　kwa^{1} paːk^{8}

丝瓜　thjen^{1} la^{2}

南瓜　nəm^{1} kwa^{1}

芋荠　tut^{8}

红薯　man^{2}

芋头　ʔjak^{7}

山药　man^{2} tjen^{2}

藕　ŋau^{4}

四、动　物

野兽　tɔ^{2} ja^{4}

狮子　su^{5} tu^{3}

豹子　məm^{4} piu^{5}

熊　ȵin^{6} ȵɔːŋ^{2}

狗熊　m̥a^{1} ȵɔːŋ^{2}

麂　nan^{4} ci^{3}

鹿　lø^{2}

豪猪　m̥in^{3}

狼　laːŋ^{6}

狐狸　hwaːŋ^{6} kəu^{3} mu^{3}

黄鼠狼　hwaːŋ^{6} sy^{6} ljaːŋ^{6}

水獭　huŋ^{6} tshat^{7}

刺猬　m̥in^{3}

野猪　m̥u^{5} laːi^{5}

野鸡　ci^{1} ja^{4}

野鸭　ʔjɛp^{7} ja^{4}

野猫　mjaːu^{4} ja^{4}

水蛇　tui^{2} jən^{2}

草蛇　tui^{2} cət^{7} kwai^{3}

四脚蛇　sja^{6} kɔm^{5} pi^{2}

老鹰　jeu^{6}

猫头鹰　nɔk^{8} ko^{3} mjaːu^{4}

大雁　ŋaːn^{6} mən^{1}

斑鸠　nɔk^{8} kau^{2}

秧鸡 nɔk^{8} kan^{3}
八哥 nɔk^{8} ci^{2} hui^{2}
燕子 nɔk^{8} in^{5}
鸟蛋 kəi^{5} nɔk^{8}
鸟窝 tən^{1} nɔk^{8}
羽毛 tsən^{1}
蝎子 ta^{1} ŋaːp^{7}
萤火虫 laːk^{8} liŋ^{3}
蚱蜢 tak^{7}
蟑螂 ta^{1} ljɛp^{7}
蜘蛛网 tən^{1} jøŋ^{2}
蛀虫 ta^{1} pi^{2}
蜈蚣 ta^{1} khap^{7}
蟋蟀 tsi^{5} tsɔ^{5}
螳螂 kau^{1} tshiŋ^{5}
臭虫 ŋ̥iŋ^{1}
牛虻 ŋ̥uŋ^{2} pjen^{1}
臭大姐 ŋ̥a^{5}
蜣螂 phən^{4} si^{0} kwaːn^{5}
蛔虫 tan^{4}
蝼蛄 ta^{1} m̥u^{5} laːk^{8}
虱子 nan^{2}
头虱 tu^{1}
虮子 kəi^{5} nan^{2}
鸡虱 m̥at^{7}
牛虱 nan^{2}
蛆 thø^{1}
蜗牛 lau^{5} lø^{5}
白蚁 mət^{8} paːk^{8}
蛾子 khu^{1} ma^{3}

蚂蚁洞 luŋ^{1} mət^{8}
黄蜂 tsy^{5} nut^{7}
刺 tshəm^{1}
蜂王 təŋ^{0} nim^{6} tau^{2}
鱼刺 kaːŋ^{3} məm^{6}
鱼泡 pɔ^{5} lɔm^{1}
鱼子 kəi^{5} məm^{6}
鳃 ŋɔm^{4}
鳝鱼 jœ^{6}
泥鳅 məm^{6} ʔjət^{8}
乌龟 pjet^{7}
螺蛳 lau^{5} lø^{5}
蚌 khaːk^{7} mɛŋ^{3}
壳 khaːk^{7} mɛŋ^{3} ti^{5} khaːk^{7}
水蚂蝗 miŋ^{8}
旱蚂蝗 miŋ^{2} pwa^{1}
青蛙（大只的） kəp^{7}
青蛙（小只的） kwai^{3}
蝌蚪 məm^{6} ku^{1} kwai^{3}
癞蛤蟆 kəp^{7} su^{1}
螯 ŋap^{7} ʔjai^{5}
畜牲 tshɔk^{7} sɛŋ^{1}
公马 ma^{4} tak^{8}
母马 ma^{4} tai^{5}
马驹 ma^{4} laːk^{8}
马鬃 tɔːŋ^{1} ma^{4}
牛（统称） tən^{2}
公牛（统称） tən^{2} tak^{8}
母牛（统称） tən^{2} mai^{4}
水牛 hui^{2}

牛角　ku^{1} hui^{2}

牛皮　ja^{2} tən^{2}

公水牛　hui^{2} tak^{8}

母水牛　hui^{2} tai^{5}

水牛犊　hui^{2} tɔːŋ^{2}

水牛角　ku^{1} hui^{2}

水牛皮　ja^{2} hui^{2}

水牛蹄　l̥əp^{7} hui^{2}

水牛绳　l̥uk^{7} hui^{2}

黄牛　tən^{2}

公黄牛　tən^{2} tak^{8}

母黄牛　tən^{2} lai^{5}

黄牛犊　tən^{2} tɔːŋ^{2}

山羊　twa^{2}

羔羊　twa^{2} laːk^{8}

母猪　m̥u^{5} tai^{5}

猪食　tu^{2}

母狗　m̥a^{1} tai^{5}

猎狗　m̥a^{1} nit^{8} naːn^{5}

疯狗　m̥a^{1} tjen^{1}

鸡冠　ȵan^{6} ci^{1}

鸡嗉子　ɛ^{1}

鸡尾　tət^{7} ci^{1}

寡蛋　kəi^{5} ŋɔ^{1}

鸡窝　lau^{3} ci^{1}

鸬鹚　nɔk^{8} lo^{6} ti^{2}

老虎　məm^{4}

猴子　ma^{6} lau^{2}

蛇　tui^{2}

老鼠　n̥ɔ^{3}

蝙蝠　pau^{1}

鸟儿　nɔk^{8}

麻雀　nɔk^{8} pi^{5}

喜鹊　ka^{1} tshjak^{7}

乌鸦　ka^{1}

鸽子　nɔk^{8} pɛk^{8} hwɔp^{8}

翅膀　fjɛt^{7}

爪子　tsaːu^{3}

尾巴　tət^{7}

窝　tən^{1}

虫子　ta^{1}

蝴蝶　khu^{5} ma^{3}

蜻蜓　tən^{6}

蜜蜂　taːn^{6} nim^{6}

蜂蜜　taːŋ^{2} tən^{6} nim^{6}

知了　tsi^{5} tsœ^{5}

蚂蚁　mət^{8}

蚯蚓　tan^{4}

蜘蛛　jøŋ^{2}

蚊子　ȵuŋ^{2}

苍蝇　ȵuŋ^{2}

跳蚤　m̥at^{7}

虱子　nan^{2}

鱼　məm^{6}

鲤鱼　məm^{6} mai^{4}

鳙鱼　ta^{4} thəu^{6} ljen^{6}

鲫鱼　məm^{6} waːn^{3}

甲鱼　pjɛt^{7}

鳞　cim^{3} məm^{6}

虾　ŋɔ^{2}

螃蟹　ʔjai^{5}

马　ma^{4}

驴　lø^{2}

骡　lwa^{2}

放牛　laːŋ^{6} tən^{2}

羊　twa^{2}

猪　m̥u^{5}

种猪　m̥u^{5} kɔ^{1}

公猪（成年的，已阉割的）　m̥u^{5} sik^{8}

母猪（成年的，未阉割的）　m̥u^{5} tai^{5}

猪崽　m̥u^{5} laːk^{8}

猪圈　laːn^{2} m̥u^{5}

养猪　taːŋ^{4} m̥u^{5}

猫　mjaːu^{4}

公猫　mjaːu^{4} tak^{8}

母猫　mjaːu^{4} mai^{4}

狗　m̥a^{1}

公狗　m̥a^{1} tak^{8}

母狗　ma^{1} mai^{4}

兔子　thu^{5}

鸭　ʔjɛp^{7}

鹅　ŋaːn^{6}

鸡　ci^{1}

公鸡（成年的，未阉割的）　ci^{1} tai^{3}

母鸡（已下过蛋的）　ci^{1} mai^{4}

母鸡（成年的，未下过蛋的）　ci^{1} ŋaːn^{5}

小鸡　ci^{1} laːk^{8}

骟鸡　ci^{1} ʔjem^{1}

五、建筑、器具

村庄　ho^{3} maːn^{3}

胡同　khœŋ^{3} haːŋ^{5}

街道　ta^{5} caːi^{6}

房子　jen^{2}

屋子　jen^{2}

卧室　ho^{3} tjaːŋ^{2}

茅屋　tən^{6} pu^{1}

厨房　kun^{5} tɔ^{5}

寨子　maːn^{3}

寨门　tɔ^{1} tsɔŋ^{5}

城　seŋ^{2}

椽子　ŋwa^{4} kak^{7}

房顶　kəm^{1} jen^{1}

房檐　nəm^{0} jem^{2}

牢　lɔ^{2}

篱笆　pi^{6} pa^{1}

梁　ljaːŋ^{2}

楼　lau^{2}

门　tɔ^{1}

门扣　tɔ^{1} khau^{5}

门框　tɔ^{1} ca^{5}

门闩　mən^{6} swaːn^{1}

门板　sjen^{5} tɔ^{1}

墙壁　laːŋ^{5} tjaːŋ^{2}

人家　jen^{2} çən^{1}

水牛圈　laːn^{2} hui^{2}

烟囱　jen^{5} thuŋ^{5}

走廊　te^{3} nəm^{0} jem^{2}

楼梯　ləu^{6} the^{1}

堡坎　khaːk^{7} tsai^{5}

桥　ceu^{2}

被面　jaːŋ^{6} təm^{1}

被里　jaːŋ^{6} taːn^{1}

毯子　thaːm^{3}

箱子　tjaːŋ^{1}

皮箱　pi^{6} tjaːŋ^{1}

灯　taŋ^{1}

灯芯　taŋ^{1} təm^{1}

灯罩　taŋ^{1} tsaːu^{5}

电灯　fi^{1} taːŋ^{1}

工具　tsəp^{7} ti^{6}

匕首　mit^{8} khja^{1}

刀　mit^{8}

刀把儿　taːm^{1} mit^{8}

刀背　lən^{2} mit^{8}

刀鞘　khaːk^{7} mit^{8}

刀刃　paːk^{7} mit^{8}

尖刀　mit^{8} khja^{1}

柴刀　mit^{8} ŋau^{1}

剃头刀　mit^{8} the^{5} ko^{3}

桶水～　thɔːŋ^{3}

木桶　mɔk^{8} thɔːŋ^{2}

铁桶　thɔːŋ^{2} khɣət^{7}

水烟筒　sui^{3} jen^{1} tɔŋ^{1}

箍儿　khu^{5}

水缸　taːŋ^{6} nəm^{4}

叉子　tsha^{1}

铲子　tshaːn^{3}

罐子　kon^{5}

杯子　poi^{1}

茶杯　tsa^{2} poi^{1}

酒杯　tsɔŋ^{1} khjaːu^{3}

壶　fu^{2}

茶壶　tsa^{2} fu^{2}

酒壶　khjaːu^{3} fu^{2}

塞子　tak^{7}

铁锅　chik^{7} khɣət^{7}

炒菜锅　chik^{7} tshaːu^{3} ma^{1}

锅铲　tshaːn^{3}

锅耳　khja^{1} chik^{7}

锅盖　kəm^{6}

盒子　hwɔp^{8}

蒸笼　tsiŋ^{1} lɔːŋ^{2}

饭碗　won^{1}

饭甑　khjɛ^{1}

盘子　pon^{2}

碟子　tjep^{8}

勺子　pjaːu^{2}

笊篱　tsaːu^{5} lɔ^{2}

漏斗　ləu^{4} təu^{3}

筲箕　lɔ^{6} li^{2}

筛子　swaːi^{1}

晒席　la^{1}

木槽　pən^{2} m̥u^{5}

石槽　pən^{2} m̥u^{5}

洗锅刷　ȵam^{1} çɛn^{5}

抹布　maːt^{8}

筷筒　puŋ^{5} tɜø^{6}

盆　pən^{2}

木盆　mɔk^{8} pən^{2}

炉子　lu^{2}

吹火筒　fi^{1} tɔːŋ^{4}

火石　fi^{1} ljen^{2}

火把　fi^{1} pa^{3}

灯笼　taŋ^{1} lɔːŋ^{2}

火笼　fi^{1} lɔːŋ^{2}

火盆　fi^{1} pən^{2}

火钳　fi^{1} cem^{2}

火塘　fi^{1} taːŋ^{2}

三脚架　taːm^{1} tshɛŋ^{5}

篮子　laːn^{5}

杆子　kaːn^{6}

竹竿　kaːn^{6} pan^{1}

竹筒　puŋ^{5} pan^{1}

鼓槌　ku^{3} tsui^{2}

桩子　tsø^{4}

钩子　kau^{1} tshiŋ^{5}

草绳　l̥uk^{7} wɔk^{8}

麻绳　l̥uk^{7} hwaːŋ^{6} ma^{6}

缰绳　ma^{4} lɔːŋ^{2} tau^{2}

链子　ljen^{6}

杵　kəm^{1} tsui^{2}

包袱　pɔ^{1} fɔk^{8}

钟　tsɔŋ^{1}

玻璃　ceŋ^{5}

镜子　ceŋ^{5}

篦子　pe^{6}

扇子　sjen^{5}

楔子　lim^{4}

木板　pjen^{3} mai^{4}

漆　thət^{7}

颜料　sak^{7} tɔ^{6}

尺子　tshek^{7}

曲尺　cok^{7} tshek^{7}

钓竿　tjeu^{6} kaːn^{3}

网　mɔːŋ^{4}

拦河网　mɔːŋ^{4} laːn^{2} nja^{1}

抛网　swa^{5} mɔːŋ^{4}

捞网　lɔ^{2} mɔːŋ^{4}

罾　mɔːŋ^{4} ti^{5} teŋ^{2}

鱼叉　ȵi^{6} tsha^{1}

腰鱼篓　cə^{1}

鱼篓　laːi^{1}

锯　kø^{5}

凿子　tiu^{5}

锉　thɔ^{5} kø^{5}

锥子　tsui^{1}

钻子　cin^{5} kaːŋ^{1} tsjøn^{6}

刨子　pɔ^{2}

墨斗　mat^{8} tau^{3}

墨盒　mat^{8} hwɔp^{8}

弓　cɔŋ^{1}

箭　tjen^{5}

剑　mit^{8} khja^{1} jɛ^{1}

枪　tshɔŋ^{5}

炮　phɔ^{5}

炸弹　tsa^{4} thaːn^{6}

子弹　laːk^{8} ma^{4}

火药　tjeu^{1}

铁砂　sa^{1}
织布机　tuŋ^{2}
梭子　phjau^{1} sɔ^{1}
顶针　teŋ^{3} tshəm^{1}
轿子　ceu^{6}
车　tshja^{1}
牛车　tshja^{1} tən^{2}
船　søn^{2}
船桨　tsjaːŋ^{3}
舵　to^{4}
篙子　tsu^{1} kɔ^{1}
木筏　paːi^{2}
烟斗　jen^{1} tɔŋ^{4} tau^{3}
拐杖　tyn^{4}
灶　tɔ^{5}
锅　kon^{5}
饭锅　tiŋ^{6} kwa^{1}
菜锅　chik^{7}
厕所　tən^{6} pu^{1}
檩　jaːŋ^{6} tjeu^{2}
柱子　tsø^{4}
大门　tɔ^{1} lo^{4}
门槛儿　məm^{6} cem^{4}
窗　ləŋ^{5} tshoŋ^{1}
梯子　lək^{8} the^{1}
扫帚　ŋ̊am^{1} phɤət^{7}
扫地　phɤət^{7} jen^{2}
垃圾　ŋ̊ak^{7}
家具　ca^{1} ti^{6}
东西　ca^{1} ti^{6}
床　pho^{5}
枕头　ko^{3} m̥ut^{7}
被子　jaːŋ^{6}
棉絮　jaːŋ^{6} mjɛn^{2}
床单　jaːŋ^{6} taːn^{1}
褥子　jaːŋ^{6} tjem^{6}
席子　tek^{8}
蚊帐　tun^{3}
桌子　pon^{2}
柜子　kui^{6}
案子　çaːŋ^{5} ci^{5} tso^{6}
椅子　i^{3}
凳子　taːŋ^{5}
马桶　thɔŋ^{3} njaːu^{5}
菜刀　mit^{8} ma^{1}
瓢　sjaːk^{8}
缸　taŋ^{6}
坛子　ɔŋ^{5}
瓶子　peŋ^{2}
盖子　kai^{5}
碗　won^{3}
筷子　tsø^{6}
汤匙　pək^{8} ceŋ^{1}
柴火　kui^{1}
火柴　laːi^{6} ho^{3}
锁　twa^{3}
钥匙　lək^{8} si^{2}
脸盆　pən^{2} na^{3}
洗脸水　nəm^{4} suk^{7} na^{3}
毛巾　suk^{7} oan^{1}

手绢 haːn^{4} cin^{5}

肥皂 jaːŋ^{6} cen^{3}

梳子 chi^{1}

缝衣针 tshəm^{1}

剪子 ȵiu^{1}

蜡烛 laːp^{8}

手电筒 tjen^{4} thuŋ^{6}

雨伞 taːn^{5}

自行车 taːn^{5} tshja^{1}

六、服饰、饮食

衣服 kuk^{7}

穿 tan^{3}

脱 tsi^{5}

系 tuk^{8}

衬衫 tshən^{4} i^{5}

背心 sjen^{4} kwa^{3}

毛衣 kuk^{7} laːŋ^{5}

棉衣 kuk^{7} mjɛn^{2}

袖子 chin^{1} kuk^{7}

口袋 puŋ^{6} tai^{6}

裤子 hwa^{5}

短裤 hwa^{5} lən^{3}

裤腿 chin^{1} hwa^{5}

帽子 mɔ^{6}

鞋子 çaːi^{1}

袜子 maːt^{8}

布 ja^{1}

丝 ti^{1}

线 twaːn^{6}

衣 kuk^{7}

衣袋 pɔŋ^{6} tai^{6}

衣襟 tak^{7} pu^{2}

衣领 lən^{3} kuk^{7}

腰带 jat^{8}

裤裆 nɔːŋ^{6} hwa^{5}

裙子 kwən^{2}

花边 hwa^{1} pjen^{1}

夹袄 ma^{3} kwa^{4}

纽子 khau^{5} ja^{1}

扣眼儿 khau^{5} luŋ^{1}

内衣 kuk^{7} ho^{3}

内裤 hwa^{7} ho^{3}

头巾 pha^{5} ko^{3}

帕子 pha^{5} ko^{3}

围腰帕 wəi^{6} kwən^{6}

裹腿 tin^{1} liu^{5}

鞋样 çaːi^{1} ʔjaːŋ^{6}

鞋帮 çaːi^{1} mjen^{6}

鞋底 çaːi^{1} te^{2}

鞋后跟 çaːi^{1} thɔːŋ^{1}

鞋带 tœ^{1} çaːi^{1}

草鞋 tsjaːk^{7}

胶鞋 çaːi^{1} caːu^{1}

木拖鞋 mɔk^{8} cik^{8}

布鞋 çaːi^{1} ja^{1}

背带 haːŋ^{3}

斗笠 mɔ^{6} tyn^{1}

蓑衣 tui^{5}

簪子 tshəm^{1} ȵan^{2}

耳环　khja^{1} nɛŋ^{5}

项圈　haːŋ^{4} ljen^{4}

眼镜　ŋaːn^{6} ceŋ^{5}

发髻　kə^{6} lau^{5}

行李　pɔ^{1} fɔk^{8}

围裙　wəi^{6} kwən^{6}

尿布　kwən^{2}

扣子　khau^{5}

扣　khau^{5}

戒指　kaːi^{4} tsɿ^{3}

手镯　cem^{2}

理发　the^{5} ko^{3}

梳头　chi^{1} ko^{3}

米饭　hu^{3}

粥　tsɔk^{7}

面粉　mjen^{6} pən^{5}

面条　mjen^{6} tjeu^{2}

面儿　pən^{5}

馅儿　təm^{1}

豆浆　tau^{6} tjaːŋ^{1}

豆腐脑　tau^{6} fu^{6} nɔ^{4}

元宵　ti^{6} pəu^{5}

粽子　yt^{7}

年糕　njen^{6} kɔ^{1}

菜　ma^{1}

干菜　ma^{1} khɔ^{3}

豆腐　tau^{6} fu^{6}

猪血　phwaːt^{7} m̥u^{5}

猪蹄　tin^{1} m̥u^{5}

猪舌头　ma^{2} m̥u^{5}

猪肝　tap^{7} m̥u^{5}

下水　ha^{6} sui^{3}

鸡蛋　kəi^{5} ci^{1}

猪油　jeu^{2} m̥u^{5}

盐　kwa^{1}

醋　thu^{5}

香烟　jen^{1}

旱烟　jen^{1} sɛŋ^{1}

白酒　khjaːu^{3} hu^{3}

黄酒　khjaːu^{3} ŋaːn^{3}

江米酒　khjaːu^{3} laːk^{7}

茶叶　fa^{5} tsa^{2}

冰棍　sø^{6} thjaːu^{6}

早饭　tsaːn^{1} hu^{3} çət^{7}

午饭　tsaːn^{1} hu^{3} fan^{1}

晚饭　tsaːn^{1} hu^{3} mu^{2}

白米　hu^{3} taːn^{1}

夹生饭　hu^{3} kap^{7} sɛŋ^{1}

米汤　lo^{5} hu^{3}

酸汤　lo^{5} thəm^{3}

锅巴　chyt^{7}

米粉　fən^{3}

糍粑　ti^{2}

糕　kɔ^{1}

糖　taːŋ^{2}

红糖　hɔːŋ^{2} taːŋ^{2}

白糖　pɛk^{8} taːŋ^{2}

饼　peŋ^{3}

红薯干儿　man^{2} khɔ^{3}

酸菜　ma^{1} thəm^{3}

臭豆腐　tau^{6} fu^{6} ȵ̥in^{1}
豆腐干　tau^{6} fu^{6} khɔ^{3}
豆豉　tau^{6} si^{6}
肉　sik^{8}
猪肉　sik^{8} m̥u^{5}
羊肉　sik^{8} twa^{2}
鸡肉　sik^{8} ci^{6}
腊肉　sik^{8} laːp^{8}
黄牛蹄　tin^{1} tən^{2}
鸡爪子　tsaːu^{3} ci^{1}
鸡肫　ɛ^{1}
鲜鱼　məm^{6} təm^{1} tjen^{1}
干鱼　məm^{6} khɔ^{3}
蛋　kəi^{5}
蛋黄　kəi^{5} ŋaːn^{3}
蛋壳　kəi^{5} khaːk^{7}
臭蛋　kəi^{5} ŋɔ^{1}
鸭蛋　kəi^{5} ʔjɛp^{7}
鹅蛋　kəi^{5} ŋaːn^{6}
油　jeu^{2}
油渣　jeu^{2} tsa^{1}
菜油　jeu^{8} thai^{5}
豆油　jeu^{2} tau^{6}
玉米油　jeu^{2} ȵi^{6} mɛ^{4}
鸡油　jeu^{2} ci^{1}
牛油　jeu^{2} tən^{2}
酱　tjaːŋ^{5}
淀粉　chen^{4} fən^{3}
碱水　kwaːt^{7}
烟卷儿　køn^{2} jen^{1}
烟丝　jen^{1} ti^{1}
酒　khjaːu^{3}
红薯酒　khjaːu^{3} man^{2}
酒曲　khjaːu^{3} peŋ^{3}
早饭　hu^{3} çət^{7}
午饭　hu^{3} fan^{1}
晚饭　hu^{3} mu^{2}
滋味　mi^{6} tɔ^{6}

七、身体、医疗

头　ko^{3}
头发　pəm^{1} ko^{3}
辫子　taːn^{1} fja^{1}
旋　tsjøn^{6}
额头　ta^{5} na^{2}
相貌　tjaːŋ^{6} mɔ^{2}
脸　na^{3}
眼睛　l̥a^{1}
眼珠　l̥a^{1} ȵyn^{2}
眼泪　nəm^{4} l̥a^{1}
眉毛　tsən^{1} l̥a^{1}
耳朵　khja^{1}
鼻子　naŋ^{1}
鼻涕　muk^{8}
身体　lən^{1} the^{3}
花辫　taːn^{1} fja^{1}
脑髓　ȵy^{2}
太阳穴　thaːi^{4} jaːŋ^{6} cin^{4}
囟门　ta^{5} na^{2}
瞳仁　l̥a^{1} ȵyn^{2}

睫毛　tsən^{1} l̥a^{1} nəm^{4}
眼屎　cɛ^{3} l̥a^{1}
耳屎　cɛ^{3} khja^{1}
耳垂　khja^{1} piŋ^{5}
鼻孔　naŋ^{1} luŋ^{1}
鼻梁　naŋ^{1}
颧骨　ŋai^{6}
腮　na^{3}
上颚　ŋɔm^{4}
小舌　ma^{2} niŋ^{5}
牙龈　fan^{1} sən^{2}
门齿　taŋ^{5} mən^{6} ja^{6}
臼齿　fan^{1} lo^{4}
犬齿　liu^{6} ŋa^{2}
虎牙　fan^{1} tsha^{5} tshi^{3}
喉结　jen^{5} həu^{6}
后颈窝　lən^{2} lən^{3}
膈肢窝　te^{3} thaːt^{7}
手掌　nja^{2} paːn^{3}
手心　nja^{2} paːn^{3}
手背　nja^{2} pon^{2}
手茧　tə^{1}
手腕子　nja^{2}
手脉　mɛːk^{8}
六指　nja^{2} ʔjai^{5}
指纹　nja^{2} hwa^{1}
斗　chiŋ^{1}
箕　lɔ^{6} li^{2}
虎口　ŋaːp^{7}
肘　chiŋ^{1} ŋ̊ɔ^{3}
奶头　nɛ^{6} ko^{3}
奶汁　nɛ^{6}
胸脯　təm^{1} tau^{2}
心脏　təm^{1}
肺　fe^{5}
胃　tu^{3}
腰　jeu^{1}
肝　tap^{7}
胆　taːm^{3}
脾　ma^{5}
肾　jeu^{1}
肠子　taːi^{3}
盲肠　taːi^{3} ŋa^{5}
膀胱　təm^{1} njaːu^{5}
大腿　puŋ^{4} ka^{1}
小腿　tin^{1} lɔːŋ^{2}
腿肚子　tin^{1} lɔːŋ^{2}
脚趾　tin^{1} laːk^{8}
脚后跟　tin^{1} thɔːŋ^{1}
脚踝　tin^{1} l̥a^{1}
脚背　tin^{1} pon^{2}
脚心　tin^{1} paːn^{3}
茧　tə^{1}
睾丸　kəi^{5} ȵyn^{2}
骨头　kwət^{7}
骨节　kwət^{7} tjep^{7}
肋骨　lək^{8} sɛk^{7}
筋　cən^{1}
脉搏　mɛːk^{8}
血　phwaːt^{7}

肉　sik^{8}

皮肤　ja^{2}

毛　tsən^{1}

寒毛　haːn^{6} mɔ^{2}

汗　haːn^{6}

鸡皮疙瘩　lɔk^{7} sik^{8} ci^{1}

雀斑　cɛ^{3} ȵuŋ^{2}

尿　njaːu^{5}

屎　cɛ^{3}

屁　phi^{5}

阳子（淋巴结肿大）　ȵa^{5}

印记　pwa^{2} hɔ^{6} ci^{5}

皱纹　lɔk^{7} ȵau^{5}

力气　lik^{8} chi^{5}

晕　ŋwən^{6}

酸　thəm^{3}

花　hwa^{1}

瞎　kha^{1}

拉肚子　khɔ^{5} lɔːŋ^{2}

抽筋　tsha^{3} cən^{1}

癞　tin^{1} cœ^{6}

疮　tshɔŋ^{1}

痱子　fi^{5}

疖　tiŋ^{1}

脓　lak^{7}

水泡　sui^{3} phɔ^{5}

药　ta^{2}

毒药　ta^{2} tɔk^{8}

药丸　ta^{2} ȵyn^{8}

药末　ta^{2} pən^{5}

药片　ta^{2} phjen^{5}

嘴巴　paːk^{7}

嘴唇　sən^{6} paːk^{7}

口水　jœ^{2}

舌头　ma^{2}

牙齿　fan^{1}

下巴　ha^{6} pa^{2}

胡子　m̥ut^{7}

脖子　lən^{3}

喉咙　hu^{1} kœŋ^{4}

肩膀　ha^{1}

胳膊　nja^{2} puŋ^{4}

手　nja^{1}

左手　nja^{1} te^{4}

右手　nja^{1} fa^{1}

拳头　puŋ^{6} tsui^{2}

手指　nja^{2} laːk^{8}

大拇指　nja^{2} mai^{4}

食指　nja^{2} laːk^{8}

中指　njia^{2} laːk^{8} ta^{5}

无名指　nja^{2} laːk^{8}

小拇指　nja^{2} laːk^{8} mi^{2}

指甲　nja^{2} l̥əp^{7}

腿　tin^{1}

脚　tin^{1} paːn^{3}

膝盖　pu^{6} ko^{5}

背　lən^{0} laːi^{2}

肚子　lɔːŋ^{2}

肚脐　lɔːŋ^{2} lwa^{1}

乳房　nɛ^{6}

屁股　khɔːŋ^{3}

肛门　thət^{7} thən^{5}

阴茎　nɛŋ^{4}

女阴　khən^{3}

㞗　tshaːu^{5}

精液　tiŋ^{1}

来月经　taŋ^{1} njen^{2} te^{5}

屎　cɛ^{3}

尿　njaːu^{5}

屁　khɤət^{7}

病了　peŋ^{6}

着凉　ŋaːi^{2} ȵit^{7}

咳嗽　huk^{8}

发抖　khəu^{5}

肚子疼　lɔːŋ^{2} cit^{7}

拉肚子　khɔ^{5} lɔːŋ^{2}

患疟疾　khɔ^{5} lɔːŋ^{2}

肿　ləm^{6}

化脓　tsjaːŋ^{5} lak^{7}

疤　pa^{1}

痣　tsi^{5}

疙瘩　lɔk^{7} pɔk^{7}

狐臭　in^{1} haːn^{6} ma^{4}

看病　kau^{5} peŋ^{6}

诊脉　tsɵi^{4} mɛk^{8}

打针　kui^{5} tshəm^{1}

打吊针　tjeu^{5} tshəm^{5}

吃药　tshaːn^{1} ta^{2}

汤药　nəm^{1} ta^{2}

病轻了　pe^{6} ça^{3}

八、风俗、信仰

风俗　çiŋ^{1}

说媒　fɛ^{4} moi^{2}

媒人　moi^{2} çən^{1}

相亲　paːi^{1} kau^{5} çən^{1}

订婚　teŋ^{6} hwən^{1}

嫁妆　ca^{1} tsoŋ^{1}

结婚　cet^{7} hwən^{1}

娶妻子　aːu^{1} maːi^{4}

出嫁　uk^{7} ca^{5}

拜堂　paːi^{5} taːŋ^{2}

新郎　laːk^{8} taːu^{1} mai^{5}

新娘子　laːk^{8} maːi^{4} mai^{5}

孕妇　pwa^{2} lən^{1} wən^{6}

怀孕　mɔi^{5} thai^{1}

害喜　løk^{7}

分娩　seŋ^{1} laːk^{8} te^{5}

流产　lwaːt^{8} thai^{1}

双胞胎　laːk^{8} søn^{1} sɛŋ^{1}

坐月子　ȵaːu^{6} njɛn^{2}

吃奶　tsaːn^{1} nɛ^{6}

断奶　kɛːk^{7} nɛ^{6}

满月　tik^{7} njɛn^{2}

生日　sɛŋ^{1} ȵat^{8}

做寿　sɛŋ^{1} ȵat^{8}

抢婚　thjaːŋ^{3} hwən^{1}

离婚　li^{2} hwən^{1}

回门　woi^{2} mən^{2}

招赘　laːk^{8} taːu^{4}

入赘 tsha^{5} tɔ^{1}

胞衣 pɔ^{1} i^{1}

脐带 lɔːŋ^{2} lwa^{1}

摇篮 jaːu^{6} laːn^{5}

敬香 taːu^{3} çaŋ^{1}

祖坟 tu^{3} fən^{2}

扫墓 tsha^{5} fən^{2}

墓碑 poi^{1}

祭日 ta^{6} çau^{5}

祭拜 tshaːp^{7}

拜 paːi^{5}

法术 fɔp^{7}

佛 fu^{2}

鬼 laːi^{4}

魂魄 sɛŋ^{1} wən^{2}

神仙 sən^{2} sjen^{1}

雷公 laːk^{8} pwa^{1}

龙 lɔːŋ^{2}

龙王 lɔŋ^{6} jɔŋ^{2}

上帝 y^{6} te^{5}

土地爷 tɔ^{1} tsø^{3}

巫师 kə^{6} laːu^{4} fɛ^{4} laːi^{4}

巫婆 pwa^{2} ja^{6} cəm^{5}

算命先生 ton^{5} mɛŋ^{6} sin^{5} sɛŋ^{1}

命 mɛːŋ^{6}

念经 njem^{6} cɛŋ^{1}

八字 paːt^{7} ti^{6}

合 hwɔp^{7}

供神 çen^{5} sən^{2}

驱鬼 nit^{8} laːi^{4}

本事 pən^{3} ti^{6}

名声 mɛːŋ^{6} sɛŋ^{1}

死 tai^{1}

死（委婉说） ŋ^{5} ȵaːu^{6}

咽气 tu^{5} chi^{5}

入殓 tsoŋ^{1} su^{6}

棺材 su^{6} mai^{4}

出殡 uk^{7} saːn^{1}

灵位 ljaːŋ^{6} ui^{6}

坟墓 fən^{2}

上坟 tsha^{5} fən^{2}

纸钱 tjen^{2} tsi^{3}

老天爷 mən^{1} na^{6}

菩萨 po^{1} saːt^{7}

观音 kon^{1} ʔjəm^{1}

灶神 tɔ^{5} jɔːŋ^{2}

寺庙 mjaːu^{6} ti^{6}

祠堂 tsɿ^{6} taːŋ^{2}

和尚 hwa^{6} sjaːŋ^{6}

尼姑 ni^{6} ku^{1}

道士 kə^{6} laːu^{4} fɛ^{4} laːi^{4}

算命 ton^{5} mɛːŋ^{6}

运气 wən^{6} chi^{5}

保佑 pɔ^{3} hu^{6}

九、称谓、职业

人 çən^{1}

男人 ti^{6} kɔŋ^{1}

女人 ti^{6} pwa^{2}

单身汉 taːn^{1} sən^{1}

老姑娘　lo^{4} ku^{1} pwa^{2}
婴儿　laːk^{8} te^{5}
小孩　laːk^{8} te^{5}
男孩　laːk^{8} maːn^{1}
女孩　laːk^{8} m̥jaːk^{7}
老人　mu^{6} lo^{4} ce^{5}
亲戚　thən^{1} thik^{7}
朋友　pɔŋ^{2} jeu^{6}
邻居　kɛk^{7} pɛk^{7}
客人　çən^{1} khɛːk^{7}
农民　laːk^{8} fɛ^{4} ja^{5}
商人　sɛŋ^{5} i^{5} çən^{1}
手艺人　su^{3} ŋe^{6} çən^{1}
泥水匠　tjaːŋ^{6} naːm^{6}
木匠　tjaːŋ^{6} mai^{4}
裁缝　tshaːi^{6} foŋ^{2}
理发师　kə^{6} laːu^{4} the^{5} ko^{3}
厨师　tshy^{6} foŋ^{2} tau^{2}
师傅　ti^{1} fu^{6}
徒弟　thu^{6} te^{6}
乞丐　kəu^{1}
妓女　pwa^{2} lo^{6} kø^{3}
贼　tak^{8}
瞎子　kha^{1}
聋子　khja^{1} lak^{7}
哑巴　ɟja^{3}
驼子　laːi^{2} kuŋ^{4}
瘸子　tin^{1} cœ^{6}
疯子　tjɛn^{1}
傻子　laːk^{8} ŋɔk^{8}

爷爷　kɔŋ^{1}
奶奶　pwa^{2}
外祖父　ŋwaːi^{6} kɔŋ^{1}
外祖母　ŋwaːi^{6} pwa^{2}
父母　pu^{0} ni^{4}
父亲　pu^{4}
母亲　ni^{4}
爸爸　pu^{4}
妈妈　ni^{4}
继父　pu^{4} lən^{2}
继母　ni^{4} lən^{2}
岳父　kə^{6} laːu^{4} ŋwaːi^{6} kɔŋ^{1}
岳母　ni^{4} lo^{4} ŋwaːi^{6}
公公　ca^{1} kɔŋ^{1}
婆婆　ca^{1} pwa^{2}
伯父　pa^{5}
伯母　mu^{4}
叔父　so^{5}
排行最小的叔父　so^{5} mi^{2}
叔母　səm^{3}
姑　ku^{1}
姑父　so^{5} ku^{1}
舅舅　su^{2}
舅妈　cim^{6}
姨　pa^{3}
姨父　luŋ^{2} hi^{2}
弟兄　fai^{0} nuŋ^{4}
姊妹　tsɛ^{2} nuŋ^{4}
哥哥　faːi^{4}
嫂子　çau^{3}

弟弟　nuŋ^{4}

弟媳　maːi^{4} nuŋ^{4}

姐姐　tsɛ^{2}

姐夫　faːi^{4} tsɛ^{2}

妹妹　nuŋ^{4} m̥jaːk^{7}

妹夫　nuŋ^{4} taːu^{4}

堂兄弟　so^{5} pa^{5} fəi^{0} nuŋ^{4}

表兄弟　faːi^{4} pjeu^{3}

妯娌　çau^{3} nuŋ^{4}

连襟　laːu^{3} i^{6}

儿子　laːk^{8}

儿媳妇　laːk^{8} maːi^{4} mai^{5}

女儿　laːk^{8} m̥jaːk^{7}

女婿　laːk^{8} taːu^{4}

孙子　laːk^{8} khjɛn^{1}

重孙子　laːk^{8} khjɛn^{1} lən^{3}

侄子　so^{5} khjɛn^{1}

外甥　ŋwaːi^{6} sɛŋ^{1}

外孙　ŋwaːi^{6} sɛŋ^{1}

夫妻　kɔŋ^{1} pwa^{2}

丈夫　caːu^{4}

妻子　maːi^{4}

名字　laːn^{1}

绰号　laːn^{1} ja^{4}

好人　çən^{1} i^{1}

坏人　çən^{1} hwaːi^{6}

大人　mu^{6} lo^{4}

老太太　ti^{6} pwa^{2} ce^{5}

老头儿　kə^{6} laːu^{4} ce^{5}

妇女　ti^{6} pwa^{2}

青年男子　hwa^{1} hau^{5} sɛŋ^{1}

青年女子　hwa^{1} lək^{8} m̥jaːk^{7}

子孙　laːk^{8} khjɛn^{1}

独子　laːk^{8} tok^{8}

孤儿　laːk^{8} khu^{1} haːn^{2}

寡妇　pwa^{1} kun^{3}

鳏夫　kə^{6} laːu^{4} ku^{1} tɔk^{8}

皇帝　jɔːŋ^{2} te^{5}

官　kon^{1}，kwaːn^{1}

兵　peŋ^{1}

头人　lak^{7} tau^{2}

医生　tjaːŋ^{6} ta^{2}

老师　tiŋ^{5} sɛŋ^{1}

船夫　søn^{2} fu^{1}

篾匠　me^{6} haːŋ^{2}

石匠　tjaːŋ^{6} tui^{2}

铁匠　tjaːŋ^{6} khɣət^{7}

渔夫　kə^{6} laːu^{4} kui^{5} məm^{6}

骗子　phjen^{4} tsɿ^{3}

强盗　tak^{8}

生人　çən^{1} sɛŋ^{1} sɔ^{1}

熟人　sɔk^{8} çən^{1}

同伴　fɛ^{4} toi^{6}

老乡　lo^{4} çaŋ^{1}

外国人　nuk^{7} kok^{7} çən^{1}

异乡人　nin^{6} kok^{7} çən^{1}

矮子　mɔ^{6} lam^{5}

麻子　na^{3} pjen^{1}

秃子　ko^{3} lɔ^{5}

斜眼子　taːu^{4} jaːŋ^{6} jen^{3}

独眼龙　taːn^{5} tɔk^{7}

歪嘴子　paːk^{7} fe^{1}

豁嘴子　paːk^{7} maːŋ^{5}

瘫子　cøn^{2}

祖宗　tsu^{3} kɔŋ^{1}

曾外祖父　ŋwaːi^{6} maːŋ^{6} kɔŋ^{1}

曾外祖母　ŋwaːi^{6} maːŋ^{6} pwa^{2}

曾祖父　maːŋ^{6} kɔŋ^{1}

曾祖母　maːŋ^{6} pwa^{2}

大伯子　faːi^{4}

小叔子　nuŋ^{4}

小姑子　nuŋ^{4}

姐妹　tsɛ^{2} nuŋ^{4}

兄弟　faːi^{4} nuŋ^{4}

内兄　faːi^{4}

内弟　nuŋ^{4}

堂哥　ho^{3} foŋ^{2} faːi^{4}

堂弟　ho^{3} foŋ^{2} nuŋ^{4}

堂姐　ho^{3} foŋ^{2} tsɛ^{2}

堂妹　ho^{3} foŋ^{2} lɔk^{8} m̥jaːk^{7}

表哥　faːi^{4} pjeu^{3}

表弟　nuŋ^{4} pjeu^{3}

表姐　tsɛ^{2} pjeu^{3}

表妹　nuŋ^{4} pjeu^{3}

大儿子　laːk^{8} lo^{4}

小儿子　laːk^{8} niŋ^{5}

大女儿　laːk^{8} m̥jaːk^{7} lo^{4}

小女儿　laːk^{8} m̥jaːk^{7} niŋ^{5}

私生子　laːk^{8} ja^{2}

侄女儿　khjɛn^{1} m̥jaːk^{7}

孙女儿　khjɛn^{1} m̥jaːk^{7}

前妻　pwa^{2} kun^{5}

继室　pwa^{8} lən^{2}

大老婆　maːi^{4} lo^{4}

小老婆　maːi^{4} niŋ^{5}

男情人　taːu^{4} ja^{2}

女情人　maːi^{4} ja^{2}

亲家　thən^{1} ca^{1}

亲家公　thən^{1} ca^{1} kɔŋ^{1}

亲家母　thən^{1} ca^{1} pwa^{2}

干爹　pu^{4} maːn^{3}

干妈　ni^{4} maːn^{3}

十、生产生活

干活儿　fɛ^{4} kɔŋ^{1} fu^{1}

事情　ti^{6} teŋ^{2}

插秧　lam^{1} ja^{5}

割稻　kat^{7} hu^{3}

种菜　lam^{1} ma^{1}

犁　khəi^{1}

锄头　cok^{7} tau^{2}

镰刀　ljem^{4}

把儿　taːm^{1}

扁担　lɔ^{5}

箩筐　ɕhiŋ^{1}

筛子　swaːi^{1}

簸箕　lɔ^{6} li^{2}

簸箕（扁平状）　lɔŋ^{3}

独轮车　tan^{1} lan^{2} tshja^{1}

轮子　lan^{2}

碓 toi^{5} na^{3}
臼 kəm^{1} ti^{2}
石磨 mwa^{6}
年成 njen^{6} siŋ^{2}
旱田 çaːi^{5}
园子 ho^{3} fjen^{1}
庄稼 tɔ^{2} ti^{5} ti^{6} tɔŋ^{6}
种子 pən^{3}
芽儿 ŋa^{2}
秧 ca^{3}
禾苗 tɔŋ^{6} hu^{3}
粮食 ljaːŋ^{2}
谷仓 hu^{3} tshjaːŋ^{1}
蜜蜂房 peŋ^{3}
蜂箱 tjaːŋ^{1} tən^{0} nim^{6}
耙 pa^{2}
耙齿 laːk^{8} pa^{2}
木耙 pa^{2} mai^{4}
铁耙 pa^{2} khɣət^{7}
木犁 khəi^{1} mai^{4}
铁犁 khəi^{1} khɣət^{7}
牛轭 it^{7} tən^{2}
牛鼻环 jən^{5} tən^{2}
鞭子 pjen^{1}
粪箕 lɔ^{6} li^{2} cɛ^{3}
风车 fɔŋ^{1} tshja^{1}
棚子 kwa^{1} pɔːŋ^{2}
水碾 su^{1} liŋ^{2}
竹笕 cen^{3}
国家 kok^{7} ca^{1}
省 sɛŋ^{3}
场 køn^{6}
走江湖 tshaːm^{3} caŋ^{1} fu^{2}
打工 ta^{3} kɔŋ^{1}
斧子 fo^{3}
钳子 ŋap^{7} cem^{2}
锤子 tsui^{2}
钉子 teŋ^{1}
绳子 l̥uk^{7}
棍子 tjeu^{2}
做买卖 fɛ^{4} sɛŋ^{1} i^{5}
饭馆 faːn^{4} tjen^{4}
旅馆 ly^{3} se^{4}
贵 m̥iŋ^{1}
便宜 pjen^{6} ȵi^{2}
合算 hwɔp^{7} ton^{5}
折扣 tsjep^{7} ca^{5}
亏本 khui^{1} pən^{3}
钱 phjeu^{5}
零钱 lɛŋ^{2} tjen^{2}
硬币 thi^{5} haːu^{6}
本钱 pən^{3} tjen^{2}
工钱 kɔŋ^{1} tjen^{2}
价钱 ca^{5} tjen^{2}
生意 sɛŋ^{1} i^{5}
债务 chem^{5} tsjaːŋ^{5}
利息 li^{6} sik^{8}
银元 ȵan^{2} tjen^{2}
银子 ȵan^{2}
铜钱 thuŋ^{6} ləi^{5}

算盘　ton^{5} pon^{2}

秤杆　tshiŋ^{5} kaːn^{3}

秤纽　tshi^{5} tɔːŋ^{1}

秤砣　tshiŋ^{5} twa^{2}

秤星　tshiŋ^{5} tjem^{3}

秤　tshiŋ^{5}

赶集　kaːn^{3} fai^{3}

集市　fan^{1} fai^{2}

庙会　fjen^{3}

学校　ço^{6} çaːu^{3}

教室　caːu^{4} sɿ^{6}

上学　paːi^{1} tɔk^{8} lɛ^{2}

放学　laːŋ^{6} hak^{8}

书本　lɛ^{2}

笔　pət^{7}

墨　mat^{8}

砚台　mat^{8} pon^{8}

浆糊　tsjaːŋ^{1}

公章　kɔŋ^{1} tsjaːŋ^{1}

信　tən^{5}

捉迷藏　fɛ^{4} tuk^{7} tsam^{2}

跳绳　thjeu^{5} l̥uk^{7}

毽子　phɔ^{1} jen^{5}

舞狮　hu^{4} su^{5} tu^{3}

鞭炮　phɔ^{5}

歌　fɛ^{4} tshjaːŋ^{3}

山歌　saːn^{1} kɔ^{1}

唱歌　fɛ^{4} tshjaːŋ^{5}

戏　çi^{5}

演戏　tshjaːŋ^{5} çi^{5}

锣鼓　la^{2} ku^{2}

鼓　ku^{3}

铜鼓　tɔːŋ^{2} ku^{3}

锣　la^{2}

钹　tɛŋ^{5}

唢呐　hɔ^{6}

喇叭　la^{5} pa^{5}

箫　tek^{8}

哨子　jaːŋ^{6} ci^{5}

陀螺　to^{5} lo^{5}

二胡　ȵi^{6} fu^{2}

笛子　tek^{8}

划拳　tshaːi^{1} ma^{4}

下棋　lui^{6} ci^{2}

棋盘　ci^{2} pon^{2}

棋子　ci^{2}

打扑克　kui^{5} paːi^{2}

打麻将　kui^{5} ma^{6} tsjaːŋ^{4}

变魔术　swa^{3} mo^{5} sy^{6}

讲故事　caːŋ^{3} ku^{3}

谜语　mi^{5}

猜谜语　tshaːi^{1} mi^{5}

对联　toi^{5}

玩儿　paːi^{1} fjen^{3}

串门儿　paːi^{1} kɛk^{7} pɛk^{7} jon^{2} fjon^{3}

走亲戚　tshaːm^{3} thən^{1} thik^{7}

十一、抽象及其他

话　wa^{6}

道理　tɔ^{6} li^{4}

笑话　wa^{6} ai^{5}
谎话　hoŋ^{3} wa^{6}
颜色　sak^{7} tɔ^{6}
纹路　hwa^{1} sak^{7}
样子　ʔjaːŋ^{6}
粪　cɛ^{3}
渣滓　kjak^{7}
痕迹　ʔjən^{3}
沉淀物 caːk^{7}
胶　caːu^{1}
脚印　tin^{1} ljen^{3}
瓣儿　phjen^{5}
耳语　wa^{6} te^{5}
传说　tsøːn^{2}
梦　mɔŋ^{6}
手艺　su^{3} ŋe^{6}
工作　kuŋ^{5} fu^{1}
脾气　pi^{6} chi^{5}
习惯　sɔk^{8} si^{2}
胆量　taːm^{3} ljaːŋ^{6}

动　词

一、具体动作

看　kau^{5}
听　theŋ^{5}
闻　n̥u^{5}
吸　tshɔk^{7} chi^{5}
睁　khai^{1} l̥a^{1}
闭　khəp^{7} l̥a^{1}
眨　ʔjap^{7}
张　khai^{1} njɛn^{2}
闭　ȵip^{7}
咬　cət^{8}
嚼　ŋ̥aːi^{5}
咽　lan^{1}
舔　ljaːm^{5}
含　ŋam^{1}
亲嘴　tot^{7} paːk^{7}
吮吸　tot^{7}
吐（口水）　thu^{1}
吐（呕吐）　løk^{7}
打喷嚏　ta^{3} tshiu^{3}
拿　tsai^{4}
给　thaːi^{1}
摸　mwa^{3}
伸　lœ^{5}
挠　kwaːi^{4}
掐　ʔjaːk^{7}
拧　niu^{3}
捻　nwa^{1}
掰　mɛːk^{7}
剥　mɛːk^{7}
撕　chik^{7}
折　ʔjaːu^{3}
拔　tshja^{3}
摘　put^{7}
站　taŋ^{4}
倚　khaːu^{5}

蹲　juŋ^{1}
坐　tui^{6}
跳　thjeu^{5} l̥uk^{7}
迈　jaːp^{7}
踩　tshwaːi^{3}
翘　khaːu^{5}
弯　kuŋ^{4}
挺　ljɛn^{3}
趴　həp^{7} pa^{4}
爬　pwa^{2}
走　tshaːm^{3}
跑　thaːŋ^{5}
逃　fɛ^{4} laːk^{8} naŋ^{6}
追　kjaːu^{6}
抓　tswa^{1}
抱　ŋəm^{3}
背　ma^{5}
搀　fu^{2}
推　jəi^{4}
摔　sɛːk^{7}
撞　tan^{5}
挡　taːŋ^{3}
躲　tsam^{2}
藏　tshiŋ^{3}
放　tɔːŋ^{5}
摞　tjep^{8}
选　tøn^{3}
耙　khjɛ^{5} ja^{5}
耕　fɛ^{4} toi^{6}
撒　swa^{5}

保　pɔ^{3}
守　su^{3}
收　su^{1}
扬　fan^{5}
结　cet^{7}
出　uk^{7}
碾　lin^{2}
筛　swaːi^{1}
货　khwa^{5}
借钱　jem^{1} tjen^{2}
还债　wan^{2} tsjaːŋ^{5}
赊　sja^{1}
交　caːu^{1}
税　swoi^{5}
买　çəi^{3}
卖　cɛ^{1}
赔偿　poi^{2}
教　caːu^{5}
考　khaːu^{3}
字　ti^{6}
打　kui^{5}
踢　thek^{7}
跳　thjeu^{5}
贴　njɛm^{1}
写　tja^{3}
学　hak^{7}
游泳　jeu^{2} nəm^{4}
蘸　tsjam^{6}
熏　laːp^{8}
腌　wɵt^{7}

传说 tsjøn^{2}
埋 m̥ɔk^{7}
盖 kəp^{7}
压 tap^{8}
摁 tsam^{6}
捅 tshok^{7}
插 sjaːp^{7}
戳 tshok^{7}
砍 tɛ^{5}
剁 tɔk^{7}
削 thjet^{7}
裂 tai^{5}
皱 ȵau^{5}
涨 tsjaːŋ^{3}
消退 thoi^{5}
腐烂 mai^{3}
擦 ceu^{3}
倒 thɔ^{3}
扔 pət^{8}
掉 pjɛ^{1}
滴 tɛːk^{7}
丢 pjɛ^{1}
找 la^{4}
捡 tsəp^{7}
提 lat^{7}
挑 taːp^{7}
扛 mɔi^{5}
抬 tyn^{1}
举 sø^{6} thjaːu^{6}
撑 tshɛŋ^{5}
撬 ceu^{6}
挑 tøn^{3}
收拾 su^{1} səp^{8}
挽 nap^{7}
涮 laːŋ^{4}
洗（~衣服） suk^{7}
洗（~澡） suk^{7}
捞 lɔ^{2}
拴 tuk^{8}
捆 tuk^{8}
解 tsi^{5}
挪 i^{2}
端 tsai^{4}
摔 pjɛ^{1}
掺 tshɔŋ^{1}
烧 taːu^{3}
拆 tshɛːk^{7}
转 tsjøn^{6}
捶 tsui^{2}
打 kui^{5}
打架 kui^{5} ca^{5}
休息 çet^{7} nɛ^{5}
打哈欠 ta^{3} ha^{5}
打瞌睡 wɔk^{7} nun^{2}
睡 nun^{2}
打呼噜 tshja^{3} pi^{6} lu^{2}
做梦 nun^{2} mɔŋ^{6}
起床 lɔk^{7} pho^{5}
刷牙 swaːt^{7} fan^{1}
竖 sø^{6}

开　kwən^{3}
褪（～色）　thoi^{5}
靠拢　pwɔi^{2}
着（～火）　fən^{1}
冒　uk^{7}
破（破竹子）　phwa^{5}
漂　fu^{2}
浮　fu^{2}
鼓　tsjaːŋ^{5}
盘　kon^{3}
焙　hwən^{1}
接　taːp^{7}
放（～牧）　laːŋ^{6}
摆　paːi^{3}
封　fɔŋ^{1}
翻　faːn^{1}
漏　lau^{6}
把（～尿）　sy^{5}
跟（～随）　njɛm^{1}
飘　fən^{3}
晒　ça^{5}
散　taːn^{5}
崩　paŋ^{1}
缠　køn^{3}
蜕　hon^{3}
下（崽）　lui^{6}
砸　phɔ^{5}
叮（蚊子～）　cət^{8}
用　jɔːŋ^{6}
闹（孩子～）　naːu^{6}

游　jeu^{2}
夹　kap^{7}
砸　ʔwɔp^{7}
照　tsjeu^{5}
剜　ʔwaːt^{7}
撑　tshɛŋ^{5}
按　kam^{6}
捧　khɣəp^{7}
冲（用水～）　phot^{7}
兜　kɔːŋ^{2}
钻（～孔）　tsui^{5}
拱（猪～土）　ŋ̥aːu^{5}
塞　tak^{7}
开（离～）　naŋ^{6}
挨　ŋaːi^{2}
挨（靠近）　swɔk^{7}
安　ŋaːn^{1}
熬（～粥）　wɔi^{1}
拔（～火罐）　tot^{7}
霸占　tsjem^{5}
摆（～动）　kən^{6}
搬（～家）　pon^{1}
拌（搅拌）　laːu^{1}
帮助　poŋ^{1}
绑　tɯt^{8}
包（打包）　pɔ^{1}
背　poi^{6}
逼　pik^{7}
编（～辫子）　taːn^{1}
编（　竹篮）　taːn^{1}

变 pjen^{5}
剥（皮） pøk^{7}
剥（开） mɛːk^{7}
补 pu^{3}
缺（少） chøt^{7}
缺（口） m̥aːŋ^{5}
裁（裁剪） tsaːi^{2}
操练 ljen^{6} tshaːu^{1}
查 tsa^{2}
尝（品尝） lu^{5}
抄 tshaːu^{1}
炒 tshaːu^{3}
车（～水） tshja^{1}
沉 tsəm^{2}
冲（向前～） tshɔŋ^{5}
舂 toi^{5}
抽（～出刀） tshau^{1}
出（～汗） uk^{7}
锄（～地） cok^{7}
穿（～衣服） tan^{3}
穿（～针） tshøn^{5}
吹（～喇叭） tshui^{1}
捶（～洗衣服） tshɔp^{7}
凑（拼凑） tshau^{1}
搓 nwa^{1}
搭（连接） taːp^{7}
搭（嫁接） ca^{5}
箍 khu^{5}
打（射击） pɛŋ^{5}
打（～人） kui^{5}
打扮 ta^{3} paːn^{6}
打倒 kui^{5} kham^{5}
打赌 ta^{3} tu^{3}
打仗 kui^{6} tsjaːŋ^{5}
带（照顾） çən^{3}
带（～路） tai^{5}
带（携带） tai^{5}
待 çet^{7}
戴（穿戴） tan^{3}
戴（领巾） tuk^{8}
弹 pɛŋ^{4}
当 taŋ^{1}
挡 taːŋ^{3}
倒 tɔk^{7} tiŋ^{5}
到 thəu^{5}
等 su^{3}
低 tsam^{3}
点 tjem^{3}
垫 tjem^{6}
叼 ŋam^{1}
吊 tjeu^{5}
钓 tjeu^{5}
跌倒 sɛk^{7} kham^{5}
叠 nap^{7}
钉 teŋ^{1}
动 nai^{1}
动身 nai^{1} lən^{1}
震动 lan^{6}
读 tɔk^{8}
堵 tak^{8}

赌　tu^{3}
渡　tu^{6}
断（～气）　tu^{5}
断（折～了）　tu^{5}
堆（～草垛）　tjep^{8}
对（对照）　toi^{5}
炖　tan^{1}
夺　tot^{8}
跺（～脚）　tim^{4}
发　faːt^{7}
发芽　faːt^{7} ŋa^{2}
罚款　faːt^{8} khon^{3}
翻　faːn^{1} lən^{1}
防　fɔːŋ^{6}
纺　mɛŋ^{1}
放（下）　tɔːŋ^{5}
放（牛）　laːŋ^{6}
放（入）　tɔ^{4}
飞　fən^{3}
分（～发）　thaːi^{1}
缝（～衣服）　tip^{7}
敷　thaːt^{7}
伏　pɔk^{8}
扶　fu^{2}
扶（靠）　paŋ^{6}
赶　nit^{8}
搁　tɔːŋ^{5}
割　kat^{7}
给　thaːi^{1}
钩　kau^{1}
刮　kwaːt^{8}
挂　kwa^{5}
关　kwaːn^{1}
灌　kon^{5}
跪　kui^{6}
滚　kwən^{3}
过　ta^{6}
还　waːn^{2}
喊　tin^{3}
焊　haːn^{6}
和（～泥）　hwən^{3}
烘（烘干）　hwən^{1}
哄　luk^{7}
划　wat^{8}
画　hwa^{5}
换　hon^{5}
回（家）　m̥a^{1}
回（转）　tsjøn^{5}
回去　paːi^{1} m̥a^{1}
挤（拥挤）　ŋap^{3}
挤（压）　ŋan^{3}
加　ca^{1}
酿酒　ŋaːu^{2} khjaːu^{3}
剪　kat^{7}
浇　lɔm^{2}
搅　laːu^{1}
揭　khai^{1}
盖　kəp^{8}
解（～开扣子）　tsɪ^{5}
借　ʔjum^{1}

进 lɔ³
敬 ceŋ⁵
揪 tswa¹
卷 køn³
掘 ʔwaːt⁷
开 khai¹
揩 ceu³
看见 nən¹
烤（烘烤） hwən¹
烤（取暖） phu¹
靠 paŋ⁶
磕 paːi⁵
刻 khau¹
啃 ŋ̊aːi⁵
抠 khau¹
跨 jaːp⁷
拉 kjak⁷
来 taŋ¹
拦 laːn²
粘 njɛm¹
烙 tjen¹
勒 lak⁸
离开 li² khai¹
量 hɔ¹
晾 laːŋ⁵
留 khjeu¹
流 thoi¹
搂 ŋəm³
落 pjɛ¹
买 lai³
眯 mi⁵
瞄 sjaːŋ⁴
抿 ȵam³
摸 lɔm⁶
磨（～刀） pan²
磨（～面） mwa⁶
拈 nip⁷
捏 nip⁷
沤（～肥） au⁵
爬 pwa²
拍 phɛːk⁷
排 phaːi⁶
刨 pɔ²
泡 təm⁵
陪（～客人） fɛ⁴ toi⁶
喷（从嘴里～水） phu¹
碰 phoŋ⁵
披 phi¹
劈 phwa⁵
漂 laːŋ⁴
泼 phot⁷
破 phwa⁵
铺 phu¹
骑 ci²
起来 lɔk⁷ taŋ¹
牵 chen¹
抢 thjaːŋ³
敲 khaːu¹
切 tsjep⁸
亲 tot⁷

取（~款）　tsy^{2}
去　paːi^{1}
劝　cøn^{5}
染　jam^{3}
绕　waːn^{3}
热（加热）　lo^{3}
洒　fiŋ^{5}
杀　l̥i^{3}
骗　jem^{1}
伤　sjaːŋ^{1}
烧（~茶）　taːu^{3}
烧（~山）　taːu^{3}
晒　ça^{5}
下雨　tɔk^{7} pən^{1}
打雷　kui^{5} loi^{2}
打闪　lək^{8} jaːp^{8}
刮（~风）　tshui^{1}
结冰　cet^{7}
扇（~风）　sjen^{5}
射　sja^{6}
伸　l̥ɔ^{3}
上　tsha^{5}
下　lui^{6}
上去　tsha^{5} paːi^{1}
下来　lui^{6} taŋ^{1}
进去　lɔ^{3} paːi^{1}
出来　uk^{7} taŋ^{1}
出去　uk^{7} paːi^{1}
回来　fan^{6} m̥a^{1}
起来　lɔk^{7} taŋ^{1}
生（~冻疮）　fən^{1}
收（~玉米）　su^{1}
收拾　su^{1} səp^{8}
数（~数目）　sɔ^{3}
漱　suk^{7}
甩（~手榴弹）　m̥aːt^{7}
闩（~门）　swaːn^{1}
睡着　nun^{2} nak^{7}
松土　sɔŋ^{1}
送　lun^{4}
搜　sau^{1}
锁　twa^{3}
塌　lɔp^{8}
踏　tap^{8}
淌　lø^{6}
躺　nun^{2}
掏　sau^{1}
淘　suk^{7}
套　thɔ^{5}
剃　the^{5}
填　tjen^{2}
停　teŋ^{2}
通　thɔŋ^{1}
偷　lak^{8}
涂　thaːt^{7}
退　thoi^{5}
吞　lan^{1}
拖　kjaːk^{7}
脱　thot^{7}
脱落　pjɛ^{1}

挖 ʔwaːt^{7}
煨 khəu^{3}
围 ui^{2}
问 saːi^{3}
握 u^{4}
抓住 tsai^{4} lai^{3}
捂 fɔŋ^{1}
熄 l̥ap^{7}
洗 suk^{7}
漂洗 laːŋ^{4}
吓唬 hak^{7} çən^{1}
掀 çøn^{1}
陷 lɔp^{8}
醒 lø^{1}
笑 ai^{5}
微笑 ȵam^{3} ai^{5}
修（维修） çaːu^{5}
修（建） fɛ^{4}
绣 thjeu^{1}
淹 təm^{5}
养 taːŋ^{4}
摇（用手） ŋwət^{8}
摇（头） ŋ̊wak^{7}
摇摇晃晃 thon^{3} thon^{3} thɛŋ^{5} ntheŋ^{5}
移 çi^{2}
栽 lam^{1}
攒 tsəp^{7}
糟蹋 tjen^{6}
凿 tsaːm^{6}
扎 tsham^{1}

轧 ŋaːt^{8}
炸 tsa^{4}
榨 tsa^{5}
摘 tsi^{5}
招 hwak^{7}
找 la^{4}
照 tsjeu^{5}
争 tsɛŋ^{1}
织 tam^{3}
指 ty^{3}
拄 tshøŋ^{5}
转 tsjøn^{5}
装 tsoŋ^{1}
捉 tsok^{7}
挖 ʔwaːt^{7}
灭 l̥ap^{7}
燃 fən^{1}
啄 tøŋ^{1}
扑 pɔk^{8}
钻 lon^{1}
驮 mwaːi^{5}
蛰 lœt^{7}
接 tjep^{7}
蹭 thɔ^{5}
倒 kham^{5}
熏 tshoŋ^{5}
呛 tshoŋ^{5}
扭 wət^{7}
嗑 tsaːn^{1}
吹 tshui^{1}

打嗝　ta^{3} ək^{7}
避　tsam^{2}
戒　kai^{5}
扠　tshaːp^{7}
抚摸　pi^{4}
甩　fit^{7}
消　sjet^{8}
叫（鸡叫）　can^{1}
出（生）　uk^{7}
（狗）叫　khəu^{5}
阉　ʔjem^{1}
喂　sa^{1}
杀　li^{3}
盖房子　kəp^{8} jen^{2}
沏　təm^{5}
煮（通说）　tuŋ^{1}
做饭　tuŋ^{1} hu^{3}
炒菜　tuŋ^{1} ma^{1}
煮（水煮）　saːp^{8}
煎　tjen^{1}
炸（油炸）　saːp^{8}
蒸　tsiŋ^{1}
揉　tshwaːi^{5}
擀　lai^{4}
吃　tsaːn^{1}
喝　hwɔp^{7}
抽　taːu^{3}
盛　hui^{3}
夹　njɛm^{1}
斟　saːi^{1}
渴　khaːt^{7}
饿　ʔjaːk^{7}
噎　ka^{2}
擤　saːn^{5}
出　uk^{7}
拉（肚子）　khɔ^{5}
传染　tsjøn^{2}
治　i^{1}
抹　thɔ^{5}
生　sɛŋ^{1}
孵　pəm^{1}
喂　ȵaːm^{4}
花　jɔːŋ^{6}
赚　tswaːn^{6}
挣　lai^{3}
欠　chem^{5}
称　tshiŋ^{5}
装　tsoŋ^{1}
疼　cit^{7} lɔːŋ^{2}
要　aːu^{1} maːi^{4}
有　mɛ^{2}
没有　ŋ^{5} mɛ^{2}
是　si^{6}
不是　ŋ^{5} si^{6}
在　ȵaːu^{6}
不在　ŋ^{5} ȵaːu^{6}
知道　wɔ^{4}
不知道　ŋ^{5} wɔ^{4}
懂　tɔːŋ^{3}

不懂 ŋ^{5} tɔːŋ^{3}

会 sɔk^{8}

不会 ŋ^{5} wɔ^{4}

认识 wɔ^{4} mɛ^{1}

不认识 ŋ^{5} wɔ^{4} mɛ^{1}

行 lai^{3}

不行 ŋ^{5} lai^{3}

肯 khaŋ^{3}

应该 in^{5} kai^{5}

二、抽象动作

想 tjaːŋ^{3}

打算 ta^{5} ton^{5}

记得 ci^{5} lai^{3}

忘记 fɛ^{4} laːm^{2}

怕 khjen^{5}

相信 tən^{5}

发愁 au^{1} chi^{5}

小心 tjeu^{3} təm^{1}

喜欢 tsɔŋ^{1} i^{5}

讨厌 tau^{1} jem^{5}

难受 naːn^{2} su^{6}

难过 naːn^{2} ta^{8}

高兴 aːŋ^{5}

生气 fat^{7} chi^{5}

责怪 kwaːi^{5}

后悔 hoi^{3}

忌妒 ŋaːn^{6} ȵet^{8}

害羞 waːi^{4}

丢脸 pət^{8} na^{3}

欺负 khjaːŋ^{1}

气 chi^{5}

该 eŋ^{5} kai^{1}

松 sɔŋ^{1}

想 tjaːŋ^{3}

要 aːu^{1}

传 tsjøn^{2}

爱 tsoŋ^{5} i^{5}

败 paːi^{6}

悲哀 au^{5} chi^{5}

进 pjeu^{1}

比 pi^{3}

馋 lau^{6} sau^{1}

催 tsui^{1}

代替 tai^{5}

耽误 u^{6}

当然 taŋ^{1} jen^{2}

得到 lai^{3}

懂 tɔːŋ^{3}

犯 fɔm^{6}

放 tɔːŋ^{5}

分 thaːi^{1}

分开 thaːi^{1} khai^{1}

改 caːi^{3}

怪 kwaːi^{5}

管 kon^{3}

恨 han^{5}

回忆 nəm^{3}

会（见） cen^{5}

会 wɔ^{4}

减　kaːn^{3}

禁止　ŋ^{5} tsən^{3}

救　ciu^{5}

开　khai^{1}

开始　khai^{5} si^{3}

赖　laːi^{6}

理睬　li^{4}

练　ljen^{6}

蒙　taːŋ^{3}

明白　mɛŋ^{8} pɛk^{8}

能　wɔ^{4}

弄　kaːu^{3}

派　phaːi^{4}

拼　phiŋ^{3}

请　theŋ^{3}

求　ciu^{2}

让　ȵaŋ^{6}

认　sən^{6}

认得　wɔ^{4} lai^{3}

赏　tsjaːŋ^{3}

舍　sja^{3}

剩　siŋ^{6}

试试　si^{5}

算　ton^{5}

缩　sɔk^{7}

讨饭　saːi^{3} hu^{3}

挑拨　tshɔk^{7} fi^{1}

听见　hai^{5}

托　tai^{5}

望　muŋ^{6}

希望　muŋ^{6}

信　tən^{5}

要　haːi^{3}

隐瞒　mwaːn^{2}

迎接　tjep^{7}

赢　jeŋ^{2}

遇见　tuk^{7} phoŋ^{5}

约　ɩeŋ^{6}

允许　tsən^{3}

长　tsjaːŋ^{3}

值得　te^{3} lai^{3}

住　ȵaːu^{6}

准备　tsyn^{3} pi^{4}

做　fɛ^{4}

反悔　faːn^{1} hoi^{3}

敢　kwɔm^{3}

三、言语动作

说　caːŋ^{3}

聊天儿　ljeu^{6} thjen^{1}

称赞　tshɛŋ^{1}

澄清　caːŋ^{3} thin^{1} thu^{3}

答应　tap^{7} iŋ^{5}

告状　kɔ^{5} sjaːŋ^{6}

哼　ʔjaːŋ^{1}

吼　hau^{2}

唤　tin^{3}

唠叨　ɩsɔŋ^{6} ŋœ^{4}

回声　ləp^{8} paːk^{8}

嚷　hau^{2}

叫　tin^{3}
吆喝　hau^{2}
哭　ŋ̥ɛ^{3}
骂　l̥a^{5}
吵架　tsjɛŋ^{1} ca^{5}
骗　phjen^{5}
哄　luk^{7}
撒谎　tsoŋ^{1} kwak^{8}
吹牛　tshja^{3} ta^{6} phɔ^{5}
开玩笑　khai^{1} lɔŋ^{0} ai^{5}
告诉　caːŋ^{3}
谢谢　tɔ^{1} siŋ^{2}
对不起　toi^{5} ŋ^{5} tsø^{6}

形容词

大　lo^{4}
小　niŋ^{5}
粗　thɔ^{1}
细　te^{5}
长　ʔjɛ^{3}
短　lən^{3}
宽　khwaːŋ^{3}
宽敞　khwaːŋ^{3} laŋ^{6} laŋ^{6}
窄　caːp^{7}
高　foŋ^{1}
低　lam^{5}
高　foŋ^{1}
矮　lam^{5}
远　ce^{1}
近　phəi^{5}
深　jam^{1}
浅　min^{5}
清　lu^{1}
浑　ŋam^{1}
圆　kwaːn^{6}
扁　pjen^{3}
方　foŋ^{1}
尖　khja^{1}
平　peŋ^{2}
肥　pi^{2}
胖　pi^{2}
瘦　jəm^{1}
黑　nam^{1}
白　paːk^{2} kwa^{3}
红　l̥aːn^{3}
黄　ŋaːn^{3}
蓝　kha^{1}
绿　çiu^{1}
紫　nam^{2}
灰　hoi^{1}
多　kuŋ^{2}
少　sjeu^{3}
重　çan^{1}
轻　ça^{2}
直　lɔ^{3}
陡　tau^{3}
弯　waːn^{3}
歪　fje^{1}

厚　n̥a^{1}

薄　m̥aːn^{1}

稠　cat^{8}

稀（清透）　lu^{1}

密　n̥a^{1}

稀（稀薄）　m̥aːn^{1}

亮　caŋ^{1}

黑　l̥ap^{7}

热　ȵet^{8}

暖和　lo^{3}

凉　çim^{5}

冷　ȵit^{7}

热　lai^{5}

干　khu^{1}

湿　ʔjak^{7}

干净　sjaːu^{5}

脏　ȵin^{4}

快　jɛ^{6}

钝　təp^{8}

快　hui^{5}

慢　maːn^{6}

早　tham^{1}

晚　tsi^{2}

松　sɔŋ^{1}

紧　can^{1}

容易　jɔŋ^{6} i^{6}

难　naːn^{2}

新　mai^{5}

旧　kɔ^{5}

老　ce^{5}

年轻　njɛn^{2} thiŋ^{1}

软　ma^{3}

硬　kja^{3}

烂　jɔːŋ^{2}

糊　chyt^{7}

结实　tsaːp^{7} sət^{8}

破　laːn^{6}

富　faːt^{7} ɬai^{3}

穷　cɔŋ^{2}

闲　haːn^{6} khɔŋ^{5}

累　loi^{6}

疼　cit^{7}

痒　ȵin^{3}

热闹　ȵɔːŋ^{4}

熟悉　sɔk^{8} si^{2}

陌生　sɛŋ^{1} sɔ^{6}

味道　mi^{6} tɔ^{6}

气味　chi^{5} tɔ^{6}

咸　naːŋ^{5}

淡　taːm^{6}

酸　thəm^{3}

甜　fjɛn^{1}

苦　kam^{1}

辣　ljɛn^{6}

鲜　təm^{1} tjen^{1}

香　l̥aːŋ^{1}

臭　ȵin^{1}

馊　səu^{1}

腥　ɬiŋ^{1}

好　i^{1}

坏 hwaːi^{5}
差 tsha^{1}
对 toi^{5}
错 thaːt^{7}
漂亮 caŋ^{6}
丑 tshu^{3}
勤快 can^{2}
懒 laːn^{4}
乖 kwaːi^{1}
顽皮 tjeu^{6} pi^{2}
老实 lɔ^{6} sət^{8}
傻 ŋɔk^{8}
笨 pan^{6}
大方 sja^{3} lai^{3}
小气 mjaːu^{5} pi^{5}
秃 lɔ^{5}
凹 məp^{7}
凸 eŋ^{3}
美 i^{1}
漂亮 caŋ^{3}
正 tseŋ^{5}
反 faːn^{3}
偏 phjen^{1}
斜 thja^{5}
横 hœŋ^{1}
壮 jɔŋ^{6}
强 caŋ^{2}
弱 njak^{8}
黏 nu^{1}
僵 kja^{3}

冻 kak^{7}
烫 laːi^{5}
胀 tsjaːŋ^{5}
涩 kot^{7}
生 sɛŋ^{1}
生（生疏） sɛŋ^{1} sɔ^{1}
夹生 kap^{7} sɛŋ^{1}
熟 sɔk^{8}
老 ce^{5}
肥 pi^{2}
瘦 jəm^{1}
干 khu^{1}
干枯 khɔ^{3}
蔫 tiu^{3}
粗糙（不细致） thɔ^{1}
粗糙（不光滑） ŋ̥aːp^{7}
粗 thɔ^{1}
细 te^{5}
稀 çi^{1}
密 n̥a^{1}
土（布） ja^{1}（jen^{2}）
新鲜 təm^{1} tjen^{1}
活 sɛŋ^{1}
精神 sən^{6} chi^{5}
麻 mɔ^{4}
木 mɔ^{4}
松 ma^{3}
暗 l̥ap^{3}
明亮 caŋ^{1}
清楚 thin^{1} thu^{3}

模糊　muŋ^{3} tuŋ^{3}
花　hwa^{1}
嫩　he^{3}
饥饿　lɔːŋ^{2} ʔjaːk^{7}
饱　taŋ^{5}
脆　çim^{1}
浓　nɔŋ^{5}
淡　taːm^{6}
臊　jɛ^{6}
膻　sɔ^{1}
够　kau^{5}
破　khai^{1}
霉　mɔi^{2}
糟　jam^{2}
腐朽　jam^{2}
困　nɛ^{5}
空　mai^{6}
空手　mai^{6}
空心　khø^{5}
糠心儿　phu^{5}
满　tik^{7}
闷　ʔjem^{5}
绵　mjɛn^{2}
齐　te^{2}
乱（不整齐）　lon^{6}
乱（脏乱）　ȵin^{3}
顺　ɵɔn^{6}
滑　kɔ^{1}
慌　moŋ^{2}
真　tsən^{1}
假　ca^{3}
输　sø^{1}
褶　ȵau^{5}
醉　mɛ^{2}
合　hwɔp^{7}
好吃　i^{1} tsaːn^{1}
好看　i^{1} kau^{5}
好听　i^{1} theŋ^{5}
好闻　i^{1} n̥u^{5}
难吃　naːn^{2} tsaːn^{1}
难看　naːn^{2} kau^{5}
难听　naːn^{2} theŋ^{5}
难闻　naːn^{2} n̥u^{5}
灵验　liŋ^{2}
响　kuŋ^{3}
安静　mak^{8}
平安　peŋ^{2} aːn^{1}
太平　thaːi^{5} peŋ^{2}
幸福　i^{1} ȵaːu^{6}
像　thjaːŋ^{5}
成　fən^{1}
尽　ljeu^{3}
紧急　kaːn^{3} cəp^{7}
可怜　kho^{3} ljen^{2}
可怕　khjen^{5}
可惜　kho^{3} sik^{7}
亲热　i^{1}
忍耐　ȵan^{3}
痛苦　kam^{1}
痛快　aːŋ^{5}

危险 çeu¹
辛苦 tən⁵ khu³
快 hui⁵
胡乱地 lon⁶ taŋ¹
持续地 ci⁴ sy⁶
随便地 tui⁸ pjen⁶
蠢 tshən³
聪明 thɔŋ¹ mɛːŋ²
恶 aːk⁷
和气 i¹ caːŋ³
狠毒 tɔk⁸
糊涂 muŋ³ tuŋ³
机灵 liŋ²
急 cəp⁷
狡猾 kɔ¹ waːt⁸
贪心 thaːn¹ təm¹
客气 fɛ⁴ khɛːk⁷
罗嗦 nən⁶ tsən⁶
细心 ȵaːu⁶ təm¹
能干 nən⁶ kaːn⁵
勇敢 kwɔm³
公正 kɔŋ¹ tɔ⁶
节俭 khan⁵ tjen²
努力 jɔŋ⁶ ceŋ⁵
巧 nən⁶ kaːn⁵
淘气 tɔ⁶ chi⁵
有名 uk⁷ mɛŋ²
古怪 ku³ kwaːi⁵
直爽 i¹ caːŋ³
犟 tshən³

数量词

一 naːu³
二 ja²
三 taːm¹
四 ti⁵
五 ŋɔ⁴
六 lɔk⁸
七 thət⁷
八 paːk⁷
九 ciu³
十 səp⁸
十一 səp⁸ ʔjət⁷
十二 səp⁸ ȵi⁶
十三 səp⁸ taːm¹
十四 səp⁸ ti⁵
十五 səp⁸ ŋɔ⁴
十六 səp⁸ lɔk⁸
十七 səp⁸ thət⁷
十八 səp⁸ paːt⁷
十九 səp⁸ ciu³
二十 ȵi⁶ səp⁸
三十 ta¹ səp⁸
四十 ti⁵ səp⁸
五十 ŋɔ⁴ səp⁸
六十 lɔk⁸ səp⁸
七十 thət⁷ səp⁸
八十 paːt⁷ səp⁸

九十　ciu^{3} səp^{8}

一百　ŋ̥aːu^{3} pɛːk^{7}

一千　ŋ̥aːu^{3} thjen^{1}

一万　ŋ̥aːu^{3} waːn^{6}

一百零五　ŋ̥aːu^{3} pɛːk^{7} lɛŋ^{2} ŋɔ^{4}

一百五十　ŋ̥aːu^{3} pɛːk^{7} lɛŋ^{2} ŋɔ^{4} səp^{8}

千　thjen^{1}

万　waːn^{6}

亿　i^{4}

零　lɛŋ^{2}

一百零一　naːu^{3} pɛk^{7} lɛŋ^{2} naːu^{3}

三千零五十　taːm^{1} thjen^{1} lɛŋ^{2} ŋɔ^{1} səp^{8}

第一　ti^{6} ʔjət^{7}

第二　ti^{6} ŋ̥i^{6}

第三　ti^{6} taːm^{1}

第十　ti^{6} səp^{8}

第十一　ti^{6} səp^{8} ʔjət^{7}

甲　cap^{7}

乙　je^{6}

丙　peŋ^{3}

丁　teŋ^{1}

庚　kan^{1}

癸　khwəi^{4}

以上　i^{3} tɕha^{5}

以下　i^{3} lui^{6}

末尾　sat^{7} phjɛ^{1}

单　taːn^{1}

双　søn^{1}

大半　mwaːŋ^{6} lo^{4}

二两　ja^{2} ljaːŋ^{3}

几个　ci^{3} lak^{7}

俩　ja^{2}

仨　taːm^{1}

个把　lak^{7} pa^{3}

半斤　pon^{5} can^{1}

量　词

个　at^{7}

位　mu^{6}

只　tɔ^{2}

把　ŋ̥am^{1}

包　pɔ^{1}

称　tshiŋ^{5}

串　kɔŋ^{6}

代　tai^{6}

担　taːp^{7}

滴　tɛːk^{7}

点　tjem^{3}

蔸　tɔŋ^{6}

段　pət^{7}

堆　toi^{1}

对　loi^{5}

封　fɔk^{7}

根　tjeu^{2}

行　ljɛt^{8}

盒　hwɔp^{8}

间　twa^{6}

件 mai⁶
丈 tsjaːŋ⁴
尺 tshek⁷
寸 thən⁵
分 fən¹
庹 phaːi³
拃 kaːp⁸
里 li⁴
斤 can¹
两 ljaːŋ³
钱 tjen²
亩 məu³
分 fən¹
句 cø⁵
张 tsjaːŋ¹
片 fa⁵
块（田地） tsik⁷
块（石头） kɔk⁸
面 tsjaːŋ¹
年 mɛ¹
岁 mɛ¹
天 fan¹
夜 mu²
批 phe¹
群 toi⁶
筒 sin¹
斗 tau³
石 sik⁸
桶 thɔːŋ³
碗 won³
瓶 peŋ²
个个 lak⁷ lak⁷
天天 fan¹ fan¹
滩 thaːn¹ təm¹
本 pən³
层 taŋ²
成 teŋ²
盏 tsaːn³
泡 poŋ³
样 jaːŋ⁶
遍 phjen⁵
回 m̥aːt⁷
次 m̥aːt⁷
脚 tin¹
口 ŋam¹
个 lak⁷
匹 tɔ²
头 tɔ²
只 tɔ²
条 tɔ²
条 tɔ²
张 tsjaːŋ¹
床 mwa¹
领 tsjaːŋ¹
双 tsau⁶
把（刀） tsjaːŋ¹
把（钥匙） fu⁵
根 tjeu²
支 tjeu²
副 fu⁵

面　khwaːi^{5}
块　at^{7}
辆　ca^{5}
座（房子）　twa^{6}
座（桥）　tu^{6}
条　tjeu^{2}
棵　tɔŋ^{6}
朵　to^{3}
颗　kho^{3}
粒　kho^{3}
顿　tən^{5}
剂　fɔk^{7}
股　ku^{3}
行　ljɛt^{8}
块　khwaːi^{5}
毛　kok^{7}
件　jaːŋ^{6}
点儿　tɛːk^{7}
些　niŋ^{5}
下　m̥aːt^{7}
会儿　tshət^{7}
顿　tən^{5}
阵　caːu^{5}
趟　m̥aːt^{7}

代　词

我　he^{2}
你　ȵa^{2}
您　ȵa^{2}
他　mɔ^{6}
我们　niu^{2}
咱们　laːu^{1}
你们　saːu^{1}
他们　hwa^{1} ka^{6}
大家　tɔŋ^{6} te^{2}
自己　ti^{6} ca^{1}
别人　çən^{1}
我俩　laːu^{1}
你俩　saːu^{1} ja^{2} mɔ^{6}
他俩　mɔ^{6} ja^{2} mɔ^{6}
它　tɔŋ^{6} ka^{6}
这　niŋ^{5} naːi^{6}
这边　mjen^{6} naːi^{6}
这些　niŋ^{5} khwa^{5} naːi^{6}
那　niŋ^{5} ka^{6}
那（很远）　mjen^{6} ce^{1} ka^{6}
那边　mjen^{6} ka^{6}
那些　niŋ^{5} ka^{6}
我爸　pu^{4} niu^{1}
你爸　pu^{4} ȵa^{2}
他爸　pu^{4} mɔ^{6}
这个　at^{7} naːi^{6}
那个　ɑt^{7} kɑ^{6}
哪个　at^{7} n̥au^{1}
谁　nau^{2}
这里　ni^{5}
那里　nɪŋ^{5} ka^{6}
哪里　khə^{5} n̥au^{1}

这样　ŋ^{5} na:i^{6}

那样　i^{5} na:i^{6}

怎样　i^{5} n̥au^{1}

这么　ŋ^{5} na:i^{6}

怎么　i^{5} n̥au^{1}

什么　a^{5} na:ŋ^{2}

为什么　i^{5} n̥au^{1} jaŋ^{6}

干什么　fɛ^{4} a^{5} na:ŋ^{2}

多少　ci^{5} ta^{1}

副　词

很　hən^{3}

极　tha:i^{5}

非常　thə^{6} pe^{6}

全　tøn^{2}

太　tha:i^{5}

更　na:ŋ^{1}

最　tsəi^{4}

都　tu^{5}

一共　na:u^{3} chi^{3}

一起　na:u^{3} chi^{3}

只　tsi^{3}

刚（正好）　tseŋ^{5}

刚（刚才）　ha:p^{7}

才　ha:p^{7}

就　tu^{6}

经常　cin^{5} tsha:ŋ^{6}

常常　teŋ^{5} teŋ^{5}

又　jəu^{6}

还　na:ŋ^{1}

再　tsai^{5}

也　ja^{6}

反正　fan^{3} tsən^{4}

没有　ŋ^{5}

不　ŋ^{5}

别　jəu^{5}

甭　jəu^{5}

快　ha:i^{3}

一……就……　tu^{6}

一定　ʔjət^{7} teŋ^{6}

已经　tshət^{7}　na:i^{6}

越……越……　jøt^{6}……jøt^{6}……

差点儿　tsha^{1} niŋ^{5}

大概　tai^{6} kha:i^{5}

到底　tɔ^{5} te^{3}

的确　kho^{6} si^{6}

宁可　ȵøn^{6}

故意　tɔk^{8}　ti^{6}

好像　ha:u^{3} thja:ŋ^{5}

忽然　təm^{1} jøn^{5}

轮流　lan^{2}

马上　ma^{4} sja:ŋ^{6}

慢慢　ma:n^{6} ma:n^{6}

赶快　ka:n^{3} hui^{5}

随便　tui^{6} pjen^{6}

亲自　thən^{1} ti^{6}

白　pɛ:k^{8}

光　ta:n^{1}

还　ŋ̥aŋ^{1}

真　tsən^{1}

先　kun^{5}

肯定　khən^{3} teŋ^{6}

可能　ʔjeu^{1} thai^{3}

一边　naːu^{3} mjen^{6}

介词、连词

和　wən^{4}

对　toi^{5}

往　toi^{5}

向　hwən^{3}

按　tsjeu^{5}

替　the^{5}

如果　y^{6} ko^{3}

不管　ŋ^{5} kon^{3}

或者　hwɔp^{7} si^{6}

把　pa^{3}

被　ŋaːi^{2}

比　pi^{3}

不但……而且……　ŋ^{5} taːn^{6}……ə^{6} tshe^{3}……

朝　çaŋ^{5}

从……到……　tshuŋ^{6}……thəu^{5}……

隔　kɛːk^{7}

给　lɔ^{6}

同　hwən^{3}

为了　ui^{6}

向　çaŋ^{5}

沿　njɛm^{1}

因为……所以……　in^{5} ui^{6}……（无）……

在　ŋ̥aːu^{6}

趁　tshɛŋ^{1}

归　kui^{1}

由　jeu^{2}

第三节　长篇话语

一、民间故事

1. ku3 pwa2mɛ1熊婆的故事
　故事婆　熊

lo4 pan1 , mɛ2 lak7 ni4 lo4 , mɔ6 mɛ2 ja2 at7 laːk8 te5 . fan1 ka6 mɔ6 tjaːŋ3 paːi1 m̥a1
大 班辈　有　个 妈 大　她 有　两 个　小孩　天 那 她　想　去 回
ŋwaːi6 . mɔ6 tu6 caːŋ3 : " nuŋ4 a6 , he2 paːi1 m̥a1 ŋwaːi6 le6 , saːu6 naŋ1 niŋ5 , saːu6
外婆　她 就　讲　孩子 啊　我　去　回 外婆　呢　你们 还　小　你们
kwaːn1 tɔ1 i1 tɔ6 , tə6 pjen6 nau2 taŋ1 tin3 tɔ1 saːu6 jəu5 khai1 o5 . tsi3 si6 jen2 u1 pwa1 taŋ1
关　门 好来　随便　谁 来　叫 门 你们 别　开　哦　只 是 家 上 婆　来
saːu1 tu6 khai1 ." mɔ6 i6 naːi6 caːu5 tai6 la6. fan1 kə6 tu6 paːi6.
你们 就　开　她 这么　交代　了 天 那 就　去

paːi6 tu6 tɔ2 pwa2 mɛ1 kə6 ȵaːu6 u1 tɔŋ6 mai4 kə6 hai6 . lak7 ni4 kə6 i1 naːi6 caːu5 tai6
去 就 只　婆　熊 那　在　上 棵　树　那 听见　个 妈　那　这么　交代
ti6 laːk8 te5 ka6 . tɔ6 pwa6 mɛ1 kə6 mu2 kə6 tu6 tsyn3 pi4 taŋ1 tsaːn1 ti6 lɔk8 te5 ka6 . thəu6 l̥ap7
(前缀)小孩　那　只　婆熊　那 夜 那 就　准备　来　吃 (前缀)小孩 那　到　暗
lə6 pə1 . mɔ6 tu6 lui6 taŋ6 tin3 tɔ1 phɛːk1 tɔ1 . mɔ6 caːŋ3 : " nuŋ4 o6 , khai6 tɔ1 o6 . " mɔ6
了 了　她 就 下　来 叫 门　拍　门　她　讲　孩子 啊　开　门 哦　她
caːŋ3 : " ȵa2 si6 nau2 ? " " he2 si6 pwa2 jen2 u1 o1 . " mɔ6 caːŋ3 : " ni4 niu2 caːu5 tai5
讲　你 是　谁　我 是　婆　家 上 哦　她　讲　妈 我们　交代
tu6 pjen6 nau2 taŋ1 mən1 jəu5 khai1 tɔ1 , mɔ6 caːŋ3 pwa1 jen2 u1 taŋ1 kai6 tɔ1 . " mɔ6
随便　谁　来　都　别　开　门　她　讲　婆　家 上来就 开　门　她
caːŋ3 : " si6 a5 , he2 si6 pwa2 jen2 u1 . " mɔ6 caːŋ3 : " ȵa2 si6 pwa2 jen2 u1 ma6 ? " mɔ6 tu6 caːŋ3 : " ka6
讲　是啊　我 是 婆　家上　她　讲　你 是 婆 家 上 吗　她 就 讲　那

ȵa^{2} lœ^{1} nja^{2} toi^{5} luŋ^{1} lu^{2} kə^{6} thaːi^{1} niu^{2} kau^{5} . ” tɔ^{2} pwa^{2} mɛ^{1} ka^{6} tu^{6} lœ^{1} at^{7} nja^{2} kə^{6} lɔ^{3}
你 伸 手 从 洞炉子 那 给 我们 看 只 婆 熊 那 就 伸 个 手 那 进

paːi^{1} . at^{7} pwa^{2} mɛ^{1} ka^{6} tu^{6} kau^{5} , tsən^{1} tshɔp^{7} tshɔp^{7} ti^{5} . mɔ^{6} caːŋ^{3} : “ ȵa^{2} ŋ^{5} tsjaːk^{8}
去 个 婆 熊 那 就 看 毛 (后置音节) 的 她 讲 你 不 是

pwa^{2} jen^{2} u^{1} o^{1} . ” mɔ^{6} caːŋ^{3} : “ pwa^{2} jen^{2} u^{1} ti^{5} nja^{2} koŋ^{1} koŋ^{1} ti^{5} , ȵa^{2} ti^{5} nja^{2} mɛ^{2}
婆 家 上 哦 她 讲 婆 家 上 的 手 光滑光滑的 你 的 手 有

tsən^{1} . ” tɔ^{2} pwa^{2} mɛ^{1} kə^{6} caːŋ 3 : “ luk^{7} ŋ^{5} lai^{3} . ” pa^{6} mɔ^{6} jeu^{6} naŋ^{6} . naŋ^{6} tsha^{5} u^{1} tɔŋ^{6}
毛 只 婆 熊 那 讲 骗 不 得 罢 她 又 离开 离开 上 上 棵

mai^{4} paːi^{1} . mɔ^{6} tu^{6} aːu^{1} kəi^{5} nɔk^{8} taŋ^{1} khaːu^{1} , taŋ^{1} thaːk^{7} at^{7} nja^{2} kə^{6} . ə^{6} tsən^{1} kə^{6}
树 去 她 就 要 蛋 鸟 来 敲 来 涂抹 个 手 那 一会 那

tu^{6} koŋ^{1} ljeu^{6} . mɔ^{6} caːŋ^{3} ; “ nuŋ^{4} a^{6} , khai^{1} tɔ^{6} lo^{6} , he^{2} si^{6} pwa^{2} jen^{2} u^{1} lo^{1} . ” mɔ^{6}
就 光滑 了 她 讲 孩子 啊 开 门 哦 我 是 婆 家 上 哦 他

caːŋ^{3} : “ ȵa^{2} pwa^{2} jen^{2} u^{1} , lœ^{5} nja^{2} taŋ^{1} thaːi^{1} he^{2} kau^{5} . ” mɔ^{6} tu^{6} mwa^{3} , koŋ^{1} koŋ^{1}
讲 你 婆 家 上 递 手 来 给 我 看 她 就 摸 光滑光滑

ti^{5} , si^{6} a^{5} . pa^{6} , mɔ^{6} jəu^{6} mwa^{3} , mɔ^{6} caːŋ^{3} : “ ŋ^{5} tsjaːk^{8} o^{6} , pwa^{1} jen^{2} u^{1} ti^{5} nja^{2} koŋ^{1}
的 是 啊 罢 她 又 摸 她 讲 不 是 哦 婆 家 上 的 手 光滑

si^{6} koŋ^{1} , mɔ^{6} at^{7} nja^{2} pon^{2} naːi^{6} mɛ^{2} kho^{3} tsi^{5} . ȵa^{2} ŋ^{5} mɛ^{2} . ” pwa^{2} mɛ^{1} kə^{6} jəu^{4}
是 光滑 她 个 手 盘 这 有 颗 痣 你 没 有 婆 熊 那 又

naŋ^{6} . naŋ^{6} mɔ^{6} nuk^{7} kə^{6} paːi^{1} le^{6} . mɔ^{6} tu^{6} aːu^{1} nə^{3} kho^{7} cɛ^{3} tən^{2} taŋ^{1} nwa^{1} , nwa^{1} mɔ^{6}
离开 离开 她 外面 那 去 了 她 就 要 一 颗 屎牛 来 揉搓 揉搓 她

tu^{6} nap^{7} tɔ^{4} u^{1} naːi^{6} tɔ^{6} . pa^{6} mɔ^{6} jəu^{4} paːi^{1} tin^{3} : “ nuŋ^{4} a^{6} , khai^{1} tɔ^{1} o^{1} , pwa^{1} jen^{2} u^{1}
就 夹 放 上 这 着 罢 她 又 去 叫 孩子 啊 开 门 哦 婆 家 上

taŋ^{1} o^{1} . ” mɔ^{6} caːŋ^{3} : “ si^{6} mə^{6} , ka^{6} ȵa^{2} lœ^{5} nja^{2} taŋ^{1} mwa^{3} kau^{5} . ” mɔ^{6} mwa^{3} jəu^{6}
来 哦 她 讲 是 吗 那 你 递 手 来 摸 看 她 摸 又

koŋ^{1} jəu^{6} mɛ^{2} tsi^{5}. mɔ^{6} tu^{6} khai^{6} tɔ^{1} thaːi^{1} mɔ^{6} lɔ^{3} taŋ^{1}.
光滑 又 有 痣 她 就 开 门 给 她 进 来

tshət^{7} ka^{6} tu^{6} məi^{6} jəu^{6} təŋ^{5} ti^{5} . khai^{1} tɔ^{1} thaːi^{1} mɔ^{6} lɔ^{3} taŋ^{1} . tai^{1} ljeu^{6} , at^{7} tsɛ^{2} kə^{6}
时 那 燃 煤油灯 的 开 门 给 她 进 来 死 了 个 姐 那

wɔ^{1} , at^{7} nuŋ^{1} kə^{6} ŋ^{5} wɔ^{1} . ko^{3} ȵin^{3} ȵɔːŋ^{5} , fja$^{1?}$ jɛ^{3} lɔi$^{?}$. lən$^{?}$ khɔːŋ^{3} tət^{7} phət^{7}
知道 个 弟弟 那 不 知道 头 凌乱 发长 (后置音节) 后 屁股 尾巴 扫

nɔːŋ5 nɔːŋ5 ti5 . tu6 khjɛːn5 lə6 pə6 . naŋ6 ŋ5 lai3 lə6 pə6 . mɔ6 lɔ3 taŋ1 pjeu6 . mɔ6 tu6 tin3

(后置音节) 的 就 怕 了了 离开不得了了 她进来 了 她 就 叫

mɔ6 : “ pwa2 , ka6 ȵa6 taŋ1 , tui6 lə6 pe6 . ” mɔ6 aːu1 tsjaːŋ6 taŋ5 taŋ1 a6 . pwa2 mɛ1 lən2

她 婆 那你来 坐了呗 她要 张 凳来啊 婆熊后

khɔːŋ1 si6 mɛ2 tət7 ti5 . tui6 lui6 si6 ȵaːp7 cit7 a5 . “ pwa1 tui6 ŋ5 lai3 taŋ5 , pwa2 khɔːŋ3

屁股 是有尾巴的 坐下是 夹 疼啊 婆 坐不得凳 婆 屁股

fən6 tiŋ1 . ” “ ka6 tui6 i1 naːŋ2 ? ” mɔ6 caːŋ3 : “ he2 tjaːŋ3 tui6 tsaːu5 ci1 . ” ci1 ə6 tsaːu5

成 疮 那坐什么 她 讲 我 想 坐 篓 鸡 鸡 那篓

kə6 ŋ5 chyn3 nə2 luŋ1 mə6 . lœ5 at7 tət7 kə6 paːi1 phət7 nɔːŋ5 nɔːŋ5 ti5 . at7 nuŋ4 kə6 ŋɔ1 ,

那不破洞 一 洞 吗 伸个尾巴那去 扫 (后置音节) 的 个 弟 那 憨

at7 nuŋ4 kə6 ŋ5 wɔ4 , at7 tsɛ2 kə6 wɔ4 la6 . at7 tsɛ2 kə6 mɛ2 səp8 ci3 mɛ1 la3 , tɔŋ3 lai3

个弟 那不知道 个姐 那知道了 个 姐那 有 十 几 岁了 懂 得

khjɛːn5 la3 . phu6 naːi6 mɔ6 tu6 caːŋ3 : “ pwa2 , tu6 fi1 taŋ1 khɔ6 ? ” pwa2 kə6 caːŋ3 : “ ŋ5

怕 了 回 这 她就 讲 婆 点火 灯 吗 婆 那 讲 不

tu6 , pwa1 l̥a1 cit7 . ” tu6 fi6 taŋ1 tu6 nən1 a5 , nən5 si6 pwa2 mɛ1 a5 . mɔ6 tu6 ŋ5 lɔ6 mɔ6

点 婆眼 疼 点 火灯 就 见 啊 见 是 婆 熊 啊 她 就不给她

nən1 . mɔ6 tu6 caːŋ3 mə6 : “ pwa2 l̥a1 cit7 , ȵa2 jəu6 tu6 . ” ŋ5 tu6 fi6 taŋ5 , mɔ6 caːŋ3 :

见 她就 讲 了 婆眼疼 你别点 不点火灯 她 讲

“ ka6 tu6 i1 n̥au1 fɛ4 ? ” mɔ6 caːŋ3 : “ pwa2 ȵa2 tsaːn1 paŋ1 ? ” mɔ6 caːŋ3 : “ he2 tsaːn1

那就怎么 做 她 讲 婆你 吃 了吗 她 讲 我 吃

pjeu6 . ” mɔ6 tsyn3 pi4 mu6 naːi6 tsaːn1 ja2 tse6 nuŋ4 naːi6 . mɔ6 caːŋ3 mɔ6 tsaːn6 pjeu6 . pa6

了 她 准备夜 这 吃 两 姐弟 这 她 讲 她 吃 了 罢

mɔ6 tu6 caːŋ3 : “ ka6 tu6 suk7 tin1 nun2 , suk7 lən2 nun2 . ” pa6 tu6 tɔ4 pən2 tin6 kə6

她 就 讲 那 就 洗 脚 睡 洗 身 睡 罢 就 放 盆 脚 那

taŋ1 , hui3 nə6 pən2 nəm4 taŋ1 . tɔ2 pwa2 mɛ1 kə6 tu6 uk7 tsy3 i5 . mɔ6 caːŋ3 le5 : “ saːu1

来 舀 一盆 水 来 只婆 熊那就出 主意 她 讲 呢 你们

ja2 tse6 nuŋ4 , nau2 thjeu5 lai3 ta6 pən2 tin1 tu6 lai3 wən3 pwa2 tsoŋ6 ko3 , thjeu5 ŋ5 ta6 tu6

两 姐弟 谁 跳 得过盆 脚就得 和 婆 共 头 跳 不过就

nun2 ko3 tin1 . ” at7 tsɛ2 kə6 wɔ4 si6 pwa2 mɛ1 . tɔk7 ti6 thjeu5 ȵaːu6 ta5 pən2 tin1 , “ pə6

谁头脚 个姐 那知道是 婆 熊 故意 跳 在 中 盆 脚 扑

lɔm^{4}" thjeu^{5} ŋ^{5} ta^{6}. "tsɛ^{2} pən^{6} a^{6}", at^{7} nuŋ^{4} kə^{6} ŋ^{5} wɔ^{4}, nə^{3} maːt^{7} thjeu^{5} ta^{6} paːi^{1}.
通 跳不过 姐 笨啊 个 弟那不知道 一 次 跳 过去

"o^{3}, nuŋ^{4} lai^{3} wən^{3} pwa^{2} tsoŋ^{6} ko^{3} lo^{1}, mu^{2} naːi^{6}."
哦 弟 得 和 婆 共 头 了 夜 这

mu^{2} kə^{6} nun^{2} lə^{6} pə^{1}, thəu^{5} mwaːŋ^{6} mu^{2} mɔ^{6} tu^{6} khit^{7} at^{7} nuŋ^{4} kə^{6} tsaːn^{1}
夜 那 睡 了 了 到 半 夜 她 就 啃 个 弟 那 吃

pəi^{1}. tsaːn^{1} mɔ^{6} tu^{6} si^{6} tshja^{3} ə^{6} taːi^{3} kə^{6} taŋ^{1} ŋ^{5} tsaːn^{1}. at^{7} tsɛ^{2} kə^{6} tɔ^{4} tin^{1} thaːt^{7},
去 吃 她 就 是 扯 些 肠子那 来 不 吃 个 姐 那 用 脚 触碰

m̥jet^{7} m̥jjet^{7} ti^{5}, mɛ^{2} ti^{6} tjeu^{2} ti^{6} tjeu^{2} kə^{6}, mɔ^{6} caːŋ^{3}: "pwa^{2} a^{6}, i^{1} n̥au^{1} poŋ^{5}
湿 湿 的 有(前缀) 条(前缀) 条那 她 讲 婆 啊 怎么 碰

i^{1} nəi$^{6?}$jak^{7}?"
这么 湿

"o^{2}, nuŋ^{4} uk^{7} njaːu^{5} tɔ^{4} pho^{5}," mɔ^{6} caːŋ^{3}.
哦 弟 屙 尿 放 床 她 讲

"ka^{6} ti^{6} tjeu^{2} naːi^{6} si^{6} nə^{3}naːŋ^{2}?"
那(前缀) 条 这 是 什么

"a^{2}, nuŋ^{4} ti^{5} tœk^{7} kwən^{2}." pa^{6} mɔ^{6} tu^{6} tsaːn^{1} ljeu^{4} mɔ^{6} tu^{6} ȵaːi^{3} nja^{2} laːk^{8}
啊 弟 的带子背带 罢 她 就 吃 完 她 就 嚼 手 指

lə^{6} pə^{1}. kuŋ^{3} tit^{7} tuk^{7}.
了 了 响 滴嘟

"pwa^{2}, ȵa^{2} ȵaːi^{3} naːŋ^{2} i^{1}naːi^{6} kuŋ^{3}?"
婆 你 嚼 什么 这么 响

"o^{2}, pon^{1} he^{2} phət^{7} kun^{5} tɔ^{5}, tsəp^{7} lai^{3} ja^{2} kho^{3} ȵi^{6} mɛ^{4}, tsəp^{7} lai^{3} ja^{2} kho^{3}
噢 刚才我 扫 前灶 捡 得两 颗 玉米 捡 得两 颗

tau^{6}ŋaːn^{3}."
黄豆

"tsaːn^{1} ljeu^{4} taŋ^{2}?"
吃 完了没

"ck^{7} c^{6}, nuŋ^{4} a^{6}, ȵa^{2} tseŋ^{5} saːi^{3} tseŋ^{5} ljeu^{5}." pa^{6} mɔ^{6} ljaːm^{6} ljeu^{4} at^{7} ko^{3} kə^{6},
哎呀 妹啊 你 正 问 正 完 罢 她 舔 完个头那

tsaːn^{1} at^{7} ko^{3} kə^{6} . tsaːn^{1} ljeu^{4} sin^{6} at^{7} ko^{3} khaːk^{7} kə^{6} , pət^{8} lui^{6} te^{3} pho^{5} pəi^{1} , kuŋ^{3}
吃 个 头 那 吃 完 剩 个 头 壳 那 丢 下 底 床 去 响
pɔŋ^{2}lɔːŋ^{2}. "pwa^{2}, si^{6} ə^{3}naːŋ^{2} kuŋ^{3}?"
扑通 婆 是 什么 响

mɔ^{6} caːŋ^{3}: "o^{2}, si^{6} nuŋ^{4} ti^{5} ko^{3} mut^{7} pjɛ^{1}."
她 讲 哦 是 弟 的 头 枕 掉

pa^{6} at^{7} tsɛ^{2} kə^{6} wɔ^{4} lə^{6} pə^{6} , tsaːn^{1} nuŋ^{4} ljeu^{4} tsin^{3} pi^{4} tsaːn^{1} mɔ^{6} . mɔ^{6} tu^{6} jɔŋ^{1}
罢 个 姐 那 知道了 了 吃 弟 完 准备 吃 她 她 就 用
tsy^{3}i^{5}, i^{1}n̥au^{1} thaːŋ^{5} lai^{3} thot^{7}. mɔ^{6} caːŋ^{3} a^{5}ː "pwa^{2}, he^{2} lɔːŋ^{2} kit^{7} o^{1}."
主意 怎么 跑 得 脱 她 讲 啊 婆 我 肚子 疼 哦

"ə^{6} naŋ^{1} fɛ^{4}?"
怎么 做

"he^{2} kho^{3} nən^{6} si^{6} khɔ^{5}lɔːŋ^{2}, tjaːŋ^{3} uk^{7} cɛ^{3} o^{1}."
我 可能 是 拉 肚 想 屙屎 哦

mɔ^{6} caːŋ^{3}: "uk^{7} cɛ^{3} tu^{6} ȵaːu^{6} kak^{7} tɔ^{1} kə^{6} uk^{7}!"
她 讲 屙 屎 就 在 角落 门 那 屙

mɔ^{6} caːŋ^{3}: "ŋ^{5} lai^{3}, kak^{7} tɔ^{1} kə^{6} uk^{7}, ljeu^{4} mu^{2} naːi^{6} ȵin^{1} ȵin^{1} ti^{5}."
她 讲 不 得 角落 门 那 屙 完 夜 这 臭 臭 的

mɔ^{6} caːŋ^{3}: "ka^{6} tu^{6} paːi^{1} uk^{7} kə^{6} tin^{5} lɔk^{8} ci^{1} uk^{7}."
她 讲 那 就 去 外 那 边 笼 鸡 屙

"ŋ^{5} lai^{3}, tin^{5} lɔk^{8} ci^{1} uk^{7}, ci^{1} wɔ^{4} tœŋ^{1} khɔːŋ^{3} ti^{5}."
不 得 边 笼 鸡 屙 鸡 知道 啄 屁股 的

mɔ^{6} caːŋ^{3}: "paːi^{1} paːk^{7} laːn^{2} tən^{2} uk^{7}."
她 讲 去 口 栏 牛 屙

mɔ^{6} caːŋ^{3}: "ŋ^{5} lai^{3}, tən^{2} wɔ^{4} tshaːu^{5} khɔːŋ^{3} ti^{5}."
她 讲 不 得 牛 知道 拱 屁股 的

mɔ^{6} caːŋ^{3}: "ka^{6} ȵa^{2} caːŋ^{3} kə^{5} n̥au^{1} paːi^{1} uk^{7}."
她 讲 那 你 讲 哪里 去 屙

mɔ^{6} caːŋ^{3}: "he^{2} tjaːŋ^{3} tsha^{5} lau^{2} paːi^{1} uk^{7}."
她 讲 我 想 上 楼 去 屙

mɔ6 caːŋ3 tsha5 lau2 , pwa2 tu6 lɔ6 tsha5 lau2 lak7 . tsha5 paːi1 mɔ6 tu6 tɔ4 khwaːi5
她 讲 上 楼　婆 就 给 上 楼 啦　上 去 她 就 用 块

pjen3 taŋ1 fɔŋ1 khak7 kə6 . pwa2 mɛ1 tsha5 ŋ5 lai3 lə6 pə5 . tsha5 ŋ5 lai3 mɔ6 u1 ka6 tu6
板子 来 封 地方 那　婆 熊 上 不得 了了　上 不得 她 上 那 就

cən1 at7 taːŋ6 kə6 taŋ1 kwən3 hu2 hu2 hu2 . kuŋ3 kə6 lin2 kə6 lɔːŋ2 ti5 . mɔ6 tu6 saːi3 :
拿 个 缸 那 来 滚 呼呼呼 响 轰轰隆隆 的 她 就 问

" nuŋ4 a6 , u1 kə6 fɛ4 naːŋ2 ? kuŋ3 çin4 çin4 hɔŋ4 hɔŋ4 ? " mɔ6 caːŋ3 : " ŋ5 tsjaːk8 he2
妹 啊 上 那 做 什么 响 轰轰隆隆 她 讲 不 是 我

fɛ4 naːŋ2 o1 , mən1 tjaːŋ3 tɔk7 pən1 , lək8 pwa1 tin3 o1 . lək7 pwa1 tin3 ljeu4 aːu1 m̥jaːk7
做 什么 哦 天 想 下 雨　雷 山 叫 哦 雷 山 叫 完 要 劈

çən1 o1. "
人 哦

mɔ6 caːŋ3 : " i1 maːŋ2 fɛ4 ? "
她 讲 怎么 做

mɔ6 caːŋ3 : " pwa2 , ȵa2 khjɛːn5 khɔ6 ? "
她 讲 婆 你 怕 吗

mɔ6 caːŋ3 : " khjɛːn5 le6. "
她 讲 怕 呢

" khjɛːn5 ma6 ? niu2 kak7 tɔ1 kak7 ka6 mɛ2 nat7 kui6 , ȵa2 lɔ3 paːi1 tsaːm2. "
怕 啊 我们 角落 门 角落 那 有 一个 柜子 你 进 去 藏

tɔ2 pwa2 mɛ1 tu6 lɔ2 paːi1 tsaːm2.
只 婆 熊 就 进 去 藏

" pwa2 ȵa2 tsaːm2 i1 taŋ2 ? "
婆 你 藏 好了没

mɔ6 caːŋ3 : " i1 ljeu6. "
她 讲 好 了

mɔ6 caːŋ3 : " jəu5 uk7 taŋ1 o4 , uk7 taŋ1 lək7 pwa1 m̥jaːk7 o4. "
她 讲 别 出 来 哦 出 来 雷 山 劈 哦

lai3 lak7 , at7 nuŋ4 tu6 lui6 taŋ1 . at7 kui6 tɔ2 pwa2 mɛ1 paːi1 tsaːm2 lak7 , tsaːm2
得 了 个 姐 就 下 来 个 柜子 只 婆 熊 去 藏 了 藏

mɔ6 tu6 pon1 kɔk8 tui2 u1 kə6 tap8 . tshɛːŋ5 , tap8 çan1 , tɔ2 pwa2 mɛ1 kə6 uk7 ŋ5 lai3
她 就 搬 块 石头 上 那 压 顶 压 重 只 婆 熊 那 出 不得

lə6 pə5 . mɔ6 ho3 kə6 hau2 , mɔ6 tsaːn1 lɔk8 tɛ5 kə6 mɔ6 hai5 khat7 , mɔ6 caːŋ3 :
了 了 她 里 那 嚎 她 吃 小孩 那 她 觉得 渴 她 讲

" nuŋ4 a6 , he2 hai5 khat7 o1 . " khat7 , mɔ6 tjaːŋ3 tsaːn1 nəm4 , ȵa2 pi6 sy5 aːu1 khai1
妹 啊 我 觉得 渴 哦 渴 她 想 吃 水 你 必须 要 开

lɔ6 mɔ6 uk7 taŋ1 tsaːn1 . at7 nuŋ4 kə6 nəm1 , ŋ5 lai3 , khai1 taŋ1 mɔ6 tu6 ŋaːi2 tsaːn1 .
给 她 出 来 吃 个 姐 那 想 不得 开 来 她 就 挨 吃

mɔ6 caːŋ3 : " ka6 , ŋ5 naːi6 fɛ4 lai3 khɔ6 ? ŋ5 lɔ6 lək7 pwa1 mjaːk7 ȵa2 , he2 toi5 u1 naːi6
她 讲 那 这么 做 得 吗 不 给 雷 山 劈 你 我 对 上 这

lau1 nə3 luŋ1 . he2 thɔ3 nəm4 ȵa2 tsaːn1 lai3 khɔ6 ? " mɔ6 caːŋ3 : " lai3 ja5 . " lau1 nə3
凿 一 洞 我 倒 水 你 吃 得 吗 她 讲 得 啊 凿 一

luŋ1 mɛ2 i1 naːi6 lo4 lak7 . pa6 mɔ6 tu6 hui3 niŋ5 nəm4 çim5 çim5 ti5 lɔ6 mɔ6 tsaːn1 .
洞 有 这么 大 了 罢 她 就 舀 些 水 凉 凉 的 给 她 吃

" pwa2 , i1 tsaːn1 khɔ6 ? " " i1 ja5 . " lai3 lak7 , lai3 lo3 mɔ6 ti5 təm1 , mɔ6 ŋ5 nai1
婆 好 吃 吗 好呀 得 了 得 骗 她 的 心 她 不 动

lak7 . pa6 mɔ6 paːi1 taːu3 nə3 tiŋ5 kwa1 ti5 nəm4 laːi5 kwən3 kwən3 taŋ1 , phu5 naːi6
了 罢 她 去 烧 一 鼎锅 的 水 烫 滚 滚 来 回 这

mɔ6 tɔ4 thoŋ3 tsoŋ1 taŋ1 . mɔ6 caːŋ3 : " nuŋ4 a6 , he2 khat7 o1 . " mɔ6 caːŋ3 :
她 用 桶 装 来 她 讲 妹 啊 我 渴 啊 她 讲

" khat7 ma6 , khat7 tu6 khai1 paːk7 taŋ1 tjep7 . " mɔ6 thɔ3 lɔ3 paːi1 , tin3 tsja3 tsja3
渴 吗 渴 就 开 嘴 来 接 她 倒 进 嘴 叫 喳 喳

paːi1. laːi5 tai1 tɔ2 pwa2 mɛ1 kə6 paːi1. 1
去 烫 死 只 婆 熊 那 去

laːi5 tɔ2 pwa2 mɛ kə6 tai1 pə5 , ni4 mɔ6 nə3 taŋ2 ma1 ti5 , mɔ6 paːi1 ci3 fan1
烫 只 婆 熊 那 死 了 妈 她 还 未 回 的 她 去 几 天

hai5 ma1 , at7 tsɛ2 kə6 laːi5 tɔ2 pwa2 mɛ1 khjɛːn6 ljeu6 , mən1 caŋ1 ljeu6 . pa6 ja6 ŋ5 uk7
才 回 个 姐 那 烫 只 婆 熊 怕 了 天 亮 了 罢 也 不 出

paːi1 . ta6 lai3 ja2 taːm1 fan1 , ni4 kə6 nə1 taŋ2 ma1 . pa6 tu6 mɛ2 ja2 lak7 pu3 ko5 lɔ3 maːn3
去 过 得 两 三 天 妈 那 还未回 罢 就 有 两 个 补锅 进 村

lak^{7} . lɔ^{3} maːn^{3} jəu^{4} lɔ^{3} jen^{2} mɔ^{6} ȵaːu^{6} . mɔ^{6} caːŋ^{3} : " nuŋ^{4} , he^{2} mu^{2} naːi^{6} taːp^{7} na^{2}

了　进 村　又 进 家 她　住　他 说　妹　我 夜 这 搭 你

ȵaːu^{6} nə^{3} mu^{2} ȵaːu^{6} lai^{3} khə^{6}?" mɔ^{6} caːŋ^{3}: "ŋ^{5} lai^{3}, he^{2} naːu^{3} mu^{6} ȵaːu^{6} jen^{2}, ni^{4}

住 一 夜 住 得 吗　她 讲　不得 我 一 个 在 家 妈

niu^{2} ŋ^{5} ȵaːu^{6} jen^{2} . niu^{2} lən^{2} tɔ^{1} mɛ^{2} nə^{3} kui^{6} cəm^{1} ȵan^{2} , khjɛːn^{5} saːu^{1} lak^{8} . " mɔ^{6}

我们不 在 家 我们 后 门 有 一 柜 金 银　怕 你们 偷　他

caːŋ^{3} : " niu^{2} ŋ^{5} lak^{8} moi^{1} , nuŋ^{4} ŋa^{6} , ȵa^{2} tɔːŋ^{5} təm^{1} . " pa^{6} , mɔ^{6} caːŋ^{3} : " lai^{3} la^{1} ,

讲　我们 不 偷 的了 妹 呀 你 放 心　罢 她 讲　得 了

saːu^{1} ŋ^{5} lak^{8} tu^{6} lai^{3} la^{1} . " pa^{6} lɔ^{3} taŋ^{1} tuŋ^{1} chɛ^{1} mɔ^{6} tsaːn^{1}. tsaːn^{1} pa^{6} ja^{2} lak^{7} pu^{3} ko^{5}

你们 不 偷 就 得 了　罢 进 来 煮 给 他 吃 吃 罢 两 个 补 锅

kə^{6} i^{6} chi^{3} təm^{1} hwaːi^{5} lə^{6} pə^{6} . tsyn^{3} pi^{4} pa^{3} mɔ^{6} at^{7} kui^{6} cəm^{1} ȵan^{2} kɔ^{6} tyn^{1} naŋ^{6} . pa^{6}

那 一 起 心 坏 了 了　准备 把 她 个 柜 金 银 那 抬 走 罢

at^{7} nuŋ^{4} kə^{6} si^{6} wɔ^{4} mɔ^{6} tyn^{1} a^{5} . tɔk^{8} ti^{6} ŋ^{5} wɔ^{4} , si^{6} tyn^{1} tɔ^{2} pwa^{2} mɛ^{1} kə^{6} naŋ^{2} ti^{5} .

个 小孩 那 是 知道 他 抬 的　故意 不 知道 是 抬 只 婆 熊 那 走 的

ja^{2} lak^{7} kə^{6} tsaːp^{7} kaːŋ^{1} tyn^{1} uk^{7} paːi^{1} , tyn^{1} thəu^{5} mwaːŋ^{1} khwən^{1} lə^{1} pə^{5} , ka^{6}

两 个 那　使劲 抬 出 去　抬 到 半　路　了 了　那

at^{7} luŋ^{1} kə^{6} ŋ^{5} si^{6} mɛ^{2} a^{6} chi^{5} kə^{6} tshoŋ^{5} tsha^{5} taŋ^{1} , mɔ^{6} tu^{6} caːŋ^{3} : " mɔ^{6} chi^{4} ja^{6} ,

个 洞　那不是有那气 那　冲　上 来　他 就 讲　不 是 呀

i^{1}naŋ^{2} i^{1}naːi^{6} ȵin^{1}?" mɔ^{6} caːŋ^{3}: "ȵin^{1} ma^{6}?" mɔ^{6} caːŋ^{3}: "ho^{3} kui^{6} naːi^{6} ȵin^{1} ə^{1}."①

怎么 这么 臭　他 讲　臭 吗　他 讲　里 柜 这　臭 啊

" ho^{3} kui^{6} ȵin^{1} ? cəm^{1} ȵan^{2} i^{1} nau^{1} ȵin^{1} ? ȵin^{1} ŋ^{5} khjɛːn^{5} . " " tshiu^{4} a^{1} . " " məi^{4} pa^{4}

里 柜 臭　金 银 怎么 臭 臭 不 怕　臭 啊　没 怕

tshiu^{4}, tshiu^{4} tən^{3} ça^{4} je^{3} jaːu^{4} phin^{1}fən^{5}. "② ha^{1}, tin^{3} fɛ^{4} fən^{1} thaːi^{1} a^{5}. pa^{6} tyn^{1}

臭　臭 等 下 也 要　平 分　啊 叫 做 分 丌 啊 罢 抬

thəu^{3} te^{3} pwa^{1} paːi^{1} kau^{5} , tai^{1} jə^{1} , peŋ^{1} si^{6} thø^{1} ljeu^{4} , tɔ^{2} pwa^{2} mɛ^{1} tai^{1} ho^{3} ka^{6} .

到 底 山 去 看　死 了　都 是 蛆 完　只 婆 熊 死 里 那

---

① 土拐话。这说明两个贼并不是土生的仫佬族，而是生活在仫佬族杂居地区，会说一定的仫佬语。陈述人在表达其说话的时候，直接陈述他们的部分语言。

② 桂柳话。

tu⁶ si⁶ i¹naːi¹, lai³ mɔ⁶ tyn¹ uk⁷ pai¹.
就 是 这样 得 他 抬 出 去

ljeu⁴ ljeu¹.
完 了

译文:

从前，有一个妈妈，养有两个小孩儿。有一天，妈妈就想去外婆家。妈妈就说:“孩子们，我去外婆家呢，你们还小，你们就在家里（待着），关好门，无论是谁来叫门都不要开门哦。只能是隔壁的奶奶来，你们就开门。”这么交代了之后，她就去（外婆家）了。她走了。

她交代孩子的时候，却让树上的一只熊婆听到了。熊婆就准备当晚就去吃掉这家的姐弟俩。到了晚上，熊婆从树上下来去敲门:“开门啊，孩子们。”

“你是谁?”姐弟俩问。

“我是隔壁的奶奶呀!”熊婆回答。

“我们的妈妈交代说无论是谁来敲门都不要开门。她说是隔壁的奶奶来就可以开门。”

“是呀！我是隔壁的奶奶呀!”

“你是隔壁的奶奶?那你从门洞把你的手伸进来给我们看?”

熊婆就把手伸了进去。姐弟俩一看熊婆的手，一双毛茸茸的手，就说:“你不是隔壁的奶奶。隔壁奶奶的手是光滑的，你的手是毛茸茸的。”熊婆骗不到姐弟俩，就转身走了。她去一棵树上掏了几个鸟蛋敲开，把鸟蛋涂抹在手上，手上就滑溜溜的了。熊婆又回去（敲门）: “孩子们啊，开门哦，我是隔壁的奶奶呀。”

“你是隔壁的奶奶，把手伸进来让我看。”姐弟俩摸了摸伸进来的手，滑溜溜的。然后，他们又摸了摸，说道:“不是，隔壁奶奶的手光滑倒是光滑，（但是）她手背有一颗痣，你没有。”熊婆听到这么说，（觉得骗不了姐弟了）于是又走开了。

熊婆走开后就去外面拿来牛屎，把牛屎搓成一粒，把这粒（牛屎）粘在手上。然后，她又去叫门:“孩子们，开门啦，隔壁奶奶来了。”

“是吗?那你伸手进来让我们摸摸?”姐弟俩摸到伸进来的手又光滑又有痣。

他们就开门给熊婆进到家里。

那时候是点煤油灯的。开门让熊婆进来之后，一看，完了，姐姐明白了（这不是奶奶），弟弟却不知道。熊婆一头乱糟糟的头发，姐姐也害怕了，但又走不了，熊婆已经进到家里了。姐姐就说道："奶奶，那你来了，那就坐吧。"姐姐就拿来一张凳子。熊婆身后是有尾巴的呀，坐下去是要挤痛的，就说道："奶奶坐不了凳子，奶奶屁股上长有疮。"

"那坐什么呢？"

"我想坐在鸡窝上。"鸡窝是有一个洞的，能把自己的尾巴伸出去摆来摆去。

弟弟不知道（是熊婆进到家里了），姐姐却是知道的。那个姐姐有十几岁了呀，知道害怕。然后，她就说："奶奶，点灯吗？"熊婆说："不要点，奶奶眼睛疼。"（因为）点灯的话可以看见，会看见她是熊婆。她就不让点灯，就说："奶奶眼睛疼，你别点灯。"

不让点灯，姐姐就又说道："那就怎么办呢？奶奶你吃饭了吗？"

"我吃了。"熊婆说。她准备晚上吃这姐弟俩呀，她才说她吃过了。然后她就说道："那就洗脚睡觉，洗澡睡觉吧。"然后就用洗脚的盆来盛水，熊婆就有了主意（晚上怎么吃掉这姐弟俩）。

她说："你们两姐弟谁能跳过洗脚盆，今天晚上就可以和奶奶睡床头，如果跳不过就（自己）睡床尾。"

那个姐姐知道这是熊婆，就故意跳在洗脚盆的中间，"扑通"跳不过去。

"姐姐真笨啊，"弟弟不知道（危险），一下就跳过去了。

"哦！弟弟今天晚上可以和奶奶一起睡床头了。"

那天晚上，睡到半夜，熊婆就吃那个弟弟了。吃的时候，她就把那些不吃的肠子扯掉。那个姐姐用脚探过去，湿漉漉的，一条一条的。她就问："奶奶啊，怎么碰到这些湿哒哒的呢？"

"哦，是弟弟尿尿在床上了。"

"那这一条一条的是什么？"

"是弟弟背带上的带子。"然后，熊婆就开始嚼弟弟的手指吃，发出滴滴嘟嘟的声音。

"奶奶，你嚼什么东西这么响呀？"

"哦，刚才我打扫厨房捡到了两颗玉米，又捡到两颗黄豆（现在吃呢）。"

“吃完了吗？”

“哎呀，妹啊，刚吃完你就问。”然后，熊婆就吃舔那个头，吃了之后就剩一颗头壳，一把（把头壳）扔下床，“扑通”一声。

“奶奶，是什么响呀？”

“哦，是弟弟的枕头掉了，”熊婆说。

那个姐姐知道吃完弟弟就要吃她了。她就想办法怎么逃脱。她说：“奶奶，我肚子疼哦。”

“怎么办呢？”

“我可能是拉肚子，想去拉屎呢。”

熊婆讲：“拉屎就在门背拉就好了。”

姐姐说：“不可以，拉在门背后，今晚会臭臭的。”

“那就去外面鸡笼旁边拉吧？”

“不行啊，鸡笼旁边拉屎，鸡会啄屁股的。”

“去牛栏里拉吧？”

“不行的，牛会拱屁股的。”

“那你说去哪里拉？”

“我想到楼上去拉。”

她想上楼去拉屎，熊婆就给她上楼去了。一上到楼上她就用一块板子把那里给封堵住。熊婆就上不来了。这样，那个姐姐就拿着一个缸在楼上滚，呼呼啦啦，轰轰隆隆。熊婆就问：“妹啊，你在上面做什么呀？轰轰隆隆地响。”

“不是我做什么哦，天要下雨了，雷公打雷呢，一会儿雷公还要劈人哦。”

“那怎么办？”熊婆问。

“奶奶，你怕吗？”

“怕呀，”熊婆答。

“怕啊，我们门背有一个柜子，你可以钻进去藏起来。”

那只熊婆就进去藏了起来。

“奶奶，你藏好了吗？”

熊婆说：“藏好了。”

那个姐姐说：“别出来哦。出来了，雷公会劈你的哦。”

好了，那姐姐就（从楼上）下来。她就搬了块大石头把那个藏着熊婆的柜子给压住，顶死。那只熊婆就出不来了，她在里边嚎叫，（因为）她吃了那个弟弟觉得口渴了，她叫：“阿妹啊，我觉得口渴哦。”熊婆想喝水，就必须要让她出来喝呀。那个姐姐想：不行，要是打开柜子，熊婆出来就会吃掉自己。她说：“那这样好吗？不要让雷公劈了你，我在柜子上凿一个洞。我（从洞里）倒水给你喝，好吗？”

“行啊。”熊婆说。于是，那个姐姐就挖了一个洞，然后，她就舀来一些凉凉的水给熊婆喝：“奶奶，好喝吗？”

“好呀。”熊婆回答。好了，这下骗住了熊婆，让她安静了下来。然后，她就去烧了一大锅滚烫的水，还用桶装了过来。

熊婆又说：“阿妹啊，我口渴了啊。”

“渴吗？渴就开嘴巴来接（水）。”那个姐姐就把（滚烫的）水倒进熊婆的嘴巴里，熊婆（被烫得）哇哇大叫，（一会儿）就被烫死了。

熊婆被烫死了，但妈妈还没回来，妈妈要在外婆家好几天。那个姐姐烫死了熊婆，自己也害怕了，天亮了也不敢出去。过了两三天，妈妈也还没回来。然后，有两个补锅匠来到村子里。一进村又来到她家里。补锅匠说：“阿妹，我们今晚在你家借住一晚，可以吗？”她说：“不行，我一个人在家，我妈妈不在家。我们家的门背后有一柜子的金子和银子，怕你们偷走。”补锅匠说：“我们不偷的，妹妹啊，你放心好了。”然后，那个姐姐又说：“好吧，你们不偷就可以。”他们进来后，就煮东西给他们吃。吃过后两个补锅匠就一块儿起了坏心眼，准备把她家的那个装着金银的柜子抬走。那姐姐心里是知道他们抬柜子的，但故意装着不知道，实际他们是抬走那只熊婆。

两个补锅匠使劲把柜子抬走，抬到半路，柜子上的洞把柜子里的气味散出来。一个补锅匠就说：“不对呀，怎么这么臭？”另一个说：“臭吗？”

“柜子里臭啊。”

“柜子里臭？金子和银子怎么会臭？臭也不怕，等下也要平分。”

然后，两个人把柜子抬到山地，打开一看，里边是一只死了都长蛆的熊婆。

这个故事就是这样了，结束了。

2. tshin^{4} laːi^{4} ə^{4}覃二赖①

覃 赖二

laːi^{4} təm^{1} kaːi^{5} təm^{1} si^{6} fəi^{5} tshaːŋ^{6} hwaːi^{5} ti^{5} , fan^{1} fan^{1} kɔ^{5} paːi^{1} lak^{8} çən^{1} ti^{5}
赖 心 贼 心 是 非常 坏 的 天天 总 去 偷 人 的

ti^{6} jaːŋ^{6} tsaːn^{1} . in^{5} woi^{6} mɔ^{6} ho^{3} maːn^{1} mɛ^{2} nə^{3} lak^{7} uk^{7} kə^{6} taŋ^{5} kon^{1} . lo^{6} seŋ^{2} mə^{6} si^{6}
东西 吃 因为 他 里 村 有 一 个 外 那 当 官 罗城 嘛 是

ȵaːu^{6} khə^{5} n̥au^{1} taŋ^{5} kon^{1} . taŋ^{1} ljeu^{6} , mɔ^{6} tu^{6} caːŋ^{3} , mɔ^{6} le^{6} si^{6} tsəi^{4} tsɔŋ^{1} i^{5} lak^{8}
在 哪 哪里 当 官 来 了 他 就 讲 他 呢 是 最 喜欢 偷

çən^{1} ti^{6} jaːŋ^{6} . tshət^{7} tshət^{7} ŋaːi^{6} tsɔk^{7} , lak^{7} kon^{1} kə^{6} tu^{6} caːŋ^{3} lə^{6} pə^{6} : " laːi^{4} təm^{1}
人 东西 时 时 挨 捉 个 官 那 就 讲 了了 赖 心

kaːi^{5} , he^{2} jəu^{6} hwən^{1} ȵa^{2} tsoŋ^{6} maːn^{1} , fan^{1} fan^{1} taŋ^{1} tsɔk^{7} , fan^{1} fan^{1} laːŋ^{6} ȵa^{2} . he^{2}
贼 我 又 和 你 共 村 天 天 来 捉 天 天 放 你 我

tsən^{1} si^{6} ŋ^{5} mɛ^{2} na^{3} ci^{3} ta^{1} . " pa^{6} , thəu^{5} lən^{2} mɔ^{6} tu^{6} caːŋ^{3} : " ta^{4} laːu^{3} je^{6} a^{6} tsəu^{4} tə^{6}
真 是没 有 脸 几大 罢 到 后 他 就 讲 大老爷 啊 做 得

tshi^{5}. "② mɔ^{6} caːŋ^{3} : " ŋ^{5} tən^{5} , mu^{2} naːi^{6} ȵa^{2} hwən^{1} he^{2} paːi^{1}. " pa^{6} tɔk^{7} lən^{2} ljeu^{6} ,
吃 他 讲 不信 夜 这 你 和 我 去 罢 往 后 了

mɔ^{6} tu^{6} tjaːŋ^{3} nat^{7} pan^{6} fɔm^{1} lə^{6} pə^{6}. haːi^{3} thəu^{5} tə^{6} njɛn^{2} çən^{1} jen^{2} jen^{2} li^{3} nə^{3} tɔ^{2} m̥ju^{5}
他 就 想 一个 办 法 了 了 快要 到 过年 人 家 家 杀 一 只 猪

ja^{5} , ta^{6} tə^{6} njən^{2} a^{5} . mɔ^{6} paːi$^{1?}$ waːt^{7} luŋ^{1} lɔ^{3} paːi^{1} , lɔ^{3} paːi^{1} mɔ$^{6?}$ waːt^{7} lai^{3} at^{7} luŋ^{1} ,
呀 过 过年 啊 他 去 挖 洞 进 去 进去 他 挖 得个 洞

niŋ^{5} kə^{6} tseŋ^{5} si^{6} thɔŋ^{1} kun^{5} tɔ^{5} . niŋ^{5} kə^{6} , mjen^{6} ka^{6} mɛ^{2} nə^{3} pɛːŋ^{2} hoi^{1} , mɔ^{6}
些 那 正 是 通 前 灶 些 那 面 那 有 一 堆 灰 他

paːi$^{1?}$ waːt^{7} luŋ^{1} lɔ^{3} paːi^{1} . ho^{3} kə^{6} tu^{6} tjem^{1} lap^{7} lak^{7} . caːŋ^{3} lɔŋ^{6} tsaːn^{1} . mɔ^{6} saːi^{3} lak^{7}
去 挖 洞 进 去 里 那 就 点 蜡烛 啦 讲 偷 吃 他 问 个

kon^{1} kə^{6} : " ȵa^{2} kau^{5} , ta^{4} pa^{3} sik^{8} , tə^{6} pjen^{6} ȵa^{2} tsɔŋ^{5} i^{5} tsaːn^{1} jaːŋ^{6} n̥au^{1} , mɔ^{6}
官 那 你 看 大 把 肉 随便 你 喜欢 吃 样 哪 他

① 桂柳话发音读的人名。又名：tshin^{4} pu^{6} cen^{4}或 laːi^{4} təm^{1} kaːi^{5}。

② 桂柳话。讲述者模仿老百姓和官员说话时的正式感而使用较官方的语言。

hap^{7} hap^{7} li^{3} m̥ju^{5} . ” ho^{3} kə^{6} tu^{6} tøn^{3} , tə^{6} pjen^{6} i^{1} n̥au^{1} tøn^{3} , tøn^{3} lak^{7} , mu^{6} kə^{6} ja^{2}
刚刚 杀 猪 里那就选 随便 怎么选 选啦 夜那两
lak^{7} tsaːn^{1} , mu^{6} kə^{6} ja^{6} mu^{6} tu^{6} fan^{6} ma^{1} lak^{7} . mu^{6} ti^{6} ȵi^{6} , mɔ^{6} jəu^{4} paːi^{1} la^{4} lak^{7} kon^{1}
个 吃 夜那两个就返回啦 夜 第二 他 又 去找个 官
kə^{6}. “mu^{6} naːi^{6} jəu^{4} paːi^{1} lə^{6} pə^{6} ,” mɔ^{6} caːŋ^{3}. lak^{7} kon^{1} kə^{6} caːŋ^{3} : “ŋ^{5} paːi^{1} lə^{6} pə^{6} ,
那 夜这又去了了 他讲 个 官那讲 不去 了了
mu^{6} ȵiu^{1} hap^{7} paːi^{1} mu^{6} naːi^{6} jəu^{4} paːi ? ” mɔ^{6} caːŋ^{3} : “ ŋ^{5} kon^{3} ci^{3} . ” pa^{6} , mu^{6} kə^{6} jəu^{4}
夜 昨 刚 去 夜 这 又 去 他讲 不管几 罢 夜 那又在
paːi^{1}, paːi^{1} lak^{7} ka^{6} jəu^{4} tseŋ^{5} tseŋ^{5} ŋaːu^{2} khjaːu^{3} pa^{6} a^{5}. jəu^{4} tɔːŋ^{5} khjaːu^{3} ȵaːu^{6} niŋ^{5}
去 去了那 又 正 正 酿 酒 罢啊又 放 就 在 些
kə^{6} . pa^{6} mu^{2} ka^{6} lɔ^{3} paːi^{1} , ja^{2} lak^{7} tu^{6} caːŋ^{3} : “ m̥aːt^{7} naːi^{6} ȵa^{2} kau^{5} , mu^{6} ȵiu^{1} taŋ^{1}
那 罢夜那进去 两个就讲 次 这你看 夜 昨 来
taŋ^{2} ŋaːu^{2} khjaːu, mu^{6} naːi^{6} taŋ^{1} jəu^{4} ŋaːu^{2} khjaːu^{3} lai^{3} tɔːŋ^{5} ni^{5} naːi^{6}, mu^{6} naːi^{6} lai^{3}
未 酿 酒 夜 这 来 又 酿 酒 得 放 这里 夜 这 得
ci^{4} su^{6} tshaːu^{3} , tu^{6} pjen^{6} ȵa^{2} tsaːn^{1} nə^{3} naːŋ^{2} . ” ho^{3} kə^{6} mɔ^{6} tu^{6} tshaːu^{3} , tshaːu^{3}
继续 炒 随便 你 吃 什么 里那 他 就 炒 炒
tsaːn^{1} lak^{7}, tsaːn^{1} thəu^{5} nə^{3}mawːŋ^{6} ja^{2} lak^{7} tu^{6} caːŋ^{3}: “aːu^{1} niŋ^{5} khjaːu^{3} taŋ^{1} hwɔp^{7}. ”
吃 了 吃 到 一 半 两个 就 讲 要 些 酒 来 喝
ja^{2} lak^{7} tu^{6} aːu^{1} khjaːu^{3} taŋ^{1} hwɔp^{7} . hwɔp^{7} ! mɔ^{6} hap^{7} taŋ^{1} le^{5} , at^{7} luŋ^{1} kə^{6} a^{5} , at^{7}
两个就 要 就 来 喝 喝 他 刚 来 了 个 洞 那 啊 个
luŋ^{1} kə^{6} taŋ^{1} mɔ^{6} səu^{3} sjen^{5} tɔ^{4} nə^{3} tjeu^{2} çaŋ^{1} sjaːp^{7} , sjaːp^{7} kun^{5} kə^{6} ljeu^{4} , naːu^{3}
洞 那 来 他 首先 用一 条 香 插 插 前 那 完 一旦
mɛ^{3} çən^{1} taŋ^{1}, mɔ^{6} tu^{6} tshui^{1} fi^{1} taŋ^{1} lap^{7}, mɔ^{6} tu^{6} njɛm^{1} tjeu^{2} çaŋ^{1} kə^{6}, at^{7} luŋ^{1} kə^{6},
有 人 来 他 就 吹 火灯 灭 他 就 从 条 香 那 个 洞 那
mɔ^{6} tu^{6} cɔŋ^{5} ko^{3}, mɔ^{6} tu^{6} thaːŋ^{5} uk^{7} paːi^{1} ljeu^{6} a^{5}. pa^{6} ja^{2} lak^{7} ko^{6} tu^{6} hwɔp^{7}, hwɔp^{7}
他 就 躬 头 他 就 跑 出 去 了啊 罢两个 那就 喝 喝
khjaːu^{3} a^{1}, hwɔp^{7}! mɔ^{6} caːŋ^{3}: “hwɔp^{7} ŋ^{5} mɛ^{2} i^{4} sɿ^{5}, laːu^{1} ja^{2} lak^{7} tshaːi^{1} ja^{2} ma^{4}. ”
就 啊 喝 他 讲 喝 没 有 意思 我们 两 个 猜 两 码
“tshaːi^{1} ma^{4}?” lak^{7} kon^{1} kə^{6} caːŋ^{3}, “ŋ^{5} lai^{3} pə^{1}, ljeu^{4} çən^{1} ljø^{1} lɔk^{7}taŋ^{2} i^{1}naːŋ^{2} fɛ^{4}?”
猜 码 个 官 那 讲 不得 哦 完 人 醒 起来 怎么 做

"ŋ5 khjɛːn5," mɔ6 caːŋ3, "laːu1 tshaːi1 te5 te5 ti5," mɔ6 caːŋ3. pa6 ja2 lak7 tu6 tshaːi1
不 怕 他 讲 我们 猜 细细 的 他 讲 罢 两 个 就 猜
lə6 pə1.
了 了

"laːi6 ljau3 ljau3, ta4 laːu3 je6 laːi6."①
来 了 了 大老爷 来

"tshin6 pu6 cen4 je3 laːi6."
覃 不 见 也 来

ja2 mu6 tshaːi1, tshaːi1. laːi4 təm1 kaːi5 ŋaːi6 hwɔp7 nə3 tsɔŋ1, ku5 hau2 ku5 lo4,
两 个 猜 猜 赖 心 贼 挨 喝 一 盅 且 吼 且 大
ku5 hau2 ku5 lo4. m̥aːt7 naːi6 jen2 kə6 çən1 lɔ6 hai5 lə6 pə6. jen2 kə6 çən1 caːŋ3: "i2?
且 吼 且 大 回 回 家 那 人 给 见 了 了 家 那 人 讲 咦
mu2 ȵiu1 ja2 lak7 kak8 taŋ1 lak8 laːu1 ti5 sik8 m̥u5 tsaːn1, mu2 naːi6 ȵaːu6 ho3 kə6
夜 昨 两 个 贼 来 偷 我们 的 肉 猪 吃 夜 这 在 里 那
tshaːi1 ma4 lɔk7 taŋ1." pa6 lə6 pə6, tu6 paːi1, paːi1 ljeu4 tən2, mɔ6 ja2 fəi6 nuŋ4,
猜 码 起来 罢 了 了 就 去 去 完 然后 他 两 兄弟
nat7 kə6 laːu4, taːm1 mu6 çən1 ȵaːu6 jen2, tu6 lɔk7 taŋ1. laːi4 təm1 kaːi5 hai5 uk7 kə6
一个 老头 三 个 人 在 家 就 起 来 赖 心 贼 听见 外 那
mɛ2 niŋ5 tuŋ4 tsin4, mɔ6 tu6 lon1 naŋ6 pə1 ljeu6, mɔ6 tshui1 fi1 taŋ1 l̥ap, mɔ6 tu6
有 些 动静 他 就 钻 走 了 了 他 吹 火 灯 灭 他 就
i2 tjeu2 çaŋ1 kə6, sjaːp7 lɔ3 pɛːŋ2 hoi1 kə6 paːi1. pa6 mɔ6 tu6 mjem1 luŋ1 kə6 uk7. mɔ6
移 条 香 那 插 进 堆 灰 那 去 罢 他 就 从 洞 那 出 他
maːn3 lak7 kon1 kə6 le5, lœ5 ko3 uk7 paːi1 tan5 lɔ3 pɛːŋ2 hoi1 kə6 paːi1, ŋaːi6 tsɔk7
村 个 官 那 呢 伸 头 出 去 撞 进 堆 灰 那 去 挨 捉
paːi1 ljeu6. tsɔk7 paːi1 ŋ5 lai3 i1 n̥au1 ce1, jəu1 mɛ2 ci3 pɛːk7 mi3 i1 nəi1, caːŋ3 tyn1
去 了 捉 去 不 得 怎么 远 可能 有 几 百 米 这样 讲 抬
mɔ6. mɔ6 caːŋ3: "laːu1 tyn1 lak7 ŋo4 pa4." mɔ6 caːŋ3: "ŋo4 ta4 laːu3 je6 o1." mɔ6
他 他 讲 我们 抬 个 恶霸 他 讲 我 大老爷 哦 他

① 划拳猜码的唱词。

caːŋ³："laːu³ je⁶ haːn¹ tsəu⁴ tsə⁴ tsuŋ³，khaːu⁵ a¹.①" khaːu⁵，tɔ⁴ nat⁷ tai⁶ thaːŋ¹ tsɔŋ¹.
讲　老爷　还　做　这　种　打　啊　打　用一个袋子来　装

ta⁶ lən² laːi⁴ təm¹ kaːi⁵ kau⁵ tyn¹ lai³ i¹ naːi⁶ ce¹ lak⁷. mɔ⁶ ȵaːu⁶ mɔ⁶ maːn³ niŋ⁵ kə⁶
过后　赖心贼　看　抬得　这么远了　他　在　他　村　些　那

taːu³，poi² mɔ⁶ niŋ⁵ tin⁵ jen² mɛ² nat⁷ ça¹ pɛːŋ²，tɔ⁴ fi¹ taːu³ ça¹ pɛːŋ². fən¹ fi¹ lo⁴
烧　靠　他　些　边　家　有一个茅草堆　用火　烧茅草　堆　燃　火大

lo⁴ ti⁵，ja² lak⁷ kə⁶ tu⁶ caːŋ³："pu⁴，ȵa² ȵaːu⁶ niŋ⁵ naːi⁶ kau⁵，niu² paːi¹ ma¹ ciu⁵
大的　两个那就讲　爸　你　在　些　这　看　我们去　回　救

fi¹." ja² lak⁸ kə⁶ tu⁶ thaːŋ⁵ fan⁶ ma¹ ciu⁵ fi¹. laːi⁵ təm¹ kaːi⁵ paːi¹ toi⁵ kə⁶ laːu⁴ mɔ⁶
火　两个　那就　跑　返　回　救火　赖　心　贼　去对　老头　他

khaːu¹ nə³ m̥aːt⁷. tɔ⁴ kə⁶ laːu⁴ mɔ⁶ lɔ³ ho³ tai⁶ kə⁶ paːi¹，ciu⁵ lak⁷ kon¹ kə⁶ uk⁷ paːi¹，
打　一　下　放　老头　他进里袋子那　去　救个　官　那　出去

jəu⁶ tuk⁷ i¹，naŋ⁶. pa⁶ ja² lak⁷ ciu⁵ fi¹ fan⁶ taŋ¹ mɔ⁶ caːŋ³："i²，pu⁴ laːu¹ kə⁵ n̥au¹ paːi¹
又　捆好　离开　罢两个　救火返　来　他　讲　咦　爸我们哪里　去

pə⁶ ljeu⁶？" mɔ⁶ caːŋ³："jəu¹ si⁶ mɔ⁶ ja⁶ thaːŋ⁵ paːi¹ ma¹ ciu⁵ fi¹，lak⁷ tak⁷ kə⁶ naŋ¹
了　了　他　讲　可能是　他也　跑　去　回　救火　个　贼那　还

ȵaːu⁶ ni⁵，" mɔ⁶ caːŋ³. mɔ⁶ ȵaːu⁶ ho³ tai⁶ kə⁶ caːŋ³ wa⁶，mɔ⁶ caːŋ³："ŋo³ sɿ⁴ ni³ pa⁵
在　这　他　讲　他　在　里袋　那　讲　话　他　讲　我　是你爸

o¹." "fɛ⁴ ni⁴ ȵə²，pon¹ jəu⁶ caːŋ³ si⁶ ta⁴ laːu³ je⁶，tshət⁷ naːi⁶ jəu⁶ caːŋ³ si⁶ pu⁴ niu²."
哦　做你妈　刚才又　讲　是　大老爷　时　这　又　讲是爸我们

tau³ mɔ⁶！
踢他

çət⁷ ti⁶ ȵi⁶ mɔ⁶ tu⁶ tyn¹ thəu⁵ çøn⁴ kwaːn⁵ niŋ⁵ kə⁶ paːi¹ lak⁷. lak⁷ kon¹ ho³ jøn⁴ taŋ¹
早第二　他就抬　到　县　官　些　那去　了　个　官　里县来

sən¹ lə⁶ pə⁶　mɔ⁶ caːŋ³："mu² ŋiu¹ mɛ² ja² lak⁷ tak⁸ paːi¹ jən² niu²，" mɔ⁶ caːŋ³，
审　了了　他　讲　夜　昨　有两　个　贼　去　家我们　他　讲

"mu² hun⁵ mɔ⁶ ja⁶ paːi¹，tu⁴ si⁶ ja² lak⁷ naːi⁶. ja² lak⁷ naːi⁶，naŋ¹ tshaːi¹ ma⁴，naŋ¹
夜前　他也　去　就是两个　这　两个　这　还　猜　码　还

① 桂柳话。

mɛ^{2} nə^{3} lak^{7} tsɔk^{7} ŋ^{5} lai^{3} . ” mɔ^{6} caːŋː “ tɔk^{7} kun^{5} mɔ^{6} jəu^{6} caːŋ^{3} si^{6} ta^{4} laːu^{3} je^{6} , tshət^{7}

有 一个 捉 不得 他 讲 往 前 他 又 讲 是 大老爷 时

naːi^{6} mɔ^{6} jəu^{6} caːŋ^{3} si^{6} pu^{4} niu^{4}. ” mɔ^{6} caːŋ^{3}, “tɔ^{3} te^{3} si^{6} nau^{2}?” lak^{7} ta^{4}laːu^{3} je^{6} kə^{6}

这 他 又 讲 是 爸 我们 他 讲 到 底 是 谁 个 大老爷 那

khai^{1} fan^{6} taŋ^{1} kau^{5} . mɔ^{6} caːŋ^{3} : “ lak^{7} naːi^{6} si^{6} nau^{2} ? ” ja^{2} lak^{7} kə^{6} caːŋ^{3} : “ si^{6} pu^{4}

开 返 来 看 他 讲 个 这 是 谁 两个 那 讲 是 爸

niu^{2}. ” tai^{1} ljeu^{6}, mɔ^{6} caːŋ^{3}: “pu^{4} saːu^{1} tsaːn^{1} paːi^{1} ti^{5} sik^{7}, hwɔp^{7} paːi^{1} ti^{5} khjaːu^{3},

我们 死 了 他 讲 爸 你们 吃 去 的 肉 喝 去 的 就

ȵa^{2} ja^{6} caːŋ^{3} si^{6} tak^{8} ma^{6} ? pu^{4} sə^{1} ȵa^{2} mən^{1} ŋ^{5} thaːi^{1} tsaːn^{1} ma^{6} ? pu^{4} sə^{1} tshaːi^{1} niŋ^{5}

你 也 讲 是 贼 吗 爸 你们 你 都 不 给 吃 吗 爸你们 猜 些

ma^{4} , ȵa^{2} mən^{1} ŋ^{5} thaːi^{1} tshaːi^{1} mə^{6} ? ” mɔ^{6} caːŋ^{3} , “ ȵa^{2} tu^{6} caːŋ^{3} mɔ^{6} si^{6} tak^{8} . ” pa^{6} m̥aːt^{7}

码 你 都 不 给 猜 吗 他 讲 你 就 讲 他 是 贼 罢 次

naːi^{6} ja^{2} lak^{7} kəŋ^{5} nə^{3} lak^{7} ŋaːi^{6} paːn^{5} ti^{5} sɿ^{6} ta^{4} paːn^{3}.

这 两 个 那不 一 个 挨用板子打 四 十 大 板

译文：

赖心贼的心很坏，总是去偷别人的东西吃。他们村里有一个在外地做官的人，不清楚他是在罗城还是在什么地方做的官。赖心贼喜欢偷别人的东西，每次被捉住，那个当官的人就和他说：“赖心贼，我是和你同一个村子的，每次捉住你，又总是把你放回去。我真的是很没有面子。”然后，到后来，赖心贼就说：“大老爷，干这个有的吃啊。不信的话，今天晚上你和我一起去吧！”然后他就想了个办法（邀那个大老爷和他一起去）。快要到新年了，每家每户都会杀一头猪过年。他就去（别人家墙角）挖了一个洞，那个洞正是通往厨房的，那里还有一堆灰。他们从挖的洞进到那家人的厨房，点上蜡烛，就开始偷吃。他问那个当官的：“你看，这么多肉，随便你吃。喜欢吃什么？他们刚刚杀的猪。”两个人就随便选猪肉吃。吃完，两个人就回家去了。

第二夜，赖心贼又去找那个当官的，说：“今天晚上又去吧！”当官的说：“不去了，昨夜刚去，今夜又去吗？”赖心贼说：“没事的。”然后，那天晚上又去了，见到那家又正好酿了酒在那儿。进去后，就说：“你看，昨夜来还没有酿酒，今天晚上来又酿了酒在这里。今晚可以继续炒肉吃，随便吃。”他们在那里就炒肉吃。吃到一半，两个就说："要些酒来喝。"两个就喝。来的时候，赖心贼先在那个出去的洞前插了一支点燃的香，一旦有人来，他可以把蜡烛吹灭，然后从那支香的方向一躬身就钻过那个洞跑走啊。两个人就在那儿喝着，又说："这么喝没有意思，我们两个来猜码划拳把。"那个当官的说："不行哦，一会儿这家人会醒过来的，那怎么办呢？"赖心贼说："不怕，我们小声猜就好了。"然后两个人就猜起码来，你来我往的。

赖心贼多喝了几杯就越吼越大。这下就把那家人吵醒了。那家人说："咦？昨晚那两个贼来偷我们的猪肉吃，今晚还在那里猜起码来。"一家人，一个老头儿，两个兄弟，三个人就起来了。赖心贼听到外面有些动静，他就钻进洞了逃走了。逃走的时候，他把灯吹灭，把那支香拔起插到那堆灰上。他们村的那个当官的随后沿着那支香的光亮伸头想从洞里逃出去，却一头撞进门口的那堆灰里，然后被抓了。

被抓后就被装到袋子里。抬走没多远，可能就几百米这样，几个人就说："我们抬这个恶霸哦。"当官的却说："我是大老爷呀。"他们说："老爷还做这种事，该打。"

赖心贼看到抬远了，他就把他们家旁边的一堆茅草给点燃了。大火窜了起来。那两兄弟看到，就说："爸，你在这儿看着，我们回家救火。"两个人就跑回去救火去了。

赖心贼就（悄悄）过去把那老头儿打晕，放出当官的，把那老头儿装进袋子，袋口重新绑好，然后离开。那两兄弟救火回来，说："咦？爸去哪儿了？""可能是他也跑回去救火了。这个贼还在这儿。"听到这儿，袋子里的人就说："我是你爸爸呀。"两兄弟气道："你妈的，刚才又讲是大老爷，现在又讲是我们的爸爸。"于是又一顿拳打脚踢。

第二天早上，他们就抬那袋子的人到县官那里去了。县官过来审案子，他们就说："昨夜有两个贼去我们家。他们前夜也去了，两个人。他们还一起划拳猜码。还有一个没捉住。"又说："之前，他说自己是大老爷，现在他又说自己是我们的爸爸。不知道到底是谁。"

那个大老爷就打开袋了一看："这个人是谁？"两兄弟回答："是我们的爸爸。"完了，大老爷说："你们的爸爸吃你们一些肉，喝一些酒，你们也说他是贼吗？你们的爸爸都不能吃些吗？你们爸爸猜猜码都不行吗？你们就说他是贼。"

然后两兄弟扎扎实实地一人挨了四十大板。

二、地理、传统和节日

1. jən6cəm1黄金镇（或：huŋ6cəm1）

jən6 cəm1 ti6 m̥aːt7 haːp7 kaːi3 faːŋ4 tshɔ1 , tin5 nja1 mɛ2 nə3 tu6 søn2 tin3 fɛ4 tu4

黄金（前缀） 次 刚 解放 初 边 河 有 一 渡 船 叫 做 渡

tshøn6 thəu6. tu4 tshøn6 thəu6 niŋ5 kə6 le5， tsə6 kə6， mɛ2 nə3 at7 su1 lin2， mɛ2 nə2 at7

船 头 渡 船 头 些 那呢 这 个 有 一 个 水碾 有 一个

su1 lin2 , mɔ6 tu6 tsøn5 mən6 phaːi4 lak7 çən1 niŋ5 ka6 lin2 hu3 , su3 . nau2 taŋ1 tu6 poŋ1

水碾 它 就 专 门 派 个 人 些 那 碾 米 守 谁 来 就 帮

nau2 lin2 . pa6 , tsha5 taŋ1 , jət7 lu6 tsha5 taŋ1 , njɛm1 thəu5 , tshət7 ka6 tin3 fɛ4 ho3

谁 碾 罢 上 来 一 路 上 来 跟着 到 时 那 叫 做 里

chy5 , ho3 chy5 , tshət ka6 ti5 paːk7 tɔ1 si6 çaːŋ5 mjen6 pak7 , naːi6 i3 cin5 si6 cem1 niŋ5

区 里 区 时 那 的 口 门 是 向 面 北 现在 已经 是 兼 些

çaːŋ5 mjen6 tɔːŋ1 , cem1 niŋ5 . naːi6 tin3 fɛ4 tsən4 , m̥aːt7 si6 chy5 , chy5 fɛ4 thəu5

向 面 东 兼 些 现在 叫 做 镇 以前 是 区 区 做 到

çaːŋ5 , çaːŋ5 ljeu4 thəu5 tsən4 , naːi6 kaːi3 pjen4 tu6 si6 ŋ5 naːi6 lak7 . jen2 ka6 pi3 ti6 m̥aːt7

乡 乡 完 到 镇 现在 改 变 就 是 这样 了 家 那 比 以前

cen4 se6 lai3 i1 . pa6 , ȵaːu6 jən6 cəm1 sjau3 ço6 thaːŋ5 caːi1 ka6 tin3 fɛ4 tshjen6 tsin4

建设 得 好 罢 在 黄金 小学 个 街 那 叫 做 前 进

kaːi5. tsha5 thəu5 sɿ4 tshaːŋ6， niŋ5 naːi6， m̥aːt7 si6 nə3 at7 ȵəu6 phwa1. i1 kə6 lɔ3 paːi1，

街 上 到 市 场 些 这 以前 是 一 个 牛 坡 样那 进 去

jøn6 laːi6 , tsə6 kə6 , ȵaːu6 kaːi3 faŋ4 tshɔ1 at7 sɿ4 tshaːŋ6 ta6 kaːi4 si6 ti5 ŋɔ4 pek7 at7

原 来 这个 在 解 放 初 个 市场 大概 是 四 五 百 个

pin6 faːŋ5 . naːi6 køn6 ka6 cən1 taŋ1 fɛ4 laːu3 jin1 ho6 tuŋ4 tsuŋ5 sin5 pə6 ljeu6 . naːi6 at7

平方 现在 处 那 拿 来 做 老 人 活动 中 心 了 了 现在 个

sɿ4 tshaːŋ6 naːi6 ta6 kaːi4 mɛ2 ci3 thjen1 at7 pin1 faːŋ5 , ti6 m̥aːt7 si6 ȵəu6 phwa1 ti5 .

市场 这 大概 有 几 千 个 平方 以前 是 牛 坡 的

tshət7 ka6 , at7 tshin6 khwaːŋ4 naːi6 mɔ6 si6 ȵaːu6 , tsə6 kə6 , thət7 ci3 mɛ1 haːp7
时 那 个 情 况 这 它 是 在 这 个 七 几 年 才

cen4 se6 at7 sɿ4 tshaːŋ6 naːi6 . pa6 mɔ6 fɛ4 nə3 at7 tjen4 in3 jøn4 , ȵaːu6 te3 ka6 .
建设 个 市 场 这 罢 它 做 一 个 电影院 在 底 那

tjen4 in3 jøn4 kə6 , naːi6 tin3 fɛ4 mɛ2 at7 səu3 ci5 , tjen4 sɿ4 lak7 , tsi4 jen6
电影院 那 现在 叫 做 有 个 手机 电视 了 自然

tu6 sjaːu5 me6 ŋ5 mɛ2 ljeu6 . naːi6 tu6 fɛ4 , cɛ1 lɔ6 çən1 , fɛ4 ti6 pon2 cɛ1
就 消 灭 没 有 了 现 就 做 卖 给 人 做 地 盘 卖

lɔ6 çən1 . niŋ5 ka6 tsha5 taŋ1 thəu5 , njɛm1 sɿ4 tshaːŋ6 tiŋ5 khwən1 tsha5 taŋ1 thəu5
给 人 些 那 上 来 到 跟 市场 边 路 上 来 到

ljaːŋ6 so3 . ljaːŋ6 so3 pi3 m̥aːt7 kaːi3 faŋ4 tshu5 ja6 fɛ4 lai3 i1 , fɛ4 lai3 khwaːŋ3 . ljaːŋ6 so3
粮 所 粮所 比 以前 解放 初 也 做 得 好 做 得 宽 粮所

tsøn5 nə3 at7 ȵjaːu3 ta6 taŋ1 thəu5 niŋ5 ka6 tin3 fɛ4 wəi4 sən5 jøn4 . wəi4 sən5 jøn4 tsɿ6 tsje6
转 一 个 弯 过 来 到 些 那 叫 做 卫生院 卫生院 直接

tsha5 paːi1 thəu5 hwaːŋ6 cin5 kaːi5 sin5 kaːi5 . sin5 kaːi5 tsha5 paːi1 thəu5 wu3 jaːŋ6 ,
上 去 到 黄金 街 新 街 新街 上 去 到 武阳

sɿ6 mən6 , tsaːi4 tsaːu4 . lɔ3 thəu4 ho3 maːn3 lak7 . sin5 wəi6 wən3 tsuŋ5 cen5 tsaːi4 toi5
寺门 寨 照 进 到 里 村 了 新维 和 中间寨 对

na3 . pa6 , tsha5 paːi1 tsɿ6 tsje6 u1 ka6 thəu5 u1 ka6 thaːŋ5 khwən1 ka6 , tsy3 ljeu6
脸 罢 上 去 直接 上 那 到 上 那 个 路 那 主流

tsha5 paːi1 mɛ2 at7 tsaːi4 pəi5 tshən5 kuŋ5 so3 , tsaːi4 taːu4 tshən5 kuŋ5 so3 , tu6 si6
上 去 有 个 寨碑 村公所 寨道 村公所 就 是

i1 naːi6 laːk7 . mjen6 ka6 si6 ȵaːu4 mjen6 maːm2 . mjen6 pak7 le5 , tsə6 kə6 si6 jəu3 tɔŋ4
这样 了 面 那 是 在 面 南 面 北 呢 这个 是 佑洞

wən3 ȵi4 ho6 tshən5 kuŋ5 so3 . mjen6 tɔːŋ1 le5 si6 paːu3 tsy4 tsɿ4 mən6 . tsuŋ3 tsɿ5 caːŋ3 ,
和 义和 村公所 面 东 呢 是 宝聚 寺门 总 之 讲

tshət7 naːi6 tɔŋ2 ti6 m̥aːt7 ȵaːu6 nuŋ6 tshən5 caːi3 pjen4 at7 ləu6 faːŋ6 nəi6 peŋ3 si6 khaːu5
时 这 同 以前 在 农 村 改 变 个 楼房 这 都 是 靠

hwa1 ho3 seŋ1 uk7 kə6 paːi1 ta3 kɔŋ1 . ȵa2 caːŋ3 si6 khaːu5 hwa1 mu6 lo4 ȵaːu6 jen2 tuŋ6
们 年青 外 那 去 打工 你 讲 是 靠 们 个 大 在 家 共

te^{2} loi^{6} . chi^{6} sɿ^{6} ȵa^{2} la^{4} tshaːn^{1} mən^{1} naːn^{2} , jəu^{5} caːŋ^{3} fɛ^{4} jen^{2} . naːi^{6} tin^{3} fɛ^{4} nuŋ^{6} tshən^{5}
齐劳动 其实 你 找 吃 都 难 别 讲 做房子 现在 叫 做 农村
ci^{5} pən^{3} saːŋ^{2} pə^{6} fən^{3} tsɿ^{5} cəu^{3} sɿ^{6} pa^{6} tshøn^{6} pu^{4} si^{6} tsə^{6} kə^{6} kaːŋ^{5} cin^{5} hwən^{4}
基本 上 百 分 之 九 十 八 全 部 是 这个 钢筋 混
nin^{6} thu^{3} ljeu^{6} . ŋ^{5} tɔŋ^{2} ti^{6} m̥aːt^{7} ni^{6} wa^{3} faːŋ^{6} . pu^{6} ko^{4} , tshət^{7} naːi^{6} , tu^{6} caːŋ^{3} at^{7}
凝土 了 不 同 以前 泥 瓦 房 不过 时 这 就 讲 个
tshin^{6} khwaːŋ^{4} naːi^{6} khɔ^{6} sɿ^{6} ja^{6} si^{6} caːŋ^{3} at^{7} se^{4} hwəi^{4} naːi^{6} pi^{3} ti^{6} m̥aːt^{7} i^{1} lai^{3} kuŋ^{2} .
情况 这 确 实 也是 讲 个 社会 这 比 以前 好得 多
tɔŋ^{2} tshət^{7} naːi^{6} aːu^{1} hwa^{1} naːi^{6} tu^{6} kən^{4} , sau^{1} hwa^{1} naːi^{6} mə^{1} taːŋ^{2} nən^{1} lai^{3} i^{1} ,
同 时 这 要 们 这 就 肯 你们 们 这 都 未 见 得好
kun^{5} sau^{1} mə^{1} naŋ^{1} si^{6} lək^{8} te^{5} si^{6} maŋ^{1} nən^{1} mɛ^{2} niŋ^{5} maːŋ^{2} . thə^{6} pe^{6} at^{7} se^{4} hwəi^{4}
前 你们 都 还 是 孩小 是 都还 见 有 些 那个 特 别 个 社会
naːi^{6} si^{6} ə^{4} sɿ^{6} njen^{6} taːi^{4} se^{4} hwəi^{4} ti^{6} çən^{1} tsəi^{4} i^{1} swa^{3} lak^{7}.
这 是 二十 年 代 社会 的 人 最 好 要 了

tsaːi^{4} pəi^{5} tshən^{5} kuŋ^{5} so^{3} mɛ^{2} caːŋ^{3} lam^{1} ti^{5} tsy^{3} jaːu^{4} si^{6} tsuŋ^{5} cen^{5} tsaːi^{4} si^{6} pə^{6}
寨 碑 村 公 所 有 讲 仫佬 的 主要 是 中间寨 是 百
fən^{4} tsɿ^{5} pə^{6} caːŋ^{3} lam^{1} . tsə^{6} kə^{6} ta^{4} tsaːi^{4} laːi^{3} sjaːu^{3} tsaːi^{4} laːi^{3} le^{6} , mɛ^{2} təi^{4} pwaːn^{4} ,
分 之 百 讲 仫佬 这个 大 寨 俫 小 寨 俫 呢 有 对 半
tsaːi^{4} pəi^{5} mɛ^{2} pə^{6} fən^{4} tsɿ^{5} lu^{6} sɿ^{6} . pan^{3} tsən^{4} mɛ^{2} pə^{6} fən^{4} tsɿ^{5} ə^{4} sɿ^{6} . pa^{6} thəu^{5}
寨 碑 有 百 分 之 六 十 板镇 有 百 分 之二十 罢 到
pə^{6} pjeu^{5} si^{6} ȵan^{2} ca^{1} caːŋ^{3} lam^{1} , chi^{6} tha^{5} mɔ^{6} ŋ^{5} caːŋ^{3} . pa^{6} thəu^{6} pə^{6} si^{6} ja^{6} mɛ^{2} çən^{1}
北标 是 银 家 讲 仫佬 其他 它 不 讲 罢 到 白石 也 有 人
caːŋ^{3} lam^{1} . tse^{6} ko^{4} , tsaːi^{4} taːu^{4} khɔ^{3} i^{3} caːŋ^{3} pə^{6} fən^{4} tsɿ^{5} pə^{6} caːŋ^{3} lam^{1} . mɔ^{6} teŋ^{5}
讲 仫佬 这 个 寨道 可以 讲 百 分 之 百 讲 仫佬 他 姓
ŋɔ^{2} ti^{5} . pa^{6} thəu^{6} ti^{4} wu^{6} , ti^{4} wu^{6} si^{6} caːŋ^{3} tsɔŋ^{6} . pu^{6} ko^{4} mɔ^{6} ja^{6} mɛ^{2} pu^{4} fən^{4} ja^{6} si^{6}
吴 的 罢 到 地吴 地吴 是 讲 壮 不 过 它 也 有 部 分 也 是
wɔ^{4} caːŋ^{3} lam^{1} . pa^{6} ljeu^{6} ti^{6} pon^{1} , mɔ^{6} wɔ^{4} caːŋ^{3} lam^{1} . waːn^{1} tɔŋ^{6} tu^{6} ŋ^{5} wɔ^{4} laːk^{7} ,
知道讲 仫佬 罢 了 地潘 它 知道 讲 仫佬 湾洞 就 不知道 了
waːn^{1} tɔŋ^{6} caːŋ^{3} ȵi^{6} ŋaːi^{4} . te^{3} naːi^{6} le^{5} , jən^{6} cəm^{1} se^{4} chy^{5} si^{5} tsaːi^{4} tsaːu^{4} caːŋ^{3} lam^{1} .
湾洞 讲 诶话 底 这 呢 黄金 社 区 是 寨照 讲 仫佬

sin5 wəi6 mɛ2 ci3 jen2 wɔ4 caːŋ3 lam1 . thəu5 ȵi4 ho6 , ȵi4 ho6 si6 tin3 fɛ4 thaːi4 ho6

新维　有 几　家 知道　讲　伭佬　　到 义和　　　义和　是　叫　做　　太合

tshən5 , at7 maːn3 ka6 le5 , ja4 si6 mɛ2 ta4 pu4 fən4 çən1 caːŋ3 lam1 . pa6 thəu5 sin5

村　　个　村　　那 呢　　也 是 有　大　部　分　人　讲　伭佬　罢　到　新

tsaːi4 in5 mɛ2 mo3 laːu3 tsu6 , mɔ6 ŋ5 wɔ4 caːŋ3 lam1 , caːŋ3 tsɔːŋ6 , in5 wəi6 mɔ6 ho3

寨英　　有　　伭佬族　　　他 不知道 讲　伭佬　　讲　壮　　　因为　他 里

maːn3 tshøn6 pu4 si6 tsɔːŋ6 . pa6 thəu5 pə6 sən4 , tɔŋ4 tjen3 caːŋ3 lam1 , lan6 kən5 caːŋ3 lam1 ,

村　　全　部 是 壮　　罢 到　　北盛　　　洞典　讲　伭佬　　兰根　讲　伭佬

tu6 si6 i6 naːi6 . ti6 mən2 , mɔ6 ə6 lam1 kə6 tu6 naːn2 caːŋ3 lə6 pə6 . ti6 li4 taːm3 maːn3 , li4 aːn1 ,

就是 这样　　寺门　　他 那 伭佬那 就　难　讲　了 了　地理　三 村　　李安

le2 ca1 , niŋ5 naːi6 si6 caːŋ3 lam1 ti5 laːk7 . mɔ6 caːŋ3 lam1 si6 tshɔŋ1 tsaːp8 khɛːk7 ti5 .

李 家　　些　这　是　讲伭佬　的 了　　他　讲　伭佬是　充　　杂　客家话 的

tsʅ3 mɛ2 niu2 pɔi2 niŋ5 kə6 phəi5 , niu2 tsje6 cha6 kuŋ2 , niu2 theŋ5 lai3 tɔːŋ3 .

只有　我们 陪　些　那　近　　我们　接洽　　多　我们 听　得　懂

tsuŋ5 cen5 tsaːi4 caːŋ3 kwən1 tin3 fɛ4 tsuŋ5 cen5 tsaːi4 , caːŋ3 lam1 ŋ5 tsjaːk8 pə5 .

中间寨　　讲　官　叫　做　　中间寨　　　讲 伭佬　不　是　哦

caːŋ3 lam1 si6 tshɔŋ5 kaːm1 . caːŋ3 lam1 tsɔŋ5 kaːm1 tu6 si6 niu2 ho3 maːn3 at7 ȵəu6 pwa1

讲 伭佬 是　枪　　洞　　讲　伭佬 枪　　洞　　就 是 我们 里　村　个　牛 坡

kə6 mɛ2 nə3 at7 kaːm1 . mɛ2 nə3 at7 kaːm1 le5 , tsʅ6 kə6 i3 cin3 si6 the5 mɛ2 tɔ1 ti5 , aːn1

那　有　一　个　洞　　有　一　个　洞　呢　　这个 已经 是　砌　有 门　的　安

mɛ2 tshɔŋ5 luŋ1 ti5 . mɔ6 tin3 fɛ4 tshɔŋ5 kaːm1 , at7 kaːm1 kə6 . pu6 ko4 niu2 ho3 maːn5

有　枪　　洞 的　　它　叫 做　枪　　洞　　个　洞　那　　不过 我们 里　村

ja2 mɛ2 ci3 at7 kaːm1 . m̥ aːt7 si6 tsuŋ5 ca5 ŋaːn6 ja6 si6 fɛ4 thu3 fəi3 ti5 chaːŋ6 taːu4 tsha5

也 有　几 个　洞　　以前 是 中　家　崖　也 是 做　土匪　的　　强盗　　上

paːi3 tsam2 ti5 . liu6 khə6 wən6 ja5 si6 nə3 lak7 thu3 fəi3 . liu6 khə6 wən6 mɔ6 si6 ȵaːu6

去　躲　的　刘　克　文　也 是 一　个　土匪　　刘　克　文　他 是　在

sin5 wəi6 tshən5 ȵaːu6 , thaːŋ5 niu2 ho3 maːn3 u1 pwa1 paːi1 tsam2 . u1 pwa1 kə6 , naːi6

新维　村　　住　　跑 我们 里　村　上　山　去　躲　上　山　那　现

tshət7 naːi6 tsuŋ5 ço6 ço6 səŋ6 laːu3 sʅ5 tshət7 tshət7 tjaːŋ3 lui6 te3 kə6 paːi1 kau5 . lui6 te3

时　现 中学　　学生　　老师　　时　　时　　想　下 底 那　去　看　下 底

ta^{4} khaːi^{4} mɛ^{2} səp^{8} ci^{3} mi^{3} , te^{3} kə^{6} mɔ^{6} mɛ^{2} swəi^{3} liu^{6} , nəm^{4} thoi^{1} ti^{5} , niŋ^{5} naːi^{6} tu^{6}
大概 有 十 几 米 底那 它 有 水 流 水 流 的 些那 就

chi^{6} kwaːi^{5} la^{5} . ȵa^{2} tshət^{7} naːi^{6} tjaːŋ^{3} paːi^{1} kau^{5} ŋ^{5} mɛ^{2} pan^{6} fɔp^{7} lə^{6} pə^{5} . tshət^{7} naːi^{6}
奇怪 了 你 时 这 想 去 看 不 有 办法 了 了 时 这

ti^{5} tshø^{5} pwa^{1} ŋ̊ap^{7} ljeu^{6} , ŋ^{5} mɛ^{2} khwən^{1} paːi^{1} . naŋ^{1} mɛ^{2} nat^{7} niu^{2} caːŋ^{3} lam^{1} tin^{3} fɛ^{4}
到处 山 挤 了 不 有 路 去 还 有 一个我们 讲 仫佬 叫 做

kaːm^{1} m̥ ɔ^{5} , kaːm^{1} m̥ ɔ^{5} ja^{6} si^{6} nat^{7} . mɛ^{2} at^{7} tin^{3} fɛ^{2} kaːm^{1} tuk^{7} tin^{5} , tuk^{7} tin^{5} le^{5} tin^{3}
洞 胆子 洞 胆子 也 是 一个 有 个 叫 做 洞 倒 颠 做倒 颠呢 叫

fɛ^{4} taːu^{4}tin^{4} ŋaːn^{6}. m̥ aːt^{7} niu^{2} ho^{3} maːn^{3} lon^{6} i^{6} pən^{3} peŋ^{3} thaːŋ^{5} lo^{3} kaːm^{1} paːi^{1} tsam^{2}.
做 倒 颠 崖 以前 我们 里 村 乱 日本 都 跑 进 洞 去 躲

at^{7} kaːm^{1} ka^{6} , at^{7} luŋ^{1} khau^{3} kə^{6} ta^{4} khaːi^{4} si^{6} mɛ^{2} mi^{3} leŋ^{2} khwaːŋ^{3} , lui^{6} paːi^{1} jam^{1}
个 洞 那 个 洞 口 那 大概 是 有 米 零 宽 下 去 深

kho^{3} i^{3} juŋ^{6} na^{6} lai^{3} ci^{3} pek^{7} çən^{1} . lo^{4} a^{5} , ȵaːu^{6} laːŋ^{5} pwa^{1} haːi^{3} thəu^{5} u^{1} pwa^{1} teŋ^{3}
可以 容 纳 得 几 百 人 大呀 在 腰 上 差不多 到 上 山 顶

paːi^{1} . y^{6} ko^{3} si^{6} tshət^{7} naːi^{6} tin^{3} nau^{3} paːi^{1} la^{4} la^{4} mən^{1} ŋ^{5} uk^{7} , at^{7} kaːm^{1} kə^{6} mɔ^{6} i^{3} cin^{5}
去 如果 是 时 这 叫 谁 去 找 找 都 不 出 个 洞 那 它 已经

si^{6} pɔŋ^{2} kəp^{8} pə^{6} ljeu^{6} , kɔŋ^{1} tshət^{7} kə^{6} tsam^{2} … caːŋ^{3} i^{6} pən^{3} taŋ^{1} khjɛːn^{5} a^{5} , thaːŋ^{5}
是 树丛 盖 了 了 要不 时 那 躲 讲 日本 来 怕 啊 跑

te^{3} kə^{6} paːi^{1} tsam^{2} a^{5}. tsam^{2} caːŋ^{3} ljeu^{6} i^{1} ai^{5} ma^{6}, çən^{1} tsam^{2} lai^{3} ti^{6} jaːŋ^{6} tsam^{2} ŋ^{5} lai^{3},
底那 去 躲 啊 躲 讲 完 好笑啊 人 躲 得 东西 躲 不 得

tsam^{2} ŋ^{5} lai^{3} ti^{5} i^{5} hu^{3} kə^{6} a^{5}, tu^{6} tsəp^{7} ȵaːu^{6} te^{3} pwa^{1} khwa^{1} nəi^{6}, çən^{1} laːŋ^{6} tən^{2} tu^{6}
藏 不 得 的 样 米 那 啊 就 捡 在 底 山 地方 这 人 放 牛 就

lɔ^{6} tɔ^{2} tən^{2} kə^{6} tsaːn^{1} , tsaːn^{1} chin^{1} hu^{3} kə^{6} mən^{1} haːi^{3} ljeu^{4} pəi^{1} . pu^{5} naːi^{6} mɔ^{6} lui^{6} taŋ^{1}
给 只 牛 那 吃 吃 筐 米 那 都 差不多 完 了 回 这 他 下 来

mɔ^{6} tu^{6} la^{5} lə^{6} pə^{6} , caːŋ^{3} : " nau^{2} tsaːn^{1} lak^{8} i^{2} hu^{3} tsaːn^{1} tai^{1} tsaːn^{1} tøn^{2} . " nau^{2} lai^{3}
他 就 骂 了 了 讲 谁 吃 偷 我米 吃 死 吃 绝 谁 得

tsaːn^{1} mɔ^{6} tsaːn^{1} tai^{1}. m̥ aːt^{7} naːi^{6} tɔ^{2} tən^{2} kə^{6} fan^{1} kə^{6} tsaːn^{1}, fan^{1} ti^{6} ȵi^{6} tu^{6} faːt^{7} lɔk^{7}
吃 他 吃 死 回 这 只 牛 那天 那 吃 天 第二 就 发 起

taŋ^{1} , ho^{3} lɔːŋ^{2} hu^{3} faːt^{7} a^{5} , tu^{6} wa^{2} nəi^{6} tai^{1} paːi^{1} . pu^{6} naːi^{6} tu^{6} phwa^{5} ho^{3} lɔːŋ^{3} peŋ^{3} si^{6}
来 里 肚子 米 发 啊 就直接这样死 去 回 这 就 破 里肚子 都 是

hu^{3} taːn^{1}，wɔ^{4} si^{6} mɔ^{6} tsaːn^{1} ə^{6} hu^{3}. mə^{1}naŋ^{1} caːŋ^{3} la^{5} lai^{3} lin^{2} lə^{1}，mən^{1} nən^{1} la^{1}.
米 单 知道是 它 吃 那米 都 还 讲 骂 得 灵了 天 见 了

tu^{6} si^{6} i^{1} naːi.
就 是 样 这

译文：

黄金镇在解放初的时候，河边有一个渡口叫作渡船头。渡船头那里有一个水碾子。有一个人是专门在那儿守着那里，有人来就帮忙碾米。往上走一段路，就到了镇里，以前是叫区。那时的大门口是朝向北面的，现在已经是稍微有些朝向东面了。现在我们这里是叫镇，以前是区，然后是乡，然后成为一个镇。现如今，镇里的改变很大。房屋比以前建得好了。黄金小学那里的街道叫作前进街。再往前走就到了市场。市场那里以前是一个牛市。解放初，这个市场大概是四五百平方米大小。现在那里已经成了老年活动中心了。现在的黄金镇市场大概有几千平方米了。以前的市场就一个牛市。现在的市场是七几年才建设起来的。然后，建了一个电影院在另一头儿。现在（我们）有了手机和电视了，电影院就自然而然没有了。现在是把那里的地卖给外面的人做地盘了。从那里再往上去，就在市场的路边有一个粮所。现在的这个粮所比解放初做得好，场地也宽敞。从粮所那儿再转一个弯，就到了卫生院。从卫生院直接往上走就到了黄金新街。新街再往上就到了武阳、寺门和寨照这几个地方，进到了村子里。新围和中间寨是两个面对面的村子。从那里再往上走，沿着主干道上去，就到了寨碑村公所和寨道村公所，就是这样的。这一面就是南面了。北面是佑侗和义和两个村公所，东面是宝聚寺门。总的来说，现在在农村建的楼房都是年轻人外出打工挣钱建起来的。老人们在家里劳动其实只能是解决吃饭的问题，谈不上建房子的。现在在农村基本上百分之九十八是钢筋混凝土的房子了，这和以前的泥瓦房不一样了。不过，现在确实是生活比以前好很多了。像现在你们，你们还未见得特别好，你们小时候还有些穷苦，现在尤其是十几岁的人最好了。

寨碑村公所讲仫佬话的人主要是在中间寨屯，是百分之百讲仫佬话。大寨俫和小寨俫屯的人有一半是讲仫佬话的，寨碑屯百分之六十，板镇屯百分之二十，然后北栎是银姓仫佬族人讲仫佬话，其他姓氏不讲的。然后白石也有人讲仫佬话，寨道可以说是百分之百讲仫佬话的，那里都是吴姓的人家。然后到地呈，地吴是讲壮话的，不过也有一些人也会讲仫佬话。然后是地潘，那里会讲仫佬话。湾洞就不会讲了，那里是讲诶话的了。往下走是黄金社区，那里的寨照讲仫佬话，新维有几家人会讲仫佬话。然后是义和，义和是叫作太和屯这个村，那里大部分人是讲仫佬话的。寨英那里有仫佬族人，但是他们不会讲仫佬话，他们是讲壮话的，因为他们村全部是讲壮话的人。然后到北盛和洞典是讲仫佬话，兰根讲仫佬话，就是这样了。到寺门，它那儿讲的仫佬话就难说清楚了。地理三个村子，李安屯的李家是讲仫佬话的啦，但他们讲的仫佬话夹杂有客家话，只有我们这些附近的人，经常和他们接触的人，能听得懂。

中间寨屯讲桂柳话是叫中间寨，但讲仫佬话不是哦，仫佬话是叫枪洞。这是由于我们村里的那个牛坡那里有一个山洞，这个山洞砌有门，还留有射击的枪洞，就叫枪洞。我们村里也有几个洞。以前叫中家崖，那是土匪和强盗躲藏的地方。新维屯的土匪刘克文就跑到我们村那个洞里去躲藏过。现在的一些中学老师和学生经常想着到那洞里去看看呢。那个洞有十几米深，里面还有水流，很奇怪呀。现在，你要是想去看那就没办法去了，因为那里现在都是灌木杂草丛生的，没有路了。我们那里还有一个山洞，仫佬话叫作胆子洞的山洞，还有一个叫颠倒洞的山洞。以前我们村里乱日本的时候（即抗日战争时期），村民们还跑到洞里去躲避。那个山洞的洞口大概有一米多宽，往山洞里去，这个洞可以容纳几百个人呢，从山腰延伸到山顶。现在如果让谁去找这个山洞，也找不到了的，那山洞已经是被树丛遮挡住了。

讲到日本人进村，都很害怕呀，就跑去躲藏呀。说起来挺好笑的，人是可以藏，但是东西藏不了呀。那些没法藏的大米就收在山底的一个地方。有人在那儿放牛，牛就把那筐米给吃得差不多了。这下那筐米的主人就大骂了起来，他说："谁吃了那些米就一定吃死吃绝！"就是谁吃了就会吃死。这下，那头吃了大米的牛，第二天就因为吃在肚子里的大米膨胀开来，就那样被撑死了。把牛肚子破开一看，里面都是大米，就知道那牛就是吃大米吃死的。人们都说是咒骂应验了，老天收拾呀。

就这样了。

2. cet^{7} hwən^{1}结婚

ca:ŋ^{3} ŋɔ^{4} sɿ^{6} njen^{6} ta:i^{4} cet^{7} hwən^{1} kun^{5} lə^{6} ma^{6} . ŋɔ^{4} sɿ^{4} njen^{6} ta:i^{4} cet^{7} hwən^{1} le^{5} ,

讲 五 十 年 代 结 婚 先 了 嘛 五 十 年 代 结 婚 呢

si^{6} çiŋ^{1} i^{6} na:i^{6} , tin^{3} fɛ^{4} fɛ^{4} mɔi^{2} nə^{3} ja:ŋ^{6} , kɔ^{5} tha:i^{1} ȵa^{2} kau^{5} ȵa^{2} tsɔŋ^{5} i^{5} . pa^{6} taŋ^{1}

是兴 这样 叫 做做 媒 一 样 就 给 你 看 你 喜欢 罢来

kau^{5} jen^{2} , kau^{5} çən^{1} . tsɔŋ^{5} i^{5} la:k^{7} , pu^{5} na:i^{6} tu^{6} si^{6} teŋ^{6} hwən^{1} . teŋ^{6} hwən^{1} ȵa^{2} ho^{6} to^{5}

看 家 看 人 喜欢 啦 回 这 就是 请 酒 请 酒 你 或 多

ho^{6} sa:u^{3} si^{6} lɔ^{6} niŋ^{5} hɔ^{6} tsha:i^{6} cin^{5} tsha:i^{6} li^{3} kə^{6} . ti^{6} kɔŋ^{1} pa:i^{1} lɔk^{8} m̥ ja:k^{7} ho^{3} jen^{2}

或 少 是 给 些 些 彩 金 彩 礼 那 男 的 去 女孩 里 家

teŋ^{6} , lun^{4} ti^{6} ja:ŋ^{6} na:i^{6} pa:i^{1} , lai^{3} niŋ^{5} li^{3} pin^{3} a^{5} , tsa:i^{4} phjeu^{5} pa:i^{1} . mɔ^{6} tu^{6} si^{6} lak^{7}

定 送 东西 这 去 得 些 礼品 啊 拿 钱 去 他 就 是 个

mɔi^{2} pa:i^{1} nə^{3} lak^{7} , ti^{6} kɔŋ^{1} mɔ^{6} ho^{3} jen^{2} ja^{6} pa:i^{4} nə^{3} lak^{7} ja^{6} si^{6} sən^{5} khja:ŋ^{6} li^{6}

媒人 去 一 个 男人 他 里 家 也 去 一 个 也 是 身 强 力

tswa:ŋ^{4} niŋ^{5} wən^{3} fɛ^{4} toi^{6} lun^{4} pa:i^{1} . lun^{4} pa:i^{1} ljeu^{4} tu^{6} si^{6} ȵa^{2} ȵøn^{6} lo^{5} , tjep^{7} ljeu^{4} pa^{6}

壮 些 和 做 队 送 去 送 去 完 就 是 你 愿 啰 接 完 罢

thin^{1} thu^{3} . pa^{6} , mjen^{6} ti^{6} kɔŋ^{1} tu^{6} kau^{5} fan^{1} lak^{7} . kau^{5} fan^{1} ȵa^{2} lɔk^{8} m̥ ja:k^{7} tu^{6} ŋa:i^{6}

清楚 罢 面 男人 就 看 日子 了 看 日子 你 女孩 就 挨

tshjen^{5} tsiu^{4} lə^{6} pə^{5} . tshət^{7} ka^{6} ŋ^{5} tɔŋ^{2} tshət^{7} na:i^{6} . tshət^{7} ka^{6} mɔ^{6} le^{5} , mɔ^{6} si^{6} çiŋ^{1} tyn^{1}

迁就 了 了 时 那 不 同 时 这 时 那 他 呢 他 是 兴 抬

ceu^{5} , tin^{3} ŋak^{7} ŋak^{7} , tyn^{1} taŋ^{1} . thja:ŋ^{5} niu^{2} ho^{3} ma:n^{3} mən^{1} mɛ^{2} ja^{2} chi^{3} kun^{5} tshət^{7}

轿子 叫 嘎 嘎 抬 来 像 我们 里 村 都 有 两 起 先 时

ka^{6} cheu^{1} lui^{6} taŋ^{1} ti^{5} . tu^{6} ca:ŋ^{3} mɔ^{6} pi^{3} niu^{2} lo^{4} səp^{8} leŋ^{2} mɛ^{1} pa:n^{1} na:i^{6} tyn^{1} ceu^{6} taŋ^{1}

那 留 下 来 的 就 讲 他 比 我们 太 十 零 岁 班 这 抬 轿子 来

ti^{5} . tyn^{1} thəu^{5} tin^{5} jen^{2} a:u^{1} ȵa^{2} na:n^{6} fa:ŋ^{5} pa:i^{1} tau^{3} at^{7} kui^{6} kə^{6} tjep^{7} uk^{7} taŋ^{1} . tjep^{7}

的 抬 到 边 房子 要 你 男方 去 陡 个 柜 那 接 出 来 接

a:u^{1} ma^{5} lɔ^{3} jen^{2}.

要 回 进 家

pa^{6} thəu^{6} lən^{2} lu^{6} ci^{3} njen^{6} . lu^{6} ci^{3} njen^{6} lə^{6} pə^{5} , na:u^{4} ci^{5} hwa:ŋ^{5} lə^{6} pə^{5} , at^{7}

罢 到 后 六 几 年 六 几 年 了 了 闹 饥荒 了 了 个

hwən^{5} sɿ^{4} naːi^{6} çən^{1} tu^{6} ŋ^{5} caːŋ^{3} laːk^{7} . kən^{5} pən^{3} tshət^{7} kə^{6} thjaːŋ^{5} ŋ^{5} mɛ^{2} çən^{1} cet^{7}

婚 事这 人 就不讲 啦 根本 时 那 像 没有 人 结婚

hwən^{1} . tu^{6} si^{6} tin^{3} fɛ^{4} lak^{7} çən^{1} ŋ^{5} mɛ^{2} tsi^{3} pjau^{5} . khaːu^{5} laːu^{6} tuŋ^{4} fan^{1} ȵa^{2} paːi^{1}

就 是叫做个 人 没 有 指 标 靠 劳 动 天 你 去

laːu^{6} tuŋ^{4} tu^{6} mɛ^{2} ti^{5} ljaːŋ^{3} hu^{2}, ŋ^{5} paːi^{1} ȵa^{2} tu^{6} ŋaːi^{6} ŋa^{6}.

劳动 就有 四 两 饭 不 去 你 就 挨 饿

pa^{6} tu^{6} thəu^{3} tsi^{6} sɿ^{6} njen^{6} taːi^{4} tshu^{5} , jəu^{6} mɛ^{2} lə^{6} pə^{5} . cet^{7} hwən^{1} , pu^{5} naːi^{6} mɔ^{6}

罢就 到 七 十 年 代 初 又 有 了 了 结 婚 回 这 他

sən^{5} ho^{6} kaːi^{3} pjen^{4} , jəu^{6} thaːn^{6} thəu^{5} lən^{4} hwən^{5} lən^{4} ca^{4} taŋ^{1} lə^{6} pə^{5} . tshət^{7} kə^{6} mɔ^{6}

生 活 改 变 又 谈 到 论 婚 论 嫁 来 了 了 时 那 他

at^{7} fuŋ^{5} su^{6} kə^{6} tyn^{1} ceu^{6} tu^{6} kaːi^{3} pjen^{4} la^{5} . kaːi^{3} pjen^{4} tu^{6} kaːi^{3} pjen^{4} , mɔ^{6} naŋ^{1} mɛ^{2}

个 风 俗 那 抬 轿子 就 改 变 了 改 变 就 改 变 他 还 有

niŋ^{5} njem^{1} . tshət^{7} ka^{6} ti^{5} lək^{8} m̥ jaːk^{7} uk^{7} ca^{4} le^{5} , mjen^{6} ti^{6} kɔŋ^{1} kə^{6} lun^{4} , tjep^{7} fan^{1}

些 跟随 时 那(前缀) 女孩 出 嫁 呢 面 男人 那 送 结 天

kə^{6} taŋ^{1} , lun^{4} sik^{8} lɔ^{3} jen^{2} . niŋ^{5} kə^{6} tu^{6} lɔ^{3} jen^{2} , lɔk^{8} m̥ jaːk^{7} ȵaːu^{6} ho^{3} tjaːŋ^{2} tu^{6} ȵɛ^{3}

那 来 送 肉 进 家 些 那 就 进 家 女孩 在 里 房间 就 哭

lə^{6} pə^{5} . mɔ^{6} caːŋ^{3} : pu^{4} a^{6} , ni^{4} a^{6} , faːi^{4} a^{6} , ŋ^{5} sja^{3} . kɔ^{6} caːŋ^{3} ŋ^{5} paːi^{1} . mɔ^{6} ho^{3} təm^{1}

了了 她 讲 爸 啊 妈 啊 哥 啊 不舍 一直 讲 不 去 她 里 心

tjaːŋ^{3} paːi^{1} ȵak^{7}ȵak^{7}.

想 去(后置音节)

pu^{6} kɔ^{4} thəu^{5} paːt^{7} sɿ^{6} njen^{6} taːi^{4} jəu^{6} ŋ^{5} mɛ^{2} at^{7} naːi^{6} pə^{6} ljeu^{6}, ŋ^{5} fɛ^{4} pə^{6} ljeu^{6}.

不 过 到 八 十 年 代 又 没 有 个 这 了 了 不 做 了 了

mɔ^{6} ȵɛ^{3} at^{7} pu^{4} tsəu^{4} kə^{6} jəu^{6} ŋ^{5} tɔːŋ^{2} pu^{4} ni^{4} tai^{1} ȵɛ^{3} lə^{6} pə^{5} . he^{2} naŋ^{1} tsəp^{7} lai^{3} :

它 哭 个 步骤 那 又 不 同 爸 妈 死 哭 了 了 我 还 记 得

"ni^{4} ja^{6} ni^{4} ja^{6} ni^{4}, pu^{4} a^{6} pu^{4} a^{6} pu^{4}." si^{6} ŋ^{5} naːi^{6} ȵɛ^{3} ti^{5}. thəu^{5} tjep^{7} paːi^{1} thin^{1} thu^{3},

妈 呀 妈 呀 妈 爸 啊 爸 啊 爸 是 样 这 哭 的 到 接 去 清楚

tjaːŋ^{5} niu^{1} jən^{6} cəm^{1} pi^{3} luŋ^{6}ŋaːn^{6}, luŋ^{6} ŋaːn^{6} mɔ^{6} çiŋ^{5} taːu^{3} phɔ^{5}. lək^{8} lun^{4} lɔ^{3} jen^{2},

像 我们 黄金 比 龙岸 龙岸 它 兴 烧 炮 个 送嫁 进 家

ho^{3} maːn^{3} həu^{6} seŋ^{1} ti^{6} kɔŋ^{1} cen^{1} phɔ^{5} taŋ^{1} ceu^{6} taːu^{3} . taːu^{3} le^{5} , ȵa^{2} ceu^{6} lɔ^{3} ho^{3}

里 村 后生 男的 拿 炮 来 轿子 烧 烧 呢 你 轿子进 里

tuŋ^{4} faːŋ^{6} paːi^{1} , chi^{5} kə^{6} mən^{5} phɔ^{5} kə^{6} , tshət^{7} ka^{6} si^{6} , at^{7} l̥uŋ^{1} tshoŋ^{1} ka^{6} ŋ^{5} tɔŋ^{2}

洞房　去　气 那 闷　炮　那　时　那 是　个　洞　窗　那不同

tshət^{7} naːi^{6} kaːi^{1} ti^{5} lo^{4} a^{5} , te^{5} te^{5} ti^{5} , mən^{4} taːi^{1} çən^{1} paːi^{1} . phu^{5} naːi^{6} tu^{6} si^{6} ŋaːi^{2} tshy^{3}

时　这　开得大啊　细 细 的　闷　死　人　去　回　这　就 是　挨　取

sjau^{5} paːi^{1}. pi^{3} caːŋ^{3} taːu^{3} phɔ^{5} thjaːŋ^{5} cəm^{1} paːu^{4} fu^{6} nə^{3} jaŋ^{6}. he^{2} aːu^{1} maːi^{4} ȵa^{2} taŋ^{1}

消　去　比　讲　烧　炮　像　兼　报复　一　样　我　要　老婆　你　来

taːu^{3} i^{6} naːi^{6} ci^{6} le^{6} , thəu^{5} ȵa^{2} aːu^{1} əi^{2} paːi^{3} taːu^{3} i^{6} naːi^{6} ci^{6} le^{6} . mɛ^{2} niŋ^{5} lək^{8} lun^{4} ŋaːi^{2}

烧 样 这　激烈　到　你　要　我　去　烧 样　这　激烈　有　些　个 送嫁 挨

taːu^{3} khjɛːn^{5} thaːŋ^{5} paːi^{3} jen^{2} çən^{1} tsam^{2} . thaːŋ^{5} lɔ^{3} tshə^{6} so^{3} paːi^{1} tsham^{2} mən^{1} mɛ^{2} ,

烧　怕　跑　去　家　人　躲　跑　进　厕所　去　躲　都　有

khjɛːn^{5} thəu^{5} po^{6} ka^{6} pəi^{1}. tshət^{7} naːi^{6} le^{5}, tu^{6} kaːi^{3} pjen^{4} lə^{6} pə^{5}. naːi^{6} niu^{2} tu^{6} caːŋ^{3} ,

怕　到 地步 那 去　时　这 呢　就 改　变　了 了　现　我们 就　讲

niu^{2} jən^{6} cəm^{1} ti^{5} lək^{8} m̥jaːk^{7} ca^{5} paːi^{1} luŋ^{6} ŋaːn^{6} , niu^{2} ai^{5} phaːi^{5} ti^{6} kɔŋ^{1} paːi^{1} ,

我们　黄金　的　女孩　嫁　去　龙岸　我们乐意　派　男人　去

saːu^{1} i^{1} naːi^{6} kaːu^{3} he^{2} ti^{6} nuŋ^{4} ku^{1} , ŋ^{5} lai^{3} . pa^{6} çən^{1} tshət^{7} naːi^{6} ja^{6} ŋ^{5} mɛ^{2} ljeu^{6} . pi^{3}

你们　样这　搞　我 的　妹　姑　不 行　骂 人　时　这 也 没 有　了　比

caːŋ^{3} ȵa^{2} taːu^{3} laːn^{6} he^{2} ti^{5} kuk^{7} , he^{2} aːu^{1} ȵa^{2} poi^{2} . poi^{2} si^{6} tsy^{3} ca^{1} poi^{2} , sin^{5} laːŋ^{6}

讲　你　烧　烂 我的 衣服　我 要　你　陪　陪 是 主　家 陪　新　郎

mjen^{6} kə^{6} poi^{2}. tshət^{7} naːi^{6} ŋ^{5} fɛ^{4} pjeu^{6}. ti^{6} ca^{1} khjɛːn^{5}, ti^{6} ca^{1} caːu^{4} ju^{6} ti^{6} ca^{1}. thjaːŋ^{5}

面　那　陪　时　这 没 有　了　自己　怕　自己　教育　自己　像

ȵiu^{2} ni^{5} jən^{6} cəm^{1} ni^{5} fuŋ^{5} su^{6} tu^{6} i^{1} lo^{1} . ȵa^{2} taŋ^{1} , lɔ^{3} jen^{2} thin^{1} thu^{3} , ȵiu^{2} ȵaːu^{6}

我们 这　黄金　这　风俗　就 好 啰　你　来　进　家　清楚　我们　烧

nuk^{7} naːi^{6} taːu^{3}. kuŋ^{5} ho^{4} nə^{3} jaŋ^{6} , kən^{5} pən^{3} ŋ^{5} toi^{5} ȵa^{2} hə^{6} lək^{8} lun^{4} kə^{6} , ŋ^{5} in^{3} çaːŋ^{3} ȵin^{5}.

外　这　烧　恭贺　一样　根本　不 对　你 些　个送嫁 那　没　影响　完全

hai^{5} caːŋ^{3} thjaːŋ^{3} tɔŋ^{1} mən^{2} u^{1} naːi^{6} , niu^{2} maːn^{3} ja^{2} aːu^{1} ta^{6} . tɔŋ^{1} mən^{2} u^{1} naːi^{6}

听　讲　像　东门　上　这　我们　村　也　要　过　东门　上　这

paːi^{1} te^{3} ka^{6} jəu^{6} ŋ^{5} tɔŋ^{2} lə^{6} pə^{5} . tɔŋ^{1} mən^{2} fɛ^{4} lək^{8} lun^{4} paːi^{1} chi^{3} ma^{3} mɛ^{2} ŋɔ^{4} pon^{2}

去　底 那　又　不 同　了 了　东门　做　个　送嫁　去　起码　有　五　桌

səp^{8} pon^{2} . tshət^{7} ka^{6} niu^{2} ho^{3} maːn^{3} ja^{6} mɛ^{2} çən^{1} aːu^{1} tɔŋ^{1} mən^{1} , nən^{1} lək^{8} lun^{4} ə^{2} kə^{6}

十　桌　时　那 我们 里　村　也 有　人　要　东门　见　个 送嫁 样那

ȵɔŋ4 , ho3 maːn3 caːŋ3 : tai1 jə6 , pi3 lai3 fɛ4 khjaːu3 naŋ1 ȵɔŋ4 pəi1 . ljeu4 mu2 naːi6 tu6
热闹 里 村 讲 死呀 比得做 酒 还 热闹 去 完 夜 这就
i1 naːu1 fɛ4 ʔtaːn6 tsaːn1 mən1 ŋ5 caːŋ3 ma1 . mu2 nəi6 çən1 ȵaːu6 kə5 n̥au1 ʔku5 taːn5 jəu5 ti6
样哪 做 但 吃 都 不 讲 嘛 夜 这 人 住 地 哪 总 担忧(前缀)
tjeu2 naːi6 . naːi6 tu6 ŋ5 wɔ4 saːu1 tɔŋ1 mən2 naŋ1 si6 ŋ5 si6 i6 naːi6 laːk7 ʔ laːk8 te5 ,
条 这 现 就 不知道 你们 东门 还 是 不 是 样 这 啦 儿 小
mu6 lo4 , ti6 pwa2 kɔ5 si6 njem2 paːi1 ti5 paːn1 lo4 . mɛ2 niŋ5 paːi1 kau5 tən2 moi5
个 大(前缀) 婆 总 是 跟 去(前缀) 帮 大 有 些 去 看 牛 背
phu1 ljem3 njem1 paːi1.
婆镰刀 跟 去

at7 fuŋ4 su6 naːi6 tu6 caːŋ3 ȵaːu6 lu6 sɿ6 njen6 taːi4 mo6 tshi6 sɿ6 njen6 taːi4 thu5 fɛ4
个 风俗 这 就 讲 在 六 十 年 代 末 七 十 年 代 初 做
tsjaːŋ5 tsəi4 ȵɔŋ4 laːk7 . thəu5 ta6 njen2 , tshuŋ6 tshɔ1 jət7 tshjaːŋ5 thəu5 səp8 ŋɔ4 . uk7
唱 最 热闹 啦 到 过 年 从 初 一 唱 到 十 五 出
paːi1 pi3 caːŋ3 ȵa2 jaːu5 lai3 naːn6 faːŋ5 jaːu5 ny3 faːŋ5 , ny3 faːŋ5 jaːu5 naːn6 faːŋ4 , ti6 ca1
去 比 唱 你 邀 得 男 方 邀 女方 女 方 邀 男 方 自己
ȵøn6 tu6 tshjaːŋ5 . ti6 ca1 tshjaːŋ5 thəu5 , pi3 caːŋ3 fan1 naːi6 tshjaːŋ5 ljeu4 mu6 naːi6 ma1
愿 就 唱 自己 唱 到 比 讲 天 这 唱 完 夜 这 回家
ljeu6 , fan1 mɔ3 jəu6 taŋ1 . mɛ2 niŋ5 fjen3 səp8 ŋɔ4 mən1 ŋ5 tjaːŋ3 fan6 ma1 fɛ4 kuŋ1 fu1
了 天 以后 又 来 有 些 玩 十 五 都 不 想 返 回家 做 功夫
paːi1 . at7 fuŋ5 su6 naːi6 , tshət7 naːi6 jəu6 ŋ5 mɛ2 lə6 pə5 . niu2 tshət7 kə6 mən1 paːi1 a5 ,
去 个 风俗 这 时 这 又 没有 了了 我们 时 那 都 去 啊
niu2 ta6 njen2 , tshɔ1 jət7 si6 ŋ5 uk7 paːi1 ti5 . tshɔ2 ȵi6 tu6 uk7 paːi1 , thjaːŋ5 niu2 niŋ5 kə6
我们 过年 初 一 是 不 出 去 的 初 二 就 出 去 像 我们 些 那
toi5 pa5 pjau1 , tsaːi4 taːu4 thəu5 pwa1 mjaːu6 , luŋ6 saːn5 , luŋ6 saːn5 niŋ5 ka6 sjaːŋ5 taːŋ5
对 北标 寨道 到 山 庙 龙山 龙山 些 那 相 当
maːn6 ce1 lə6 pə6 , waːn3 thəu5 cə6 tau2 uk7 , toi5 ti6 mən2 ma1 . ho6 naːi6 peŋ3 si6 ʔjeu1 ti5 ,
蛮 远 了了 弯 到 桥头 出 对 寺门 回家 样 这 都 是 邀 的
pi3 caːŋ3 he2 nən1 ȵa2 mɛ2 ci3 lak7 , he2 mɛ2 ci3 lak7 , ʔjeu1 , fɛ4 tshjaːŋ5 taŋ1 saːi3 ȵa2
比 讲 我 见 你 有 几 个 我 有 几 个 邀 做 唱 来 问 你

ȵøn^{6} ŋ^{5} ȵøn^{6} tshjaːŋ^{5}. mɔ^{6} ŋ^{5} jɔːŋ^{6} wa^{6} saːi^{3} ti^{5}. ȵøn^{6} tshjaːŋ^{5} tu^{6} tuŋ^{6}te^{2} tu^{6} tshjaːŋ^{5}.
愿 不 愿　唱　他 不 用　话 问　的 愿　唱　就　同齐 就　唱
jət^{7} lu^{6} tshaːm^{1} jət^{7} lu^{6} tshjaːŋ^{5} ja^{6} mɛ^{2}, tuŋ^{6} te^{2} tshjaːŋ^{5} ja^{6} mɛ^{2}, tin^{3} fɛ^{4} təi^{4} ko^{5} nə^{3} jaːŋ^{6}.
一　路　走　一 路　唱　也 有　同齐　唱　也 有　叫 做 对歌　一 样

tu^{6} si^{6} i^{6} naːi^{6}.
就 是 样这

译文：

先讲五十年代结婚的事嘛！五十年代结婚呢，风俗就是要做媒的，就让你看看那人你喜不喜欢。然后就去家里看人家家里的情况。如果喜欢呢，就准备婚礼的事了。婚礼的事，男方会或多或少会带上一些彩礼啊彩金啊去到女方家里定亲。这时候是要拿些礼品啊、钱啊去的。跟着一起去的还有媒人、男方家里的一些重要的人。把彩礼送过去，如果女方愿意就接下这些彩礼。这些事结束之后，就开始着手选日子办喜事了。哪一天办喜事这个事，女方就要迁就男方了。那时候的风俗和现在的不一样。那时候是要抬着轿子嘎嘎叫地去接亲的。在我们村里也有两顶早前留下来的这样接亲的轿子。比我们大十来岁的那一代人结婚都是抬轿子接亲的。这轿子抬到男方家门口，新郎就要去压轿，把新娘迎接出来，带进家门。

然后到了六几年，那时候闹饥荒，结婚的事都没人提了。那时候根本就没人结婚。吃饭都是按照每人劳动一天拿到指标才有四两饭吃，不至于挨饿。

再往后就到了七十年代初，又开始有人结婚了。那时人们的生活改变了，又谈婚论嫁了。那时候的结婚抬轿子的风俗有了改变了，也有一些没改变。那时候女孩子出嫁，男方会送来一些肉去女方家里。新娘子这时候就开始在房间里哭，哭词就是：爸爸啊，妈妈啊，哥哥啊，我舍不得你们啊。新娘子嘴里一直说不嫁，可是心里盼望嫁人得很。

不过，到了八十年代又没有哭嫁这个风俗了。这个哭嫁的哭法和父母过世的哭可不一样哦。我还记得哭嫁是“妈妈呀妈妈，爸爸呀爸爸”这么哭的。接亲过后，在我们黄金这边的风俗比龙岸的话，龙岸那边是要烧鞭炮的。这个送嫁的这些人进到家里了，村里的年轻后生就拿鞭炮到轿子那儿烧。轿子进到洞房里，那时候的洞房的窗户是和现在的房子的窗户不一样的，都很小，在那儿放鞭炮，整个房间的气就被闷着了，闷死人呢。这个风俗就被取消了。这样放鞭炮有些报复的样子。你讨老婆，我这样狠狠地烧鞭炮在你洞房里，到我讨老婆，你也狠狠地这样烧鞭炮。有些一起送嫁的人在洞房里被烧怕了，还跑去别人家里躲避，有些跑厕所里去躲，都怕成这样了。现在，这样烧鞭炮的风俗就改变了。我们黄金这边都说，如果有女孩子嫁到龙岸去，我们就派年轻后生一起送嫁。你们要是这样整我们的姊妹，就不行。然后，这个风俗现在就没有了。比方说嘛，我的衣服你烧烂了，你得赔我呀，那赔偿的事情是要主人家陪的呀。所以自己也怕了，改了，自己教育了自己。在我们黄金这边的风俗就好了，你（送嫁队伍）进到我们家里之后，我们就到屋外放鞭炮，作为一种恭贺，根本就不会影响到送嫁的那些人。

我也听说了你们东门（镇）那边的结婚习俗。我们村也有人娶了东门那边的人。东门那边的又不相同了。东门的结婚送嫁队伍起码有五桌十桌的人。那时，我们村里娶东门新娘时，我们见到那个送嫁队伍真是吓人啊，那人数比办酒席的主家人好多。担心晚上都不知道让他们留宿在哪里，不知道怎么办呢！吃饭的事都不说嘛，晚上让他们住哪儿啊！现在不知道你们东门还是不是这样啊？（送嫁队伍里）小孩、大人，还有一大群的女人都一起去，有些还是放牛到一半带着镰刀篓子就一起来了。

到了六十年代末七十年代初，我们的（男女结识的）风俗就是以唱歌的方式最热闹了。过年的时候，可以从初一唱到十五。出门比赛唱歌，邀上自己的同伴，一起去邀女孩子对歌。自己愿意就一起唱。比方说今天唱完了，晚上就回家，第二天又来唱。有些过了十五都不想回家干活呢。这个唱歌的习俗现在是没有了。我们那时村子里都还唱呢。那初一按说是不出门了，但是到了初二就出门哦。我们（出门唱歌）是从北标去到寨道，然后到山庙，再往龙山去。到了龙山就相当远咯，再拐到桥头绕出来，到寺门，然后回家。就这样相互邀请，比方说我见到你们有几个人，我这边也有几个人，然后就相互邀请对唱，都是唱着问答愿不愿意唱，不会说话的。愿意唱就一起一路唱，一路走，边走边唱，齐唱也有，就叫对歌。

就是这样了。

3. ta^6 tjet^7 节日

过节日

ta^6 njen^2 ti^5 at^7 tse^6 naːi^6 le^5 , hɔŋ^6 cəm^1 mɔ^6 ȵaːu^6 səp^8 ȵi^2 ȵøt^8 səp^8 ci^3 mən^1

过年（前缀）个 节 这 呢　黄金　它　在　十　二　月　十　几 都

tsyn^3 pi^4 pə^6 ljeu^6 . l̥i^3 m̥ u^5 taŋ^1 kon^5 fuŋ^5 tshaːŋ^6 . jəm^1 sik^8 fɛ^4 sik^7 laːp^8 . cəm^5 ci^1 ,

准 备　了　了　杀 猪　来　灌　风　肠　腌　肉　做 肉　腊　圈养 鸡

ci^1 jəm^1 ta^6 a^5 , cəm^5 taŋ^1 che^1 mɔ^6 pi^2 . caːŋ^3 thyn^3 pi^4 ta^6 njen^2 ma^6 , chi^6 si^6 ta^6 njen^2

鸡 腌 过 啊 圈养 来　给 它 肥　讲　准　备 过 年　嘛　其实 过　年

ŋ^5 tsaːn^1 thəu^5 sik^8 laːp^8 ti^5 , si^6 haːn^6 si^2 tu^6 nən^1 tsaːn^1 . ta^6 njen^2 tsaːn^1 sin^5 søn^5

不　吃　到　肉　腊 的　是 闲 时 就　见　吃　过　年　吃　新　鲜

ho^4. mu^2 ta^{6}njen^2 tuŋ^1 niŋ^4 məm^6, məm^6 si^6 aːu^1 tuŋ^1 teŋ^6. məm^6 i^1 nau^{1}aːu^1 tuŋ^1 le^5,

货　夜 过　年　煮　些　鱼　鱼 是 要　煮　定　鱼 样 哪　要　煮 呢

mɔ^6 taːi^4 pjau^3 nə^3 naːŋ^2 ? njen^6 njen^6 jəu^3 y^6 , mɔ^6 si^6 ŋ^6 naːi^6 . ta^1 sɿ^6 mən^6 ja^6 mu^6

它　代　表　样 什么　年　年　有 鱼　它 是 样 这　三 十 门　夜　夜

kə^6 paːi^1 çen^5 sja^4 , çen^5 thjen^1 ti^6 , çen^5 tɔ^1 tsø^3 , ti^5 tshø^5 çen^5 . çen^5 ljeu^4 ma^1 ti^6

那　去　祭　社　祭　天　地　祭　灶 主（前缀）处　祭　祭　完 回家（前缀）

khwa^1 ljeu^5 tu^6 ti^6 ca^1 lɔŋ^6 tsaːn^1 la^3 , tsaːn^1 lai^3 tham^1 , ȵa^2 lɔːŋ^2 ʔjak^7 tu^6 tsaːn^1 mu^2

地方　完　就 自己　弄　吃　啦　吃　得　早　你 肚子　饿　就　吃　夜

ȵam^5 , ŋ^5 hai^5 lɔːŋ^2 ʔjak^7 tu^6 ŋ^5 jɔŋ^6 tsaːn^1 . mu^2 ka^6 le^5 aːu^1 taːu^3 çaŋ^1 ta^6 mu^2 . tin^3 fɛ^4

宵　不觉得肚子 饿　就 不 用　吃　夜 那 呢 要　烧　香　过 夜　叫 做

tu^3 ti^6 , tɔ^5 jɔːŋ^2 lui^6 mən^1 , taːu^3 çaŋ^1 jin^6 tse^6 . taːu^3 thəu^5 tshɔ^1 jət^7 . tshɔ^1 jət^7 çət^7 ka^6

土地　灶 王　下　天　烧　香　迎 接　烧　到　初　一　初　一 早上 那

le^5 , tu^6 tsɔŋ^5 i^5 tsaːn^1 swəi^3 jøn^6 . tɔ^4 hu^3 tœ^3 taŋ^1 fɛ^4 ti^2 pəu^5 , tɔ^4 huŋ^6 thaːŋ^2 taŋ^1

呢　就 中意　吃　水圆　用 米　糯　来 做糍粑 圆　用　红　糖　来

tuŋ^1 , tɔ^4 hiŋ^1 tɔ^4 . tsaːn^1 swəi^3 jøn^6 pa^6 , si^6 nə^3 tshət^7 , si^6 tjaːŋ^3 tsaːn^1 lo^5 hai^5 lɔːŋ^6

煮　放 姜　放　吃　水 圆　罢　是 一　时　是 想　吃 啰 觉得肚子

ʔjak^7 tjaːŋ^3 tsaːn^1 , jəu^6 lo^3 tsaːn^1 . ɬan^1 ka^6 ti^5 caːŋ^3 cəu^4 si^6 caːŋ^3 , tshət^7 naːi^3 tu^6

饿　想　吃　又 热　吃　大 那 的 讲　究　是　讲　时　这 就

ŋ^{5} caːŋ^{3} . tshət^{7} ka^{6} tu^{6} caːŋ^{3} , mu^{6} lo^{4} caːŋ^{3} çət^{7} ka^{6} ŋ^{5} nən^{6} kəu^{4} ʔjəu^{3} kui^{1} . mu^{2} ta^{1} sɿ^{6}
不讲 时 那 就 讲 个 大 讲 早上 那 不 能 够 折断 柴 夜 三 十

mən^{6} ja^{6} mən^{1} tɛ^{5} i^{1} cheu^{1} . mɔ^{6} caːŋ^{3} ȵa^{2} ʔjəu^{3} kui^{1} le^{5} , ta^{1} sɿ^{6} mən^{6} ja^{6} ȵa^{2} ʔjəu^{3}
门 夜 都 砍 好 留 它 讲 你 折断 柴 呢 三 十 门 夜 你 折断

kui^{1} , thəu^{5} mɛ^{1} naːi^{6} ȵa^{2} fɛ^{4} ja^{5} khəi^{1} ku^{5} teŋ^{6} tu^{5} . mɔ^{6} caːŋ^{3} ŋ^{5} tsən^{2} phət^{7} jen^{2} . phət^{7}
柴 到 年 这 你 做 田 犁 总 常 段 它 讲 不 准 扫 家 扫

jen^{2} , mɔ^{6} caːŋ^{3} thəu^{5} mɔ^{3} ȵa^{2} nə^{3} mɛ^{1} ȵa^{2} ho^{3} jen^{2} mən^{1} si^{6} nin^{4} ȵat^{8} , tshət^{7} tshət^{7}
家 它 讲 到 以后 你 一 年 你 里 家 都 是 脏(后置音节) 时 时

aːu^{1} phət^{7}. ho^{3} jen^{2} ȵin^{3} nɔːŋ^{5}nɔːŋ^{5}. ȵan^{3} thəu^{5} ça^{4} u^{3} pəi^{1}. ja^{6} ŋ^{5} nən^{6} kəu^{4} suk^{7} ko^{3} ,
要 扫 里 家 乱(后置音节) 忍 到 下 午 去 也 不 能 够 洗 头

ja^{6} ŋ^{5} nən^{6} kəu^{4} suk^{7} kuk^{7} . ta^{1} sɿ^{6} mən^{6} ja^{6} mu^{2} kə^{6} pa^{2} kuk^{7} i^{3} cin^{5} suk^{7} laːŋ^{5} i^{1} . çət^{7}
也 不 能 够 洗 衣服 三 十 门 夜 夜 那 把 衣服 已经 洗 晾 好 早

tshɔ^{1} jət^{7} kə^{6} si^{6} nə^{3} jaːŋ^{6} ŋ^{5} fɛ^{4} ti^{5} , tu^{6} si^{6} ho^{3} jen^{2} fjen^{3} tsaːn^{1} . thəu^{5} tshɔ^{1} ȵi^{6} , tshɔ^{1}
初 一 那 是 一 样 不 做 的 就 是 里 家 玩 吃 到 初 二 初

ȵi^{6} tu^{6} çiŋ^{5} at^{7} naːi^{6} lə^{6} pə^{5} . tshɔ^{1} ȵi^{6} l̥i^{3} ci^{1} taŋ^{1} tshaːp^{7} mən^{6} sən^{2} , tshaːp^{7} tshaːi^{6}
二 就 兴 个 这 了 了 初 二 杀 鸡 来 祭拜 门 神 祭拜 财

sən^{6} . tshaːi^{6} sən^{6} mɔ^{6} caːŋ^{3} tshɔ^{1} ȵi^{6} si^{6} ȵaːu^{6} səp^{8} ȵi^{6} thəu^{5} ȵaːu^{3} tjem^{3} , at^{7} naːi^{6} si^{6}
神 财 神 他 讲 初 二 是 要 十 二 到 一 点 个 这 是

ȵaːu^{6} thəu^{5} mu^{6} pə^{5} , ȵaːu^{6} tshɔ^{1} jət^{7} mu^{2} pə^{5} , tshaːi^{6} sən^{6} lui^{6} taŋ^{1} lə^{6} pə^{5} , ȵin^{6} tse^{6}
在 到 夜 呗 在 初 一 也 呗 财 神 下 来 了 了 迎 接

lə^{6} pə^{5} . çen^{5} aːu^{1} tɔŋ^{5} phɔ^{5} lə^{6} pə^{5} . tɔŋ^{5} phɔ^{5} , thjaŋ^{5} tshət^{7} naːi^{6} hwa^{1} naːi^{6} , lai^{4} jə^{6}
了 了 祭拜 要 放 炮 了 了 放 炮 像 时 这 们 这 鬼 呀

tɔŋ^{5} lai^{3} kau^{5} lik^{8} ə^{1} , nə^{3} mu^{2} kuŋ^{3} ɔ^{2} ɔ^{2} pəi^{1} , kuŋ^{3} thəu^{5} mən^{1} caŋ^{1} pəi^{1} . pa^{6} thəu^{5}
放 得 够 力 了 一 夜 响 轰隆 去 响 到 天 亮 去 罢 到

tshɔ^{1}ȵi^{6} tsaːn^{1} çət^{7} pa^{6} , nau^{2} tjaːŋ^{3} fjen^{3} tu^{6} fjen^{3} la^{5} . kui^{5} paːi^{2} kui^{5} paːi^{2} laːk^{7} . tɔŋ^{2}
初 二 吃 早 罢 谁 想 玩 就 玩 啦 打 牌 打 牌 啦 同

tshət^{7} ka^{6} tu^{6} paːi^{1} fɛ^{4} tshjaːŋ^{5} , naːi^{6} ŋ^{5} fɛ^{4} tshjaːŋ^{5} , kui^{5} paːi^{2} , tə^{5} tshø^{5} fjen^{3}. pa^{6}
时 那 就 去 做 唱 现 不 做 唱 打 牌 到 处 玩 罢

thəu^{5} tshɔ^{1} tam^{1} , naːi^{6} peŋ^{3} si^{6} tsi^{6} tse^{6} nə^{3} jaŋ^{6} ŋ^{5} fɛ^{4} , tu^{6} si^{6} tsaːn^{1} thəu^{5} tshɔ^{1}
到 初 三 现 都 是 直接 一 样 不 做 就 是 吃 到 初

ŋɔ⁴ . tshɔ¹ ŋɔ⁴ mɔ⁶ jəu⁶ si⁶ nat⁷ tjet⁷ lə⁶ pə⁵ . tshɔ¹ ŋɔ⁴ si⁶ , at⁷ tjet⁷ tin³ fɛ⁴ naːŋ² tjet⁷
五 初 五 它 又 是 一 个 节 了 了 初 五 是 个 节 叫 做 什么 节

lə⁶ ljeu⁶? mən⁶ sən², tu⁶ çen⁵ mən⁶ sən². pa⁶ jəu⁶ tsi⁶ tse⁶ tsaːn¹ thəu⁵ səp⁸ ŋɔ⁴, mɛ²
了 了 门 神 就 祭拜 门 神 罢 又 直接 吃 到 十 五 有

nat⁷ jøn⁶ sjau⁵ , jəu⁶ tshuŋ⁶ sin⁵ l̥i³ ci¹ , tə⁵ tsø⁵ jəu⁴ leŋ⁶ tshaːp⁷ nə³ m̥aːt⁷ , tu⁶
一个 元宵 又 重 新 杀 鸡 到处 又 另 祭拜 一 次 就

hø³ sən¹ laːk⁷. hø³ sən¹ thəu⁵ mɛ¹ ti⁶ ȵi⁶ paːi¹ waːn² lə⁶ ma⁶.
许愿神 啦 许愿 神 到 年 第 二 去 还 了 啦

译文：

在黄金镇，从腊月十几这样就开始准备过年的东西了，比如：杀猪灌风肠，腌肉做腊肉，把鸡圈养起来然后腊鸡呀。把鸡圈养起来鸡就会很肥呀！这些说是为过年做准备，其实过年的时候不会吃腊肉这些东西的，都是平时才吃的。过年的时候都吃新鲜的东西。大年夜晚上会煮些鱼，鱼是一定要有的，因为它代表年年有余。大年三十晚上每家每户都会都会祭社，祭祀天地和灶王，四处祭祀。祭祀完回到家就自己弄吃的了。如果吃得早，到了夜里肚子饿了就会吃个夜宵，不觉得肚子饿就不吃。那天晚上要烧一整个晚上的香，因为那天晚上土地爷、灶王要下凡，凡人得烧香迎接，要烧香到大年初一。到了大年初一早上，人们喜欢吃汤圆。汤圆是用糯米做的圆形的糍粑，煮汤圆时要加上红糖和姜。吃过汤圆过了一会儿，如果觉得肚子又饿了，就把汤圆重新加热再吃。大年初一那天的讲究，现在已经不再坚持了，但是老人们是说：初一早上不能够折断柴火，要大年三十那天晚上就事先砍好留着。就是说那天如果你折断柴火了，那这一年你犁田的犁会经常断。这一天还不能扫地。扫地的话，在这一年里家里都脏兮兮的，总收拾不干净。在这一天，如果觉得家里很乱，那就到下午再打扫。这一天也不能洗头发、不能洗衣服。年三十那天就应该把衣服洗好晾好。初一这天不需要干活的，就在家里玩和吃东西就好了。

到了大年初二，就要杀鸡来祭拜门神和财神。财神是初二凌晨到一点这样要迎接的，财神下来要放鞭炮。现在初二凌晨的时候，家家户户放鞭炮真的是十分热闹呀，这鞭炮声会一直响到天亮。初二吃完早饭，谁想出去玩就出去玩了，有的打牌去了。像以前，人们就去唱山歌，现在是不唱了，只是出去打牌，到处玩耍。

到了初三也是一直这样玩耍，不干活的，一直到初五。到了初五就又是一个节日了，是到祭拜门神的节日了。祭拜了门神，过几天到了十五，就到了元宵节。这一天又要重新杀鸡做贡品四处祭拜，然后向各路神仙许愿。愿望在这一年里实现了的话，第二年要还愿的。

三、童谣、顺口溜

1. njen^{6} siŋ^{1} fɔŋ^{1} sɔk^{8}，ŋ^{5} khjɛːn^{5} nɔk^{8} lak^{8} tshaːn^{1} kɔk^{7}.

年成 丰收 不 怕 鸟 偷 吃 谷子

年成好，不怕鸟儿来吃谷子。

2. ci^{5} mai^{4} khjɔk^{7} khjɔk^{7}，ci^{5} laːk^{8} ȵwa^{1} ȵwa^{1}，ci^{5} mai^{4} khjɔk^{7} khjɔk^{7} ȵaːu^{6} u^{1}

鸡母 咕咕 鸡 小 叽叽 鸡母 咕咕 在 上

pɔk^{7}，ci^{5} laːk^{8} ȵwa^{1} ȵwa^{1} ȵaːu^{6} u^{1} pwa^{1}.

土包 鸡小 叽叽 在 上 坡

母鸡咕咕，小鸡叽叽，母鸡咕咕在土堆上，小鸡叽叽在山上。

3. tsɛ^{2} a^{6} tsɛ^{2}，lai^{3} fjen^{3} nə^{3} mɛ^{1} ton^{5} nə^{3} mɛ^{1}，naŋ^{1} ta^{6} ja^{6} mɛ^{1} tuŋ^{6} te^{6} lo^{4}，

姐啊姐 得 玩 一 年 算 一 年 还 过 两年 同齐 大

nə^{3} nja^{1} ŋəm^{3} laːk^{8}，nə^{3} nja^{6} kwa^{4} cɛ^{3}.

一 手 抱 小孩 一 手 抓 屎

姐姐啊姐姐，还能玩一年就多玩一年，再过两年都长大了，一手抱着小孩，一手抓（小孩的）屎。

4. m̥a^{1} khəu^{5} ŋɔŋ^{2} ŋɔŋ^{2}，taːŋ^{4} laːk^{8} ti^{6} tau^{6}，khaːi^{1} tɔ^{1} taŋ^{1} khau^{5}，nau^{2} wɔ^{4}

狗 吠 汪汪 养 小孩 吵闹 开 门 来 看 谁 知道

si^{6} fai^{1} su^{2} taŋ^{1} thəu^{5}，ŋ^{5} mɛ^{2} ma^{1} tuŋ^{1}，tu^{6} paːi^{1} la^{4} lau^{5}，la^{4} ŋ^{5} lai^{3}，tu^{6} paːi^{1}

是 姨夫 来 到 没 有 菜 煮 就 去 找 螺 找 不 得 就 去

fai^{3}，paːi^{1} thəu^{5} fai^{4} lai^{3} ja^{2} khwaːi^{3} təu^{6} fu^{5} mai^{3}.

街 去 到 街 买 两 块 豆腐 烂

狗儿汪汪叫，家里小孩闹，开门看一看，竟是舅父来到，家里没有菜，想去（田里）找田螺，找不到，上街去（买菜），买到两块烂豆腐。

5. laːk⁸ te⁵　naŋ¹ niŋ⁵ ȵɛ³　ŋɛ³ ŋɛ²，ni⁴ ŋ⁵ ȵaːu⁶ jen² tu⁶ hwən³ tsɛ²；

孩小　还 小 哭　嘤嘤　妈 不　在　家 就　和　姐姐

tshət⁷ naːi⁶ ȵa² kau⁵ mɔ⁶ lo⁴ ljeu⁴，wɔ⁶　lɔ² tən¹ pu¹ paːi¹ uk⁷ cɛ³.

时　这　你　看　他 大　了　知道　进 牛　灰　去　屙 屎

小屁孩哭鼻子，妈妈不在家，跟着小姐姐；现在你看看，他长大了，拉屎就要找厕所。

6. caŋ¹ njɛn² caŋ¹ taːŋ⁶ taːŋ⁶，kɔŋ¹ lon¹ tun³，pwa² lon¹ jaːŋ⁶，ti⁶ kɔŋ¹ tɔk⁷

亮　年　亮　堂堂　公　钻 蚊帐　婆　钻 被子（前缀）公　往

kun⁵ lɔŋ⁶ ku¹ ljaːm⁴，ti⁶ pwa²　tɔk⁷ lən² li³ ci¹ ŋaːŋ⁵.

前　弄　聚餐　（前缀）婆　往 后 杀　鸡 秧

月亮亮堂堂，阿爷进帐子，阿奶盖被子；男人前头在聚餐，女人后头杀母鸡。

7. caŋ¹ njɛn² caŋ¹ taːŋ⁶ taːŋ⁶，nuŋ⁴ uk⁷ cɛ³ tɔ⁴ pho⁵，pwa¹ paːi³ ho³ nja¹ suk⁷，

亮　年　亮　堂　堂　孩子 屙　屎 放 床　婆　去　里　河　洗

lai³ tɔ³ lau⁵. kɔŋ¹ caːŋ³ tuŋ¹，pwa² caːŋ³ khau³，tsaːn¹ ljeu⁴ juŋ¹ ŋau²ŋau².

得 只　螺　公　讲　煮　婆 讲　煨　吃　完　蹲（后置音节）

月亮亮堂堂，小孩屙屎在床上。阿奶拿到河里洗，捡到一只大田螺。阿公说煮来吃，阿奶说要火边煨，吃完（呜呼哀哉）蹲厕所。

第五章　仫佬族习语[①]

一个民族，在漫长的历史进程中，不断经历着各种生存考验，从中积累了丰富的生活实践经验。这样的经验构筑了民族的精神境界，并在语言中表现出来，也通过语言得以传承。

习语，作为一种语言中的习惯用语，具有特色鲜明的语义指向性，是语言群体在长期的生产实践中总结出来，表达民族历史和整个社会方方面面的语言艺术。它是一种群众喜闻乐见的语言表现，是一个民族智慧的结晶。通过对一个民族语言习语的认识和研究，可以窥探这个民族的心灵世界和认识世界的方式，构筑出地区民俗风貌，了解社会历史生活状态。可以说，习语是民族语言中的珍珠，收集和整理习语能够保护民族语言文化特色，可以丰富对于一个民族的了解，对服务国家民族团结事业意义重大。

一、来源与收集途径

笔者在不同的语言点收集到了一定量的仫佬族习语，这些习语主要来源于以下三个方面：

（1）仫佬族人生产劳动中的经验性、哲理性的总结，比喻性质的、行业术语演变的定型词组等；

（2）从早期汉语借用到仫佬语中，用仫佬语语言形式表达，并已具有广泛流行性词语；

（3）引用当地传唱度很高的山歌中寓意深刻的唱词的生活对话。

---

① 这一章的主要内容曾整理为《仫佬族习语散记》一书，作为笔者主持的国家社科基金项目“仫佬语语料的收集记录与研究”（17XYY015）的阶段性成果，于 2022 年由民族出版社出版。本书对该成果的一些表述进行了修正，并新增了后续语料收集过程中新获得的仫佬族习语 40 余条。

从形式看，这些习语的结构形式比较灵活，有的有着一定的对仗押韵的定型化形式，有的语言精练朗朗上口，有的灵活松散（比喻意义固定化）。从内容看，是在仫佬族人民群众日常生活中通俗常用的形象比喻或广为流传的经验总结、哲学道理及劝世良言等。

习语作为一种语言中的有机形式，无法按照一个预先设定好的语料收集整体框架开展收集工作。所收集的习语条目以仫佬语母语人口语中实际存在的习语表达为基本原则，也就是说，这章命名为仫佬族习语，但是这些习语并非完全由仫佬族人民创造出来的，不少是和周围的兄弟民族长期共处中，借用到仫佬语里，已经成为了仫佬族人的惯用表达。习语获得途径主要是如下几种：

（1）在日常生活中，不经意听到仫佬族人说到的习语，当时记录获得。

（2）请母语人在日常生活中把随时想起或听到的习语记忆告知笔者。

（3）仫佬族学者龙殿宝编撰的《罗城谚语集》①（1990）一书中以汉字记录语义方式记载了罗城一带的各族人民的谚语共计 2000 余条。其中标注为流传于仫佬族聚居地区的谚语 400 余条。笔者请仫佬族人按照汉字记录的意思，用仫佬语转述该书中的这些谚语条目，通过梳理筛选，新增近 200 条转述人认可并能完整以仫佬语转述的语义相同或相近的谚语。

由于时间有限，笔者没法去经历每一个场景刺激形成的语境，从中捕捉每一条仫佬语习语，也由于对于习语的定义是一个较为宽泛的概念，只能通过仫佬族中鲜明的定型化的习惯表达来理解习语。另外，由于未能找到一个整理编撰如仫佬语这样的少数民族语言习语的规范统一的操作模式，很多工作都是在探索中展开的。因此，这里的习语是以一种散记的形式收集编撰的。

通过梳理比较，这里总共记载了约 600 条仫佬族习语。每条习语以国际音标标注仫佬语语音，以汉语释义字面含义。实际使用中，每条习语所转化表达的比喻义、相关故事和来源，也做出恰当阐释，力求把每条习语系统完整的含义记录注释清楚。另外，许多汉语习语是直接以当地各民族的共通语　汉语西南官话方言桂柳片（桂柳话），直接使用到仫佬语中的，没有或者有很生硬的转述为仫佬语的对应习语句式。显然，直接借用更能一步到位地传达语义。笔者把其中在当地广泛使用、具有特色、汉文书籍中很少见的习语用汉字记录、释义，作为一

① 该书中并未作条目语义注释，一些谚语的所指无法从汉字记录的字面意义获得。

小节单独语料记录。

二、记录的基本规范

1. 本书所收录的仫佬族习语约600条，共分为四大类，对应四节内容。由于很多习语有比喻意义，有一些习语前半句和后半句的类别或习语本身就具有跨类特点，在归类时，主要考虑习语条目最直接层面的意义进行分类。收集到的仫佬族民间传统习俗类习语、谜语和顺口溜归入“其他”类。

2. 广西境内的仫佬语内部形式是比较统一的，罗城仫佬族自治县东门镇（罗城县县政府所在地）的仫佬族人口比重最高，仫佬语的通用性和活力也最高。这一章的习语条目以东门镇西北面的银村（行政划分为中石村）一带的仫佬语语音为记录的语音标准。如果实际收集到的习语条目是带有语音差别的，在不影响其语义传达的情况下（如不破坏表达中的语音押韵），一律把地域性的语音差别统一转化记录成为银村语言点的语音，其目的也是希望仫佬语能够在文献中形成一个规范的语音标准。

3. 习语条目的仫佬语语音用国际音标记录，每一条目中的词都对应注释出其汉语基本词义，分注难懂的仫佬语词汇，对仫佬语语法意义的词语以注脚注释方式解疑，随后串讲该条目的汉语意译。习语条目如是有出处、典故的，作详细追本溯源及考辩。有比喻意义的词条，注释注解其比喻义。

4. 一些习语条目意思相近，它们的区别是在结构形式中用同一词汇类别中的其他词替换了习语中的个别词。本书把其中通行度最高的作为基本条目，其相近意义的习语作为该基本条目的“又作”条目。

5. 这一章所举的习语例句，大多数是笔者以母语人身份对仫佬语长期观察和在语言情境比较分析基础上自省而来的，部分例句引自笔者所收集的长篇话语材料中。例句中用下划线标出与条目相应的习语。

6. 在编写和排版习语过程中，参考了国内通行的各种汉语和少数民族语言辞书，为节省篇幅，不再一一注明。主要参阅的仫佬语及仫佬族研究相关文献如下：

（1）包玉堂：《仫佬族民间故事》，桂林：漓江出版社，1982年。

（2）龙殿宝：《仫佬族古歌》，南宁：广西民族出版社，2007年。

（3）罗城仫佬族自治县民间文学集成办公室（龙殿宝主编）：《中国民间文

学三套集成·罗城谚语集》，未出版，1990 年。

（4）潘琦等：《仫佬族通史》，北京：民族出版社，2012 年。

（5）王均、郑国乔：《仫佬语简志》，北京：民族出版社，1980 年。

（6）吴保华、胡希琼：《仫佬族的历史与文化》，南宁：广西民族出版社，1993 年。

（7）银莎格：《银村仫佬语参考语法》，北京：中国社会科学出版社，2014 年。

第一节 日常生活实践

ŋ^{5} tsha^{5} taːŋ^{5} ŋ^{5} hɣɔ^{4} tjeu^{1}.

不 上 当 不 懂 刁

· 没有上当受骗过，就不会变聪明。

【比喻】缺少必要的社会历练，一个人就学不会人情世故。即吃一堑，长一智。

又作：ŋ^{5} ŋaːi^{6} ta^{6} ŋ^{5} hɣɔ^{4} tjeu^{1}.

不 挨 过 不 懂 刁

没有遭受过，不聪明。

maːt^{7} chi^{3} ŋ^{5} hɣɔ^{4} maːt^{7} ȵi^{6} sɔk^{8}.

次 起 不 懂 次 二 熟

· 第一次不会，第二次就熟练了。

【比喻】有一定的练习和经历后，才能很好地完成工作。即一回生，二回熟。

kɔŋ^{1} caːŋ^{3} kɔŋ^{1} mɛ^{2} li^{4}, pwa^{2} caːŋ^{3} pwa^{2} mɛ^{2} li^{4}.

公 讲 公 有 理 婆 讲 婆 有 理

· 公说公有理，婆说婆有理。

【比喻】各持己见。

fi^{1} taŋ^{1} ŋ^{5} kɣaːŋ^{1} tu^{6} aːu^{1} thjeu^{1}, ti^{6} teŋ^{2} ŋ^{5} toi^{5} tu^{6} aːu^{1} caːŋ^{3}.

火 灯 不 亮 就 要 挑 事情 不 对 就 要 讲

· 煤油灯不亮了，就要挑（灯芯）；事情不对了，就要讲出来。

mai^{4} ŋwaːn^{3} ŋ^{5} ta^{6} mak^{8}, çən^{1} ŋwaːn^{3} ŋ^{5} ta^{6} li^{4}.

木头 弯 不 过 墨线 人 弯 不 过 理

· 木头弯不过墨线，人弯不过道理。指木匠使用墨线在木头上做直线记号，相当于标记了木头的基本形式，这样做木工活儿时就不会把木头处理得弯曲了；人受道理约束，也就不会走入歧途。

【比喻】任何事物都受一定的规矩约束。

ho^{3} hɣəːn^{2} mɛ^{2} ti^{6}① kwan^{2}, ljem^{4} khən^{3} teŋ^{6} hɣəːi^{6}.

里 家 有 （前缀） 磨 镰刀 肯定 锋利

· 家里有磨刀石，镰刀肯定锋利。

【比喻】自身有功底或身后的家庭背景强大，展露出来的必然都是底气和锋芒。

kɛːk^{7} pɣa^{1} hɣəːi^{3} ma^{4}.

隔 山 买 马

· 隔着一座山买马。

【比喻】不切实际地幻想，做白日梦。

例：ho^{3} hən^{1} fən^{1} tjen^{2} ŋ^{5} mɛ^{2}, naŋ^{1} tjaːŋ^{2} pa^{3} hɣəːn^{2} niŋ^{5} fɛ^{4} lɔk^{7} taŋ^{1},

里 身 分 钱 没 有 还 想 把 家 小 做 起 来

ka^{6} ŋ^{5} si^{6} kɛːk^{7} pɣa^{1} tjaːŋ^{3}hɣəːi^{3} ma^{4} mə^{6}.

那 不 是 隔 山 想 买 马 么

身上一分钱都没有，还想把小房子②建起来，那不是隔山想买马么。

---

① ti^{6} 本身没有实际词义，作为表示某类事物（往往都是单音节）的前一音节，即词头，配合一定的名词或量词构成名词性词义成分。

② 小房子指主屋的配套建筑，往往是杂物房。

naːn^{4} ȵaːu^{6} mjen^{6} ka^{6} pɣa^{1}，mjen^{6} naːi^{6} tsɛŋ^{1} tsaːn^{1} hɣo^{5}.

野兽 在 边/面 那 山 边/面 这 争 吃 汤

· 野兽在山的那一边，这边（的人们）已经争吵着要喝（野兽肉炖的）汤了。指还没有猎杀到野兽，人们已经想着要享受劳动成果了。

【比喻】不想、不敢或懒于付出劳动，却急切地、心存幻想地想要享受劳动成果。

tsau^{6} ti^{6} jət^{7} fəŋ^{5} lɔ^{3} fi^{1}，tsau^{6} ti^{6} ȵi^{6} fəŋ^{5} lui^{6} nəm^{4}，tsau^{6} ti^{6} taːm^{1} ai^{5} ȵəm^{3} ȵəm^{3} .

双 第 一 扔 进 火 双 第 二 扔 下 水 双 第 三 笑 眯眯

· 把做的第一双鞋子扔进火里烧，第二双扔下水，第三双（满意地）笑眯眯。

来源：这句话生动描述旧时女孩子自己做布鞋的有趣场景：做出来的第一双鞋子，很不满意，就气愤地扔进火里烧掉；第二双做好后，虽有进步，但也不满意，就扔河里；总结了前面的技术经验，做出的第三双鞋子，很满意，眯着眼，开心地笑了。

【比喻】经历练习和努力，获得了成功的喜悦。

tjaːŋ^{6} mai^{4} ȵi^{2} ɣəːi^{3} ŋ^{5} ȵi^{2} hɣən^{3}，tjaːŋ^{6} khɣət^{7} ȵi^{2} hɣən^{3} ŋ^{5} ȵi^{2} ɣəːi^{3}. ①

匠 木 适合 长 不适合 短 匠 铁 适合 短 不 适合 长

· 做木工（刨木料）适合预留长一些，不要留短了（不好修改）；打铁时，适合用料短少一些（因为铁是越打越长的）。

【比喻】做好防范准备。即防范于未然。

caːŋ^{3} kɔ^{5} si^{6} nə^{3} tɔŋ^{6} hwa^{1}，fɛ^{4} kɔ^{5} si^{6} nə^{3} peŋ^{2} ȵak^{7}②.

讲 的 是 一 朵 花 做 的 是 一 堆 乱草

· 讲的（话）是一朵花，做的（事）是一堆乱草。

【比喻】一个人嘴巴能说会道，实际工作却没做好。

---

① tjaːŋ^{6} mai^{4} 和 tiaŋ^{6} khɣət^{7} 原义指“木匠”和“铁匠”，这里指“做木工”和“打铁”，tjaːŋ^{6}“匠”用作动词。

② ȵak^{7} 原义指“乱草”，现代仫佬语中，引申为“垃圾”。

sjaːk^{8} nəm^{4} ci^{5} sɔ^{5}，caːŋ^{3} ŋ^{5} thin^{1} thu^{3}，ŋ^{5} mɛ^{2} waːn^{2}.

瓢　水　记数　讲不　清　楚　没有　还

· 水瓢（上）记数，讲不清楚，没有还。指在水瓢上记账目，用水瓢舀了几次水，所记录的账目痕迹就被冲刷掉，账目也就变得没有记录依据了。

【比喻】无凭无据。借自汉语歇后语“税票上记账——一概抹销”。

tshui^{1} kwa^{6} nən^{1} hu^{3}.

吹　糠　见　米

· 吹糠见米。指糠和米混在一起，把糠吹走，大米马就显露出来。

【比喻】立马执行，当场要见到成效，立竿见影。

例：əi^{2} ni^{5} sjaːŋ^{5} i^{5} te^{5}，ŋ^{5} sja^{1} khwa^{5}，tshui^{1} kwa^{6} nən^{1} hu^{3}，taŋ^{1} taːŋ^{2}

我这　生意　小　不佘　货　　吹　糠　见　米　当　场

aːu^{1} lɔ^{6} phjeu^{5} o^{4}.

要给　钱　哦

我的生意小，不能赊账，吹糠见米，要当场给钱哦。

khwən^{1} si^{6} çən^{1} tshaːm^{3}，laːi^{4} si^{6} çən^{1} hwa^{5}.

路　是　人　走　　鬼　是　人　画

· 路是由人走出来的，鬼（也）是由人画出来的。

【比喻】事在人为，人定胜天。

nən^{1} çən^{1} fɛ^{4} joŋ^{6} i^{6}，ti^{6} ca^{1} fɛ^{4} naːn^{2} thjen^{1} jəu^{6} naːn^{2} ti^{6}.

见　人做　容易　自己做　难　天　又　难　地

· 看着别人做觉得很容易，自己动手做起来却困难重重。即看起来容易，做起来难。

taŋ^{1} mjen^{6} nə^{3} thɔ^{5}，lən^{2} laːi^{2} nə^{3} thɔ^{5}.

当　面　一套　后　背　一套

· 当面一套，背后一套。

【比喻】两面三刀，表里不一。

pa^{3} çi^{5} si^{6} ca^{3}，kɔŋ^{1} fu^{1} si^{6} tsən^{1}.

把 戏 是 假　　功夫 是 真

· 把戏是假，功夫是真。指虽然舞台上表演的内容并不是真实生活，但演员们的功夫底子是实实在在练就出来的。

【比喻】表面看起来浮夸的人，实际也是隐藏有真才实学的。

li^{3} ci^{1} li^{3} təu^{5} chi^{5}，cəu^{5} çən^{1} cəu^{5} thəu^{5} te^{3}.

杀 鸡 杀 断 气　　救　人　救　到　底

· 杀鸡杀断气，救人救到底。

【比喻】做事有头有尾。

kon^{6} ȵin^{3} ŋ^{5} kwaːi^{4}，kwaːi^{4} kon^{6} cit^{7}.

处　痒 不　挠　　　挠　　处 疼

· 痒的地方不挠，（偏偏去）挠痛的地方。

【比喻】不合时宜，不务正业。

ta^{6} nja^{1} pət^{8} kyŋ^{4}.

过 河　扔　拄拐

· 过河扔拄拐。

【比喻】达到目的以后，就把曾经帮助过自己的人一脚踢开。即过河拆桥。

例：fɛ^{4} çən^{1} aːu^{1} njem^{6} an^{1}，ta^{6} nja^{1} pət^{8} kyŋ^{4} aːu^{1} ŋ^{5} lai^{3}.

　　做　人　要　念　恩　过 河　扔 拄拐 要　不得

　　做人要念别人的恩情，过河扔拐杖（的事）要不得。

la^{4} cɛ^{3} ŋ^{5} lai^{3}，naŋ^{1} sjet^{8} nə^{3} pɔŋ^{3}.

找 屎 不 得　　还　丢　一 泡

· 找屎不得，还拉出去一泡屎。指一个人专门出门找动物粪便做农肥，但找了一天没找到，自己还在外面拉了一泡屎，丢失了一定量的农肥。

【比喻】得到的抵不过失掉的。即得不偿失。

kɣaːŋ¹njɛn² ŋ⁵ caːŋ³，caːŋ³ lək⁸ mɣəːt⁷.

月亮 不 讲 讲 星星

· 月亮不说，说星星。指月亮离自己更近、更容易获得，却不先求取，而是选择先去求取离自己更为遥远、更难以获得的星星。

【比喻】舍近求远，自讨苦吃。

uk⁷ njau⁵ fa⁵ lik⁷ kuŋ³.

屙 尿 叶子 竹壳 响

· 屙尿竹壳响。指一个人尿尿时，尿到了竹壳上，尿尿发出声响的同时，竹壳也发出了声响。

【比喻】人云亦云。

tsaːn¹ nəm⁴ ŋ⁵ laːm² an¹，tsaːn¹ hu³ njem⁶ pən⁶ si².

吃 水 不 忘 恩 吃 饭 念 饭勺

· 喝到了水不忘（挖井人的）恩情，吃到了饭也要念着饭勺的好处。

【比喻】知恩图报。

ȵøn⁶ hwən⁴ çən¹ i¹ paːi¹ tai¹，ŋ⁵ ȵøn⁶ hwən⁴ çən¹ ŋaːn⁵ ȵaːu⁶ se⁵.

愿 和 人 好 去 死 不 愿 和 人 傻 在 世

· 愿和好人去死，不愿和傻人活着。

【比喻】迫不得已，极其不情愿，情愿处于另一极端，也不愿意待在当下的状况中。

kam⁶① tui² kam⁶ thət⁷ thən⁵.

压 蛇 压 七 寸

· 抓蛇抓七寸。

【比喻】做事或说话需要把握关键环节。即：打蛇打七寸。

---

① kam⁶：指用手按压，达到捉拿的目的。

kwaːi³ tsaːn¹ sɛŋ¹, kak⁸ tsaːn¹ sɔk⁸.①

拐子 吃 生 盗贼 吃 熟

· 拐子吃生，盗贼吃熟。指拐子为了骗人，会找不认识的人作为对象，了解熟悉他的人已经知道他是骗子，不会上当；而盗贼偷盗，往往会选择自己熟悉的人下手，因为了解对方的情况，轻车熟路，行窃容易得手。

【比喻】做坏事的人是有损招的。

n̥it⁷ tai¹ ŋ⁵ tseːk⁷ fi¹ taŋ¹, ŋa⁶ tai¹ ŋ⁵ tsaːn¹ hu³ mjau⁴.

冷 死 不 烤 火 灯 饿 死 不 吃 饭 猫

· 冷死不烤油灯火（取暖），饿死不吃猫食。指一个人寒冷时，靠油灯之火取暖，或者饥饿时，吃猫食，不但不管用，还丢了尊严和志气。

【比喻】一个人无论面对什么样的苦难，都需要保有基本的尊严和志气。

cɔŋ² si² tɔ² lɔŋ², mɛ²② si² tɔ² ŋwa¹.

穷 时 只 龙 有 时 只 狗

· 穷困，但却是一只龙；富有，却是一只狗。

【比喻】一个人穷，但志不穷，有威望；人富有，但没有志气，没有尊严。

cɛ³ tsjaːŋ⁵ ʔwaːt⁷ sə⁶ kheŋ¹.

屎 胀 挖 屎 坑

· 屎胀了，才（急着去）挖茅坑。

【比喻】平时不注意积累，不做不时之需的准备，出现状况了，才仓猝张罗或想办法。即临渴掘井、临时抱佛脚。

çən¹ pheŋ¹③ fo³, fo³ pheŋ¹ tiu⁵, tiu⁵ pheŋ¹ lim⁴.

人 敲 斧头 斧头 敲 凿子 凿子 敲 楔子

---

① kwaːi³：指以欺骗手段，获取自身利益的人。kak⁸：指行盗窃之事的人。

② mɛ²：意为“有”，也是仫佬语里表示富有的词。

③ pheŋ¹ 意为“敲敲打打，把某物打造出来”。

·人打造斧头，斧头（可用来）打造凿子，凿子（可用来）打造出楔子。

【比喻】环环相扣，一物降一物。

mən^{1} lin^{4} tu^{6} moŋ^{6} mən^{1} tɔk^{7} kwən^{1}, tɔk^{7} kwən^{1} tu^{6} moŋ^{6} nəm^{4} thoi^{1} sa^{1},
天 晴 就 盼 天 下 雨 落 雨 就 盼 水 推 沙
fan^{1} nau^{1} paːi^{1} fɛ^{4} çən^{1} laːk^{8} maːi^{4}, fɛ^{4} çən^{1} laːk^{8} maːi^{4} ŋ^{5} fən^{1} ca^{1}.
天 哪 去 做 人 儿 妻 做 人 儿 妻 不 成 家

·晴天盼下雨，下雨盼水推沙，招惹别人家的儿媳，自己不成家。

来源：仫佬族流行的山歌，是一种唱山歌时的打趣唱词，表达一个人不求上进、闲散自由，在乡里无所事事、占人便宜的样子。

naŋ^{1} niŋ^{5} ŋ^{5} jeu^{3}, lo^{4} tu^{6} peŋ^{5}.
还 小 不 弯 大 就 爆裂

·（竹子、木头）还小的时候，不矫正它的生长轨迹，长大之后再去矫正，就会使它爆裂。

【比喻】要在恰当的时候及时办理事情，时机一旦错过，就会无法挽回，造成不良后果。

又作：naːŋ^{2} niŋ^{5} khɔŋ^{1} waːt^{7} lo^{4} waːt khɔŋ^{1} tɔŋ^{6}.
竹笋 小 不 挖 大 挖 不 动
竹笋刚出来不挖，大了就挖不动了。

khaːu^{1} pu^{2} toi^{5} sjaːk^{8}, ɣa^{5} laːk^{8} maːi^{4} tu^{6} toi^{5} laːk^{8} jak^{7},
打 葫芦 对 瓢 骂 儿媳 就 对 女儿
thu^{3} ti^{6}① ŋ^{5} lin^{2} əi^{2} tu^{6} faːn^{1}, mɔ^{3} lin^{2} ljeu^{6} əi^{2} tu^{6} aːn^{1} fan^{6}.
土地 不 灵 我 就 翻 以后 灵 了 我 就 安 返

·打葫芦伤到瓢，骂儿媳伤害到自己的女儿；土地神不灵了，我就把他的神位给掀翻了，他灵了的时候，我再把他请回来供着。

【比喻】口无遮拦，殃及无辜，合则用，不合则弃，利己主义。也用来形容

① thu^{3} ti^{6} 指土地神的台位。

作风泼辣，无所顾忌。

laːk^{8} jak^{7} i^{1} paːi^{1} hɣəːn^{2} çən^{1}，laːk^{8} maːi^{4} hwaːi^{5} ȵaːu^{6} tin^{5} hɣən^{1}.

女儿　好去　家　人　儿媳　坏　在　旁　身

· 孝顺女儿嫁往别人家，忤逆儿媳在身边。

【比喻】眼前或身边的人和事令自己不满意，自己满意的却已离自己远去。

çən^{1} toi^{5} əi^{2} i^{1} nə^{3} tsheːk^{7}，əi^{2} toi^{5} mɔ^{6} i^{1} nə^{3} tsjaːŋ^{4}.

人 对 我 好 一　尺　我 对　他 好 一　丈

· 人敬我一尺，我敬人一丈。

【比喻】人与人的关系是相互的，要想得到别人的尊重，必须先尊重别人，人心换人心。

mɛ^{2} təu^{6} fu^{6} tu^{6} ŋ^{5} tsaːn^{1} ma^{1} kaːt^{7}.

有　豆腐　就 不　吃　菜　芥

· 有豆腐吃，就不吃芥菜。句义含有豆腐是比芥菜更高级的食物的意思。

【比喻】为人做事就高不就低，厌旧贪新。

hɣɔp^{7} əi^{2} kɔ^{5} khɣaːu^{3}，faːt^{7} əi^{2} kɔ^{5} tjen^{1}.

喝　我　的　酒　发　我　的　癫

· 喝了我的酒，还向我发癫。指得了我给的好处，还逆我心意，为难于我。

【比喻】为人做事不感恩图报，反而为难对你施以恩德的人。即以怨报德。

lai^{3} tsaːn^{1} laːk^{8} pak^{8} çem^{1} lɔŋ^{2} tun^{1}.

得　吃　萝卜　嫌 肚子 热

· 得吃萝卜还嫌肚子不舒服。

【比喻】不知足。

uk^{7} njaːu^{5} lɔ^{3} pu^{1}.

屙　尿　进　灰

· 撒尿进灰堆

【比喻】收效甚微。

uk^{7} cɛ^{3} tak^{7} paːk^{7} mən^{5}.

屙 屎 塞 口 杳

· 拉屎塞杳口。杳口：引申指生命之源。

【比喻】自毁活路。

mu^{6}① lo^{4} ŋ^{5} tseːŋ^{5} ceːŋ^{1}，laːk^{8} te^{5} tui^{6} ta^{5} theːŋ^{1}.

人 大 不 正 经 孩子 小 坐 中间 堂

· 大人不正经，小孩坐大堂。大堂：正式规矩的地方。指小孩子年纪小，坐在大堂中显得很没有教养和规矩。

【比喻】上梁不正下梁歪，上行下效。

luk^{7} lai^{3} pu^{4}，luk^{7} lai^{3} ni^{4}，luk^{7} ŋ^{5} lai^{3} mjen^{6} sa^{1}.

骗 得 爸爸 骗 得 妈妈 骗 不 得 棉 纱

· 欺瞒得了爸爸，欺瞒得了妈妈，欺瞒不了棉纱（因为织布的时候，织错一根棉纱，就不能继续了）。

【比喻】虽然极力隐藏一件事，但终究会露出马脚。

又作：luk^{7} lai^{3} mən^{1}，luk^{7} lai^{3} ti^{6}，luk^{7} ŋ^{5} lai^{3} mjen^{6} sa^{1}.

骗 得 天 骗 得 地 骗 不 得 棉 纱

骗得了天，骗得了地，骗不了棉纱。

çən^{1} tjeu^{1} cɛ^{1} sik^{8} kaːŋ^{5}，çən^{1} ŋaːŋ^{5} tsaːn^{1} laŋ^{6} paŋ^{6}. ②

人 刁 买 肉 杠 人 傻 吃 啷膀

---

① mu^{6}：仫佬语指人的量词。仫佬语量词可以作为代词使用。

② sik^{8} kaːŋ^{5} 指用廉价猪食喂养的猪的猪肉，肉质往往比较好。laŋ^{6} paŋ^{6} 指内脏之类，不体面的食物。这里使用内脏呈现在人们眼前脏兮兮的状态词来蔑称"猪内脏"。通常是用 mu^{5}（猪）ho^{3}（里）lɔŋ^{2}（肚）"猪肚子里的（东西）"来表达。

· 聪明的人买好猪肉，傻子吃内脏。指聪明人生财有道，傻子却傻兮兮的，吃着脏兮兮的饭食，还自我感觉良好。

【比喻】有见识和远见的一类人，同时对比出一类自以为是，实则卑贱下等的人。

sai^{3} khaːu^{1} kɣo^{3} ŋ^{5} cit^{7}，tau^{6} li^{4} ŋ^{5} hɔp^{7}.

尿泡　敲　头　不 痛　　道理　不　和

· 尿泡敲人头不痛，道理不合适。指尿泡不可能用来敲人的头，又从何谈起把人的头敲疼，没道理的事。

【比喻】荒诞、不真实、不用相信的事。

tsau^{4} lai^{3} kɣo^{3} tui^{2} tu^{6} jəu^{5} tɔŋ^{5} nja^{2}，tɔŋ^{5} ŋaːi^{6} tui^{2} cət^{8} tai^{1}.

拿　得　头　蛇 就 别　放　手　　放　手 蛇　咬 死

· 拿住了蛇头，就别放手，放手会被它咬死。

【比喻】做事，开了头，就必须坚持下去，不然会反受其害。

lo^{4} pu^{2} fɛ^{4} sjaːk^{8}，lo^{4} wa^{6} tsɔk^{7} jaːk^{8}①.

大葫芦　做　水瓢　大 话　做　药

· 大葫芦（适合）做水瓢，大话（可以）当药。大话：有道理的话，良言。

【比喻】依据才能或能量的大小做适合的相应工作，就能产出最有用的成果。

mɛ^{2} jaːŋ^{6} tsjeu^{5} jaːŋ^{6}，ŋ^{5} mɛ^{2} jaːŋ^{6} tu^{6} tsjeu^{5} mu^{6}lau^{2} jaːŋ^{6}.

有 样　照　样　没有　样　就　照　猴子　样

· 有样照样，没有样照着猴子样。指猴子是很懒的，一副不管不顾的样子。

【比喻】不合心意，不好操作的事，直接就撒手不管了。

① tsɔk^{7}"做"和 jaːk^{8}"药"都是罗城当地汉族方言诶话里的词。由于这个表达能够和前半句中的仫佬语构成押韵，被直接借用。

tsaːn^{1} kaːŋ^{5} ŋ^{5} pi^{3} ŋ̥ɛ^{6} thɔŋ^{1}, tsy^{3} i^{5} ŋ^{5} thɔŋ^{1} nə^{3} se^{5} cɔŋ^{2}.

吃 饱 不 比 商议 通 主意 不 通 一 世 穷

· 吃饱不如商议通，主意不通一世穷。指人的主意是解决问题的重要途径。

又作：tsy^{3} jaːu^{4} tsy^{3} i^{5} thɔŋ^{1}, tsy^{3} i^{5} ŋ^{5} thɔŋ^{1} nə^{3} se^{5} cɔŋ^{2}.

主 要 主意 通 主意 不 通 一 世 穷

主要主意通，主意不通一世穷。

sjaːŋ^{5} i^{5} ŋ^{5} khɣəːn^{5} sjet^{7}, tu^{6} khɣəːn^{5} çet^{7}.

生意 不 怕 赔 就 怕 歇

· 生意不怕赔，就怕不坚持。

sik^{8} jɔŋ^{2} ȵaːu^{6} hɣo^{5}.

肉 烂 在 汤

· 肉烂在汤里。指肉已经熬成为一锅汤，看不出肉的差别。

【比喻】各类事物混杂在一起，分不出好坏。

ȵɔ^{3} tjeu^{5} məm^{6} lo^{4}, ti^{5} ljaːŋ^{3} pok^{7} thjen^{1} can^{1}.

虾 钓 鱼 大 四 两 拨 千 斤

·（用）小虾子钓上大鱼，（用）四两拨动千斤。

【比喻】使用巧劲，以小博大。

jɔŋ^{6} ti^{5} ljaːŋ^{3} sik^{8} li^{3} nə^{3} tɔ^{2} mu^{5}.

用 四 两 肉 杀 一 只 猪

· 用四两肉杀一头猪。

【比喻】为了眼前利益，不惜做出重大牺牲，得不偿失。即杀鸡取卵。

çən^{1} tshən^{3} ŋ^{5} mɛ^{2} kɣa^{2} i^{1}, tən^{2} tshən^{3} khaːu^{1} laːn^{6} ik^{7}.

人 犟 没 有 药 医 牛 犟 敲 烂 轭

· 人倔强没有药来医治，牛倔强打烂牛轭（牛都不动）。

【比喻】天生的秉性，后天难以改变。

jət^{7} siŋ^{1} pon^{5}，ȵi^{6} siŋ^{1} pon^{5}，taːm^{1} siŋ^{1} lɔk^{8} kɔk^{7} ȵi^{6} siŋ^{1} lɔk^{8}. ①

一　筒　半　二　筒　半　三　筒　六　抓　二　筒　六

·一筒半，（再加）两筒半，（再加）三筒六抓（还加上）两筒六（是多少）？（答案是：一 hɣau^{3} “斗”。）

来源：旧时，一户人家有三个儿媳妇。一天，家婆要去赶集，几个媳妇问家婆“今天晚饭煮多少米合适？”家婆有意考一考几个儿媳的能耐，就回答：“jət^{7} siŋ^{1} pon^{5}，ȵi^{6} siŋ^{1} pon^{5}，taːm^{1} siŋ^{1} lɔk^{8} kɔk^{7} ȵi^{6} siŋ^{1} lɔk^{8}.”，然后就出门了。大儿媳和二儿媳不得其解，小儿媳则自信地说：“煮一 hɣau^{3} 就好了。”然后大家就照做了。到了晚上，家婆赶集回家看到儿媳们把谜题解出来了，得知是小儿媳妇破解的，很欣慰，从此安心地让小儿媳妇当家。

【比喻】给人出难题。

fi^{1} lo^{4} ŋ^{5} pi^{3} kəm^{6} kəp^{8} i^{1}.

火大　不　比　锅盖　盖　好

·（煮东西）火大，不如盖上锅盖更能使食物快速煮熟。

【比喻】方法得当，事半功倍。

nəm^{4} kuŋ^{3} jəu^{6} ŋ^{5} kwən^{3}，at^{7} kwən^{3} jəu^{6} ŋ^{5} kuŋ^{3}.

水　滚　又　不　滚　个　滚　又　不　响

·响水不滚，滚水不响。

【比喻】对知识一知半解的人，往往爱显摆，说个没完；有深厚知识功底的人，往往会谨慎发言，其说出来的话也更有分量。

at^{7} mən^{5} niŋ^{5} niŋ^{5} ja^{6} si^{6} mən^{5}，tɔŋ^{6} fja^{1} tek^{7} tek^{7} ja^{6} si^{6} fja^{1}，

个　杏　小　小　也　是　杏　蔸　发　小　小　也　是　发

ku^{1} li^{5} kam^{1} kam^{1} jəu^{6} tsaːn^{1} ljeu^{4}，tjeu^{2} juŋ^{3} fjɛn^{1} fjɛn^{1} jəu^{6} ce^{1} tsa^{1}.

苦瓜　苦　苦　又　吃　完　根甘蔗　甜　甜　又　吐　渣

·很小的一个杏，它也是一个杏；很少的一把头发，它也是头发；苦瓜很

① kɔk^{7} 意为“抓”，专用的计量单位，十二抓等于一 siŋ^{1}。siŋ^{1} 意为“筒”，十 siŋ^{1} 等于一 hɣau^{3} “斗”。

苦，但还是会被吃完；甘蔗很甜，但还是得吐渣渣。

来源：仫佬族山歌中的经典唱段。

【比喻】事物呈现的状态虽然是较为逊色的状态，但它也是实实在在的事物；事物虽然呈现出不讨喜的状态，但它也会有一个顺理成章的结局；事物呈现出讨喜的状态，但也有它无可奈何的一面。

tin^{3} saːu^{1} fɛ^{4} tshjaːŋ^{5}，saːu^{1} tsa^{5} tai^{1}，tin^{3} saːu^{1} njep^{7} sik^{8}，njep^{7} at^{7} lo^{4}.

叫 你们 做 唱 你们 诈 死 叫 你们 夹 肉 夹 个 大

· 叫你们唱歌，你们装死人（不吭声）；叫你们吃肉，你们夹大块（很积极）。句子描述了仫佬人办喜酒的画面：晚上，主家家里都会有一个唱山歌的活动。人们都很喜欢听山歌，大人小孩挤满屋子，但有些人很羞涩，不敢唱，就形容他们在“装死”。但是，在酒席上吃饭的时候，大家相互劝菜，都很放得开，夹大块肉，痛快吃。

【比喻】有点儿难度的事情上，都在磨洋工；容易又有看得见的好处的时候，就会很积极。即上班一条虫，下班一条龙。

hɤɔ^{4} mu^{2} naːi^{6} uk^{7} njau^{5} tɔ^{4} pho^{5}，əi^{2} laːn^{4} nun^{2}，tui^{6} thəu^{5} mən^{1} kɤaːŋ^{1} paːi^{1}.

知道 夜 这 屙 尿 放 床 我 懒得 睡 坐 到 天 亮 去

· 早知道晚上会尿床，我就不睡觉了，坐到天亮。

【比喻】一种主观的滑稽假设。

phjau^{5} taːp^{7} phjau^{5} hɤəi^{3}，paːk^{7} taːp^{7} paːk^{7} hɤəi^{3}.

票子 答 票子 买 嘴 答应 嘴 买

· 钱答应钱买，嘴答应嘴买。指需要用钱能买到东西，用嘴巴光说，也就只能嘴还嘴，买不到东西。

【比喻】缺乏实际能耐，只能空谈而已。

naːu^{3} jaːŋ^{6} hu^{3} taːŋ^{4} fɛk^{7} jaːŋ^{6} çən^{1}.

一 样 米 养 百 样 人

· 一样米养百样人。

【比喻】人和人是不相同的，各有性格。

naːu^{3} mɛ^{1} laːn^{3}，ɣa^{2} mɛ^{1} taːŋ^{6}，taːm^{1} mɛ^{1} fən^{1} kɣəu^{1} jaːŋ^{6}.
一　年　懒　　两 年　荡　　三　年　成　乞丐　样
· 一年懒，两年荡，三年成了乞丐样。
【比喻】一个人不积极进取，日积月累，只会变得落魄不堪。

naːu^{3} at^{7} pa^{5} tsjaːŋ^{3} phɛːk^{7} ŋ^{5} kuŋ^{3}，naːu^{3} tjeu^{2} ŋø^{2} thaːt^{7} ŋ^{5} fən^{1} pɣəːn^{6}.
一　个　　巴掌　　拍　不 响　　一　　条 纱线 搓　不　成　线
· 一个巴掌拍不响，一根纱线搓不成线（至少需要三根）。
【比喻】没有集体的力量，单凭个人的力量，难以成就大事业。

naːu^{3} mu^{6} çən^{1} jem^{1} ci^{1}，naːu^{3} mu^{6} çən^{1} løk^{7} ŋø^{2}.
一　个　人　阉　鸡　一　个　人　涂抹 口水
· 一人阉鸡，一人涂口水。指阉鸡的时候，需要吐口水涂抹在鸡的伤口上，本来可以由一个人单独完成，却要一人阉鸡，另一个人涂口水。
【比喻】多余。

kɣəːu^{4} fɛ^{4} lai^{3}，ti^{6} pwa^{2} caːŋ^{3} ljeu^{6} thjen^{1}.
丈夫 做 得　　女人　讲　聊　天
· 丈夫得志，老婆闲适（不用操劳，整天找人聊天打发时间）。

mɛ^{2} tjen^{2} hɣəi^{3} ŋ^{5} lai^{3} mɛŋ^{6}，waŋ^{6} ti^{4} ȵaːu^{6} thjen^{1} mɛ^{1}?
有　钱　买 不 得　命　　皇帝　活　千　年
· 有钱买不了命，（你看）皇帝（那么有钱）活千岁了吗？
【比喻】身外之物，不用过于强求。

taːi^{6} khɛːk^{7} çən^{1} ŋ^{5} cɔŋ^{2}，tui^{6} ho^{3} hɣɔːn^{2} tɕaːn^{1} pɣa^{1} paŋ^{1}.
待　客　人 不 穷　　坐 里　家　吃　山　崩
· 待客人不穷，坐家里吃山崩。指待客使得自己人脉广阔，有门路发财；

而只是在家里待着，虽然不用花钱招待他人，结果也只能坐吃山空。

【比喻】要舍得付出必要的准备时间和精力，才能获得成功。

la¹ ŋ⁵ tai⁵ pɔ³①，laːk⁸ jak⁷ tin³ fɛ⁴ hɣaːu³.

眼 没 带 宝　　姑娘　叫 成 嫂子

· 眼睛没带珠，把姑娘喊成嫂子。

【比喻】比喻没有识别能力。即有眼无珠。

sjeu³ ȵa² lak⁷ hɣam⁵ ŋ⁵ fən¹ fai³?

少 你 个　矮　不 成 集市

· 少了你个矮子，集市就成不了了？句义含“难道少了你就不成事了？”“少了你地球照样转”的意思。

【比喻】实际上不重要的人或事。

ȵa² tsaːn¹ at⁷ çən¹ ai⁵ he¹ he¹，çən¹ tsaːn¹ at⁷ ȵa² haːn⁶ tu⁶ pɣø¹.

你　吃　个　人　笑　呵呵　　人　吃　个　你　汗　就 掉

· 你吃别人的笑呵呵，别人吃你的，你汗就流下来。即你吃别人的，你狠；别人吃你的，你难受。

【比喻】占他人便宜时，无所顾忌；自己却小气，怕吃亏。

ma² ɣəːi³ ljaːm⁵ ŋ⁵ thəu⁵ kə⁶ naŋ¹.

舌头 长　舔　不　到　　鼻子

· 舌头长，却舔不到鼻子。

【比喻】一个人有再大的能耐，也有他办不到的事。即鞭长莫及。

tsam⁶ kəp⁷ aːu¹ tsən¹.

强迫 青蛙 要　毛

· 强迫青蛙拔毛。

---

① pɔ³ 意为“宝”，这里指眼珠。

【比喻】强人所难。

taːm^{1} laːk^{8} mɛ^{2} nə^{3} mu^{6} aːu^{5}，ti^{5} laːk^{8} mɛ^{2} nə^{3} mu^{6} pɔ^{5}.

三 孩子 有 一 个 拗 四 孩子 有 一 个 报应

· 三仔有一个拗，四仔有一个报应（傻）。

【比喻】人总在承受不同的苦难。

jøt^{8} cɔŋ^{2} jøt^{8} nən^{1} laːi^{4}，jøt^{8} ȵit^{7} jøt^{8} faːn^{1} ləm^{2}.

越 穷 越 见 鬼 越 冷 越 翻 风

· 越穷越见鬼，越冷越翻风。

【比喻】苦难轻易就叠加。

ȵet^{8}，ȵet^{8} ti^{6} tsɔŋ^{5}，ȵit^{7}，ȵit^{7} ti^{6} ca^{1}.

热 热(前缀) 众 冷 冷(前缀) 家

· 热，热大伙；冷，冷自己。指天气热了，大家（穷人和富人）一起受热；天气冷了，就是自己（穷人）受冷，富人有钱买衣服穿上抵御寒冷。

【比喻】有一些苦难是大伙一起承受，谁都逃不掉，但有一些苦难是由自己独自去忍受的。

kui^{5} khɣət^{7} aːu^{1} tsui^{2} kɣa^{3}.

打 铁 要 锤 硬

· 打铁的锤子要坚硬。

【比喻】自身要有扎实的实力，才能很好地去做事。即打铁还要自身硬。

lək^{8} pak^{8} tshaːu^{3} ŋaːm^{3}，kɔk^{7} mɛ^{2} kɔk^{7} tsɔŋ^{5} i^{5}.

萝卜 炒 酸 各 有 各 中意

· 萝卜炒酸品，各有各喜好。指萝卜炒酸品（往往也是由萝卜腌制而成的食品）虽然很奇葩，但架不住有人喜欢这样的菜品。

【比喻】不同的人有不同的个人喜好。

lɔ^{3} hɣəːn^{2} kau^{5} çən^{1}，uk^{7} tɔ^{1} kau^{5} khwa^{5}.

进　家　看　人　　出　门　看　　货

· 进到家里看人，出门就看货。指做生意，进到别人家里就和人说客套话，建立好人脉关系，实际出门做生意就是要看货物的好坏了。

lɔ^{3} hɣəːn^{2} kau^{5} çən^{1}，uk^{7} tɔ^{1} kau^{5} mən^{1}.

进　家　看　人　　出　门　看　天

· 进到家里看人（脸色行事），出门看天（天气阴晴）。

ti^{6} ca^{1} the^{5} kɣo^{3} ŋ^{5} laːi^{6} ti^{6} ca^{1} kɔ^{5} kɣo^{3}.

自己　剃　头　不　赖　自己　的　头

· 自己剃头，（剃不好）不赖自己的头。

【比喻】自己坚持做力所不及的事，做不好，不是主观原因。

i^{1} tu^{6} hɣaːŋ^{6} mjɛn^{2} ça^{6} hu^{3} kɔk^{7}，ŋ^{5} i^{1} tu^{6} pət^{8} ŋ^{5} lɔk^{7}.

好就　被子　　棉　晒　米　壳　　不　好就　抠　不　起

· 好，就被子晒谷子；不好，就抠不动。指情绪好的时候，可以用棉被晒谷子，即使荒唐，也无所谓；情绪不好的时候，黏在一个地方，万事不为所动。

【比喻】心性不定，喜怒无常。

khwa^{5} min^{1} mɛ^{2} tjen^{2} hɣəi^{3}，çən^{1} ŋaːn^{5} ŋ^{5} mɛ^{2} kɣa^{2} i^{1}.

货　贵　有　　钱　买　　　人　　傻　　没 有　药 医

· 货贵有钱买，人傻没药医。

【比喻】一些事情虽然办起来有较高难度，但还是有办法解决的；有一些事情是天生原因造成，没办法改变。

又作：kɣo^{3} teŋ^{1} khɔŋ^{1} mɛ^{2} kɣa^{2} i^{1}.

头　疮疤　没　　有　药　医

头上疮疤没药医。

ca^{5} kɣəu^{1} njem^{1} kɣəu^{1}，ca^{5} məu^{2} njem^{1} məu^{2}①，ca^{5} mu^{6} lau^{6} jəu^{2} saːn^{1} ləm^{2}.

嫁 乞丐　跟　乞丐　嫁 什么　跟　什么　嫁　猴子　游　山林

·嫁给乞丐就跟着乞丐，嫁什么跟着什么，嫁只猴子游走在山林间。

【比喻】一旦选择，就至死追随。

又作：ca^{5} mu^{5} njem^{1} mu^{5}，ca^{5} ŋwa^{1} njem^{1} ŋwa^{1}，

嫁 猪　跟 猪　嫁　狗　跟　狗

ca^{5} tɔ^{2} waːŋ^{4} pu^{1} kho^{6} mwaːn^{4} pɣa^{1} tshaːm^{3}.

嫁 只　狐狸　满　山　走

嫁猪随猪，嫁狗随狗，嫁只狐狸满山跑。

kau^{5} mai^{5} ŋ^{5} kau^{5} kɔ^{5}，kau^{5} kɔ^{5} hɣəːn^{2} hɣəːn^{2} mɛ^{2}.

看　新 不 看　旧　看　旧　家　家　有

·看新不看旧，看旧家家有。指到女方家里相亲，要相看未婚的小姑子，不要看已婚的嫂子。

【比喻】心思要集中，做理应做的事。

lai^{3} paːk^{7} jeu^{6} ŋ^{5} thak^{7}.

得 嘴巴 老鹰 不 抬

·嘴巴能说的人，老鹰都不敢叼走。

【比喻】一个人能说会道，总会让人有所忌惮，自己不会吃大亏。

çən^{1} hɣən^{2} thəu^{5} mu^{2} suk^{7} kuk^{7}，laːŋ^{5} thəu^{5} mən^{1} kɣaːŋ^{1} tseŋ^{5} hɔp^{7} si^{2}.

人　穷　到　晚 洗　衣服　晾　到　天　亮　正　合 适

·穷人晚上洗衣服，晾到天亮正合适。指只有一件换洗衣服的穷人，只能白天穿着那件衣服，晚上就把衣服洗了，晾到第二天干了，再穿上。

【比喻】穷苦不富有，紧巴巴地过着日子。

① məu^{2} 意为“什么”，是罗城汉族人使用的方言诶话词。仫佬语里的“什么”是 nə^{3} naːŋ^{2}。

mɛ^{2} khɣət^{7} taŋ^{1} tɔŋ^{5}，mɛ^{2} hwa^{6} taŋ^{1} caːŋ^{3}.

有 屁 当 放 有 话 当 讲

· 有屁就放，有话就说。

【比喻】说话要爽快，直截了当。

tai^{1} lɔ^{3} səu^{6} maŋ^{1} hɣaːŋ^{4} nja^{2} saːi^{3}

死 进 棺材 还 伸 手 问

· 死进棺材还伸手。

【比喻】贪得无厌。

la^{1} lo^{4} lɔŋ^{2} niŋ^{5}.

眼 大 肚 小

· 眼大肚小。

【比喻】贪心，但自身承受能力不足。

nja^{2} ɣəːi^{3} chin^{1} kuk^{7} hɣən^{3}.

手 长 袖子 衣 短

· 手长衣袖短。

【比喻】心有余而力不足。

əi^{2} ŋ^{5} caːŋ^{3} ŋ̊a^{2} hu^{3} ŋ̊ən^{2} te^{5}，ŋ̊a^{2} çem^{1} əi^{2} luŋ^{1} swaːi^{1} waːŋ^{1}.

我 不 讲 你米 粒 小 你 嫌弃我 洞 筛 稀

· 我不嫌弃你米粒小，你来嫌弃我筛子稀（眼儿大）。指有人来卖米，店家给人筛米的时候，因为卖米人拿来的米碎米很多，米都筛漏出去了，买米人却嫌弃店家用来筛米的筛子眼儿太大。

【比喻】不仅缺乏对自我问题的清醒认识，反而指责对方。即倒打一耙。

jem^{1} hu^{3} waːn^{2} kwa^{6}.

借 米 还 糠

· 借米还糠。

【比喻】不诚恳、不厚道的行为。

çən¹ ŋ⁵ thəu⁵, paːk⁷ aːu¹ thəu⁵.

人 不 到 嘴 要 到

· 人不到嘴要到。指接待人的礼节，别人叫你，你没办法立刻出现，但嘴上要有所回应。

tɔŋ⁵ khɣaːu³ tsjaːŋ⁵, paːi¹ thəu⁵ khə⁵ nau¹ lɔŋ² tu⁶ tsjaːŋ⁵;

放 酒 账 去 到 哪里 肚子就 胀

tɔŋ⁵ thjen² tsjaːŋ⁵, paːi¹ thəu⁵ khə⁵ nau¹ chi⁵ tu⁶ tsjaːŋ⁵.

放 钱 账 去 到 哪里 气 就 胀

· 放出酒账，去到哪里就肚子胀；放出钱账，去到哪里就气胀。指常请客吃饭，外出遇到朋友，也能得到以礼相待；借钱给别人，找人还钱时就会受气。

【比喻】性质不相同的前期作为，会导致后期的不同结果。

na³ lo⁴ tau³ teŋ⁵①.

脸 大 陡 (后附音节)

· 大脸陡峭。大脸：这里不实指脸大，实为扩大脸部的表情。陡：引申指没有好脸色。即：一张大臭脸。

kau⁵ ma¹ tsaːn¹ hu³, kau⁵ khɛːk⁷ li³ ci¹.

看 菜 吃 饭 看 客 杀 鸡

· 看菜（量多少）就着吃饭，看客人（的重要程度）来（决定）杀鸡（相待与否）。指菜多多吃饭，菜少少吃饭；来到的是重要客人，主人杀鸡设宴，路上说说客套话的客人，就只是喊来家里喝粥，表达客气。

【比喻】处世有自己的心机，有进有退。

① 后附音节可以附加在名词、动词、形容词之后，加强性质、状态等。

mɛ^{2} le^{4} ŋ^{5} khɣəːn^{5} tsi^{2}.

有 礼金 不 怕 迟到

· 有礼不怕来迟。指一个人带着丰厚礼金去参加喜宴，迟到了也不担心主人家会责怪。

【比喻】有实力，有底气，不怕别人不优待。

kɔŋ^{1} pwa^{2} te^{2} tøn^{2}，ŋ^{5} li^{4} ŋwaːi^{6} ca^{1} tai^{1} tøt^{8}.

公 婆 齐全 不理 外 家 死 绝

· 只要公婆齐全，不管外婆家里人死绝。指出嫁后的女儿，只顾婆家，对娘家不管不顾。

【比喻】自已得意周全，不理会周围亲戚朋友的失意和落魄。

ŋ^{5} khɣəːn^{5} hɣəːn^{2} çaːp^{7}，tu^{6} aːu^{1} çən^{1} khwaːŋ^{3}.

不 怕 家 窄 就 要 人 宽

·（相亲看房）不怕屋窄，要人宽。指不要担心男方家里的房子窄小，只要男方心胸宽广就可以托付终身。

来源：仫佬族年轻男女相对象后，女方就会由亲戚朋友陪同到男方家看房子和家境。看到男方家境一般的时候，亲戚朋友就会用这句话来宽解女子。

theŋ^{3} khɛːk^{7} ŋ^{5} taŋ^{1} tjen^{6} tsy^{3} ca^{1}.

请 客 不 来 嫌弃 主家

· 请客不来就是嫌弃主人家。

fi^{1} taŋ^{1} khai^{1} hwa^{1}，mɛ^{2} khɛːk^{7} taŋ^{1}.

火灯 开 花 有 客 来

·（晚上家里）油灯爆花，（预示着）家里将有客人来到。

kwaːi^{5} khɣaːu^{3} ŋ^{5} kwaːi^{5} ma^{1}，kwaːi^{5} ma^{1} ȵa^{2} jəu^{5} taŋ^{1}.

怪 酒 不 怪 菜 怪 菜 你 别 来

· 怪酒不怪菜，怪菜你莫来。指相聚喝酒，有酒就好了，菜不是重点。

ma^{1} kuŋ^{1} ŋ^{5} kau^{5} tha^{1}，ma^{1} sjeu^{3} tsaːn^{1} ŋ^{5} ljeu^{4}.

菜 多 不 够 拖　菜 少　吃 不 完

· 菜多不够拖（进嘴巴），菜少吃不完。指吃饭的时候，有很多的菜，大家都放开了吃，最后菜都不够吃了；反倒是，菜准备得少了，大家都不敢多吃，相互谦让，到最后菜都吃不完。

çən^{1} kuŋ^{2} ŋ^{5} khɣəːn^{5} ma^{1} çɔ^{1}，tən^{1} kuŋ^{1} ŋ^{5} khɣəːn^{5} hɣɔk^{8} ce^{5}.

人 多 不 怕　菜 无味　牛 多 不 怕　草 老

· 人多不怕菜寡淡无油，牛多不怕草料老。指很多人一起吃饭，胃口都被调动起来了，大家都争抢着吃，哪怕菜品没有什么味道，也都不去计较；很多牛关在一个牛栏里，每当给牛喂草料的时候，牛儿都抢着吃，不用担心草料好不好，不像只有一头牛的时候，草料不好了，牛儿会爱吃不吃的。

saːi^{3} laːk^{8} aːu^{1} maːi^{4}，saːi^{3} khɛːk^{7} li^{3} ci^{1}.

问　孩子 要　妻子　问　客人 杀 鸡

· 问仔要媳妇，问客人杀鸡。指一个人连媳妇都没有，却向自己的孩子索要媳妇；家里并没有客人，却问客人要不要杀鸡招待他。

【比喻】脱离实际，顺序混乱。有了媳妇，才有孩子；有了客人，才能问客人是否要吃鸡。

jəu^{2} paːi^{1} fi^{1} taŋ^{1} ŋ^{5} kɣaːŋ^{1}.

油　去 火 灯 不　亮

· 油去灯不亮。指费了很多油，但是油灯并不亮。

【比喻】吃力不讨好。

tsɔn^{1} la^{1} nə^{3} se^{5} ŋ^{5} the^{5} ja^{6} ŋ^{5} ɣəːi^{3}.

毛　眼 一 世 不 剃 也 不 长

· 眉毛一世不剃也不长。指眉毛不像头发，头发总得剃，不然就会长得很长。

【比喻】本性的刚正不阿，主客观都无法改变。

tshaːm³ thjen¹ li⁴ khwən¹，kau⁵ ti⁶ jət⁷ jaːŋ⁵.

走　千　里　路　　看　第　一　步

· 走千里路，看第一步。

【比喻】开展大事业，第一步很关键。

ta¹ sɿ⁶ mən⁶ ja⁶ jəu⁵ jem¹ ciŋ²，hɣəːn² nau² ŋ⁵ mɛ² pon⁵ can¹ ti⁵ ljaːŋ³.

三　十　门　夜　别　借　砧板　家　谁　没　有　半　斤　四　两

· 除夕夜莫借砧板，谁家没有半斤四两（的肉过年）。指到除夕夜了，每家都会买肉吃，都会用砧板切肉。这时候看不清情况，还去别人家借砧板，是不可能借得到的。

【比喻】说话或做事不合时宜。

kɣo³ mu⁵ aːu¹ khaːu¹，laːk⁸ te⁵ aːu¹ caːu⁵.

头　猪　要　敲　　孩　小　要　教

· 猪头要敲（用工具一点儿一点儿把猪头肉从猪头骨上敲下来），小孩要教。

【比喻】如果想有所成就，就必须一步一步扎实地做事。

khaːt⁷ ljeu⁶ hai⁵ˀwaːt⁷ mən⁵.

渴　了　才　挖　沓

· 渴了才挖井。

【比喻】平时没有未雨绸缪的意识，临近出问题，才想着去准备，但明显不是办法。即临渴掘井。

jaːŋ⁶ jaːŋ⁶ peŋ⁶ løn² tai¹ çən¹.

样　样　病　都　死　人

· 什么病都死人。

【比喻】事情不分大小，处理不好，都会导致最糟糕的状况。

ȵi^{6} ljen^{2} ɣa^{2} tjeu^{2} tjen^{5}, haːk^{7} tai^{1} haːk^{7} ŋ^{5} pjen^{5}①.

二 连 两 条 线　学 死 学 不 变

· 二胡两根弦，学死学不通。

【比喻】看似简单的事情，却暗含玄机，不容易通晓其门道。

ta^{1} sɿ^{6} mən^{6} ja^{6} hai^{5} jem^{1} ci^{1}, pi^{2} ja^{6} kaːn^{3} ŋ^{5} cəp^{7}.

三 十 门 夜 才 阉 鸡 肥 也 赶 不 快

·（大年）三十晚上才阉鸡，肥也来不及。

【比喻】需要长期积累，才能完成的事，却想匆忙做完，结果必然是不可能达到所希望的效果。

tui^{2} ta^{6} çan^{1} ɣa^{5} hai^{5} la^{4} kɣəu^{4}.

蛇 过 埂 田 才 找 棍子

· 蛇过了田埂才找木棍（打蛇）。

【比喻】行动迟缓，没能抓住办理事情的最佳时机。

又作：kwən^{1} ta^{6} hun^{4} tui^{5}, tui^{2} ta^{6} çaːn^{1} ɣa^{5}.

雨 过 送 蓑衣 蛇 过 田基

雨过送蓑衣，蛇过了田基才叫打。

tsɔk^{7} wut^{7} tsaːn^{1} lai^{3}, hwa^{5} wut^{7} səu^{6} ŋ^{5} lai^{3}.

粥 馊 吃 得　话 馊 受 不 得

· 馊粥吃得，馊话受不得。馊话：难听的话。

【比喻】人可以忍受物质方面的委屈，但精神方面的委屈让人难以忍受。

lak^{7} tin^{1} kɣœ^{6} tui^{6} çan^{1} ɣa^{5}.

个 脚 瘸 坐 埂 田

· 瘸子坐田埂。指坐着掩饰自己腿部的缺陷。

【比喻】使用一定的方法掩饰自身的缺陷。

① pjen^{5} 指“变”，这里是通过学习，理解了，变通了，也就是学会了。

mu^{6} na^{3} pjɛn^{1} pha^{5} ceu^{3} haːn^{6}.

个 脸 斑驳 帕子 擦 汗

· 麻子用手帕擦汗。指用拿手帕擦汗的动作掩饰自己脸部的缺陷。

【比喻】不自信，试图通过其他手段掩饰不足。

mu^{6} la^{1} kha^{1} tan^{3} jaːŋ^{6} ceŋ^{5}.

个 眼 瞎 戴 洋 镜

· 瞎子带洋镜（墨镜）。指戴着墨镜，别人就不知道自己是瞎子。

【比喻】使用工具掩饰不足。

maːi^{4} paːk^{7} fɛ^{1} caːŋ^{3} hwa^{6} təu^{6}.

妻子 嘴 歪 讲 话 迁就

· 歪嘴老婆讲话很迁就人。指由于不敢多说，担心暴露嘴歪的缺点。

【比喻】一个人自身有不足，担心被人嫌弃，所以行事格外小心。

at^{7} paːk^{7} ɣa^{2} kwaːi^{6} pi^{2}，sɔk^{8} caːŋ^{3} jəu^{6} hɣɔ^{4} i^{2}.

个 嘴 两 块 皮 会 讲 又 会 移

· 嘴巴两张皮，能讲又能移。

【比喻】人动动嘴皮子功夫，就能对事情说黑道白。

tshja^{3} kaːŋ^{1} ŋ^{5} jɔŋ^{6} pən^{3}.

扯 杠 不 用 本

· 吹牛不用本钱。

【比喻】由于没有成本付出，不用担心成本代价，就天花乱坠、不切实际地吹牛。

tak^{7} lai^{3} paːk^{7} ɔŋ^{5}，tak^{7} ŋ^{5} lai^{3} paːk^{7} çən^{1}.

赌 得 嘴 坛子 堵 不 得 嘴 人

· 堵得了坛口，堵不住人口。

【比喻】人言可畏。

lɔŋ^{2} ʔja:k^{7} te^{3} ŋ^{5} lai^{3}, hwa^{6} lo^{4} ca:ŋ^{3} ŋ^{5} lai^{3}.

肚 饿 抵不得 话 大 讲 不得

· 肚饿抵不了，大话讲不得。

【比喻】一些让我们无法承受后果的事，不要轻易去做。

kɣa^{2} ȵa:u^{6} tin^{5} khwən^{1}, khwən^{1} ȵa:u^{6} tin^{5} pa:k^{7}.

药 在 边 路 路 在 边 嘴

· 药在路边，路在嘴边。指路边的植物可作为治病的药，不认识那条路在哪里，可以开口问。

【比喻】解决难题的办法，就是从自身轻易就能办到的小事情开始，然后一步步达到目的。

pa:k^{7} tsa:n^{1} hwa:ŋ^{6} ljen^{2}, khu^{3} ȵa:u^{6} ho^{3} təm^{1}.

嘴 吃 黄 连 苦 在 里 心

· 嘴巴吃黄莲，苦在心里头。

【比喻】表面呈现出来的苦楚，背后隐藏另一件更苦难的事。

tɔŋ^{5} ŋwa^{1} pa:i^{1} lik^{8} na:n^{4}, ljen^{6} ŋwa^{1} sjet^{8}.

放 狗 去 猎野兽 连 狗 丢

· 放狗去猎野兽，连狗也丢了。

【比喻】为了追逐利益，投入的成本没有发挥作用，反而把本钱亏了。即偷鸡不成蚀把米。

la:k^{8} ma:i^{4} mai^{5} jəu^{5} tuŋ^{1} sik^{8}, mu^{5} la:k^{8} mai^{5} jəu^{6} tɔ^{4} tsɔk^{7}.

儿媳妇 新 别 煮 肉 猪 崽 新 别 放 粥

· 新媳妇来不能做荤菜吃，新养的猪崽不能给粥吃。

【比喻】不能一开始就惯着。

tɔau^{4} ho^{1} jɔŋ^{2}, tɔŋ^{5} hɔ^{1} fən^{3}.

拿 相心 融化 放 相心 飞

· 拿在手里怕融化了，放开手怕会飞走。

【比喻】面对十分珍惜或珍视的人或物，很不知所措。

laːk⁸ i¹ ŋ⁵ aːu¹ kuŋ², naːu³ laːk⁸ teŋ³ səp⁸ laːk⁸.

孩子好不 要　多　　一　孩子 顶　十　孩子

· 好仔不要多，一个顶十个。

【比喻】质量比单纯的数量有优势。

taːŋ⁴ laːk⁸ khɣəːn⁵ sɔŋ² ŋ⁵ khɣəːn⁵ cɔŋ².

养　孩子　怕　傻　不　怕　　穷

· 养仔怕傻不怕穷。

【比喻】害怕不可改变的本性，不怕后天可以修正的毛病。

mɛ² pu⁴ mɛ² ni⁴ tu⁶ laːk⁸ mi², ŋ⁵ mɛ² pu⁴ ŋ⁵ mɛ² ni⁴ tu⁶ ŋwa¹ mi².

有　爸 有　妈 就 孩子 幺　没 有　爸 没 有　妈 就 狗　幺

· 父母在世，（你就是家里最受疼爱的）老幺，父母过世，（你就是家里什么都不是的）狗幺。指家里最小的孩子在父母健在的时候，都会得到父母极致的疼爱，然而一旦父母过世，家里的年长哥哥姐姐早已建立家庭，不会花时间照看父母最小的孩子了，备受疼爱的老幺也就成了可怜兮兮狗都不如的小孩了。

【比喻】由于情况变化，个人境况大起大落。

ai¹ tən² hoŋ¹ ɣa⁵, ai¹ laːk⁸ tsjaːk⁸ ŋa⁶.

爱 耕牛 荒　田　爱　子女　挨　饿

· 溺爱耕牛田要荒，溺爱子女要挨饿。

【比喻】爱越深伤越重。

hu³ i¹ kɣa³ i¹, laːk⁸ maːi⁴ i¹ kau⁵ ŋwaːi⁶ pwa².

米 好 秧苗好 孩子 妻子 好 看　　外　　婆

· 水稻好不好看稻秧好不好，儿媳好不好看外婆（培养得好不好）。

【比喻】前期打下的根基决定最终的表现。

mai^{4} lo^{4} khai^{1} ŋa^{5}，laːk^{8} lo^{4} chɣɛ^{1} ca^{1}.

树　大　开　枝丫　孩子　大　分　家

· 树大则长枝丫，孩子大了自然要分家。

【比喻】自然而然的变化分离。

khwən^{1} ŋ^{5} peŋ^{2} aːu^{1} tshaːn^{3}，mai^{4} ŋ^{5} lɔ^{3} aːu^{1} pɔ^{2}.

路　不　平　要　铲　　木头　不　直　要　刨

· 路不平要铲，木不直要刨。

【比喻】出现问题，要修正问题。

çən^{1} tsaːn^{1} ŋa^{1}，hɣəu^{1} mɔi^{5} mai^{4}.

人　吃　菌子　我们　背　木头

· 别人吃香菌，我们扛木头。指偷东西去晚了，别人已经把好的东西（长在木头上香菌）偷走了，自己拿点剩下的价值不高的东西（烂木头），还偏偏被逮个正着。

【比喻】干了点不打紧的坏事，并不是罪魁祸首，却背了大黑锅。

niŋ^{5} lak^{8} tshəm^{1}，lo^{4} lak^{8} cəm^{1}.

小　偷　针　　大　偷　金

· 小偷针，大偷金。

【比喻】小错不及时制止，就有可能发展成为犯大错。

sɪk^{8} sɔk^{8} fɛ^{4} ŋ^{5} lai^{3} mun^{1}.

肉　熟　做　不　得　枕头

· 熟肉做不了枕头。指好吃的（熟肉）留不久（不能当作枕头枕着睡上一觉那么长时间），一会儿就吃完了。

【比喻】诱人的利益，总是让人急不可待地把它占为己有。

naːu^{3} at^{7} laːk^{8} kɣaːu^{4} mɣaːŋ^{6} at^{7} laːk^{8}.
一 个 女婿 半 个 儿
· 一个女婿半个儿。

laːk^{8} kuŋ^{2} laːk^{8} jøn^{1} ca^{1}，ŋ^{5} mɛ^{2} laːk^{8} tu^{6} tui^{6} ljen^{6} hwa^{1}.
孩子 多 孩子 冤 家 没 有 孩子 就 坐 莲 花
· 多仔多冤家，没有小孩就坐莲花（清心寡欲）。指养孩子多了，烦恼也就跟着多了，然而没养孩子，又少了念想，只能清心寡欲地坐在莲花上，诵经念佛。

【比喻】事物的两极。

thaːn^{1} tu^{2} nə^{3} ȵən^{2} hu^{3}，sjet^{8} paːi^{1} mɣaːŋ^{6} mɛ^{1} ljaːŋ^{2}.
贪 图 一 粒 米 失 去 半 年 粮
· 贪图一粒米，丢了半年粮。
【比喻】因小失大。

kun^{5} paːi^{1} la^{4} tshəm^{1}，lən^{2} sjet^{8} cəm^{1}.
前 去 找 针 后 失 金子
· 前头找针，后头丢金。
【比喻】因小失大。

tɔk^{7} kun^{5} tən^{6} kaŋ^{5}，tɔk^{7} lən^{2} tən^{6} ljeu^{4}.
往 前 随 饱 往 后 随 完
· 先到吃饱，后到吃完。指去吃饭，先到达的人，吃饱为止；后到达的人，把饭食吃完为止，没法保证能否吃饱。

【比喻】做事谁来得早，就能得到最大限度的满足，谁来得晚，就只能勉强收获一些小利益。

fɛ^{4} çaːi^{1} fɛ^{4} te^{3} kun^{5}，taːŋ^{4} laːk^{8} tu^{6} taːŋ^{4} laːk^{8} jak^{7} kun^{5}.
做 鞋子 做 底 先 养 孩子 就 养 孩子 女 先

· 做鞋子就要先做鞋底，养孩子就先养女孩。指有了鞋底才能裁出鞋面的大小；先生个女儿，女孩子比较勤快，可以早早就帮家里干活。

【比喻】有思路，会计划。

i¹ hɤɔp⁷ tu⁶ si⁶ khɤaːu³ mɛːk⁸ lo⁴，i¹ fjen³ tu⁶ si⁶ laːk⁸ jak⁷ mi².

好 喝 就 是 酒 麦子 大 好 玩 就 是 孩子 女 幺

· 好喝就是高粱酒，好玩就是（家里的）小幺女。

taːŋ⁴ laːk⁸ ŋ⁵ hɤɔ⁴ tshəu³，taːŋ⁴ thəu⁵ ti⁵ sɿ⁶ cəu³.

养 孩子 不 知道 丑 养 到 四 十 九

· 养仔不知丑，养到四十九。指不停地生孩子，49 岁还生。

kwa¹ kuŋ² ma¹ kam¹，laːk⁸ kuŋ² ni⁴ tən⁵ khu³.

盐 多 菜 苦 孩子 多 妈妈 辛苦

· 盐多菜苦，儿多母辛苦。

【比喻】做事过量或过度会造成不好的结果。

tsaːn¹ pɔːŋ⁶ jaːŋ⁶ siŋ².

吃 血肠 样 成

吃现成的血肠。

【比喻】希望不劳而获。

çən¹ ŋ⁵ tai¹，ljaːŋ² ŋ⁵ təu⁵.

人 没 死 粮食 不 断

· 人不死，粮食不断。指人没死，总能找到一口吃的。

【比喻】一个人只要活着，总还是有希望的。

naːu³ mɛ¹ tsha¹，səp⁸ mɛ¹ la¹.

一 年 差 十 年 拉

· 一年差，十年拉（后腿）。指一年过得不如意，借了别人的粮，往后十年都会受影响，除了要自己种粮自己吃，还要省出粮食还给别人。

【比喻】不如意的事给人带来了无穷的后患。

çən^{1} kwa^{3} çən^{1} laːn^{4}，hu^{3} kwa^{3} hu^{3} taːm^{6}.

人 白 人 懒 米 白 米 淡

· 人白人懒，米白米淡。指皮肤白的人，是不在烈日下劳动耕作的懒人。

【比喻】外表好看往往缺少内涵。

moŋ^{6} çən^{1} tsaːn^{1} ŋ^{5} kaŋ^{5}，moŋ^{6} ti^{6} ca^{1} tsaːn^{1} ŋ^{5} ljeu^{4}.

盼望 人 吃 不 饱 盼望 自己 吃 不 完

· 盼望别人吃不饱，盼望自己（的粮食）吃不完。

【比喻】希望别人人生萧条，却希望自己能荣耀的心态。

can^{2} ŋ^{5} faːt^{7} tai^{2} ja^{6} kɣaːŋ^{5}，laːn^{4} ŋ^{5} tai^{1} ja^{6} ŋa^{6}.

勤劳 不 发 财 也 饱 懒惰 不 死 也 饿

· 勤劳不富也饱（肚子），懒惰不死也饿（肚子）。

【比喻】付出了努力，多少都会有收获；不努力，只能半死不活地生活。

laːn^{4} çən^{1} kɣəːp^{7} kɣəːp^{7} lo^{4}，jøt^{8} kɣəːp^{7} jøt^{8} naːn^{2} kau^{5}.

懒 人 挑 担子 大 越 挑 越 难 看

· 懒人挑重担，越挑越难看。指懒人不想来回多次分着挑担子，想一次挑完，懒惰的样子很难看。

【比喻】本想用省事的办法做事，结果自不量力，做了难看的蠢事。即弄巧成拙。

hɣaːk^{7} ça^{3} çit^{7}

骨头 轻（后置音节）

· 骨头轻。

【比喻】一个人做事勤快主动。

tsaːn^{1} jaːŋ^{6} məm^{4}，fɛ^{4} jaːŋ^{6} tshəm^{1}.

吃　样　老虎　做　样　针

· 吃样（像）虎，做（事）样（像）针（细小）。

【比喻】好吃懒做的样子。

mat^{7} tsaːn^{1} lai^{3} tsaːn^{1}，mat^{7} tan^{3} lai^{3} tan^{3}.

省　吃　得　吃　省　穿　得　穿

· 省吃得吃，省穿得穿。

【比喻】在某一方面勤俭付出，就会得到相应的好回报。

mɣaːŋ^{6} thɔŋ^{3} nəm^{4} kuŋ^{3} phiŋ^{5} phɔŋ^{5}.

半　桶　水　响　乒　乓

· 半桶水响叮当。

【比喻】①一个人的手艺或功夫不熟练。②一个人对相关知识只是一知半解，往往更喜欢说个没完。

hɣɔ^{4} tsaːn^{1} ŋ^{5} hɣɔ^{4} ton^{5}，tsaːn^{1} ljeu^{4} paːn^{5} sɿ^{6} kon^{5}.

会　吃　不　会　算　吃　完　嗗　沙　罐

· 会吃不会算，吃完砸沙罐（锅）。

【比喻】认识浅薄，只看得到眼前的利益，贪图一时痛快，毁损获取利益的工具。

hɣəi^{3} khwa^{5} sɔk^{8} caːŋ^{3} ca^{5}，təu^{6} fu^{6} peŋ^{2} sik^{8} ca^{5}.

买　货　会　讲　价　豆腐　平　肉　价

· 买货会讲价，豆腐平肉价。

【比喻】能说会道，精于计算。

sik^{8} mu^{5} pən^{6} ȵi^{2} tsaːn^{1} cɔŋ^{2} çən^{1}.

肉　猪　便宜　吃　穷　人

· 猪肉便宜吃穷人。指猪肉，一旦便宜了，就会有人一直没有节制地买，会把自己吃穷。

【比喻】贪图小便宜，日积月累，造成大损失。

mən^{5} nəm^{4} kɣəːp^{7} ŋ^{5} khu^{1}，tsy^{3} i^{5} jɔŋ^{6} ŋ^{5} ljeu^{4}.

杳 水 挑 不干枯 主意 用不 完

· 杳水挑不完，主意用不完。

【比喻】源源不断的资源和才能。

tjeu^{3} mən^{2} taːi^{6} jɔŋ^{6}.

小 门 大 用

· 小东西大用处。

【比喻】不起眼的人或物，能发挥大作用。

nə^{3} tən^{5} man^{3} nə^{3} ŋam^{5}，nə^{3} mɣəːn^{2} lai^{3} nə^{3} hɣau^{3}.

一 餐 省 一 口 一 月 得 一 斗

· 一餐省一口，一月得一斗。

【比喻】平时注意细小的知识或财富的积累，时间长了就能有可观的累积了。

haːn^{6} si^{2} man^{3} nə^{3} khau^{3}，hɔŋ^{1} ȵøt^{8} teŋ^{3} nə^{3} hɣau^{3}.

闲时 省 一 口 荒 月 顶 一 斗

· 平时省一口，荒月（5月，青黄不接的月份）顶一斗。

【比喻】平时微小的知识或财富的积累，可在意想不到的窘迫困境中发挥重大作用。

又作：mɛ^{2} si^{2} man^{3} nə^{3} khau^{3}，chøt^{7} si^{2} teŋ^{3} nə^{3} hɣau^{3}.

有时 省 一 口 缺 时顶 一 斗

富裕的时候省下一点儿，短缺时这一点儿就能顶一斗（的量）。

tsaːn^{1} ho^{3} hɣəːn^{2} kɔ^{5} hu^{3}，kui^{5} ho^{3} mjaːu^{6} kɔ^{5} ku^{3}.

吃 家 里 的 饭 打 里 庙 的 鼓

· 吃家里的饭，敲庙里的鼓。指一个人在家里长大（吃饭），却跑去庙里当了和尚（敲鼓、干活），不分担家里的责任。

【比喻】吃里扒外。

ȵøn^{6} thjem^{1} nə^{3} hɣau^{3}，ŋ^{5} ȵøn^{6} thjem^{1} nə^{3} khau^{3}.

愿 添 一 斗 不 愿 添 一 口

· 添一斗，不添一口（人）。指情愿一次性接济穷困者大量的粮食（一斗），也不愿意让他来家里一起吃饭生活。

【比喻】长痛不如短痛。

hɣəi^{3} ma^{4} tjen^{2} sjeu^{3}，hɣəi^{3} aːn^{1} tjen^{2} kuŋ^{2}.

买 马 钱 少 买 鞍 钱 多

· 买马钱少，买鞍钱多。

【比喻】比起在主要问题上耗费的精力，消耗在次要问题上的精力更大。即舍本逐末。

uk^{7} cɛ^{3} səu^{3} kɣaːŋ^{1} njɛn^{2}.

屙 屎 等 亮 年

· 屙屎等月亮。指一个人一边拉屎，一边等月亮升起。形容难以等到。

【比喻】用一种不可能的方法，妄图获得自己想要的东西。

khaːu^{1} ku^{3} theŋ^{5} paːi^{5}，tuŋ^{1} sɔk^{8} theŋ^{5} ȵaːi^{5}.

敲 鼓 听 拜 煮 熟 听 嚼

· 打鼓听拜，煮好听嚼（吃）。指道场中，敲鼓的人敲了一下鼓，就等着信众接下来的磕头跪拜的环节，自己没什么特别要做的事了；饭菜煮好后，就等着开吃就好了，不用特别去做什么事。

【比喻】得过且过，不去多管闲事。

kɔŋ^{1} ŋ^{5} li^{2} pwa^{2}，tshiŋ^{5} ŋ^{5} li^{2} twa^{2}，tjeu^{2} lɔ^{5} ŋ^{5} li^{2} chin^{1} tsə^{6} la^{2}.

公 不 离 婆 称 不 离 砣 条 扁担 不 离 箩 咚唧

· 公不离婆，称不离砣，扁担不离咚唧箩。咚唧箩：一种小竹筐。这种小竹筐带有盖子，盖子上有两根交叉在一起的提手，盖上盖子后，可以提起或用扁担挑着小竹筐。

【比喻】相互依存的关系。

kɣo³ tən² ŋ⁵ khaːu¹ ŋ⁵ fən¹ sik⁸，kɔŋ¹ pwa² ŋ⁵ kui⁵ ŋ⁵ fən¹ ca¹.

头 牛 不 敲 不 成 肉 公 婆 不 打 不 成 家

· 牛头不敲不成肉，夫妻不打不成家。指牛头肉要用工具敲敲打打从牛头骨上剔下来，夫妻相处总少不了摩擦吵闹。

【比喻】经历一定艰难才能达到理想状态。

ho³ lyŋ⁶ faːi⁴，ho³ lyŋ⁶ hɣaːu³，ho³ lyŋ³ tən² tsaːn¹ ho³ lyŋ⁶ hɣɔk⁸.

里 峒 哥哥 里 峒 嫂子 里 峒 牛 吃 里 峒 草

· 峒上的哥哥，峒上的嫂子，峒上的牛吃峒上的草。

【比喻】搭配良好的状态。

ci¹ tai³ kui⁵ ca⁵ kɣo³ tœŋ¹ kɣo³，kɔŋ¹ pwa² tsɛŋ¹ ca⁵ ŋ⁵ jøn¹ tsəu².

鸡 公 打 架 头 啄 头 公 婆 争 架 不 怨 仇

· 公鸡打架头啄头，夫妻吵架没怨仇。

【比喻】普通的矛盾不会影响基本关系。

te³ chiŋ⁵ kɔ⁵ on³ mən¹ ŋ⁵ tuk⁷ tshoŋ⁵ mə⁶?

底 碗柜 的 碗 都 不 相互 碰撞 么

· 碗柜下面（放得很挤的）碗怎么会不相互碰撞呢？

【比喻】现有的有限条件下，相互碰撞摩擦在所难免。

mən¹ ŋ⁵ chi³ kwa³ ŋ⁵ tɔk⁷ kwən¹，te³ ti⁶ ŋ⁵ mɛ² məi² ŋ⁵ fən¹ søn¹.

天 不 起 云 不 下 雨 底 地 不 有 媒人 不 成 双

· 天上无云不下雨，地上无媒不成双。

【比喻】因果之间是有关联因素的。

ci^{1} ŋa^{6} swaːi^{5} ȵak^{7}，pwa^{2} ŋa^{6} fɛ^{4} moi^{2}，nɔ^{3} ŋa^{6} lin^{1} pɛŋ^{2} maŋ^{1}.

鸡饿　扒　乱草　婆　饿　做　媒　老鼠　饿　钻　堆　稻草

· 鸡饿了扒乱草，女人饿了去做媒，老鼠饿了钻禾秆堆。

kɔŋ^{1} pwa^{2} kui^{5} ca^{5} ŋ^{5} ta^{6} ja^{6}①.

公　婆　打　架　不　过　夜

· 夫妻打架不过夜。

即：夫妻没有隔夜仇。

tɔŋ^{2} tɔŋ^{1}② ŋ^{5} ca^{5}.

同　冬　不　嫁

· 同冬不嫁。指旧时，同一宗族里的男女不相互婚配。

mɣaːŋ^{6} khwən^{1} jəu^{5} təu^{5} lɔ^{5}，mɣaːŋ^{6} se^{5} jəu^{5} tai^{1} kɣəːu^{4}.

半　路　别　断　扁担　半　世　别　死　丈夫

· 半路莫断扁担，半世莫死丈夫。

【比喻】一段过程中的重要部分不能突然缺失，否则会无比艰难。

maːi^{4} tai^{1}，maːi^{4} ȵaːu^{6}，kɣəːu^{4} tai^{1} ljen^{6} laːk^{8} lik^{8}.

老婆　死　老婆　在　老公　死　连　孩子　赶

· 老婆死，老婆在（再娶），老公死，（公婆把儿媳）连着孩子一起赶（出家门）。指老婆死了，老公可以再娶老婆，家庭结构没有变化；老公死了的话，家里公公婆婆就把成为了寡妇的儿媳连带着孙子一起赶出家门，一个家庭就不复存在了。

【比喻】一种不公平的社会地位关系。

---

① ja^{6}，古汉语借用词，口语中不是很常用。另一个仫佬语里更为常用的表示“夜晚”的词是 mu^{2}。

② tɔŋ^{1} 指“冬”。“冬”是流行于仫佬族聚居地区的传统社会组织，语音上很可能来自汉语“宗”，即“宗族”之意。

tsaːn^{1} pi^{3} tshaːm^{3} ɣəm^{1}.

吃 肥 走 瘦

· 吃肥走瘦。指走了大老远的路，去吃所谓的美食，再走很远的路回来，吃的美食都消耗掉了。

【比喻】活受罪，得不偿失。

fan^{1} tshɔk^{7} khø^{1}，khɣa^{1}ʔwaːt^{7} lak^{7}.

牙 剔 空 耳 挖 聋

· 牙剔空，耳挖聋。

【比喻】看似简单的行为，时间久了也会造成伤害。

kɣo^{3} cit^{7} i^{1} kɣo^{3}，tin^{1} cit^{7} i^{1} tin^{1}.

头 痛 医 头 脚 痛 医 脚

· 头疼医头，脚疼医脚。

【比喻】处理问题不从全局考虑，不做根本彻底的解决。

ni^{4} kɣo^{3} ȵin^{3}，laːk^{8} kɣo^{3} koŋ^{1}，taŋ^{2} hai^{5} peŋ^{4} ni^{4} foŋ^{1}.

妈 头 乱 孩子 头 光 未 觉 平 妈 高

· 妈妈头发乱，孩子小光头，不知不觉两人一样高。

【比喻】人生时光飞逝。

naːu^{3} mu^{2} ŋ^{5} lai^{3} pɔk^{8}①，səp^{8} mu^{2} pu^{3} ŋ^{5} fan^{6}.

一 夜 不 得 睡 十 夜 补 不 回

· 一夜不得睡，十夜补不回。

sik^{8} tsaːn^{1} thjen^{1} can^{1} ja^{6} ŋ^{5} pi^{2}.

肉 吃 千 斤 也 不 胖

· 肉吃千斤也不胖。指有肉吃的富人也没胖，和没有肉吃的穷人一样。

---

① pɔk^{8} 指趴着小睡一会儿。

【比喻】好坏一个样。

lɔk^{8} ɳ̥øt^{8} lɔk^{8}，ça^{5} ɳ̥an^{2} kɔk^{8}.

六 月 六　晒 银 块

· 六月六，晒银块。银块：土布料，用银块比喻土布，喻土布是宝贝。

ɳ̥it^{7} kɣo^{3} ŋ^{5} lɔ^{6} ɳ̥it^{7} tin^{1}.

冷 头 不 给 冷 脚

· 冷头不给冷脚。指脚上的穴位通连全身，受冷了就会生病，需要好好保暖。

kɔŋ^{1} kuŋ^{4}，pwa^{2} kuŋ^{4}，təm^{6} pjen^{6} mwa^{3} my^{5} my^{5}.

公 驼背 婆 驼背 沿着 便 摸 嗦嗦

· 公公驼背，婆婆驼背，一路摸摸索索。

【比喻】一种做事慢吞吞的样子。

ho^{3} hɣəːn^{2} taːŋ^{4} mɛ^{2} səp^{8} tɔ^{2} mai^{4}，faːt^{7} tai^{2} çən^{1} ŋ^{5} hɣɔ^{4} çeu^{3} jən^{1}.

里 家 养 有 十 只 母　发 财 人 不 知 晓 因

· 家里养有十只母（母鸡、母猪等），发财他人不知道原因。

【比喻】有不为人知的家底。

khaːu^{1} tai^{1} ŋwa^{1} hai^{5} caːŋ^{3} ca^{5}.

打 死 狗 才 讲 价

· 打死狗才讲价。

【比喻】已成事实再谈条件，一方可以漫天开价。

u^{1} kai^{5} ŋwa^{4}，te^{3} sø^{6} tsha^{1}.

上 盖 瓦 底 竖 木叉

· 上面盖瓦，下面竖木叉。指盖出来的房子，房顶铺着体面的瓦片（不是便宜的茅草），而屋子里作为房屋支柱的柱子却是一些不体面的木叉（而不是木头柱子）。

【比喻】外表体面，内里落魄潦倒。

jaːŋ^{6} tjeu^{2} uk^{7} kɣo^{3} jaːŋ^{6} tjeu^{2} hɣam^{2}.

木椽 出 头 木椽 腐烂

· 出头的木椽先腐烂。指屋顶的木椽超出屋顶瓦片的那一节，是最容易受到雨水的腐蚀，很快就腐烂掉的。

【比喻】锋芒太过，容易遭受祸事。即枪打出头鸟。

khɣət^{7} i^{1} khɔ^{3} i^{3} ljen^{6} kaːŋ^{1}，mai^{4} i^{1} khɔ^{3} i^{3} fɛ^{4} ljaːŋ^{2}.

铁 好 可以 炼 钢 树 好 可以 做 梁

· 好铁可炼钢，好树可以做（房）梁。

【比喻】潜质好的东西或人，可以大有用处。

khaːu^{1} khɔŋ^{3} ma^{4} ŋaːi^{6} ma^{4} theːk^{7}。

打 屁股 马 挨 马 踢

· 拍马屁股被马踢。

【比喻】做事适得其反。

laːk^{8} te^{5} hwəi^{5} lo^{4}，mu^{6} lo^{4} hwəi^{5} ce^{5}.

孩子小 快 大 个 大 快 老

· 小孩快大，大人快老。

【比喻】时光飞逝。

tɔŋ^{1} tsi^{5} hɔŋ^{2}，ta^{6} njen^{2} sik^{8} khɔŋ^{1}；tɔŋ^{1} tsi^{5} khɔŋ^{1}，ta^{6} njen^{2} sik^{8} hɔŋ^{2}.

冬至 红 过 年 肉 空 冬至 空 过 年 肉 红

· 冬至红（很多猪肉），大年肉空；冬至空，大年肉红。指冬至这一天集市上买肉的人多，农户一年来圈养的生猪在这一天都被宰杀出售了，春节猪肉就紧缺。冬至煮肉少，春节集市上的猪肉就多。

【比喻】事物有着前因后果的联系。

tsau^{4} ci^{1} ŋ^{5} hɣɔ^{4} ci^{1} uk^{7} cɛ^{3}.

拿 鸡 不 知 鸡 屙 屎

· 拿着鸡不知鸡屙屎。指手里抓着鸡，由于离得太近，鸡拉屎了也没办法察觉。

【比喻】处在事件当中的人，往往没办法看清事件的真实情况。即当局者迷。

lɔ^{3} søn^{2} kun^{5}，uk^{7} søn^{2} lən^{2}.

进 船 先 出 船 后

· 先上船后上岸。指先上船的人，必须得往里头走，在下船的时候，由于还是得从同一个出入口下船，之前后上船的人，反而可以先下船了，而之前先上船的人需要等后上船的人下了船，自己才能下船。

【比喻】风水轮流转。

taːm^{1} mu^{6} ti^{6} pwa^{2} fən^{1} tjeu^{2} fai^{3}.

三 被 女人 成 条 街

· 三个女人一条街。

【比喻】家长里短，没完没了地八卦。

ni^{4} mɛ^{2} ti^{3} ci^{3}，laːk^{8} mɛ^{2} ti^{3} ci^{3}，ni^{4} ŋ^{5} mɛ^{3} ti^{3} ci^{3}，ljen^{6} laːk^{8} li^{3}.

妈 有 体己 孩子 有 体己 妈 没 有 体己 连 孩子 杀

· 妈妈有家底，孩子就有底气；妈妈没有家底，连着孩子一起杀。

【比喻】底气是一种精神，家底是一种物质，物质和精神的相关联性。

taːŋ^{4} məm^{4} lo^{4} məm^{4} cət^{8} çən^{1}.

养 老虎 大 老虎 咬 人

· 虎养大了虎咬人。

【比喻】恩将仇报。即养虎为患。

ȵa^{2} ɬɛ^{4} tshɔ^{1} jət^{7}，əɪ^{2} ɬɛ^{4} tshɔ^{1} ȵɪ^{6}.

你 做 初 一 我 做 初 二

· 你做初一，我做初二。这里的“初一”指某一天，“初二”指过后的某一天。指某一天一个人被冒犯或被伤害，当时当天没有能力反击，但是过后筹备好了，就有能力反击。

【比喻】仇怨不是不报，而是在筹备力量等待时机报仇。

thəu^{5} fan^{1} jəu^{5} caːŋ^{3} çən^{1}，thəu^{5} mu^{2} jəu^{5} caːŋ^{3} sən^{2}.

到 天 别 讲 人 到 晚 别 讲 神

· 白天别讲人，晚上别讲神。指白天提到某人，某人就有可能立即出现；晚上提到神仙，神仙就有可能立即显现。即说曹操，曹操到。

又作：thəu^{5} fan^{1} jəu^{5} caːŋ^{3} çən^{1}，thəu^{5} mu^{2} jəu^{5} caːŋ^{3} laːi^{3}.

到 天 别 讲 人 到 晚 别 讲 鬼

白天别讲人，晚上别讲鬼。

tsaːn^{1} sjau^{5} li^{6} naːn^{2} fɔk^{8} ti^{6}，tsaːn^{1} mɔk^{8} tshɔk^{7} pi^{2}① pə^{3} lɔk^{7}.

吃 干干净净 难 服 侍 吃 混杂的食物 肥 (后置音节)

·（爱）吃干净，（让人）难服侍；吃得乱七八糟的人，容易养出膘。

mit^{8} tɛ^{5} nəm^{4} ŋ^{5} fən^{1} aːn^{1}，fɔŋ^{1} lai^{3} paːk^{7} ɔŋ^{5} fɔŋ^{1} ŋ^{5} lai^{3} paːk^{7} çən^{1}.

刀 砍 水 没 成 痕 封 得 口 坛子 封 不 得 嘴 人

· 刀砍水没印痕；封得住罐子口，封不住人的嘴。

【比喻】人言可畏，可以悄无声息地伤害人。

tsaːn^{1} kwaːn^{5} jaːŋ^{6} kau^{1} nəm^{4}，laːm^{2} ho^{3} mən^{5} aːn^{1}.

吃 惯 阳 沟② 水 忘 里 井 恩

· 吃习惯了阴沟的水，忘却了杳水的恩情。

【比喻】长久处于一个阴暗环境，忘了早年得到的涓涓恩情。

① mɔk^{8} tshɔk^{7} 指由剩饭剩菜混杂在一起的食物。

② “阳沟”是村寨里露在地面的排水沟，沟里的水质很差，语义上对应汉语的“阴沟”。

tsi^{5} ŋ^{5} lai^{3} taːm^{1} can^{1} lon^{6} mjen^{2} sa^{1}, fɛ^{4} ŋ^{5} lai^{3} çən^{1} ni^{4} lən^{2}.

解 不 得　三　斤　乱　棉　纱　做 不 得　人　妈 后

· 解不了三斤乱棉纱，做不了人后妈。

【比喻】要去从事一件有难度的事情，前提是需要有相应的必要能力。

nja^{2} ŋ^{5} tsau^{4} kwai^{3}, ŋ^{5} khɣəːn^{5} lək^{8} pɣa^{1} əp^{7}.

手 不　拿 青蛙　不　怕　　雷公　劈

· 手不拿青蛙，不怕雷公劈。

【比喻】没有把柄在别人手中，不怕他人来针对自己。

ŋ^{5} mɛ^{2} ɣa^{2} səu^{3} kɔm^{3} ta^{6} maːn^{3} theːk^{7} ləi^{5}?

没 有　两　手　敢　过　村　踢　铜板

· 没有两下子敢到外村玩铜板（游戏）？

【比喻】有实力才敢于去冒险和挑战。

kwa^{3} ȵaːu^{6} u^{1} mən^{1}, khwən^{1} ȵaːu^{6} u^{1} paːk^{7}.

云　在　上　天　　路　在　上 嘴

· 云在天上，路在嘴上。

【比喻】人们面对困难时，解决办法总是有的。

taːm^{1} fan^{1} ŋ^{5} tɔk^{8} paːk^{7} tu^{6} pən^{6}, taːm^{1} fan^{1} ŋ^{5} tja^{3} nja^{2} tu^{6} kɣa^{3}.

三　天 不 读　口　就　笨　三　天 不 写　手 就　僵

· 三天不读口就笨，三天不写手就生硬。

ni^{4} fɛ^{4} ti^{2} ȵa^{2} ŋ^{5} kau^{5}, ȵa^{2} fɛ^{4} ti^{2} tu^{6} oot^{7} fa^{5} tuŋ^{6} lau^{5}.

妈妈 做 糍粑 你 不 看　你 做 糍粑 就 结 叶子　桐叶

· 妈妈做糍粑你不看，你做就糍粑黏着桐叶。桐叶：用于包糍粑。

【比喻】不认真学习，就不能很好地完成工作。

又作：ni^{4} fɛ^{4} kɣək^{7} ȵa^{2} ŋ^{5} naːŋ^{2}, ȵa^{2} fɛ^{4} kɣək^{7} tu^{6} ljen^{6} tuŋ^{2} paŋ^{1}.

妈妈 做 布　你 不 搭理　你　做　布　就　连 织布机 垮

妈妈织布的时候，你不学，到你织布就把织布机都折腾得垮塌了。

lɔk^{8} səp^{8} haːk^{7} ci^{2} ma^{4}，haːk^{7} lai^{3} ja^{6} haːi^{3} ta^{6} se^{5}.

六 十 学 骑 马 学 得 也 快 过 世

· 六十学骑马，学会也快过完一世了。

【比喻】开始学习某种技能的年龄太大。

fɛ^{4} tsjaːk^{7} ŋ^{5} jɔŋ^{6} jaːŋ^{6}，nə^{3} mjen^{6} fɛ^{4} nə^{3} mjen^{6} tjaːŋ^{6}.

做 草鞋 不 用 样 一 面 做 一 面 比样

· 做草鞋不用鞋样，一边做一边比样。指做布鞋需要鞋样，做草鞋不需要，只需要按照每一步的步骤做，多用些稻草或少用些稻草即可。

【比喻】没有可借鉴的经验，只能走一步算一步。

taːm^{1} siŋ^{1} mɛːk^{8} taːm^{1} caːk^{7} moŋ^{6} mən^{1} haːn^{5}.

三 筒 麦子 三 角 盼 天 旱

· 三筒三角麦（在手）盼天旱。指有一点吃的就犯懒，不想劳动，盼望着天旱不用干农活。

【比喻】自我感觉良好，不思进取。

səp^{8} ȵi^{6} tsjaːŋ^{1} fo^{4} phwa^{5} ŋ^{5} khaːi^{1} na^{3}.

十 二 张 斧头 劈 不 开 脸

· 十二把斧头劈不开脸。指长着一张臭脸。

【比喻】难以相处的人。

ȵaːu^{6} se^{5} thjaːŋ^{5} tsaːn^{1} juŋ^{3}，ŋ^{5} hɣɔ^{4} la^{1} nau^{1} i^{1} maːŋ^{2} jaːŋ^{6}.

活 世 像 吃 甘蔗 不 知道 节 哪 怎么 样

· 人生像是吃甘蔗，不知哪节什么味。指甘蔗的从头到尾每一节的味道都是不一样的，有的生涩，有的长虫，有的甘甜，没有吃到嘴里，就不知道味道如何。

puŋ⁶ jəu⁶ wəi⁶ tjen² təu⁵ kaːn³ teŋ², kɔŋ¹ pwa² wəi⁶ tjen² təu⁵ jəm¹ jøn².
朋友 为 钱 断 感情 公婆 为 钱 断 姻缘
· 朋友为钱断感情，夫妻为钱断姻缘。

ta³ piu³
打 草结
· 打草结。指和死人划清界限。
【比喻】从此后和某人不再相来往。

tsjem⁵ tɔ⁶ sə⁵ kheŋ¹ ŋ⁵ uk⁷ cɛ³.
占 着 屎 坑 不 屙 屎
· 占着茅坑不拉屎。
【比喻】就其位不谋其职。

taŋ² hɣɔ⁴ pɔ¹ kwa¹ tu⁶ fən¹ fai³, tseŋ⁵ hɣɔ⁴ pɔ¹ kwa¹ fai³ jəu⁶ taːn⁵.
未 知道 包 盐 就 成 街 刚 知道 包 盐 街 又 散
· 未懂包盐集市已热闹，刚会包盐集市已经散场。指旧时在集市上卖盐需用叶子打包给顾客。刚开始卖时一直学不会怎么包盐，直到集市散了才学会，可是集市已散，没有人再来买盐了。
【比喻】时光匆匆，把握不好节奏，含有一种无可奈何的凄凉感。

nai¹ paːk⁷ taːm¹ fən¹ lik⁸.
动 口 三 分 力
· 动口三分力道。
【比喻】一个人很有威望。

fɛ⁴ tshjaːŋ⁵ aːu¹ ŋɔ² i¹, la¹ tshja¹ aːu¹ lik⁸ i¹.
做 唱 要 嗓子 好 拉 车 要 力 好
· 唱歌要嗓子好，拉车要力气好。
【比喻】做事要有好的基础。

ma^{5} laːk^{8} paːi^{1} la^{4} laːk^{8}.

背着 孩子 去 找 孩子

· 背着孩子找孩子。

【比喻】脑子糊涂。

tuŋ^{1} hu^{3} phu^{1} lɔ^{4}，tsaːn^{1} man^{2} phu^{1} lɔ^{4}，uk^{7} khɣət^{7} ŋ^{5} lɔ^{6} çən^{1} hɣɔ^{4}.

煮 饭 半生不熟 吃 红薯 半生不熟 放 屁 不 让 人 知道

· 煮了急火饭，吃了半生的红薯，放屁别人不知道。

【比喻】悄无声息地做了可笑的事。

chi^{3} kɣo^{3} lɔŋ^{2} saːt^{7} khɣət^{7} tui^{2}.

起 头 龙 结束 尾巴 蛇

· 龙头蛇尾。

【比喻】做事开始很有热情和干劲，但随着难度的增加，逐渐失去了热情和干劲。即虎头蛇尾。

taŋ^{2} khaːi^{1} paːk^{7} nən^{1} te^{3} hu^{1}.

未 开 口 见 底 喉咙

· 未开口，就见嗓子眼。

【比喻】对对方了如指掌。

nɔk^{8} njem^{1} u^{1} kɣo^{3} fən^{3} ta^{6} taːm^{1} maːt^{7}，əi^{2} tu^{6} hɣɔ^{4} tɔ^{2} si^{6} tak^{8} si^{6} tai^{5}.

鸟 从 上头 飞 过 三 次 我 就 知道 只 是 雄 是 雌

· 鸟儿从头上飞过三次，我就能分辨出雌雄。

【比喻】长期相处，已相互知根知底，说话就不用拐弯抹角。即明人不说暗话。

kui^{1} tɔk^{8} naːn^{2} tɔ^{4}，laːk^{8} tok^{8} naːn^{2} caːu^{5}.

柴 独 难 烧火 孩子 独 难 教

· 独柴不易烧，独仔难教。

【比喻】力量单薄，难以成事。

ku^{3} i^{1} ŋ^{5} jɔŋ^{6} jɔŋ^{6} lik^{8} tsui^{2}.
鼓 好不 用 用 里 捶
· 好鼓不用使劲敲。
【比喻】自身自律优异，外界不用费力栽培和督促。即响锣不用重锤敲。

lɔk^{8} ȵøt^{8} jəu^{5} cɛ^{1} fi^{1} lɔŋ^{2}，səp^{8} ȵøt^{8} jəu^{5} cɛ^{1} tun^{3}. ①
六 月 别 卖 火笼 十 月 别 卖 蚊帐
· 六月莫卖火笼，腊月莫卖蚊帐。指六月份天气已经暖和，人们就把冬天才用上的火笼卖了，十月份天气变冷，人们就把夏天才用的蚊帐卖了，都是为了获得一些小钱，殊不知春夏秋冬往复循环，年年都还会用上火笼和蚊帐的。句义劝导人们切勿目光短浅。

səp^{8} ȵi^{6} ȵøt^{8} cɛ^{1} ljaːŋ^{6} fən^{3}.
十 二 月 卖 凉 粉
· 十二月卖凉粉。指天寒地冻的天气里卖炎热夏天解暑时吃的凉粉。
【比喻】看不清状况，做不合时宜的事。

fo^{3} hɣəːi^{6} ŋ^{5} jɔŋ^{6} kwan^{2}，ljem^{4} hɣəːi^{6} ɣa^{2} mjen^{6} kwan^{2}.
斧头 锋利 不 用 磨 镰刀 锋利 两 面 磨
· 斧头锋利不用磨，镰刀锋利两面磨。
【比喻】相似的状态，有的是自然属性形成，有一些是后天学习形成。

səp^{0} ȵøt^{0} kɔ^{5} juŋ^{3} ɬjɛn^{1} thəu^{5} phɣø^{1}.
十 月 的 甘蔗 甜 到 顶端
· 十月的甘蔗甜到头。

① “十月”其实应该是“十二月”，但习语里为了和“六月”对仗，省略了“二”这个音节，“十月”也就是指寒冬腊月。

【比喻】恰到好处的收获，使人愉悦快乐。

tiŋ⁵ tɔ⁵ tsaːn¹ juŋ³ la¹ la¹ fjɛn¹.
颠 倒 吃 甘蔗 节 节 甜
· 倒着吃甘蔗，每一节都甜。
【比喻】先苦后甜的人生历程。

fɛ⁴ ma¹ pwa² lo⁴ tsaːn¹ ma¹ kjaːk⁷, ho³ sɛŋ¹ fɛ⁴ çaːi¹ tu⁶ tan³ tsjaːk⁷.
做 菜 婆 大 吃 菜 烂、剩 青年 做 鞋 就 穿 草鞋
· 种菜的阿婆吃烂菜，做布鞋的青年穿草鞋。
【比喻】生活的不容易和不公平。

laːn⁴ tɔ⁴ fi¹ ca⁵ tjaːŋ⁶ khɣət⁷, laːn⁴ kat⁷ kui¹ ca⁵ tjaːŋ⁶ mai⁴,
懒 生 火 嫁 匠 铁 懒 割 柴 嫁 匠 木
laːn⁴ kɣəp⁷ nəm⁴ ca⁵ søn² ca¹.
懒 挑 水 嫁 船 家
· 懒生火嫁铁匠，懒砍柴嫁木匠，懒挑水嫁船家。
【比喻】讨巧的人生。

kɣaːu⁴ ti⁶ foŋ², maːi⁴ eŋ¹ jɔŋ².
丈夫 裁缝 妻子 荣光
· 丈夫是裁缝，妻子很荣光（因为总有新衣服穿）。
【比喻】沾亲人的光，得了好处。

çən¹ fɛ⁴ ȵa² taːi², çən¹ lai³ ȵa² aːi².
人 做 你 怠 人 得 你 哀叹
· 别人做事你倦怠，别人收获你哀叹。
【比喻】不劳动就没有收获。

ni^{4} tai^{1} laːk^{8} laːn^{6}，pu^{4} tai^{1} laːk^{8} taːn^{5}.

妈 死 孩子 烂　 爸 死 孩子 散

· 妈妈死了孩子穿烂衣，爸爸死了孩子被送人（妈妈改嫁）。

lɔk^{7} kham^{1} taːm^{1} fan^{1} teŋ^{3} nə^{3} kɔŋ^{1}.

起　早　三　天　顶　一　工

· 起早三天能顶一天工。

naːu^{3} mɛ^{1} kat^{7} kui^{1} naːu^{3} tɔ^{5} tɔ^{4}.

一　年 砍　柴　一　灶 烧

· 一年砍柴一灶烧。指砍了一年的柴，在办大事（家里红白喜事的日子）这天一次性烧完了。

【比喻】平时的积累，是为了不时之需做准备的。

lɔŋ^{2}ˀjak^{7} ŋ^{5} tsaːn^{1} hu^{3} pən^{3}，ŋa^{6} sjaːŋ^{1} ŋ^{5} tsaːn^{1} ma^{1} jaːŋ^{1}.

肚　饿 不 吃　谷　种　 饿　伤　不　吃　菜　秧

· 肚饿不吃谷种，饿死不吃菜秧。

【比喻】做人的基本底线。

mɛ^{2} hu^{3} jəu^{5} fɛ^{4} yt^{7}.

有　米 别 做 粽子

· 有米不做粽子（吃）。指用米做粽子费米，不划算。

【比喻】做事要会精打细算。

puŋ^{6} tsui^{2} tshui^{1} tɔ^{5}

棒　槌　吹 灶

· 棒槌吹火。

【比喻】一窍不通。

ŋɔ^{4} ȵøt^{8} lai^{3} ŋa^{1} hɔŋ^{4} si^{6}, lɔk^{8} ȵøt^{8} lai^{3} ŋa^{1} poi^{6} si^{6}.

五 月 得 菌子 旺 时 六 月 得 菌子 背 时

· 五月得蘑菇走运，六月得蘑菇背时。指五六月都是青黄不接、粮食短缺的月份，五月时候得到的蘑菇个大肉肥，可以充饥，所以走运；而六月时，蘑菇已经腐烂不能食用了，所以说是背时。

【比喻】需要之时恰好又得到了的东西才有用。

jən^{2} u^{1} pon^{1} jən^{2} te^{3} sjeu^{3} paːi^{1} nə^{3} chiŋ^{1} hu^{3}. ①

屋 上 搬 屋 下 少 去 一 筐 谷子

·（从）旧屋搬到新屋，少了一箩筐谷子。指搬家时，虽然是很短的一段距离，但有些东西不好拿走搬动，就直接废弃了。

【比喻】无形中就遭受了损失。

tsaːn^{1} çən^{1} pən^{6} ȵi^{2} caːŋ^{3} lɔŋ^{2} ɣœ^{2}.

吃 人 便宜 讲 肚子 闹肚子

· 吃人便宜说肚不舒服。

【比喻】得了便宜还卖乖。

sə^{5} kheŋ^{1} mai^{5} mɣaːŋ^{1} taːm^{1} fan^{1}.

屎 坑 新 香 三 天

· 新厕所香三天。

【比喻】还没有受到现实的考验而暴露缺点的新生事物。

tsau^{4} pɔ^{1} i^{1} taŋ^{1} taːŋ^{4}, tsau^{4} pɔ^{1} sɛŋ^{1} paːi^{1} mɔk^{7}.

拿 胞衣 来 养 拿 胞 生 去 埋

· 拿胎盘来养，拿新生儿去埋。

【比喻】分不出好坏，本末倒置。

① jən^{2} u^{1} 指老旧的房屋。jən^{2} te^{3} 指新建的房屋。

səu³ nɔk⁸ uk⁷ cɛ³ lɔ³ paːk⁷.

等　鸟　屙　屎 进 嘴巴

· 等鸟儿拉屎进嘴巴。

【比喻】一个人不积极主动争取，等天上掉馅饼，最终也是白费功夫。

laːk⁸ te⁶ ȵɛ³ tsɔk⁷ laːi⁵.

孩子 小 哭　粥　烫

· 小孩哭粥烫。指小孩了喝粥的时候，因为粥烫就哭闹不吃。

【比喻】没有成熟理性地处理问题的方法。

fu² tən² tsha⁵ mai⁴.

扶 牛　上　树

· 扶牛上树。

【比喻】白费力气。

la⁴ khɣu¹ tɔ⁴ kɣo³.

找 虱子　放 头

· 找虱子放（自己）头上。

【比喻】自找麻烦。

la⁴ khɣət⁷ tɔŋ⁵ puŋ⁶ tai⁶.

找　铁块 放　口袋

· 找来铁块放口袋

【比喻】自找麻烦。

khwən¹ lo⁴ khɔŋ¹ tshaːm³ tshaːm³ çan¹ ɣa⁵.

路　大　不　　走　　走　　田基

· 大路不走走田基。

【比喻】不听劝告，自寻麻烦。

kui^{1} khɣɔ^{3} khɔŋ^{1} taːu^{3} taːu^{3} kui^{1} ɣak^{7}.

柴 干 不 烧 烧 柴 湿

· 干柴不烧烧湿柴。

【比喻】不会办事。

ni^{4} tjaːŋ^{3} laːk^{8} ŋai^{1} ŋai^{1}，laːk^{8} tjaːŋ^{3} ni^{4} paːi^{1} tai^{1}.

妈 想 孩子（后置音节） 孩子 想 妈 去 死

· 妈牵挂儿，儿想着让妈去死。

【比喻】付出没有得到对等的回报。

nau^{2} ho^{3} lɔŋ^{2} ŋ^{5} mɛ^{2} taːm^{1} tjem^{3} phɣaːt^{7}.

谁 里 肚 没 有 三 滴 血

· 谁肚子里没有三滴血。

【比喻】人都有自己的思想。

pu^{4} tshɿ^{5} ȵɔŋ^{1}，ni^{4} tshɿ^{5} ȵɔŋ^{1}，taːŋ^{4} laːk^{8} khaːu^{3} tjaːŋ^{5} kɔŋ^{1}.

爸 邋遢凌乱 妈 邋遢凌乱 养 孩子 考 相公

· 父母丢三落四潦倒不堪，儿子偏偏当上官。

【比喻】意想不到的结果。

paːn^{6} ha^{1}

伴 肩

· 伴肩。指在过去，有的人家会雇人把家里牲口栏的厩肥挑到自己家的田地里做肥料。主人家给的工钱往往包含雇工卸了厩肥后在空担子里顺道装上几块路边的石块挑回来的价钱，这些石块可做建房子的材料。

【比喻】顺道做某事。

tshwən^{5} çi^{3} ti^{6} ȵi^{6}

春 喜 第 二

· 春喜第二。

来源：据说春喜是罗城东门镇一带的人。春喜妈妈白天出门干活，辛辛苦苦挣到了一些钱，春喜就高兴地向老天爷祈祷希望明天不要下雨，这样妈妈就又可以出去辛苦挣钱了。

【比喻】脑子缺根筋的人，看不到收获背后的辛苦付出，傻傻地希望能有更多这样的收获。

thjen^{5} hɔ^{1} sʅ^{4} ku^{5} naːi^{5}

天　河　四　姑　奶

· 天河四姑奶。

来源：据说罗城天河镇的四姑奶是一个天真又爱美的老奶奶，一看到漂亮的花朵就摘下来插到头上，常常头上插满了花朵。

【比喻】爱美但又缺少点儿审美素养的人。

例：ȵa^{2} kau^{5} tɔŋ^{6} hwa^{1} kə^{6} tɔ^{4} u^{1} mɔ^{6} thjaːŋ^{5} thjen^{5} hɔ^{1} sʅ^{4} ku^{5}naːi^{6} ljeu^{6}.

你　扣　朵　花　那　放上　帽子　像　天　河　四　姑奶　了

你把那朵花这样扣在帽子上像天河四姑奶了。

jən^{1} cəm^{1} ŋaːi^{3} pho^{6}

黄金　矮　婆

· 黄金矮婆。

来源：据说罗城黄金镇的矮婆，生活穷苦，但却十分讲究，每次从村口水井挑水回家，会嫌弃身后的一桶水，觉得不干净，直接就倒掉；身前的那一桶，她也认为表层的水不干净而将其倒掉，留下一小桶水使用。

【比喻】穷讲究、有洁癖的人。

tɔŋ^{1} mən^{2} hu^{6} naɪn^{6} məi^{4}

东门　湖南　妹

· 东门湖南妹。

来源：据说罗城东门镇住着一对湖南来的母女，母女俩常常形影不离，每每逛街回家，两人走累了就轮换着背对方走一段路，以此来缓解行走的疲惫。

【比喻】形影不离，行为有些滑稽的组合。

lɔŋ⁶ ŋaːn⁶ a⁵ swəi³

龙岸 阿 水

· 龙岸阿水。

来源：罗城龙岸镇的阿水是个有些呆傻的人。有一天，一户人家家里办丧事，阿水也被叫去帮忙。丧事办完后，主人家给每一个来帮忙的人发一个红包表示感谢。阿水拿到了红包后，心里很开心，就高兴地回主人家："希望你们家经常有丧事办，我也还要来帮忙。"

【比喻】脑子不灵活，说话不合时宜的人。

ci² ma⁴ ŋ⁵ tshoŋ⁵ thən¹ ca¹, ci² tən² tshoŋ⁵ thən¹ ca¹.

骑 马 不 碰到 亲家 骑牛 碰 亲家

· 骑马不遇见亲家，骑牛遇见亲家。指骑着马儿威风凛凛的时候，没有碰到亲家；骑着牛，样子不堪的时候，偏偏遇见了亲家。

【比喻】偏偏发生不愿发生的事，很尴尬。

又作：ci² tən² tshoŋ⁵ thən¹ ca¹, ci² ma⁴ tshoŋ⁵ saːn³ pa²

骑 牛 遇 亲家 骑 马 见 山耙

骑牛遇亲家，骑马见野鹿。

saːu¹ ma⁴

喂 马

· 喂马。指祭马（车），求一路平安。

ti⁶ kɔŋ¹ phwa⁵ kwan¹ sɛːk⁷ hwən⁴ sɛːk⁷, ti⁶pwa² phwa⁵ kwan¹ tɔ⁴ nja² mɛːk⁷.

男人 破 竹子 排 和 排 女人 破 竹子 用 手 掰

· 男人破竹，排对排；女人破竹，用手掰。指男女差别，描述男人在破竹（用力气和技巧的事）时，力道合适，整齐合理；而女人在处理这样的事时就显得笨拙和无序，还带着一些滑稽。

niŋ⁵ nɛŋ¹ nɛŋ¹, lo⁴ ho³ sɛŋ¹.

小 邋邋遢 大 青年

· 小时候邋遢哝儾样，长大了俊美模样。

laːk^{8} te^{5} tau^{1} tjaːŋ^{3}，mu^{6} lo^{4} tau^{1} han^{5}.

孩子小 讨 想 个 大 讨 恨

· 小孩讨想，大人讨嫌。

tjeu^{3} ljaːŋ^{6}.

掉 良心

· 掉良心。

【比喻】小气、吝啬。

thɔ^{3} hu^{3} siŋ^{1}.

倒 米 筒

· 倒米筒。

【比喻】耿直的性格。

ȵaːu^{6} se^{5} jɔŋ^{6} i^{6}，tshø^{3} se^{5} naːn^{2}.

活 世 容易 处 世 难

· 活着容易，处事难。

au^{5} chi^{5} ŋ^{5} tɔŋ^{2} jaːŋ^{6}.

怄气 不 同 样

· 不一样的愁。

naːu^{3} maːn^{3} ŋwaːi^{6}，taːm^{1} maːn^{3} səu^{2}.

一 村 外婆 三 村 舅舅

· 一村外婆，三村舅舅。指仫佬族的宗族性社会关系。如果外婆家是在某一个村子里，那么可以把外婆家周围三个村子里，与母亲同一辈的人称为舅舅。

paːk^{7} caːŋ^{3} ŋ^{5} aːu^{1} nja^{2} jəu^{6} tjep^{7}, nə^{3} nja^{2} fu^{2} laːk^{8} ɣəŋ^{1} ŋɛ^{1} ŋɛ^{1}.

嘴 讲 不 要 手 又 接 一 手 扶 孩子 哼 唧唧

nuŋ^{4} kɔ^{5} tjen^{2} khɣɛ^{1} ni^{4} mɔ^{6} tsau^{4}, pu^{4} mɔ^{6} caːŋ^{3} cən^{1} paːi^{1} jɔŋ^{6},

孩子 的 钱 给 妈 他 拿 爸 他 讲 拿 去 用

ni^{4} mɔ^{6} tu^{6} caːŋ^{3} khɣəu^{1} tɔk^{8} lɛ^{2}.

妈 他 就 讲 留 读 书

· 嘴上说不要手又接，一手扶着孩子叹着气。孩子的压岁钱妈妈拿，爸爸说要拿去用，妈妈说要留读书用。句义描述了家庭琐事生活片段。

tsheŋ^{5} taːn^{5} tɔŋ^{2} tɔŋ^{2}, paːi^{1} ŋwaːi^{6} lɔk^{8} foŋ^{2}①.

撑 伞 咚咚 去 外祖 六 宗

· 撑着伞，去外祖家探亲去。句义描述一家人过节去外婆家的状态是混乱、急迫、带着喜感的。

【比喻】人多、匆忙又欢欢喜喜的状态。

cɛ^{3} tsjaːŋ^{5} mən^{1} ŋ^{5} lai^{3} pin^{6} paːi^{1} uk^{7}.

屎 胀 都 没得 空 去 屙

· 屎急也没空（跑厕所）去屙。

【比喻】事多、忙的状态。

fan^{1} lo^{4} nə^{3} ȵən^{2} jəu^{6} mɛ^{4}.

天 大 一 粒 玉米

· 一天长大一颗玉米粒。形容初生婴儿一天天长大，一天一个样。

nja^{2} khai^{1} ȵaːi^{3}

手 开 (后置音节)

·（婴儿）张开的手。指初生婴儿五个手指张开的样子（相对紧握着而言），手张开，喻意长大后花钱大方。

---

① lɔk^{8} foŋ^{2} 指六个房族，泛指所有亲戚。

ȵam^{1} cin^{6} tsui^{2} can^{3}

拽　拳　锤　紧

·（婴儿）紧握的拳头。指初生婴儿五个手指紧握的样子，预测其长大后花钱节制。

tən^{2} ti^{6} taŋ^{2} ljeu^{4}，ma^{4} ti^{6} jəu^{6} thəu^{5}.

牛 事 未　完　　马　事　又　到

· 牛事未完，马事又到。

【比喻】事情接二连三地出现。

mu^{5} laːk^{8} khai^{1} lɔŋ^{2}.

猪　崽　开　肚子

· 猪崽开肚子。

【比喻】十几岁的小孩，很能吃，每一餐都吃很多。

tuŋ^{6} paːn^{4} tuŋ^{6} njen^{2}

同　伴　同　年

· 同伴同年。指小孩要去做一些事心里害怕，大人担心孩子魂魄受损伤，口中念这句念词，表示请守护神好好守着小孩。

tshin^{5} tjeu^{1}

昂扬 聪明

· 得意。句义很形象地展示了人得意时的状态。

tu^{6} nən^{1} fɛ^{4} ɣa^{5} çən^{1} cɛ^{1} hu^{3}，ŋ^{5} nən^{1} fɔŋ^{1} lau^{2} çən^{1} cɛ^{1} hwa^{1}.

就　见　做　田　　人　卖　米　不　见　　风流　　人　卖　花

· 只见种田人卖米，不见风流人卖花。指苦力人出卖日常苦力维持生计，风流人不用卖日常风流来维持生计。

【比喻】一种社会不公的现象。

puk^{7} siu^{1} puk^{7} ŋai^{6}，pwa^{2} li^{6} hai^{6}.

捶 脸 捶 腮 婆 厉害

· 捶捶腮帮，你活该。

来源：当看到别人不听劝告，倒了霉，认为他活该，就会鼓起腮帮，用自己的拳头反复捶打腮帮，嘴里发出“噗噗”的声音，然后就会补充说出这句习语，表达自己的幸灾乐祸。

khɔŋ^{1} nən^{1} kɣo^{3} mai^{4} khɔŋ^{1} pɣø^{1} nəm^{4} la^{1}.

不 见 头 木 不 掉 水 眼

· 不见棺材不掉泪。

【比喻】一个人做某一荒谬的事很固执、无可救药。

paːk^{7} mɛ^{2} kau^{1}

嘴 有 钩

· 嘴巴有钩。

【比喻】来得巧，正好赶上有好吃的。

paːk^{7} jen^{6} sui^{3}

嘴 盐水

· 盐水嘴。

【比喻】挑食。

lak^{7} lut^{7} tsaːn^{1} cɛ^{3} ut^{7}

打嗝 吃 屎 馊

· 打嗝吃馊屎。指一个人在不停地打嗝，嘴里就会念这句话，希望不要继续打嗝了。

suk^{7} koŋ^{1} mjen^{6}

洗 光 面

· 洗光面。

【比喻】捡漂亮话来说。

mu^{5} laːk^{8} i^{1} cɛ^{1}, fai^{3} fai^{3} taŋ^{1}.

猪　崽　好卖　街　街　来

· 猪崽好卖，每次集市都来卖。

【比喻】见好不收，得寸进尺。

ȵøn^{6} ni^{4} paːi^{1} tai^{1}, ŋ^{5} ȵøn^{6} ni^{4} paːi^{1} ca^{5}.

愿　妈　去　死　不　愿　妈　去　嫁

· 愿妈妈去死，不愿妈妈去嫁人。指妈妈死了，坟墓就在那里，在明确的地方，想去悼念随时去；但是，妈妈去嫁人了，就是别人家的人了，逢年过节都不一定见得到。

【比喻】相对于另一件事，选择不那么为难自己的事情来做。即两害相权选其轻。

naːn^{4} tai^{1} pu^{3} nə^{3} kɣəu^{4}.

野兽　死　补　一　棍

· 野兽死了补一棍。指别人已经把野兽打死了，看见的人赶上去补一棍子，从而分得一份功劳。

【比喻】装模做样地做一点儿工作，然后厚着脸皮去分取利益。

i^{1} tu^{6} ni^{4}, ŋ^{5} i^{1} tu^{6} tɿ^{4}.

好就　妈　不　好　就（谐音）

·（心情）好，就叫妈，不好就叫“嘛”。

【比喻】一个人喜怒无常，说翻脸就翻脸。

naːu^{3} won^{3} hu^{3} tsaːn^{1} ŋ^{5} kaŋ^{5}, ɣa^{2} won^{3} hu^{3} tsaːn^{1} ŋ^{5} kaŋ^{5},

一　碗　饭　吃　不　饱　两　碗　饭　吃　不　饱

taːm^{1} won^{3} hu^{3} tsaːn^{1} ŋ^{3} kaŋ^{3}, kaːn^{5} tshəi^{4} thjeu^{5} nəm^{4} tai^{1}.

三　碗　饭　吃　不　饱　干脆　跳　水　死

· 一碗饭吃不饱，两碗饭吃不饱，三碗饭吃不饱，干脆跳水死。

【比喻】一了百了。

tjen[1] tɔ[3] tsaːn[1] cɛ[3] nɔ[3].

癫 倒 吃 屎 老鼠

· 疯疯癫癫，吃了老鼠药。

puŋ[6] tsui[2] həu[1] puŋ[6] tsui[2] laːn[3].

棒 槌 绿 棒 槌 红

· 绿棒槌，红棒槌。

【比喻】毫不手软，拳脚相加。

sik[8] pi[2] kap[7] tap[7] la[1] tu[6] khap[7].

肉 肥 夹 肝 眼 就 闭

· 肥肉夹着猪肝肉，（好吃到）眼睛闭。

【比喻】因为喜欢，而下手果断。

mɛ[2] nja[2] kun[5] ŋ[5] mɛ[2] nja[2] lən[2].

有 手 前 没 有 手 后

· 有前手，没后手。指（拿了东西来用）用完却不放回原位。

【比喻】一个人做事只开了头，却不善后。

ŋ[5] ton[5] sik[8]

不 算 肉

· 不算肉。

【比喻】不尊重他人。

tin[1] khai[1] ŋa[5]

脚 开 岔

· 脚开岔。指批评或自嘲脚不长眼睛，很容易踢到东西，伤到脚。

cen^{5} ŋ^{5} lai^{3} khɛːk^{7}.

见 不 得 客人

· 见不得客人。指客人来的时候，平时的好功夫或手艺却表现失常了。

【比喻】掉链子。

laːk^{8} ŋ^{5} çem^{1} ni^{4} hɣən^{2}，ni^{4} ŋ^{5} çem^{1} laːk^{8} tshəu^{3}.

孩子 不 嫌 妈妈 穷 妈 不 嫌 孩子 丑

· 儿不嫌母贫，母不嫌儿丑。

tek^{7} kɣo^{3} tsø^{6}.

点 头 筷子

· 点筷子头。指生活穷苦，没有饭吃，只能喝粥，并且没有像样的菜，只是用筷子点一下酸钵喝一口粥，酸钵里也只是盛着为了加重味道放了很多盐和辣椒的酸品。句义与“穷得叮当响”相近。

【比喻】生活穷苦。

laːn^{4} thjaːŋ^{5} tɔ^{2} tui^{2} tai^{1}.

懒 像 只 蛇 死

· 懒得像条死了的蛇。

tshən^{3} thjaːŋ^{5} tɔ^{2} ȵan^{1}.

横 像 只 野猫

· 横得像只野猫。

【比喻】蛮横无理，像身上长着刺一样，四处得罪人的人。

pi^{2} thjaːŋ^{5} tɔ^{2} waːŋ^{5}.

胖 像 只 竹象的幼虫

· 胖得像只竹象幼虫。

jai^{3} thjaːŋ^{5} mu^{6} lau^{2} tsaːn^{1} cɛ^{3} ci^{1} kwaːt^{7}.
衰 像 猴子 吃 屎 鸡 稀
· 衰得像猴子吃了猪肝色的鸡屎。
【比喻】很尴尬。

tjaːŋ^{1} kɔk^{8} tui^{2} ka^{6} əp^{7} tɔ^{2} ka^{1} ka^{6}.
将就 块 石头 那 砸 只 乌鸦那
· 将就着石块的大小砸（能砸到的）乌鸦。
【比喻】量力而行。

kɤo^{3} khaːk^{7} naːm^{4} mwaːt^{7}.
头 壳 泥 浆
· 脑壳里都是泥浆。
【比喻】一个人不会用脑子思考问题。

ta^{1} sɿ^{6} mən^{6} ja^{6} mɛ^{2} ta^{1} sɿ^{6} mən^{6} təu^{6} lu^{6}.
三 十 门 夜 有 三 十 门 活 路
· 大年三十有三十件事情。
【比喻】忙忙碌碌赶着时间的状态。

tsha^{5} taːŋ^{5}.
上 当
· 上当。句义不是指上当受骗。
【比喻】完蛋，糟糕。

ŋ^{5} te^{3} paːu^{3}
不 抵 宝
· 不抵宝。指不懂得珍惜宝物。

ho^{3} lyn^{6} paːi^{1} han^{5}① hɤɔk^{8}.

里 峒　去　恨　草

· 到峒里去羡慕草（长得好）。指峒上的草本来就很繁茂，你却到峒上感叹那里的草好，当地人会觉得你很好笑。

【比喻】对本就是实际存在的客观事物发表主观感叹，往往还会闹笑话。

kɤəu^{1} çəm^{1} hu^{3} kɤœ^{3}.

乞丐 嫌弃 米　糯

· 乞丐嫌弃糯米。指乞丐行乞，别人施舍糯米，还嫌弃别人给的是糯米，不好吃。

【比喻】自己很不堪，却还是挑三拣四。

mwaːi^{5} səu^{6} paːi^{1} la^{4} çən^{1} tai^{1}.

扛着 棺材　去 找　人 死

· 扛着棺材去找死人。

【比喻】大费周章做无用功。

tshiŋ^{5} twa^{2} pət^{8} lui^{6} nəm^{4}.

称　砣　扔　下　水

· 秤砣丢下水。指沉重的秤砣扔掉了，不再给人压力和羁绊。

【比喻】抛开心结。

taŋ^{2} hwa^{5} ma^{4} tu^{6} hwa^{5} kɤəi^{5}, hwa^{5} lai^{3} ma^{4} kɤəi^{5} pit^{7} kha^{5}, paːi^{1} ŋ^{5} lai^{3}.

未　画　马　就 画　蛋　画　得　马　蛋　满　胯　去 不 得

· 未画马，就画蛋，画好马，蛋满胯，走不动。

【比喻】大话连篇，实际水平低下。

---

① han^{5} 是“恨”，这里指因羡慕而感叹。

hət^{7} ton^{5} mu^{2} ton^{5}，laːi^{4} sjaːŋ^{1} tsaːn^{1} mɣaːŋ^{6} lo^{4}.

早 算 晚 算 鬼 伤 吃 半 大

· 早上算晚上算，饿鬼吃了一大半。

【比喻】一个人精打细算，谋求发展，却不经意间，由于一个意想不到的原因，造成了惨痛的损失。

第二节 农业、自然与动植物

ho^{3} hɣəːn^{2} ŋ^{5} taːŋ^{4} ma^{4}，ja^{6} nən^{1} ta^{5} khwən^{1} ma^{4} uk^{7} cɛ^{3}.

里 家 不 养 马 也 见 中 路 马 屙 屎

· 家里不养马，大路上也见过马拉屎。

【比喻】一些事，虽然没有亲身经历过，但也见识过，有一些了解。即没吃过猪肉，还没见过猪跑么？

tən^{2} ŋ^{5} mɛ^{2} lik^{7} la^{1} hœŋ^{1} pa^{2}，çən^{1} ŋ^{5} mɛ^{2} li^{4} caːŋ^{3} hœŋ^{1} hwa^{6}.

牛 没 有 轭 拉 横 耙 人 没 有 理 讲 横 话

· 牛少了牛轭，就会横着拉耙；人少了道理，就会讲混话。

【比喻】少了约束力就会乱来。

tən^{2} ce^{5} theŋ^{5} pa^{2}，ma^{4} ce^{5} theŋ^{5} aːn^{1}.

牛 老 听 耙 马 老 听 鞍

· 老牛会听耙，老马会听鞍。指犁地时，老牛会自觉感受耙的动静，不会碰到地里的石头，把耙弄坏；老马会老实地等待马鞍安放在自己的背上后，再迈步前行。

【比喻】对相应的工作或情况有丰富经验，不会像新手那样做起来状况百出。

tən^{2} i^{1} ŋ^{5} jɔŋ^{6} kɣəu^{4}，ma^{4} i^{1} ŋ^{5} jɔŋ^{6} chen^{1}，jøt^{8} chen^{1} jøt^{8} faːt^{7} tjen^{1}.

牛 好不 用 棍子 马 好 不用 牵 越 牵 越 发 癫

· 好牛不用棍子（鞭打），（就会按要求自己走），好马不用（绳子）牵着，越牵着它，它越是发癫。

【比喻】自觉自律的人不用外人鞭策管束，越是牵制管束越适得其反。

ˀjɛp^{7} tu^{6} si^{6} ˀjɛp^{7}，ŋaːn^{6} tu^{6} si^{6} ŋaːn^{6}，sik^{8} tən^{2} tu^{6} kat^{7} ŋ^{5} njɛm^{1} sik^{8} mu^{5}.

鸭子 就是 鸭子　鹅 就 是　鹅　肉 牛 就 割 不　粘　肉 猪

· 鸭是鸭，鹅是鹅，牛肉不和猪肉一起割。

【比喻】一码事归一码事，不可混为一谈。

khɣəi^{1} ŋ^{5} tsjaːk^{8} lik^{8}，ik^{7} tsjaːk^{8} lik^{8}.

犁头 不 着 力 轭 着 力

· 犁头不着急，轭着急。指使用犁耕地时，犁头是工作的关键部位，轭是次要的，如果犁头不给力，轭怎么努力也徒劳。句义带有滑稽色彩。

【比喻】当事人不着急去办理事情，身边的其他人着急也没有用。即皇帝不急太监急。

khɣa^{1} tən^{2} uk^{7} tɔk^{7} kun^{5} khɣa^{1} tən^{2} ma^{3}，ku^{1} tən^{2} uk^{7} tɔk^{7} lən^{2} ku^{1} tən^{1} kɣa^{3}.

耳朵 牛 出 往 前 耳朵 牛 软　角 牛 出 往 后 角 牛 硬

· 牛耳朵先长出来但却很软（可以煮来吃），牛角后长出来但很硬（不能煮来吃）。

【比喻】后生可畏，长江后浪推前浪。

kwa^{1} lo^{4} laːk^{8} ȵe^{3}，laːk^{8} lo^{4} tsy^{3} i^{5} ȵe^{3}.

瓜 大 籽 嫩 孩子 大 主意 嫩

· 瓜大籽嫩；孩子个头大，主意却是幼稚的。

【比喻】外表很强大，实则内里很简单空洞。

又作：tɔŋ^{1} kwa^{1} ŋɣa^{2} ce^{5} laːk^{8} ȵe^{3}.

冬 瓜 皮 老 籽 嫩

冬瓜皮老瓜籽嫩。

paːk^7 khɤəi^1 ŋ^5 hɤəːi^6 pjen^1 khɤəi^1 hɤəːi^6，hiŋ^1 ce^5 ŋ^5 ljɛːn^6 hiŋ^1 ɳ̥e^3 ljɛːn^6.

口 犁 不 锋利 边 犁 锋利 姜 老 不 辣 姜 嫩 辣

· 犁头口不锋利，犁头的两边锋利；老姜不辣，嫩姜辣。

【比喻】呈现出来的状况不合情理。

tuk^8 khɤət^7 ma^4 tuk^7 theːk^7.

捆 尾巴 马 相互 踢

· 把马尾绑在一起，（让他们）互踢对方。

【比喻】手段恶劣，挑拨离间。

tən^2 taŋ^2 uk^7 cɛ^3 khɤət^7 tu^6 cheu^5.

牛 未 屙 屎 尾巴 就 翘

· 牛还没有拉屎，尾巴就先翘起来了。

【比喻】还未动手开始做事，人就已经骄傲了。

naːu^3 cok^7 ʔwaːt^7 fən^1 mən^5.

一 锄头 挖 成 井

· 一锄头下去，就把井挖好了。

【比喻】把事情说得太轻巧。

ʔwaːt^7 naːm^6 ʔwaːt^7 lai^3 jam^1，naːm^6 kɤəːm^3 pjen^5 fən^1 cəm^1.

挖 土 挖 得 深 泥 黄 变 成 金

· 挖土挖得深，黄泥巴变成金。

【比喻】认真细致的劳动，可以获得丰厚的回报。

nəm^4 ta^6 ɣa^5，ɣa^5 ja^6 ŋ^5 ɣəːm^1.

水 过 田 田 也 不 瘦

· 水过（你家）田，田不会变瘦。指别人把自己家水田里的水排放到你家的水田，不会损害到你家水田的土质。

【比喻】别人对你做的事情并不会对你造成伤害，不要不依不饶。

nəm^{4} i^{1} tsjem^{5} ɣa^{5} çən^{1}，la:k^{8} jak^{7} i^{1} tsjem^{5} ma:i^{4} çən^{1}.

水 好 占 田 人 女儿 好 占 妻 人

· 好水占人田，好女占人妻。指自家的水田里的水富足，就想着去侵占别人家贫瘠的田地，把自己富余出来的田水用上；自己长得好看的女孩，就想着去取代别人妻子的位置。

【比喻】自私自负、总想占人便宜。

fjen^{1} ŋ^{5} la:n^{6}，ci^{1} ŋ^{5} swa:i^{5}.

园子不 烂 鸡 不 扒食

· 园子不破烂，鸡（没有机会）去里边翻扒觅食。

【比喻】自身有毛病，才会招惹是非。

hun^{4} kwa^{1} lɔ^{3} pa:k^{7} tən^{2}.

送 盐 进 嘴 牛

· 送盐入牛嘴。指牛是爱吃盐的，把盐送入他嘴里，正合它意。

【比喻】有去无回，正中下怀。

la:ŋ^{6} tən^{2} lai^{3} tui^{6}，la:ŋ^{6} ma^{4} lai^{3} ci^{2}，la:ŋ^{6} na:u^{3} tɔ^{2}ˀjɛp^{7} ta:i^{6} poi^{6} si^{2}.

放 牛 得 坐 放 马 得 骑 放 一 只 鸭子 大 背 时

· 放牛得坐，放马得骑，放一只鸭子大背时。指放一只鸭子，需要跟着跑来跑去，很受累，没有现成的好处，所以背时。

【比喻】自己接管的工作很累，享受不到好处。

ça:u^{1} i^{1} kwa^{1} i^{1}，la:k^{8} i^{1} ni^{4} i^{1}.

藤 好 瓜 好 孩子 好 妈 好

· 藤好瓜好，孩子优秀是由于妈妈优秀。

【比喻】产出好，是由于基础和根基好。

thjen^{1} tjeu^{2} len^{4} wa:n^{6} tjeu^{2} len^{4}，tən^{2} ŋ^{5} thəu^{5} ŋ^{5} uk^{7} hɣɔk^{8}.

千 条 檩 万 条 檩 牛不 到 不 长 草

· 千根房檩万根房檩，牛不到那里，长不出草。指房檩之间存有的泥土里长不出牛儿吃的草，牛也不会到房檩处去吃草。

【比喻】相互之间没有什么必然的往来关联，都不关痛痒。

khai^{1} tshən^{1} ŋ^{5} lui^{6} tɔŋ^{6}，cəu^{3} tɔŋ^{1} səp^{8} ȵøt^{8} u^{1} lau^{2}① khɔŋ^{1}.

开 春 不下 农作物 九 冬 十 月 上 楼 空

· 开春不播种，九冬十月楼上空（没有粮食可存放）。

【比喻】没有付出前期劳动，就不会有后期的收获。

ŋɔ^{4} hɔŋ^{1} lɔk^{8} ȵøt^{8} ŋ^{5} fɛ^{4} kɔŋ^{1}，cəu^{3} tɔŋ^{1} səp^{8} ȵøt^{8} tsaːn^{1} tɔŋ^{1} fɔŋ^{1}.

五 荒 六 月 不 做 工 九 冬 十 月 吃 东 风

· 五月（荒月）六月不做工，九冬十月吃东风。

【比喻】恰当的时间节段里没有去做该做的事，到了享受成果的时候自然也就不会有成果可以享受。

ho^{3} lyŋ^{6} ɣɔk^{8} i^{1} ja^{6} mɛ^{2} tən^{2} ɣəm^{1}.

里 峒 草 好 也 有 牛 瘦

· 峒里草好也有瘦牛。

【比喻】有好的外部条件，自身没有进步的欲望，也不会有好的成就。

nəm^{4} ȵaːu^{6} u^{1} ha^{1} tən^{2}，hu^{3} ȵaːu^{6} ho^{3} laːn^{2} tən^{2}.

水 在 上 肩 牛 谷子 在 里 栏 牛

· 水在牛肩上，谷子在牛栏里。指牛可以用来犁田，搞生产；牛栏里的厩肥可以做田地里的肥料，使田地里的土壤肥沃起来。

【比喻】积极工作，创收创产。

---

① u^{1} lau^{2} 指“楼上”。仫佬族人居住的房子里，房间或偏屋都是上下两层，下层为日常生活居所，上层存放粮食。

taːŋ^{4} mu^{5} ŋ^{5} tsaːn^{6} tjen^{2}, jɔŋ^{1} lai^{3} lən^{2} maːn^{3} nə^{3} fjen^{5} ɣa^{5}.

养 猪 不 赚 钱 施肥 得 后 村 一 片 田

· 养猪挣不了多少钱，（但可以）用猪圈里的厩肥给村后的一大片田地施肥。

【比喻】从积极角度看问题。一方面，可能会是付出，但没有高回报的；另一方面，却是能够获得丰厚回报的。

mɛ^{2} təm^{1} ŋ^{5} khɣəːn^{5} ŋ^{5} lai^{3} ljen^{2}, lɔk^{8} ȵøt^{8} ça^{5} kɔk^{7} ko^{5} mɛ^{2} fan^{1}.

有 心 不 怕 不 得 连 六 月 晒 谷 总 有 天

· 有心不怕不得连，六月（青黄不接的月份）晒谷总有天。

【比喻】功夫不负有心人。

tshɔ^{1} jət^{7} ŋ^{5} tɔk^{7} kwən^{1} tu^{6} moŋ^{6} səp^{8} taːm^{1}, səp^{8} taːm^{1} ŋ^{5} tɔk^{7} nə^{3} tɔŋ^{1} haːn^{5}.

初 一 没 下 雨 就 盼 十 三 十 三 不 下 一 冬 旱

· 初一无雨望十三，十三无雨一冬旱。

theŋ^{1} mɛŋ^{2} theŋ^{1} mɛŋ^{2} naːŋ^{2} fɛ^{4} peŋ^{2}, kɔk^{6} jø^{4} kɔk^{7} jø^{4} naːŋ^{2} tsha^{5} tsø^{4},

清明 清明 竹笋 做 堆 谷雨 谷雨 竹笋 上 竹节

ləp^{8} pha^{5} ləp^{8} pha^{5} kəp^{7} tuk^{7} ma^{5} (ləp^{8} pha^{5} ləp^{8} pha^{5} nəm^{4} tsaːn^{4} çan^{1} ɣa^{5}),

立夏 立夏 青蛙 相互 背 立夏 立夏 水 漫 埂 田

ti^{5} ȵøt^{8} tshɔ^{1} paːt^{7} nəm^{4} nja^{1} faːt^{7}. ŋɔ^{4} ȵøt^{8} tshɔ^{1} ŋɔ^{4} tshaːp^{7} tshjaːŋ^{1} pu^{2}.

四 月 初 八 水 河水 发 五 月 初 五 插 菖 蒲

· 清明清明，竹笋堆成堆；谷雨谷雨，笋儿长成了竹节；立夏立夏，青蛙骑青蛙（立夏立夏，水漫过了田埂）；四月初八河水长；五月初五插菖蒲。

ta^{6} ljeu^{4} ceŋ^{5} tsəp^{7} mən^{1} pjen^{5} hɣo^{3}, cɛ^{1} hɣaːŋ^{6} hɣəi^{3} tən^{2} ma^{1} fɛ^{4} tshən^{1}.

过 完 惊蛰 天 变 暖 卖 棉被 买 牛 回 做 春

· 过了惊蛰天变暖，卖了棉被买回牛，牛儿开春耕田地。

tshɔ¹ jət⁷ tɔk⁷ kwən¹ tshɔ¹ ȵi⁶ lin⁴, tshɔ¹ taːm¹ tshɔ¹ ti⁵ kwən¹ in⁵ in⁵.
初一 下 雨 初 二 晴 初 三 初 四 雨 淋淋
· 初一下雨初二晴，初三初四雨淋淋。

tən² cɛ⁶ khɣəːn⁵ ceŋ⁵ tsəp⁷, çən¹ cɛ⁶ khɣəːn⁵ lɔk⁸ səp⁸.
牛 老 怕 惊蛰 人 老 怕 六 十
· 牛老怕惊蛰，人老怕六十。指惊蛰过后，牛就要犁田劳作了；人六十岁之后，就开始变得各种疾病缠身了。

tət⁷ kham¹ ŋ⁵ fən¹ mən¹.
阳光 早 不 成 天
· 早晨太阳（明亮）不成天。指一大早阳光明亮，清晨出现这样的天气预示着当天的天气都不会好。

tshən¹ thjen¹ tsha⁵ mai⁴ aːu¹ tan³ mɔ⁶.
春 天 上 树 要 戴 帽子
· 春天上树要戴帽。指春天雨多，爬上树的时候天气晴朗，可以不戴帽子，但爬下树的时候都有可能下雨，没有帽子就会被雨淋。

cen⁵ thəu⁵ ləp⁸ pha⁵, nəm⁴ tsaːn⁴ çan¹ ɣa⁵.
但 到 立夏 水 浐 田基
· 一到立夏，水浐田基。
【比喻】时令已到。

fɛ⁴ ɣa⁵ lɔk⁸ sɿ⁶ mɛ¹, kwaːi⁵ ŋ⁵ tɔk⁷①.
做 田 六 十 岁 怪 不 懂
·种田种到六十岁，还是不懂。指种田要懂得看天气，看不懂就学不会，虽然六十岁了，对于种田，还是有各种困难。

① tɔk⁷ 意为“懂”，罗城县当地的汉族人所说的土拐话借词。

【比喻】做复杂有难度的事，掌握不到正确的方法，即使花了很多时间和精力也没能做好。

ɣa^{5} ŋ^{5} ta^{6} taːm^{1}，ti^{6} ŋ^{5} ta^{6} ti^{5}.

田 不 过　三　 地 不 过 四

· 田不过三，地不过四。指种田插秧，三月份前一定要完成，种地种玉米红薯，四月份前一定要完成。

thət^{7} thɔŋ^{1} paːt^{7} ceu^{4}.

七　葱　八　藠头

· 七月（种）葱八月（种）藠头。

te^{3} mɛ^{2} tɔŋ^{6}，u^{1} mɛ^{2} kɣɔŋ^{6}.

底 有　蔸　 上 有　 串

· 地底底下有蔸，地面的作物上挂一串串的丰收果实。

kɛːk^{7} çan^{1} naːm^{6} ŋ^{5} tɔŋ^{2}.

隔 田埂　土　不 同

· 隔了一条田埂，土质就不同。

【比喻】一线之隔，天上地下。

lɔ^{5} ŋ^{5} mɛ^{2} teŋ^{1} ɣa^{2} kɣo^{3} hwaːt^{7}.

扁担 没 有　钉　两 头　 滑

· 扁担无钉两头滑。

【比喻】没有基本的约束力，怎么做，都是失败的结局。

khɣəi^{1} ŋ^{5} toi^{5} pa^{2} toi^{5}.

犁　不 对 耙 对

· 犁打不到你，耙也会打到你。

【比喻】怎么都能整到你。

thjen¹ tjeu¹ waːn⁶ tjeu¹, ŋ⁵ pi³ tɔ² tən² ɣaːŋ⁴ nə³ maːt⁷ jeu¹.
千 锹 万 锹 不比只牛 伸 一 次 腰
· 千锹万锹，不比牛伸一伸腰。
【比喻】做事辛苦地使蛮力，不如借用外力，轻松解决。

khɣəi¹ ɣa⁵ ta⁶ tɔŋ¹, pi³ lai³ cɛ³ jɔŋ¹.
犁 田过冬 比得屎 壅
· 犁田过冬，赛过用粪壅。
【比喻】方法和时机得当很重要。

tse¹ ȵøt⁸ tɔ⁴ kwan¹, ȵi⁶ ȵøt⁸ tɔ⁴ mai⁴. taːm¹ ȵøt⁸ ŋ⁵ lui⁶ hu³ pən³, ti⁵ ȵøt⁸ u¹ çan¹ ŋɛ⁶① səm³.
正 月 种 竹 二 月 种 树 三 月不 下 谷 种 四 月 上 田埂 议 婶子
· 正月种竹，二月种树。三月不下谷种，四月就站在田埂上向婶子（苦苦）讨取秧苗。
【比喻】没利用好时机做该做的事，就只能厚着脸皮求别人的施舍。

tɔ² tən² nau¹ i¹ jɔŋ⁶ seŋ¹ jɔŋ⁶ tɔ² ka⁶.
只 牛 哪 好 用 一直 用 只 那
· 哪头牛好用就一直用那头。
【比喻】越老实越容易受欺负。

pit⁸ pa² jøt⁸ lo⁴ jøt⁸ khai¹ hwa¹, sə⁶ caŋ¹ tu⁶ si⁶ ce⁵ kɔ⁵ ljɛːn⁶,
枇杷 越 大 越 开 花 沙姜 就 是 老 的 辣
pak⁷ kak⁷ tu⁶ si⁶ ce⁵ kɔ⁵ mɣaːŋ¹.
八角 就 是 老 的 香
· 枇杷树越老越开花，沙姜还是老的辣，八角就是老的香。

① ŋɛ⁶ “议”，仫佬语里的早期汉语借词。

【比喻】有生活经验、有胆识的人。

wəi^{6} jøn^{6} çəm^{3} lai^{3} i^{1}，ŋwa^{1} ja^{4} løn^{1} ŋ^{5} lɔ^{3}.

围 园子　围 得 好　狗　野 钻 不 进

· 围栏扎得好，野狗钻不进。

【比喻】自身刚正不阿，就不用害怕小人残害。

ku^{1} tən^{2} ŋ^{5} khɣa^{1} ŋ^{5} ta^{6} caːi^{5}，ma^{4} khɣət^{7} ŋ^{5} ɣəːi^{3} ŋ^{5} phɣət^{7} kaːi^{1}.

角 牛 不　尖　不 过 界　马　尾巴 不 长 不　扫　街

· 牛角不尖不过界，马尾不长不扫街。指牛角不尖不够力，不敢过界挑衅；马尾巴不长，不敢揽下扫街的差事。

【比喻】有能耐，有胆识，才敢于做不寻常的事。

nja^{2} ŋ^{5} tsau^{4} cɛ^{3}，paːk^{7} khai^{1} wɛ^{3}.

手 不 拿　屎　嘴　开（后置音节）

· 手不拿屎，嘴张开。指不经历用手抓粪便给作物施肥的辛苦劳作，就没有劳动收获，只能张嘴看别人吃东西。

【比喻】一份付出一份收获，没有付出没有收获。

naːu^{3} ɳən^{2} hu^{3}，taːm^{1} ɳən^{2} haːn^{6}.

一　粒　米　三　滴　汗

· 一粒米，三滴汗。

【比喻】每一份收获都是通过辛苦付出获得的。

paːŋ^{6} khwaːŋ^{3} səu^{1}

靠　宽　收

· 靠宽收。指收成不好，但播种面积大，收成也可观。

【比喻】薄利多销。

njen^{2} siŋ^{2} fɔŋ^{1} sɔk^{8}, ŋ^{5} khɣəːn^{5} nɔk^{8} lak^{8} tsaːn^{1} kɔk^{7}.

年 成 丰 收 不 怕 鸟 偷 吃 谷子

· 年成丰收，不怕鸟儿来偷吃谷子。

【比喻】资源和财富丰厚，有底气的样子。

taːm^{1} fan^{1} ŋ^{5} tuŋ^{6} loi^{2}, ti^{5} fan^{1} ŋ^{5} tɔk^{7} kwən^{1}.

三 天 不 动 雷 四 天 不 落 雨

· 三天不打雷，四天不下雨。

【比喻】对人对事爱搭不理，无动于衷。

tuk^{8} tən^{2} tsaːn^{1} hɣɔk^{8}, tsaːn^{1} nə^{3} tɔŋ^{6} sjeu^{3} nə^{3} tɔŋ^{6}.

捆 牛 吃 草 吃 一 棵 少 一 棵

· 拴着牛儿吃草，吃完一棵少一棵。指牛儿被拴着，只能吃身边的草，吃了一棵就少了一棵。

【比喻】坐吃山空。

pɣa^{1} nəm^{4} faːt^{7} hwəi^{5} tjeu^{1} hwəi^{5}.

山 水 发 快 消 快

· 山里的水易涨也易退。

【比喻】匆匆来去的事物，不必担心或留恋。

例：ni^{4} sə^{1} ɣa^{5} ɣa^{2} cø^{5} mən^{1} si^{6} pɣa^{1} nəm^{4} faːt^{7} hwəi^{5} tjeu^{1} hwəi^{5},

妈 你们 骂 两 句 就 是 山 水 发 快 消 快

ɳa^{2} tsəp^{7} cəu^{5} nə^{3} naːŋ^{2}.

你 捡 较 什么

你妈妈骂你两句，也就是山里的水易涨也易消退的，你计较什么。

lək^{8} pɣa^{3} tin^{3} ljeu^{4} hai^{5} tɔk^{7} kwən^{1}, tɔk^{7} lai^{3} ci^{3} ɳən^{2} tu^{6} pa^{6} si^{2}.

雷 鸣 完 才 下 雨 下 得 几 颗 就 罢 时

· 先打雷才下雨，下雨也就下几滴。

çaːu^{1} fa^{5} ɣa^{2} mjen^{6} mit^{8}.

茅草 叶子 两 边 刀

· 茅草叶两边都是刀。指茅草叶子两边都很锋利，能够割伤人。

【比喻】不好相处的人，处处刁难他人。

又作：1. çaːu^{1} fa^{5} ɣa^{2} mjen^{6} hɣəːi^{6}.

茅草 叶子 两 边 锋利

茅草叶两边都很锋利。

2. çaːu^{1} fa^{5} ɣa^{5} mjen^{6} mit^{8}, jəu^{6} khat^{7} mɔ^{6} jəu^{6} khat^{7} ȵa^{2}.

茅草叶子两 边 刀 又 割 他 又 割 你

茅草两边刀，割他又割你。

hɣɔk^{8} u^{1} tjaːŋ^{2}, ləm^{2} tshui^{1} mjen^{6} nau^{1} paːi^{1} mjen^{6} ka^{6}.

草 上 墙 风 吹 边 哪 去 边 那

· 墙头草，风往哪吹就倒向那边。

【比喻】立场不坚定，总是摇摆不定。

tjeu^{2} hɣɔk^{8} nau^{1} ŋ^{5} mɛ^{2} nəm^{4} ŋø^{2} tsaːm^{5}?

条 草 哪 不有 水 露 沾

· 哪棵小草上没有露水挂着呢？指露水不会特别施恩于哪棵小草，选择在其身上挂露珠。

【比喻】雨露均沾，平等地对待事物和人；人各有自己的人生剧本。

mən^{1} lo^{4} ti^{6} lo^{4}, tɔk^{7} kwən^{1} niŋ^{5} niŋ^{5} o^{4}.

天 大 地 大 落 雨 小 些 啊

· 天大地大，雨下小点儿吧！

lɔk^{8} səp^{8} kap^{7} ti^{3}, ljen^{6} lau^{2} tsøn^{5}.

八 十 甲 子 连 楼 转

· 八十甲子，连楼轮转。即：一个甲子，天地轮转。

pɣa^{1} tui^{2} mai^{4} i^{1}, pɣa^{1} naːm^{6} hɣɔk^{8} i^{1}.

山 石 树 好 山 土 草 好

· 石山树好，土山草好。

【比喻】不同的环境孕育出各自优良的成品。

çaːu^{1} chen^{1} mai^{4}, ŋ^{5} mɛ^{2} mai^{4} chen^{1} çaːu^{1}.

藤 牵 树 没有 树 牵 藤

· 藤缠树，没有树缠藤。

【比喻】合理的自然现象。

nəm^{4} lo^{4} søn^{2} foŋ^{1}, kaːn^{6} foŋ^{1} la^{1} ɣəːi^{3}.

水 大 船 高 竹篙 高 竹节 长

· 水涨船高，竹篙长竹节长。

【比喻】事物随着它所凭借的基础的提高而提高。

pɣa^{1} tui^{2} kui^{1} i^{1}.

山 石 柴 好

· 石山柴好。

【比喻】艰苦的环境孕育出好的东西。

jən^{2} u^{1} ça^{5} jen^{1}, jən^{2} te^{3} tɔk^{7} kwən^{1}.

家 上 晒 烟叶 家 下 落 雨

· 隔壁一家晒烟叶（极度不能沾水的东西），自己家里在下雨。

【比喻】同一片天，却是两个世界。

əu^{5} chi^{5} laːk^{8} pak^{8} khɔŋ^{1} cet^{7} at^{7}.

忧 气 萝卜 不 结 个

· 担忧萝卜不长个。

【比喻】没有必要瞎担心。即杞人忧天。

lɔk^{8} pak^{8} tshja^{3} paːi^{3} luŋ^{1} naŋ^{1} ȵaːu^{6}.
萝卜　扯　去　洞　还　在
· 萝卜扯去洞还在。
【比喻】事物还保留一定的原有痕迹。

pɣa^{1} ŋən^{4} nən^{1} tui^{2}.
山　贫瘠　见　石头
· 山贫石露。
【比喻】才能或财力都很窘迫状。

kɔk^{8} tui^{2} pi^{3} ŋwa^{4} tsa^{1}.
块　石头　比　瓦　渣
· 石头比瓦渣。
【比喻】不是同一级别的比较。

tui^{2} mɛ^{2} tui^{2} lu^{6}，sja^{2} mɛ^{2} sja^{2} lu^{6}.
蛇　有　蛇　路　四脚蛇　有　四脚蛇路
· 蛇有蛇行走的路，四脚蛇有四脚蛇行走的路。
【比喻】各自都有自己的行事规则，各自得到的都是合适的安顿。即各行其道，各得其所。

nə^{3} naːŋ^{2} kɣa^{1} ly^{5} nə^{3} naːŋ^{2} mai^{4}.
什么　虫子　钻　什么　木头
· 什么虫子钻什么木头。
【比喻】各有所好。

mu^{6} lau^{2} tjeu^{1} ŋ^{5} hɣɔ^{4} tsi^{5} kwət^{7}.
猴了　聪明　不　会　解　绳结
· 猴了聪明，但也不会解绳结。
【比喻】一个聪明能干的人，在一些事情上也无能为力。

mu^{6} lau^{2} tjeu^{1} jəu^{6} hɣɔ^{4} sɛːk^{7} lɛ^{5}.

猴子 聪明 又 会 摔落 山崖

· 聪明的猴子也会跌落山崖。

【比喻】聪明的人，也难免有失误的时候。即人有失足，马有失蹄。

jeu^{6} lui^{6} ti^{6} ŋ^{5} lai^{3} ci^{1}, ȵak^{7} mən^{1} aːu^{1} nə^{3} tjeu^{2}.

老鹰 下 地 不 得 鸡 干草 都 要 一 条

· 老鹰飞扑往地面，抓不到小鸡，也要抓走一棵（地面的）干草。

【比喻】①以实际行动去争取利益，好歹都要力争有些许收获。即雁过拔毛。②别人对你积极进攻，你虽然有效躲避了，但还是会遭受一些损失的。即水过地湿。

ȵɔ^{2} ŋ^{5} tai^{1} taŋ^{2} laːn^{3}.

虾 不 死 未 红

· 虾子没死（被放锅里煮），是不会变成红色的。

【比喻】做事固执，不听取别人的意见，不彻底失败，不知道痛改。即不见棺材不落泪、不撞南墙不回头。

pon^{5} can^{1} ʔjɛp^{7}, səp^{8} ȵi^{6} can^{1} tui^{3}①.

半 斤 鸭子 十 二 斤 嘴

· 半斤的鸭子，十二斤的嘴巴。

【比喻】人不大，嘴巴很多，呱呱个不行。

tui^{2} lo^{4} luŋ^{1} lo^{4}.

蛇 大 洞 大

· 蛇大洞大。

【比喻】家业大，开销大。

---

① tui^{3} 是罗城当地汉语方言诶话借词，仫佬语用 paːk^{7} 表示“嘴巴”。

naːu³ tɔ² mat⁷ faːn¹ ŋ⁵ lai³ hɣaːŋ⁶.

一 只 跳蚤 翻 不 得 被子

· 一只跳蚤翻不了被子。

【比喻】虽然出现小的问题，但不用过于担心。即池塘里的泥鳅——翻不起大浪。

naːu³ tjeu² tən¹ thɔ¹ tshɛːŋ⁵ ŋ⁵ lai³ mən¹.

一 条 灯 芯 撑 不 得 天

· 一根灯草撑不了天。

【比喻】力量微小，干不出大成就。

naːu³ tɔ² məm⁶ mɣət⁸ faːn¹ ŋ⁵ lai³ søn².

一 只 泥鳅 翻 不 得 船

· 一条泥鳅翻不了船。

【比喻】①力量微小，不足为惧。②力量微小，干不了大成就。

naːu³ tɔ² ci¹ sɛːk⁷ sə⁵ khɛŋ¹, tɔ² tɔ² ci¹ taŋ¹ tœːŋ¹.

一 只鸡 摔 屎 坑 只 只 鸡 来 啄

· 一只鸡掉茅坑，每一只鸡都来啄。指一只鸡掉进茅坑后，身上湿漉漉的，其他的鸡会来啄它的毛。

【比喻】一个人倒霉落魄的时候，众人都趁机来欺压他。即墙倒众人推。

məm⁴ tai¹ ŋ⁵ lɔ⁶ tɔ³ ui¹.

虎 死 不给 倒 威风

· 老虎死了，也还保留着自己的威风。

【比喻】死了还要硬撑着生前的威风。

u¹ pɣa¹ ŋ³ mɛ² məm⁴, mu⁶ lau² taŋ¹ fɛ⁴ ɟɔŋ².

上山 没 有 老虎 猴子 来 做 王

· 山上无老虎，猴子充大王。

nɔ³ cet⁸ nɔŋ⁶ hwa⁵.

老鼠 咬　裤裆

· 老鼠咬裤裆。

【比喻】难言之隐。

khɣət⁷ nɔ³ fən¹ pin¹ ŋ⁵ lo⁴.

尾巴 老鼠 成 疮 不 大

· 老鼠尾巴生疮也不大。

【比喻】小本生意，发不了大财的。

nɔ³ sɛːk⁷ lɔ³ ɔŋ⁵ hu³ taːn¹.

老鼠 摔　进 缸 米　单

· 老鼠跌进大米缸。

【比喻】歪打正着。

khai¹ ɣau² laːŋ⁶ nɔk⁸.

开　笼　放　鸟

· 开笼放鸟。

【比喻】放手，不再拘束对方。

kwai³ tai¹ wəi⁶ paːk⁷.

青蛙 死　为　嘴

· 青蛙死于嘴。指青蛙不停地哇哇叫，惹烦了人，人就把青蛙打死。

【比喻】一个人说话不注意，给自己惹祸上身。

ŋwa¹ khjaːŋ¹ kun⁵ tɔ⁵①.

狗　欺负　前 灶

· 狗欺负厨房。指狗在厨房里耍横。

---

① kun⁵ tɔ⁵ 意为“厨房”，这里指自己家里的一小块地方。

【比喻】窝里横。

ŋwa^{1} cit^{7} ŋwa^{1}，mu^{5} cit^{7} mu^{5}，ho^{6} sjaːŋ^{6} tu^{6} cit^{7} kɣo^{3} lu^{5}.

狗 疼 狗 猪 疼 猪 和尚 就 疼 光头噜

· 狗子心疼狗子，猪心疼猪，和尚心疼自己的大光头。

【比喻】各自顾各自。

ŋwa^{1} khau^{5} kɣaːŋ^{1} njen^{2}.

狗 吠 亮 年

· 狗吠月亮。

【比喻】白费力气。

sik^{8} ŋwa^{1} i^{1} tsaːn^{1} mɛŋ^{6} seŋ^{1} tshəu^{3}，sik^{8} nɔ^{3} i^{1} tsaːn^{1} naːn^{2} thəu^{5} səu^{3}.

肉 狗 好 吃 名 声 丑 肉 老鼠 好吃 难 到 手

· 狗肉好吃名声丑，鼠肉好吃难到手。

【比喻】美好的一面总伴随着不堪的一面。

tɔ^{2} ŋwa^{1} nau^{1} ŋ^{5} tsaːn^{1} cɛ^{3}.

只 狗 哪 不 吃 屎

· 哪只狗不吃屎。

【比喻】本性难移。

ŋwa^{1} ɣəm^{1} ŋ^{5} hɣɔ^{4} lɔk^{8} ŋ̥øt^{8}.

狗 瘦 不 知 六 月

· 瘦狗不知六月（热）。

【比喻】由于自身原因，对外界的变化不敏感。

ŋwa^{1} sjen^{4} hɣɔ^{4} cət^{8} çən^{1}，ŋam^{5} ŋam^{5} cət^{8} toi^{5} cən^{1}.

狗 善 会 咬 人 口 口 咬 对 筋

· 狗善知道咬人，每一口都咬到筋。

【比喻】平时善良友好的人，被惹急了也有主动出击与人较劲的时候，而且善于计谋、招数狠辣。

naːu^{3} hɣəːn^{2} mɛ^{2} mjaːu^{4} kon^{3} lai^{3} səp^{8} hɣəːn^{2} kɔ^{5} nɔ^{3}.

一 家 有 猫 管 得 十 家 的 老鼠

· 一家有猫，管得住十家的老鼠。

【比喻】一个有威望的人能够震慑很多人。

mjaːu^{4} ai^{5} ŋwa^{1}，ŋwa^{1} ai^{5} mjaːu^{4}，tɔ^{2} tɔ^{2} hwa^{1} ȵaːu^{5} ȵaːu^{5}.

猫 笑 狗 狗 笑 猫 只只 花 斑 斑

· 猫笑狗，狗笑猫，只只花斑斑。

【比喻】相互嘲笑，五十步笑一百步。

lau^{5} lø^{5} ku^{5} paːk^{7} ŋ^{5} ku^{5} khɔŋ^{3} cet^{7} lau^{1}.

田螺 顾 嘴 不 顾 屁股 结 水苔

· 田螺顾吃不顾屁股长水苔。指田螺生长在池塘里，吃池塘里的泥巴，久而久之外壳长出水苔。与“顾头不顾尾”近义，但没有慌乱的意思。

【比喻】只顾眼前的贪图享乐，不顾身后的得失。

lu^{6} ti^{2} tsaːn^{1} kɣaːŋ^{5} ŋ^{5} lui^{6} nəm^{4}.

鸬鹚 吃 饱 不 下 水

· 鸬鹚吃饱不愿下水（捉鱼）。

【比喻】得到了少许安逸和满足，就不思进取了。

ci^{1} kaŋ^{5} naːn^{2} khɣəːi^{5} ȵak^{7}.

鸡 饱 难 扒 乱草

· 饱鸡不扒乱草。

【比喻】饱食而安，不思进取了。

mu^{6} lau^{2} tøn^{3} kwa^{1}, tøn^{3} paːi^{1} tøn^{3} fan^{6}, tøn^{3} lai^{3} nə^{3} at^{7} laːn^{6} tɔŋ^{1} kwa^{1}.

猴子 选 瓜 选 去 选 回 选 得 一 个 烂 冬瓜

· 猴子选瓜，选来选去，选得一个大冬瓜。

【比喻】挑花了眼。

tən^{2} ŋ^{5} uk^{7} fan^{1} u^{1}, ma^{4} ŋ^{5} uk^{7} ku^{1}.

牛 不 出 牙 上 马 不 出 犄角

· 牛不长上牙，马不长犄角。

【比喻】本性使然的现象，无法改变。

hui^{2} i^{1} thaːŋ^{5}, hui^{2} laːi^{6} ja^{6} si^{6} tsiu^{4} paːi^{1}.

水牛 好 跑 水牛 赖 也 是 就 去

· 好水牛跑，赖水牛也跟着去（跑）。

【比喻】受到潜移默化的影响。

又作：ŋwa^{1} mɛ^{2} khɣət^{7} aːŋ^{5}, ŋwa^{1} ŋ^{5} mɛ^{2} khɣət^{7} ja^{6} aːŋ^{5}.

狗 有 尾巴 兴奋 狗 没 有 尾巴 也 兴奋

有尾巴的狗兴奋，没有尾巴的狗也跟着兴奋。

chen^{1} tən^{2} lɔ^{3} mjaːu^{6} chen^{1} ŋ^{5} lɔ^{3}.

牵 牛 进 庙 牵 不 进

· 牵牛进庙，牵不进。指庙里没有吸引牛的东西（草），人无法把牛牵进去。

【比喻】用没有吸引人的东西邀请别人，请不动。

khɣət^{7} ma^{4} hwaːt^{7} tɔ^{6} lɔ^{3}.

尾巴 马 划 往 进

· 马尾巴往里划。

【比喻】为自己人护短。

naːu³ ɳən² lau⁵ lø⁵ səp⁸ won³ hɣo⁵.

一 粒 螺蛳 圆 十 碗 汤

· 一个螺蛳十碗汤。指用少量的材料做大量的事。带有讽刺色彩。

【比喻】吝啬的人。

lɔŋ² kuŋ² lɔŋ² laːn⁶, naːu³ tɔ² lɔŋ² taːi⁶ tsaːn⁴.

龙 多 龙 懒 一 只 龙 大 占

· 龙多龙懒，独龙大占（包揽很多事）。

【比喻】人多了，做事就相互推诿；一个人做事就会痛快地把事情办了。

phɛːk⁷ puŋ⁴ ka¹ hak⁷ məm⁴.

拍 节 干 吓 老虎

· 拍大腿吓老虎。

【比喻】做事找不到别的好办法了，无可奈何地用上自知没有用的办法。

tɔ² min² ɣa² kɣo³ cət⁸.

只蚂蟥 两 头 咬

· 蚂蟥两头咬。

【比喻】事物两面都有伤害力。

min³ tshaːm³ khwən¹ kɔ⁵.

箭猪 走 路 旧

· 箭猪走老路。指箭猪身上有刺，在荆棘杂草中行走是会选择自己走过的路，以免再次被荆棘扎到。

【比喻】使用老办法，避免可能产生的新麻烦。

tui² tai¹ taːm¹ fan¹ khɣət⁷ naŋ¹ nai¹.

蛇 死 三 天 尾巴 还 动

· 蛇死三天尾还会动。

【比喻】余威后患。

ma^{4} ŋ^{5} mɛ^{2} kɔŋ^{2} paːk^{7} tə^{6} tshø^{5} jəu^{2}.

马 没 有 笼 嘴 到处 游

· 马没有嘴笼到处跑。

【比喻】没有约束，事情就会乱套。

tən^{2} ŋ^{5} suk^{7} hɣən^{1} taːm^{1} fɛk^{7} can^{1}, ma^{4} ŋ^{5} suk^{7} na^{3} tsha^{5} tshaːu^{6} thin^{6}.

牛 不 洗 早 三 百 斤 马 不 洗 脸 上 朝廷

· 牛不洗澡三百斤，马不洗脸上朝廷。

【比喻】不讲究、不修边幅。

tən^{2} tsaːn^{1} khwa^{3}, tit^{7} tsaːn^{1} khwa^{3}.

牛 吃 烂布 定 吃 烂布

·（是）牛吃烂布，一定吃烂布。

【比喻】本性难移。即狗改不了吃屎。

ŋwa^{1} tai^{1} mat^{7} tai^{1}.

狗 死 跳蚤 死

· 狗死跳蚤死。

【比喻】唇齿相依，一亡俱亡。

mu^{5} laːi^{5} ŋ^{5} hɣɔ^{4} mɛ^{1} kwa^{6}.

猪 野 不 知道 糠

· 野猪不知道米糠。指对于家养的猪来说糠是好吃的东西，野猪却没吃过，不知道去吃。

【比喻】没见识，不识好货。

ŋwa^{1} caːi^{3} ŋ^{5} lai^{3} tsaːn^{1} cɛ^{3}, mjaːu^{4} caːi^{3} ŋ^{5} lai^{3} tsaːn^{1} məm^{6}.

狗 改 不 得 吃 屎 猫 改 不 得 吃 鱼

· 狗改不了吃屎，猫改不了吃鱼。即狗不能改变吃屎的习性，猫不能改变对鱼的欲望。

【比喻】本性难移。

mjaːu^{4} ŋ^{5} lik^{8} nɔ^{3} ŋwa^{1} lik^{8} nɔ^{3}.
猫 不 追 老鼠 狗 追 老鼠
· 猫不抓老鼠狗去抓。
【比喻】多管闲事。

ŋwa^{1} tu^{2} pɛːŋ^{2} lo^{4}
狗 贪图 堆 大
· 狗贪图大坨的屎。
【比喻】盲目贪心。

nɔk^{8} ŋ^{5} mɛ^{2} tən^{1}.
鸟 没有 窝
· 鸟没有窝。
【比喻】无依无靠的状态。

saːn^{1} pa^{2}
山 鹿
· 野鹿。
【比喻】粗鲁的人，长相粗旷，性格暴躁的人。

tən^{2} tshɔk^{7} seŋ^{1}
牛 畜 生
· 牛犊。指没有受到过驯化的牛。
【比喻】蛮横的人。

cɛ^{3} ŋwa^{1} ça^{5}
屎 狗 晒
· 狗屎干。表达对别人身份蔑视的说法或质疑。语义上相当于：你算哪根葱呀？

ci^{1} la^{1} kha^{1}，nuŋ^{4} la^{1} hɣəːi^{6}.

鸡眼 瞎　娃娃 眼 明亮

· 瞎眼的鸡，明亮眼睛的娃娃。指和小孩玩耍时，夸小孩的眼睛明亮。

mu^{5} tsjaːŋ^{5} taːi^{6}，çən^{1} tsjaːŋ^{5} hwaːi^{5}，ŋwa^{1} tsjaːŋ^{5} hɣɔ^{4} fən^{1} pin^{1}.

猪 胀 大 人 胀 坏 狗 胀 会 生 癞

· 猪胀变肥大，人胀会变坏，狗胀会长癞。

【比喻】物极必反。

cɛ^{3} ma^{4} pi^{2} uk^{7} kɣoŋ^{1}.

屎 马 皮 外 光

· 马屎外面光。

【比喻】徒有其表。

uk^{7} kø^{4}

出 鸡距

· 长鸡距。

【比喻】长期纵容一个人，使得其张狂，不服管教。

naŋ^{6} kwa^{1} uk^{7} thø^{1}.

罐子 盐 出 蛆

· 盐罐子长蛆。

【比喻】背时，不走运。

mu^{5} mai^{4} khɣa^{1} ma^{3}.

猪 母 耳 软

· 母猪耳根软。

【比喻】偏听偏信。

mu⁵ mai⁴ tan³ neŋ⁵
猪 母 戴 耳环
· 母猪戴耳环。
【比喻】富得流油。

第三节　处世良言

hwa⁶ lo⁴ çən¹ ŋ⁵ fɔk⁸, mɛ² li⁴ thɔŋ¹ hwa³ fɔk⁸.
话 大 人 不 服 有 理 大伙 服
· 说大话不能让人服气，有道理才让大家服气。即以理服人。

kau⁵ ta⁶ ŋ⁵ pi³ fɛ⁴ ta⁶, fɛ⁴ ta⁶ ŋ⁵ pi³ fɛ⁴ kuŋ².
看 过 不 比 做过 做过 不 比 做 多
· 看过不如做过，做过不如做多。
【比喻】动手实践很重要，勤加练习才能熟能生巧。

ho³ pɣa¹ mɛ² mai⁴ lɔ³, se⁵ caːi⁵ ŋ⁵ mɛ² khwən¹ lɔ³.
里 山 有 树 直 世 界 没有 路 直
· 山中有直树，世间无直路。
【比喻】人生道路是艰难曲折的。

nən¹ çən¹ ŋ⁵ nən¹ təm¹, hwən³ çən¹ tsi³ caːŋ³ taːm¹ fən¹ hwa⁶.
见 人 不 见 心 和 人 只 讲 三 分 话
· 见人不见（人）心，与人只讲三分话。
【比喻】为人需小心谨慎，防人之心不可无，不要口无遮拦，惹祸上身。

kɔ⁵ kɔ⁵ ŋ⁵ fəŋ⁵, mai⁵ kɔ⁵ ŋ⁵ taŋ¹.
旧 的 不 扔 新 的 不 来
· 旧的不扔，新的不来。这句话应该是借用自汉语里的“旧的不去，新的不来”，但与汉语里说话人损失财物时用于自嘲的用法，语义上有一定差异。

【比喻】事物发展规律是新旧更替，人们应该遵从规律，顺势而为。

nəm^4 mən^5 hui^3 ŋ^5 sjaːu^5，lɛ^2 haːk^7 ŋ^5 ljeu^4.

水　杳　舀不　干　书　学　不完

· 杳水舀不干，知识学不完。

【比喻】事情和新知源源不断出现，永不停歇。

nəm^4 khu^1 nən^1 tui^2，fan^1 ɣəːi^3 nən^1 çən^1 təm^1.

水　枯　见 石头 日子　长　见　人　心

· 河水干涸，见石头；日子长久，见人心。

taːŋ^1 jət^7 tu^6 jət^7，taːŋ^1 ȵi^6 tu^6 ȵi^6.

当　一　就　一　　当　二　就　二

· 当一就一，当二就二。指明确、不含糊。

【比喻】办事坚决果断，说一不二。

çən^1 aːu^1 mɛ^2 tsi^3 chi^5，mit^8 aːu^1 mɛ^2 kaːŋ^1.

人　要　有　志　气　　刀　要　有　钢

· 人要有志气，刀要有钢。指做人要有志气，也就有了坚韧不拔的气概；制作出来的刀要含有钢材质，才能耐用锋利。

səp^8 jaːŋ^6 cəu^3 ŋ^5 tøn^2.

十　样　九 不 全

· 十样九不全。

【比喻】世上不完美的事物很多。

pɣa^1 foŋ^1 ŋ^3 pi^3 mən^1 foŋ^1，mən^1 toŋ^1 ŋ^5 pi^3 təm^1 foŋ^1.

山　高 不比　天　高　　天　高 不 比　心　高

· 山高不比天高，天高不比心高。

【比喻】人的期望或欲望是无穷尽的。

mu^{6} çən^{1} khau^{5} tsi^{3} chi^{5}，tɔ^{2} məm^{4} khau^{5} ui^{1}fɔŋ^{1}.

个 人 靠 志 气 只 虎 靠 威 风

· 人靠志气，老虎靠威风。

【比喻】处世的基础。

mit^{8} hɣəːi^{6} paːi^{1} khəi^{5} saːn^{1} ləm^{2}，ŋ^{5} jɔŋ^{6} paːi^{1} khɣəːi^{5} məi^{6} jøn^{6}.

刀 锋利 去 开垦 山 林 不 用 去 开垦 围栏

· 有锋利的刀，就拿去山林里砍伐（大木材），不要在围栏那里砍（那些小木棍）。

【比喻】有能耐的人就应该去乘风破浪，闯荡大世界，不要在小圈子里兜着圈。

又作：fo^{3} hɣəːi^{6} tɛ^{5} saːn^{1} ləm^{2}，mit^{8} təp^{8} tɛ^{5} məi^{6} jøn^{6}.

斧头锋利 砍 山 林 刀 钝 砍 围栏

斧头锋利砍山林，刀子钝砍篱笆。

jəu^{5} kau^{5} phɣø^{1} tin^{1}① mai^{4}.

别 看 前端 脚 拇指

· 别（只）看（自己的）脚尖。

【比喻】做事别只看眼前，目光要长远。

təm^{1} lɔ^{3} ŋ^{5} mɛ^{2} jɔŋ^{6}，mai^{4} lɔ^{3} mɛ^{2} jɔŋ^{6}.

心 直 没 有 用 树 直 有 用

· 心耿直没用，树笔直有用。指心思直来直去的，说话会得罪人；比较之下，树木笔直，可以成为好木材，很有价值。

ȵa^{2} tsɔŋ^{6} çən^{1}，çən^{1} tsɔŋ^{6} ȵa^{2}.

你 重 人 人 重 你

---

① tin^{1} 在仫佬语里指脚和腿，这里指脚。

· 你敬重别人，别人也敬重你。即尊敬是相互的。

tai^{1} tu^{6} tai^{1} nja^{1} lo^{4}，jəu^{5} tai^{1} jaːŋ^{6} kau^{1}，tai^{1} jaːŋ^{6} kau^{1} ŋ^{5} mɛ^{2} çən^{1} sau^{1}.

死 就 死 河 大　别　死　阳　沟　死　阳　沟　没 有　人　搜

· 要死就死在大河里，不要死在阴沟里，死阴沟里没有人去搜寻（尸体）。

【比喻】人生要有价值，死得其所；没有价值的人生，死了也无关紧要。

tau^{6} li^{4} haːk^{7} ŋ^{5} ljeu^{4}，lɛ^{2} tɔk^{8} ŋ^{5} ljeu^{4}.

道理　学　不 完　书 读 不 完

· 学不完的道理，读不完的书。

【比喻】人生需要不断地学习道理和知识，没有人能把道理和知识学完。

haːk^{7} nəu^{1} taːm^{1} mɛ^{1}，haːk^{7} laːn^{4} taːm^{1} fan^{1}.

学 勤快　三　年　学　懒惰　三　天

· 学会勤快需要三年，学会懒惰只需要三天。

来源：汉语“学好三年，学坏三天”。

njem^{1} lak^{7}① i^{1} tu^{6} pjen^{5} i^{1}，njem^{1} lak^{7} hwaːi^{5} tu^{6} pjen^{5} kak^{8}.

跟　个　好就　变 好　跟　个　坏　就　变　贼

· 跟着好人会变好，跟着坏人会变坏。即近朱者赤，近墨者黑。

nə^{3} pən^{3} lɛ^{2}② kau^{5} thəu^{5} ce^{5}.

一　本 书　看　到　老

· 一本通书看到老。

【比喻】把某一领域的知识学通、学透。

---

① lak^{7}：称量人的量词，没有尊称之义。仫佬语称量人的量词有 mu^{6} 和 lak^{7}。mu^{6} 含有敬称的意思，例如用于称量老人 mu^{6}（个）lo^{4}（大）“老人”，但一般不会用于称量“贼”一类不受尊重的人，lak^{7} 通用于称量人。仫佬语中的量词具有名词化作用，可接受形容词、动词修饰。

② nə^{3} pən^{3} lɛ^{2}：指通书，如医书、经书等。这样的书，可以看一辈子，看这些书的人年纪越老，就表明他们对于这些通书理解越通透，越有资历，已成为学究，可以成为领域里的门面担当。但是，不是相同领域的人，如烧石灰的人，看这种书是不管用的。

mε^{2} tsy^{3} i^{5}① tsaːn^{1} tsy^{3} i^{5}，ŋ^{5} mε^{2} tsy^{3} i^{5} tsaːn^{1} lik^{8}chi^{5}.

有　主意　　吃　主意　没 有　主意　　吃　　力气

· 有主意（的人）靠（自己的）智慧吃饭，没有主意（的人）靠干体力活为生。

khwən^{1} ȵaːu^{6} ho^{3} paːk^{7}，tsy^{3} i^{5} ȵaːu^{6} ho^{3} kɣo^{3}.

路　　在　里　嘴　　主意　在　里　头

· 路在嘴里，主意在脑子里。指不认识路就开口问路，没有办法解决问题就动脑想办法。

thjen^{1} tshət^{7} se^{5} waːn^{6} tshət^{7} se^{5}，mu^{6} lo^{4} i^{1} maːŋ^{2} tu^{6} pi^{3} lai^{3} lɔk^{8} te^{5}.

千　出　世　万　　出　世　　个 大　怎么　就 比 得　小孩

· 千出生万出生，大人怎么比得过小孩。指时间长河中，每天都有人诞生于世，在茫茫的人世间，小孩子接受新事物快，相较下大人则显得落后迟钝。

【比喻】不同年代的人，老一辈总显出相形见绌的状态。

ŋ^{5} khɣəːn^{5} cɔŋ^{2}，tsi^{3} khɣəːn^{5} sɔŋ^{2}.

不　　怕　　穷　　只　　怕　　怂

· 不怕穷，就怕傻。

si^{6} ti^{6} ŋ^{5} jɔŋ^{6} moŋ^{2}，tsɿ^{4} jen^{2} mε^{2} fan^{1} lai^{3} fε^{4} joŋ^{2}.

失 事 不 用　慌　　　自然　有　天　得 做 王

· 失败不用慌，自然有日可以当上王。

【比喻】要获得成功，不能着急忙慌，静心努力自然会得偿所愿。

ti^{6} ca^{1} sεːk^{7}，ti^{6} ca^{6} lɔk^{7}.

自己　摔倒　　自己　起

· 自己摔倒，自己爬起来。

---

① tsy^{3} i^{5}：主意。这里作为“智慧”解。

ma^{4} i^{1} phoi^{5} aːn^{1} i^{1}，maːi^{4} i^{1} jəu^{5} lon^{6} i^{2}.

马 好 配　鞍 好　妻子 好 别　乱 移

· 好马要好鞍，好妻别乱移动（移动了别人会拐跑）。

çən^{1} jəu^{5} li^{2} khai^{1}，nɔk^{8} jəu^{5} li^{2} toi^{6}.

人 别 离 开　鸟 别 离 对

· 人和人，别分离；鸟儿别离群。指离开了，各处一地，难以再找回来。

tsaːn^{1} ŋ^{5} lai^{3} khui^{1}，fɛ^{4} ŋ^{5} lai^{3} pɛːŋ^{2}.

吃 不 得　亏　做 不 得　堆

· 吃不得亏，做不成堆。

【比喻】成为一个群体里的人，不能只考虑自己的利益。

lak^{7} i^{1} ŋ^{5} aːu^{5} tsɔŋ^{1}，aːu^{5} tsɔŋ^{1} ŋ^{5} mɛ^{2} jɔŋ^{6}.

个 好 不 拗　众　拗　众 没 有　用

· 好人不拗众，拗众没有用。指个人要尊崇集体的意志。

pu^{4} mɛ^{2} ni^{4} mɛ^{2}，ŋ^{5} pi^{3} ti^{6}ca^{1} ɣa^{2} at^{7} nja^{2}.

爸 有 妈 有　不 比 自己 两 个 手

· 爸妈有钱，不如用自己双手（挣钱）。

cəu^{2} çən^{1} ŋ^{5} pi^{3} cəu^{2} ti^{6} ca^{1}.

求　人 不 比 求　自己

· 求人不如求己。

jəu^{5} kwaːi^{5} mən^{1} jəu^{5} kwaːi^{5} ti^{6}，aːu^{1} kwaːi^{5} tu^{6} kwaːi^{5} ti^{6}ca^{1} ŋ^{5} tsɛːŋ^{4} chi^{5}.

别　怪　天 别　怪 地 要　怪 就　怪　自己 没　争　气

· 莫怪天，莫怪地，要怪就怪自己不争气。

ȵaːu6 se5 nau2 tu6 kau5 nən1 lən2 lən3.

在 世 谁 就 看 见 后 颈

· 人生在世，谁人看得见自己的后脖子。

【比喻】人无法知晓明天的事。

pɛːk8 ti6 ŋ5 theŋ3 ja6 aːu1 paːi1，khɣaːu3 lo4 ŋ5 theŋ3 tu6 jəu5 paːi1.

白 事 不 请 也 要 去 酒 大 不 请 就 别 去

· 白事不请也要自己去（帮忙），婚事不请不要来（主人家没预算吃食）。

【比喻】要会做人，做事合理得当。

çen1 hɣən2 jəu5 moŋ6 thən1 thik7.

人 穷 别 盼望 亲 戚

· 人穷别盼亲戚（接济）。

【比喻】人情冷暖，靠不了别人，只有自己努力奋斗。

caːŋ3 kuŋ2 çən1 ŋ5 tən5，taŋ1 kuŋ2 çən1 ŋ5 li4.

讲 多 人 不 信 来 多 人 不 理

· 讲多人不信，来多人不理。

【比喻】做事过度了，就没有意义了。

taŋ2 kui5 tsjaːŋ5 tu6 fɔŋ6 pi6 paːi6 tsjaːŋ5 kun5.

未 打 仗 就 防 备 败 仗 先

· 未打仗就先防备着打败仗。

【比喻】①做事给自己留有后路。②一个人做事没有破釜沉舟的魄力。

la1 kau5 tsø6 njep7，təm1 tjaːŋ3 nja2 fɛ4.

眼 看 筷 夹 心 想 手 做

· 眼看筷夹，心想手做。

【比喻】人不能做空想家，要积极行动，知行合一。

la^{1} kau^{5} tsø^{6} njep^{7}，ta^{6} ljeu^{4} ŋ^{5} mɛ^{2} hwa^{6}.

眼 看　筷　夹　　过 完 没 有　话

· 眼看筷夹，过后无话。

【比喻】当机立断，过期不候。机不可失，失不再来。

chi^{5} tsjaːŋ^{5} kui^{5} tai^{1} çən^{1}，chi^{5} tjeu^{1} tjem^{2} sən^{6} mɛŋ^{6}.

气　胀　打 死　人　　气　消　填　生　命

· 生气时候打死人，气消时候得偿命。

【比喻】一时冲动，害人害己。

si^{6} ti^{6} khɣəːu^{1} nə^{3} tjen^{5}，tɔk^{7} lən^{2} naŋ^{1} aːu^{1} cen^{5}.

是 事　留　一　线　　往　后　还　要　见

· 做事留一线，日后好见面。指对立双方都需要留一些面子给对方，毕竟日后可能还要再次来往。

pən^{6} ȵi^{2} jəu^{5} tu^{2}，laːŋ^{6} taːŋ^{6} jəu^{5} səu^{1}.

便宜　别　图　　浪荡　别　收

· 便宜莫图，浪荡别收。指贪图一时的好处，日后可能后患无穷。

haːk^{7} i^{1} nə^{3} se^{5}，haːk^{7} hwaːi^{5} nə^{3} si^{2}.

学 好 一　世　　学　坏　一　时

· 学好一世，学坏一时。

【比喻】做个好人需要一生去践行，做个坏人一时一个坏念头就能达成。

çən^{1} tshaːm^{3} mjen^{6} foŋ^{1}，nəm^{4} çaŋ^{5} mjen^{6} lui^{6}.

人　走　边　高　　水　向　边　下

· 人往高处走，水向低处流。

kɔŋ^{1} pwa^{2} i^{1}，ca^{1} teŋ^{2} i^{1}.

公　婆 好　家 庭 好

· 夫妻和睦，家庭就和睦。

haːn^{6} si^{6} jəu^{5} laːn^{4}，tjet^{7} chi^{5} jəu^{5} can^{2}.

闲 时 别 懒 节 气 别 勤快

· 平时莫懒，节日莫勤。

【比喻】做事情不要违逆时节。

tɔ^{1} pa^{1} toi^{5} tɔ^{1} pa^{1}，tɔ^{1} mai^{4} toi^{5} tɔ^{1} mai^{4}.

门 竹排 对 门 竹排 门 木 对 门 木

· 竹门对竹门，木门对木门。

【比喻】一种对等的关系。即门当户对。

tsaːn^{1} i^{1} ŋ^{5} pi^{3} nun^{2} i^{1}，nun^{2} i^{1} ŋ^{5} pi^{3} lɔk^{7} kham^{1}.

吃 好不 比 睡 好 睡 好不 比 起 早

· 吃好不比睡好，睡好不比起早。

thjen^{1} hɣən^{2} waːn^{6} hɣən^{2}，jəu^{5} təu^{5} hɣət^{7} lən^{2}.

千 穷 万 穷 别 断 边 后

· 千穷万穷，别断后路。指女子出嫁后，千万别和娘家人断绝往来。

hwən^{4} nə^{3} çən^{1} caːŋ^{3} nə^{3} hwa^{6}.

和 一 人 说 一 话

· 和什么人说什么话。

【比喻】和不同的人相处，要注意灵活变通。

mɛ^{2} kɣəu^{4} sa^{5} lai^{3} tui^{2}，mɛ^{2} li^{4} ɣa^{5} lai^{3} pu^{4}.

有 棍子 抽打 得 蛇 有 理 骂 得 爸爸

· 有棍子打得蛇，有道理骂得爷。

【比喻】有理走遍天下。

təu^{5} kwa^{1} təu^{5} jəu^{2} jəu^{5} təu^{5} səu^{2}.

断　盐　断　油　别断　舅舅

· 断油断盐别断了（和）舅舅（往来）。指嫁出去的女子一定还要保持和娘家人的联系，因为娘家是他们永远的靠山。

tɔŋ^{5} laːk^{8} tɔk^{8} lɛ^{2}，ŋ^{5} pi^{3} tɔŋ^{5} laːk^{8} tsha^{5} fai^{3}.

放　孩子读书　不比放　孩子　上　街

· 放儿读书不比放儿上圩。指让孩子读书难以看到孩子实际学到的技能和对家庭做出的贡献，但放孩子上街，也就是让他学习做生意，会更实在。

【比喻】做一件无法看到实际成果的事，不如做一件能看到实在成果的事。

nə^{3} mu^{6} tui^{6} nə^{3} mu^{6} sɔk^{7}.

一　人　做一　人　缩

· 一人坐下，一人缩（起身让座）。

【比喻】任何人相处，要学会相互迁就。

laːk^{8} mɛ^{2} laːk^{8} kɔ^{5} se^{5}，pu^{4} mɛ^{2} pu^{4} kɔ^{5} se^{5}.

孩子有　孩子的世　　爸有　爸　的世

· 父与子，各有各的命。

tsɛŋ^{1} ca^{5} ŋ^{5} ȵaŋ^{6} paːk^{7}，kui^{5} ca^{5} ŋ^{5} ȵaŋ^{6} tsui^{2}.

争　架不　让　嘴　　打架不　让　锤

· 吵架不让嘴，打架不让锤。

【比喻】与人对峙时，毫不示弱。

çən^{1} ȵaːu^{6} kon^{6} ce^{1}，khɣa^{1} ȵaːu^{6} kon^{6} phɣəi^{5}.

人　在　处远　耳朵　在　处　近

· 人在远处，耳在近处。

【比喻】一个人要谨言慎行，因为隔墙有耳。

ŋ^{5} mɛ^{2} fi^{1} i^{1} maːŋ^{2} tu^{6} mɛ^{2} fi^{1} kwan^{1}.

没 有　火　怎么 就　有　火烟

· 没有火哪来的烟。

【比喻】事情的发生不是没有来由的。

kɛːk^{7} haːŋ^{2} ŋ^{5} kɛːk^{7} təu^{6} li^{4}.

隔　行　不　隔　道理

· 隔行不隔理。

【比喻】真理是不因环境变化而变化的。

第四节　其　他

一、其他习语

pwa^{2} jɔŋ^{2}① ŋ^{5} khai^{1} paːk^{7}, mən^{4} ŋ^{5} cət^{8} çən^{1}.

婆　王　不 开　口　老虎 不 咬　人

· 婆王不开口，老虎不咬人。句义基本内涵是：婆王温和又威严，老虎威风凛凛，也听从婆王的号令。这里指小孩都受到婆王的良好调教。

【比喻】小孩子很有教养。

mən^{6} sən^{2} paːi^{5} thu^{3} ti^{6}.

门神　拜　土地

· 门神拜土地。指门神的神职高于土地神，但在弄不清楚状况的情况下，门神拜了土地神。

【比喻】混乱不清，滑稽搞笑。

---

① pwa^{2} jɔŋ^{2} 指婆王。仫佬族民间文化中的幸运之神，掌管婚姻、子嗣和祸福。在仫佬族的宗教认知中，15 岁以下小孩都由婆王看管、照护。

thin^{5} seŋ^{1} kuŋ^{2}, naːn^{2} lui^{6} taːŋ^{5}.

先生 多 难 下 葬

·（风水）先生多（各说各的），（死人）下葬难。

【比喻】人多嘴杂，不好统一意见，难以办理事情。

laːi^{4} tsaːn^{1} sik^{8} tsja^{5}, çən^{1} fɛ^{4} uk^{7}.

鬼 吃 肉 烤 人 做 出

· 鬼吃烤肉，人做出。指鬼所吃的烤肉是人做出来的，即令人害怕的鬼，其实是依附人而存在的。

【比喻】自己吓自己。

ceŋ^{5} laːi^{4} ŋaːi^{6} laːi^{4} faːk^{7}, ceŋ^{5} sən^{2} ŋaːi^{6} sən^{2} kwaːi^{5}.

敬 鬼 挨 鬼 扇 敬 神 挨 神 怪

· 敬鬼被鬼扇（巴掌），敬神被神怪罪。

【比喻】好心好意做事，反而无辜受罪。

pu^{6} sa^{1} naːm^{6} ȵaːu^{6} hɣəːn^{2} ŋwa^{4}.

菩萨 泥 住 家 瓦

· 泥菩萨住瓦屋。指泥菩萨是泥巴做的，但由于人们的信仰，却住在瓦筑的庙里。

【比喻】自身实力不出众，但由于运气好，获得了很高的待遇。即傻人有傻福。

pwa^{2} khai^{1} hwa^{1} jøn^{2}

婆 开 花 园

· 婆王开花园。

来源：在仫佬族人的民间信仰认识中，15 岁以下小孩的魂魄都由婆王圈在花园中看管照顾。每逢农历七月十三，婆王会打开花园人门，让小孩到花园外去玩耍。到了晚上，有一些小孩，尤其是 10 岁以下的小孩会因为贪玩，忘了在婆王的花园关闭之前返回。因此，到了当天晚上，每家每户的大人会给自己家里

15 岁以下的小孩叫魂。叫魂时，大人会拿着小孩的衣服、带上鸡蛋、剪刀、尺子、线和镜子到村口牛道上叫他们回来。有些是 10 点之后到自家楼上叫，有些是晚上小孩睡觉的时候在小孩耳边轻轻叫他们回来。

jəu⁵ kuŋ² tsø⁶.
别 多 筷
· 别多筷。指吃饭的时候不要在饭桌上放多余的筷子，因为多出来的筷子会被认为是在邀请鬼魂来一块儿吃饭。

hui³ hu³ hui³ ɣa² maːt⁷.
舀 饭 舀 两 次
舀饭舀两次。指盛饭吃的时候，不要只用饭勺舀一次就盛好了，因为只舀一次是在祭祖时给祖宗舀饭。

二、谜 语

tshaːi¹ ku³ tshaːi¹ ku³，ɣa² kɣo³ lwaːn⁵ lu³.
猜 古 猜 古 两 头 秃 噜噜
· 猜谜猜谜，两头光噜噜。(谜底：鸡蛋)

mu⁵ laːk⁸ naːm¹，mu⁵ laːk⁸ paːk⁸，thjeu⁵ paːi¹ thjeu⁵ fan⁶ sin⁶ tjeu² hɣaːk⁷.
猪 崽 黑 猪 崽 白 跳 去 跳 回 剩 条 骨头
· 黑猪崽，白猪崽，跳来跳去剩一根骨头。(谜底：织布的梭子)

paːi¹ si⁶ tən² la¹ tshja¹，ma¹ si⁶ tshja¹ la¹ tən²，
去 是 牛 拉 车 回 是 车 拉 牛
ma¹ thəu⁵ paːk⁷ tɔ¹ lɔ³ ŋ⁵ lai³ mən⁶ lau².
回 到 口 门 进 不 得 门 楼
· 去是牛拉车，回是车拉牛，回到门口进不得门楼。(谜底：木工用的墨斗)

tiŋ^{5} kwa^{1} tiŋ^{5} kwa^{1} si^{6} at^{7} tɔŋ^{2}, kai^{5} si^{6} kai^{5} khɣət^{7}.
鼎锅 鼎锅 是 个 铜 盖 是 盖 铁
· 锅身是铜，锅盖是铁。（谜底：柿子）

三、顺口溜①

tjen^{5}tjen^{5} wa^{4} , kɣəu^{1} lik^{8} ma^{4} , ma^{4} uk^{7} kɣəi^{5} , khai^{1} tai^{6} tsoŋ^{1} , tsau^{4} paːi^{1} cɛ^{1} ,
（发语词） 乞丐 追 马 马 下 蛋（指马粪） 开 袋子装 拿 去 卖
cɛ^{1} ŋ^{5} lai^{3}, ma^{1} thəu^{5} mɣaːŋ^{6} khwən^{1} ȵɛ^{3} chɣɛ^{1} kwai^{3}.
卖 不得 回 到 半 路 哭 给 青蛙
· 哒哒哒，乞丐追着马，马屎拉，（乞丐）开袋装，（装了）拿去卖，没卖掉，回到半路哭着给了青蛙。

ta^{1} sɿ^{6} mən^{6} ja^{6} li^{3} caːu^{5} ja^{6}, tə^{6} njen^{2} tən^{5} thai^{3} li^{3} ci^{1} tai^{3}, ta^{6} nə^{6} faːŋ^{5} li^{3} ci^{1} ŋaːŋ^{5}.
三 十 门 夜 宰大板鸭 新年 初始 宰 鸡公 过 一 段 宰 小母鸡
· 大年三十宰板鸭，新年到来宰公鸡，过段时间，宰只小母鸡。

tsaːn^{1} ljeu^{4} səp^{8} ŋɔ^{4} mu^{6} mu^{6} hɣɔ^{4} , tsaːn^{1} ljeu^{4} səp^{8} lɔk^{8} mu^{6} mu^{6} fɔk^{8} , tsaːn^{1} ljeu^{4}
吃 完 十 五 个 个 知道 吃 完 十 六 个 个 服气 吃 完
səp^{8} thət^{7} mu^{6} mu^{6} fət^{7}, tsaːn^{1} ljeu^{6} səp^{8} paːt^{8} mu^{6} mu^{6} u^{1} ha^{1} kɣəːp^{7} ŋaːt^{7} ŋaːt^{7}.
十 七 个 个 记起 吃 完 十 八 个 个 上 肩 挑（后置音节）
· 吃完十五每个人都知道（新年过完了），吃完十六每个人都心服口服（认为新年确实过完了），吃完十七每个人都醒悟了（该去劳动了），吃完十八每个人肩上都挑上了担子（开始新年后的劳作）。

nuŋ^{4} a^{6} nuŋ^{4} , tsheŋ^{5} tjeu^{2} kyŋ^{4} , tjeu^{2} kyŋ^{4} hɣəːn^{3} , ca^{5} mjen^{6} kən^{3} , mjeu^{6} kən^{3}
娃 呀 娃 撑 根 拐杖 根 拐杖 短 嫁 面 梗 面 梗

① 很多时候是一种和小孩玩耍时的念词。

təu^{5}, fɛ^{4} nə^{5} tsəu^{5}.
断 做 一 周
· 娃娃，娃娃，拄拐棍，拐棍短，嫁面团，面团断，成一圈。

tsi^{2} tsɔ^{2} maːi^{2} nɔ^{2}, jəu^{6} tsɔk^{7} ˀjai^{5} jəu^{6} tsɔk^{7} ȵɔ^{2}.
吱吱呀呀 又 捉 螃蟹 又 捉 虾子
· 吱吱呀呀，又捉螃蟹又捉虾。

tjem^{3} ti^{3} tjem^{3} kaːi^{5}, tɔŋ^{6} mai^{4} hɣu^{1} tɔŋ^{6} mai^{4} kaːi^{5}. u^{1} tsiŋ^{1} ti^{2} te^{3} tsiŋ^{1} maːi^{5},
(发语词) 棵 树 枫 棵 树 牛尾 上 蒸 糍粑 底 蒸 糯米饭
nek^{7} nuŋ^{4} nau^{1} nek^{7} nuŋ^{4} naːi^{6}.
点 娃娃 哪 点 娃娃 这
· 枫树加上牛尾树，上蒸糍粑下蒸糯米饭，指哪个娃娃指这个娃娃。

puŋ^{4} pjaːu^{2} puŋ^{4} pjaːu^{2}, tsok^{7} kɣo^{3} ci^{1} tsok^{7} kɣo^{3} jɛp^{7}, tsok^{7} nuŋ^{4} nau^{1} tsok^{7}
(发语词) 捉 头 鸡 捉 头 鸭 捉 娃娃 哪 捉
nuŋ^{4} ka^{6}.
娃娃 那
· 捉鸡头捉鸭头，捉到哪个娃娃呀？捉到这个娃娃啊。

sɔ^{5} mo^{4} sɔ^{5} mo^{4}, uk^{7} taŋ^{1} o^{4}, tuŋ^{1} hu^{3} tuŋ^{1} ma^{1} tɔ^{4} kwa^{1} tɔ^{4} jəu^{2} lɔ^{6} ȵa^{2} tsaːn^{1}.
蜗牛 蜗牛 出 来 哦 煮 饭 煮 菜 放 盐 放 油 给 你 吃
· 蜗牛蜗牛，出来呀，煮饭煮菜，加油加盐，给你吃。

hɣət^{7} ka^{6} mɛ^{2} kɔk^{8} taːŋ^{2}, hɣət^{7} naːi^{6} mɛ^{2} cɛ^{3} ŋwa^{1}.
边 那 有 块 糖 边 这 有 屎 狗
· 那边有块糖，这边有狗屎。

tɔ^{2} lau^{5} ŋwa^{5} ŋwa^{5} ȵaːu^{6} ta^{5} ɣa^{5}, tɔ^{2} məm^{6} hwa^{1} hwa^{1} ȵaːu^{6} ta^{5} nja^{1}, tjeu^{2} çaːu^{1}
只 螺蛳 (后置音节) 在 中 水田 只 鱼 (后置音节) 在 中 河 条 藤蔓

ma^{3} ma^{3} ȵaːu^{6} ta^{5} pɔŋ^{6}, tjeu^{2} kui^{1} lɔ^{3} lɔ^{3} ȵaːu^{5} phɣœ^{1} pɣa^{1}.

(后置音节) 在 中 草丛 条 柴 (后置音节) 在 顶 山

· 一只螺蛳慢悠悠地在水田里，一只身上带着花斑的鱼儿在河里，一条很柔软的藤蔓在草丛中，一条很直的柴火在山顶上。

ni^{4} a^{6} ni^{4}, sik^{8} tən^{2} tshaːu^{3} ku^{1} li^{5}, ku^{1} li^{5} kam^{1}, ca^{5} tɔŋ^{6} kwan^{1}, tɔŋ^{6} kwan^{1} pɛŋ^{5},

妈 呀 妈 肉 牛 炒 苦瓜 苦瓜 苦 嫁 棵 竹 棵 竹 爆

ca^{5} te^{3} lɛ^{5}, te^{3} lɛ^{5} liŋ^{1}, kɣo^{3} fən^{1} phin^{1}, ca^{5} tɔ^{2} ȵiŋ^{1}, tɔ^{2} ȵiŋ^{1} ȵit^{7}, ca^{5} pɔŋ^{6} lyn^{1},

嫁 底 坳 底 坳 陡 头 成 脓包 嫁 只 臭虫 只 臭虫 冷 嫁 丛 刺

pɔŋ^{6} lyn^{4} tət^{7}, ca^{5} tɔ^{2} kəp^{7}, tɔ^{2} kəp^{7} ȵan^{1}, ca^{5} tjeu^{2} ȵak^{7}, tjeu^{2} ȵak^{7} phjeŋ^{5},

丛 刺 晒 嫁 只 蟾蜍 只 蟾蜍 不讲理 嫁 条 干草 条 干草 让开

ca^{5} pɛŋ^{5} sjeŋ^{5}, pɛŋ^{5} sjeŋ^{5} …… ca^{5} kɔk^{8} tui^{2}, kɔk^{8} tui^{2} ma^{3}, ca^{5} tsɛ^{2} pa^{3}, tsɛ^{2} pa^{3}

嫁 把 扇子 把 扇子 嫁 块 石头 块 石头 软 嫁 姐 表 姐 表

hɣɔ^{4} ai^{5}, ca^{5} lak^{7} ʔjai^{5}, lak^{7} ʔjai^{5} ŋap^{8}, ca^{5} cɛ^{3} khɣap^{7}, cɛ^{3} khɣap^{7} cet^{8}, ca^{5} tɔ^{2} mɣət^{8},

知道 笑 嫁 个 螃蟹 螃蟹 钳 嫁 蜈蚣 蜈蚣 咬 嫁 只 蚂蚁

tɔ^{2} mɣət^{8} hɣɔ^{4} lyt^{7}, ca^{5} khaːk^{7} lik^{7}, khaːk^{7} lik^{7} hɣɔ^{4} tshui^{1}, ca^{5} pɔk^{8} kui^{1}, pɔk^{8} kui^{1}

只 蚂蚁 知道 蛰 嫁 壳 竹壳 壳 竹壳 知道 吹 嫁 堆 柴 堆 柴

hɣɔ^{4} to^{6}, tshja^{3} ȵi^{4}ȵɔ^{4}, ȵi^{4}ȵɔ^{4} tshja^{3}, ca^{5} lən^{2} kɣa^{3}.

知道 生火 扯 呼啦啦呼啦啦 扯 嫁 后 秧

· 妈妈，妈妈，牛肉炒苦瓜，苦瓜苦，嫁竹子，竹子裂了，嫁山底，山底陡，会长包，嫁臭虫，臭虫冷，嫁荆棘丛，草丛有刺，嫁蟾蜍，蟾蜍狠，嫁干草，干草闪，嫁蓬扇，蓬扇……，嫁石头，石头软，嫁表姐，表姐会笑话，嫁螃蟹，螃蟹有钳子，嫁蜈蚣，蜈蚣咬，嫁蚂蚁，蚂蚁会蛰，嫁竹壳，竹壳会飞，嫁柴堆，柴堆会着火，呼呼啦啦，呼呼啦啦，嫁秧田。

hwa^{1} kəm^{5} khai^{3}, ni^{4} paːi^{1} fai^{3}, laːk^{8} ȵaːu^{6} hɣaːn^{2}, li^{3} ci^{1} tai^{3}, tsaːn^{1} ŋ^{5} ljeu^{4},

花 百合 妈 去 街 儿 在 家 宰 鸡 公 吃 不 完

tshiŋ^{3} tɔ^{4} khœŋ^{5} tɔ^{1}, ni^{4} ma^{1} ȵɛ^{3} ŋwaːk^{7}ŋwaːk^{7}, pu^{4} ma^{1} tshət^{7} khɔŋ^{3} kak^{8}.

藏 放 缝 门 妈 回 哭 哇哇 爸 回 搜 洞 贼

· 百合花，妈妈去逛街，孩子看着家，杀公鸡，吃不完，藏在门缝里，妈妈回来哭嗷嗷，爸爸回来搜贼窝。

ȵi^{6} ljen^{2} ȵaːu^{5} ȵaːu^{5} , kɔŋ^{1} cɛ^{1} ci^{1} , pwa^{2} cɛ^{1} mjaːu^{4} , ma^{1} thəu^{5} mɣaːŋ^{6} khwən^{1} ,
（地名）（偕音词） 公 卖鸡 婆 卖 猫 回 到 半 路
kɔŋ^{1} sɔ^{3} tjen^{2} , pwa^{2} uk^{7} njaːu^{5}.
公 数 钱 婆 屙 尿

· 去往银联的路途遥遥，爷爷卖鸡，奶奶卖鸭，回到半路，爷爷数着钱，奶奶去撒尿。

caːu^{3} hwa^{5} hwən^{4} mjaːu^{2} tsən^{1} si^{6} i^{1} , tu^{6} thjaːŋ^{5} naːm^{6} mjɛn^{1} nɔk^{8} thaːn^{5} ti^{2} , caːu^{3}
巧花 和 苗 真 是好 就 像 泥 浆 搅 碳 糍粑 巧
hwa^{5} caːŋ^{3} hwa^{6} mjaːu^{2} ŋ^{5} hai^{5} , tu^{6} thjaːŋ^{5} tɔ^{2} jɛp^{7} hwən^{4} tɔ^{2} ci^{1}.
花 讲 话 苗 不 闻 就 像 只 鸭 和 只 鸡

· 巧花（银村旧时的一个精神病人）和苗（银村旧时的一个聋子）真是好，就像泥巴和碳粑，巧花讲话苗听不到，就像鸭和鸡。

lən^{2} pɣa^{1} jəu^{6} tsa^{5} kuŋ^{3} tiŋ^{1} tɔŋ^{1} , maːn^{3} te^{3} ti^{6} pwa^{2} taːŋ^{4} ti^{6} kɔŋ^{1} , kui^{5} ca^{5} ȵaŋ^{6} paːt^{7}
寨背村 榨油机 响（后置音节） 桥头村 女人 养 男人 打架 让 八
tɔŋ^{1} , khɔŋ^{1} tsɔŋ^{1} ȵən^{2} tau^{6} lui^{1} taːm^{1} tsɔŋ^{1}.
冬 石围村 颗 豆 送 三 盅

· 寨背的榨油机响轰轰，桥头的女人养男人，打架让着八冬（人），石围一颗黄豆下三杯（酒）。①

fi^{1}fi^{1}fɔ^{1}fɔ^{1} muk^{8} pe^{1} paːi^{2} tɔ^{1} , tsiu^{3}tsiu^{3}tsei^{4}tsei^{4} muk^{8} pe^{1} ŋai^{6}.
呼呼啦啦 鼻涕 甩向 壁 门 糊里糊涂 鼻涕 贴 脸颊

· 呼呼啦啦，鼻涕甩向墙，糊里糊涂，鼻涕贴着脸。

① 句中的几个地名都是银姓仫佬族居住的村子。“冬”是仫佬族的古代行政划分方式，可能来自于汉语里的“宗”。银氏家族原来有十个冬，现在还有三个冬，分别是四冬、五冬和八冬。其中，八冬的人口最少，所以句子中说“打架让八冬”。

man^{2} i^{3} jam^{1} ciŋ^{5} ciŋ^{5}, ˀwaːt^{7} nə^{3} mɛ^{1} ŋ^{5} thəu^{5} pin^{5}.

山药 深 (后置音节) 挖 一 年 不 到 尾端

· 山药根很深，挖一年不到尾。

ci^{5} mai^{4} khjɔk^{7} khjɔk^{7}, ci^{5} laːk^{8} ȵwa^{1} ȵwa^{1}, ci^{5} mai^{4} khjɔk^{7} khjɔk^{7} ȵaːu^{6} u^{1} pɔk^{7},

鸡母 咕咕 鸡 小 叽叽 鸡母 咕咕 在 上 土包

ci^{5} laːk^{8} ȵwa^{1} ȵwa^{1} ȵaːu^{6} u^{1} pwa^{1}.

鸡小 叽叽 在 上 坡

· 母鸡咕咕，小鸡叽叽，母鸡咕咕在土堆上，小鸡叽叽在山上。

tsɛ^{2} a^{6} tsɛ^{2}, lai^{3} fjen^{3} nə^{3} mɛ^{1} ton^{5} nə^{3} mɛ^{1}, naŋ^{1} ta^{6} ɣa^{6} mɛ^{1} tuŋ^{6} te^{6} lo^{4}, nə^{3} nja^{1}

姐 啊 姐 得 玩 一 年 算 一 年 还 过 两年 同 齐大 一 手

ŋəm^{3} laːk^{8}, nə^{3} nja^{6} kwa^{4} cɛ^{3}.

抱 小孩 一 手 抓 屎

· 姐姐啊姐姐，还能玩一年就多玩一年，再过两年都长大了，一手抱着小孩，一手抓（小孩的）屎。

ŋɣa^{1} khəu^{5} ŋɔŋ^{2} ŋɔŋ^{2}, taːŋ^{4} laːk^{8} ti^{6} tau^{6}, khaːi^{1} tɔ^{1} taŋ^{1} khau^{5}, nau^{2} wɔ^{4} si^{6} fai^{1} su^{2}

狗 吠 旺旺 养 小孩 吵闹 开 门 来 看 谁 知道 是 姨夫

taŋ^{1} thəu^{5}, ŋ^{5} mɛ^{2} ma^{1} tuŋ^{1}, tu^{6} paːi^{1} la^{4} lau^{5}, la^{4} ŋ^{5} lai^{3}, tu^{6} paːi^{1} fai^{3}, paːi^{1}

来 到 没 有 菜 煮 就 去 找 螺 找 不 得 就 去 街 去

thəu^{5} fai^{4} lai^{3} ɣa^{2} khwaːi^{3} təu^{6} fu^{5} mai^{3}.

到 街 买 两 块 豆腐 烂

· 狗儿汪汪叫，家里小孩闹，开门看一看，竟是舅父来家里，家里没有菜，想去（田里）找田螺，找不到，上街去（买菜），买到两块烂豆腐。

laːk^{8} te^{5} naŋ^{1} niŋ^{5} ȵɛ^{3} ŋɛ^{3} ŋɛ^{2}, ni^{4} ŋ^{5} ȵaːu^{6} hɣəːn^{2} tu^{6} hwən^{3} tsɛ^{2}; tsən^{6} naːi^{6}

孩 小 还 小 哭 嘤嘤 妈 不 在 家 就 和 姐姐 时 这

ȵa^{2} kau^{5} mɔ^{6} lo^{4} ljeu^{4}, wɔ^{4} lɔ^{2} tən^{1} pu^{1} paːi^{1} uk^{7} cɛ^{3}.

你 看 他 大 了 知道 进 牛灰 去 屙 屎

· 小屁孩哭鼻子，妈妈不在家，跟着小姐姐；现在你看看，他长大了，拉屎就要找厕所。

kɣaːŋ^{1} njɛn^{2} kɣaːŋ^{1} taːŋ^{6} taːŋ^{6} , kɔŋ^{1} lon^{1} tun^{3} , pwa^{2} lon^{1} hɣaːŋ^{6} , ti^{6} kɔŋ^{1}

亮 年 亮 堂堂 公 钻 蚊帐 婆 钻 被子 (前缀)公

tɔk^{7} kun^{5} lɔŋ^{6} ku^{1} ljaːm^{4}, ti^{6} pwa^{2} tɔk^{7} lən^{2} li^{3} ci^{1} ŋaːŋ^{5}.

往 前 弄 聚餐 (前缀)婆 往 后 杀 鸡 秧

· 月亮亮堂堂，阿爷进帐子，阿奶盖被子；男人前头在聚餐，女人后头杀母鸡。

kɣaːŋ^{1} njɛn^{2} kɣaːŋ^{1} taːŋ^{6} taːŋ^{6}, nuŋ^{4} uk^{7} cɛ^{3} tɔ^{4} pho^{5}, pwa^{1} paːi^{3} ho^{3} nja^{1} suk^{7},

亮 年 亮 堂 堂 孩子 屙 屎 放 床 婆 去 里 河 洗

lai^{3} tɔ^{3} lau^{5}. kɔŋ^{1} caːŋ^{3} tuŋ^{1}, pwa^{2} caːŋ^{3} khau^{3}, tsaːn^{1} ljeu^{4} juŋ^{1} ŋau^{2}ŋau^{2}.

得 只 螺 公 讲 煮 婆 讲 煨 吃 完 蹲 (后置音节)

· 月亮亮堂堂，小孩屙屎在床上，阿奶拿到河里洗，捡到一只大田螺，阿公说煮来吃，阿奶说要火边煨，吃完（呜呼哀哉）蹲厕所。

ti^{5} ȵa ːu^{6} tin^{5} tiŋ^{2} tin^{3} tin^{1} cit^{7}.

四 在 边 亭子 叫 脚 疼

阿四在亭子边叫嚷着脚疼。

第五节 桂柳话特色习语

1. 昧昧货（ho^{24}），一分钱一个（ko^{24}）。

注：昧昧（məi^{44}），用来形容（煮得）软烂的食物，这里用以形容爱哭的小孩。

2. 扁担无钉两头滑。

3. 小本生意细咪咪，发财人不知。近似：闷声发大财。

4. 吃碗稀饭到处游，没有板凳坐石头；这点儿事情没要紧，屋檐滴水慢挖沟。

注：比喻一个人游手好闲，不紧不慢，得过且过。

5. 一代亲，二代表，三代没（即：不）认就卵了。

注：指亲戚关系中，第一代人之间是亲兄弟姐妹，到了第二带人就变成了表兄弟姐妹，第三代其实已经很难维系亲属关系了，相互之间不认这样的亲戚，也不算什么大不了的事了。

6. 蚂拐上树——巴不得。

7. 好货沉底。

8. 扬不像马卵，舞不像棒槌。

注：比喻一个很张狂，实质折腾来折腾去都没做出成绩的人。

9. 门背舞大刀。

10. 买马看蹄，买牛看牙。

11. 马不见马脸，马讲马体面。

注：比喻一个人总爱居高临下对别人指手画脚、说三道四，其实自己心灵也不见得是高尚的。

12. 好玩好耍，东门四把。

注：东门四把指罗城县东门镇和四把镇（有很多唱山歌的热闹场所）。有人在这句话后还编撰出“要吃饱饭，黄金龙岸”的说法。黄金龙岸指罗城县黄金镇和龙岸镇（盛产大米的地方）。

13. 剃刀不要利，三刀又一篦。

注：篦，动词，指在布条上磨剃刀。

14. 人看从小，马看蹄爪。

15. 大懒使小懒，小懒使脚板，脚板使我的店老板。

16. 紧紧手，年年有。

17. 好事不过三。

18. 小小金刚鸟，大大锄头把。

注：形容玲珑小巧，却有超凡能耐的人或物；与之相反，牛高马大，但却像锄头把儿一样笨拙。

19. 冬吃萝卜，夏吃姜，不求医生开药方。

20. 鸡生鸭熟。

注：指吃鸡要吃煮得有点半生儿不熟的，这样才有风味，而吃鸭则是要把鸭煮熟透。

21. 狗瘦弹肥。

22. 粳米糍粑糯米粽，各人老公各人痛。

23. 吃的渥（脏），肥喏喏。又作：吃得干净生痨病，吃渥撮（脏兮兮）肥喏喏。

24. 好马同人寿。

25. 四月八，冷死老母鸭；五月五，冷死老牛母。

26. fe^{24}婆，卖菠萝，卖得一萝又一萝。

注：fe^{24}婆，指矫揉做作的女人。这句话用来讽刺做作的女人。

27. 火车火车，咣—咣，汽车汽车，咣—咣，你讨老婆，我吃糖。

28. 吃肥走瘦。

注：走了很远的路去吃所谓的美食，吃了后应该是变胖的，但遥远的路途行走把吃胖的肉都消耗完了，形容得不偿失。

29. 屙屎没（即：不）出赖地硬。即：怨天尤人。

30. 瘦狗不知六月天。

31. 农民不懂机械（$ka:i^{24}$）。

注：指过去，用机械耕作还不普及，机械设备虽是进步的生产工具，但农民对机械没有认知。现指不懂某事。

32. 正当不当，吃粥（tsu^{31}）泡汤。

33. 口水当药医。

34. 人勤地生宝，人穷地长草。

35. 好花插在牛栏上，由是媒人瞎了眼，甜瓜种在苦瓜田。

36. 大话没用本，只要讲得狠。

37. 人嘴两层皮，死马（即什么）讲没出。

38. 当面讲好话，背面下毒手。

39. 一担纸，一担姜，换得一担臭乒乓。

注：这句话是仫佬族民间故事《婆猕的故事》中的经典桥段的表述。指仫佬族聪明伶俐的小姑娘用装有婆猕尸体的大瓮，和两个外地来的骗子挑来的一担香火纸钱和一担姜交换，哄骗他们把婆猕发臭了的尸体扛走。这句话是当地汉族

人对于这个桥段的描述。

40. 穷人想古窖（即装钱的罐子），越想越怄气。又作：穷人想吃屁，越想越怄气。

41. 小洞不补，大洞尺五。

注：指衣服破了一个小小的洞，不及时修补，小洞就会变成大洞，要修补起来就要用大量（一尺五）的布来修补。比喻负面问题刚显露出来的时候，如果不及时修正补救，就会造成大损失。

42. 人做媒你不爱，你爱狗做媒。即不识好歹。

43. 回家不积极，态度有问题。

44. 落尾结大瓜。近似：好货沉底。

45. 一箩穷，二箩富，三箩熬酒卖豆腐，四箩满咚咚，五箩考相公，六箩一张纸，七箩捡狗屎，八箩八败，九箩挑屎卖，十箩挖墙角（或大富翁）。

注：指流传于当地民间，对于人的十个手指上的螺纹个数的迷信解说。

46. 虫虫飞，飞到山上吃米榷，婆婆拿棍子搡（戳），搡落米榷一大堆。

47. 天皇皇，地皇皇，我家有个赖哭王（爱哭的小孩），过往君子念一念，一觉睡到天光亮。

48. 先来先坐，后来坐我的 paːk^{7}“口” tɔ^{7}“门” lo^{4}“大”。

注：这句话前面部分是仫佬族人用汉语西南官话桂柳话表示，后半句的“大门口”为了和前半句的“坐”押韵，转用了仫佬语表述的 paːk^{7} tɔ^{7} lo^{4}。桂柳话的语义完整表述则为“先来先坐，后来坐我的大门口”。

49. 卖货人昧良心，买货人瞎眼睛。

50. 光头噜，卖茶枯（即茶麸），卖没得，哭 ŋy^{44} ŋy^{44}。

51. 光头噜，骑马上六都，六都没有米，饿死光头噜。

52. 排排坐，吃喏喏（肉肉），喏喏香，吃沙姜，沙姜辣，吃枇杷，枇杷苦，吃猪肚，猪肚尖，尖上天。

第六章　汉语借词、基本语法

这一章介绍仫佬语的一些基本语言形式情况。首先，仫佬族人与当地汉族人长期杂处而居，往来接触频繁，汉语对于仫佬语的影响深远，造成仫佬语词汇借用了大量的汉语借词。因而，汉语借词在仫佬语研究中是一个不可忽略的环节，这一章尝试分析仫佬语中汉语借词的基本特点。此外，介绍仫佬语的基本语法形式，包括词法、短语和基本句法形式。本章中的仫佬语基本语法以东门镇仫佬语语音为基础语音，兼顾其他语言点的语音形式。

第一节　汉语借词

如今，仫佬族人基本上都是能够使用汉语（普通话、桂柳话）和仫佬语的"三语"人，而汉语对于仫佬语的影响长期存在。仫佬语从汉语借用的词数量庞大，可以说在仫佬语的各类生活词汇表达中都有汉语借词，这些汉语借词极大地丰富了仫佬语的词汇量。从读音上来看，可分为旧借词和新借词。旧借词主要保存了中古汉语的读音特点，语音变化基本和仫佬族本族语的变化相一致。新借词从现代汉语西南官话，罗城县当地称为 $kwən^{1}$"官话"的借词，这类借词的读音和官话读音基本相同，从读音上就比较容易分辨出现代汉语西南官话中借入的词。

借词的存在形式上，仫佬语中的汉语借词具有以下几种形式：

第一，读音直接借用。如：

旧借词：$ça:i^{1}$"鞋子"、$taŋ^{5}$"凳子"；

新借词：$tjen^{4}\ sɿ^{4}$"电视"，$kuŋ^{5}\ jin^{6}$"工人"，$sa:u^{5}\ ja^{6}$"烧鸭"。

第二，读音借用，仫佬语构词式。如：

mɛːk^{8} taːm^{1} caːk^{7}三角麦　　　　hwa^{1} ti^{5} ci^{5}　四季花

麦子　三　角　　　　　　　　　　花　四 季

第三，本族语和汉语借词共存。如：

厨房：kun^{5} tɔ^{5}（本族语）　　　tsy^{6} foːŋ^{6}（汉语借词）

露水：nəm^{6} ŋœ^{2}（本族语）　　　lu^{6} sui^{3}（汉语借词）

第四，新旧借词共存。如：

厕所：sə^{3} kheŋ^{1}（旧借词）　　　tshə^{6} so^{3}（新借词）

徒弟：tu^{3} te^{6}（旧借词）　　　thu^{6} ti^{4}（新借词）

第五，本族语和汉语借词组合构词。如（划线内容为汉语借词）：

白糕（罗城当地特色小吃）：ti^{2}　kɔ^{1} paːk^{8}

糍粑　糕　白

铜瓢糍粑：ti^{2}　tɔŋ^{2} pjau^{2}

糍粑 铜　瓢

汉语借词在仫佬语的影响上，郑国乔（1980）和张景霓（2016）做出过一定的分析研究。本书从所收集到的语料出发，从语音、语法两个方面总结汉语借词对于仫佬语的影响。

1. 语音

声母上，增加了 tsh 这个声母。例如：tsha^{1}“差”，tshɔ^{1}“初”。丰富了仫佬语带前腭化 j 的词，使得带前腭化声母的词里，汉语借词的数量超出本民族固有词。尤其是后腭化声母保留最好的银村一带，该语言点的仫佬语本身带有前腭化 j 和唇化声母 w 的词不多，舌尖擦音及其送气音、塞擦音的送气音带前腭化 j 的声母都是汉语借词。例如：

tj-　　tja^{3}写［假开三］　　tjaːŋ^{6}匠［宕开三］

thj-　　thja^{3}斜［假开三］　　thjaːŋ^{3}抢［宕开三］

tshj-　　tshja^{1}车［假开三］　　tshja^{3}扯［假开三］　　tshjaːŋ^{5}歌［宕开三］

银村一带仫佬语中存在一些带唇化 w 声母的本民族固有词汇，汉语借词中也出现数量不少的带有唇化音 w 的词汇，两者比例大小难定。其中，唇化双唇音、唇化舌尖音和唇化塞擦音声母数量都不多，仫佬语固有词汇中的例子很少，主要都是存在于汉语借词中。例如：

pwa^{2}　婆/奶奶［果合一］　phwa^{1}　坡［果合一］　mwa^{2}　摸［果合一］
twa^{3}　锁［果合一］　lwa^{2}　骡子［果合一］　tswa^{1}　抓［效开二］
tshwaːi^{3}　踩［蟹开一］（仫佬语读成合口字）

韵母上，以 e 为主要元音（都发长音）带韵尾的韵母，构成 eu、ep、et、ek 韵母都只出现在汉语借词中，构成 em、en、eŋ 韵母主要出现在汉语借词中。如：

汉语借词：ceu^{2}　桥［效开三］　tsjep^{8}　切［假开三］
ȵet^{8}　热［山开三］　tshek^{7}　尺［梗开三］
chem^{6}　欠［咸开三］　tjen^{2}　钱［山摄三］
theŋ^{5}　听［梗开四］

仫佬语固有词：cem^{2}镯子　fjen^{3}玩耍　teŋ^{5}锈

此外，单元音 ɿ 也只出现在汉语借词中。例如：

ta^{1}（三）sɿ^{6}（十）mən^{6}（门）ja^{6}（夜）除夕

kaːi^{4} tsɿ^{3}戒指　sɿ^{6} cen^{5}时间

2. 语法

作为分析性语言，词序和虚词是仫佬语表达语法意义的基本手段，受汉语的长期影响，仫佬语在自身语法基本形式上，融合了很多汉语的语法，从而弥补了仫佬语语法中表达手段的不足。从汉语借用来的虚词对于仫佬语语法上的影响主要表现在如下几个方面：

（1）结构助词 kɔ^{5} “的” 的使用

结构助词 kɔ^{5} “的” 可以使名词结构中的修饰语根据结构中的强调重点调节到中心名词的前面，从而使得即使是带多种类别定语的复杂名词结构亦能够完成表达，并且不会形成结构失衡的句式（详见第八章第五节）。例如：

khon^{2} ȵaːu^{6} paːk^{7} tɔ^{1} lo^{4} kɔ^{5} tɔ^{2} khɣət^{7} kwət^{8} kɔ^{5} ŋwa^{1} nam^{1} pi^{2} ka^{6}
蜷　在　口　门 大 的 只　尾巴　秃　的　狗　黑　肥 那

那只蜷在大门口尾巴秃了的肥胖的黑狗

如果不借助汉语借用来的结构助词 kɔ^{5}，只是按仫佬语自身固有的语法规则表达上面的结构，显然在一个结构式中是无法表达的。

（2）增加丰富的连词

从收集到的语料看，仫佬语本身并没有固有的连词，汉语借用来的连词在仫佬语里被普遍使用。单就东门镇银村语言点收集到的 19 个连词来看，都是汉语借用来的连词。少数几个结合了仫佬语的虚词形式，如 ŋ^{5} si^{6}……tu^{5} si^{6}……“不是……就是……”等。

(3) 借用汉语的介词

介词基本上是在及物动词用于连动式的第一个动词的位置上。因此，严格来说，用于连动式的第一个动词只是一种过渡性质的介词。仫佬语中清晰性质的比较句、把字句的完成，往往借用汉语的 pi^{3}“比”和 pa^{3}“把”。例如：

mɔ^{6} pi^{3} ȵa^{2} thɔ^{1}.

他 比 你 壮

他比你壮实。

pa^{3} hɣəːn^{2} phɣət^{7} sjau^{5}.

把 房子 扫 干净

把房子打扫干净。

第二节　词　法

1. 名词

名词前可加数量词，或单独的量词，“量词+名词”常常可表示泛指。

naːu^{3} mu^{6} çən^{1}一个人　　tɔŋ^{6} mai^{4}

一 个 人　　棵 树（泛指“树”）

2. 动词

在句子里充当谓语，可使用否定副词、程度副词修饰。

ŋ^{5} hɣɔ^{4}不知道　　kai^{5} təu^{1} han^{5}很讨厌

不知道　　很 讨 恨

3. 形容词

形容词以单音节为主，可使用否定副词和程度副词修饰。大多数形容词都可以附带后置音节，表示程度或状态的加深。

ŋ^{5} sjaːu^{5}　　sjaːŋ^{6} kuŋ^{2} 很多　　pi^{2} pwaːt^{8} 胖乎乎

不 干净　　相当 多　　胖（后置音节）

4. 数词

数词是十进制体系。体系中存在两个“一”（ȵaːu³ 和 jət⁷）和两个“二”（ɣa² 和 ȵi⁶）。ȵaːu³和 ɣa² 是本民族固有表达，其他都是早期的汉语借词。ȵaːu³ 和 ɣa² 用于计数，不表示顺序。jət⁷和 ȵi⁶ 在计数时用于合成的数目。量词前的个位数用 ȵaːu³和 ɣa²。

ȵaːu³ tɔ² ci¹一只鸡　　　　ɣa² tɔŋ⁶ mai⁴两棵树

一　只 鸡　　　　　　　两 棵　树

5. 量词

分为名量词和动量词。名量词往往和数量词组组合，构成“数+量+名”的数量词结构。名量词有别类的功能，不同类别的名词往往由固定的量词修饰。量词可以重叠和代词化是仫佬语名量词的重要特点。

别类：nə⁵ mu⁶/lak⁷ çən¹　一个人（量词 mu⁶/lak⁷ 指人类）

一　个　　人

ɣa² tɔ² mu⁵　两只猪（量词指动物类）

两只 猪

taːm¹ tɔŋ⁶ mai⁴　三棵树（量词指植物类）

三　棵　树

ti⁵ tsjaːŋ¹ ljem⁴　四把镰刀（量词指扁薄状物品类）

四　张　镰刀

重叠式表示“每一”，如 mu⁶ mu⁶ 每一位，at⁷ at⁷　每一个，maːt⁷ maːt⁷ 每一次。

代词化主要是在承说的语境中，代替出现过的某一名词。例如：

tɔŋ¹ ha⁵ caːk⁷ fjen¹ tɔŋ⁶ kaːm⁵ ka⁶ nən¹ mən¹ haːi³ tshiu³ pjeu⁶，tshən¹ thjen¹ tɔŋ⁶

寒冬 角落 菜园 棵　柑橘那　见　都　快　死　了　　春 天棵（它）

jəu⁶ faːt⁷ ŋa² mai⁵ taŋ¹.

又　发　芽　新　来

冬天，菜园角落里的那棵柑橘眼见着快要死了，到了春天，它又发出新芽了。

6. 代词

代词有人称代词、疑问代词、反身代词、不定代词和指示代词。

（1）人称代词有三个人称和数的区别，没有性和格的区别。第一人称复数有包括式和排除式之分，第三人称指人代词单数形式有 mɔ^6“他/她”，动物以及无生命体往往由别类量词在具体语境中充当，第三人称指人代词复数由“mɔ^6+复数数量量结构”（可进一步后接指示词）表示，第三人称动物或无生命体的复数代词由“数词+别类量词/名量词+指示词”表示。如表 6-1：

表 6-1　人称代词表

人称	第一人称	第二人称	第三人称
单数	əi^2	ȵa^2	mɔ^6“他/她”，at^7“个”/tɔŋ^6“棵”/tɔ^2“只”……
复数	hɣəu^1（包括式） niu^2（排除式）	saːu^1	mɔ^6 ɣa^2“二”…… mu^6/lak^7“个人”，mɔ^6 hwa^3“伙”naːi^6“这”/ka^6“那”，mɔ^6 kan^1“群”…… naːi^6/ka^6，ɣa^2“二”…… at^7“个”/tɔŋ^6“棵”/tɔ^2“只”……naːi^6/ka^6

（2）反身代词：ti^6 ca^1“自己”（或读成 tə^6 ca^1）。

（3）不定代词：niŋ^5+指示词，ti^6 khwa^1+指示词，量词重叠式等。

（4）指示代词有表示近指的 ni^5 和 naːi^6“这”，表示远指的 hui^5 和 ka^6“那”。ni^5“这”和 hui^5“那”一般用于指代事物、人或地点；naːi^6“这”和 ka^6“那”主要用作量词、量词功能的名词、量词结构等的修饰语，表示定指。例如：

ni^5 si^6 hɣəːn^2 niu^2 kɔ^5 ɣa^5.　这是我们家的田。（ni^5 近指代地点。）
这 是 家　我们的 田

mu^6 naːi^6　这个人　（定指某个人。）
个　这

won^3 ka^{6}那碗　（定指某一碗装着的物品。）
碗　那

tɔ^2 tən^2 ka^{6}那只牛（定指某一只牛。）
只 牛 那

（5）疑问代词的基本形式如表 6–2：

表 6–2　疑问代词表

对象	人	事物	状态/原因	地点	时间	方向	哪一	多少
单纯词	nau^{2}谁	——	——	——	——	——	——	——
合成词	——	nə^{5}naːŋ^{2} 什么	i^{1}maːŋ^{2} 怎么	khə^{5}nau^{1} 哪里	——	——	——	——
	——	ə^{3}naːŋ^{2} 什么	ə^{6} maːŋ^{2} 怎么	——	——	——	——	——
	——		hɔ^{6}maːŋ^{2} 怎么	——	——	——	——	——
	mu^{6}nau^{1} 哪个	at^{7}maːŋ^{2} 什么	——	kon^{6}nau^{1} 哪里	si^{2}nau^{1} 何时	mjen^{6}nau^{1} 哪边	at^{1}nau^{1} 哪一个	maːŋ^{2}kuŋ^{2} 多少
	lak^{7}nau^{1} 哪个	ti^{6}maːŋ^{2} 什么	——	——	tsən^{6}nau^{1} 何时	u^{1} nau^{1} 哪上面	niŋ^{5} nau^{1} 哪一些	ci^{3}kuŋ^{2} 几多
	——	tɔŋ^{6}maːŋ^{2} 什么	——	——	——	……	……	ci^{3}at^{7} 几个

7. 副词

副词分为程度副词、范围副词、方式副词、否定副词和语气副词。主要前置修饰动词和形容词。例如：

tseŋ^{5} thəu^{5}刚到　　　　kai^{5} ȵit^{7}真冷

刚刚　到　　　　　　确实冷

8. 介词

主要是由动词过渡的介词，可以看作是动词性借词。例如：njem^{1} “跟”，ȵaːu6 “在”，pi^{3} “比”，thja^{3} thəu^{5} “挨到，等到” 等。除了动词性介词，仫佬语中有少数实际意义的介词。例如：təm^{6} “随着、沿着、顺着”、tiŋ^{6} “囊括” 可以作为实质性介词。

9. 连词

主要的连词都是从汉语借用而来的，有 hwən^{4} “和”、y^{6} ko^{3} “如果”、sɿ^{1} jen^{2} “虽然”、ho^{6} tse^{3} “或者” 等。

10. 助词

有时态助词、结构助词、语气助词和提示助词等类别。时态助词有表示进行时态的 tɔ^{6} “着”，完成时态助词 pjeu^{6} “了” 和虚化的动词 ta^{6} “过”、paːi^{1} “去”，mɛ^{2} “有” 等。结构助词有 kɔ^{5}/ti^{5} “的”、lai^{3} “得”、so^{3} “所” 等。语气助词种类丰富，大多没有固定的声调，往往放置在句子、分句或段落的末尾。从现代汉语里借用的语气助词也不少。常见的语气助词有 ljeu^{6} “了”、le^{6} “呢”、khɔ^{6} “吗”、paŋ^{2} “了吗”。提示助词有 ti^{3} ku^{5} “关于……事”。

11. 象声词

象声词包括感叹词和摩声词。感叹词有 nau^{1}（表差异、调侃和惊叹等）、nɛ^{1}（用于引起注意）等。摩声词用于模仿动作的声音或动作展现的状态。

第三节　短　语

1. 修饰短语

（1）名词性修饰短语，基本结构规律是：除数量结构外的简单定语，修饰成分多后置在名词后；并且除了指示词外，简单定语都可以通过结构助词 kɔ^{5} “的” 前置于中心名词（注：结构成立但会产生歧义）。例如：

数+量+名　naːu^{3} mu^{6} çən^{1}一个人
　　　　　一　个　人

（量）+名+指示词 at^{7} mən^{5} ka^{5}那口井
　　　　　　　　个　井　那

名+名 kuk^{7} əi^{2}我的衣服　　转化为：əi^{2} kɔ^{5} kuk^{7}我的衣服
　　　衣服我　　　　　　　　　　　　我　的　衣服

名+形 ja^{1} naːm^{1}黑布　　转换为：naːm^{1} kɔ^{5} ja1 黑的布（有领属歧义）
　　　布　黑　　　　　　　　　　　黑　的　布

名+动 sik^{8} saːp^{8}　煠肉　　转换为：saːp^{8} sik^{8}煠的肉
　　　肉　煠　　　　　　　　　　　煠　肉

复杂修饰语（即多个修饰成分）修饰名词时，基本语序有两个：①领属语+数量结构+性质状态修饰词 1+kɔ^{5}+中心名词+性质状态修饰词 2+指示词；②领属语+性质状态修饰词 1+ kɔ^{5}+数量结构+中心名词+性质状态修饰词 2+指示词。

（2）量词性修饰短语，其结构规律的名词性修饰短语结构规律基本相同。

（3）动词性修饰短语，主要结构是：副词+动词中心词。例如：

ŋ^{5} si^{6}不是　　jəu^{5} aːu^{1} 别要（拿）　　taŋ^{2} sɔk^{8}没熟

2. 补充短语

动词进一步受动词、形容词、数量短语等后置修饰，形成补充短语。数量短语主要是以动量词结构、一定的度量衡结构充当后置修饰动词。有时，中心词和补充成分可以用结构助词 lai^{3} “得”连接。例如：

tsaːn^{1} sjau^{5}吃干净　　thoi^{1} lui^{6}流下（来）

theːk^{7} nə^{3} cət^{7}踢一脚　　tsəp^{7} lai^{3} lɔk^{7}捡得起

3. 动宾短语

由动词接续名词、代词和名词短语构成。例如：

tsaːn^{1} hu^{3} 吃饭　　kaːn^{3} fai^{3}逛街

ɣa^{5} mɔ^{6}骂他　　tan^{3} nə^{3} thaːŋ^{5} mɔ^{6} nam^{1}戴一顶黑色的帽子

4. 并列短语

同性质的几个成分可直接相连或用连词 hwən^{4} 连接，形成并列短语结构。例如：

ho^{3} fai^{3} ho^{3} maːn^{3} tə^{4}tshø^{5} fə^{3}. 村里城里全跑遍。

里 街道　里 村　到处　跑

paːi^{3} won^{3} hwən^{4} tsø^{6}. 摆碗筷。

摆　碗　和　筷子

5. 同位短语

相连成分指代同一人或物，中间不用量词。例如：

niu^{2} mu^{6} lo^{4} ce^{5}我们老年人

我们 老 年 人

第四节　句　式

1. 无宾谓语句

mɔ^{6} nun^{2} pjeu^{6}. 他睡了。

他　睡　了

2. 带宾主谓句

əi^{2} paːn^{6} təu^{6}lu^{6}. 我办事。

我　办　活路

3. 主谓谓语句

jaːŋ^{3} ti^{2} naːi^{6} əi^{2} tsaːn^{1} ta^{6}. 这种糍粑，我吃过

样糍粑 这 我　吃　过

4. 双宾句

pu^{4}　mɔ^{6} chɣɛ^{1} mɔ^{6} nə^{3} tɔ^{2} lø^{2}. 她爸爸给他一头毛驴。

爸爸 她　给　他　一 只毛驴

5. 连谓句

əi^{2} kɣəːm^{1} kui^{1} lɔ^{3} hɣəːn^{2}. 我挑柴进屋子。

我　挑　柴 进　屋子

6. 兼语句

əi^{2} theŋ^{3} mɔ^{6} tja^{3} fu^{5} toi^{5}. 我请他写一副对联。

我　请　他写 副　对联

7. 疑问句

主要使用疑问代词、语气助词、肯定和否定叠用等方式构成。例如：

（1） mɛ^{1}naːi^{6} tsha^{5} fən^{2} nau^{2} fɛ^{4} tau^{2}？今年上坟祭祖谁主事？

今年　上　坟　谁　做 头

（2） saːu^{1} mɛ^{1}naːi^{6} tɔ^{4} hu^{3} kwœ^{3} khɔ^{6}？你们（家）今年种糯稻吗？

你们　今年　种稻子　糯　吗

（3） ȵa^{2} paːi^{1} ŋ^{5} paːi^{1}？你去不去？

你　去　不　去

8. 被动句

常用表示被动意义的介词 ŋaːi6 “挨” 或 tsjeu1 “被” 来引进施事。例如：

$mɔ^6$ $ŋaːi^6$ tui^2 $cət^8$. 他被蛇咬了。

他 挨 蛇 咬

9. 判断句

pu^4 $mɔ^6$ si^6 $thjen^5seŋ^1$. 他爸爸是老师。

爸爸 他 是 老师

10. 存在/领有句

主要使用 $mɛ^2$ “有” 表示。例如：

hui^5 $mɛ^2$ mu^6 $çən^1$. 那有一个人。(表存在)

那 有 个 人

$əi^2$ $mɛ^2$ $ɣa^2$ $laːk^8$. 我有两个孩子。(表领有)

我 有 两 孩子

11. 处置句

三种主要方式：

(1) 零标记处置句式结构（可借用汉语处置标记 pa^3 “把” 补充成为完整句式)。例如：

(pa^3) $chiŋ^1$ $tsoŋ^1$ pit^7. 把箩筐装满。

把 箩筐 装 满

(2) 部分虚化动词标记处置句结构。虚化动词主要有：$lɔ^6$ “给”、$tsau^4$ “拿”、$ləu^2$ “留”、$khɣəu^1$ “让”、$chɣɛ^1$ “给” 和 $aːu^1$ “要” 等。例如：

ni^4 niu^2 $\underline{lɔ^6}$ hu^3 $həp^7$ $khut^7$ $paːi^1$. 我妈妈把饭焖糊了。

妈 我们 给饭 焖 糊 去

(3) 动宾结构处置句。依据动词本身及物性质，一般动宾句也表达了处置的意味。例如：

$mɔ^6$ $səu^1$ won^3. （吃过饭）她收碗。

她 收 碗

12. 比较句

$əi^2$ pi^3 $mɔ^6$ lo^4. 我比他大。(差比句)

我 比 他 大

əi^{2} hwən^{4} mɔ^{6} nə^{3} jaːŋ^{6} lo^{4}. 我和他一样大。（等比句）

我 和 他 一 样 大

13. 并列复合句

əi^{2} laːn^{4} caːŋ^{3}, mɔ^{6} ja^{6} ŋ^{5} tjaːŋ^{3} hɣɔ^{4}. 我懒得讲，他也不想知道。

我 懒 讲 他 也 不 想 知道

14. 递进复合句

mɔ^{6} ŋ^{5} tsʅ^{3} uk^{7} sɛŋ^{3} ta^{6}, maːŋ^{1} paːi^{1} ta^{6} paːk^{7} ceŋ^{1}. 他不仅出过省，还去过北京。

他 不 仅 出 省 过 还 去 过 北京

15. 承接复合句

suk^{7} hɣən^{1} kun^{5}, tu^{6} paːi^{1} tsaːn^{1} hu^{3}. 洗完澡，就去吃饭。

洗 身 前 就 去 吃 饭

16. 因果复合句

ȵa^{2} ŋ^{5} theŋ^{5} søt^{7}, khɔŋ^{1} əi^{2} tu^{6} ŋ^{5} tjaːŋ^{3} li^{4} ȵa^{2}. 你不听劝，所以我就不想理你。

你 不 听 劝 所以 我 就 不 想 理 你

17. 条件复合句

theŋ^{3}lai^{3} ŋɔ^{4} mu^{6} tjaːŋ^{6}, tu^{5} khɔ^{3} i^{3} ta^{3} ti^{6} ci^{1} fɛ^{4} hɣəːn^{2} mai^{5}.

请 得 五 个 匠人 就 可以 打 地 基 做 房子 新

能请到五个泥水匠的话，就可以打地基建新房了。

18. 转折复合句

sʅ^{1} jen^{2} mɔ^{6} si^{6} nə^{3} laːk^{8} te^{5}, taːn^{6} si^{6} fɛ^{4} təu^{6} lu^{6} kai^{5} laːu^{3} ljen^{4}.

虽然 他 是一 小孩 但是做 活路 很 老练

虽然他是个小孩，但是做事情却很老练。

第五节　基本句式语料

1. 他说的话很对。

mɔ^{6} caːŋ^{3} kɔ^{5} hwa^{6} hən^{3} toi^{5}.

他 说 的 话 很 对

2. 树上有三只鸟。

u^{1} tɔŋ^{6} mai^{4} mɛ^{2} taːm^{1} tɔ^{2} nɔk^{8}.

上 棵 树 有 三 只 鸟

3. 是你把衣服洗了吗？

niŋ^{5} kuk^{7} kə^{6} si^{6} ȵa^{2} suk^{7} paːi^{1} kɔ^{5} ma^{6}?

些 衣服 那 是 你 洗 去 的 吗

4. 你有兄弟没有？

ȵa^{2} mɛ^{2} fai^{0} nuŋ^{4} khɔ^{6}?

你 有 兄弟 吗

5. 怎么不带伞呢？看天色会下雨吧？

i^{1} maːŋ^{2} ŋ^{5} mɔi^{5} nə^{5} pɛːŋ^{5} taːn^{5}? kau^{5} mən^{1} he^{1} tɔk^{7} kwən^{1} o^{1}?

怎么 不 带 一 把 伞 看 天 可能 下 雨 哦

6. 你喜欢吃李子还是桃子？

ȵa^{2} tsɔŋ^{6} i^{5} tsaːn^{1} hui^{1} li^{4} ha^{6} si^{6} hui^{1} tɔ^{2}?

你 喜欢 吃 果 李子 还是 果 桃子

7. 谁卖给你们玉米种子？

nau^{2} cɛ^{1} jəu^{6} mɛ^{4} pən^{3} lɔ^{6} saːu^{1} kɔ^{5}?

谁 卖 玉米 种子给 你们的

8. 别带妹妹去河边玩。

jəu^{5} çən^{3} nuŋ^{4} ȵɛ^{5} sə^{1} thəu^{5} tin^{5} nja^{1} fjen^{2}.

别 带 娃娃 妹你们 到 边 河 玩

9. 哎呀，鱼儿被猫叼走啦！

ai^{6} ja^{6}, məm^{6} ŋaːi^{6} mjaːu^{4} mɔi^{5} paːi^{1} pjeu^{6}.

哎呀 鱼 被 猫 带 走 了

10. 你广西人，我贵州人。

ȵa^{2} (si^{6})① kwaːŋ^{3} te^{1} çən^{1}, əi^{2} (si^{6}) kwəi^{1} tsəu^{1} çən^{1}.

你 (是) 广西 人 我 (是) 贵州 人

---

① 句子中括号里的内容表示在句子表达时可以选择性出现，下同。

11. 因为路太窄，所以车子过不去。

(in^{1} wəi^{6}) khwən^{1} thaːi^{5} çaːp^{7}, tshja^{1} ta^{6} ŋ^{5} lai^{3} paːi^{1}.

(因为)　路　太　窄　车子 过 不 了　去

12. 他边走边唱。

mɔ^{6} nə^{5} mjen^{6} tshaːm^{3} nə^{5} mjen^{6} tshjaːŋ^{5}.

他　一　边　走　一　边　唱

13. 我们今天去种树，弟弟种了一株柑橘树，我种了两株梨树。

niu^{2} fan^{1} naːi^{6} paːi^{1} mɣa^{2} mai^{4}, te^{4} niu^{2} mɣa^{2} lai^{3} nə^{5} tɔŋ^{6} kaːm^{5}, əi^{2} mɣa^{2} lai^{3}

我们 天　这　去　种　树　弟弟我们 种　得 一　棵　柑橘　我 种　得

ɣa^{2} tɔŋ^{6} taːŋ^{6} li^{2}.

两 棵　梨树

14. 今天他在这儿住一晚上。

fan^{1} naːi^{6} mɔ^{6} ȵaːu^{6} ni^{4} ȵaːu^{6} nə^{5} mu^{2}.

今天　他　在　这　住　一　晚

15. a. 我的两只手都脏了。　　b. 我两只手都脏了。

a. əi^{2} (kɔ^{5}) ɣa^{2} nja^{2} løn^{2} wa^{5} pjeu^{4}.　b. əi^{2} ɣa^{2} nja^{2} løn^{2} wa^{5} pjeu^{4}.

我　的　两 手　都　脏　了　　我 两　手　都　脏　了

16. a. 天天下雨。　　b. 树树满山。(意思是树木满山。)

a. fan^{1} fan^{1} tɔk^{7} kwən^{1}.　　b. mwaːn^{4} pwa^{1} si^{6} mai^{4}.

天　天　下　雨　　满　山　是 树

17. 这头猪好肥啊!

tɔ^{2} mu^{5} naːi^{6} ton^{5} pi^{2} ljeu^{6}.

只　猪　这　算　肥　了

18. 父亲是铁匠，母亲是农民，我是学生，弟弟也是学生。

pu^{4} si^{6} tjaːŋ^{6} khɣət^{7}, ni^{4} si^{6} fɛ^{4} ja^{5} kɔ^{5}, əi^{2} si^{6} ço^{6} sən^{5}, nuŋ^{4} ja^{6} si^{6} ço^{6} sən^{5}.

爸爸 是　匠　铁　妈妈是 做 田 的　我 是　学生　弟弟 也 是　学生

19. 姐妹俩勤快能干，不是织布就是绣花。

ɣa^{2} tsɛ^{0} nuŋ^{4} jəu^{6} can^{2} jəu^{6} nən^{6} kan^{5}, ŋ^{5} si^{6} tam^{3} ja^{5} tu^{6} si^{6} tshaːm^{4} hwa^{1}.

两　姐妹　又 勤快 又　能干　不 是 织 布 就 是　插　花

20. 他寄来的三本书已经看完啦。

mɔ^{6} ci^{5} taŋ^{1} kɔ^{5} taːm^{1} pən^{3} lɛ^{2} kau^{5} ljeu^{4} ljeu^{6}.

他 寄 来 的 三 本 书 看 完 了

21. 我们养了一只公鸡两只母鸡，还有一只公狗和一只母狗。

niu^{2} taːŋ^{4} mɛ^{2} nə^{5} tɔ^{2} ci^{1} tai^{3} ɣa^{2} tɔ^{2} ci^{1} mai^{4} ，naŋ^{1} mɛ^{2} nə^{5} ŋwa^{1} tak^{8}（wən^{3}）

我们 养 有 一 只 鸡 公 两 只 鸡 母 还 有 一 狗 公 （和）

nə^{5} tɔ^{2} ŋwa^{1} mai^{4}.

一 只 狗 母

22. 他家有两个小孩，一男一女。

ɣəːn^{2} mɔ^{6} mɛ^{2} ɣa^{2} lɔk^{8} te^{5}，nə^{5} lɔk^{8} maːn^{1} nə^{5} lɔk^{8} jaːk^{7}.

家 他 有 两 小孩 一 男孩 一 女孩

23. 家里酒没有了，肉也没有了。

ho^{3} ɣəːn^{2} khɣaːu^{1} ŋ^{5} mɛ^{2} ljeu^{6}，sik^{8} ja^{6} ŋ^{5} mɛ^{2} ljeu^{6}.

里 家 酒 没 有 了 肉 也 没 有 了

24. 昨天星期天，我下午去你们家，等了半天你都没回来。

fan^{1} ȵiu^{1} sin^{5} chi^{6} thjen^{5} ，əi^{2} ça^{4} wu^{2} paːi^{1} ɣəːn^{2} saːu^{1} ，səu^{3} paːi^{1} mwaːŋ^{6} fan^{1} ŋ^{5}

昨天 星期天 我 下午 去 家 你们 等 去 半 天 不

nən^{1} ȵa^{2} ma^{1}.

见 你 回来

25. 儿子每月回一趟家，这次给父母买来葡萄，每斤 8 元呢。

laːk^{8} te^{5} nə^{5} mɣəːn^{2} ma^{1} nə^{5} maːt^{7} hɣəːn^{2} ，maːt^{7} naːi^{6} hɣəːi^{1} lai^{3} lɔk^{8} yt^{7} taŋ^{1}

孩子 一 月 回家一 次 家 次 这 给 得 葡萄 来

chɣɛ^{1} pu^{4} ni^{4}，nə^{5} can^{1} paːt^{7} kwaːi^{5}.

给 父母 一 斤 8 元

26. 我了解我自己，自己的事情自己做。

əi^{2} hɣɔ^{4}（əi^{2}）ti^{6} ca^{1}，ti^{6} ca^{1} kɔ^{5} ti^{6} teŋ^{2}（əi^{2}）ti^{6} ca^{6} fɛ^{4}.

我 懂 （我） 自己 自己 的 事情 （我） 自己 做

27. 这个人是我姐姐，那个人不是我姐姐。

mu^{6} naːi^{6} si^{6} tsɛ^{2} niu^{2}，mu^{6} ka^{5} ŋ^{5} si^{6} tsɛ^{2} niu^{2}.

个人 这 是 姐姐 我 个人 那 不 是姐姐 我

28. a. 你的书在这儿。　　　b. 图书馆的书在那儿。

a. ȵa^{2} kɔ^{5} lɛ^{2} ȵaːu^{6} ni^{5}.　　b. thu^{6} sy^{5} kwaːn^{3} kɔ^{5} lɛ^{4} ȵaːu^{6} niŋ^{5} ka^{6}

你 的 书 在 这　　　图书馆 的 书 在 地方那

29. 这会儿才 5 点钟，两根大木头就运到了。

naːi^{6} hai^{5} si^{6} ŋɔ^{4} tjem^{3} tsɔŋ^{1}，ɣa^{2} tjeu^{2} jaːŋ^{6} tjeu^{2} tu^{6} hun^{4} thəu^{5} pjeu^{6}.

现在 才 是 五 点 钟 两 根 大木头 就 送 到 了

30. 你的歌唱得这么好，再来一首。

ȵa^{2} tshjaːŋ^{5} lai^{3} i^{1} naːi^{6} i^{1}，leŋ^{6} taŋ^{1} nə^{3} tsik^{7}.

你 唱 得 这么好 再 来 一 首

31. a. 你们村子有几家人？从这里到城里有多远？坐车要多久？

b. 有五十多家，我们村到城里三十来里，坐车半个多小时就到了。

1）a. saːu^{1} maːn^{3} mɛ^{2} ci^{3} hɣəːn^{2} çən^{1}？mjen^{1} ni^{5} thəu^{5} ho^{3} seŋ^{6} mɛ^{2} ci^{3} ce^{1}？

你们 村子 有 几 家 人 从 这 到 城里 有 多 远

tui^{6} tshja^{1} aːu^{1} ci^{2} ɣəːi^{3}？

坐 车 要 几 久

b. mɛ^{2} ŋɔ^{4} sɿ^{6} leŋ^{2} hɣəːn^{2}，niu^{2} ho^{3} maːn^{3} thəu^{5} ho^{3} seŋ^{2} ta^{1} sɿ^{6} leŋ^{2} li^{4}，

有 五十 多 家 我们 里 村 到 城里 三十 多 里

tui^{6} tshja^{1} aːu^{1} mwaːŋ^{6} at^{7} leŋ^{2} tsɔŋ^{1} tau^{2} tu^{6} thəu^{5} ljeu^{6}.

坐 车 要 半 个 多 钟头 就 到 了

2）a. saːu^{1} maːn^{3} mɛ^{2} maːŋ^{2} kuŋ^{2} hɣəːn^{2} çən$_{1}$？njem^{1} ni^{5} thəu^{5} ho^{3} seŋ mɛ^{2}

你们 村子 有 怎么 多 家 人 从 这 到 城里 有

maːŋ^{2} ce^{1}？tui^{6} tshja^{1} aːu^{1}（i^{1}）maːŋ^{2} ɣəːi^{3}？

怎么 远 坐 车 要 怎么 久

b. mɛ^{8} ŋɔ^{4} sɿ^{6} leŋ^{2} hɣəːn^{2}，ho^{3} maːn^{3} niu^{2} thəu^{5} ho^{3} seŋ^{2} ta^{1} sɿ^{6} leŋ^{2} li^{4}，

有 五 十 多 家 里 村 我们 到 城里 二 十 多 里

tui^{6} tshja^{1} aːu^{1} mwaːŋ^{6} at^{7} leŋ^{2} tsɔŋ^{1} tau^{2} tu^{6} thəu^{5} ljeu^{6}.

坐 车 要 半 个 多 钟头 就 到 了

32. a. 哪件衣服是我的？怎么都一样呢？

b. 谁知道呢？什么时候多出一件来？

a. mai^2 kuk^7 nau^1 si^6 əi^2 kɔ^5? fɛ^4 naːŋ^2 løn^2 nə^{5}jaːŋ^6?

件 衣服 哪 是 我 的 做 什么 都 一样

b. nau^2 hɣɔ^4 lai^3 le^6? i^{5}nau^1 jəu^6 kuŋ^6 nə^3 məi^6 taŋ^1?

谁 知道 得 呢 怎样 又 多 一 件 来

33. 别人的东西不要拿，大家的东西要看好。

çən^1 kɔ^5 ti^6 jaːŋ^6 jəu^5 lon^6 tsai^4，tɔŋ^{6}te^2 kɔ^5 ti^6 jaːŋ^6 aːu^1 kau^5 i^1.

别人的 东西 不要乱 拿 大家 的 东西 要 看好

34. 十五是五的三倍，五是十的一半。

səp^8 ŋɔ^5 si^6 ŋɔ^5 kɔ^5 taːm^1 poi^5，ŋɔ^5 si^6 səp^8 kə^5 nə^5 mwaːŋ^6.

十 五 是 五 的 三 倍 五 是 十 的 一 半

35. 全村年轻人大多外出打工了，有些家里只有老人，有些家里只有妇女和儿童。

tshøn^6 maːn^3 kɔ^5 hwa^1 ho^3 sɛŋ^1 mwaːŋ^6 lo^4 uk^7 paːi^1 ta^3 kɔŋ^1 mɛ^2 niŋ^5

全 村 的 们 年轻人 半 大 出 去 打工 有 些

hɣəːn^2 tsi^{3}mɛ^2 mu^{6}lo^{4}ce^5，mɛ^2 niŋ^5 hɣəːn^2 tsi^3 mɛ^3 ti^6 pwa^2 hwən^3 lɔk^8 te^5.

家 只有 大人 老 有 些 家 只 有 妇女 和 小孩

36. 羊比较干净。这一群羊只只都很肥，你挑一只。

kwa^2 pi^3 çaːu^4 sjaːu^5. toi^6 kwa^2 nəi^6 tɔ^2 tɔ^2 løn^2 pi^2，ȵa^2 tøn^3 nə^3 tɔ^2.

羊 比较 干净 群 羊 这 只 只 都 肥 你 选 一 只

37. 河里的鱼比塘里的鱼好吃。

ho^3 nja^1 kɔ^5 məm^6 pi^3 ho^3 lam^1 kɔ^5 məm^1 i^1 tsaːn^1.

里 河 的 鱼 比 里 池塘 的 鱼 好 吃

38. 三位老人的生日分别是：农历二月初八、三月初五、六月初一。

taːm^1 lak^7 mu^6 lo^4 kɔ^5 sɿ^1 ȵət^8 chɣɛ^1 khai^1 si^6：nuŋ^5 li^6 ȵi^6 ȵøt^7 tshɔ^1 paːt^7，taːm^1

三 个 老人 的 生日 分 开 是：农历 二月 初 八 三

ȵøt^7 tshɔ^1 ŋɔ^4，lɔk^8 ȵøt^7 tshɔ^1 ʔjət^7.

月 初五 六月 初 一

39. 奶奶笑眯眯地坐着看孙子蹦蹦跳跳。

pwa^2 ai^5 ȵəm^3 ȵəm^3 kɔ^5 tui^6 kau^5 laːk^8 khɣəːn^1 thjeu^5 lik^7 lik^7.

奶奶 笑眯眯 地 坐 看 孙子 蹦蹦跳跳

40. 他把红薯随便洗洗就吃了。

mɔ^{6} pa^{3} man^{2} təu^{6} pjen^{6} lon^{6} suk^{7} niŋ^{5} tu^{6} tsaːn^{1} ljeu^{6}.

他　把　红薯　随便　乱　洗　点　就　吃　了

41. 来客人时，我们正在吃饭。

khɛːk^{7} taŋ^{1}（kɔ^{5}）si^{6}（hau^{5}），niu^{2} tseŋ^{5} tsaːn^{1} hu^{3}.

客人　来　（的）　时　（候）　我们　正　吃　饭

42. 他很想带父母去一次北京。

1）mɔ^{6} hən^{3} tjaːŋ^{3} taːi^{5} pu^{4} ni^{4} paːi^{1} nə^{3} maːt^{7} paːk^{7}ceŋ^{1}.

他　很　想　带　父母　去　一　次　北京

2）mɔ^{6} hən^{3} tjaːŋ^{3} çən^{3} pu^{4}ni^{4} paːi^{1} maːt^{7} paːk^{7}ceŋ^{1}.

他　很　想　带　父母　去　次　北京

43. 夫妻俩很恩爱。

kɔŋ^{1} pwa^{1} hən^{3} i^{1}.

夫妻　很　好

44. a. 山上有一片梨树。　b. 这座山上没有梨树。

a. u^{1} pwa^{1} mɛ^{2} mai^{4} taːŋ^{5}li^{2}.　b. u^{1} pwa^{1} naːi^{6} ŋ^{5} mɛ^{2} mai^{4} taːŋ^{5} li^{2}.

上　山　有　树　糖梨　　上　山　这　没　有　树　糖梨

45. a. 这封信是不是你写的？　b. 是。不是。

1）a. fɔk^{7} tən^{5} naːi^{6} si^{6} ŋ^{5} si^{6} ȵa^{2} tja^{3} kɔ^{5}？ b. si^{6}. ŋ^{5} si^{6}.

封　信　这　是　不是　你　写　的　　是　不是

2）a. fɔk^{7} tən^{5} naːi^{6} si^{6} ŋ^{5} si^{6} ȵa^{2} tja^{3} kɔ^{5}？ b. si^{6}. ŋ^{5}tsjaːk^{8}.

封　信　这　是　不是　你　写　的　　是　不是

46. 他会说汉语，应该是汉族人。

mɔ^{6} hɣɔ^{4} caːŋ^{3} kwən^{1}，in^{5} kai^{1} si^{6} mu^{6} kwən^{1}.

他　会　说　官话　应该　是　个　汉人

47. a. 你愿不愿意嫁给他？　b. 愿意。不愿意。

a. ȵa^{2} ȵøn^{6} ŋ^{5} ȵøn^{6} ca^{5} mɔ^{6}？　b. ȵøn^{6}. ŋ^{5} ȵøn^{6}.

你　愿　不　愿　嫁　给他　　愿　不　愿

48. 大风吹断了树枝。

ləm² lo⁴ tshui¹ təu⁵ ŋa⁵ mai⁴.

风大 吹 断 枝树

49. 我们进屋去。

hɣaːu¹ lɔ³ hɣəːn² paːi¹.

我们 进 屋 去

50. 屋檐装上了电灯。

nəm⁰ jøn² tsoŋ¹ tsa⁵ tjen⁵ tən⁵.

屋 檐 装 上 电 灯

51. 明天小王来，小李不来。

fan¹ mɔ³ sjaːu³ waŋ⁶ taŋ⁶，sjaːu³ li³ ŋ⁵ taŋ⁶.

明天 小王 来 小李 不 来

52. 你去买瓶酒回来。

ȵa² paːi¹ hɣəi³ ȵaːu³ peŋ² khɣaːu³ ma¹.

你 去 买 一 瓶 酒 回来

53. a. 有只猫趴在凳子上。b. 有只猫在椅子上趴着。

a. mɛ²（nə⁵）tɔ² mjaːu⁴ pɔk⁸ ȵaːu⁶ u¹ taŋ⁵.

有 一 只 猫 趴 在 上 凳子

b. mɛ² nə⁵ tɔ² mjaːu⁴ ȵaːu⁶ u¹ taŋ⁵ pɔk⁸.

有 一 只 猫 在 上 凳子 趴

54. 他的字写得好极了。

mɔ⁶ tja³ kɔ⁵ lɛ² kaːi⁵（si⁶）i¹ ljeu⁶.

他 写 的 字 真 是 好 了

55. 爷爷走得非常慢。

kɔŋ¹ tshaːm³ lai³ hən³ maːn⁶.

爷爷 走 得 很 慢

56. 这根大木头，我一个人也扛得起。

tjeu² jaːŋ⁶ tjeu² lo⁴ naːi⁶，əi² ȵaːu³ mu⁶ çən¹ ja⁶ mɔi⁵ lai³ lɔk⁷.

根 木头 大 这 我 一 个 人 也 扛 得 起

57. 那种菌子吃不得。

hɔ^{6} ŋa^{1} ka^{6} tsaːn^{1} ŋ^{5} lai^{3}

种 菌子 那 吃 不 得

58. 他没坐过飞机。

mɔ^{6} ŋ^{5} tui^{6} ta^{6} fəi^{5}ci^{5}.

他 没 做 过 飞机

59. a. 墙上挂着一幅画。　　b. 墙上挂有一幅画。

a. u^{1} tjaːŋ^{2} kwa^{5} tɔ^{6} nə^{5} fu^{5} hwa^{5}.　b. u^{1} tjaːŋ^{2} mɛ^{2} nə^{5} ʃu^{5} hwa^{2}.

上墙壁 挂 着 一 幅 画　　上 墙壁 有 一 幅 画

60. 平时家里妈妈做饭，爸爸种田。

piŋ^{6} sɿ^{6} ni^{4} fɛ^{4} ho^{3} hɣəːn^{2} təu^{6} lu^{6}，pu^{4} tɔ^{4} ɣa^{5}.

平时 妈妈 做 里 家 事情 爸爸 种 田

61. 赶时间，咱们快吃吧。

kaːn^{3} sɿ^{6} cen^{5}，hɣəːu^{1} tsaːn^{1} hwəi^{5} niŋ^{5}.

赶 时间 我们 吃 快 点

62. 你砸碎玻璃不赔吗？

ȵa^{2} əp^{7} po^{5} li^{6} laːn^{6}，ȵa^{2} poi^{2} ŋ^{5} poi^{5}?

你 砸 玻璃 烂 你 赔 不 赔

63. 他爬上树去摘桃子。

mɔ^{6} pɣa^{2} tsha^{5} tɔŋ^{6} mai^{4} paːi^{1} put^{7} hui^{1} tɔ^{2}.

他 爬 上 棵 树 去 摘 桃子

64. 你尝尝这个菜。

ȵa^{2} lu^{5} at^{7} ma^{1} naːi^{6} kau^{5}.

你 尝 个 菜 这 看

65. a. 我再想想这件事怎么办。b. 这件事我再想想怎么办。

a. əi^{2} tsaːi^{4} nəm^{3} maːt^{7} at^{7} ti^{6} teŋ^{2} naːi^{6} i^{1} nau^{1} paːn^{6}.

我 再 想 下 个 事情 这 怎么 办

b. at^{7} ti^{6} teŋ^{5} naːi^{6} əi^{2} tsaːi^{4} nəm^{3} nəm^{3} kau^{5}.

个 事情 这 我 再 想 想 看

66. 我看看你的书好吗？

əi^{2} kau^{5} kau^{5} ȵa^{8} kɔ^{5} lɛ^{2} i^{1} khɔ^{6}?

我 看 看 你 的 书好吗

67. 你先走，我就来。

ȵa^{2} tshaːm^{1} tɔk^{7} kun^{5}, əi^{2} tɔk^{7} lən^{2}.

你 走 往 先 我 往 后

68. 你先打电话问清楚再说。

ȵa^{2} ta^{3} tjen^{5}hwa^{5} saːi^{5} thin^{1} thu^{3} tsaːi^{4} caːŋ^{3}.

你 打 电话 问 清楚 再 说

69. 妹妹听着歌写作业。

nuŋ^{4} ȵɛ^{5} theŋ^{5} tshjaːŋ^{5} tja^{3} tso^{5} ne^{6}.

娃 妹 听 歌 写 作业

70. 鱼是蒸着吃还是煮着吃？

məm^{6} si^{6} tsiŋ^{1} taŋ^{1} tsaːn^{1} naŋ^{1} si^{1} tuŋ^{1} taŋ^{1} tsaːn^{1}?

鱼 是 蒸 来 吃 还是 煮 来 吃

71. 我听过几次小李唱歌。

əi^{2} theŋ^{5} ta^{6} ci^{3} maːt^{7} sjaːu^{3} li^{3} fɛ^{4} tshjaːŋ^{5}.

我 听 过 几 次 小 李 做 歌

72. 她有一条漂亮的红裙子。

mɔ^{6} mɛ^{2} nə^{5} tjeu^{6} hən^{3} mai^{5} kɔ^{5} kwən^{2}.

她 有 一 条 很 新 的 裙子

73. 哥哥瘦，弟弟胖。

faːi^{4} jəm^{1}, nuŋ^{4} pi^{2}.

哥 瘦 弟 肥

74. 奶奶你慢慢走。

pwa^{2} ȵa^{2} maːn^{6} maːn^{6} tshaːm^{3}.

奶 你 慢 慢 走

75. 天不热，但很潮湿。

mən^{1} ŋ^{5} ȵet^{8}, tan^{6} kai^{5} woi^{2} ŋaːu^{3}.

天 不 热，但 很 潮湿

76. 白花花的新米饭香喷喷的。

kwa^{3} phəp^{7} phəp^{7} kɔ^{6} hu^{3} mai^{5} mɣaːŋ^{1} ȵiu^{5} ȵiu^{5}. ①

白　花花　的 米　新　香　喷　喷

77. 他把房间打扫得干干净净的。

mɔ^{6} pa^{3} ho^{3} kɣaːŋ^{2} phɣət^{7} lai^{3} sjaːu^{5} səp^{7} səp^{7}②.

他　把　房间　扫　得　干干净净

78. 糯米饭香了整个村子。

hu^{3} kɣœ^{3} mɣaːŋ^{1} lai^{3} nə^{5} maːn^{3} mən^{1} mɣaːŋ^{1} paːi^{1}.

米饭糯　香　得 一　村子　都　香　去

79. 奶奶总是对客人很热情。

pwa^{1} tøn^{2} si^{6} toi^{5} uk^{7} khɛːk^{7} kai^{5} i^{1}.

奶奶 总 是 对 外　客　很　好

80. 一年比一年好。

ȵaːu^{3} mɛ^{1} pi^{3} ȵaːu^{3} mɛ^{1} i^{1}.

一　年 比　一　年 好

81. 老大和老二一样高。

laːk^{8} lo^{4} hwən^{3} laːk^{8} ȵi^{6} nə^{3} jaːŋ^{6} foŋ^{1}.

儿子大　和　儿子 小 一　样　高

82. 我比你高，他比我更高。

əi^{2} pi^{3} ȵa^{2} foŋ^{1}，mɔ^{6} pi^{2} əi^{2} naŋ^{1} hai^{5} foŋ^{1}.

我 比 你　高，　他 比 我 还　见　高

83. 我们三个人中他最高。

niu^{2} taːm^{1} mu^{6} çən^{1} mɔ^{6} tsəi^{5} foŋ^{1}.

我们 三　个　人　他　最　高

84. 连续几天熬夜，我困死了。

ljen^{6} su^{6} ci^{3} fan^{1} ŋaːu^{6} ja^{6}，əi^{2} nɛ^{5} tai^{1} ljeu^{6}.

连续 几 天　熬 夜　我 困 死　了

① phəp^{7}phəp^{7} 和 ȵiu^{5} ȵiu^{5} 为附加音节。

② səp^{7} səp^{7} 为附加音节。

85. 你再吃一碗饭。

ȵa^{2} naŋ^{1} tsaːn^{1} nə^{5} won^{3} hu^{3}

你 还 吃 一 碗 饭

86. 他又买了一辆摩托车。

mɔ^{6} jəu^{4} hɣəi^{3} nə^{5} ca^{5} mɔ^{5} tho^{6} tshja^{1}.

他 又 买 一架 摩托车

87. 他家两个儿子都在广东打工，一年大概能挣十几万。

hɣəːn^{2} mɔ^{2} ɣa^{2} laːk^{8} løn^{2} ȵaːu^{6} kwaːŋ^{3} tɔŋ^{1} ta^{3} kɔŋ^{1}，nə^{5} mɛ^{1} ta^{4} kaːi^{4} lɔŋ^{6} səp^{8}

家 他 两 儿子 都 在 广东 打工 一 年 大概 挣 十

ci^{3} waːn^{6}.

几 万

88. 白白劝他一下午，可是他根本听不进。

pɛk^{8} pɛk^{8} cøn^{5} mɔ^{6} nat^{7} ça^{4} wu^{3}，mɔ^{6} kən^{5} pən^{3} theŋ^{5} ŋ^{5} lɔ^{3}.

白 白 劝 他 一个 下午 他 根本 听 不 进

89. 我刚要去找他，他就匆匆忙忙地跑了进来。

əi^{2} tseŋ^{5} caːŋ^{3} paːi^{1} la^{4} mɔ^{6}，mɔ^{6} tu^{6} mɔŋ^{2} mɔŋ^{2} cəp^{7} cəp^{7} kɔ^{5} thaːŋ^{5} lɔ^{3} taŋ^{5}.

我 正 说 去 找 他 他 就 慌慌张张 地 跑 进来

90. 我跟妈妈到家时，爸爸可能才刚刚出门。

əi^{2} hwən^{3} ni^{4} tseŋ^{5} thəu^{5} hɣəːn^{2}，pu^{4} khɔ^{3} nən^{6} tseŋ^{5} tseŋ^{5} uk^{7} tɔ^{1}.

我 和 妈妈 刚 到 家 爸爸 可能 刚刚 出 门

91. 他最近很高兴，我听说他快结婚了。

mɔ^{6} tsəi^{4} cin^{4} ə^{6} naːi^{6} aːŋ^{5}，əi^{2} hai^{5} caːŋ^{3} mɔ^{6} haːi^{3} cet^{7} hwən^{1} ljeu^{6}.

他 最近 这么 高兴 我 听 说 他 快 结婚 了

92. 孙子给爷爷寄回茶叶，爷爷笑得合不拢嘴。

lɔk^{8} khɣəːn^{1} ci^{5} fa^{5} tsha^{2} ma^{1} chɣɛ^{1} kɔŋ^{1}，kɔŋ^{1} ai^{5} lai^{3} paːk^{7} mən^{1} ŋ^{5} ȵip^{7}.

孙儿 寄 叶 茶 回 给 爷爷 爷爷 笑 得 嘴 都 不 闭拢

93. 唱歌令人开心。

fɛ^{4} tshjaːŋ^{5} si^{3} çən^{1} hən^{3} khai^{1} təm^{1}.

做 歌 使 人 很 开 心

94. 他个子虽然小，但气力很大。

mɔ^{6} çən^{1} səi^{5} jen^{6} si^{6} te^{5}，lik^{8} chi^{5} hən^{3} lo^{4}.

他　人　虽然　是 小　力气　很 大

95. 只要能刨土，拿铲子或锄头来都行。

tsi^{3} jaːu^{4} nən^{6} kwaːt^{8} naːm^{6}，təu^{6} phjen^{6} si^{6} tshaːŋ^{3} ja^{6} i^{1}，cok^{4} ja^{6} i^{1}，løn^{2} lai^{3}.

只要　能　刮　土　随便　是　铲子　也 好　锄头也好　都 得

96. 如果沿着河边走就更绕了。

y^{6} ko^{5} njem^{1} tin^{5} nja^{1} tshaːm^{5} tu^{6} jøt^{8} ŋaːn^{3} ljeu^{6}.

如果　沿 边　河　走　就 更　弯　了

97. 滴滴哒哒下雨啦，快收衣服吧。

tik^{7} tik^{7} tɔk^{8} tɔk^{8} tɔk^{7} kwən^{1} lo^{6}，hwəi^{7} niŋ^{5} su^{1} kuk^{7}.

滴滴哒哒　落　雨　啦　快　些　收 衣服

98. a. 明天赶集去不去？　　b. 明天去赶集好不好？

a. fan^{1} mɔ^{6} kan^{3} fai^{3} paːi^{3} ŋ^{5} paːi^{3}？　b. fan^{1} mɔ^{6} paːi^{1} kan^{3} fai^{3} i^{1} ŋ^{5} i^{1}？

明天　赶 街　去 不 去　　明天　去　赶　街 好不好

fan^{1} mɔ^{6} paːi^{1} ŋ^{5} paːi^{1} kan^{3} fai^{3}？

明天　去 不　去　赶　街

99. 是他打的人。

çən^{1} si^{6} mɔ^{6} kui^{5} kɔ^{5}.

人 是 他　打 的

100. 拿这种菜说吧，大家都很久没吃了呢。

tsau^{4} hɔ^{6} ma^{1} naːi^{6} taŋ^{1} caːŋ^{3}，tuŋ^{6} te^{2} hən^{3} ɣəːi^{3} ŋ^{5} lai^{3} tsaːn^{1} ljeu^{6}.

拿　种 菜　这　来　讲　大家　很 久　不 得　吃　了

第七章　仫佬语及其他侗台语情况比较

仫佬语作为汉藏语系壮侗语族侗水语支的一个语言，对其语言内部的情况差异的理解，开展其与同语族语言的比较工作，可以为研究语音史及语言关系提供重要的线索。这一章将主要分析比较如下三个内容：仫佬语三个主要语言点间的语言情况，各地仫佬语间的基本情况异同，以及仫佬语与同语族语言间的情况。

第一节　三个语言点仫佬语情况比较

东门镇、四把镇和黄金镇三个主要仫佬语语言点的语言差异，主要是在一些词的表达上。这些词数量不是很多，有些发音是十分相近的，且罗城仫佬族人对于这些差异也基本上是了解的。虽然各自坚持使用自己语言点的相应词汇的表达，但对于其他语言点在这些词上明显的表达差别，也基本能一一道出。因此，大体上来说不会造成交流障碍。从本书收集获得的语料中，排除一些个人语言习惯的发音不同，三个语言点的差异词归纳如下：

表 7-1　三个语言点词汇差异表

	东门（石围）	四把（良谢）	黄金（中间寨）
太阳	thəu^{5} fan^{1}	$\text{thəu}^{5}\text{fan}^{1}$	$\text{fi}^{1}\text{tɔk}^{8}$
月亮	kɣaːŋ^{1} njɛn^{2}	$\text{kɣaːŋ}^{1}\text{njen}^{2}$	$\text{caŋ}^{1}\text{njɛn}^{2}$
星星	lak^{8} mɣət^{7}	$\text{laːk}^{8}\text{mɣət}^{7}$	$\text{lək}^{8}\text{lət}^{7}$
云	kwa^{3}	kwa^{3}	m̥a^{3}
闪电	ləp^{8} liŋ^{6}	$\text{lap}^{8}\text{liŋ}^{6}$	$\text{lək}^{8}\text{jaːp}^{8}$
火	fi^{1}	fəi^{1}	fi^{1}

续表

	东门（石围）	四把（良谢）	黄金（中间寨）
水	nəm^{4}	nam^{4}	nəm^{4}
雨	kwən^{1}	kwən^{1}	pən^{1}
小溪	njaːŋ	mjaːŋ^{1}	kui^{3}
水田	ɣa^{5}	ɣa^{5}	ja^{5}
山	pɣa^{1}	pɣa^{1}	pwa^{1}
泥土	naːm^{6}	mɣan^{1}	naːm^{6}
灰（草木灰）	pu^{1}	pu^{3}	pu^{1}
柴火	kui^{1}	hɣət^{7}	kui^{1}
旱田	hɣəːi^{5}	hɣaːi^{5}	çaːi^{5}
秧	kɣa^{3}	kɣa^{3}	ca^{3}
旁边	tin^{5}，tin^{5} pjen^{1}	lin^{5}，lin^{5}pjen^{1}	tin^{5} pjen^{1}
左	ce^{4}	ce^{4}	te^{4}
大前年	mɛ^{1} kun^{5} i^{5}	mɛ^{1}kun^{5}hən^{3}	mɛ^{1}kun^{5}i^{5}
大后年	mɛ^{1} lən^{2} i^{5} i^{5}	mɛ^{1} i^{5}hən^{3}	mɛ^{1}lən^{2}i^{5}i^{5}
月	ŋ̊øːt^{8}	ŋ̊øːt^{8}，mɣøːn^{2}	ŋ̊øːt^{8}
大前天	fan^{1} hun^{5} i^{5}	fan^{1}kun^{5}hən^{3}	fan^{1}kun^{5}i^{5}
白天	thəu^{5} fan^{1}	ce^{4}	ta^{5}fan^{1}
夜里	thəu^{5} mu^{2}，ho^{3} mu^{2}	thəu^{5} fɛ^{1}	mwaːŋ^{6} mu^{2}
外面	ʔuk^{7} ka^{6}，mjen^{6}ʔuk^{7}	mjen^{6}ʔuk^{7}	mjen^{6}nuk^{7}
初一	tshɔ^{1}ʔjət^{7}	tshɔ^{1}ʔət^{7}	tshɔ^{1}ʔjət^{7}
狗	ŋwa^{1}	ŋwa^{1}	m̥a^{1}
鸟	nɔk^{0}	mɣɔk^{8}	nɔk^{8}
水牛	hui^{2}	fi^{2}，ui^{2}	hui^{2}，ui^{2}
老虎	məm^{4}	mɣən^{4}	məm^{4}
猴子	mu^{6} lau^{2}	mun^{6}	ma^{6}lau^{2}
鹿	ma^{4} lɔk^{8}，saːn^{1} pa^{2}	ma^{4}lɔk^{8}，saːn^{1}pa^{2}	lø^{2}
雉（野鸡）	nɔk^{8} kuk^{7}	mɣɔk^{8}kuk^{7}	ci^{1}ja^{34}

续表

	东门（石围）	四把（良谢）	黄金（中间寨）
蝴蝶	ʔwa^{3}	ʔwa^{3}	khu^{5}ma^{3}
蜻蜓	kɣən^{6}	təm^{6}ty^{5}	tən^{6}
蜘蛛	tən^{1} ȵɔːŋ^{2}	taŋ^{1}ȵɔːŋ^{2}	jøŋ^{2}
蜈蚣	cɛ^{3} khɣap^{7}	ce^{3} khap^{7}	ta^{1}khap^{7}
蟋蟀	ci^{3} tɔ^{5}， ti^{5} tɔ^{5}	khø^{6}lyt^{7}	tsi^{5}tsɔ^{5}
螳螂	kwaːi^{4} tən^{5} tsaːn^{3}	khau^{1}ȵan^{2}mɣa^{1}	ta^{1}ljɛp^{33}
蜜蜂	taŋ^{6} lim^{6}	taːŋ^{2}neːm^{6}	taːn^{6}nim^{6}
黄鳝	hɣœ^{6}	thaːŋ^{6}sjen^{4}	jœ^{6}
泥鳅	məm^{6} mɣət^{8}	ŋət^{8}	məm^{6}ʔjət^{8}
虫子	kɣa^{1}	kɣa^{1}	ta^{1}
虱子	nan^{2}	mɣan^{2}	nan^{2}
尾巴	khɣət^{7}	kɣət^{7}	khɣət^{7}
翅膀	çi^{5}	çi^{5}	fjɛt^{33}
鳞	kɣəːn^{5}	kɣum^{1}	cim^{3}
蚕蛹	kɣa^{1} lyn^{1} tui^{5}	hwa^{5}sən^{3}mi^{3}	（无）
草	hɣɔk^{8}	ɣɔk^{8}	wɔk^{8}
稻草	hɣɔk^{8}	maːŋ^{1}	m̥aːn^{1}
竹子	kwan^{1}	kwan^{1}	pan^{1}
棕树	mai^{4} kɣoŋ^{1}	mai^{4}kø^{1}	（无）
棕皮	ŋɣa^{2} kɣoŋ^{1}	kø^{1}	（无）
叶子	fa^{5}	fja^{5}	fa^{5}
果子	hui^{1}	hɣui^{1}	lui^{1}
核	laːk^{8}	ȵan^{2}	laːk^{8}
芭蕉	fjaːk^{7}	pa^{5}tsjaːu^{5}	fjaːk^{33}
栗子	khoi^{5}	kɣøi^{5}lo^{4}	paːn^{3}li^{6}
毛栗	khoi^{5} mat^{7}	kɣøi^{5}	（无）
柚子	muk^{8} mɣa^{4}	laːk^{8}puk^{8}	muk^{8}mwa^{34}

续表

	东门（石围）	四把（良谢）	黄金（中间寨）
玉米	jəu^{6} mɛ^{4}	ȵi^{6}mɛ^{4}	ȵi^{6}mɛ^{34}
甘蔗	juŋ^{3}	jiu^{3}	juŋ^{3}
芋头	ˀɣaːk^{7}	ʔɣaːk^{7}	ʔjak^{7}
荸荠	put^{8}	put^{8}	tut^{8}
瓜瓤	kwa^{1}sik^{8}	kwa^{1}naːŋ^{5}	ȵam^{1}çɛn^{5}
身体	hɣən^{1}the^{3}	hɣən^{1}the^{3}	lən^{1} the^{3}
发旋	tsən^{6} lwa^{2}，tsən^{6} løn^{5}	lən^{2}tøːn^{6}	tsjøn^{6}
眼睛	la^{1}	mɣa^{1}	l̥a^{1}
耳朵	khɣa^{1}	khɣa^{1}	khja^{1}
下巴	ŋai^{6} kaːu^{5}，ha^{6} pa^{2}	ŋa^{6}kaːu^{5}	ha^{6} pa^{2}
脖子	lən^{3}	ɣon^{3}	lən^{3}
膈肢窝	te^{3}khɣaːk^{7}	te^{3}khɣaːk^{7}	te^{3} thaːt^{7}
脐带	khɣe^{3}lwa^{1}	kɣaːi^{3}lɔŋ^{2}mɣa^{1}	lɔːŋ^{2}lwa^{1}
手腕	nja^{2}çau^{5}	nja^{2}kɔːk^{8}	nja^{2}
手纹	nja^{2}lu^{6}	nja^{2}can^{5}	nja^{2}hwa^{1}
指甲	nja^{2} nəp^{7}	nja^{2}nap^{7}	nja^{2}l̥əp^{7}
箕（指纹）	jɔ^{6} li^{2}	laːk^{8}li^{2}	lɔ^{6}li^{2}
斗（指纹）	chiŋ^{1}	laːk^{8}lau^{5}	chiŋ^{1}
皮肤	ŋɣa^{2}	ŋɣa^{2}	ja^{2}
肠子	khɣɛ^{3}	kɣaːi^{3}	taːi^{3}
汗毛	han^{6} mwɔ^{2}	pɣam^{1}ȵuŋ^{2}	haːn^{6}mɔ^{2}
骨头	hɣaːk^{7}	hɣaːk^{7}	kwət^{7}
血	te^{3} khɣaːk^{7}	phɣaːt^{7}	phwaːt^{7}
口水	ŋɣœ^{2}	ŋø^{2}	jœ^{2}
痰	ŋɣœ^{2} kɣan^{1}	ŋø^{2}ceu^{1}	（无）
膀胱	tu^{3} njaːu^{5}	tu^{3}njaːu^{5}	təm^{1} njaːu^{5}
屁股	khɔŋ^{3}	kɣət^{7}	khɔːŋ^{3}

续表

	东门（石围）	四把（良谢）	黄金（中间寨）
脚后跟	tin1 khɣɔːŋ1	tin1khɣɔːŋ1	tin1 thɔːŋ1
疤	kɣum3	kɣum3	pa1
痱子	ɣən5	ɣən5	fi5
脓	hɣak7	hɣat7	lak7
痣	tsy5	tsi5	tsi5
女儿	laːk8 ʔjaːk7	laːk8fjaːk7	laːk8m̥jaːk33
嫂子	ŋɣœ2	ŋɣœ2	to3
舅舅	səu2	səu2	su2
婶子	səm3	səm3	cim6
姨父	ji6 fu1	ȵi6fu1	luŋ2 hi2
妯娌	hɣəːu3 nuŋ4	hɣaːu3nuŋ4	çau3 nuŋ4
女婿	laːk8 kɣəːu4	laːk8kɣ	（无）
侄子	lak8 khɣəːn1	nuŋ4khɣaːn1maːn1	so5 khjɛn1
丈夫	kɣəːu4	kɣaːu4	caːu4
子孙	laːk8 khɣəːn1	laːk8 khɣaːn1	laːk8 khjɛn1
祖宗	kɔŋ1 maːŋ6	kɔŋ1maːŋ6	tsu3 kɔŋ1
瘫	con2	（无）	cøn2
鬼师	su1，su5 sən2	taːu4	kə6laːu34fɛ34laːi34
贼	kak8	kɣak8	tak8
名字	ɣəːn1	ɣaːn1	laːn1
房子	hɣəːn2，ɣəːn2	ɣəːn2	jeːn2
楼梯	kɣœ3	kɛ3	lək8the1
门槛	ci6 fɔk8	khaːn3tɔ1	məm6cem34
东西	ti6 jaːŋ6	ti6ceːn4	ca1ti6
桌子	koːn2	koːn2	poːn2
柴	kui1	hɣət7	laːi6 ho3
裤带	khɣɛ1hwa5	kɛ1hwa5	jat8

续表

	东门（石围）	四把（良谢）	黄金（中间寨）
蚊帐	tun^{3}	tyn^{3}	tun^{3}
被子	hɣaŋ^{6}	ɣaːŋ^{6}	jaːŋ^{6}
柴	kui^{1}	hɣət^{7}	kui^{1}
线	pɣəːn^{6}，tjen^{5}	pɣøːn^{6}	twaːn^{6}
带子	khɣɛ^{1}	kɛ^{1}	（无）
剪子	ȵiu^{1}	miu^{1}	ȵiu^{1}
死结	kwət^{7}tai^{1}	kwat^{7}pɣai^{1}	（无）
汤圆	ti^{2} pɣəu^{5}	ti^{6}pɣɔ^{5}	ti^{6}pəu^{5}
甜酒	khɣəːu^{3} fjɛːn^{1}	khɣaːu^{3} khwaːn^{1}	khjaːu^{3}laːk^{33}
醋	khɣau^{3}	khɣau^{3}	thu^{5}
盐	kwa^{1}	kɣwa^{1}	kwa^{1}
汤	hɣo^{5}	hɣɔ^{5}	lo^{5}
糊、烧焦	khut^{7}	chyt^{7}	chyt^{7}
酒	khɣəːu^{3}	khɣaːu^{3}	khjaːu^{3}
蛋	kɣəi^{5}	kɣai^{5}	kəi^{5}
壳	khaːk^{7}	chaːk^{7}	khaːk^{7}
瓣儿	sim^{3}	lim^{3}	phjen^{5}
梦	sik^{8}mɔŋ^{6}	sən^{6}moːŋ^{6}	nun^{2}mɔŋ^{6}
话	hwa^{6}	wa^{6}	wa^{6}
烧	taːu^{3}	pɣaːu^{3}	taːu^{3}
着（火）	fən^{1}	khwan^{1}	fən^{1}
咬	cət^{8}	oit^{0}	cət^{8}
闻	nən^{4}	ȵiu^{5}	n̥u^{5}
吐（呕吐）	høk^{7}	hɣoːk^{7}	løk^{7}
不是	ŋ^{5}si^{6}，ŋ^{5}tsjaːk^{8}	khu^{5}si^{6}	ŋ^{5}si^{6}
死	tai^{1}	pɣai^{1}	tai^{1}
问	saːi^{3}	ke^{3}	saːi^{3}

续表

	东门（石围）	四把（良谢）	黄金（中间寨）
知道	hɣɔ^{4}	ɣɔ^{4}	wɔ^{4}
坐	tui^{1}	kɣui^{6}	tui^{6}
等候	səu^{3}	kɣa^{3}	su^{1}
擤	phu^{1}	phu^{3}	saːn^{5}
玩耍	fjen^{3}	fɛ^{4}cøːn^{3}	fjen^{3}
救	cəu^{5}	cau^{5}	ciu^{5}
挤	ŋap^{7}	nap^{7}	ŋap^{7}
抬	cyŋ^{1}	kɣuŋ^{1}	tyn^{1}
抓、拿	tsau^{4}	tsau^{4}	tsai^{4}
推	hɣəi^{4}	thoːi^{1}	jəi^{4}
驱赶	lik^{8}	lik^{8}	nit^{8}
分开	khai^{1}	khɣaːi^{1}	thaːi^{1}
给	chɣɛ^{1}	khɣaːi^{1}	thaːi^{1}
送	hun^{4}	hɣyn^{4}	lun^{4}
端	çɔːp^{7}，lat^{7}	çɔːp^{7}，nat^{7}	tsai^{4}
砸	ʔɔp^{7}	maːk^{7}	ʔwɔp^{7}
量	hɣɔ^{1}	hɣɔ^{1}	hɔ^{1}
跑	fə^{3}，thaːŋ^{5}	pɣaːu^{5}	thaːŋ^{5}
打赤脚	tin^{1} çaːm^{5}	tin^{1}jaːm^{5}	（无）
跪	kui^{6}	kwai^{6}	kui^{6}
爬	pɣa^{2}	pɣa^{2}	pwa^{2}
选	tjøn^{3}	caːn^{3}	tøn^{3}
插（插秧）	hɣam^{1}	ɣam^{1}	lam^{1}
犁	khɣai^{1}，khɣəi^{1}	khɣai^{1}	khəi^{1}
烤（烤谷子）	hwən^{1}	hɣuŋ^{5}	hwən^{1}
等待	səu^{3}	kɣa^{3}	su^{3}
掉	pɣœ^{1}	pɣœ^{1}	pjɛ^{1}

续表

	东门（石围）	四把（良谢）	黄金（中间寨）
断	təu^{5}	təu^{5}	tu^{5}
收	səu^{1}	səu^{1}	su^{1}
碾	njɛn^{3}	liŋ^{2}	lin^{2}
磨（~刀）	mwa^{6}	mwa^{6}	pan^{2}
应该	in^{1} kai^{1}	eŋ^{1} kai^{1}	in^{5}kai^{5}
缝	kɣup^{7}	kəp^{7}	tip^{7}
蜇	lyt^{7}	lyt^{7}	lœt^{7}
孵	pɣam^{1}	pɣam^{1}	pəm^{1}
睡	nun^{2}	nyn^{2}	nun^{2}
睡醒	hɣø^{1}	hɣœ^{1}，teːŋ^{3}	lø^{1}
酒醉	ŋwɛ^{2}	mɛ^{2}	mɛ^{2}
排（排排坐）	pɣø^{2}	pɣaːi^{2}	phaːi^{6}
卖	cɛ^{1}	pe^{1}	cɛ^{1}
买	hɣəːi^{3}	hɣai^{3}	çəi^{3}
欺负	chaŋ^{1}	chaːŋ^{5}	khjaːŋ^{1}
多	kuŋ^{2}	kɣuŋ^{2}	kuŋ^{2}
长	ɣəːi^{3}	ɣaːi^{3}	ʔjɛ^{3}
短	hɣən^{3}	hɣən^{3}	lən^{3}
窄	çaːp^{7}	çaːp^{7}	caːp^{7}
低矮	hɣam^{5}	hɣam^{5}	lam^{5}
清	ləu^{1}	ləu^{1}	lu^{1}
尖	khɣa^{1}	khɣa^{1}	khja^{1}
香	mɣaːŋ^{1}	mɣaːŋ^{1}	l ḁːŋ^{1}
甜	fjɛn^{1}	khwaːn^{1}	fjɛn^{1}
酸	khɣəm^{3}	khɣəm^{3}	thəm^{3}
嫩	ȵe^{3}	ȵø^{3}	he^{3}
满	pik^{7}	pik^{7}	tik^{7}

续表

	东门（石围）	四把（良谢）	黄金（中间寨）
胖	pi²	pəi²	pi²
瘦	ɣəm¹	ɣəm¹	jəm¹
绿	həu¹	həu¹	çiu¹
薄	waŋ¹	ʔwaːŋ¹	m̥aːn¹
稠	cat⁸	cat⁸	cat⁸
亮	kɣaːŋ¹	kɣaːŋ¹	caŋ¹
野生	ja⁴	ça⁴	ja⁴
腐朽	hɣam²	ɣam²	jam²
温	ŋwaːn⁵	nwaːn⁵	（无）
暖和	hɣo³	hɣo³	lo³
凉	hɣum⁵	hɣəm⁵	çim⁵
湿	ɣak⁷	ɣak⁷	ʔjak⁷
锋利	hɣəi⁶	hɣaːi⁶	jɛ⁶
早	khɣam¹	khɣam¹	tham¹
硬	kɣa³	kɣa³	kja³
错	thaːk⁷	thaːk⁷	thaːt⁷
丑	tshəu³	tshəu³	tshu³
笨	pən⁶	pən⁶	pan⁶
粘	njaːm¹	njeːm¹	nu¹
脆	hɣum¹	hɣəm¹	çim¹
滑	kɣɔ¹	kɣɔ¹	kɔ¹
二	ɣa²	ɣa²	ja²
块（一块肉）	kwaːi⁶	man⁵	khwaːi⁵
豆荚	tau⁶kwak⁷	tau⁶chaːk⁷	（无）
我	əi²	i²，e²	he²
我们	niu²	miu²	niu²
咱们	hɣaːu¹	hɣaːu¹	laːu¹

续表

	东门（石围）	四把（良谢）	黄金（中间寨）
那里	hui^{5}	ni^{5}	$ni\eta^{5}ka^{6}$
刚刚	pon^{1}	hap^{2}	$ha\text{ː}p^{2}$
都	$tj\text{ø}n^{2}$	pen^{3}	tu^{5}
一定	$\text{ʔ}jet^{7}$ $te\eta^{6}$	$\text{ʔ}\text{ə}t^{7}te\eta^{6}$	$\text{ʔ}j\text{ə}t^{7}te\eta^{6}$
什么	$\eta^{5}na\text{ː}\eta^{2}$，$\text{ə}^{6}na\text{ː}\eta^{2}$	an^{5} $ma\eta^{1}$	$a^{5}na\text{ː}\eta^{2}$

（说明：m、n、ȵ、ŋ 和 l 的清化音在黄金镇的语言点还能较为系统地捕捉到，在东门镇语言点只有少数老人的语言中偶尔可以捕捉到，四把镇的语言点已经无法再捕捉到这几个音的清化语音。表 7-1 不再特别列出它们的差异。）

总体来说，东门镇和四把镇语言点的词汇的差异不大，黄金镇语言点和这两个语言点的词汇差异相对较大。这些词的基本差异主要体现在如下几个方面：

1. 词汇不同。如果对于这些词汇差异没有了解，人们很难猜测出其语义。例如："太阳""火""雨""闻""卖"在三个语言点里的差异。

2. 韵母相同或相近，声母有变化。这类变化可有如下几点特征：

（1）声母发音部位或发音方法相近。例如："荸荠""桌子""挤"，东门镇、四把镇和黄金镇分别念作 put^{8}、put^{8} 和 tut^{8}，$ko\text{ː}n^{2}$、$ko\text{ː}n^{2}$ 和 $po\text{ː}n^{2}$，ηap^{7}、nap^{7} 和 ηap^{7}。

（2）后腭化声母消失。后腭化声母（其摩擦亦较为轻微，发音比较接近元音 ɯ）在东门镇和四把镇的词汇中还保留得较为完整，黄金镇仫佬语中的后腭化声母已经全部消失，有的是并到了前腭化或唇化声母中，有的转化为其他声母。后腭化声母差异基本情况表如表 7-2：

表 7-2　三个语言点后腭化声母词词汇差异例词表

汉语	东门（石围）	四把（良谢）	黄金（中间寨）
山	$p\text{ɣ}a^{1}$	$p\text{ɣ}a^{1}$	pwa^{1}
血	$ph\text{ɣ}\text{ə}\text{ː}t^{7}$	$ph\text{ɣ}a\text{ː}t^{7}$	$phwa\text{ː}t^{7}$
汤	$h\text{ɣ}o^{5}$	$h\text{ɣ}o^{5}$	lo^{5}
水田	$\text{ɣ}a^{5}$	$\text{ɣ}a^{5}$	ja^{5}

续表

汉语	东门（石围）	四把（良谢）	黄金（中间寨）
骂	ɣa⁵	ɣa⁵	la⁵
虫子	kɣa¹	kɣa¹	ta¹
酸	khɣəm¹	khɣəm¹	thəm¹
耳朵	khɣa¹	khɣa¹	khja¹
香	mɣaːŋ¹	mɣaːŋ¹	l̥aːŋ¹
胆子	mɣɔ⁵	mɣɔ⁵	taːm³
口水	ŋɣœ²	ŋɣœ²	jœ²
嫂子	hɣəːu³	hɣəːu³	to³
骨头	hɣaːk⁷	hɣaːk⁷	kwət⁷
房子	hɣəːn²	ɣaːn²	jeːn²
给	chɣɛ¹	khɣaːi¹	thaːi¹
知道	hɣɔ⁴	ɣɔ⁴	wɔ⁴

从表7-2中可以看出在东门镇和四把镇一带的仫佬语中作为独立声母或复合声母出现的后腭化音ɣ（其摩擦亦较为轻微，发音比较接近元音ɯ），在黄金镇一带的仫佬语中已经完全转化和丢失了。这些变化，排除黄金镇仫佬语直接使用汉语借词（如：taːm³“胆子”，to³“嫂子”等）之外，其变化对应如下：

ɣ/ŋɣ→j　　例如：ɣa⁵→ja⁵“田”　khɣa¹→khja¹“耳朵”　ŋɣœ²→jœ²“口水”

ɣ/hɣ→w　　pɣa¹→pwa¹“山”　hɣɔ⁴→wɔ⁴“知道”

ɣ/mɣ/hɣ→l/l̥　　ɣa⁵→la⁵“骂”　mɣaːŋ¹→l̥aːŋ¹“香”　hɣo⁵→lo⁵“汤”

mɣ/kɣ/hɣ→t　　kɣa¹→ta¹“虫子”

khɣ→th　　khɣəm³→thəm³“酸”

完全丢失①：phɣəi⁵→phəi⁵“近”　pɣəm¹→pəm¹“孵”　kɣo³→ko³“头”

另外，在收集的词中，还能在少数几个词中捕捉到后腭化音的轻微形式。例如：khɣət⁷“铁”、phɣət⁷“扫”。这些词不多，而且处在消失的状态，本书亦不

① 这种消失的情况在东门镇银村年青一代仫佬族人的语言中也比较常见。

把它们整理为独立的声母形式。

3. 语音变化。主要是一些不明显的语音变化，这些变化发音人自己并不察觉。例如：在东门镇银村一带的仫佬族人把“水”“凉”“房子”也说成 nəm^{4} 或 nam^{4}，hɣum^{5} 或 hɣəm^{5}，hɣəːn^{2}、ɣəːn^{2} 或 jeːn^{2}，他们并不觉得有什么不同。

第二节　各地仫佬语情况比较

仫佬语主要集中在广西罗城仫佬族自治县境内，虽然从上一节的归纳比较中，可以看出仫佬语内部的一致性，所存在的差异并不影响日常交流，但开展上述三个仫佬语主要语言点与罗城其他语言点及临近宜州良村的仫佬语语言点相比较，可以更为清晰地认识一些语音的演变现象，特别是把握后腭化声母的演变规律。下面把罗城东门镇（石围屯）、四把镇（良谢屯）、黄金镇（中间寨屯）、龙岸镇（风强屯）、桥头镇（洞弄屯）以及宜州区刘三姐镇（良村）的一部分腭化声母的词作比较，其对应情况如表 7-3：

表 7-3　各地仫佬语腭化声母词汇差异例词表

汉义	东门（石围）	四把（良谢）	宜州（良村）	桥头（洞弄）	黄金（中间寨）	龙岸（风强）
山	pɣa^{1}	pɣa^{1}	pwa^{1}	pja^{1}	pwa^{1}	ta^{1}
血	phɣaːt^{7}	phɣaːt^{7}	phɣaːt^{7}	phaːt^{7}	phwaːt^{7}	phjet^{7}
毛发	pɣam^{1}	pɣam^{1}	pɣam^{1}	pəm^{1}	pəm^{1}	cam^{1}
死	tai^{1}	pɣai^{1}	tai^{1}	tai^{1}	tai^{1}	tai^{1}
药	kɣa^{2}	kɣa^{2}	kɣa^{2}	ta^{2}	ta^{2}	tsa^{2}
肠子	khɣaːi^{3}	kɣaːi^{3}	khɣaːi^{3}	taːi^{3}	taːi^{3}	tsaːi^{3}
谷仓	kɣɔ^{4}	kɣɔ^{4}	kɣɔ^{4}	tɔ^{4}	tɔ^{4}	tsɔ^{4}
秧	kɣa^{3}	kɣa^{3}	kɣa^{3}	kja^{3}	kja^{3}	kja^{3}
光	kɣaːŋ^{1}	kɣaːŋ^{1}	kɣaːŋ^{1}	kjaːŋ^{1}	kjaːŋ^{1}	kjaːŋ^{1}
硬	kɣa^{7}	kɣa^{3}	kɣa^{2}	ka^{3}	kja^{3}	kja^{3}
酒	khɣaːu^{3}	khɣaːu^{3}	khɣaːu^{3}	khaːu^{3}	khjaːu^{3}	khjaːu^{3}

续表

汉义	东门（石围）	四把（良谢）	宜州（良村）	桥头（洞弄）	黄金（中间寨）	龙岸（风强）
皮肤	ŋɣa²	ŋɣa²	（缺）	ŋa²	ja²	ta¹
芋头	ʔɣaːk⁷	ʔɣaːk⁷	ʔɣaːk⁷	ʔjiək⁷	ʔjaːk⁷	ʔjak⁷

从几个语言点的地理位置上看，由罗城县东门镇到四把镇再到宜州区的刘三姐镇良村一带，是由罗城中心地区向西南方向的一条路线，这一路线的仫佬语从整体上来说相似性较高，后腭化声母在这几个语言点之间的差别不大，同属仫佬语西南线语音区。从罗城县县城（东门镇）以北 10 公里的桥头镇到黄金镇再到龙岸镇一带，则是罗城北部区域，同属仫佬语北部语音区，这几个语言点的仫佬语虽然内部词汇发音具有一定差异，但在后腭化音的变化上还是呈现一定的相似性，基本特点是后腭化音已经全部消失。桥头—黄金—龙岸一带的仫佬语中的后腭化声母，有的是完全丢失，有的是并入前腭化声母，有的则并入到其他声母，各语言点的变化规律基本遵循语言变化基本规律，呈现出较高的一致性变化。

仫佬语中的带有前腭化音 j 和唇化音 w 的声母多出现在汉语借词中，并且借词在各个仫佬语语言点的发音都很统一，例如：tjen² “钱”、hwa¹ “花” 等。在收集到的几个语言点的语料中，仫佬语中带有前腭化音 j 声母的本民族词汇中，西南线语音区里的对应性比较统一，并且基本能在北部语音区中也有较为统一的对应形式。不同的是在北部语音区一带，部分带有前腭化音 j 声母的词是与西南线语音区中带有后腭化音 ɣ 声母的词对应的（如表 7-3 所示，且有的 ɣ 音是对应到 w 音）。一部分例词如表 7-4：

表 7-4　各地仫佬语前腭化声母词汇差异例词表

汉义	东门（石围）	四把（良谢）	宜州（良村）	桥头（洞弄）	黄金（中间寨）	龙岸（风强）
手	nja²	nja²	nja²	nja²	nja²	mja²
河	nja¹	nja²	nja²	nja²	nja²	nja¹
芭蕉	fjaːk⁷	fjaːk⁷	fjaːk⁷	m̥iək⁷	fjaːk⁷	fjak⁷
饿	ʔjaːk⁷	mjaːk⁷	ʔjaːk⁷	ʔjiək⁷	ʔjaːk⁷	ʔjak⁷
头发	fja¹	fja¹	fja¹	fja¹	fja¹	cam¹

续表

汉义	东门（石围）	四把（良谢）	宜州（良村）	桥头（洞弄）	黄金（中间寨）	龙岸（风强）
一	ʔjət^{7}	ʔjət^{7}	ʔjət^{7}	ʔjət^{7}	ʔjət^{7}	ʔjət^{7}

带有唇化音 w 的声母在各语言点中的对应情况，相比较带有前腭化音 j 的声母情况更复杂。首先，在西南线仫佬语语音区中，带 w 的声母还是比较统一的。在北部仫佬语语音区中，一部分带 w 音的声母是对应西南线语音区中带 ɣ 音的声母（如：phɣaːt^{7}-phwaːt^{7} “血”）。此外，西南线语音区带 w 音的声母在北部语音区完全对应的情况不多，很多情况是带 w 的复辅音声母对应了单辅音声母。一部分例词如表 7-5：

表 7-5　各地仫佬语唇化声母词汇差异例词表

汉义	东门（石围）	四把（良谢）	宜州（良村）	桥头（洞弄）	黄金（中间寨）	龙岸（风强）
云	kwa^{3}	kwa^{3}	kwa^{3}	ma^{3}	ma^{3}	fa^{3}
细糠	kwa^{6}	kwa^{6}	kwa^{6}	pwa^{6}	pwa^{6}	fa^{6}
竹子	kwan^{1}	kwan^{1}	kwan^{1}	（缺）	pan^{1}	fən^{1}
雨	kwən^{1}	kwən^{1}	kwən^{1}	（缺）	pən^{1}	fən^{1}
狗	ŋ̥wa^{1}	ŋwa^{1}	ŋwa^{1}	m̥a^{1}	m̥a^{1}	m̥a^{1}

第三节　与侗台语族语言情况比较

仫佬语跟同语族其他语言有许多共同之处，其异同可以从语音、词汇和语法上做如下梳理和比较：

语音方面，仫佬语的音节结构发展和基本形式，部分元音的长短对立，元音和韵尾的配列，声母和声调的关系，元音长短和促声调调值的相应关系，都呈现出同语族各语言的共同特点。

早期侗台语族诸语言中共同存在的复辅音声母，在现代侗台语族的大多数语言中已经演变为单辅音，只在某些语言或方言中还留有痕迹。仫佬语的语音发展脉络也遵循了这样的发展轨迹。现代仫佬语中放置在塞音和鼻音之后的 ɣ、w、j 具有一定的复辅音性质，但这些复辅音性也处在不稳定的变化之中了。然而，这几个复辅音性质的声母与早期侗台语族语言的复辅音声母并不构成直接关联①。首先，带有后腭化音 ɣ 的声母的演变路线，可以从仫佬语和侗水语支其他语言的比较中寻找一些痕迹。试比较：

表 7-6　侗台语诸语言中带有后腭化音 ɣ 的声母例词比较

声母	汉义	仫佬语	侗语	水语	毛南语
pɣ	山	pɣa¹	ȶən²	nu²	pja¹
	孵	pɣam¹	pjam¹	pjam¹	pjam¹
	掉	pɣø¹	tok⁷	tok⁷	tɔk⁷
phɣ	血	phɣaːt⁷	phaːt⁷	phjaːt⁷	phjaːt⁷
	近	phɣəːi⁵	ȶan⁴	phjai⁵	phjai⁵
	扫	phɣət⁷	sət⁷	tjət⁷	kwaːt⁷
	尖端	phɣœ¹	pja⁴		
kɣ	虫子	kɣa¹	nui²	nui²	ta¹
	药	kɣa²	əm³	ha²	za²
	秧	kɣa³	ȶa³	dja³	ca³
	饱	kɣaːŋ⁵	ȶəŋ⁵	tjaŋ⁵	tjaŋ⁵
	梯子	kɣœ³	kwe³	de³	ce³
	蛋	kɣəi⁵	kəi⁵	kai⁵	kai⁵
	头	kɣo³	kaːu³	qam⁴	ko³
	谷仓	kɣɔ⁴	so⁴	lok⁷	zən³
	光	kɣaːŋ¹	kwaːŋ¹	daːŋ¹	kwaːŋ⁵
khɣ	耳朵	khɣa¹	kha¹′	qha¹	kha¹
	尖	khɣa¹	siu⁵	ɕa¹	sam¹

① 李方桂先生在《台语比较手册》中构拟了一整套台语复辅音声母。

续表

声母	汉义	仫佬语	侗语	水语	毛南语
khɣ	酒	khɣaːu^{3}	khwaːu$^{3'}$	haːu^{3}	khaːu^{3}
	酸	khɣəm^{3}	səm$^{3'}$	hum^{3}	səm^{3}
	孙	khɣəːn^{1}	khwaːn$^{1'}$	haːn^{1}	chaːn^{1}
	肠子	khɣaːi^{3}	saːi^{3}	haːi^{4}	saːi^{3}
	犁	khɣai^{1}	khəi$^{1'}$	ȶoi^{1}	khai^{1}
	尾巴	khɣət^{7}	sə^{7}	hət^{8}	sət^{7}
mɣ	栽种	mɣa^{2}	mja^{2}	^{m}bja^{1}	tsoŋ^{5}
	香	mɣaːŋ^{1}	taːŋ^{1}	^{n}daːŋ^{1}	^{n}daːŋ^{1}
	穗	mɣaːŋ^{2}	mjeŋ^{2}	^{m}bjaːŋ^{1}	^{m}bjaːŋ^{1}
	半	mɣaːŋ^{6}	maːŋ^{6}	ȶot^{8}	chɔːn^{1}
	鱼	mɣəm^{6}	pa^{1}	mom^{6}	^{m}bjai^{3}
	月	mɣəːn^{2}	ȵaːn^{1}	njen^{2}	nen^{2}
	蚂蚁	mɣət^{7}	mət^{8}	mət^{8}	mət^{8}
	胆子	mɣɔ^{4}	po^{5}	do^{5}	dɔ^{6}
ŋɣ	皮肤	ŋɣa^{2}	pi^{2}	pi^{2}	pi^{2}
	摇晃	ŋɣəu^{6}	nəi$^{1'}$	^{n}djau^{5}	ŋaːu^{2}
	醉	ŋɣœ^{2}	təi^{1} khwaːu^{3}	tjaŋ^{5}	mɛ^{1}
	口水	ŋɣœ^{2}	ŋwe^{2}	ʁe^{1}	ŋaːu^{2}, ^{ŋ}gi^{1}
hɣ	咱们	hɣəu^{1}	taːu^{1}	^{n}daːu^{1}	^{n}daːu^{1}
	矮	hɣam^{5}	tham$^{5'}$	^{n}dam^{5}	djam^{6}
	被子	hɣaːŋ^{6}	taːn^{3}, jaːŋ^{6}	mjen^{2}	zaːŋ^{5}
	骨头	hɣaːk^{7}	laːk^{7}	laːk^{7}	daːk^{8}
	买	hɣəi^{3}	ȶəi^{3}	^{n}djai^{3}	^{n}djai^{3}
	嫂子	hɣəːu^{3}	ȶaːi^{4}	fe^{2}	vɛ^{2}lja^{3}
	旱地	hɣəːi^{5}	ti^{6}	^{n}daːi^{5}	^{n}daːi^{5}
	凉快	hɣəm^{5}	jim$^{5'}$	ɣaːŋ^{5}, ŋaːn^{5}	swaːŋ^{2}

续表

声母	汉义	仫佬语	侗语	水语	毛南语
hɣ	短	hɣən³	thən³′	ⁿdjən³	din⁴
	房子	hɣəːn³	jaːn²	ɣaːn²	jaːn¹
	知道	hɣɔ⁴	wo⁴	ɕau³	wo³
	汤	hɣɔ⁴	saːu⁵	lu⁵	zo⁵
	草	hɣɔːk⁸	ȵaːŋ³′	kaŋ¹	wɔk⁷
ʔɣ	芋头	ʔɣaːk⁷	jaːk⁹	ʔɣaːk⁷	ʔjek⁷

从几种语言的现代语料来看，应该说现代东门一带仫佬语中-ɣ 形式的复辅音来源是纷繁复杂的。比较整齐的对应情况是，水语和毛南语里的浊塞声母ᵐbj-，在仫佬语里和带有-ɣ 的鼻音声母 mɣ-对应，在侗语里是 mj-，声调也都从单数调转变到双数调；水语和毛南语里的声母ⁿd-和ⁿdj-，在仫佬语里主要对应 mɣ-、ŋɣ-和 hɣ-（也有对应到 l̥-的情况，如：l̥a¹“眼睛”，而“眼睛”在仫佬语里同时存在 mɣa¹ 的说法），在侗语中主要对应到擦音 t-、ȶ 和送气形式 th-中，声调仍然是单数调。现存语料中各语言中这样的对应关系，以及与侗台语族其他语言中还存在的一些复辅音声母（如壮语中还存在有 pl-、ml-、kl-等复辅音声母），是否可以推测得出，仫佬语中带有后腭化声母 ɣ 的部分声母、侗语的 mj-、水语和毛南语里的ᵐbj-、ⁿd-和ⁿdj-是由原始侗台语的辅音音演变而来？这也就可以推测，仫佬语中的一部分带有 ɣ 的声母确实是原始侗台语的复辅音的痕迹。另外，在上面的诸语言的比较中，侗语、水语和毛南语的一些声母和仫佬语带后腭化音-ɣ 的声母虽然对应的例子不多，但也可以为仫佬语的后腭化声母来源提供一些线索。例如：仫佬语中“蛋”的声母是 kɣ-，而在侗语、水语和毛南语中已经是单辅音声母 k-。按照倪大白（2010）对于侗台语族语言中声母单辅音的发展途径：南岛语系中语言中的双音节合二为一，成为复辅音，又逐渐分化或简化成为单辅音，声调因清浊及音节中韵尾的不同，脱落或整合分化。这样一个“语言的类型转换”，是侗台语族诸语言发展的过程。据此，可以进一步推断仫佬语中存在带腭化音 ɣ 的复辅音性质的声母是侗台语早期原始形式中的复辅音形式的存留痕迹。而同语族语支中对应的单辅音形式则是原始侗台语复辅音进一步发展简化的结果。而这样的简化在仫佬族几个语言点的语言比较中也可以找到较为明

显的痕迹，如“药”，在东门和四把一带是kɣa²，而在黄金语言点则是ta²。

侗台语族语言的韵母系统中，单元音韵母在6—10个之间。单元音作为韵母时，都是长元音，单元音与韵尾结合之后，出现长元音韵母和短元音韵母的对立。侗台语族各语言中有的是每个元音带上韵尾都分长短，如黎语。仫佬语中长短音对立存在于/aː/-/a/、/ɛː/-/ɛ/、/əː/-/ə/、/ɔː/-/ɔ/带韵尾的韵母中，另外，e、o、ɔ、ø和带韵尾的韵母和单元音都是长元音。《仫佬语简志》（1980）一书从一些同语族词汇的长短元音的变化分析，指出仫佬语和侗水语支其他语言一致性更明显。例子比较如下：

汉义	去	死	要	忘记	儿子
仫佬语	paːi¹	tai¹	aːu¹	laːm²	laːk⁸
侗语	paːi¹	təi¹	aːu¹	laːm²	laːk¹⁰
水语	paːi¹	tai¹	aːu¹	laːm²	laːk⁸
毛南语	paːi¹	tai¹	aːu¹	laːm²	laːk⁸
壮语	pai¹	taːi¹	au¹	lum²	lɯk⁸
布依语	pai¹	taːi¹	au¹	lum²	lɯk⁸
傣语	pai¹	taːi¹	au¹	lɯm²	luk⁸

仫佬语中存在三类韵尾：其一，元音韵尾-i、-u；其二，鼻音韵尾-m、-n、-ŋ；其三，塞音韵尾-p、-t、-k。这几类韵尾在侗台语族语言的韵母系统中亦普遍存在。在田野调查收集语料过程中，相较于其他较为稳定的韵尾发音，一些仫佬语发音人的塞音韵尾-k跟在高元音i后表现出不稳定性，在一些词中与-t相混。例如：

肉 sik⁸→sit⁸　　　　满 pik⁷→pit⁷

词汇方面，仫佬语的词汇中除了一定数量的特有词，如：tət⁷“日头”、sik⁸“肉”等，有相当数量的词是同本语族语言同源的。相较壮侗语族壮傣语支诸语言，仫佬语与侗水语支各语言的语音具有十分明显的相似性。王均、郑国乔（1980）给出一些足以表明仫佬语是壮侗语族侗水语支的一个语言的例词语音比较：

汉义	舌头	肩膀	田	叶子	蔬菜
仫佬语	ma²	hwa¹	ɣa⁵	fa⁵	ma¹
侗语	ma²	sa¹′	ja⁵	pa⁵	ma¹

水语	ma^{2}	ha^{1}	ʔɣa^{5}	va^{5}	ʔma^{1}
毛南语	ma^{2}	ha^{2}	ʔja^{5}	va^{5}	ʔma^{1}
壮语	lin^{4}	ba^{5}	na^{2}	baɯ^{1}	pjak^{7}
布依语	lin^{4}	ba^{5}	na^{2}	baɯ^{1}	pjak^{7}
傣语	lin^{4}	ba^{5}	na^{2}	bai^{1}	phjak^{7}
黎语	ɬiːn^{3}	tsɯ^{2} va^{2}	ta^{2}	beɯ^{1}	bew^{1} tshai^{1}

汉义	细糠	蛇	蚯蚓	多	后面
仫佬语	kwa^{6}	tui^{2}	tan^{4}	kɣuŋ^{2}	lən^{2}
侗语	pa^{6}	sui^{2}	san^{4}	kuŋ^{2}	lən^{2}
水语	fa^{6}	hui^{2}	han^{4}	kuŋ^{2}	lən^{2}
毛南语	pa^{6}	zui^{2}	zan^{4}	coŋ^{2}	lən^{2}
壮语	ram^{2}	ŋɯ^{2}	dɯːn^{1}	laːi^{1}	laŋ^{1}
布依语	zam^{2}	ŋɯ^{2}	dɯːn^{1}	laːi^{1}	laŋ^{1}
傣语	kɛp^{9}	ŋu^{2}	dən^{1}	laːi^{1}	laŋ^{1}
黎语	gom^{1}	za^{2}	hwiu^{2}	ɬoi^{1}	dun^{3}

词汇上，仫佬语与同语族语言比较具有特点的是数词和量词的异同。首先，侗台语族各语言的数词受汉语的影响十分深远，多数语言除了基数词“一”和“二”是有本民族固有表达形式外，从“一”到“十”还有一套接近中古汉语语音的数词表达形式，并且在十进位后的“一”和“二”都是使用汉借的数词。仫佬语的数词也呈现出了同样的数词形式，本民族的固有的基数词“一”和“二”分别是 naːu^{3} 和 ɣa^{2}/ja^{2}，汉语借用的“一”到“十”是 ʔjət^{7}、ȵi^{6}、taːm^{1}、ti^{5}、ŋɔ^{4}、lɔk^{8}、thət^{7}、paːt^{7}、cəu^{3}、səp^{8}。侗台语族各语言的数字表达对比如表 7–7：

表 7–7　侗台语族各语言数字表达比较表

	一	二	三	四	五	六	七	八	九	十
壮语	ʔdeu^{1}，ʔit^{7}	soːŋ^{1}，ŋei^{6}	saːm^{1}	sei^{5}	ha^{3}	ɣok^{7}	ɕat^{7}	pet^{7}	kou^{3}	ɕip^{8}
布依语	ʔdeu^{1}，ʔit^{7}	soŋ^{1}，ȵi^{6}	saːm^{1}	si^{5}	ɣa^{3}	zok^{7}	ɕat^{7}	pet^{7}	ku^{3}	ɕip^{8}

续表

	一	二	三	四	五	六	七	八	九	十
傣语	nɯŋ^{6}，ʔet^{7}	sɔŋ^{1}	saːm^{1}	si^{5}	ha^{3}	hok^{7}	tset^{7}	pɛt^{9}	kɕu^{3}	sip^{7}
临高语	ʔit^{7}，hə^{3}	ŋi^{4}，vɔn^{3}	tam^{1}	ti^{3}，tə^{3}	ŋo^{4}，ŋo^{3}	lk^{7}，sok^{7}	sit^{7}	bet^{7}，bat^{7}	ku^{3}，kiu^{4}	təp^{8}
侗语	laːu$^{3\prime}$，ʔət^{7}，ʔi^{1}	ja^{2}，ȵi^{6}	saːm$^{1\prime}$	si$^{5\prime}$	ŋo^{4}	ljok^{8}	sət$^{7\prime}$	pet^{9}	ȶu^{3}	ɕəp^{8}
水语	to^{2}，ti^{3}	ɣa^{2}，ȵi^{6}	haːm^{1}	ɕi^{5}	ŋo^{4}	ljok^{8}	ɕət^{7}	paːt^{7}	ȶu^{3}	sup^{8}
仫佬语	naːu^{3}，ʔjət^{7}	ɣa^{2}/ja^{2}，ȵi^{6}	taːm^{1}	ti^{5}	ŋɔ^{4}	lɔk^{8}	thət^{7}	paːt^{7}	cəu^{3}	səp^{8}
毛南语	tɔ^{2}，ʔdou^{2}	ja^{2}，ȵi^{6}	saːm^{1}	si^{5}	ŋɕ^{4}	ljɔk^{8}	ɕit^{7}	pjaːt^{7}	cu^{3}	zəp^{8}

其次，侗台语族语言的量词也有着自己十分显著的特征，作为侗台语族语言的仫佬语在量词上亦与同语族语言保持着许多共同特点，表现在如下几个方面：

第一，量词可以放置在一个名词前，作为这个名词所属类别的标记，即量词具有别类的作用。例如：

壮语 tu^{2}（只，动物类）ɣok^{8}（鸟）鸟

水语 ni^{4}（棵，植物类）mai^{4}（树）树

仫佬语 at^{7}（个，物品类）sjaːk^{8}（瓢）瓢

第二，不少名词可以用作量词，例如：

壮语里有：soːŋ^{1}（二）kən^{2}（客人）kən^{2} khek^{8}（客人）两位客人

侗语里有：saːm$^{1\prime}$（三）taːp^{9}（担子）əu^{4}（米、谷）三担米

仫佬语里有：naːu^{3}（一）maːn^{3}（村子）çən^{1}（人）一村人

第三，名词可以作为动量词，例如：

傣语 fan^{2}（砍）pha^{4}（刀）nɯŋ^{6}（一）砍一刀

仫佬语 ȵaːu^{6}（住）ɣa^{7}（两）fan^{1}（天）住两天

第四，一些量词可以用 AA 式重叠表示“每一”的意思。例如：

壮语 tu^{2}（只）tu^{2}（只）每一只（动物）

侗语 muŋ^{4}（位）muŋ^{4}（位）每一位

水语 lam^{1}（个）lam^{1}（个）每一个

仫佬语 tsik^{7}（只）tsik^{7}（只）每一只

第五，名量词可以代替名词做中心词，受它后面的指示代词、谓词等的修饰。例如：

壮语 faːk^{8}（把）dei^{1}（好）那把好的（工具）

傣语 to^{6}（只）pi^{2}（肥）lan^{4}（那）肥的那只

仫佬语 at^{7}（个）ȵ̥ɔ^{4}（劣质）tən^{6} tən^{6}（形容词后置音节，表示程度深）ka^{6}（那）那个质量很差的

相比较傣语、泰语、老挝语的指量短语、数量短语后置于名词的情况，仫佬语与壮语、布依语、侗语、水语、毛南语等的量词或数量短语则是放在名词前面。这样的现象反映了汉语对于仫佬语、壮语、布依语等语言的影响程度更深。而其中仫佬语的数量名结构的次序与同语支的侗语和水语一致性更高，都是“数词+量词+名词”结构。壮语、布依语等数量名结构中的数量是“一”时，亦还存在把数词“一”放在结构最后的语法形式，如：壮语 pou^{4}（个）vun^{2}（人）deːu^{1}（一）一个人，布依语 tə^{2} liŋ^{2} ʔdeu^{1} 一只猴子。

另外，仫佬语和壮侗语族的其他语言一样，存在修饰语（特别是领属类和形容词类修饰语）后置于名词，即“名词+修饰语”的短语结构。这样的结构是侗台语族语言十分显著的语言特点，而这样的语法特点，受到汉语修饰词前置于名词的名词短语结构形式长期影响，加上其自身亦存在表达上的限制性（如小句定语后置修饰名词，缺少合理的标记词，造成结构不协调），在侗台语族各语言里亦都出现了可借助一定的结构助词形成修饰语前置的语法形式，即“修饰语+结构助词+名词”的修饰结构，这样的结构在语义上则具有了强调事物属性的功能。例如：

壮语 saɯ^{1} kou^{1} 我的书（固有修饰语后置形式）

书 我

kou^{1} ti^{6} saɯ^{1} 我的书（修饰语后置形式）

我 的 书

侗语 sən^{2} laːu^{4}大黄牛（修饰语后置）

黄牛 大

soŋ$^{5'}$ ȵ̥aːu^{6} wu^{1} ɕaːŋ^{2} tji^{6} uk^{9}放在床上的衣服（借助结构助词修饰语前置）

放 在 上 床 的 衣服

仫佬语 ŋwa¹ naːm¹黑狗

狗　黑

naːm¹ sak⁷ kɔ⁵ ŋwa¹ 黑色的狗

黑　色　的　狗（仫佬语名词短语结构语序，详见第八章相关内容）

第八章　仫佬语语法专题研究

学界对于侗台语族语言研究的关注热点主要集中在量词、虚词、名词短语和重叠等几个专题内容上。作为侗台语族侗水语支语言的仫佬语在这些语法层面的表现又如何呢？这一章对仫佬语在一些基本的语法问题进行分析研究，收入的内容参考了笔者近十余年来对于仫佬语自省、调查和研究，发表的相关文章。这里整理的内容，对早年的某一些论述有所修改和补充。在此基础上，新增笔者在调查和研究中，对于仫佬语语法特点及一些现象新的认识和研究。

第一节　仫佬语名量词[①]

汉藏语系语言中的量词形式丰富多彩，其特征一直是受语言学者关注和研究的重要课题。近年来，汉藏语系的量词研究不断深入，研究角度不断深化、科学化，研究成果不断涌现。壮侗语族的名量词的特征尤其引起学者的广泛关注和探讨。光杆名量词的功能，还有名量词结构的指代功能是目前类型学热点，学者们注意到壮侗语名量词和汉语的名量词有着鲜明的差异。

仫佬语作为壮侗语族语言之一，其量词的深入分析探讨一直处在缺失状态，这是壮侗语量词研究的一个缺憾。本书在王均、郑国乔（1980）在《仫佬语简志》中对于仫佬语名量词研究基础上，并同样以该书所研究的仫佬语语言点——

① 本节内容作为国家社科基金项目（17XYY015）的阶段性成果，原文刊发于《贵州民族研究》（2019年第9期）。

广西罗城仫佬族自治县东门镇一带的仫佬语作为材料①，展开对仫佬语名量词分析研究。通过仫佬语语言表现的特点、量词内部系统和发展特点比较，揭示名量词短语结构形式、句法和语义特征，并考察名量词功能特征。这里仫佬语材料为仫佬族人日常话语和部分笔者自拟、获得的语料。笔者长期观察、收集罗城县各地仫佬族语言及语言文化实际，掌握有较为丰富的仫佬语第一手语言材料。另外，作为生长在罗城东门镇的仫佬语母语人，笔者自拟其中部分例句，其表达形式均得到其他仫佬族母语人的认可。

一、名量词的基本情况

仫佬语的名量词十分丰富。从类型学角度而言，仫佬语具有的发达的量词形式体现了仫佬语作为分析型语言的一种类型特性。名量词包含有个体量词、集合量词、兼属量词和度量衡量词，其中个体量词的特点最为鲜明。本节着重对仫佬语的个体量词的基本特征、短语结构形式和功能作用展开描写和分析。其来源有原有量词、汉语借用来的量词、名词和一定的动词（即兼属量词）。表示名词数量意义，量词具有强制使用性，句法结构模式为：“数词+量词+名词”。

很多名量词可对称量的人和事物进行系统分类，即类别化。分类类别存在不同级量，这样的级量与汉语里对于很多不表达“量”的名量词的定义区分开来，更为确切的定义为类别外延范围量，即名量词称量名词类别范围大小。分类功能范围级量外延大小总体依次呈现为：类别量词—性状量词—通用量词—单个体量词。类别量词的分类功能最强，也就是类别外延范围最大。仫佬语中有6个这类量词，分别是：归类人的量词 lak^7、mu^6 “个，位”（两者都不区分性别并且可相互交换使用，lak^7 含有微弱的贬义，可用于强盗甚至动物等，而 mu^6 含有尊称之意，用于指称长辈等），归类动物类量词 $tɔ^2$ “只”，归类植物类量词 $tɔŋ^6$ “棵”，归类物品类量词 at^7 “个”等。性状量词把具有同类性状的名词（主要是

① 仫佬族人口主要聚居在广西罗城仫佬族自治县（贵州省亦有仫佬族人口分布，但学界普遍观点是：广西仫佬族和贵州仫佬族从根本上不是同一族群，是使用同一族称的不同族群），罗城县的仫佬族人口又主要聚居在东门镇和四把镇两个相邻的乡镇。仫佬语（广西境内）内部比较统一，并未形成方言土语形式，各地仫佬语都能相互通话。在罗城县几个仫佬族人居住得比较集中的东门镇、四把镇以及罗城县东北部的黄金镇的仫佬语的语音基本相同，主要差别体现在后腭化声母的演变差异上，这些差异不影响各乡镇仫佬族人使用仫佬语交流。

物品类）归类，这类名量词数量比较多。例如：ȵən^2 “颗”、tjeu^2 “条、根”等。通用量词的归类能力是可以把部分类别量词和性状量词称量的名词泛化而归类，通用量词有 2 个：tsik^7 “只、支、块” 和 thaŋ^5 “个”。另外，单个体量词数量较大，但归类能力并不强，能称量的名词十分有限，往往只搭配 1 至 2 个名词，这类量词在句法中实际功能是把称量的名词“个体化”，也可以从级量上认为是单个体作为一类范围级量。例如：məi^6 “件（衣服）”、sjen^5 “扇（门）”。

在语音上，大多数名量词都是单音节，极少数为双音节。双音节名量词主要是来自本身具有一定的容量、范围或幅度的名词，其所具有的容量、范围或幅度可用来称量事物，即兼属量词。例如：pu^{1}loi^2 “（盛酸品的）钵”，ti^{6}peŋ^2 “晒坪”。总体来说，仫佬语中的名量词的语音不会受到所修饰的名词或数量词的语音特征的影响而发生变化。

二、名量词的短语结构

仫佬语名量词参与的语言结构可用来表示指称意义，具备构词功能，主要表现在以下几个配合关系结构上：

1. 名量词与名词配合关系

名量词用于计量名词时，其结构为“数词+量词+名词”，该结构的中心是名词。计量结构的数目是 naːu^3 “一” 的时候，naːu^3 可以省略。省略了数词 naːu^3 的量词结构“量词（主要是单音节的个体量词①）+名词”还可以表示以称量单位配合的人或事物的直接指称，其语义仍是泛指。薄文泽（2012）亦指出泰语中有些表示名词所指事物类别的量词可单独与名词结合，表示该名词所指的那一类事物。作为同语族语言，仫佬语的“量词+名词”结构同样表现出了可以指称与称量单位配合的表示人或事物类的名词。表示指称意义的“量词+名词”的结构中心则是量词。例如：

mu^6 çən^1 人（指称），一个人（用以计量）	lak^7 kɣak^8 贼，一个贼
个　人	个　贼

① 兼属名词和动词的量词在数量词不出现的情况下加上名词后不再是表示称量，而是偏正结构或动宾结构。

tɔ^{2} ci^{1} 鸡，一只鸡
只 鸡

tɔŋ^{6} mai^{4}树，一棵树
棵 树

at^{7} lak^{8}mɣət^{7}星星，一颗星星
个 星星

ȵən^{2} tau^{6} 豆子，一粒豆子
颗 豆子

tsjaːŋ^{1} ljem^{4}镰刀，一把镰刀
张 镰刀

kɔk^{8} ȵam^{6} （块状的）土，一块土
块 土

tjeu^{2} juŋ^{3}甘蔗，一整根甘蔗
条 甘蔗

phøŋ^{5} kwan^{1}（砍成节的）竹子，一节竹子
节 竹子

tek^{7} nəm^{4}（滴状的）水，一滴水
滴 水

wa^{1} hɣaŋ^{6}被子，一床被子
床 被子

ho^{3} nəm^{4} taːŋ^{4} lai^{3} fən^{1} tɔŋ^{6} ma^{1} pəi^{1}?
里 水 养 得 成 颗 菜 去
水里能种菜？

“量词+名词”结构可泛指名词成分意义是由于仫佬语的多数量词具有别类作用，把某类名词归类为一个范围级量中，这样别类作用的量词就带有名词性质特征，蕴含以该量词归类的所有类别范围的意义内容，并且仫佬语中具有修饰语放置在中心词之后的语法特征，因此，表示指称意义的“量词+名词”结构可看作是类别量词被表示人或事物的名词修饰后，其类别范围缩小并且明确落实到具体的人或事物，别类作用的量词呈现出前缀化的发展趋势。“量词+名词”结构具有和修饰成分（名词）等同的泛称性质，量词和修饰的名词的语义关系表现为蕴含关系，体现以蕴含关系结构表达语义。这种指称意义的形式，语义上可以理解为汉语“动物中的马”“家具里的椅子”等同的结构意义。当然，在另一层级上，由于单音节表义的清晰度小，与量词配合表示名词意义，可以增强音节的清晰度。

“量词+名词”结构在句子中实际指称意义是泛指还是对单个名词的计量，这要看在句子中的实际情况而定。例如：

lak^{7} kɣak^{8} tsəi^{4} mɛ^{2} paːn^{6}fɔp^{7} ceu^{6} swaːn^{1} tɔ^{1} mai^{4} la^{6}!
贼 最 有 办法 撬 栓门 木头 啦
贼很有办法撬木制的门栓。（lak^{7} kɣak^{8} 泛指“贼”这个概念）

mɛ² lak⁷kɣak⁸ ȵaːu⁶ tin⁵ tjaːŋ² juŋ¹ nə⁵ mu².

有 个 贼 在 边 墙 蹲 一晚上

有一个贼在墙角蹲了一晚上。（lak⁷ kɣak⁸ 指代“一个贼”）

仫佬语中的名量词放置在名词的前面构成的指称义，这时更多地强调了以某种类别量词归类的某物品，即强调名词的部分。而类别量词（除指人量词 lak⁷ 和 mu⁶）、性状量词和集合量词可以放置在名词的后面来表示指称义，但这时更多的强调了物品是以某种称量单位的属性、形式或状态存在的，也就是说强调了量词部分。例如：

hu³ ȵən²饭（粒） mai⁴ tɔŋ⁶树 hoi¹ pɛŋ²灰 ti⁶ khwak⁷糍粑

饭 粒 树 棵 灰 堆 糍粑 块

以上几个例子中分别强调了 hu³“饭”、mai⁴“树”、hoi¹“灰”和 ti⁶“糍粑”等物品存在形式是以量词 ȵən²“粒”、tɔŋ⁶“棵”、pɛŋ²“堆”和 khwak⁷“块”这样的属性、形式或状态存在的。这区别于量词前置的情况。但量词前置于名词或后置于名词都表示名词意义的具体指称。另外，两者的结构中心（并非语义核心）都是首音节，第二音节则是修饰成分。

2. 名量词+动词/形容词结构

名量词放置在一定的动词或形容词之前可以指称执行某一动作的一类人或具有某种共同特征的一类人或事物，即量词结构关系化。例如：

名量词+动词

lak⁷ tshjaːŋ⁵歌手 tɔ² la⁶ 爬行动物 tsik⁷ tshjaːŋ⁵歌曲

个 唱 只 爬 支 唱

jaːŋ⁶ tsaːn¹吃的东西，食物 jaːŋ⁶ tan³衣物 at⁷ tsui²锤子

样 吃 样 穿 个 锤

名量词+形容词

lak⁷ laːn⁴ 懒人 tɔ² ja⁴野兽 tɔŋ⁶ ja⁴野生植物

个 懒 只 野 棵 野

mu⁶ lo⁴大人，老人（lak⁷ lo⁴ 指“年长者”） at⁷ niŋ⁵小件物品

个 大 个 小

名量词+动词/形容词结构表示指称概念，其结构中心也是名量词部分，即结构中的首音节，结构中的量词包含有某一类别事物的所有内容，动词和形容词部

分对处于首音节的名量词起到了修饰说明的作用。这样看来，名量词结构具有指称意义，可以认为仫佬语存在中心语在修饰成分之前的修饰形式①。在“名量词+名词/形容词/动词”的结构中，名量词的别类功能，使其对所能称量的名词具有概括性，其后的名词、形容词和动词对名量词所概括的内容起到明确或修饰说明的作用，使其语义范围缩小明确，即表示了是什么内容或具有什么性质、状态和特征的人、动物、植物、物品或事物类别。

正是因为名量词+名词/形容词/动词的结构有了指称的意义，指称结构中的名量词成为中心成分，名词/形容词/动词成为修饰成分，所以，疑问句中可以对量词的性质进行提问，即中心词直接作为句子成分，修饰成分成为提问对象。例如：

问：ni⁵ ɛi⁶ tɔŋ⁶ maːŋ²？这是什么植物？

这 是 棵 什么

答：ni⁵ si⁶ tɔŋ⁶ mai⁴ pe⁶．这是树呀！

这 是 棵 树 呗

量词作为结构中心受后置的修饰成分限定修饰，其修饰成分除了名词、形容词和动词之外，还可以是领属结构、方位词、摩声词、短语、主谓从句。例如：

at⁷ əi²我的物品　　mu⁶ lən²后边的那个（人）

个 我　　个 后

at⁷ fu² fu²发出 fu² fu² 声的小玩具，即拉哨，一个拉哨

个 摩声词

tsik⁷ taːm¹ caːk⁷三角形的（一个）物品

只 三 角

tɔ² çi⁵ kwət⁸ kə⁶那只翅膀没毛的禽类

只 翅膀 秃 那②

相比较而言，领属结构、方位词、短语和主谓从句受其自身语义限定，作为量词的修饰成分，直接指称为量词涵盖内容中的某一内容意义或具备某种性质特

① 银云忠先生在《仫佬语定中结构及仫佬语名词修饰语简析》（《中央民族大学学报》，2005）一文中分析归纳了仫佬语修饰语存在“+M”（即修饰语置于中心语之后）等几种修饰形式。

② tɔ² çi⁵ kwət⁸ 的结构形式在语义上明显不具有泛指意义，在语句中需要与指示代词“这、那”配合来明确所表示的是具体的人或事物（如下文所述）。

征的某类别人和事物的程度并不广泛，一般情况都是省略了单一数量词 naːu^3 “一” 的表示处于限定形式的人、动物或物品。

3. ti^6 参与的名量词结构

前缀 ti^6 加上 tɔ^2 “只”、tɔŋ^6 “棵”、at^7 “个”、jaːŋ^6 “样”① 这几个非称量人的具有别类性质的光杆名量词连用，可指称能用这些名量词称量的所有内容。例如：

ti^6 tɔ^{2}动物（指代所有可以用该名量词称量的内容）
（前缀）只

ti^6 tɔŋ^{6}植物
（前缀）棵

ti^6 at^{7}物品
（前缀）个

ti^6 jaːŋ^{6}物品、东西、事物
（前缀）样

“ti^6+tɔ^2/tɔŋ^6/at^7/jaːŋ^6” 这样的结构在表义上对于仫佬语名词所表示的词汇意义内容（除了表示人名词外）形成了一种高度囊括的指称意义。我们可以尝试从表义层面和语序层面两个方面探讨这种结构形成的原因。首先，在表义层面，ti^6 音节在仫佬语中表现形式十分多样，具有语法化意义，同时又包含不少词汇意义的音节。这里，就 ti^6 音节在语言中的实际表现而言，笔者认为 ti^6 音节本身具有了泛指类别态表示“所有人和事物”的意思，也就是在语言发展过程中，为满足语言结构表义需求，ti^6 音节泛指类别意义语法化与其他词配合使用把词汇意义明确化，形成自身只语法化的前缀构造形式。这样看来，ti^6 音节在表示“量”的意义上表示了最大涵盖范围程度的“全部”量，处于类别范围级量的顶端。其次，在语序层面，仫佬语修饰成分放置于中心词之后，修饰内容缩小中心词指代范围（如上文所述）。在“ti^6+光杆名量词”的结构中 ti^6 已经完成了语法化发展过程，而类别量词是仅次于 ti^6 的具有类别概括的词汇形式，也就是 ti^6 的实际指代范围分别落实到这几个类别内容上，这就完成了“ti^6+光杆名量词”结构的广

① jaː ŋ^6 “样” 作为汉语个体量词借入仫佬语后，补充仫佬语原有类别量词中缺少非个体形状物品及事件称量词的不足。

泛指称意义的表达。在句子中可以直接充当主语或宾语成分。例如：

ho^{3} hɣəːn^{2} ti^{6} tɔ^{2} tin^{3} ŋaːu^{3} ŋaːu^{3}. 家里的动物（家畜）嗷嗷叫。

里　家　动物　叫　嗷嗷

tsəp^{7} ti^{6} jaːŋ^{6} te^{2}tseŋ^{3} ljeu^{4} tu^{6} nun^{2}. 整理好东西就睡觉。

捡　东西　整齐　了　就　睡觉

这样的内容结构可以再进一步被修饰限定，也就是 ti^{6} 加上零概念数量的名量词结构，形成“ti^{6}+名量词+名词/形容词/动词”的结构形式，泛指某一类别中的较小类别的人、动物或物品。例如：

ti^{6}　mu^{6}çən^{1}人　　ti^{6}　tɔ^{2} tən^{2}牛　　ti^{6}　at^{7} kon^{5}锅头

（前缀）个　人　　（前缀）只　牛　　（前缀）个　锅

ti^{6}　tɔ^{2} ja^{4}野生动物　　ti^{6}　tɔŋ^{6} ȵe^{3}小植物　　ti^{6}　jaːŋ^{6} sɛŋ^{1}生的食物

（前缀）只　野　　（前缀）棵　嫩　　（前缀）样　生

ti^{6}　tɔ^{2} la^{6}爬行动物　　ti^{6}　tɔ^{2} fən^{3}飞禽

（前缀）只　爬　　（前缀）只　飞

ti^{6}　at^{7} kuŋ^{3}能发出响声的一类物品（如：喇叭）

（前缀）个　响

ti^{6}　məi^{6} kuk^{7}衣服①　　ti^{6}　məi^{6} ɣəːi^{6}长款衣服

（前缀）件　长　　（前缀）件　长

“ti^{6}+名量词+名词/形容词/动词”的结构形式用于较明确表示某一较小类别或属性范畴的人、动物或事物，与“名量词+名词/形容词/动词”的结构一样都可以表示泛称义。两者的差别在于前者指示了某一类别或属性范畴的类别整体形式，而后者用指称范畴中含有单个数量形式直接表达普遍概念的语义。例如：

ti^{6}　tɔ^{2} ci^{1} ȵaːu^{6} ho^{3} fjen^{1} swaːi^{5}.

（前缀）只　鸡　在　里　菜园　刨

鸡在菜园里乱刨。（指示动物类范畴中整体“鸡”的概念）

① 由于单个体量词自身的语义只称量数量有限的1 2个名词，因此其受名词后置修饰后形成的类别中往往难以划分更小类别，只表示本身层级的类别，如 ti^{6} məi^{6} kuk^{7}。而单个体量词被形容词或动词修饰后则可表示这类事物中的具有某种性质特征的一小类，如 ti^{6} məi^{6}（件）ɣəːi^{6}（长）/tɕhja^{1}（裁制）“长款/裁制的衣服（类）”。这一点上和称量人的 mu^{6} 和 lak^{7} 相似。

tɔ^{2} ci^{1} tu^{6}si^{6} hɣɔ^{4} tə^{5}tshø^{5} fən^{3} tsha^{5} fən^{3} lui^{6}.

只 鸡 就是 会 到处 飞 上 飞 下

鸡就是会四处乱飞。（含有用单个数量，即“任何的某一只鸡”，直接表示普遍的“鸡”的概念。）

又如：

chaːu^{3}hwa^{5} hwən^{4} mjeu^{2} tsən^{1} si^{6} i^{1}，tu^{6} thjaːŋ^{5} tɔ^{2}jɛp^{7} hwən^{4} tɔ^{2} ci^{1}. ①

巧花 和 苗 真 是 好 就 像 鸭 和 鸡

巧花和苗真是好，就像鸡和鸭子一样。

这句话中的 tɔ^{2} jɛp^{7} 和 tɔ^{2} ci^{1} 可以理解成用单个数量的“鸭”和“鸡”直接表示“鸭”和“鸡”的泛指概念。句中的 tɔ^{2}jɛp^{7} 和 tɔ^{2}ci^{1} 可以用 ti^{6}tɔ^{2}jɛp^{7} 和 ti^{6} tɔ^{2} ci^{1} 替换，这时更为整体地指称“鸭”和“鸡”这两个普遍概念。

三、量词的功能

我们在上一节名量词的短语结构中已穿插探讨仫佬语名量词部分功能，以下我们进一步论述名量词的相应功能。

1. 类别词功能

仫佬语的名量词对名词范畴类别进行分类，在语义特点上包含了“定性”的同时亦包含了类别级量的“定量”（如前所述）。涉及对名词计量的“数词+量词+名词”结构中，数量体现在数词上，量词作为必要成分，概括了具有同类性质内容的全部名词，其外延概括的名词范围大小决定了名量词的级量。

张元生（1979）指出壮语的量词除了可以充当数词与名词的中介，还根据语义外延大小与后面的名词分层结合，即“类别量词+大类名+小类名”，例如 ko^{1}“棵” maːk^{7}“果” ŋaːn^{4}“龙眼”（龙眼树）是“植物类别量词+植物大类别名+植物小类别名”。仫佬语在量词结构中的层次结合手段和壮语相似，首先结构中作为前缀形式的外延级量类别最大的 ti^{6} 音节可以和不同层次级量的名量词，即类别量词、性状量词、通用量词及单个体量词等，构成修饰限定结构把类别细化，而作为明确类别细化实际外延的处于结构最后的词汇成分，即名词及其后的

① 这句话是仫佬族的老人们很熟悉的一句顺口溜，chaːu^{3} hwa^{5} 和 mjeu^{2} 指过去仫佬族村寨中的一个哑巴和一个聋子。

修饰限定成分、动词、形容词、领属结构、方位词、短语和主谓从句等，则是作为结构中的级量类别延伸的依次缩小的独立类别界定了结构中处于前项的各个大类别所指。例如：

ti^{6} tɔ^{2} mu^{6} pi^{2}肥猪

(前缀) 只 猪 肥

上例中，ti^{6} 作为前缀形式的外延级量最大的类别成分被表示动物类的类别量词 tɔ^{2} 限定到动物类别，mu^{6} “猪” 和 pi^{2} “肥” 作为类别量词级量延伸的较小独立类别界定了整个结构中前缀类别 ti^{6} 及进一步把其范围级量限定缩小的动物类别 tɔ^{2} 所指的 “类” 依次定位明确。

2. 名量词结构的泛指与特指功能

在人们的客观或主观世界中，概念的内涵有泛指和特指，概念的外延也存在有定和无定以及“有界”（bounded）和“无界”（unbounded）的分别（李云兵，2002）。仫佬语表示名词性的泛指或无定概念的有名词语法聚类，上文我们提到的三种量词参与的结构形式亦都表示“无界”概念的泛指，而表达“有界”概念往往需要量词参与构成泛指指称形式，再配合指示词和句义来表示“有定”的特指概念。对于名词性的泛指和特指性，我们可以比较下面几个例子：

① mu^{5} tsaːn^{1} ljeu^{4} ko^{6} si^{6} nun^{2} lə^{5}khɛːŋ^{5}.

猪 吃 完 就 是 睡 (表动作状态后置成分)

猪吃完就是睡觉。

② tɔ^{2} mu^{5} tsaːn^{1} ljeu^{4} ko^{6} si^{6} nun^{2} lə^{5} khɛːŋ^{5}.

猪 吃 完 就 是 睡 (表动作状态后置成分)

猪吃完就是睡觉。

③ tɔ^{2} mu^{5} ka^{6} tsaːn^{1} ljeu^{4} ko^{6} si^{6} nun^{2} lə^{5} khɛːŋ^{5}.

猪 那 吃 完 就 是 睡 (表动作状态后置成分)

那（一）头猪吃完就是睡觉。

④ li^{3} tɔ^{2} mu^{5} ta^{6} njen^{2}.

杀 (头) 猪 过 年

杀（任何一头）猪过年。

⑤ li^{3} tɔ^{2} mu^{5} ka^{6} ta^{6} njen^{2}.

杀 (头) 猪 那 过 年

杀那（一）头猪过年。

例①和②中分别用单音节普通名词的 mu^{5} 和带有表示动物类别量词的 tɔ^{2} mu^{5} 来泛指“猪”这一“无定”概念。其外延可以是任何一头猪。又如 tsau^{2}（拿）tsik^{7}（只）won^{3}（碗）taŋ^{1}（来）che^{1}（给）əi^{2}（我）和 tsau^{2}（拿）won^{3}（碗）taŋ^{1}（来）che^{1}（给）əi^{2}（我）中 thik^{7} won^{3} 和 won^{3} 都表示普遍意义的任何碗①。“猪”这个名词本身并不包含有“量”的意义②，表示其特指不能直接使用指示词“这，那”，而是使用带有量词的泛指形式配合 naːi^{6}“这”和 ka^{6}“那”来表示，如例③。正如我们提出的名量词蕴含类别范围量，对名词的范围量做出了划分，这样使得其作为一种“范围”与指示词配合完成名词表示特指的语法形式，表明处于某一范围内，名词于其中作为实质内容限定意义。这就解释了为何在特指某一具体“有定”概念时，量词不可缺失的原因。正是由于量词含有这样的范围量，本身带有包含所有用其称量的名词的词汇意义，使得在语境或上下文中名词内容已明确的情况下，tɔ^{2}（只）naːi^{6}（这）、tɔ^{2}（只）ka^{6}（那）的特指表达是合法的。例④中如果是缺乏明确的语境意义，我们可以把 tɔ^{2} mu^{5} 理解成没有数目“一”来明确数量的普遍概念的猪，其实际数量为“一”；也可以理解成泛指普遍概念的猪。要把指称内容是纯粹的不明数量的泛指还是数量为“一”的泛指的歧义厘清，则要把数目表达出来。使用指示词配合量词参与的“名量词+名词”表示的普遍抽象意义则是把抽象的泛指概念转化成了具体的特指概念，如例③和⑤。然而，“量词+名词”的结构本身就有表示省略了数目是“一”的泛称概念，用表示本身具有具体的有定的“某一个地点指示”意义的指示代词 naːi^{6}“这”和 ka^{6}“那”修饰，从认知上来说，人们容易第一直觉

① 从句义上我们可以理解出前句 tsik^{7} won^{3} 强调了普遍意义“碗”中的数量为“一”的单数量碗，后句中的 won^{3} 在这里并未强调数目为“一”的普遍概念的碗，有可能是数目为“一个、几个、几十个”的泛指的碗。

② 可以试比较本身语义就包含“量”的名词的特指：won^{3}“碗（包含容量）”泛指概念，won^{3} naːi^{6}“这碗（饭，水等）”直接使用了指示词表示特指概念（当然，这是表示碗的“容量”特指，而非碗本身的特指，碗本身的特指时，碗的表示单个的类别范围量的量词 tsik^{7} 仍需要出现）。即 won^{3} 以自身的“量”作为兼属量词。

接受被修饰后的“名量词+名词”结构的数量为“一”。如果增加“名量词+名词”结构的修饰成分，这种认知可以得到更进一步的证实，比如 $tɔ^{2}$（头）mu^{5}（猪）nam^{1}（黑色）ka^{5}（那）“那（一头）黑色的猪”。因此，特指结构“名量词+名词+指示词”或者“名量词+指示词”的结构表示的也就是单数量的特指，如例③和⑤是表示数量为“一”的特指。当然，这样的单数量特指可以扩展为复数量的特指概念，比如 $ɣa^{2}$（二）$tɔ^{2}$（头）mu^{5}（猪）ka^{6}（那）“那两只猪”。

我们再来看一些 ti^{6} 音节参与的名量词结构的特指形式：

仫佬语里除了与 ti^{6} 构成泛称概念的类别量词 $tɔ^{2}$/$tɔŋ^{6}$/at^{7}/$jaːŋ^{6}$ 之外，ti^{6} 音节（配合光杆名量词表达的）的指称形式都以特指的形式存在于语句中（仫佬语里除了与 ti^{6} 构成泛称概念的类别量词 $tɔ^{2}$/$tɔŋ^{6}$/at^{7}/$jaːŋ^{6}$ 之外，ti^{6} 音节配合名量词构成的“ti^{6}+量词”结构都不直接存在于语句中。这样的结构如果不配合名词、动词或形容词等使用时，往往以特指的形式存在于语句中）。即在具体句子中要以加上指示代词 $naːi^{6}$“这”或 ka^{6}“那”的形式存在，不会直接以“ti^{6}+lak^{7}/mu^{6}……”的形式出现，而是依存指示代词存在；没有指示代词，则意义不完整。这样的结构往往是以单数形式表示复数意义。例如：

ti^{6}　mu^{6} $naːi^{6}$这类人	ti^{6}　lak^{7} ka^{6}那类人
(前缀)　个　这	(前缀)　个　那
ti^{6}　$thaːŋ^{6}$ $naːi^{6}$这类物品	ti^{6}　$tɔ^{2}$ ka^{6}那只动物
(前缀)　个　这	(前缀)　只　那

显然，在仫佬语中，指示词表示的是具体有定的“某一个地点指示”的单一数量地点意义，而 ti^{6} 音节本身包含的语义有“万事万物”，其语义上就限定了其语法结构不再存在复数意义，因而“ti^{6}+名量词+指示词”结构只存在单数整体概念意义的形式，无法再受数词修饰。而结构中的量词限定深化了 ti^{6} 内涵存在的类别、性状特征，而以某种类别或性状存在的物品不只一个单数的量，也就解释了“ti^{6}+名量词+指示词”是以单数形式表示复数意义。

在句子中，特指的结构可充当主语和宾语成分。例如：

ti^{6} lak^{7} ka^{6} $kɔ^{6}$ $tshaːm^{3}$ $kɔ^{6}$ $tshaːm^{3}$，$hɣɔ^{1}$　si^{6} $aːu^{1}$ $fɛ^{4}$ $naːŋ^{2}$？(作主语，表复数)

那些人 一直　走　一直　走　　知道　是 要　做　什么

那些人一直走一直走，不知道是要做什么？

ȵa² pok⁷mo ŋ⁶ ti⁶lak⁷ka⁶ mən¹ fɛ⁴ lai³ ti⁶ mə⁶?

你 巴望 那种人（作宾语，表复数）哪能 做 来 事 啊

你盼望那种人（那类型的人）哪能成事？

ti⁶ 不出现则表示特指一个单数意义的概念（如前所述）。例如：

mu⁶ naːi⁶这个人 lak⁷ ka⁶那个人

个 这 个 那

thaŋ⁵ naːi⁶这个物品 kɔ³ ka⁶那一缕东西

个 这 缕 那

例句：

lak⁷ ka⁶ fɛ⁴ puŋ⁵ lai³ maːn⁶ kuŋ² mɛ¹ lo¹.

那个人（作主语，表单数）做 煤矿 得 蛮 多 年 啰

那个人做煤矿生意有很多年了。

如此，我们也就可以理解使用名词、形容词和动词把“ti⁶+名量词”结构语义内涵深化后的“ti⁶+名量词+名词/形容词/动词”结构的特指形式关于“数”的概念了。

3. 名量词的被饰代词功能

仫佬语的名量词虽然具有别类的功能，具有概括所称量的所有名词的语义，但一般不脱离相应的语言结构形式而单独使用。然而正是在语义上名量词指代有其称量名词的涵盖性词汇意义，就是说名量词包含有不明确的数量和词汇意义，那么在一定的语境或句型中只要语境和句型提供了名量词所包含的数量和词汇具体的意义，名量词就可以单独做句子的成分，指代上文语境中出现的可用该量词称量数量的相应名词，亦即在语句中具有被饰代词功能。

仫佬语中没有直接表示动物、植物或事物的第三人称的代词形式。光杆名量词 tɔ²“只”、tɔŋ⁶“棵”和 at⁷“个”等在具体句子中往往可以代替上下文中或说话双方都明白的具体动物、植物或事物以及一定约定俗成的指代，在句子中做独立的成分。也就是，名量词的被饰代词功能具有了第三人称代词的语法特点。

承接情况下 tɔ² 可以起表示动物性的人称代词“它/它们”的意思。具体是指代单数还是复数意义，根据语境而定。可以做句子的主语或宾语，亦可在问句的答语中直接充当主语。例如：

mu^{6}lau^{2} lak^{8} jəu^{6}mɛ^{4}，lən^{1} çən^{1} taŋ^{1}，tɔ^{2} tu^{6} thaːŋ^{5} tsha^{5} pɣa^{1}.

猴子　偷 玉 米　 见　人　来　它们就　跑　 上　山

猴子偷玉米，一见人来，它们就跑上山去了。

——　ɣa^{2} tɔ^{2} tən^{2} kə^{6} le^{6}?

两只　牛 那 呢

那两只牛呢？

——　tɔ^{2}　fə^{3} tsha^{5} pɣa^{1} pjeu^{6}.

他们　跑　 上　山　 了

它们跑山上去了。

jəu^{5} paːi^{1} tau^{1} tɔ^{2} ŋwa^{1} kə^{6} pə^{5}，tɔ^{2} fat^{7} chi^{5} lɔk^{7}taŋ^{1} si^{6} hɣɔ^{4} cət^{8} çən^{1} kɔ^{5} pə^{5}.

别　去　逗 只　狗　那　哦　 它发　气　 起来　是　会　咬　人　的　哦

你别去逗那只狗，它生气起来是会咬人的。

具体上下文中，植物类量词 tɔŋ^{6} 可以直接使用，相当于指植物的第三人称代词“它/它们”。

——u^{1} pɣa^{1} kɔ^{5} hui^{1}tɔ^{2} le^{5}?

上 山　的　桃树　呢

山上的桃树呢？

——tɔŋ^{6} kɔ^{5} kwən^{5} tøn^{2}ŋaːi^{6} waːt^{7} pjeu^{6} ljeu^{6}.

它们 的　根　　全 被　挖　 了　了

它们的根都被挖掉了。

mɔ^{6} hɣəi^{3} ma^{1}kaːt^{7} tsɔŋ^{5}i^{5} tøn^{3}tɔŋ^{6} lo^{4} pə^{6} laːt^{8}.

他　买　　芥菜　 喜欢　选　棵　大（后置音节）

他买芥菜总喜欢选（叶子）很大的那种（来买）。

指代说话双方都明白的事物可以用量词 at^{7}（个）代替所指事物的“它/它们”。例如：

at^{7} ko^{5} fɛ^{4} ko^{5} lo^{4}.

它 越 做 越　大

它越来越大。

名量词 tɔ^{2}“只”、tɔŋ^{6}“棵”和 at^{7}“个”在仫佬语中是涵盖内容最为广泛的名量词，并且具有完整的个体指称，无疑在指代动物和植物名词时，对应使用称量动植物名词完整个体的 tɔ^{2} “只”、tɔŋ^{6} “棵” 就可完成指代。然而，在语境中名词的计量量词表示物品或事件的个体完整性不足（比如性状量词），在被饰指代时更多的转用类别量词 at^{7} 指代具有某种性状名词的完整个体。例如：

tsjaːŋ^{1} ljem^{4} tɔŋ^{5} ȵaːu^{6} u^{1} çaŋ^{1}，tsøn^{5} at^{7} poi^{5} at^{7} tu^{6} ŋ^{5} nən^{1} pjeu^{6}.

张 镰刀 放 在 上 田埂 转 个 背 个 就 不 见 了

（我的）一把镰刀就放在田埂上，转个身，它就不见了。（tsjaːŋ^{1} 指称了镰刀性状是薄扁的，对个体的表达不完整，被饰指代就转用了指称物品的量词 at^{7}。）

kɔk^{8}cap^{7} ka^{6} ȵaːu^{6} ho^{3} lu^{2} taːu^{3} khɣa^{5} ȵiu^{3}， tsy^{2} at^{7} naŋ^{6} pei^{1} ŋ^{5} lai^{3} mə^{6}?

块褐煤 那 在 里炉子 烧 刺鼻（后置成分）除 它 离开 去 不 得 么

那褐煤在炉子里烧得太刺鼻了，把它拿走不行么？

这样，我们可以看出，光杆名量词在作为被饰指代词的情况下，依靠句义就能直接表示“一个/只/棵……”的意思，名量词单一义名词化，即表达了明确的“数量”。例如：

naːi^{6} ni^{5} hai^{5} nən^{1} lɔk^{8} tɔ^{2} ci^{1} tsɿ^{1}，naŋ^{1} mɛ^{2} tɔ^{2} khə^{5}nau^{1} paːi^{1}?

现在 这 才 见 六 只 鸡 而已 还 有 一只 哪里 去

现在只见到六只鸡在这里，还有一只哪里去了？

ȵa^{2} mɛ^{2} ti^{6} pɛŋ^{2} kɔk^{2} ka^{6}，che^{1} kɔk^{8} che^{1} əi^{2} ma^{6}?

你 有（前缀）堆 块 呀 给 一块 给 我 吧

你有那么多块，拿一块给我吧？

在一定上下文中，说话双方都能清楚指称对象时，名量词可出现在“名量词+动词+名量词”的句子结构中，结构中的名量词也表示说话双方都明白的单一数量名词。例如：

hwa^{1} laːk^{8} te^{5} ȵaːu^{6} ta^{5} ti^{6} peŋ^{2} lak^{7} lit^{8} lak^{7}.

们 小孩 在 中间 晒坪 一个 追 一个

小孩子在晒坪上一个追赶一个。

ŋɔ^{4} at^{7} hui^{1}，ŋɔ^{4} mu^{6} çən^{1}，mu^{6} lai^{3} at^{7}，tseŋ^{5} hɔp^{7} si^{2}.

五 个 果 五 个 个 个 得 个 正 合适

有五个人和五个水果，一人一个水果，正好合适。

四、结　语

综上所述，仫佬语名量词本身只具备区分大小级量的类别意义，而并不体现单复数或数量多少的意义。只有和 ti[6] 配合使用以单数形式体现复数意义，或与名词、形容词或动词合成结构表示含有单数意义的普遍概念。仫佬语名量词参与的结构所呈现出来的表示指称意义的构词特征贯穿着仫佬语修饰语后置于被修饰语的语序因素，在这些结构形式中量词负载着类似名词的词汇意义，作为被修饰成分与修饰成分。仫佬语中的名词特指性指称，主要依赖于量词参与的短语结构配合指示词而得以完成。作为数量结构中的中介成分称量名词时，多数量词并不表示所修饰名词的“数量”的意义（区别于其本身表示类别幅度范围的“量”），其出现更像是类推表“数量”的度量衡量词和名词称量名词的结构模式。另外，名量词在承接的语境中，作为被饰代词直接指代所称量的名词，并且作为代词在句法上充当的独立成分又呈现出“单一数量”。

本节主要参考文献：

1. H. J. Enfield. *Nominal Classification in Lao：A Sketch*. Sprachtypol. Univ. Forsch（STUF），57，2004，2/3：117-143.

2. 薄文泽：《泰语壮语名量词比较研究》，《民族语文》2012 年第 4 期。

3. 黄成龙：《羌语的名量词》，《民族语文》2005 年第 5 期。

4. 蒋颖：《普米语个体量词及其类型学分析》，《民族语文》2008 年第 5 期。

5. 李锦芳、胡素华：《汉藏语系量词研究》，北京：中央民族大学出版社，2005。

6. 李云兵：《论苗语名词词头的功能》，《民族语文》1996 年第 2 期。

7. 陆天桥：《毛南语的类别名词》，《民族语文》2007 年第 3 期。

8. 刘丹青：《汉语名词性短语的句法类型特征》，《中国语文》2008 年第 1 期。

9. 马建忠：《马氏文通》，北京：商务印书馆，1983。

10. 王均、郑国乔：《仫佬语简志》，北京：民族出版社，1980。

11. 王力：《汉语史稿》，北京：中华书局，1980。

12. 王力：《中国现代文法》，北京：商务印书馆，1992。

13. 银莎格：《银村仫佬语参考语法》，北京：中国社会科学出版社，2014。

14. 银云忠：《仫佬语定中结构及仫佬语名词修饰语简析》，《中央民族大学学报》2005 年第 6 期。

15. 张元生：《武鸣壮语的名量词》，《民族语文》1979 年第 3 期。

16. 张景霓：《罗城仫佬族语言使用现状及其演变》，北京：科学出版社，2016。

第二节　仫佬语主要实词后附音节①

仫佬语的日常生活口语中的形容词、动词和一些名词等主要实词的后面常常可以加上一定的音节成分，从而达到一定的修饰效果。如：paːk^{8} piu^{2}（白），thjeu^{5} lɛk^{7}lɛk^{7}（蹦蹦跳跳），nəm^{4}sɔm^{6}sɔm^{6}（水嗒嗒）。这类形容词、动词和名词后附音节数量很多，使用也十分普遍，是仫佬语里很值得探讨的一个语言现象。总的来说，后附音节（也可以说是后置音节）对所依附的主要实词存在一定的词义限定作用，具有后缀性质，不同的是大多数后置音节附加在哪个主要实词上往往是明确的，通用度不高，我们还是称为后附音节。这一节里笔者以仫佬族母语人的身份，从结构、语法功能及语义功能等维度进行分析，并提出其语法归类思考。

一、后附音节的结构类型

仫佬语的形容词、动词和名词的后置成分可概括为 AX 结构形式。A 代表形容词性、名词性和动词性的成词语素。X 为后置音节成分，这后置成分大都是没有实际意义的音节成分。具体分类如下：

1. AB 式的 AX

（1）A 为形容词的情况

pi^{2} 肥、胖　　~pwaːt^{8} 胖嘟嘟（小孩或小动物很可爱）

foŋ^{1} 高　　~kɔŋ^{4} 很高

kut^{7} 个头矮　　~kwɛ^{3} 矮小

在这一类中后置成分与形容词本身之间在语音结构上没有双声或叠韵的关系②，后附成分本身并没有实际意义，与形容词结合后改变了形容词表达的程

① 本节主要内容曾刊发于《怀化学院学报》2011 年第 9 期及《江西教育学院学报》2012 年第 5 期。

② 少数实词与后附音节声母相同，没有形成规律现象，这样的具有一定的偶然性。

度。后附成分音节的开闭、前后与它们所表示的程度、褒贬没有联系。

另外，由于仫佬语形容词修辞名词时，形容词放置在名词的后面，所以对形容词只带一个后置音节成分的情况还要注意辨别是真正的后附音节还是具有独立意义用作补语的单音节名词。例如，形容词“香”“臭”等后面可以带与形容词性有关的名词作补语：

mɣaːŋ¹ 香　　mɣaːŋ¹ȵiu⁵ 香喷喷（ȵiu⁵ 为后置成分）

　　mɣaːŋ¹khɣəːu³ 酒香（khɣəːu³ 为名词，“酒”的意思）

ȵin¹ 臭　　ȵin¹khəŋ⁵ 臭烘烘（khəŋ⁵ 为后置成分）

　　ȵin¹kwan¹ 烟臭味（kwan¹ 是名词，烟火、炊烟）

（2）A 为动词的情况

可以加上单音节后置成分的动词不多，能愿动词后不会有后置的音节，表示心理活动的动词不会有单音节的后置成分。带有后附音节的动词是动作的状态化。如：

fən³ 飞　　~fjaːŋ³ 飞飘

tshaːm³ 走　　~teŋ⁵ 摇摇摆摆地走

（3）A 为名词的情况

少数名词可以带上单音节的后置成分，整个结构形容词化。如：

tsən¹毛　　~tshɔp⁷ 毛茸茸（tshɔp⁷ 是后置成分）

kwən¹ 雨　　~muŋ⁵ 雨蒙蒙

2. ABB 式的 AX

这一类属于后置成分最为丰富的一类。在这一类中，X 为 BB 式的重叠形式。可以说，AB 式中的单音节后置成分 B 都可以进一步扩展成叠音后附成分 BB，但并不是所有的 ABB 式都可以缩成单音节的后置成分，并且同一形容词、动词或名词常可以加上不同的 BB 后置成分。

（1）A 为形容词的情况

pi² 肥、胖　　~pwaːt⁸ pwaːt⁸胖嘟嘟

　　~nwat⁷ nwat⁷胖乎乎

foŋ¹ 高　　~kɔŋ⁴ kɔŋ⁴ 很高

na¹ 厚　　~nɔk⁷ nɔk⁷ 很厚

həu¹ 绿　　~sɔ⁴ sɔ⁴（脸色）青黄

~kəm¹ kəm¹ 绿油油

~ȵaːu³ ȵaːu³ 泛绿

（2）A 为动词的情况

fən³ 飞　~fjaːŋ³fjaːŋ³ 飞飘飘

tshaːm³ 走　~tshɛŋ⁵ tshɛŋ⁵ 摇摇摆摆地走

~tɛːŋ⁵tɛːŋ⁵（小孩）左摇右摆地走

moŋ⁶ 盼望　~ly⁵ ly⁵（深切）盼望

~løm⁵løm⁵ 眼巴巴地望着

ȵɛ³ 哭　~ŋa²ŋa² 哇哇大哭

~ŋau²ŋau² 嗷嗷而哭

~ȵy⁵ȵy⁵ 抽泣

khaːu¹ 敲　~tɔk⁷tɔk⁷ 咚咚地敲打

（3）A 为名词的情况

tsən¹ 毛　~tshɔp⁷tshɔp⁷ 毛茸茸

nəm⁴ 水　~jɔp⁷jɔp⁷ 水汪汪

~sɔm⁶sɔm⁶ 水淋淋

~jwa¹jwa¹ 湿嗒嗒

hɣɔk⁸草　~ȵaːu³ȵaːu³ 杂草丛生

3. ACB 式和 ADAB 式的 AX

（1）ACB 式 AX

这类情况中的 A 一般都为形容词，C 是一个韵母为-ə 的音节，C 音节没有实际意义，类似在结构中的一个停顿，从而协调了整个音节结构，B 为后置成分。如：

pi² 肥、胖　~tə⁶ nwaːt⁷

ɣəm¹ 瘦　~lək⁷ khøk⁷

te⁵ 细 \ 瘦　~tshə⁵ȵɛŋ³

foŋ¹ 高　~lək⁷khɔk⁷

~khə⁵ lɔŋ⁵

形容词本身与 C 的声母之间没有必然联系，也并非所有的 AB 式都存在对应的 ACB 式。另外，有少量动词和名词也可以构成 ACB 式。如：

tui^{6} 坐　　　　～kə^{6}ŋɔk^{8}

thjeu^{5} 跳　　　　～lə^{3}khεk^{7}

aːŋ^{5} 乐　　　　～kə^{5}ly^{5}

ti^{5}teŋ^{2} 四方形　　～pə^{6}laːt^{8}

（2）ADAB 式 AX

这一类中，A 常常是形容词和动词，B 为 AB 或 ABB 式中的单音节 B，D 是由韵母为-a 的音节构成，也常与 A 的声母相一致。

A 为形容词的例子：

lo^{4} 大　　　　～la^{2}～lan^{6}

ŋaːŋ^{5} 傻　　　　～ŋa^{1}～ɳ̥i^{5}

ɳ̥aːu^{4}（脸）脏　　～ɳ̥a^{2}～ɳ̥əŋ^{2}

A 为动词的例子：

tsham^{3} 走　　　　～tsham^{3}～tshεŋ^{5}

fən^{3} 飞　　　　～fa^{1}～fjaːŋ^{5}

ɳ̥au^{5} 苦着脸　　～ɳ̥a^{1}～ɳ̥eŋ^{1}

4. 其他形式的 AX

还有一些后置成分形式难以找到构形规律，数量也不多，但仫佬语口语中却经常出现。如：

（1）AEF 式

这类形式中 A 通常是动词，后置成分为双音节的绘声或描状词。E 要么单独与 A 构成 AE 或 AEE 式，要么可以与 A 构成 AF 或 AFF 式。即形成 AB 式或 ABB 式。如：

ɳ̥ε3 哭　　　　～aːu^{5}ŋəp^{7}

　　　　　　　～faːn^{1}fjεt^{7}

tshui^{1} 吹　　　　～faːn^{1}fə^{3}

它们可构成：

ɳ̥ε^{3}aːu^{5}aːu^{5}

ɳ̥ε^{3}fjεt^{7}fjεt^{7}

tshui^{1}fə^{5}fə^{5}

（2）AGAH 式

在仫佬语中，表示人因情绪过于激愤、极端而由嘴里发出的某种声音动作，常常被表达成 AGAH 式。A 表示该声音动作，G 为形容词“lo^4”（“大”的意思），H 为“$la:n^6$”，该音节无实际意义，是一个动词的后置成分，但这一后置成分只出现在 AGAH 式中，不会出现在 AB 式或 ABB 式的后置成分中。例如：

$ȵɛ^3$ 哭　　~lo^4~$la:n^6$

$øk^7$ 呕吐　　~lo^4~$la:n^6$

$tshui^1$ 吹　　~lo^4~$la:n^6$

$hɔŋ^4$ 吼　　~lo^4~$la:n^6$

（3）ACB’CB 式

$la:n^6$烂　　~$tshə^5ȵin^5tshə^5ȵɔŋ^5$

这个形式中可以后置的 CB 成分单独和 A 组合成 ACB 或 ABB 形式，构成 $la:n^6tshə^5ȵɔŋ^5$ 或 $la:n^6ȵɔŋ^5ȵɔŋ^5$。

（4）名词+A’BB 式

形容词 A’往往不会单独和 BB 构成 AX 结构，A’总是跟在固定的某个名词后，达到修饰该名词的作用，BB 是进一步添加的后置成分。例如：

$tət^7$ $kɣɔ^2$ $la:ŋ^3la:ŋ^3$

日头 晒 （后置成分）

二、带后置成分的形容词、动词和名词的语法功能

带有后置成分的形容词、动词和名词（即 AX 结构）一般具有形容词的性质，其语法功能与形容词相当，能在句中充当定语、谓语、补语、状语和宾语等成分，而与一些助词的结合略有不同。但动词的 AX 结构有时可以修饰动词，具有副词的语法功能。

1. 定语

AX 结构与中心词之间会由结构助词 $kɔ^5$“的”连接，数量结构可出现于 AX 结构之前，也可以出现在 AX 结构与中心词之间。例如：

① pi^2 $pwa:t^8pwa:t^8$ $kɔ^5$ $la:k^8tɛ^5$ $tsən^1si^6$ tau^1 $çən^1$ $tja:ŋ^3$.

胖 嘟 嘟 的 小孩 真是 讨 人 想

胖嘟嘟的小孩真是讨人喜欢。

② nə^{5}mu^{6} ai^{5}ȵəm^{3}ȵəm^{3}kɔ^{5} thin^{5}sɛŋ^{1} tshaːm^{3} lɔ^{3} caːu^{3}sɿ^{6}.
　一位　笑　眯眯　的　老师　　走　进　教室

一位笑眯眯的老师走进教室。

这句亦可表达成：

ai^{5} ȵəm^{3}ȵəm^{3} kɔ^{5} nə^{5} mu^{6} thin^{5}sɛŋ^{1} tshaːm^{3} lɔ^{3} caːu^{3}sɿ^{6}.
笑　　眯眯　的　一　位　老师　　走　进　教室

③ ho^{3} maːn^{3} çən^{1} fɛ^{3} sjaːŋ^{5}i^{5} kɔ^{5} fɛ^{3} sjaːŋ^{5}i^{5}，uk^{7}paːi^{1} ta^{3}kɔŋ^{1} kɔ^{5}
　里　村　人　做　生意　的　做　生意　　出去　打工　的

ta^{3}kɔŋ^{5}，tɔ^{4} hɣəːi^{5}ɣa^{5} kɔ^{5} çən^{1} tøn^{2} ŋ^{5}mɛ^{2} ljeu^{6}，hɣəːi^{5}ɣa^{5}
打工　　种　田地　的　人　都　没有　了　　田地

hoŋ^{1}ȵaːu^{3}ȵaːu^{3}.
　　荒芜

村里人做生意的做生意，外出打工的打工，种地的人都没有了，田地一片荒芜。

仫佬语中作定语的成分（M）往往直接后置于名词（N）之后，如：tsi^{3}lan^{3}（纸红，指“红纸”）。N+M 与 M+N 的结构互用而词义不发生变化。N+M 结构词序换成 M+N 的结构时，中间必须加上所属的结构助词 kɔ^{5}，词义不发生变化。例如：

lɛ^{2}ȵa^{2} = ȵa^{2}kɔ^{5}lɛ^{2}你的书　　　　taːn^{5}nau^{2} = nau^{2}kɔ^{5}daːn^{5}谁的雨伞

但 AX 作定语时后面若是出现数量词时常常用“kɔ^{5}”连接中心词。如例②。

2. 谓语

① mjɛn^{6} nja^{1} ka^{6} kɔ^{5} lau^{2} foŋ^{1} kɔŋ^{4}，mjɛn^{6} nja^{1} nai^{6} kɔ^{5} lau^{2}
　边　河　那　的　楼　高　耸　　边　河　这　的　楼

laːn^{6}tshə^{5}ȵin^{6}tshə^{5}ȵɔŋ^{5}.
破破烂烂

那边河的楼房高耸入云，这边河的楼房破破烂烂。

②laːk^{8} naːi^{6} ŋaːŋ^{5}ŋa^{1}ŋaːŋ^{5}ȵi^{5}，fɛ^{4} kɔ^{5} ti^{6}teŋ^{6} tjen^{1}tɔ^{3}tɔ^{3}.
孩子　这　　　傻乎乎　　　　做　的　事情　疯疯癫癫

这孩子傻乎乎的，做的事情疯疯癫癫的。

3. 补语

补语与谓语之中会有标示补充关系的 lai^{3} “得”。例如：

① taːm^{1} ȵøt^{8} fən^{6} kɔ^{5} ti^{6} si^{2} ，ho^{4} hɣəːn^{2} wəːi^{2} ŋaːu^{3} lai^{3} paːi^{2} tjaːŋ^{2} nəm^{4} sɔm^{6}sɔm^{6}.

三 月 份 的 时候 里 房子 回 潮湿 得 壁 墙 湿嗒嗒

三月份的季节里，屋子里因为潮湿墙壁上湿嗒嗒的。

② mɛ^{1} naːi^{6} sy^{3}ca^{3} əi^{2} lui^{6} ho^{3} çaːŋ^{1} tjeu^{5}tsa^{2}，ça^{5} lai^{3} nam^{1} pə^{1}tə^{1}.

年 这 暑假 我 下 里 乡 调查 晒 得 黑乎乎

今年暑假我下到乡里做调查，晒得黑乎乎的。

4. 状语

通常是动词的 AX 结构会作状语，而且 X 大都为两个音节后置成分。AX 与中心词之间都带 kɔ^{5} “的”。如：

① nə^{5} tsaːn^{1} ljeu^{4} tsaːu^{3}tshaːn^{5}，mɔ^{6} tu^{6} aːŋ^{5}khə^{5}ly^{5} kɔ^{5} tshuŋ^{5} uk^{7} paːi^{1} fjen^{3} nui^{1}.

一 吃 完 早餐 他 就 兴高采烈 的 冲 出 去 玩 雪

一吃完早餐，他就兴高采烈地冲出去玩雪。

5. 宾语

作宾语时，AX 后面通常也跟有 “kɔ^{5}”，例如：

① naŋ^{1} i^{6} naːi^{6} tjen^{1} tɔ^{3} tɔ^{3} kɔ^{5}，mɔ^{3} ȵa^{2} tu^{6} hɣɔ^{4} tsaːn^{1} khui^{1}.

还 这 样 傻乎乎 的 以后 你 就 知道 吃 亏

还是这样傻乎乎的，以后你就知道吃大亏。

三、AX 结构的修辞功能

仫佬语形容词、动词和名词的后置成分结构具有鲜明的口语语体色彩。通过总结，笔者发现这类结构具有以下几点修辞功能：

其一，表示语义程度的加强，动作的随意性。试比较：

① a. mɔ^{6} ɣəm^{1}. 他瘦。

他 瘦

b. mɔ^{6} ɣəm^{1}lə^{3}khøk^{7}.

（后置成分 lə^{3}khøk^{7} 加强了说话人对“他”瘦的程度的强调。）

② a. ȵuŋ^{2} fən^{3}. 蚊子飞。

蚊子 飞

b. ȵuŋ^{2} fən^{3}fjaːŋ^{3}fjaːŋ^{3}.

（蚊子无方向地这边飞那边飞，强调“飞”这一动作的随意性。）

其二，能表达说话者对所描述的客观事物主观的态度和感受，体现人们有意或无意中对人或物进行着评判。例如：

① pi^{2} pwaːt^{8}pwaːt^{8} kɔ^{5} laːk^{8}te^{5} tsən^{1}si^{6} tau^{1} çən^{1} tjaːŋ^{3}.

胖 乎乎 的 小孩 真 是 讨 人 想

胖乎乎的小孩真是讨人喜欢。

这句话的 AX 结构 pi^{2} pwaːt^{8}pwaːt^{8} 表达了说话人对胖小孩的一种积极的态度，含有褒义色彩。

② mɔ^{6} pi^{2} tə^{6}nwaːt^{8}，fɛ^{4} niŋ^{5} təu^{6}lu^{6} tu^{6} jø^{3} fən^{1} nə^{3}naːŋ^{2} jaːŋ^{4}.

他 胖 得变形 做 一点 活路 就 吃力成 什么 样子

他太胖，干一点儿活就吃力得不知成什么样。

其三，具有和谐音节的作用。仫佬语词汇多以单音节词为主。为了在表达上能够使语音和谐，常常会给单音节加上一定的音节成分使其成为双音节或多音节词，这样说出来朗朗上口，和谐动听。AX 结构就是单音节词变为多音节词中最具有特色的手段。试比较：

a. mɔ^{6} foŋ^{1}. 他高。

b. mɔ^{6} foŋ^{1} kɔːŋ^{4}.

又如：

c. tɔ^{2}lau^{5} ŋwa^{5}ŋwa^{5} ȵaːu^{6}ta^{5} ɣa^{5}，tɔ^{2} məm^{6}ljaːu^{3}ljaːu^{3} ȵaːu^{6}ta^{5} nja^{1}.

只螺蛳（蠕动状） 在中间田 只 鱼 （游动状） 在中间河

tjeu^{2} çaːu^{1} ma^{3}ma^{3}chen^{1} ta^{6}pɣɔŋ^{6}，tjeu^{2} kui^{1} lɔ^{3}lɔ^{3} ȵaːu^{6}u^{1} pɣa^{1}.

条 蔓藤 软软 牵 过 刺蓬 条 柴火 直直 在 上 山

螺蛳在田里慢慢爬，鱼儿在河里悠悠游。

藤儿软软牵过刺蓬，柴火直直在山上。

d. tɔk^{7} kwən^{1} muŋ^{5}muŋ^{5} kɣə：p^{7} hu^{3} kɔk^{7}, ȵik^{7}ȵik^{7} ŋaːt^{7}ŋaːt^{7} kɣə：p^{7} thəu^{5} ɔk^{7}.

落 雨 蒙蒙 挑 稻谷 咿咿呀呀 挑 到 屋

khə^{5}liŋ^{5} khə^{5}lɔŋ^{5}toi^{5} fən^{1} hu^{3}, pə^{6} lik^{7} pə^{6} lap^{8} tuŋ^{1} fən^{1} tsɔk^{7}.

叮咚叮咚 舂 成 米 吧卟吧卟 煮 成 粥

细雨蒙蒙挑担谷，咿咿呀呀挑到屋。

叮咚叮咚舂成米，吧卟吧卟煮成粥。

上边 c 和 d 两例山歌中所出现的具有 AX 结构形式的双音节和多音节词就具有使整个山歌和谐优美的功能。山歌中所出现的 ŋwa^{5}ŋwa^{5} 是在歌中省略了的动词 pɣa^{2}（爬）的后置成分。ljaːu^{3}ljaːu^{3} 的动词是省略了的 hwat^{8}（游）。ȵik^{7}ȵik^{7}ŋaːt^{7}ŋaːt^{7}kɣəːp^{7}、khə^{5}liŋ^{5}khə^{5}lɔŋ^{5}toi^{5} 和 pə^{6}lik^{7}pə^{6}lap^{8}tuŋ^{1} 是动词和其后置成分的倒置形式，并且在山歌中往往省略了助词 kɔ^{5}。

其四，表达鲜明的形象色彩。AX 结构同样的 A 可带有不同的后附成分 X，不同的 X 可表达不同的形象色彩，而且还可以表达形象色彩在程度上的细微差别。例如：lo^{4} lan^{6}lan^{6}（形容体积或者面积庞大），lo^{4} tə^{4}nɔk^{7}（形容体积面积大而且不齐整），lo^{4} pə^{6}lɔ^{1}（形容体积或者面积大的几乎变形）这三个 AX 结构都指“大”的意思，lo^{4} lan^{6}lan^{6} 可以泛指体积大的个体和物体，lo^{4} tə^{4}nɔk^{7} 略带贬义色彩，lo^{4}pə^{6}lɔ^{1} 的贬义色彩程度更强一些。但它们之间的差别是细微的，往往不是不可以相互代替。

四、对后附音节语法归类的思考

仫佬语主要实词（形容词、动词和名词）后附的本身基本没有实际词汇意义的音节给原词附加的语法意义不尽相同。通过它们不同的结构和使用情况，我们可以把这些音节进行如下语法归类：

1. 形容词程度加强类

这类附加在形容词后面的音节成分本身不构成独立意义词素，往往会给形容词增添某种特定的不尽相同的附加情感意义，可使该形容词的程度得以加深。一个后置成分往往只能跟在一个形容词后面（一个形容词后可以根据表示的附加情感意义的不同而附加上不同的后附音节）。这区别于词尾或词缀往往附加在某一类实词之后的定义。所以，我们把这样音节成分直接归类为形容词程度加强类后附音节。在仫佬语中，我们可以把附加在形容词或兼有形容词性质的动词的 AB 式、ABB 式、ACB 式、ADAB 式、名词+A’BB 式（A’实质上是形容词）和 AC’CB’式①中的后附成分音节直接归入这一类。例如：

pi^{2} pwaːt^{8}（胖嘟嘟，AB 式）

胖

kwən^{3} jwa^{1} jwa^{1}（软乎乎，兼有动词性质的形容词，ABB 式）

烧开

lo^{4} la^{2} lo^{4} lan^{6}（很大很大，ADAB 式）

大　　大

ɣəm^{1} lək^{7} khøk^{7}（细细瘦瘦，ACB 式）

瘦

tət^{7} kɣɔ^{2} laːŋ^{3} laːŋ^{3}（日高天热，名词+A’BB 式）

日光 日晒

laːn^{4} pə^{5} lə^{5} chə^{5}（出奇地懒，AC’CB’式②）

懒

2. 副词功能类

跟在动词后面非拟声的音节成分，对原动词起到修饰或说明的作用，体现了动词的某种状态。后附音节本身亦没有独立意义。这时，动词和它的后附音节则具有了形容词的性质。包含动词的 AB 式、ABB 式、ACB 式、ADAB 式和 ABC’式③中的后附音节。例如：

jɛ^{6} tshœ^{5}（羞答答，AB 式）

羞

---

① 仫佬语后置音节的结构类型主要参见银莎格：《仫佬语名词、动词及形容词后置音节研究》，载《怀化学院学报》，2011（9）。

② 在 AC’CB’式中，C 和 C’都是由-ə＊音节构成的，其中 C’是选择性插入的。也就是说，A 可以和 CB’结合形成 ACB’式，ACB’式相当于 ACB 式，但无法进一步构成 AB 式或 ABB 式。本例可构成 ACB’式：lan^{3} lə^{5} chə^{5} 很懒。

③ 这类形式中的 A 为单音节动词或名词，C 是由与 B 相同的声母加上韵母 ə 构成。由于后附音节语音调类对应的关系，在 ABB 式中的 B 音节的调值在 ABC’式中会发生变化，例如：ɳɛ^{3} ŋaːu^{2} ŋaːu^{2}（娃娃大哭，ABB 式，B 为第 2 调），ɳɛ^{3} ŋaːu^{3} ɳə^{3}（ABC’式，B 为第 5 调，与前后音节对应）。在这一类中，C’是含有韵母-ə 的音节（即-ə＊音节），带有这个音节后附音节对所形容的事或物有 种相对消极的感情色彩。

fən³ fjaːŋ³ fjaːŋ³（飞飘飘，fjaːŋ³ fjaːŋ³ 说明 fən³ “飞”所处的状态，ABB 式）

飞

tui⁶ kə⁶ ŋɔk⁸（呆坐着，ACB 式）

坐

ȵau⁵ ȵa¹ ȵau⁵ ȵeŋ¹（皱巴巴，ADAB 式）

皱　　皱

tshui¹ faːn¹ fə³（大吹大擂，ABC’式）

吹

3. 拟声类

具有明显地描摹动作所发出的声音的音节成分。这类音节和动词没有直接的必然联系，这些声音有自己的词素意义。例如动词的 AB 和 ABB 式的后附音节：

ȵɛ³ ŋa²（哇哇大哭，AB 式）

哭

ȵɛ³ ŋa² ŋa²（哇哇大哭，ABB 式）

哭

4. 助名词形容词化功能类

这类音节附加在名词之后，对名词起到修饰作用。它们本身不具有独立意义。名词附加后附形容词功能类的音节后具有形容词的性质。例如名词的 AB 式、ABB 式、ACB 式和 ABC’式中的后附音节：

nəm⁴ jɔp⁷（水汪汪，AB 式）

水

kwən¹ muŋ⁵ muŋ⁵（雨蒙蒙，ABB 式）

雨

nəm⁴ pə⁵ lɔŋ⁵（水答答，ACB 式）

水

hɣɔk⁸ ȵaːu³ ȵə³（荒草连天状，ABC’式）

草

5. 复合形式类

这类的后附音节可以和原词进一步拆分组合形成不同于原附加的音节成分语

法类别的形式。复合词类别亦可再次分成三小类：

后附音节中既含有成词语素又有非成词语素类。例如 AEF 式和 AGAH 式中的后附音节：

ȵε^{3} ŋaːu^{3} ŋəp^{7}（嗷嗷大哭，AEF 式）

哭

ȵε^{3} lo^{4} ȵε^{3} lan^{6}（大哭特哭，AGAH 式）

哭　哭

这两个后附成分可归属于副词功能类别，但形式中后附音节并不是完全没有意义的成分，其中的 ŋaːu^{2}（未发生对应调值变化）和 lo^{4} 都是有实际意义的语素，ŋaːu^{2} 是哭的象声词，lo^{4} 是“大”的意思。这两个形式可以再次拆分成 ȵε^{3} ŋaːu^{2} ŋaːu^{2} 和 ȵε^{3} lo^{4} lan^{6}，拆分之后 ŋaːu^{2} ŋaːu^{2} 归属于拟声类别，而 ȵε^{3} lo^{4} lan^{6} 则形成了动词接补语的结构形式，lan^{6} 是形容词 lo^{4} 的后置音节。

后附音节本身没有词素意义，但由于习惯搭配后附音节亦可以独立使用。包括 ACB'CB 式中的后附音节：

laːn^{6} tshə^{5} ȵin^{5} tshə^{5} ȵɔŋ^{5}破破烂烂

破烂

lwən^{6} tshə^{5} ȵin^{5} tshə^{5} ȵɔŋ^{5}乱七八糟

凌乱

这个后附音节以及它拆分后形成的 ACB 的后附音节都属于形容词的后附音节类，它们中的每一个音节本身都没有实际意义。但由于仅仅只跟 laːn^{6} 和 lwən^{6} 一起使用，tshə^{5} ȵin^{5} tshə^{5} ȵɔŋ^{5} 可以脱离 laːn^{6} 和 lwən^{6} 直接表示 laːn^{6} tshə^{5} ȵin^{5} tshə^{5} ȵɔŋ^{5} 和 lwən^{6} tshə^{5} ȵin^{5} tshə^{5} ȵɔŋ^{5} 两个词的意思，即“破烂且凌乱”。这时 tshə^{5} ȵin^{5} tshə^{5} ȵɔŋ^{5} 语法性质发生变化，具有形容词性质。例如：

mjɛn^{6} nja^{1} ka^{6} kɔ^{5} lau^{2} foŋ^{1} kɔŋ^{4}，mjɛn^{6} nja^{1} nai^{6} kɔ^{5} lau^{2} laːn^{6} tshə^{5} ȵin^{6} tshə^{5} ȵɔŋ^{5}.

边　河　那　的　楼　高耸　边　河　这　的　楼　破破烂烂

那边河的楼房高耸入云，这边河的楼房破破烂烂。

可把 laːn^{6} 省略：

mjɛn^{6} nja^{1} ka^{6} kɔ^{5} lau^{2} foŋ^{1}kɔŋ^{4}，mjɛn^{6} nja^{1} nai^{6} kɔ^{5} lau^{2} tshə^{5} ȵin^{6} tshə^{5} ȵɔŋ^{5}.

那边河的楼房高耸入云，这边河的楼房凌乱破烂。

本节主要参考文献：

1. 陈望道：《修辞学发凡》，上海：上海教育出版社，2001。

2. 刀承华：《傣语德宏方言中动词和形容词的双音节后附形式》，《民族语文》1984 年第 5 期。

3. 黄进炎：《现代泰语重叠词结构浅析》，《现代外语》1995 年第 1 期。

4. 梁敏：《壮语形容词、名词、动词后附音节的研究》，《民族语文研究文集》，西宁：青海民族出版社，1982。

5. 覃国生：《壮语柳江话动词、形容词的后附成分》，《民族语文》1981 年第 4 期。

6. 覃晓航：《壮语特殊语法现象研究》，北京：民族出版社，1995。

7. 银云忠：《仫佬语定中结构及名词修饰语语序简析》，《中央民族大学学报》2005 第 6 期。

8. 张公瑾：《傣语德宏方言中动词和形容词的后附形式》，《民族语文》1979 第 2 期。

9. 朱德熙：《语法讲义》，北京：商务印书馆，2000。

第三节　仫佬语方位词特征[①]

方位词是表示方位、处所和时间的一类词语。这一类词在任何民族的语言中都存在，是全面描写一种语言不可缺少的部分。语言学界对于仫佬语的方位词的研究为数不多。之前对于仫佬语方位词的研究分析在很大程度上只看到仫佬语方位词与汉语方位词的共通之处，而对于仫佬语自身所具有的特殊的语法特点则未能详尽描述。这一节对仫佬语方位词自身的特点进行分析研究。

在仫佬语中，单纯方位词，如：“tɔŋ^{1}、te^{1}、naːm^{2}、pak^{7}”对应的是“东、西、南、北”。这类词属于汉语借用词语。在仫佬族原生文化中只有相对基准的方位词。诸如：“u^{1}（上）”“te^{3}（底）”“lən^{2}（后）”“ho^{3}（里）”“uk^{7}（外）”“ce^{4}（左）”“fa^{1}（右）”“tin^{5}（旁）”“pjen^{1}（边）”“ta^{5}（中）”。

① 本节原文曾刊发于《凯里学院学报》2013 年第 2 期。

其中仫佬语没有专门的读音区别汉语里的“里，内”，但是仫佬语有“tin^{5}，pjen^{1}”对应汉语里的“旁”和“边”，其中“pjen^{1}”属于仫佬语旧借词，两个词可以组成同位的方位词组“tin^{5} pjen^{1}”（旁边）。仫佬语单纯方位词多数的情况下要变成合成方位词使用，或者黏着于名词性词语之后，构成实指性方所词表示方位。仫佬语中的单纯方位词加上一些诸如：“hγət^{7}（边）”“mjɛn^{6}（面）”“ka^{6}（相当于“那”）”“ji^{3}（以）”的语素可构成仫佬语的合成词。如：

① hγət^{7} fa^{1}	② mjɛn^{6} u^{1}	③ kun^{5} ka^{6}	④ ji^{3} tsha^{5}
边　右	面　上	前　那	以　上
右边	上面	前边	以上

上面例①的“hγət^{7}”属于专门构成合成词的语素，与单纯方位词“pjen^{1}”应加以区别对待。例①和例②中的“hγət^{7}”和“mjɛn^{6}”可以相互替代，其意思不变，这与汉语中的“面”和“边”的替换规则一样。并且单纯方位词构成合成方位词时，把单纯方位词前置，附加的语素后置。这与仫佬语修饰限定成分后置的构词原则相一致。但例④属于例外，应该是汉语借词，与汉语的构词原则相同。tsha^{5} 单独使用时强调的是动作“上”的意思，与之相对应的是 lui^{6}“下”，强调动作。而 ji^{3} lui^{6} 又构成表示方位的合成词。

另外，这些方位词与普通处所名词，如：tsɿ^{6} taːŋ^{2}（学校）、hγəːn^{2}（房）、tɔ^{1}（门）、γa^{5}（田）构成实指性方所词。其结构为：方位词+处所名词。例如：

ho^{3} tsɿ^{6}taːŋ^{2}	kun^{5}hγəːn^{2}	u^{1}pγa^{1}	kun^{5}tɔ^{1}	ta^{5}γa^{5}	te^{3} ti^{6}
里　学校	前　房	上山	前　门	中田	底地
学校里	房前	山上	门前	田中间	地上

除了上述所说的狭义方位词，仫佬语还区分有广义方位词。广义方位词中借用人或动物器官及事物的名称而表方位。这类借用词也只能同名词组合才表达方位、处所，单独用时并不表示方位和处所。借用以表达方位的词语不仅与名词组合，并且是开放性的，凡可用来表示方位的事物或事物的一部分都可借用。这类借用的语素包括：paːk^{7}（口）、phγø^{1}（顶）、kγo^{3}（头）、tin^{1}（脚）、caːk^{7}（角）。例如：

kγo^{3} tshja^{1}	tin^{1} kon^{2}	caːk^{7} lap^{7}	paːk^{7}kaːm^{1}	phγø^{1} tsən^{2}
头　车	脚　桌	角　黑	口　岩洞	顶　岭
车头	桌脚	黑角处	岩洞口	山岭顶上

仫佬语方位词自身特有的语法特征主要表现在以下几个方面：

1. 方位词重叠

（1）单纯方位词的重叠

重叠后该方位词具有修饰作用，可直接置于一名词前修饰该名词，表示该方位的每一范畴。这类可重叠的方位词有 ta^5（中间）、kun^5（前）、$lən^2$（后）、u^1（上）、te^3（底下）、ho^3（里）、uk^7（外）、$caːk^7$（角落处）、$mɣaːŋ^6$（半截处）。例如：

1）$\underline{ta^5\ ta^5}$ $ɣa^5$ $tøn^2$ $mɛ^2$ na^5 $thaŋ^5$ muk^8 $ȵek^8$ $kaːn^3$ $nɔk^8$

中　中田　都　有　一　个　木头人　赶　鸟

每块田中间都插有一个稻草人。

2）$\underline{u^1\ u^1}$ $pɣa^1$ $tøn^2$ $mɛ^2$ mai^4

上上　山　都　有　树

每座山上都有树。

3）$\underline{caːk^7caːk^7}$ $caːi^1$ $tøn^2$ $phɣət^7$ lai^3 $sjaːu^5$ $səp^7$

角　角　街　都　扫　得　干净（后置音节）

街道的每一拐角处都扫得干干净净。

处所名词如果是谈话双方都清楚的情况下，句中可以把处所名词省略，此时重叠的方位词具有名词性的语法功能。例如以上三例可以把句中的处所名词 $ɣa^5$（田）、$pɣa^1$（山）、$caːi^1$（街道）省略，句子所表达意思不变。

单纯方位词重叠可以表示方位的尽可能延长的距离，一般方位词紧跟在相应的趋向动词之后重叠，重叠的方位词后面往往要共现指示代词 $naːi^6$ “这” 或 ka^6 “那”，再以趋向动词 $paːi^1$ “去”（表示离开说话人）或 $taŋ^1$ “来”（表示向说话人靠近）收尾。例如：

lui^1 $\underline{te^3\ te^3}$ $\underline{ka^6}$ $\underline{paːi^1}$下到那最下边去

下 底 底 那　去

$lɔ^3$ $\underline{ho^3\ ho^3}$ $\underline{ka^6}$ $\underline{paːi^1}$进到最里边去

进 里　里 那　去

$tsha^5$ $\underline{u^1\ u^1}$ $\underline{naːi^6}$ $\underline{taŋ^1}$上到最上头来

上　上 上 这　来

方位名词前边的趋向动词可以出现行为动词，整个“趋向动词+方位名词+$naːi^6/ka^6$+$paːi^1/taŋ^1$” 作为行为动词的补语，并且方位名词前的趋向动词可以选择性共现。例如：

nun^{2} lɔ^{3} ho^{3} ho^{3} ka^{6} paːi^{1}.

睡 进 里 里 那 去

睡进最里边去。

=nun^{2} ho^{3} ho^{3} ka^{6} paːi^{1}.

睡 里 里 那 去

睡进最里边去。

如果重叠方位词前边的动词是表示存在的 ȵaːu^{6} “在”，那么，可以去掉收尾的趋向动词，但指示代词还要保留。例如：

peŋ^{2} tshu^{4} kə^{6} ȵaːu^{6} u^{1} u^{1} ka^{6}.

瓶 醋 那 在 上 上 那

那瓶醋在最上面。

mɔ^{6} kɔ^{5} pho^{5} paːi^{3} ȵaːu^{6} ho^{3} ho^{3} ka^{6}.

他 的 床 摆 在 里 里 那

他的床摆在最里边。

以上的句子的末尾也可以加上 paːi^{1}，但这时 paːi^{1} 是一个语气助词，起强调和夸张的作用。例如：

peŋ^{2} tshu^{4} kə^{6} ȵaːu^{6} u^{1} u^{1} ka^{6} paːi^{1}!

瓶 醋 那 在 上 上 那 啊

那瓶醋在那最上面啊！

ȵaːu^{6} “在”加上方位名词构成的结构可以在句子中作介宾结构里行为动词的补语。例如：

mɔ^{6} taŋ^{4} ȵaːu^{6} u^{1} u^{1} ka^{6}.

他 站 在 上 上 那

他站在最上面。

（2）合成方位词的重叠

主要是 mjem^{6} “面”、hɣət^{7} “边”和 caːk^{7} “角”等和单纯方位词组合成的合成方位词的重叠，用来表示方位距离的延长，方位名词前一般也是趋向动词，后接上指示代词 naːi^{6} “这”或 ka^{6} “那”后再接上趋向动词 paːi^{1} “去”（表示离开说话人）或 taŋ^{1} “来”（表示向说话人靠近）收尾。例如：

tsha⁵ mjem⁶ u¹ mjem⁶ u¹ ka⁶ paːi¹.

上 面 上 面 上 那 去

上到最上面去。

thəu⁵ hɣət⁷ ho³ hɣət⁷ ho³ naːi⁶ taŋ¹.

到 边 里 边 里 这 来

到最里边来。

以上结构可以跟在行为动词的后面作为句子的补语成分。例如：

tshaːm³ tsha⁵ mjen⁶ u¹ mjen⁶ u¹ ka⁶ paːi¹.

走 上 面 上 面 上 那 去

走上最上面去。

tsam² lɔ³ mjen⁶ ho³ mjen⁶ ho³ ka⁶ paːi¹.

躲 进 面 里 面 里 那 去

躲进最里边去。

当句子是以表示存在的动词 ȵaːu⁶ “在” 作句子的谓语，以重叠的合成方位词作宾语，在这种情况下，可以在带有指示代词的方位词组之后加上语气助词 paːi¹/pəi¹ “去了啊”。例如：

hɣəːn² mɔ⁶ ȵaːu⁶ caːk⁷ ho³ caːk⁷ ho³ ka⁶ paːi¹!

家 他 在 角 里 角 里 那 去

他家在那边最角落里呀!

如果“ȵaːu⁶+重叠方位名词+naːi⁶/ka⁶”的结构的前面或后面有其他的动词做句子的谓语，那么，这个结构就是带重叠方位词的介词词组。例如：

mɔ⁶ tui⁶ ȵaːu⁶ hɣət⁷ ho³ hɣət⁷ ho³ ka⁶ paːi¹!

他 坐 在 边 里 边 里 那 去

他坐在最里边啊!

2. 方位名词语法化作为前附加成分构词

例如：

ta⁵ khɣaːŋ¹天井	ta⁵ mən¹露天	ta⁵ theŋ¹堂屋
中间 平台	中间 天	天 堂
paːi² tjaːŋ²墙壁	paːi² pɣa¹山腰	paːi² lɛ⁵山坡
边 墙	边 山	边 坡

ho^{3} maːn^{3}农村　　　　ho^{3} fai^{3}城市　　　　ho^{3} lɔk^{2}鸡窝

里　村　　　　　　　　里　街　　　　　　　　里　窝

u^{1} ŋɔm^{4}上腭　　　　　　lən^{2} laːi^{2}背　　　　　te^{3} khɣaːk^{7}腋窝

上　腭　　　　　　　　后　背　　　　　　　　底　腋窝

ho^{3} fjɛn^{1}菜园子　　　　　ta^{5} phwa^{1}/pwa^{1}坝子

里 菜园　　　　　　　　中　坝子、平地

这些前附加成分亦可以和其他的自由词素在句法里配合，构成的是词的组合形式。和它们构成的合成词的形式不可混为一谈。例如：ta^{5} maːn^{3}村里（指的是实指性方位），而 ta^{5} khɣaːŋ^{1}（天井）是一个普通名词。

银村中存在大量由方位名词附加实义名词表示某一地名。在这样的结构中，方位名词的意义虚化，具有了语法化作用。例如：

ta^{5} phwa^{1}/pwa^{1}　坝子　　　　　kɣo^{3} tsho^{5} ȵi^{6}石围屯村头的休闲中心

中　坝子、平地　　　　　　　头　　初二

kɣo^{3} ti^{6} ti^{5}大银屯四冬人的住地（大银屯西边）

头　第四

kɣo^{3} ti^{6} ŋɔ^{4}大银屯五冬人的住地（大银屯东边）

头　第 五

kɣo^{3} mɔk^{7}石围屯东北角的住地

头　突起

te^{3} nja^{1} lo^{4}小西江（贯穿银村的一条小河，河水为黄色）

底 河　大

te^{3} ləu^{6}石围屯正前方一带

底　漏

te^{3} puŋ^{6} jəu^{6}石围屯正前方偏西一带地方

底　　蓬油

te^{3} mən^{5}石围沓水池一带

底　沓

ho^{3} ȵiŋ^{6}石围屯往西北去的山岭一带

里　仁

u¹ mɛ⁵石围过了 te³ mən⁵往西一带田地

上 玫

u¹ pu³指 u¹ mɛ⁵再继续往西一带田地

上 普

3. 仫佬语中的方位名词（中心词）在被指示代词修饰之后，还能被其他名词修饰，这时其他名词进一步后置。例如：

mjɛn⁶ ka⁶ nja¹　　　　hɣət⁷ naːi⁶ səu²

面　那　河　　　　　边　这　小舅

河那边　　　　　　　小舅这边

以上的名词“nja¹（河），səu²（小舅）”后置在修饰方位名词的指示代词“ka⁶（那），naːi⁶（这）”之后。

4. 仫佬语中可在 ta⁵（中间）、kun⁵（前）、lən²（后）、u¹（上）、te³（底）、ho³（里）、uk⁷（外）、caːk⁷（角落）、mɣaːŋ⁶（半截）等方位词后加上专门用作可做量词的单音节名词、少数复音节名词或量词的修饰语的指示代词 naːi⁶“这”/ ka⁶“那”，直接表示所指方位。做修饰语时，naːi⁶“这”/ ka⁶“那”这两个词可分别弱化读成 nəi⁶ 和 kə⁶，具有合成方位词语素的作用。比如：

kun⁵ naːi⁵　　　　lən² naːi⁶　　　　caːk⁷ ka⁶

前面 这　　　　　后面 这　　　　　角落 那

这前面　　　　　这后面　　　　　那角落

但是，方位词变成合成词或与名词结合后也可再加上 naːi⁶/ ka⁶，但这时的 naːi⁶/ ka⁶ 就不再是合成方位词语素的意思，而是指示词的作用。

5. 当仫佬语方位词组以主语或定语形式存在于句子中时，常常省略介词 ɳaːu⁶（在……），而表达的意思仍然很明确。例如：

（1）ho³ hɣəːn² taːu³ mɛ² nə⁵ at⁷ lu²（作主语）

里　屋　烧　有　一　个　炉

屋里烧着一个炉子。

（2）haːn⁵ ə⁶ naːi⁶ a⁶，tə⁵ tshø⁵ kɔ⁵ ɣa⁵ nəm⁴ ji³cin⁵ khu¹ ljeu⁴ ljeu⁶（作定语）

旱　这么　呀　到　处　的　田　水　已经　干　完　了

天大旱，到处的田地都干裂了。

6. 方位名词的顺序性

单纯方位词 kun^5“前”和 lən^2“后”可以放置在名词或量词之后构成合成词，表示“前一……”和“后一……”的意思。例如：

和名词结合：ni^4 lən^{2}后一母亲（即后母）

妈妈后

fai^3 kun^{5}前一个集市日

集日 前

和量词结合：mu^6 kun^{5}前一个（人）

个　前

phe^1 lən^{2}后一批

批　后

以上对仫佬语方位词进行阐述，认为仫佬语方位词较汉语方位词具有其自身特有的语法特征：单纯方位词可重叠；受名词修饰时，名词置于方位词之后；被指示代词修饰之后，还能被其他名词修饰；和具有指示意义的词相连直接表示所指方位；以主语或定语形式存在于句子中时，介词 ȵaːu^6（在……）常可省略。

本节主要参考文献：

1. 吕叔湘：《中国文法要略》，北京：商务印书馆，1982。

2. 王均、郑国乔：《仫佬语简志》，北京：民族出版社，1980。

3. 赵薇：《略论现代汉语方位词范畴及特点》，《江苏教育学院学报》2001年第5期。

4. 朱德熙：《语法讲义》，北京：商务印书馆，2003。

第四节　仫佬语处置义句式

学界对于处置义的基本定义是“施事发出某种动作致使受事受到影响（往往产生某种变化）”。这一节我们以这个定义为基本出发点，展开对于仫佬语处置义句式的描写、分析和探讨。

一、处置义的句式结构类型及特点

1. “把”字句和零标记处置句式结构

在汉语标准语中，“把”字句被看作是处置句的基本结构形式。在仫佬语中，我们发现“把”字句也存在于日常用语中，但是使用频率并不是很高。在笔者主持的国家社科基金西部项目“仫佬语语料的收集记录与研究”（17XYY015）课题目前所搜集整理的仫佬族人聚居地罗城仫佬族自治县两个主要仫佬语语言点（东门镇和黄金镇）的约6万字的话语材料①（包括日常对话、民间故事和风俗传统等的口头陈述、山歌）中，一共记录了5则带“把”字的处置句。这几个句子是：

①mɔ^{6} ɣa^{2} mu^{6} tøn^{2} tjaːŋ^{3} fɛ^{4} lak^{7} tau^{2} , tsjem^{5} ta^{5} ɣa^{5} , pa^{3} leŋ^{6} lak^{7} kaːn^{3}

它 两 个 都 想 做 个 头 占 中 田 把 另 个 赶

tsha^{5} u^{1} pɣa^{1} paːi^{1} , ti^{6}ca^{1} ȵaːu^{6} ta^{5} ɣa^{5} tshiŋ^{1} joŋ^{2}.（民间故事：蚂蚱和猴子打架）

上 上 山 去 自己 在 中 田 称 王

它们两个都想称王，占据田地，把另一个驱赶到山上去，自己在田地里称王。

②əi^{2} naːu^{3} puŋ^{6}tsui^{2} kui^{5} lui^{6} paːi^{1} tu^{6} pa^{3} mɔ^{6} tsui^{2} pjɛn^{3} pə^{6} ljeu^{6}.（民间故事：蚂蚱和猴子打架）

我 一 槌子 打 下 去 就 把 它 捶 扁 了 了

我一棒槌打下去，就把它捶扁了。

③thəu^{5}hət^{7} kɣəːp^{7} mu^{2} ta^{5} ɣa^{5} tɔŋ^{5} , thəu^{5}fan^{1} tu^{6} paːi^{1} pa^{3} mu^{2} phu^{1}.（古歌：节气歌）

上午 挑 厩肥 中 田 放 下午 就 去 把 厩肥 铺

上午挑厩肥到田里，下午去把厩肥铺。

④lɔ^{2} pjen^{5}tsɿ^{4} le^{5} , tu^{6} pa^{3} niu^{2} tshɿ^{6}thəi^{4} la^{5}。（日常陈述）

进 编制 呢 就 把 我们 辞退 了

（单位）编制（改革），就把我们辞退了。

⑤tsyn^{3}pi^{4} pa^{3} mɔ^{6} at^{7} kui^{6} cəm^{1} ȵan^{2} kə^{6} tyn^{1} naŋ^{6}.（民间故事：婆猕的故事）

准备 把 她 个 柜 金 银 那 抬 走

准备把她那个（装着）金银的柜子抬走。

① 双语对照的直译和意译语料。

以上语料来自黄金镇语言点。

从语音上看，pa^3 的读音是借用西南官话“把”的读音，整个句式结构也受西南官话影响，套用了西南官话“把”字句结构表示处置义。这样的套用是直接的，细化之后仍然受到仫佬语自身语言结构和语义表达的限制。我们分析出借用到仫佬语里的“把”字句呈现出如下特点：

仫佬语带 pa^3 音节的处置结构里，pa^3 后的名词不是指人名词或代词，并且被处置的事物（pa^3 后名词）不是多重修饰的名词短语（一般只可带一个修饰成分）。同时，动词谓语不是光杆动词的情况下，pa^3 可以直接省略，结构剩余部分仍可理解为表示处置意义，即形成了零标记前置受事的处置义句式类型。例如：

⑥（pa^3） $chiŋ^1$ $tsoŋ^1$ pit^7

把　箩筐　装　满

把箩筐装满

⑦（pa^3） $tə^5$ $tshø^5$ $phət^7$ $sjau^5$ $səp^7$ $səp^7$

把　到处　扫　干净（后置音节）

把每一处打扫干净

⑧（pa^3） ti^6ca^5 $kɔ^5$ phi^6 chi^5 $caːi^3$ $nə^3$ $caːi^3$

把　自己　的　脾　气　改　一　改

把自己的脾气改一改

首先，pa^3 后的名词是指人名词或代词的话，如果 pa^3 省略了，指人名词或代词显然就成了结构动作的施事，处置义随之也消失了（暂不考虑句义通顺与否）。再者，仫佬语中的名词存在前置和后置修饰语，被处置事物被多个修饰成分修饰后使得处置核心在结构中飘散，使得各成分在结构中的功能难以明确（例如上例⑤人称代词 $mɔ^6$ 前置修饰名词，该位置也是主语的位置），使用处置标记 pa^3 可以明确隔断前边成分并提示后面成分是被处置的内容，即使受事是处于多重修饰的名词短语结构中，也可以在依据名词短语语序规律落实核心名词（被处置事物）。另外，在没有 pa^3 提示处置对象，且动词是光杆动词的结构中，即“名词（非指人名词）+光杆动词”结构，这样的结构不能形成处置意义（如上例③中 pa^3 不能省略），加上带有动作结果的补语（形容词、助词或名词等）表明处置对象被处置的结果，才能完成处置义。这样看来，除了 pa^3 可以作为处置标记，受事（处置对象）零标记的情况下，动词自身性质和其后的补语配合形成的句式也完成了对受事处置性的表达。

在句法使用上，不带 pa^{3} 音节的处置句常用度甚至更高。我们看下面的例子：

⑨əi^{2} hu^{3} tuŋ^{1} pjeu^{4}，ma^{1} suk^{7} lai^{3}，sik^{7} tsep^{8} thin^{1} thu^{3} pjeu^{6}，

我 饭 煮 了 菜 洗 得 肉 切 清楚 了

jaːŋ^{6} jaːŋ^{6} tsyn^{3} pi^{4} lai^{3} pjeu^{6}，khai^{1} fi^{1} nə^{3} tshaːu^{3} tu^{6} lai^{3} tsaːn^{1} mu^{2} ljeu^{6}.

样 样 准备 得 了 开 火 一 炒 就 得 吃 晚饭 了

我把饭煮了，把菜洗好了，肉也切好了，什么都准备好了，开火一炒就可以吃晚饭了。

⑩paːi^{1} tu^{3} ɣa^{2} mu^{2} tsi^{1}，ho^{3} hɣən^{1} fən^{1} tjen^{2} sø^{1} ljeu^{4}.

去 赌 两 晚 而已 里 身 分 钱 输 完

就去赌了两个晚上，把身上的钱都输光了。

上面的例子中的被处置物品 hu^{3}/ma^{1}/sik^{7}/ jaːŋ^{6} jaːŋ^{6}/ ho^{3} hɣən^{1} fən^{1} tjen^{1} 都没有带处置标记 pa^{3}，应该说，带 pa^{3} 和省略了 pa^{3} 的处置句都是在口语中表达了说话人想主观强调被处置物品的意味，掺杂了说话人的主观感情。除此之外，pa^{3} 字句结构可以表达完成义或驱动义（将动义），不带 pa^{3} 的宾语前置的处置句只能表达完成义，驱动义由下文提到部分虚化动词标记处置句式或动宾处置式配合其他标记完成。另外，pa^{3} 字句作为借用到仫佬语中的提示处置物品的标记，除了用于清楚明了地标记出在仫佬语语法结构中本身就会引起语言歧义处置句式之外（即作为语法补充之外），语法作为语言几大要素中最稳定的要素，在不引起歧义的情况下，不用 pa^{3} 的处置句式使用度也就更高了。也就是，使用处置标记 pa^{3} 的情况是必须要使用其提示被处置对象（人）（例①、②、④），带多重定语的名词作为处置对象（例⑤）（而口语中往往不会用太过复杂的修饰结构），以及没有补语表示处置义的结构（例③，一般是出现在歌词或顺口溜里）。

2. 部分虚化动词标记处置句结构

仫佬语里双动词结构的基本句法格式是“主语+动词 1+名词（或代词）+动词 2+其他成分”，其结构正是兼语和连动句式，这样的句式结构中的“动词 2”和名词之间存在支配与被支配的关系时，则表达了处置意义，这时候“动词^{1}”一般由 lɔ^{6}“给”、tsau^{4}“拿”、ləu^{2}“留”、khɣəu^{1}“让”、chɣɛ^{1}“给”和 aːu^{1}

“要”等实义动词部分虚化充当宾语前置标记。依据基本句法格式的结构形式，部分虚化动词标记处置句式可分为以下几种句式类型：

（1）句式一：施事者+标记词+受动者+谓语动词+其他成分

其他成分往往作为结构中的必要成分出现，可以由补语、定语、宾语2等充当。

⑩ni^{4} niu^{2} lɔ^{6} hu^{3} həp^{7} khut^{7} paːi^{1}.（结果补语）

妈 我们 给 饭 焖 糊 去

我妈妈把饭焖糊了。

⑪nau^{2} tu^{6} ləu^{2} hwa^{6} caːŋ^{3} tøt^{7} paːi^{1} mə^{6}?（结果补语）

谁 就 留 话 讲 绝 去 呀

谁把话讲（那么）狠绝去呀？

⑫ləm^{2} lɔ^{6} mɔ^{6} nuŋ^{4} tshui^{1} fən^{3} hui^{5} paːi^{1} .（趋向补语）

风 给 帽子 孩子 吹 飞 那 去

风把孩子的帽子吹飞（到）那儿去了。

⑬pwa^{2} mɔ^{6} tsau^{4} kɣəu^{3} maːŋ^{1} kə^{6} naːu^{3}maːt^{7} tu^{6} phɔ^{1} u^{1} çan^{1} kə^{6} paːi^{1}.（处所补语）

奶奶 他 拿 捆 稻秆 那 一 下 就 抛 上 田埂 那 去

他奶奶一下子就把那捆稻草抛到田埂上边了。

⑭əi^{2} lɔ^{6} at^{7} taːŋ^{6} kə^{6} waːŋ^{5} paːi^{1} nə^{3} caːk^{7}.（借助 paːi^{1} 提示“结果宾语 2 nə^{3} caːk^{7}”）

我 给 个 缸 那 崩 去 一 角

我把那个缸整缺了一个口子。

（2）句式二：施动者+标记词+paːi^{1}“去”或 taŋ^{1}“来”+谓语动词（+其他成分）

该句式中谓语动词是由光杆动词充当，其他成分一般是与事宾语，作为给予动词的必要成分；其他情况下，其他成分由结果补语或动态助词充当，并且不作为结构中的必要成分。

⑮əi^{2} aːu^{1} thaŋ^{5} hui^{1} taŋ^{1} ȵaːi^{5}.

我 要 个 果子 来 嚼

我要个果来吃。

⑯ləu^{2} ci^{3} can^{1} taːu^{6} paːi^{1} cɛ^{1}.

留 几 斤 豆子 去 卖

留着几斤豆子去卖。

⑰ȵa^{2} tsau^{4} peŋ^{5} taːn^{5} paːi^{1} chɣɛ^{1} ni^{4} sə^{1}.（与事宾语处于其他成分位置）

你 拿 把 伞 去 给 妈 你们

你把伞（拿去）给你妈妈。

⑱nau^{2} tsau^{4} pu^{4} ni^{4} taŋ^{1} ɣa^{5} fən^{1} i^{6} naːi^{6}?

谁 拿 父 母 来 骂 成 样 这

谁把父母骂成这样呀？（结果补语处于其他成分位置，且不是必要的结构成分）

⑲pu^{4} sə^{1} tsau^{4} jəu^{6}mɛ^{4} paːi^{1} tɔ^{4} pjeu^{6}.

爸爸 你们 拿 玉米 去 种 了

你爸爸把玉米种了。

这样的句式中，趋向动词 paːi^{1} “去” 或 taŋ^{1} “来” 承接标记词本身还保留的对受事起作用的部分实义动词的基本语义，并把标记词包含的语义传递并作用到结构中的谓语动词上，谓语动词接收其语义，进而接续执行对受事的处置。paːi^{1} “去” 或 taŋ^{1} “来” 和光杆动词形成语音上的双音结构，使得光杆谓语动词可以直接在结构中出现。

用汉语借用来的 pa^{3} “把” 字句处置结构替换这个结构的话，需要把标记词和 paːi^{1} “去” 或 taŋ^{1} “来” 同时替换，其结构大致等于原结构的语义，两者差异表现在：其一，pa^{3} 字句丢失了动作间的承续关系。其二，口语里 pa^{3} 字句的光杆谓语动词需配合必要的其他成分形成音节协调。

这样的句式能够形成处置意义一般具有如下特点：

其一，施事生命度有限。

仫佬语中的连动句式能够作为双动词结构的处置句的重要条件是施事一般是生命度极高的 “人” 或 “动物”。少数生命度低的非生命体或事物要充当施事，必须是该非生命体或事物能够形成某一动作并致使另一人事物产生某种变化（例⑫）。

其二，第一动词词义受限。

应该说双动词结构的处置句式和从汉语西南方言中借用的 “把” 字句处置句式在结构上有映照之处，但其发展程度还处在较低水平。仫佬语中充当双动词结构处置句的第一动词具有的动作性都包含有 [+意向致使性] 的语义特征。处于双动词结构处置句中，第一动词的这种 “意向致使性”，一方面，制约施事的生命度；另一方面，指示了第一动词的实义性弱化且需要接续一个动作性强的动词来共同作用于其引入的宾语（受事），使得语义结构完整。

3. 动宾处置句

应该说前面几种类型的处置句式都是把受事用处置标记（包含部分虚化动词处置标记）提前到谓语动词之前，形成对处置对象明确标记，是仫佬语中典型的处置意义表达句式。另外，依据动词本身及物性质，一般动宾句也表达了处置的意味。口语中，动宾结构往往需要附加动态助词和补语成分，动宾结构的处置意义得以清楚实现。例如：

⑳mɔ⁶ səu¹ won³.

她 收 碗

（吃过饭）她收碗。

㉑əi² muk⁷ niŋ⁵ thɔŋ¹ kə⁶ o⁴？（附加动态助词）

我 择 些 葱 那 啊

我（去）把那些葱择了吧？

㉒mɔ⁶ tshwaːi³ tsik⁷ thɔŋ³ kə⁶ meːt⁷ mə³.（附加结果补语成分）

他 踩 只 桶 那 扁（后置音节，加强形容词语义）

他把那个桶踩扁。

㉓kɔŋ¹ niu² tsɛːk⁷ sjen⁵ tɔ¹ kə⁶ naːŋ⁶ paːi¹.（附加趋向补语成分）

爷爷 我们 拆 扇 门 那 走 去

我爷爷把那扇门拆走了。

从句法结构角度看，处置意义动宾句式和主谓关系意义带宾句式的结构十分相似。例⑳中的动词虽然包含处置某事物的意义，也可以是某人的行为意义。如果依赖语境背景中把受处置的 won³ 理解是特指某次活动使用的“碗”，则处置意义明显；won³ 也可以泛指所有的“碗”，则行为意义明显。也就是，在结构上处置意义动宾句式和主谓关系意义带宾句式重合了。口语中，动宾句式中的动词后的宾语以有定形式出现（仫佬语中的名词最基本的有定指称可通过“量词+名词+指示词”结构表示①），并且大多句式意义通过动态助词（如例㉑中的 o⁴）或补语成分（如例㉒中的 meːt⁷ mə³、例㉓中的 naːŋ⁶ paːi¹）表达完成义，询问可否义、程度义和位

① 笔者认为仫佬语有定指称的基本手段主要有：“量词+名词+指示词”结构，上下文语境明确（包含用代词和回指量词指代名词），领属定语、数量定语、方位定语修饰等。

移义的时候，我们可以判定这样的动宾句表达的是处置义动宾句。试比较：

（1）有定宾语和无定形式宾语

a. mɔ⁶ tsaːn¹ kɔːk⁷ hu³ kə⁶ pjeu⁶.

她 吃 碗 饭 那 了

她吃（掉）了那碗饭。

b. mɔ⁶ tsaːn¹ hu³ pjeu⁶.

她 吃 饭 了

她吃饭了。

上面两个句子比较，句 a 作为处置句式，其语义中心是有定宾语受到了谓语动词的处置结构上，句 b 的主谓关系结构则是句子的语义重心所在，无定宾语的泛指性不能成为谓语的具体处置对象。

（2）动态助词存在与缺失比较

a. mɔ⁶ tsaːn¹ kɔːk⁷ hu³ kə⁶ pjeu⁶.

她 吃 碗 饭 那 了

她吃（掉）了那碗饭。

b. mɔ⁶ tsaːn¹ kɔːk⁷ hu³ kə⁶.

她 吃 碗 饭 那

她吃那碗饭。

上面 a 句中的动态助词 pjeu⁶ 指明了谓语动词作用于受事产生了影响，我们称为影响标记成分或影响标记，所产生的影响在 a 句中是完成意义。既然动态助词表明了句式存在某种影响，这种影响的来源自然落在句式中的动词对受事宾语的作用上，也就是动宾处置关系上，这样句式的处置意义得以突显。除此之外，谓语动词作用于受事所产生的影响还可以是咨询义（如例㉑）、补充程度义（如例㉒）和补充位移义（如例㉓）等。反之，句式中缺失了表明由动宾结构产生影响的成分，句式结构的语义重点则落在主语和谓语的语义关系上。

另外，以补语作为动宾结构的影响标记的结构中，当补语是光杆单音节成分时，补语呈现出漂移性的特点：光杆单音节补语成分可以放置在结构谓语动词之后，也可以放置在作为宾语的短语结构之后。例如：

㉔əi² hwɔp⁷ ljeu⁴ peŋ² khɣaːu³ kə⁶ pjeu⁶.

我 喝 完 瓶 酒 那 了

我喝完了那瓶酒。

= əi² hwɔp⁷ peŋ² khɣaːu³ kə⁶ ljeu⁴ pjeu⁶.

我 喝　瓶　酒　那 完　了

我喝完了那瓶酒。

二、处置句提宾标记发展路径

仫佬语处置句中出现的提宾标记有借自汉语方言的 pa³ 和语义部分虚化的动词标记。首先，从结构上说，仫佬语中带有 pa³ 的句式更多的是偏向以动词句式表达处置意义，而零标记句式则近似以名词短语结构表达处置意义。在“把”字提宾表处置义的层面上，从汉语用“把”提宾句式的表达处置义的发展角度上看，“把”是从纯粹的动词（如：表“拿着”义）发展演变逐步虚化而成的（周国炎，1999）。虽然，pa³“把”借用到仫佬语中也是虚化了的提宾标记，但在句式结构上还是能映射其动作性质的色彩。另一层面，没有用提宾标记而把宾语前置在动词前的处置句式中的“名词（受事）+动词+其他成分”结构可以映射仫佬语（壮侗语族语言）中存在名词修饰成分后置的语序结构，这样“动词+其他成分”像是受事的修饰成分，语义上留有表示“（被）执行了某种处置动作并产生了某种结果状态的某事物”的意思，把结构重心放在了受事上，形成了主观强调的受事的语感。在这层结构的差异而又语义重合的关系上，我们亦可以尝试推测仫佬语中 pa³ 字句处置义句式的出现（即以直接借用形式出现，并非动词变化发展虚化形成），是以修饰成分后置于被修饰名词为语法基础，这样的结构表达处置意义时，由于仫佬语自身语法结构和语义特点的制约，使得结构没法恰当表达处置意义或产生歧义，来自汉语的 pa³ 使用到结构中作为提示宾语的标记，就解决了结构和语义的局限性问题。这也解释了仫佬语处置义句式中在一定的语义特点情况下 pa³ 作为必要标记出现的因由。

另外，作为提宾标记的动词 lɔ⁶“给”、tsau⁴“拿”、ləu²“留”、khɣɔu¹“让”、chɣɛ¹“给”和 aːu¹“要”等（本节用 V_1 表示），作为实义动词使用都具有［+驱动］［+运动］的语义特征，可以处于“V_1+O”句法结构中的动词位置。这样的句法结构进一步带上动宾结构或动补结构形成连动句法形式，即“V_1+O_1+V_2P”结构。那么在“V_1+O_1+V_2P”结构中的 V_1 的语义是实义动作性还是趋于虚化的语法性，两者之间有了重合的地方。我们可以先从这几个词总体上的演化过程，分析 V_1 的语义在两种句法表现中的内在演变关系，然后再探讨 V_1 内部几个包含有提宾句法意义的动词内部的语义差异。

1. V_1 处置义标记发展过程

共时仫佬语中，V_1 仍然并存着四种句法功能。这四种句法功能，在一定程度上，可以向我们提供一些考究 V_1 由实义动词演化为（并不完全演化）表示处置义标记的发展途径线索。

（1）做实义动词，充当句子的谓语。例如：

㉕mɔ⁶ tsau⁴ əi² kɔ⁵ lɛ².

他　拿 我 的 书

他拿我的书。

㉖səu² niu² aːu¹ laːk⁸ maːi⁴.

舅舅 我们 要 儿 老婆

我舅舅家讨儿媳妇。

㉗əi² lɔ⁶ paːi¹ ɣa² thjen¹ kɔ⁵ fɔŋ¹ pɔ¹.

我 给 了 两 千　的 红 包

我给了一个两千块钱的红包。

（2）做实义动词，表示后一动作执行的工具、手段或方式。例如：

㉘əi² tsau⁴ mit⁸ tɛ⁵ ma¹ mu⁵.

我 拿 刀 剁 菜 猪

我拿刀剁猪菜。

㉙mɔ⁶ aːu¹ nə³ tsik⁷ thɔŋ³ taŋ¹ tsoŋ¹ nəm⁴.

她 要 一 只　桶　来 装　水

她要一个桶来装水。

（3）做实义动词，充当连动结构的第一部分，第二部分由 fɛ⁴ “做” 充当，语义相当于汉语的 “V_1……作为……” 句式，虽然 V_1 仍然保留实义动词的主要语义，fɛ⁴ 和 V_1 后的名词也没有明确的动宾式的处置关系，用借用来的用于汉语处置义标记 pa³ 替换 V_1，其语义成立度不高，但这样的句式已经呈现了往处置句句义方向靠近的趋势。例如：

㉚hɣəu¹ tsau⁴/aːu¹/ləu²……ɣa² at⁷ jəu⁶ mɛ⁴ ka⁶ fɛ⁴ pən³.
我们　拿　要　留　　两　个　玉　米　那　做　本
我们拿/要/留……那两个玉米做（玉米）种子。

转换成为 pa³ 字句：＊ hɣəu¹ pa³ ɣa² at⁷ jəu⁶ mɛ⁴ ka⁶ fɛ⁴ pən³.
我们　把　两　个　玉　米　那　做　本
我们把那两个玉米作为（玉米）种子。

（4）用于“V_1+名词$_1$+动词+其他成分”的句式中，这个句式是仫佬语中把受处置的名词前置于处置动词前的基本处置句式。这种句式中，虽然 V_1 仍然保留有较为明显的实义动词语义，但其已呈现出虚化演变了。这样的演变可以通过使用现代汉语处置标记 pa³ 替换 V_1 所得出的语义变化不大来证实。也就是，这样的句式可以把处置意义清楚传达，例如前例⑩—⑲。

仫佬语没有文字形式，要去认识仫佬语这一语言的发展路径，我们无法像研究汉语某一语言现象的发展脉络那样，通过梳理研究文献资料得以考证。然而，通过语言的基本演变规律和具体语言的语言结构特征，我们可以做出一些基本的推断。对于仫佬语语义部分虚化的动词提宾标记的发展路径，我们可以尝试参考汉语和其他同语族语言处置式的发展的脉络，结合仫佬语与该语义句式相关的语言结构形式特点，推断出该句式的来源和发展。

首先，在现代汉语中受到广泛认可的处置义标记“把”和“将”等，被论证是从古代汉语中用作纯粹的实义动词发展演变而来。陈初生（1983）和王力（1980）在对处置式来源的探讨上，给出了较为肯定并且一致的观点：处置式是在中古时期产生的句式。这样的动词虚化明显，现代汉语在极少的情况下，还保留着它们的动词性质，例如：把住了。如果把汉语处置标记演化过程看成一个实义动词虚化的完整过程，那么比较来说，仫佬语处置标记的演化应该是处在整个演化过程比较初级的阶段。而且，少数民族语言不断受到汉语的强势影响（如已直接使用 pa³ 字句作为处置义的表达），仫佬语会不会出现由现在的部分虚化动词标记进一步演化达到高程度虚化的处置标记，我们现在还很难判断。

另一方面，仫佬语中存在的连动句式结构，这为处置意义的“V_1+名词$_1$+动词+其他成分”结构能够在结构形式上得以产生，提供了语法结构的初步保障。正是这样的连动句式结构，使得作为实义动词的 V_1 带上宾语后，可以接续执行下一个动作。当下一个动作的受动者与 V_1 后的宾语也产生动宾关系，连动句和处置句重合，进一步发展融入说话人语言情感后，V_1 的实义性变弱，甚至基本可以用借自现代汉语的 pa^{3} 字句替换，也就形成了现代共时仫佬语中“V_1+名词$_1$+动词+其他成分”结构处置句式。

2. V_1 内部处置义标记发展差异

仫佬语处置句式中，作为受动者前置标记的几个部分虚化动词的标记性发展程度并不一致，主要表现在 lɔ^{6}“给”和其他标记之间的差异上。这样的发展差异可以通过两个参项的比较做出判断：一是处置句式中的施动者生命度的限制。二是汉语 pa^{3} 字句替换等同程度。

首先，仫佬语里以部分虚化动词作为受动成分前置标记的处置句式的主语，也就是处置动作的施动者主要都是高生命度的“人”或者“动物”。例外情况是：lɔ^{3} 作为处置句标记时，结构式的主语可以是非生命体。例如：

㉛naːu^{3} hɣəu^{5} ləm^{2} lɔ^{6} taːn^{5} əi^{2} tshui^{1} fən^{3} naːŋ^{6}.

一　阵　风　给　伞　我　吹　飞　走

一阵风把我的伞吹走了。

㉜fan^{1} ȵiu^{1} tsjaːŋ^{2} fi^{1} kə^{6} lɔ^{6} u^{1} lau^{2} kɔ^{5} maːŋ^{1} taːu^{3} ljeu^{4} sjau^{5} səp^{7}.

天　昨　场　火　那　给　上　楼　的　稻草　烧　完　干净（后置音节）

昨天那场火把楼上的稻草烧光了。

需要注意的是，作为句式结构的施动者并不是由人的活动而产生的内容（如例㉛中的 naːu^{3} hɣəu^{5} ləm^{2}），或者说对于主语所产生的因由在句式表达中并不重要（如例㉜中的 fan^{1} ȵiu^{1} tsjaːŋ^{2} fi^{1} kə^{6} 可能是人为活动造成的），而这样的内容本身可以形成致使动词标记 lɔ^{6} 后名词受动于主要动词的动能。这样的处置句式能够成立，也依赖于动词 lɔ^{6}“给”本身作为实义动词就给予其施动者可以是高生命体也可以是非生命体，区别于另一个表示“给予”的动词 chɣɛ^{1} 必须是由高生命体活动发出（其他部分虚化动词标记同理）。

其次，仫佬语中出现在处置句中的几个部分虚化动词提宾标记，分别用汉语中借用而来的处置标记 pa^{3} 替换后，句式包含的语义变化程度也有明显差异，这样的差异可以反映几个动词在处置句中虚化为提宾标记的程度差别。我们按照 pa^{3} 字句在仫佬语中的结构基本句式要求，把上文中出现的处置句式中的几个虚化动词替换为 pa^{3} 做提宾标记的处置句，比较句式中的语义变换：

表 8-1　pa⁶ 替换虚化动词提宾标记后句义变化比较表

	部分虚化动词标记句式	pa⁶ 替换句式	句义变化
1	a）ni⁴ niu² lɔ⁶ hu³ həp⁷ khut⁷ paːi¹. 我妈妈给（把）饭焖糊了。	b）ni⁴ niu² pa³ hu³ həp⁷ khut⁷ paːi¹. 我妈妈把饭焖糊了。	a）句 lɔ⁶ 强调主语有意无意致使了对宾语的处置，动作性不强。 b）句 pa³ 说话人主观强调对宾语的处置。
2	a）nau² tu⁶ ləu² hwa⁶ caːŋ³ tøt⁷ paːi¹ mə⁶? 谁就留（把）话讲绝去呀？	b）nau² tu⁶ pa³ hwa⁶ caːŋ³ tøt⁷ paːi¹ mə⁶? 谁就把话讲绝去呀？	大致相同于 1。并且 a）句中主语致使对宾语的处置的有意性更强。
3	a）ləm² lɔ⁶ mɔ⁶ nuŋ⁴ tshui¹ fən³ hui⁵ paːi¹. 风给（把）小孩的帽子吹飞了。	b）ləm² pa³ mɔ⁶ nuŋ⁴ tshui¹ fən³ hui⁵ paːi¹. 风把小孩的帽子吹飞了。	大致相同于 1。并且 a）句中主语致使对宾语的处置的无意性更强。
4	a）pwa² mɔ⁶ tsau⁴ kɣəu³ maːŋ¹ kə⁶ naːu³ maːt⁷ tu⁶ phɔ¹ u¹ çan¹ kə⁶ paːi¹. 他奶奶一下子就把那捆稻草抛到田埂上去了。	b）pwa² mɔ⁶ pa³ kɣəu³ maːŋ¹ kə⁶ naːu³ maːt⁷ tu⁶ phɔ¹ u¹ çan¹ kə⁶ paːi¹. 他奶奶一下子就把那捆稻草抛到田埂上去了。	a）句强调主语执行了前一个动作，才使得宾语受到了某种处置。提宾动词的动作性较明显。 b）句说话人主观强调对宾语的处置，但丢失了由于发生了前期动作原因而受到处置的。
5	a）əi² aːu¹ thaŋ⁵ hui¹ taŋ¹ ɳaːi⁵. 我要个果子来吃。	b）əi² pa³ thaŋ⁵ hui¹ ka⁶ ɳaːi⁵ paːi¹. 我把那个果子吃了。	大致相同于 4。并且 a）后一动作得以接续处置宾语需要使用 taŋ¹ 来明确表达。

从表 8-1① 中可以观察到仫佬语中，用部分虚化动词作为提宾标记的处置句和用 pa³ 字句替换的处置句，句义上的区别主要体现在以下几个方面：

其一，主语有意致使了对宾语的处置；其二，主语无意致使了对宾语的处置；其三，保留有连动义的处置式中前一动词保留明显动作性，但不是后一动作绝对必要动作；其四，保留有连动义的处置式中前一动词保留明显动作性，是后一动作接续完成的相对必要动作。

lɔ⁶ 作为动作性表义时，表现出了“给予”义在意识角度的“有意无意”性

① 表中替换对比语义变化中被处置对象的泛指和定指的差别暂不考虑。

的一面，而这种“有意无意”允许 lɔ⁶ 的施动者可以是通过某种位移去无意性影响事物并产生变化性结果的非生命体，而“有意无意”性比较容易丢失和忽略，变成一种自然而然的性质特征，这也促成了 lɔ⁶“给予”意义的虚化，形成在处置意义句式中提示被处置对象的标记。也正是 lɔ⁶ 的这种“有意无意”性意义使得 lɔ⁶ 作为提宾标记的处置句的施动者执行的是某种意识性对于某物的处置，而不能落实到人体的动作性的处置上，这时候就需要使用具有广泛表达手部行为动作的 tsau⁴“拿”，这个词与 lɔ⁶ 比较的话，意义不容易虚化。它和主体处置动作的联系较为紧密，在处置意义里仍保持着自己的手部动作性。但是，tsau⁴ 能很好地概括表达手部包括 chɣɛ¹“拿给”、aːu¹“拿来”等动作，表现出能够广泛指代的特质，进而能够虚化泛指手部相关动作。但是，其手部动作性和处置动词的关联承续关系，使得其实义不容易很高程度的虚化，并且有时还需要 paːi¹“去”和 taŋ¹“来”来明确这种承续关系。

那么，从以上几个维度可以对仫佬语中常见的处置句提宾标记虚化程度的差异做如下判断：

lɔ⁶“给、让”（包含部分句义中的 ləu²“留”和具有意识性质提宾的动词）提宾标记发展程度高于 tsau⁴“拿”等（包含这些词使用趋向动词 paːi¹“去”和 taŋ¹ 来接续处置宾语的情况，以及 lɔ⁶ 作为“递与”部分动作性含义）。

在意识角度和动作性角度两大部分进一步探讨这些动词的虚化程度则可以得出它们发展程度由高到低的情况是：lɔ⁶>其他含有意识性动作的提宾标记>tsau⁴>其他含有手部动作的提宾标记。

三、处置句句法结构成因分析

仫佬语中除了存在从汉语里直接借用来的 pa³ 字句结构的处置义句式之外，两个主要的包含处置义的句式就是动宾式处置句和部分虚化动词标记处置句。对于后两者句法结构产生的因由，我们可以从两者的底层语义结构和语言内部结构系统两方面因素探讨。

1. 语义结构因素

执行一个完整的“处置”事件，需要动词和两个基本事件参与者（施事者和受事者）相互发生联系。此外，处置动作的发生还会关联到处置的结果。在这个事件中，处置动词支配处置动作关联的施事和受事论元。而表示结果语义的成分在处置事件中直接或间接地从句式结构中推导。这样，仫佬语中的处置义的深层语义结构可以描写为：V2+ø（V2 表示处置动词支配两个必要论元，ø 表示可隐现或显现的处置结果论元），典型的句法框架是：NP1+V+NP2。

显然，这样的句式和一般动宾句式结构是重合的。那么，要以这样的句法结构执行处置义句式时，动词和主要参与者的语义必然以相互约束的形成处置意义。首先，一个处置事件中，处置动词依据动词本身及物性质，表达了处置的意味。这个处置动词对于动作的发出者的基本要求是需要其能够发动一个处置动作，显然能够具有这样发动性的语义特征事物包含了有生命体和无生命体，不能以自身动能致使事物处置变化的有生和无生事物不能充当处置动作的施事。因此，处置句式的施事的语义成分包含［±有生］［±有意识］［+发动力］［+致使变动力］等语义特征。其次，作为处置事件中的承受者（受事），与发出者的主要区别在于其不必具有内在的发动力性质。受事在处置句中首先要受到施事发动力大小约束。例如：* əi^{2}“我” ŋwət^{8}“摇” pɣa^{1}“山” khɣaːm^{5}“倒”。显然，这个句子中 əi^{2} 所具有的发动力不能处置受事 pɣa^{1}。再者，处置动词要求受事是其可处置的事物。那么，在处置事件中受事是要具有［+施事动力作用范围］［+可处置］的语义特征。

处置意义动词表示“使事物受到处置”的动作过程，这种处置会产生某种结果。在结构中，表示处置结果的语义可以通过隐现和显现两种状貌呈现，但两者的强调重点有着偏差。首先，处置结果在执行的处置动词的语义中，就可通过人类思维中已经内置的对于该动词行为的认知感知了该动词引起的某种处置结果，这种结果表现是隐现的。例如：əi^{2}“我” nap^{7}“叠” hɣaːŋ^{6}“被子”。这个句式中的处置动词 nap^{7} 本身的语义就包含了把被子原来的某种状态（如：凌乱或平展）变动成为另一种结果（折叠整齐）。其次，说话人出于自身言语目的，需要表达清楚处置动作的作用结果时，这种结果表现就是显现的。例如：əi^{2}“我” nap^{7}“叠” hɣaːŋ^{6}“被子” te^{2}te^{2}tseŋ^{3}təoŋ^{3}（整齐，希望听话人别再去弄乱）/pjeu^{6}（了，希望听话人不要再要求说话人去叠被子了）。

部分虚化动词标记处置句底层语义关系包含和动宾式处置句相似的语义关系，以部分语义虚化动词作为提宾标记的处置句语义主要在以下几点区别动宾式处置句：（1）处置式保留有作为提宾标记动词的部分语义，这样的语义有时是整个句式完整表达不可或缺的。（2）部分虚化动词提宾功能主观强调了处置的宾语。(3) 宾语具有定指性。(4) 与句式中主观情感配合，句式语气或结果及趋向性有必要明确传达。

2. 语言内部结构系统因素

仫佬语中动宾式处置句句法结构能够产生的语言内部系统结构因素基本就是仫佬语作为 SVO 型语言所具有的基础语序形式。然而，对于部分虚化动词标记处置句句法结构产生的因素，我们可以从以下几个方面分析：

首先，仫佬语作为 SVO 型语言，VO 语序使得“动词+宾语”的存在具有合法性。其次，仫佬语存在连动句式是动词可以虚化为标记的必要条件。在动词性谓语句式中，谓语可以是由几个动词或动词短语并列充当，几个谓语动词同时表达一个主语动作的连续性。这样的连动句式中，处于第一动词位置的动词 V1 常常是伴随性的或者作为后一动作前提，使得 V1 存在语法标记化的可能，从而促使第二个动词成为谓语动作的中心。仫佬语中不少介词就是连动句式的 V1 语法化而来的，例如：ȵ̥aːu^{6} “住在、停留在” hɣəːn^{1} “家” kau^{5} “看” tjen^{4} sɿ^{4} “电视”（在家看电视）。余金枝（2016）指出矮寨苗语的处置句使实义动词 kə^{44} “拿”表示处置义的使用频率不断提高后，原来有连动关系的“kə^{44}+O+VP”中的“kə^{44}+O”和 VP 被重新分析为有修饰关系的状中结构，从而使“kə^{44}+O+VP”的处置句得以类推强化。与矮寨苗语 kə^{44}“拿”的语法化程度相比较，仫佬语处置句式中用于提示宾语的几个标记的语法化程度还是处于较为初级的水平，在句式结构中还是以不同程度映射着其自身的语义，因此，我们把这类标记称为“部分虚化动词标记”。

四、结 语

综上所述，我们探讨了仫佬语处置义句式的如下内容：

其一，表示处置义有受事以零标记形式前置在处置动词前的零标记句式。汉语借用来的“把”字句可以弥补零标记句式处置义表达上的不足。处在双动词句第一动词位置的 lɔ^{6} “给”、tsau^{4} “拿”、ləu^{2} “留”、khɣəu^{1} “让”、chɣɛ^{1} “给” 和 aːu^{1} “要” 等词和第二动词共同作用于处在第一动词后的受事，这样的连动句式表达了处置意义，句式中的第一动词已然部分虚化，具有了处置标记的部分特征，这样的双动词连动句式形成部分虚化动词标记处置句式。除此之外，依据动词的语义特征，配合宾语的有定性、句末动态助词和补语等，动宾句也表现出了处置意义，也能够作为表示处置意义的一种句式。

其二，汉语借用来的提宾标记“把”是以仫佬语修饰成分后置于被修饰名词为语法基础。一些情况下，仫佬语自身语法结构和语义特点制约处置意义的表达，从而借用汉语的 pa^3 使用到结构中作为提示宾语的标记弥补了这种不足。另外，带有双动词的处置句式中的第一动词处在标记化发展的过程中，但并未完全语法化，作为部分虚化动词提宾标记。不同的动词标记语法化的程度也不相同。$lɔ^6$“给”是仫佬语里虚化程度最高的表示处置句提宾标记的动词。

其三，处置意义动词和主要参与者（施事和受事）的语义相互约束，并决定了处置结果在结构中是否显现或隐现，这样的语义约束是形成处置意义的语义结构因素。这样的语义结构因素可以通过动宾结构实现，也可以由部分虚化动词标记处置句式实现，两者区别在于：（1）部分虚化动词标记保留动词的语义；（2）部分虚化动词提宾功能主观强调了处置的宾语；（3）宾语具有定指性；（4）与句式中主观情感配合，句式语气或结果及趋向性有必要明确传达。再者，仫佬族作为 SVO 型语言，以及存在连动句式语法特点是仫佬语处置句式存在的语言内部结构系统因素。

本节主要参考文献：

1. 陈昌来：《现代汉语动词的句法语义属性研究》，上海：学林出版社，2002。

2. 陈初生：《早期处置式略论》，《中国语文》1983 年第 3 期。

3. 沈家煊：《如何处置“处置式”——论把字句的主观性》，《中国语文》2002 年第 5 期。

4. 王力：《汉语史稿》，北京：中华书局，1980。

5. 袁毓林：《汉语动词的配件研究》，南昌：江西教育出版社，1998。

6. 银莎格：《银村仫佬语参考语法》，北京：中国社会科学出版社，2014。

7. 余金枝：《矮寨苗语处置句研究》，《民族语文》2016 年第 5 期。

8. 周国炎：《布依语处置式的来源及其发展》，《中央民族大学学报》1999 年第 3 期。

第五节　仫佬语名词性短语

名词作为名词性结构的中心成分，在仫佬语里它受不同的定语前置或后置修饰。这一节我们结合学界已有的对于定语的传统理解，展开各项分析探讨。

一、名词性短语的语序表现及特征

仫佬语 NP 结构的定语，依据不同的类别，既有前置又有后置修饰的情况，又受到汉语长期的影响，同性质的定语有时前置或后置均可，同时一些定语共现时存在一定的制约关系。

1. 简单定语

(1) 名词修饰名词

kon^{5} ŋwa^{4}瓦罐　　ɔŋ^{5} ŋaːm^{3}酸坛　　kon^{2} mai^{4}木头桌子
罐　瓦　　坛子 酸品　　桌子 木头

(2) 代词（领属语）修饰名词

hɣəːu^{1} ho^{3} maːn^{3}我们村　　maːn^{3}niu^{2}我们村　　pho^{5}nuŋ^{4}弟弟的床
我们 里 村　　村 我们　　床 弟弟

(3) 形容词修饰名词

kuk^{7}mai^{5}新衣服　　ma^{1}həu^{1}青菜　　fai^{3} kɔ^{5}老街
衣服新　　菜 绿　　街 旧

(4) 动词修饰名词

sik^{8}saːp^{8}煮肉　　hu^{3}pɔ^{1}饭团　　maːn^{2}khɣəu^{3}烤红薯
肉 煠　　饭 包　　红薯 烤

(5) 数量词修饰名词①

nə^{3} pən^{3} lɛ^{2}一本书　　ɣa^{2} tɔ^{2} ci^{1}两只鸡　　nə^{3} niŋ^{5} kwa^{6}一些糠
一 本 书　　两 只 鸡　　一 些 糠

① 仫佬语对名词数量称量，都以“数词+量词”的结构出现，数目为“一”时数目可省略。本节不讨论量词的构词功能，因此文中不带具体数目的量词都是省略了“一”的数量结构。

上面所举的例子是仫佬语中实词修饰名词时的常见语序。相较而言，简单定语中实词作为定语修饰名词以后置修饰稍多；修饰语前置修饰名词往往出现在定语为领属语或数量词的时候。我们再来看一些常见的虚词定语在仫佬语中的语序情况：

（6）指示词限定名词

仫佬语中名词的有定限定依赖指示词 naːi^{6}“这”和 ka^{6}“那”或 naːi^{6} 和 ka^{6} 的配合短语完成。本身含类别范围大小量的名词（即可做量词的名词）可以直接受 naːi^{6} 和 ka^{6} 后置修饰，其他本身不能做量词的名词需要 naːi^{6} 和 ka^{6} 配合称量量词或可做量词的名词表示有定限定。其语序结构是“量词（或可做量词的名词）+名词+指示代词”。例如：

won^{3} naːi^{6}这（一）碗，这碗（饭……）①

碗　这

hɣəːn^{2} ka^{6}那（一）家，那家（人）

家　那

lak^{7} pwa^{2} naːi^{6}这个阿婆

个　婆　这

taːm^{3} tɔ^{2} tən^{2} ka^{6}那三头牛

三　只　牛　那

thɔŋ^{3} nəm^{4} naːi^{6}这桶水

桶　水　这

chiŋ^{1} hu^{3} ka^{6}那筐谷子

筐　谷子　那

（7）量词限定名词

性状量词可后置修饰名词②，强调名词以所呈现的某种状态存在。例如：

ti^{2} khwaːk^{7}（块状）糍粑

糍粑　块

hu^{3} ȵən^{2}（颗粒状）大米

大米　粒

显然，仫佬语中 NP 结构在简单定语修饰时，主要以后置修饰为主。然而，当语言条件发生改变，或定语组合更为丰富时，其语序则会发生变化：

a）kɔ^{5}“的”强制共现

kɔ^{5}“的”在仫佬语的 NP 结构中强制共现时，其语序都是修饰语在前，名词在后。

---

① 仫佬语中量词所饰名词在语境中已然明了的情况下，量词所饰的名词数量为“一”时，在被表示有定限定指示词限定时，数词“一”和名词可省略，也就是“量词（或可做量词的名词）+指示词”实际表示的是“这/那（一）量词（名词）”的意思。NP 结构核心名词以本身包含的容量、大小等同时充当结构量词的语序情况本节暂不讨论。

② 单音节量词在仫佬语中可以后接名词表示类指，这时候是名词作为修饰语修饰量词，这样的结构不在本节的研究范围。

a. 强调名词的性质特征、来由、时间

ŋwa^{4} kɔ^{5} kon^{5}瓦质的罐子　mai^{5} kɔ^{5} kuk^{7}新的衣服　saːp^{8} kɔ^{5} sik^{8}（水）煮的肉

瓦　的　罐　　　　　　新　的 衣服　　　　　　煠　的　肉

tau^{1}han^{5} kɔ^{5} nuŋ^{4}讨厌的小孩子　thəu^{5} fan^{1} kɔ^{5} təu^{6} lu^{6}白天的事

讨　恨　的 小孩　　　　　　到　天　的　活　路

b. 称谓名词互相修饰

ni^{4} kɔ^{5} ni^{4}妈妈的妈妈　faːi^{4} kɔ^{4} thin^{5}seŋ^{1}哥哥的老师

妈　的　妈　　　　　　哥　的　老师

b）kɔ^{5}“的”自由共现

结构助词 kɔ^{5}“的”自由共现于前置修饰语的情况有：a. 含有处所或范围性的名词性定语前置修饰核心名词时（下例①②③）；b. 领属词前置于方位词语法化合成的名词[①]之前时（下例④）或领属词前置于其他定语之前（下例⑤）。例如：

①khuŋ^{6}çaːŋ^{5}（kɔ^{5}）faːi^{4}巷道的哥哥，即非亲哥哥

空　巷　　的　哥

②jən^{2} cəm^{1}　（kɔ^{5}）fai^{3}黄金镇的街道

黄金（镇）　的　街

③ho^{3}foŋ^{2}（kɔ^{5}）tsɛ^{6}nuŋ^{4}房族里的姐妹

里 宗　　的　姐　妹

④əi^{2}（kɔ^{5}）ho^{3}kɣaːŋ^{2}我的房间

我　的　里 房间

⑤mɔ^{6}（kɔ^{5}）nam^{1} sak^{7} kɔ^{5} ja^{1}他的黑色布匹

他　的　黑　色　的 布

这样看来，除了指示词作定语的情况，仫佬语中简单定语后置修饰名词的结构都可以通过使用或自由使用 kɔ^{5} 来转换成前置修饰。其中，khwaːk^{7} kɔ^{5} ti^{2}“块状的糍粑”和 ɳən^{2} kɔ^{5} hu^{2}“颗粒状的大米”的自然度和常用度（perfect order）比后置修饰的情况差了很多。而称谓名词定语前置修饰核心称谓名词的结构，若

① 仫佬语中的方位词可以语法化作为前附加成分构词（银莎格，2014）。这样的合成词中的方位词方位性不强，更多的是语法化作用表示某一类事物。

是转换成为后置修饰结构，在语言认知习惯上似乎不常见（少数情况是：“亲属称谓+人名”，表示某人的某位亲戚）。

2. 复杂定语

（1）多重修饰语

①ȵa² （kɔ⁵） məi⁶ nam¹ sak⁷ kɔ⁵ kuk⁷ mai⁵ naːi⁶你这件黑色的新衣服

你　的　件　黑　色 的 衣服 新　这

hɣəːu¹ （kɔ⁵） ɣa² tsik⁷ çaːp⁷ tsə⁵ løt⁷ kɔ⁵ ɣa⁵ nəm⁴ ka⁶我们那两块狭小的水田

我们　的　两　块　狭小（后置音节）的　田　水　那

②ȵa² （kɔ⁵） nam¹ sak⁷ kɔ⁵ məi⁶ kuk⁷ mai⁵ naːi⁶你这件黑色的新衣服

你　的　黑　色　的 件　衣服 新　这

hɣəːu¹ （kɔ⁵） çaːp⁷ tsə⁵løt⁷ kɔ⁵ ɣa² tsik⁷ ɣa⁵ nəm⁴ ka⁶我们那两块狭小的水田

我们　的 狭小（后置音节）的 两　块　田　水　那

名词被多个定语修饰时，其基本语序有两个：1）领属语+数量结构+性质状态修饰词 1+kɔ⁵+核心名词+性质状态修饰词 2+指示词；2）领属语+性质状态修饰词 1+ kɔ⁵+数量结构+核心名词+性质状态修饰词 2+指示词。结构中的领属语和指示词定语位置比较固定，数量结构可以出现在前置修饰的性质状态修饰词前面或后面，配合指示词形成“定指”，数量结构语序具有漂移性。而表示性质状态的修饰词则可以直接后置于核心名词或通过结构助词 kɔ⁵ 前置修饰核心名词，后置的性质状态修饰词与核心名词的密切度较之前置更高，而通过 kɔ⁵ 前置的性质状态修饰词在语气上有强调之意。从语言结构语法角度而言，核心名词可以接受无限个表示性质状态的修饰词后置修饰或通过 kɔ⁵ 连接前置修饰词，但是在口语习惯中，前置或后置的性质状态修饰词达到三个时结构长度已经基本饱和了，一般是通过前置或后置分配修饰词。例如：

sjaːu⁵　kɔ⁵ kuk⁷ ɣəːi³ nam¹ mai⁵干净的新黑色长款衣

干净　的 衣服　长　黑　新

mai⁵ kɔ⁵ nam¹ sak⁷ kɔ⁵ kuk⁷ ɣəːi³ sjau⁵新的黑色干净长款衣

新　的　黑　色　的 衣服　长 干净

（2）关系从句修饰语

由一个句子作为名词的修饰语，其语序也包含前置和后置修饰，但并不完全可以自由转换。

a. 主谓修饰语

形容词谓语：ci^{1} tin^{1} kɣœ^{6}跛脚鸡　　　tin^{1} kɣœ^{6} kɔ^{5} ci^{1}　跛脚鸡

鸡 脚　跛　　　　　　　　脚　跛　的 鸡

thɔŋ^{3} nəm^{4} wa^{5}（装）脏水的水桶

桶　　水　脏

fi^{1} hɣɔ^{2} khɣɔ^{3}（烧）干草的火

火 草　干枯

动词作谓语：mɔ^{6} kɣup^{7} kɔ^{5} kuk^{7}　他裁制的衣服

他 裁制　的 衣服

动词作谓语的主谓修饰语则只有使用 kɔ^{5} 前置主谓修饰语，在连动句式和兼动句式的主谓修饰语中亦然。例如：

mɔ^{6} kɣup^{7} khɣɛ^{1} pu^{4} kɔ^{5} kuk^{7}他给爸爸裁制的衣服

他　裁制　给　爸爸 的 衣服

mɔ^{6} cəu^{2} n̥a^{2} kɣup^{7} kɔ^{5} kuk^{7}他求你裁制的衣服

他　求　你　裁制　的 衣服

b. 动宾修饰语

mjau^{4} tsaːn^{1} sik^{8}吃肉的猫；猫吃肉　　　tsaːn^{1} sik^{8} kɔ^{5} mjau^{4}吃肉的猫

猫　吃　肉　　　　　　　　　　吃　肉　的　猫

tən^{1} theːk^{7} çən^{1}踢人的牛；牛踢人　　　theːk^{7} çən^{1} kɔ^{5} tən^{2}踢人的牛

牛　踢　人　　　　　　　　　　踢　人　的　牛

很显然，动宾结构后置修饰名词，语义上出现了歧义，下文将详说这种歧义。

(3) 超长句子名词短语的语序

带关系从句定语的名词短语与多重类别的修饰语结合扩展后形成超长名词短语。这样的名词短语形式在仫佬语日常口语中出现的情况几乎没有①，文中的探讨以语法上的合法性为探讨基础。例如：

① 从日常直观体会角度而言，仫佬语口语里名词的修饰成分一般不超过 5 个，以 2-4 个修饰成分居多。

əi^{2} kɔ^{5} məi^{6} ȵa^{2} tin^{3} əi^{2} fan^{1} ȵiu^{1} hɣəi^{3} kɔ^{5} nam^{1} sak^{7} kɔ^{5} kuk^{7} ɣəːi^{3} mai^{5} kə^{6}
我 的 件 你 叫 我 天 昨 买 的 黑 色 的 衣服 长 新 那
我那件你昨天叫我买的黑色新长款衣服

超长名词短语的修饰词虽然很多，但其修饰词的内部语序规则还是遵循：领属定语成分和指示词固定，性质状态修饰词可以前置或后置于核心名词，而数量短语则是不需要加结构助词 kɔ^{5} 前置修饰名词并可以漂移在各项前置关系从句和前置形容词性修饰词最前面、最后面或它们之间。例如上句可以转换成：

əi^{2} kɔ^{5} ȵa^{2} tin^{3} əi^{2} fan^{1} ȵiu^{1} hɣəi^{3} kɔ^{5} məi^{6} nam^{1} sak^{7} kɔ^{5} kuk^{7} ɣəːi^{3} mai^{5} kə^{6}
我 的 你 叫 我 天 昨 买 的 件 黑 色 的 衣服 长 新 那
我那件你昨天叫我买的黑色新长款衣服

əi^{2} kɔ^{5} ȵa^{2} tin^{3} əi^{2} fan^{1} ȵiu^{1} hɣəi^{3} kɔ^{5} nam^{1} sak^{7} kɔ^{5} məi^{6} kuk^{7} ɣəːi^{3} mai^{5} kə^{6}
我 的 你 叫 我 天 昨 买 的 黑 色 的 件 衣服 长 新 那
我那件你昨天叫我买的黑色新长款衣服

（4）名词短语修饰名词短语

名词短语修饰名词短语语序并非名词修饰名词的扩展，基本原则是：a. 定语 NP 结构和被修饰 NP 结构中的修饰词都不出现数量量词和指示词时，定语 NP 结构以各项修饰词后置的形式和被修饰的 NP 结构的各项定语各自占据核心名词的前后位置，可互换位置（如下例①和②）。b. 定语 NP 结构中或被修饰的 NP 结构中的修饰词出现数量词和指示词时，整个定语 NP 结构只能通过结构助词 kɔ^{5} 前置于被修饰的 NP 结构，其位置是仅次于领属语的前置的所有修饰成分的最外层，也就是紧随领属语修饰 NP 结构（如下例③④⑤）。例如：

① laːn^{3} sak^{7} kɔ^{5} khau^{5} kuk^{7} ɣəːi^{3} nam^{1}黑色长款衣的红色扣子
红 色 的 扣子 衣服 长 黑

② kuk^{7} nam^{1} ɣəːi^{3} kɔ^{5} khau^{5} laːn^{3}黑色长款衣的红色扣子
衣服 黑 长 的 扣子 红

③ əi^{2} məi^{6} kuk^{7} nam^{1} ɣəːi^{3} ka^{6} kɔ^{5} khau^{5} laːn^{3}（定语 NP 结构带量词和指示词）
我 件 衣服 黑 长 那 的 扣子 红
我那件黑色长款衣的红扣子

④ əi^{2} kɔ^{5} kuk^{7} nam^{1} ɣəːi^{3} kɔ^{5} at^{7} khau^{3} laːn^{3} ka^{6}（被修饰 NP 结构带量词和指示词）
我 的 衣服 黑 长 的 个 扣子 红 那

我的黑色长款衣的那颗红扣子

⑤ əi^{2} məi^{6} kuk^{7} nam^{1} ɣəːi^{3} ka^{6} kɔ^{5} at^{7} khau^{5} laːn^{3} ka^{6}（定语 NP 结构和被修饰语 NP 结构都带连词和指示词）

我 件 衣服 黑 长 那 的 个 扣子 红 那

我那件黑色长款衣的那颗红扣子

3. 语序特征

从以上所分析的情况看，仫佬语名词短语结构定语语序表现出一条基本规律：除数量修饰语（不包含部分表示性状量词）和主谓从句（动词作谓语）修饰语一定前置和指示词一定后置外，所有定语都可以后置修饰名词或通过助词 kɔ^{5} "的" 或直接前置修饰名词。这条规律的限定条件是：形成协调可接受的 NP 结构；不形成语法合理、语义歧义的句子；不违反数量词和指示词基本搭配规律。这样的语序呈现出（或蕴含）如下特征：

（1）动词性主谓从句前置

关系从句是人类语言中最易于后置的定语。侗台语族语言的定语后置作为最为本色的语法现象，其（包括仫佬语）关系从句亦存在关系从句后置的情况。但是，仫佬语中关系从句如果是动词性主谓从句时，作为定语只存在使用结构助词 kɔ^{5} "的" 前置的结构中。例如前面的例子：

mɔ^{6} kɣup^{7} kɔ^{5} kuk^{7}他裁制的衣服

他 裁制 的 衣服

同语族中壮语的名词性短语中不存在动词性主谓从句定语前置的情况，动词性主谓从句定语需后置于名词中心语。如：

fai^{31} te^{24} hat^{55}ni^{42} ɣam^{55}他今早砍的树（例句引自韦景云等，2011）

树 他 今早 砍

上例同样的句义，在仫佬语中的表达则是：

mɔ^{6} hɣət^{7}naːi^{6} tɛ^{5} kɔ^{5} mai^{4}

他 今早 砍 的 树

如果直接把主谓从句定语后置形成 "mai^{4} mɔ^{6} hɣət^{7}naːi^{6} tɛ^{5} kɔ^{5}"，则主谓结构 "mɔ^{6} hɣət^{7}naːi^{6} tɛ^{5} kɔ^{5}" 更近似宾语，映射的是 mai^{4} si^{6} mɔ^{6} hɣət^{7}naːi^{6} tɛ^{5} kɔ^{5} "树是他今天早上砍的"。另外，含有主谓式关系结构的定语后置的话，比较自然和常用的表达是出现在定指性、从句动作施动者不出现的名词结构中。例如：

tsjaːŋ¹ mit⁸ tseːŋ⁵ hɣəːi³ kə⁶刚买的那把刀

把　刀　刚　买　那

（2）领属语前置于非光杆名词短语结构最外层为常

领属语修饰光杆名词短语结构时，放置在名词之后或通过结构助词 kɔ⁵ "的"前置于名词。然而，当中心名词受到除了领属词之外的其他定语修饰之后，领属定语往往前置且置于最外层。也就是，领属定语必须前置在非光杆名词短语结构最外层，统摄整个名词结构。结构中，名词中心语有前置的定语成分时，领属语与其他内容之间可选择性使用 kɔ⁵ "的"（如前文相关例子）；名词中心语只有后置的其他的定语时，领属语和中心名词必须使用结构助词 kɔ⁵。例如：

əi²（kɔ⁵）ho³kɣaːŋ²我的房间

我　的　里　房

pa⁴ niu² kɔ⁵ hɣəːn² mai⁵我伯父的新房子

伯父我们的 房子　新

仫佬语中包含领属定语的 NP 结构越复杂，领属定语的前置统摄性越牢固，即后置性越不具有可行性（如我们在"复杂定语"一节中列举的含领属定语的例子）。并且，这种统摄性辐射到包含对于名词有定限定性的"量词+名词中心词+指示词"结构的各种定语。例如：

na² məi⁶ kuk⁷ mai⁵ ka⁶你那件新衣服（例句引自王均、郑国乔，1980）

你　件 衣服　新 那

在壮侗语族语言中，仫佬语的领属语的这种前置统摄性包含由"量词+…+指示词"的定指结构，很大程度是量词的类别性作用，也就作为"量词+名词中心词+指示词"的结构中心，领属语在结构上修饰了量词为中心的整个"量词+名词中心词+指示词"结构。这种辐射的特殊语序与同语族的壮语等语言，以及同语支的侗语等语言都存在语序上的差异。例如：

壮语：tiːu⁴² pu³³ hoŋ⁴² te²⁴ he⁵⁵他的那件红衣服（例句引自韦景云等，2011）

条 衣服 红　他　那

侗语：məi⁴ uk⁹ məi⁵ ȶaːi⁴ ȶiu¹ naːi⁶我哥哥的这件新衣服（例句引自梁敏，1980）

件 衣服 新　哥　我们这

（3）处于名词前的名词定指标记（量词）语序的漂移性

仫佬语中名词的有定指称通过量词和指示词放置在中心名词前后构成

“量词+名词+指示词”形式完成。名词有定结构中的语义重点虽然落在名词上，但是量词具有类别词的功能作用①，与单纯具有限定性的指示词不同，量词在名词有定结构中更具有语义内涵性，使其可以和共同置于名词前（除了具有统摄性的领属定语）的各个内涵性定语互换位置，或者说作为结构上的中心，量词可以受到其他内涵性定语的进一步前置或后置修饰。置于名词之后的指示词则不具有和名词后的各项定语语序互换的可能。例如：

məi⁶ nam¹ sak⁷ kɔ⁵ kuk⁷ mai⁵ ka⁶那件黑色的新衣服
件 黑 色 的 衣服 新 那

nam¹ sak⁷ kɔ⁵ məi⁶ kuk⁷ mai⁵ ka⁶黑色的那件新衣服
黑 色 的 件 衣服 新 那

* məi⁶ nam¹ sak⁷ kɔ⁵ kuk⁷ ka⁶ mai⁵
件 黑 色 的 衣服 那 新

在可参考的侗台语族相关的研究材料中，笔者暂时还未发现其他语言中表示名词定指的结构中存在前置的量词和其他前置定语语序漂移的现象。其他侗台语族语言的有定名词结构中，定语后置于名词且前置于指示词居多（包括领属定语语序情况），部分定语前置于名词前且后置于量词。笔者把仫佬语定指中的量词语序在名词前置定语的这种漂移性作为其一项语序特征描写，期待学者做相关研究的深入分析探讨。

二、名词性短语语序的句法影响

仫佬语名词性短语的基本语序及特点，给仫佬语句法带来了一系列的影响。本节选取其中三方面进行探讨。

1. 调节结构

表示名词性质状态的形容词可以全部前置或全部后置修饰名词，这样的语序本身就有可能形成结构失重，把部分修饰语通过前后置的手段分配到核心名词前后，这样的语序排列方式就起到了平衡结构的作用。也就是性状类形容词定语在NP结构中具有在名词前后漂移性的语序特点，通过这样的漂移性，落实这些定

① 按照侗台语族语言的句法结构分析思路，这样的结构的中心是量词。这里笔者按照汉语结构分析，把名词看作中心词，不影响对于名词有定性基本的分析。

语在核心名词的前后位置，起到了抑制同性质修饰语在核心名词前或后过度饱和而使得结构失衡的功能。例如前面提到的两个例子：

①sjau^{5} kɔ^{5} kuk^{7} nam^{1} ɣəːi^{3} mai^{5}干净的新黑色长款衣

　干净　的 衣服　 黑　 长　新

②mai^{5} kɔ^{5} nam^{1} sak^{7} kɔ^{5} kuk^{7} ɣəːi^{3} sjau^{5}新的黑色干净长款衣

　新　的　黑　色　的 衣服　长 干净

依据仫佬语性质状态修饰语都可以按照与核心名词的亲密度顺序全部前置或后置于核心名词，例①在语序规则上（（（（（名）+形 1）+形 2）+形 3）+形 4）排序是合法的，例②也可以是（形 1 + kɔ^{5}（形 2 + kɔ^{5}（形 3 + kɔ^{5}（形 4 + kɔ^{5}（名）））））的排序，但明显欠缺了结构平衡性。戴庆厦（2002）认为藏缅语族中不少语言的形修名结构出现的“形+的+形”是为了突出事物的属性，而强调事物整体性多用“名+形”的语序。显然在这一点上仫佬语和藏缅语族中的不少语言是一致的。在探讨仫佬语“形+名”与“名+形”语序出现先后的问题上，银云忠（2005）亦指出“名+形”是仫佬语固有的定中结构，而“形+名”是后来为了适应语用需要经历演变而逐步形成的。戴庆厦通过两方面论证藏缅语族“形+名”结构是后起的：a. 形容词后置于名词时无标记，前置于名词时有标记，而藏缅语族中要加的结构助词“的”在各语族各语言中并非同源，而是后起的。b. 后置修饰不能扩展，前置修饰可以扩展。结构稳固或先出现而不能扩展。我们试着把仫佬语的情况作对比：首先，如前所述，仫佬语中的后置各修饰词都没有标记，前置中尤其以性质状态修饰词最为明显地呈现以结构助词 kɔ^{5} 作为标记，壮侗语族其他语言的结构助词是（ti^{6}）、kaːi^{5}（布依）、^{ʔ}an^{6}/xɔŋ^{1}（傣）、ȶi^{3}（侗）、to^{2}（水）① 和仫佬语的 kɔ^{5} 之间并没有同源关系。再者，前置修饰的形容词还可以用副词、连词和加后附音节扩展；而后置的形容词虽说可以加上后附音节、语气助词等，但这样的扩展转变了结构的基本属性，即由短语结构转变成为句子结构了。例如：

kai^{5} mai^{5} kɔ^{5} kuk^{7}很新的衣服（用副词扩展）

很　 新　的 衣服

① 语料查阅自孙宏开等 2007 年出版的《中国的语言》一书。

jəu⁶ mai⁵ jəu⁶ sjau⁵ kɔ⁵ kuk⁷ 又新又干净的衣服（用连词扩展）
又 新 又 干净 的 衣服

mai⁵ mit⁷ mit⁷ kɔ⁵ kuk⁷ 崭新的衣服（加后附音节扩展）
新 （后附音节） 的 衣服

kuk⁷ mai⁵ mit⁷ mit⁷. 衣服崭新。 kuk⁷ sjau⁵ ljeu⁶. 衣服干净了。
衣服 新 （后附音节） 衣服 干净 了

那么，我们也可以断定仫佬语的前置形容词定语也是后起的，而原因则有可能是受汉语定语全部前置影响并且能够协调短语结构。由于后起的这种前置修饰词的定语语序有很大包容性，扩展能力强，因此，从而使得总体上而言，在语法合理角度上，仫佬语超长 NP 结构中前置定语比后置定语能承载更长更丰富的定语。例如：

əi² kɔ⁵ mɔ⁶ tjaːŋ³ aːu¹ kɔ⁵ ȵa² tin³ əi² fan¹ ȵiu¹ hɣəi³ kɔ⁵ nam¹ sak⁷ kɔ⁵ məi⁶
我 的 他 想 要 的 你 叫 我 天 昨 买 的 黑 色 的 件
kuk⁷ ɣəːi³ mai⁵ ka⁶ kɔ⁵ ɣa² at⁷ khau⁵ laːn³ ka⁶
衣服 长 新 那 的 两 个 扣 红 那

我的那件他想要的昨天你叫我买的黑色的新的长款衣服的那两个红色扣子

2. 产生歧义句

仫佬语名词性短语的语序规律结合实际语义及仫佬语的句法结构形式，能够造成名词类定语、主谓从句类定语和动宾结构类定语在 NP 结构中可出现的语序位置与仫佬语的句法结构中的成分位置重合，这样就产生了仫佬语中一系列的歧义结构式。

（1）名词类定语

名词受名词性定语修饰时，有定语前置和后置的情况。后置时名词修饰词和名词中心词的语义紧密度高，是融为一体的整体结构，产生歧义的可能性并不大。而名词修饰词前置时，结构助词 kɔ⁵ 需要强制共现，这使得定语和中心语融合性受到影响，结构焦点落在名词性定语上。这时，如果名词性定语是含有表示某种材料性质的名词，其前后置语义差别不大（如：kon⁵ ŋwa⁴ 和 ŋwa¹ kɔ⁵ kon⁵ 瓦罐）。此外，由于“名词（修饰语）+kɔ⁵+名词（中心成分）”的结构和“领属语（名词代词充当）+kɔ⁵+名词（中心成分）”的结构形式重合，因此，名词性修饰语前置于核心名词可以看作是领属关系的结构。这时，名词性定语和核心名词确实有领属关系，前后置名词性定语语义都不变。例如：tin¹ “蹄” ma⁴ “马” 或 ma⁴

“马” kɔ^{5} “的” tin^{1} “蹄”。然而在没有领属关系的名词之间或名词性修饰词不表示材料性质时，前置名词性修饰词的 NP 结构的语义是不合理的。例如：

pən^{2} mu^{5}喂猪的盆　　　　　　＊mu^{5} kɔ^{5} pən^{2}猪的盆

thɔŋ^{2} nəm^{4}水桶　　　　　　＊nəm^{4} kɔ^{5} thɔŋ^{3}水的桶

（2）主谓从句定语

由形容词作谓语的主谓从句作修饰成分时，如果核心名词和主谓从句主语没有领属关系，主谓从句前置为定语在语义上的不合理仍然存在。例如：

thɔŋ^{3} nəm^{4} wa^{5}（装）脏水的水桶

桶　水　脏

＊ nəm^{4} wa^{5} kɔ^{5} thɔŋ^{3}脏水的桶

水　脏　的　桶

如若主谓从句中动词作谓语修饰 NP 结构的核心名词，主谓从句主语和核心名词往往是施事和受事的关系，也就是核心名词是主谓从句动作的对象，而动作的对象置于主语前并不符合仫佬语的基本句法语序，这也就解释了主谓从句不以后置的形式修饰 NP 结构的核心名词的原因。然而主谓从句借助结构助词 kɔ^{5} 作为前置定语形成的 NP 结构则产生了和刘丹青（2008）所指出的：汉语定语一律前置，领属定语和关系从句造成的歧义结构。例如我们前面的例子：

mɔ^{6} kɣup^{7} kɔ^{5} kuk^{7}他裁制的衣服

他　裁制　的　衣服

这个结构可以有两种理解：a. 他裁制而成的衣服（不一定是“他”的衣服）。b. 他的（由别人）裁制的衣服。第二种理解正是由于仫佬语中前置的领属语位于方位词语法化合成的名词或前置的其他定语前可以不加结构助词 kɔ^{5}（如前文“kɔ^{5}‘的’自由共现”一节中所述）。

（3）动宾修饰语

仫佬语中简单句的基本结构“主语+谓语动词+宾语”和名词受动宾结构后置修饰时的结构完全一致。例如：

ɭən^{2} theːk^{7} ɕən^{1}

牛　踢　人

上面这个结构是一个完整的“主谓宾”结构，我们可以把其理解成为一个简单句“牛踢人”。然而，作为核心名词后置定语的动宾结构，其中的动作施事和受事清楚，结构成分并不违反仫佬语基本句法语序，所以这样的结构语义可以是“踢人的牛”。而后置于核心名词的动宾定语转换形成定语前置“定语+kɔ^5+核心名词”的结构形成“执行了某种动作的牛”的语义，语义合理。因此，动宾修饰语可以后置也可以前置于核心名词。各项结构的语义在结构扩展或充当句子成分后更加明显。例如：

hɣəːn^2 hɣəːu^1 kɔ^5 tɔ^2 tən^2 ka^6 fan^1 ȵiu^1 theːk^7 maːn^3 lo^4 kɔ^5 nə^3 mu^6 çən^1.

家 我们 的 只 牛 那 天 昨 踢 村 大 的 一 个 人

我们家的那头牛昨天踢了大银村的一个人。

NP 结构做句子宾语：hɣəːn^2 mɔ^6 mɛ^2 tɔ^2 tən^2 thːek^7 çən^1 o^5！

家 他 有 只 牛 踢 人 哦

=hɣəːn^2 mɔ^6 mɛ^2 tɔ^2 theːk^7 çən^1 kɔ^5 tən^2 o^5！

家 他 有 只 踢 人 的 牛 哦

他家有一只（会）踢人的牛哦！

3. 量词的定语标志性和量指的有定限定性的混淆

刘丹青（2002）指明在人类语言中，指示词、数词居于核心名词前是优势语序。汉藏语言中的量词参与到对名词的指称中，使得汉藏语言的语序类型更加复杂。仫佬语中数词一律前置于量词前构成数量结构前置（不需要结构助词 kɔ^5）修饰核心名词，数量结构定语中数词是“一”时可以省略数词。而仫佬语的指示词后置于核心名词，并处于整个后置修饰成分的最外层。指示词本身不表明单复数，名词单复数情况依赖于前置修饰的数量结构表明。表示名词“有定”时，数量结构和指示词强制共现于名词前后，数量结构可以在领属成分之后的各项前置定语中漂移。首先，数量结构只做前置定语并且不用 kɔ^5 标记，但其可以和前置的各项形容词定语互换位置，随着与核心名词位置的远近，表示结构语义焦点力度由外侧到核心名词依次减弱。那么这时，量词在 NP 结构表示无定指时近乎充当了定语标记。例如：

laːn^3 sak^7 kɔ^5 ɣa^2 məi^4 kuk^7 mai^{5}红色的两件新衣服

红 色 的 两 件 衣服 新

再者，指示词后置于 NP 结构最外侧，和强制出现的前置量词形成 NP 结构的有定范畴。量指结构成为 NP 结构表示有定限定的标配，例如上例转变为有定：

laːn^{3} sak^{7} kɔ^{5} ɣa^{2} məi^{4} kuk^{7} mai^{5} ka^{6}那两件红色的新衣服

红 色 的 两 件 衣服 新 那

上例指示词的位置固定，然而有定指称名词所搭配使用的是一个具有漂移性的数量结构，数量结构中的量词在不表示定指时又表示类似前置定语的标记，那么量词显然承担了两种功能作用。即 a. 数量结构定语的标志性功能（和形容词性定语前置结构助词 kɔ^{5} 相似）；b. NP 结构的有定限定功能（和指示词配合形成量指结构）。

指示代词有定性统摄了包含形容词性修饰语和数量结构在内的各项定语。这种统摄性在复杂定语带上领属定语时退居其次，领属定语成为首要的统摄成分。这也更证明了数量结构和前置形容性定语结构功能的相似性。例如：

əi^{2} kɔ^{5} laːn^{3} sak^{7} kɔ^{5} ɣa^{2} məi^{6} kuk^{7} mai^{5} ka^{6}我红色的那两件新衣服

我 的 红 色 的 两 件 衣服 新 那

əi^{2} kɔ^{5} ɣa^{2} məi^{6} laːn^{3} sak^{7} kɔ^{5} kuk^{7} mai^{5} ka^{6}我那两件红色的新衣服

我 的 两 件 红 色 的 衣服 新 那

领属语在复杂定语中的最外层前置定语的位置较为固定，但它并不像英语里居于最外层的领属语可以直接表示有定功能，如：my two new red coats 中出现 my 就不会再以 the 等限定词表示定指。仫佬语领属语这种不表示名词有定性质比较像汉语，都是由量指（指量）结构表示①，仫佬语中领属语只占据前置定语成分的最外层，这还是基于其对于被各定语成分修饰后的核心名词的领有性，也是焦点力度最高的位置②。例如：

əi^{2} kɔ^{5} laːn^{3} sak^{7} kɔ^{5} ɣa^{2} məi^{6} kuk^{7} mai^{5}我的红色的两件新衣服（无定）

我 的 红 色 的 两 件 衣服 新

əi^{2} kɔ^{5} ɣa^{2} məi^{6} laːn^{3} sak^{7} kɔ^{5} kuk^{7} mai^{5} ka^{6} 我的那两件红色的新衣服（有定）

我 的 两 件 红 色 的 衣服 新 那

三、小 结

综上所述，仫佬语名词性短语语序表现如下：一是简单结构中定语后置为

① 汉语量词强制呈现弱于仫佬语，如“我的那两红色新衣服”的量词不出现也表示有定指称。

② 若要在语用和语义上强调包含有领属性的表达中的性质状态成分作为最强的焦点，一般要转换句式，例如转换成为简单句：əi^{2} kɔ^{5} ɣa^{2} məi^{6} kuk^{7} mai^{5} ka^{6} si^{6} laːn^{2} sak^{7} kɔ^{5}. 我的那两件新衣服是红色的。此不赘言。

常，各类简单后置定语可通过结构助词 kɔ⁵（有省略的情况）前置修饰核心名词，但表示数量的定语一律前置修饰名词，指示词（不具有单复数区别性）一律后置。二是复杂定语是简单定语的扩展，但领属语位置固定在核心名词前置定语的最外层，作为结构中语义焦点力度最高的成分，其他前置的定语（包括数量结构）可依据语义焦点力度强弱漂移在核心名词前。这样的语序可以使仫佬语 NP 结构定语前后置保持一定的平衡和协调，但也造成了结构在语义上的歧义性，使得没有领属关系的名词和很多主谓句定语前置出现不合理的语义。另外，前置语序结构中的量词承担了类似前置定语标记的功能，而其和后置的指示词形成 NP 结构的有定指称，表明了其在句法上的两重功能。

本节主要参考文献：

1. 戴庆厦：《藏缅语的形修名语序》，《中国语文》2002 年第 4 期。

2. 梁敏：《侗语简志》，北京：民族出版社，1980。

3. 梁敏、张均如：《侗台语概论》，北京：中国社会科学出版社，1996。

4. 刘丹青：《汉藏语言的若干语序类型学课题》，《民族语文》2002 年第 5 期。

5. 刘丹青：《汉语名词性短语的句法类型特征》，《中国语文》2008 年第 1 期。

6. 孙宏开、黄行等：《中国的语言》，北京：商务印书馆，2007。

7. 王均、郑国乔：《仫佬语简志》，北京：民族出版社，1980。

8. 韦景云等：《燕齐壮语参考语法》，北京：中国社会科学出版社，2011。

9. 银莎格：《银村仫佬语参考语法》，北京：中国社会科学出版社，2014。

10. 银莎格：《仫佬语名量词考察》，《贵州民族研究》2019 年第 9 期。

11. 银云忠：《仫佬语定中结构及名词修饰语语序解析》，《中央民族大学学报》2005 年第 6 期。

第六节　仫佬语体范畴①

西方语言学者针对英语动词的特征，提出“体”（aspect）的概念。认为“体”是动词本身内含的动作方面，有动态与静态。静态包括内心活动、各种感觉和情感等。动态有瞬间、有限、无限、重复等方面。学者们根据各自的研究和认识，对体范畴的分类多种多样。我们对体范畴的基本认识为：与动作时间相关，反映时间“内部”或“外部”的连续性的风中方式的语法范畴。就此，我们尝试把仫佬语的体范畴分为六种类型：

一、进行体

仫佬语表达动作的进行或状态的持续可使用体助词 tɔ^{6}“着”。在句子里，这个助词可与时间副词 tsən^{6} naːi^{6}/naːi^{6}“现在”联系，共同表示现在进行体，构成“tsən^{6} naːi^{6}/naːi^{6}……tɔ^{6}”，体助词 tɔ^{6} 亦可不再出现。并且 tsən^{6} nai^{6} 后还可加副词 naŋ^{1}/ maŋ^{1}（还，尚）或 tseŋ^{5}（正）强调动作或历程正在继续，还未完成。如：

hɣəːn^{2} mɔ^{6} taːu^{3} tɔ^{6} tɔ^{5}.
家　他　烧　着 灶
他家里烧着灶。

mɔ^{6} tsən^{6} naːi^{6} ȵaːu^{6} hɣəːn^{6} hɣɔːp^{7}（tɔ^{6}）khɣəːu^{3}.
他　现在　在　家　喝　着　酒
他现在正在家里喝着酒。

tshei^{4} naːi^{6} naŋ^{1} ȵaːu^{6} paːk^{7}ceŋ^{1} tɔk^{8}（tɔ^{6}）lɛ^{2}.
翠 现在 还　在　北京　读　着　书
小翠现在还在北京读着书。

ni^{4} tshəi^{4} tsən^{6}naːi^{6} tseŋ^{5} ȵaːu^{6} kɣo^{3} mən^{5} suk^{7}（tɔ^{6}）kuk^{7}.
妈　翠　这时　正　在　头 池子 洗　着 衣服
小翠的妈妈这时正在水池边洗着衣服。

---

① 本节原文刊发于《贵阳学院学报》2011 年第 1 期。

体助词 tɔ^{6} 紧跟在动词后面的时候直接表示动作的进行，当把体助词放到宾语的后面，则可表示该动作状态的持续。如以上几例中的体助词分别放到 tɔ^{5} “着”、khɣəːu^{3} “酒”、lɛ^{2} “书” 和 kuk^{7} “衣服” 之后，则表示 taːu^{3} “烧”、hɣɔːp^{7} “喝”、tɔk^{8} “读” 和 suk^{7} “洗” 等动作的状态在持续。

表现的动作显然是现在的动作时，时间副词可省略，其后的体助词标记也往往不再出现。如上面的例子可以表达为：

mɔ^{6} ȵaːu^{6} hɣəːn^{2} hɣɔːp^{7} khɣəːu^{3}.

他 在 家 喝 酒

他在家里喝酒。

tshei^{4} naŋ^{1} ȵaːu^{6} paːk^{7}ceŋ^{1} tɔk^{6} lɛ^{2}.

翠 还 在 北京 读 书

小翠还在北京读书。

ni^{4} tshei^{4} ȵaːu^{6} kɣo^{3} mən^{5} suk^{7} kuk^{7}.

妈 翠 在 头 池子 洗 衣服

小翠的妈妈正在水池边洗衣服。

在表示某事物正处于某种状态或某动作是静止的时候，tɔ^{6} 可以不与副词连用。例如：

tɔ^{1} si^{6} khai^{1} tɔ^{6} kɔ^{5}.

门 是 开 着 的

门是开着的。

mɔ^{6} tan^{3} tɔ^{6} nə^{5}mei^{6} kuk^{7} hwa^{1}.

他 穿 着 一 件 衣服 花

他穿着一件花衣服。

二、完成体

表示动作已经完成或动作已成为一种已有的经验。可以用体助词 pjeu^{6} “了” 和虚化的动词 ta^{6} “过”、paːi^{1} “去” （虚化后这个词可以读成 pei^{1}） 和 mɛ^{2} “有”。体助词 pjeu^{6} 还可以加在结果补语的后面表示动作完成。动词前面可加上副词 mən^{1} “已经”。如：

əi^{2} nun^{2} pjeu^{6}.
我 睡 了
我睡了。

mɔ^{6} mən^{1} tja^{3} ljeu^{4} pjeu^{6}.
他 已经 写 完（结果补语）了。
他已经写完了。

若要表达动作是早就完成了，可以在动词前加上副词 khɣam^{1} “早”。这时体助词可出现可不出现。例如：

mɔ^{6} khɣam^{1} nun^{2}（pjeu^{6}）.
他 早 睡 了
他早就睡了。

əi^{2} khɣam^{1} tja^{3} ljeu^{4} （pjeu）^{6}.
我 早 写 完（结果补语）了
我早就写完了。

但是动词前加上副词 khɣam^{1} mən^{1} “早、早就” 时体助词 pjeu^{6} 不可省略。

要表达动作是刚刚完成，可以在动词前加上时间副词 tseŋ^{5} “刚” 来表达动作已经完成，体助词常为省略形式。例如：

hu^{3} tseŋ^{5} tuŋ^{1} sɔk^{8}
饭 刚 煮 熟
饭刚煮熟。

动作是在过去具体某时间或具体时间段前完成的，句末体助词不可省略。例如：

əi^{2} fan^{1}ȵiu^{1} mən^{1} hɣɔ^{4} pjeu^{6}.
我 昨天 已经 知道 了
我昨天就知道了。

mɔ^{6} taːm^{1} fan^{1} ji^{3}tjen^{2} tu^{6} hwən^{4} əi^{2} caŋ^{3} pjeu^{6}.
他 三 天 之前 就 和 我 讲 了
他三天前就和我讲了。

要表达将来完成的动作，句中可出现一个表示将来的时间概念作为参照点。例如：

mɛ^{1} lən^{2} tsən^{6}naːi^{6} ȵa^{2} mən^{1} uk^{7} kok^{7} pjeu^{6}.

明年 这时 你 已经 出国 了

明年这个时候你已经出国了。

体助词 ta^{6} 用在动词后亦可表示动作的完成。例如：

cen^{4} ti^{6} naːi^{6} əi^{2} saːi^{3} ta^{6} mɔ^{6}.

件 事 这 我 问 过 她

关于这件事我问过她。

实义动词虚化成的体助词 ta^{6} 跟在动词后可表示动作是曾经发生过了的。动词前可有副词 ti^{6} maːt^{7} “过去、曾经”，这时体助词 ta^{6} 可有可无，不出现体助词时，强调了过去处于的状态。但副词 ti^{6} maːt^{7} “过去、曾经” 不出现，体助词 ta^{6} 不可省略掉。如：

mɔ^{6} ti^{6}maːt^{7} fɛ^{4} （ta^{6}） thjen^{5} sɛŋ^{1}.

他 过去 做 过 老师

他曾经做过老师。

mɔ^{6} paːi^{1} ta^{6} paːk^{7}ceŋ^{1}.

她 去 过 北京

她去过北京。

ta^{6} 加在动词后，可以表示动作完成，已有某种经验。时间副词（如：khɤam^{1} “早”，tseŋ^{5} “刚” 在句中不出现的情况下，ta^{6} 要和 pjeu^{6} 一起表示动作的完毕。时间副词 khɤam^{1} “早” 若在句中出现，完成体助词 pjeu^{6}、ta^{6} 可单独出现，亦可联合出现，还可以都不出现。时间副词 tseŋ^{5} “刚” 出现在句中时，pjeu^{6}、ta^{6} 可单独出现，亦可联合出现，不可省略。

ta^{6} 还可加在形容词的后面，表示过去存在过某一状态。表过去的时间副词出现句中 ta^{6} 可以为零形式，时间不出现时 ta^{6} 不可省掉。例如：

mɔ^{6} ti^{6} maːt^{7} ja^{6} pi^{2} （ta^{6}）.

她 过去 也 胖 过

她过去也胖。

mɔ^{6} ja^{6} pi^{2} ta^{6}.

她 也 胖 过

她也胖过。

由实义动词虚化而来的体助词 paːi^{1} “去” 通常要加上时量、物量（部分量）或动量词，表示动作从开始到完成的时间长短（可以是断续相加的时间）、完成的量或动作发生过的次数，可以把 paːi^{1} “去” 弱读成 pəi^{1}。例如：

əi^{2} tsaːn^{1} hət^{7} nun^{2} paːi^{1} ɣa^{2} thaŋ^{5} tsɔŋ^{1} tau^{2}.

我 中午 睡 去 两 个 小时

我中午睡了两小时。

hu^{3} tsaːn^{1} paːi^{1} nə^{5} mɣaːŋ^{6} tu^{6} uk^{7} paːi^{1}.

饭 吃 去 一 半 就 出去

饭吃了一半就出去了。

pən^{3} lɛ^{2} naːi^{6} əi^{2} kau^{5} paːi^{1} taːm^{1} maːt^{7}.

本 书 这 我 看 去 三 次

这本书我看了三次。

表达动作的时量、物量或动量也可在动词后接上体助词 ta^{6}，但这时的语法意义稍有不同，使用动词+ta^{6} 则强调已有了某种经验，存在着一定的结果。动词+paːi^{1} 偏重强调动作的完成，不强调存在某种结果。

表示领有的 mɛ^{2} “有” 加上一定的动量词接在动词之后可以引申表示对某一动作的完成的计量。例如：

əi^{2} səu^{3} mɛ^{2} taːm^{1} fan^{1} lo^{6}.

我 等 有 三 天 咯

我等了三天了。

əi^{2} tin^{3} mɔ^{6} mɛ^{2} taːm^{1} cø^{5}, mɔ^{6} laːn^{4} çen^{1} mɛ^{2} nə^{5} cø^{5}.

我 叫 他 有 三 声 他 都没 应 有 一 句

我叫了他三声，他都没回过一声。

三、结果体

表示动作历程有某种结果。仫佬语可用 toi^{5} “对”、lai^{3} “得”、thəu^{5} “到” 表达。例如：

əi^{2} fan^{1} ȵiu^{1} ȵaːu^{6} ho^{3} fai^{3} poŋ^{3} toi^{5} mɔ^{6}.

我 昨天 在 里 街 碰 对 他

我昨天在街上碰着他。

hɣəːn^2 mɔ^6 mɛ^1 ce^1 tu^6 fɛ^4 lai^3 hɣəːn^2 mai^5 pjeu^6.

家 他 年 远 就 做 得 房子 新 了

他家去年就起好了新房子。

tjaːŋ^3 thəu^5 fan^1 mɔ^3 kɔ^5 ti^6 teŋ^2，əi^2 tu^6 tsjaːk^8 cəp^7.

想 到 明天 的 事情 我 就 着 急

一想到明天的事情，我就着急。

nəm^4 ɣa^5 foŋ^1 lai^3 peŋ^4 çan^1 ɣa^5.

水 田 高 得 齐 埂 田

水田的水高得齐田埂。

存有某种结果的动作常常是完成了的，所以结果体常常和完成体合用，句末还可带有助词 pjeu^6 “了”。例如：

hɣəːn^2 mɔ^6 mɛ^1 ce^1 tu^6 fɛ^4 lai^3 hɣəːn^2 mai^5 pjeu^6.

家 他 年 远 就 做 得 房子 新 了

他家去年就起好了新房子。

四、起动体

表示在某一时刻动作开始。高名凯（1986）认为：“起动体有时兼有进行体。”“两者亦有明显的分别，刚开始而未完成的动作有时是一显即灭的，有时是尚要继续的，因此，有的时候，它的意思是刚完毕；有的时候，它的意思是刚要继续。”可以说起动体表达了一种动作或状态的从无到有的变化。在仫佬语中，可以用虚化的动词 lɔk^7 taŋ^1 “起来”来表示这种起动态势。例如：

tsaːn^1 paːi^1 ci^3 fu^5 kɣa^2，mɔ^6 nəŋ^1 çɔŋ^1 lɔk^7 taŋ^1 lə^6 pə^5.

吃 去 几 副 药 他 见 强健 起来 了 哦

吃了几副药，觉得他看着强健起来了。

fan^1 mɔ^3 mən^1 tu^6 aːu^1 khaːi^5 sɿ^3 ȵit^7 lɔk^7 taŋ^1 ljeu^6.

明天 天 就 要 开始 冷 起来 了

明天天就要开始冷起来了。

fan^1 ȵiu^1 naŋ^1 i^1 i^1 kɔ^5，fan^1 naːi^6 tu^6 huk^8 lɔk^7 taŋ^1.

昨天 还 好好 的 今天 就 咳嗽 起来

昨天还一点儿事都没有，今天就咳嗽起来了。

银村仫佬语中的 tɔ⁶“着”用于祈使句中也可以表示起动。例如：

ȵa² chen¹ əi² tɔ⁶!
你 牵 我 着
你牵着我吧！

tuk⁸ mɔ⁶ kɔ⁵ tin¹ tɔ⁶!
捆 它 的 脚 着
把它的脚捆起来！

tui⁶ i¹ tɔ⁶!
坐 好 着
坐好了！

五、叠动体

这一体范畴可表示动作的一起一落，重复进行，或是弱化动作，含有动作具有随意性的意思。仫佬语的叠动体可重复表述动词来表示。动词重复的结构可以是 AA，AABB，A+paːi¹+A+fan⁶“A 来 A 去”，A+tsha⁵+A+lui⁶“A 上 A 下”和 A+lo⁴（大）+A+lan⁶（后置音节）“十分……”。其中 A 和 B 都是动词。例如：

tsaːn¹ pa⁶ hu³，əi² ho³ maːn³ tə⁵ tshø⁵ tshaːm³ tshaːm³.
吃 罢\完 饭 我 里 村 到处 走走
吃完饭，我在村里四处走走。

mɔ⁶ fan¹naːi⁶ lɔ³ lɔ³ uk⁷ uk⁷ ho³ maːn³ saŋ⁵tjɛn⁴ jəu¹ mɛ² səp⁸ maːt⁷.
他 今天 进进出出 里 村 商店 也许 有 十 次
他今天进进出出村里的商店估计有十次那么多。

（AABB 式的叠动中的 A 和 B 往往是具有相反意义的动词。）

la⁴ paːi¹ la⁴ fan⁶ mən¹ la⁴ lan⁴ ui⁵ mɛ¹cc¹ tuk⁶ kɔ⁵ mci⁶
找 去 找 来 还 找 还未 到 去年 织 的 件
kuk⁷laːŋ⁵ ka⁶.
毛衣 那
找来找去还是找不到去年织的那件毛衣。

tsjaːŋ¹ i³ naːi⁶ tɔŋ⁵ ȵaːu⁶ te³ lau² ljeu⁶，jəu⁵ mwaːi⁵ tsha⁵ lau²
张 椅子 这 放 在 底 楼 了 别 扛 上 楼
ljeu⁶，mwaːi⁵ tsha⁵ mwaːi⁵ lui⁶ tsən¹ si⁶ lən⁶tsən⁶.
了 扛 上 扛 下 真 是 麻烦
这张椅子就放楼下吧，别往楼上扛了，扛上扛下真是麻烦。

mɔ⁶ phi⁶chi⁵ ŋ⁵ i¹，teŋ⁶ ȵaːu⁶ hɣə：n² huŋ⁴ lo⁴ huŋ⁴ lan⁶.
他 脾气 不好 常 在 家 吼 大 叫 大
他脾气不好，常常在家里大吼大叫。

六、试动体

可以通过在动词或重叠动词后面加上表示试动的助词 kau⁵ “看”来表示。例如：

mwa³ kau⁵摸摸看
摸 看

lœm¹ kau⁵望一眼
望 看

la⁴ la⁴ kau⁵找找看
找 找 看

tin³ tin³ kau⁵叫叫看
叫 叫 看

本节主要参考文献：

1. Bernard Comrie：*Aspect*，北京：北京大学出版社，2005。
2. 高名凯：《汉语语法论》，北京：商务印书馆，1986。
3. 胡素华：《彝语体貌范畴研究》，《民族语文》2001 年第 4 期。
4. 吕叔湘：《现代汉语八百词》，北京：商务出版社，2003。
5. 孙宏开、胡增益、黄行：《中国的语言》，北京：商务印书馆，2007。
6. 王均、郑国乔：《仫佬语简志》，北京：民族出版社，1980。
7. 周国炎：《布依语完成体及其体助词研究》，《中央民族大学学报》2009 年第 2 期。

第七节　仫佬语 ti^{6} 音节考察

ti^{6} 音节是仫佬语中使用频率较高的一个音节。从语言类型角度看，其参与的短语结构形式特征突出，ti^{6} 在这样的短语结构中承担着一定的语法功能作用，这样的功能作用反映了一定的仫佬族文化认知。本节拟挖掘 ti^{6} 这个音节在仫佬语中的短语结构形式和语法功能，探讨关联的基本发展可能性。另外，这里笔者试图把仫佬语中与 ti^{6} 音节相关的语言结构形式和词汇意义进行较为全面的梳理。文中的语言材料以广西罗城仫佬族自治县东门镇语言点的语料为基础。

一、仫佬语 ti^{6} 音节参与的短语结构及语法功能

1. 与量词结合

ti^{6} 音节和量词配合的短语结构是仫佬语中 ti^{6} 音节参与的结构中最丰富的语言形式。探讨 ti^{6} 音节的语言表现，可以把其与量词结合形成的结构形式作为典型的结构形式进行分析探讨。

（1）ti^{6} 可以和表示多数量的名量词结合表示“大量”的意思。例如：

ti^{6} pɛːŋ^{2}很多　　ti^{6} tə^{1} 很多　　ti^{6} toi^{1}很多
　　堆　　　　　　堆　　　　　　堆

在实际语句中，这样的结构往往不单独使用，而是用于配合名词使用，占据主语位置。根据整个具体的句义，可以表示动作的施动者，亦可表示动作的承受者。例如：

ti^{6} pɛːŋ^{2} laːk^{6} te^{5} kɣəm^{5} ȵaːu^{6} te^{3} məi^{6} jɔŋ^{2}.（动作的施动者）
　很多　　小孩 待、围绕 在 底　　榕树
很多小孩在榕树下（看热闹）。

mən^{1} k ɤaːŋ^{1}，ho^{3} maːn^{3} ti^{6} pɛːŋ^{2} ci^{1} can^{1} o^{3} o^{3}.（动作的施动者）
　天亮　　　里　村　　很多　鸡 打鸣 喔喔
天亮的时候，村里很多鸡喔喔打鸣。

ti^{6} toi^{1} ma^{1} siŋ^{6} paːi^{3} ȵaːu^{6} tshy^{6} foŋ^{2}.（动作的承受者）
　很多　剩菜　摆　在　厨房

厨房里摆放着很多剩菜。

除此之外，这样的结构通常以三种形式出现：①和 lo^{4} “大” 配合使用亦表示“多数量”，构成“ti^{6}+量词+lo^{4}+名词”的结构，“lo^{4}”在结构中作为“多数量”和名词之间的结构连接，增强了结构的韵律性。lo^{4} 语法化明显，本身的语义“大”在结构中不体现，“数量多”体现在“ti^{6}+量词”结构上。在句子中可作主语、宾语或补语。例如：

pwa^{2} sə^{1} mɛ^{1}naːi^{6} tɔ^{4} ti^{6} tə^{1} lo^{4} thjen^{1} la^{2}. 你奶奶今年种了很多丝瓜。(作宾语)

奶奶 你们 今年　种　　很多　　丝瓜

fan^{1} nai^{6} fɛ^{4} paːi^{1} ti^{6} pɛːŋ^{2} lo^{4} təu^{6} lu^{6}. 今天做了一大堆事。(作补语)

今天　做 去　　一大堆　 事情

“ti^{6}+量词”修饰指人或动物名词作主语时也可用“ti^{6}+量词+lo^{4}+名词”结构，意思不变。例如：

ti^{6} pɛːŋ^{2} lo^{4} laːk^{6} te^{5} kɣəm^{5} ȵaːu^{6} te^{3} məi^{6} jɔŋ^{2}. (作主语)

很多　　小孩 待、围绕 在　底　 榕树

很多小孩在榕树下（看热闹）。

②第二种形式是将“ti^{6}+量词+lo^{4}+名词”中的 lo^{4} “大” 放置到名词之后，形成“ti^{6}+量词+名词+lo^{4}”的结构形式。这时，结构中的 lo^{4} 和“ti^{6}+量词”结构表示的“大量”的意思形成呼应，在程度上进一步加强所修饰名词的“量”，并带有对名词的“大量”的感叹含义。这样的结构只出现在句末，可以作为动作的宾语或动作的补语，不会充当句子的主语成分。例如：

pwa^{1} mɔ^{6} taːŋ^{4} mɛ^{2} ti^{6} tə^{1} ci^{1} lo^{4}. 他奶奶养了很多鸡。

奶奶 他　养　有　很多 鸡 大

③由“ti^{6}+量词+名词”结构后加上作为修饰限定语的指示代词 naːi^{6} “这”和 ka^{6} “那”。指示代词的作用可特指名词所陈述的内容（银莎格，2014：67，特指内容可参看下文 2 和二中的分析），同时也含有轻微感叹数量多的意思，这种情况下指示代词 naːi^{6} 和 ka^{6} 的调值可由 11 变为 24，表示惊叹。这样的结构亦只出现在句末。例如：

ȵa^{2} ŋ^{5} lɔŋ^{2} tsaːi^{2} mə^{5}? nə^{3} maːt^{7} tsaːn^{1} ti^{6} pɛːŋ^{2} ŋaːm^{3} naːi^{6}?

你 不 肚子 清寡 吗　 一　次　 吃　大量　 酸食　这

你肚子不觉得寡淡吗？一次吃掉这么多酸食。

ȵa^{2} fɛ^{4} lai^{3} ti^{6} toi^{1} yt^{7} naːi^{6}！你包了这么多的粽子！

你 做 得 堆 粽子 这

在具体语境中，如果所修饰的名词在上下文中已经清楚体现。“ti^{6}+量词”结构可以直接和 lo^{4} “大” 或 naːi^{6}/ka^{6}（naːi^{6} 和 ka^{6} 不再发生调值变化）表示“大量”。例如：

a. ——fan^{1}naːi^{6} ȵaːu^{6} u^{1}tsən^{2} tsəp^{7} lai^{3} tuk^{7} njaːm^{1} khɔ^{6}？

今天 在 山上 捡 得 桃金娘 吗

今天在山上摘到桃金娘吗？

——tsəp^{1} lai^{3} ti^{6} pɛːŋ^{2} lo^{4} le^{6}.

捡 得 堆 呢

摘到很多。

b. ——əi^{2} tsəp^{7} ci^{3} tɔŋ^{6} ma^{1} che^{1} ȵa^{1} tsaːu^{4} ma^{1} tuŋ^{1} o^{4}？

我 捡 几 棵 菜 给 你 拿 回 煮 啊

我摘几棵菜给你带回（你家）吧？

——e^{5}，ti^{6} tə^{1} naːi^{6} mə^{6}！

哎 这么多 呀

哎呀，摘了这么多呀！

另外，ti^{6} 与表示复数量量词 ljet^{8} “列”、kɣɔŋ^{5} “串”、kaːn^{1} “群” 等结合的语法功能和与表示“大量”的量词结合时的差别不大，并且“ti^{6}+复数量”可以重叠使用，表示数量的罗列。例如：

ti^{6} kaːn^{1} ti^{6}kaːn^{1} peŋ^{1} khai^{1} lɔ^{3} fai^{3}.

群 群 兵 开 进 街

城里来了一批又一批的官兵。

u^{1} ɕa^{5} tjeu^{5} mɛ^{2} ti^{6} kɣɔŋ^{6} ti^{6} kɣɔŋ^{6} lək^{8} yt^{7} lo^{4}

上 架子 吊 有 串 串 葡萄 大

架子上吊着一串串葡萄。

ni^{4} saːu^{1} ton^{5} ȵən^{6}kan^{6} ljeu^{6}，tɔ^{4} lai^{3} ti^{6}ljet^{5} ti^{6}ljet^{5} mai^{4} ka^{6} ja^{5}.

妈妈 你们 算 能干 了 种 得 列 列 树 那 呀

你妈妈真能干，种了那么多树。

(2) 与光杆量词结合

ti⁶ 加上不表示数量多少的 tɔ² “只”、tɔŋ⁶ “棵”、at⁷ “个”、jaːŋ⁶ “样”① 这几个非称量人②的具有别类性质的光杆名量词连用，可指称能用这些名量词称量的所有内容。例如：

ti⁶ tɔ² 动物（指代所有可以用该名量词称量的内容）
　只

ti⁶ tɔŋ⁶ 植物
　棵

ti⁶ at⁷ 物品
　个

ti⁶ jaːŋ⁶ 物品、东西、事物
　样

“ti⁶+tɔ²/tɔŋ⁶/at⁷/jaːŋ⁶” 这样的结构在表义上对于仫佬语名词所表示的词汇意义内容（除了表示人名词外）形成了一种高度囊括的指称意义。在句子中可以直接充当主语或宾语成分③。例如：

ho³ hɣə：n² ti⁶ tɔ² tin³ ŋaːu³ ŋaːu³. 家里的动物（家畜）嗷嗷叫。
里　　家　　动物　叫　　嗷嗷

tsəp⁷ ti⁶ jaːŋ⁶ te²tseŋ³ ljeu⁴ tu⁶ nun². 整理好东西就睡觉。
捡　　东西　　整齐　了　就　睡觉

这样的内容结构可以再进一步被修饰限定，也就是 ti⁶ 加上零概念数量的名量词结构（包含其他的个体量词），形成“ti⁶+名量词+名词/形容词/动词”的结构形式泛指某一类别中的更小类别人、动物或物品。例如：

① 仫佬语中的多数量词的出现更像是类推表“数量”的度量衡量词或名词以自身包含的范围幅度容量来称量名词的结构模式，而其本身并不表示“数量”，多数情况仫佬语中的量词具有对其称量的名词类别涵盖意义，但往往不独立出现在语句中。

② ti⁶ 不配合指人量词 mu⁶ 或 lak⁷ 指称所有“人”这个类别，而是配合性别、年龄等名词表示相对小类的“人”的类别。参看第三部分“ti⁶ 的其他语言表现和词汇意义”中的记录。

③ 其他量词（如性状量词、通用量词等）则由于其指代内容不形成明确完整个体性类别的事和物（性状量词表示“事和物”具有的性质状态特征，通用量词称量的“事和物”宽泛，“事和物”的个体性不完整），在配合 ti⁶ 指称事物时无法指明类别内容，因此，不直接作为句子的成分。

ti^{6}　mu^{6}çən^{1}人	ti^{6}　tɔ^{2} tən^{2}牛	ti^{6}　at^{7} kon^{5}锅头
(前缀)　个　人	(前缀)　只　牛	(前缀)　个　锅
ti^{6}　tɔ^{2}ja^{4}野生动物	ti^{6}　tɔŋ^{6}n̥e^{3}小植物	ti^{6}　jaːŋ^{6} sɛŋ^{1}生的食物
(前缀)　只　野	(前缀)　棵　嫩	(前缀)　样　生
ti^{6}　tɔ^{2} la^{6}爬行动物	ti^{6}　tɔ^{2} fən^{3}飞禽	
(前缀)　只　爬	(前缀)　只　飞	

ti^{6}　at^{7} kuŋ^{3}能发出响声的一类物品（如：喇叭）

(前缀)　个　响

ti^{6}　məi^{6} kuk^{7}衣服①	ti^{6}　məi^{6} ɣəːi^{6}长款衣服
(前缀)　件　衣服	(前缀)　件　衣服

ti^{6} 和仫佬语中的光杆动量词②结合，表示动作执行的结果（不强调次数），相当于“某次/回/趟……（动作）”。例如：

ti^{6} maːt^{7}某次（ti^{6} maːt^{7}还有表示“从前”的意思）

ti^{6} tɔ^{6}某趟　　　　ti^{6} lan^{2}某轮

在实际语句中，这样的配合结构指代的实际动作结果并不明确，即指代的某种动作广泛的结果形式未形成所指，不独立使用（具体参看下文2中的分析）。

2. 与指示代词配合

仫佬语里除了与 ti^{6} 构成泛称概念的类别量词 tɔ^{2}/tɔŋ^{6}/at^{7}/jaːŋ^{6} 之外，ti^{6} 配合光杆名量词（包含光杆动量词）构成的“ti^{6}+量词”结构往往不直接存在于语句中（这里单就“ti^{6}+量词”本身包含的语义在句子中存在方式，不讨论其语义性质受形容词等扩展后的存在方式），常以特指的形式存在于语句中（“ti^{6}+ tɔ^{2}/tɔŋ^{6}/at^{7}/jaːŋ^{6}+指示词”也表示特指）。即在具体句子中要加上指示代词 naːi^{6}“这”或 ka^{6}“那”的形式存在，不可直接以“ti^{6}+lak^{7}/mu^{6}…”的形式出现，而是依存指示代词存在，配合指明一种类别的完整个体性质；没有指示代词，则意义不完整。这样的结构往往是以单数形式表示复数意义。例如：

---

① 由于一些个体量词自身的语义只称量数量有限的1-2个名词，因此其受名词后置修饰后形成的类别中往往难以划分更小类别，只表示本身层级的类别，如 ti^{6} məi^{6} kuk^{7}。而这些个体量词被形容词或动词修饰后则可表示这类事物中的具有某种性质特征的一小类，如 ti^{6} məi^{6}（件）ɣəːi^{6}（长）/tshja^{1}（裁制）“长款/裁制的衣服（类）”。这一点上和称量人的 mu^{6} 和 lak^{7} 相似。

② 以表示身体部位或动作执行的工具性名词充当动量词的名词，文中将其处理为名词。

ti^6 mu^6 $na{:}i^6$这类人	ti^6 lak^7 ka^6那类人
(前缀) 个 这	(前缀) 个 那
ti^6 $tha{:}ŋ^6$ $na{:}i^6$这类物品	ti^6 $tɔ^2$ ka^6那只动物
(前缀) 个 这	(前缀) 只 那

在句子中，特指的结构可充当主语和宾语成分。例如：

ti^6 lak^7 ka^6 $kɔ^6$ $tsha{:}m^3$ $kɔ^6$ $tsha{:}m^3$，$hɣɔ^4$ si^6 $a{:}u^1$ $fɛ^4$ $na{:}ŋ^2$？(作主语，表复数)

那些人 一直 走 一直 走 知道 是 要 做 什么

那些人一直走一直走，不知道是要做什么？

$ȵa^2$ pok^7 $moŋ^6$ ti^6 lak^7 ka^6 $mən^1$ $fɛ^4$ lai^3 ti^6 $mə^6$？(作宾语，表复数)

你 巴望 那种人 哪能 做 来 事 啊

你盼望那种人（那类型的人）哪能成事？

同样，"ti^6+光杆动量词"结构亦不单独作为句子成分。就结构音节中的成分意义明显就无法指代的实际动作结果，即指代的某种动作广泛的结果形式未形成所指，不独立使用，需承接于具体动作之后，ti^6 必须和 $na{:}i^6$ "这"或 ka^6 "那"搭配使用明确动作执行时间距离说话时的远近，即特指到具体的某一次动作结果。例如：

$njɛm^1$ u^1 $tiŋ^1pa{:}n^3$ $tswa{:}i^3$ ti^6 $cət^7$ ka^6，$ŋ^5$ cit^7 $mə^6$？

从上 脚掌 踩 (前缀) 脚 那 不疼 呀

在脚上狠狠踩了一脚，很疼的。

另外，除了用于通用动作的量词 $ma{:}t^7$ "次"，ti^6 可和 lo^4 "大"搭配使用，构成"ti^6+动量词+lo^4"的结构放置在所修饰的非及物动词后加深动作的程度等。例如：

$tɛŋ^3$ hai^5 $mɛ^2$ $çən^1$ $kha{:}u^1$ $tɔ^1$，lak^7 $nuŋ^4$ $kə^6$ $fən^3$ ti^6 $tɔ^6$ lo^4 $pa{:}i^1$ $khai^1$ $tɔ^1$.

听 见 有 人 敲 门 个 孩子 那 飞 一趟 大 去 开 门

听见有人敲门，小孩飞奔着去开门。

另外，ti^6 还会与表示时间的词构成一类词组，使用时亦配合指示词 $na{:}i^6$/ka^6 表示特指的某个时间。例如：

ti^6 si^2/$tsən^6$ $na{:}i^6$这时，如今	ti^6 si^2/ $tsən^6$ ka^6 那时，当时
ti^6 $mɛ^1$ $na{:}i^6$ 这些年头	ti^6 $mɛ^1$ ka^6 那些年头
ti^6 si^2 $na{:}i^6$ 这些年代	ti^6 si^2 ka^6 那些年代

ti^{6} mɣəːn^{2} naːi^{6} 这些月份　　　　ti^{6} fan^{1} naːi^{6} 这些日子

以“ti^{6}+方位词+naːi^{6}/ka^{6}”的结构可以表示明确的方向位置的词义结构，naːi^{6} 和 ka^{6} 表明方位的远近距离。方位词包括 u^{1}（上）、te^{3}（底）、lən^{2}（后）、ho^{3}（里）、uk^{7}（外）、tin^{5}（旁）、ta^{5}（中）、pø^{1}（端）等。例如：

ti^{6} u^{1} naːi^{6}上边　　　ti^{6} te^{3} ka^{6}下面　　　ti^{6} ta^{5} ka^{6}中间

二、ti^{6} 的文化认知蕴含解释语言结构

我们首先可以尝试从表义层面探讨“ti^{6}+量词”等结构形成的原因。在表义上，ti^{6} 音节作为仫佬语中词汇意义和语法化意义十分丰富的一个音节，在仫佬语中，这个音节词汇意义保留有“土地、土地神（财神）、庙宇、事件、文字”，而在语法化意义上 ti^{6} 音节执行着丰富的语法功能意义，除了这里探讨的和量词配合指称某一类别事物的“所有”意义，还可以配合指称人物 ti^{6} kɔŋ^{1}“男人”、ti^{6} pwa$^{?}$“女人”、ti^{6} laːk^{8}“儿女”、ti^{6} ca^{1}“自己”，指称时间 ti^{6} maːt^{7}“过去”、ti^{6} mɛ^{1}“从前”，指称方位 ti^{6} kon^{6}“地点”，指称宗族 ti^{6} tsoŋ^{5}“宗室”，并且可以配合指示词特指丰富的意义（见本节上下文所述）。我们认为 ti^{6} 音节本身包含了总括人事物的意思，它的出现是在语言发展过程中，语法上的需要而自然选择形成的语法化音节，与其他词配合使用，自身并不带有十分具体的词汇意义，有这一定的偶然性与具有一定词汇意义的 ti^{6} 语音重合、用法重合。这样看来，ti^{6} 表示了最大涵盖名词范围程度的“全部”范围。再者，在语序层面，仫佬语修饰成分放置于中心词之后，修饰内容缩小中心词指代范围。在“ti^{6}+光杆名量词”的结构中 ti^{6} 已经完成了语法化发展过程，而类别量词 tɔ^{2}/tɔŋ^{6}/at^{7}/jaːŋ^{6} 在仫佬语中是仅次于 ti^{6} 的具有类别概括的词汇形式，也就是 ti^{6} 的实际指代范围分别落实到这几个类别内容上，这就完成了“ti^{6}+光杆名量词（tɔ^{2}/tɔŋ^{6}/at^{7}/jaːŋ^{6}）”结构的广泛涵盖指称意义的表达。

了解 ti^{6} 音节从文化蕴含角度上看其包含了总括事物的语义，我们可以把其后的成分看作语法结构上的修饰限定成分。在语义上，这样的结构的语义重心则落在了修饰成分量词等（包含其后的各项修饰成分）语义上，即“万事万物”中的具体细化的内容，ti^{6} 成了前缀。

梁敏等（1996：865）描述壮侗语名词后的修饰成分语序以较为固定的 ANumD（形容词—数词—指别词）的语序出现。刘丹青（2008）指出不同修饰

语可以同现于一侧的语言中，限定词占据核心名词的修饰成分最外层位置，统摄中心语的各项定语。这样的定语语序可以对应到仫佬语的“ti^6+量词/时间名词/方位词等+指示词”表示特指义的结构上。显然，在仫佬语中，指示词表示的是具体有定的“某一个地点指示”的单一数量地点意义，而 ti^6 本身包含的语义有“万事万物”的基本语义，其语义上就限定了其语法结构不再存在复数意义，因而“ti^6+量词/时间名词/方位词等+指示词”结构只存在单数整体概念意义的形式，无法再受数词修饰。而结构中的量词等限定深化了 ti^6 内涵存在的类别、性状特征、时间涵盖等。而以某种类别或性状存在的物品不只一个单数的量，也就解释了“ti^6+名量词+指示词”是以单数形式表示复数意义，表示了某类（某物/事/人)。表示类别的量词可以进一步被修饰细化，而“有定”指称某大类别之中的具有更具体性质特征的事物小类别。区别于表示“全部事物”的 ti^6 则不出现表示“单一某一物/事”（涉及名量词单复数语义，此不赘言）的情况。例如：

ti^6　$tɔŋ^6$ ma^1 $həu^1$ ka^6.（定指“蔬菜”大类中具有绿色性质的蔬菜那一类)

(前缀)　棵　菜　青　那

$tɔŋ^6$ ma^1 $həu^1$ ka^6.（表示那一颗青菜)

棵　菜青　那

“ti^6+动量词/时间名词/方位词+指示词”其语义上则是表达了“某次/回、某时、某方位地点”这样的单数意义内容。从仫佬族文化角度得出 ti^6 音节蕴含“万事万物”语义，并完成了其语法化过程，而“动量词、时间名词、方位词”这些词都不表示类别，我们就可以解释“ti^6+动量词/时间名词/方位词+指示词”和“动量词/时间名词/方位词+指示词”表示特指的区别所在：前者表示的单数意义特指强调了从 ti^6 作为“全部类别”的最大类属中特别提出“某次/回……动作、某个时间、某个方位地点”，后者直接表示距离远近的特指。

三、ti^6 的其他语言表现和词汇意义

1. ti^6 的构词功能

如上所述，ti^6 音节可以和量词构成一定的名词意义的词。除此之外，ti^6 存在于一定的词中构成词汇意义，还可以和其他一些词或音节一起构词。

（1）在词汇中表示一定意义，但不单独使用。

a. 表示“自己”。例如：

ti^6 ca^1自己　　$th\text{ə}n^1$ ti^6亲自　　ti^6 $ts\text{ɔŋ}^5$自己的宗族，宗族

b. 表示“字”，区别于单独使用的 $l\text{ɛ}^2$ “字”。例如：

$pa\text{ː}t^7$ ti^6（生辰）八字　　ti^6 poi^5字辈

（2）用 ti^6 和表示人、事物和生物的词结合，指称某一类属。例如：

ti^6 $k\text{ɔŋ}^1$ 男人　　ti^6 pwa^2 女人　　ti^6 $ka\text{ː}u^4$老头

爷爷　　奶奶　　老汉

ti^6 ja^4野人　　ti^6 $la\text{ː}k^8$ 儿女

野　　孩子

2. ti^6 的其他存在形式

（1）借用西南官话桂柳话语音，作为序数词。例如：

ti^6 $ta\text{ː}m^1$第三　　ti^6 ŋɔ^4 第五

（2）作为量词称量 $l\text{ɛ}^2$ “书”。例如：

$n\text{ə}^3$ ti^6 $l\text{ɛ}^2$一个字

作为量词使用可重叠，表示“每一（字）”“全部的（字）”。例如：

ti^6ti^6 $l\text{ɛ}^2$ lo^4 lan^6lan^6每个字（写得）大大的

字字 字 大（后置音节，表示程度加深）

四、小　结

从对仫佬语中 ti^6 的梳理结果看，除了具有一些表示明确的词汇意义，ti^6 作为在仫佬族语言语法上包含“万事万物”语义在构词上完成了其语法化过程，作为前缀受不同词汇后置修饰限定，实际语义落在修饰成分上。在语义功能上增强了仫佬语单音节词汇表义的清晰度。另外，ti^6 配合指示代词 $na\text{ː}i^6$ “这”/ka^6 “那”完成名量词类别、动量词、时间名词和方位名词的单数意义的特指。

本节主要参考文献：

1. 梁敏、张均如：《侗台语概论》，北京：中国社会科学出版社，1996。

2. 刘丹青：《汉语名词性短语的句法类型特征》，《中国语文》2008 年第 2 期。

3. 陆天桥：《毛南语的类别量词》，《民族语文》2007 年第 3 期。

4. 蒋颖：《普米语个体量词及其类型学分析》，《民族语文》2008 年第 5 期。

5. 潘琦：《仫佬族族群文化的崛起与发展》，《广西社会科学》2003 年第 8 期。

6. 银莎格：《仫佬语名词、动词及形容词后置音节研究》，《怀化学院学报》2011 年第 9 期。

7. 银莎格：《对仫佬语主要实词后附音节归类的思考》，《江西教育学院学报》2012 年 10 期。

8. 银莎格：《银村仫佬语参考语法》，北京：中国社会科学出版社，2014。

第九章　仫佬语语言文化记录分析

语言和文化作为人类群体的两项重要特征，两者伴随人类社会的产生和发展过程，一种文化往往包括了其中的语言，而语言又作为一种文化领域中的独特范畴，可以是文化的一种符号形式的信息载体。李锦芳（2002）指出："正是因为使用了语言，人类的每一点进步才被这一重要的符号形式表述起来，记录下来，并得以跨越时间和空间而传播。"因此，从语言中我们可以挖掘出一个族群的历史，对探讨人类学、民族学、哲学等学科知识有着重要的价值。

这一章节尝试从语料中整理出仫佬语中蕴含本民族文化表述的词汇。结合民族学、民族史等相关学科知识，探索这些词中仫佬族文化内涵以及与周边民族文化的关联。

第一节　语言与民族史

一、族称与人称

mu^6lam^1 仫佬族

mu^6 表示指称人的类别量词，lam^1 为"仫佬语"的意思，mu^6lam^1 即"讲仫佬话的人"。这样的称谓结构还有 $mu^6tso\eta^6$ "讲壮话的人"，即壮族、壮族人；$mu^6kw\partial n^1$ "讲官话的人"，即当地讲西南官话桂柳方言的汉族人。mu^6 后可以加 $ca\!:\!\eta^3$ "讲"，变成 $mu^6ca\!:\!\eta^3lam^1$，$mu^6ca\!:\!\eta^3tso\eta^6$，意思更明确。$lam^1$ 在现代仫佬语中还有"池塘"的语义，在黄金镇仫佬语中还有"种"的意思。另外，仫佬族先民百越民族有着相当精湛的水稻种植技术，因此，有学者认为 lam^1 所指的池塘其实是“水田”，mu^{6}lam^{1} 实际意思为“种田的人”，这种理解和黄金镇仫佬语 lam^{1}“种”也有语义上的相关联性。也就是，作为百越民族的一支，仫佬族传承了其先民的水稻种植技术能力。我们据此可以基本推断：lam^{1} 最早是指代“在稀泥塘中种植水稻”这个农业活动，与指称人的类别量词配合后指代说这种语言的这一个群体。而随着时间的推移，进而指代这个活动主体所使用的语言。

史籍对于广西仫佬族人的记载最早出现在清嘉庆年间修编的《广西通志》所转引的《粤西丛载》的记载“天河獠（僚）在县东，又名姆佬……”①。其后，一些文献中还出现了“狑獠（伶僚）”“木冷”等名称。其中“佬”“狑”和“冷”应该就是仫佬语中 lam^{1} 的汉记音，作为仫佬族人的自称被文献所记录。这样的自称在罗城县东门镇的大福村、桥头村以及黄金镇等地所说的仫佬语中的表示“自己”的 ljeːu^{1}“我们”和 laːu^{1}“我们”语音相近。文献中的“狑獠”也就是生活在岭南一带僚人中的伶人（lam^{1}）这一支，是汉文文献中修饰语前置的修饰结构；“姆”和“木”作为支撑人的量词“mu^{6}”，“姆佬”和“木冷”是仫佬语中修饰成分后置的修饰结构，汉记音是仫佬族人仫佬语的自称形式。

tɔŋ^{1} 冬

现在仫佬族人居住的村寨聚居格局多为同族、同姓、同宗、同“冬”的形式。其中，tɔŋ^{1} 流行于仫佬族的吴姓、罗姓、银姓聚居地区，是仫佬族传统社会组织，语音上很可能来自汉语“宗”，即“宗族”之意。据费孝通（2014）《中国少数民族大辞典·仫佬族卷》指出其源自各姓氏迁徙至各新居住地之时。设有冬头，由族人选举产生，由有威望的年长者担任。主要负责日常事务，如组织节俗祭祀、会款活动，制定冬碑条款，解决家庭矛盾、邻里纠纷及冬外矛盾等，没有报酬。一个村往往有两三个冬聚居在一起，房屋建在本冬的范围内，以巷道为分界线，互不杂居。例如：银姓中石村的两个相连在一起的屯，大银屯（过去为中兴村）和石围屯，从大银屯中间的一巷道往西一直囊括石围屯，住着“四冬”的仫佬族人，四冬的祠堂就建在大银屯的屯中间。但是，大银屯中间往东都住着“五冬”的仫佬族人，五冬的祠堂建在大银屯的东头。由大银屯中间的一条巷道

① 参考《仫佬族简史》编写组：《仫佬族简史》，北京，民族出版社，2007。

分开，一边是“五冬”，一边是“四冬”，历年历代过去，两冬人分得清清楚楚。

laːk^{8}+某种特征　地名

仫佬族人居住地中，有不少地名都带有 laːk^{8}（往往弱读为 lək^{8}）这个读音。例如：laːk^{8} ŋɔ^{2}“勒俄”、laːk^{8} mi^{3}“木子”、laːk^{8} iŋ^{1}“德音”、laːk^{8} khɔk^{7}“都宿”、laːk^{8} phon^{1}“勒潘”、laːk^{8} tɔŋ^{6}“勒峒”、laːk^{8} tja^{6}“良谢”、laːk^{8} təm^{2}“覃村”。laːk^{8} 对应“孩子、人”的意思，带有指人前缀义，而侗台语族语言存在修饰限定成分后置的短语结构，那么，这些地名也就是指“什么特征的人”，通过发展从而指代住着这样的人的地方。修饰 laːk^{8} 的这些后置成分，有的是姓氏，例如：ŋɔ^{2}“吴”、phon^{1}“潘”、tja^{6}“谢”、təm^{2}“覃”。有的是当地的突出物产，例如：laːk^{8} mi^{3} 的含义是“村子里有梓木林的人”这样的村屯；laːk^{8}tɔŋ^{6} 的含义是“峒场人”的意思，现名“勒峒”为音译地名。有的结合传说故事，例如：laːk^{8}iŋ^{1} 指该屯奠基建设时，村民刚好射下一只山鹰，因此以“射山鹰的人”来命名该村屯；laːk^{8} khɔk^{7}“都宿”则传说建屯之初，有柳州府都督路过求宿，该屯则得名“都督住宿过的屯之人”的村屯。

tau^{2} 头领

侗台民族社会在秦汉之前已普遍进入原始社会末期或奴隶社会，产生了自我管理组织，出现了社会管理组织的首领、头目、寨佬等。在文献中这些头领曾被记为“昭”“朱”“都老”，在李方桂的侗台语古音构拟中拟作 tlau，其发展至今存在于仫佬语中的形式为 tau^{2}。现如今在仫佬族聚居村寨的宗族事务组织管理中（例如：清明共同祭祖活动），仍然由宗族中的各家各户轮流 fɛ^{4} tau^{2}“做头领，主持”。

记录岭南地区先民的一些古籍中常用来表示僚族“头人”的“郎火”一词，例如：宋人范成大的《桂海虞衡志》一书中所记载的关于广西僚族一村中推举有势力、声望高的人为“郎火”来管理族内事务。覃小航（2009）把“郎火”一词考证为仫佬语 lak^{7}kɣo^{3}“头人”的汉记音，lak^{7} 正是仫佬语指称人的量词，kɣo^{3} 是仫佬语中“头”的意思。据此，可以推测这些古籍中描述的是仫佬族聚居村寨的寨佬制度。覃小航所推断的“郎火”的仫佬语读音 lak^{7} kɣo^{3} 可能正是 lak^{7}tau^{2} 的同义词。

kə⁶ laːu⁴老头

现代仫佬语中 kə⁶ laːu⁴ 通常就指称年老的男性，其中 kə⁶ 可能是带有尊称的称人前缀，原义有可能是 ka⁶ “那”，表示一种位置（往往是尊位），laːu⁴ 最早应该是指代旧时参加侗台民族内部管理体制“都老制”议事的老者。“都老制”是宗族中由有声望的男性年长者聚集议事的形式，这里的“都”表示某种指人前缀，“老”表示制度里“有权威的老者”。仫佬族宗族中的人们在谈论参加宗族会议的长者时，用表示远指处所的 ka⁶ “那”指代由于自己资历和声望不够，未能参加的议事会议的处所（即离自己较远），kə⁶ laːu⁴ 即表示“处于议事会议那里之老者”。ka⁶ 不断发展后，在现代仫佬语中，语义发生延伸，有表示某种模糊的性质或状态的意义。例如在 kə⁶ pon¹ “刚才”，kə⁶ ljeu⁴ “完成后，过会儿”中的 kə⁶ 就表示一种不确定的性质和状态，其后的成分把 kə⁶ 的性质和状态明确了下来，包含了“处在某种性质和状态中的更具体的性质的状态”的意思，也对应了仫佬语修饰成分后置修饰明确前面的内容的语法结构式。现在仫佬语中 kə⁶ laːu⁴ 已演变为直接表示“老头，老者”的意思，连读后有读成 kaːu⁴ 的语音形式。

ˀuŋ³ 和 kon¹官

现代仫佬语中两者都是“官”的意思。但是，两者的来源是有差别的。在宋人洪迈的《渠阳蛮俗》中就记载着侗水语地区有称为“都幙”的首领，这些头领是地方的“土官”，也就是具有对该区域行政治理权力。李锦芳（2002）推测“都”是语言结构的前缀，由古侗台语“首领”演变为尊称。“幙”则可能是侗水语“官”的近音记录。仫佬语“量词+名词”表示名词的结构中，量词亦作为前缀，那么 mu⁶ 是含有尊称的指人量词“个”（区别于含有轻微蔑称的 lak⁷）。而且，仫佬语的ˀuŋ³ 可能就“幙”发展而来的对应音。所以，汉记音“都幙”在仫佬语中的保留形式有可能就是 mu⁶ˀuŋ³。

唐朝以后，侗台民族聚居地区逐步实行土司制度，土司（可能就是ˀuŋ³，土皇帝）得到中央王朝授予官印，统辖疆域，有很大的区域自治权。中央王朝为了协助土司制管理地区，派遣汉官到侗台民族聚居地区协助土司管理辖区，同时监督土司，防止其势力膨胀，中央无法控制。这样的汉官则称为 kon¹（有人把其发音为 kwaːn^{1}）。

khɛːk^{7}客（人）、kwən^{1}汉（人）

秦汉之后，有很多汉族人迁居到侗台民族聚居生活的地区。这些汉族人迁居到来的时间不同，有的是操着客家话的汉族人，有的是说着官话的汉族人。说客家话的汉族人被称为 mu^{6} khɛːk^{7}，说着官话的汉族人被称为 mu^{6} kwən^{1}。

二、亲属称谓

仫佬语中的各项称谓如表 9-1 所示：

表 9-1　仫佬语称谓对照表

	释义	汉语称谓	仫佬语称谓		释义	汉语称谓	仫佬语称谓
鼻祖	上供位的先人	鼻祖、先祖	kɔŋ^{1}maːŋ^{6}	与丈夫相关的亲属	夫之父	公公	pu^{4}，ca^{1}kɔŋ^{1}
					夫之母	婆婆	ni^{4}，ca^{1}pwa^{2}
高祖	太祖的前辈	高祖	maːŋ^{6}miu^{4}		夫之兄长	大伯	faːi^{4}
曾祖	祖父的父母	曾祖\ 太祖	maːŋ^{6}		夫之兄之妻	妯娌	hɣəːu^{3}
	祖父之父	曾祖父	maːŋ^{6}kɔŋ^{1}		夫之弟	小叔	nuŋ^{4}/te^{4}
					夫之弟之妻	妯娌	hɣəːu^{3}
	祖父之母	曾祖母	maːŋ^{6}pwa^{2}		夫之姐	大姑子	tsɛ^{2}
					夫之妹	小姑子	nuŋ^{4}/ȵɛ^{5}
祖	父亲之父	祖父	kɔŋ^{1}	与妻子相关的亲属	妻之父	岳父	pu^{4}
	父亲之母	祖母	pwa^{2}		妻之母	岳母	ni^{4}
	祖父的兄弟	堂祖父	kɔŋ^{1}lo^{4}，kɔŋ^{1}ni^{3}，…kɔːŋ^{1}niŋ^{5}		妻之兄长	内兄	faːi^{4}
					妻之弟	内弟	nuŋ^{4}
	祖父兄弟之妻	堂祖母	pwa^{2}lo^{4}，pwa^{2}ni^{3}，…pwa^{2}niŋ^{5}		妻之姐	人姨	tsɛ^{7}
					妻之妹	小姨	nuŋ^{3}ȵɛ^{5}
	祖父的姊妹	姑婆	ku^{1}pwa^{2}		妻之姐之夫	襟兄	
	姑婆的丈夫	姑公	ku^{2}kɔŋ^{1}		妻之妹之夫	襟弟	

续表

	释义	汉语称谓	仫佬语称谓		释义	汉语称谓	仫佬语称谓
父母	自己之父	父亲	pu^{4}/ja^{1}	兄弟及其相关亲属	兄长	哥哥	faːi^{4}
	自己之母	母亲	ni^{4}/na^{2}		兄长之妻	嫂子	hɣəːu^{3}
	母亲再嫁之夫	继父	pu^{4}lən^{2}		弟	弟弟	nuŋ^{4}te^{4}
	父亲续娶的妻	继母	ni^{4}lən^{2}		弟之妻	弟媳	maːi^{4}nuŋ^{4}
	拜认的父亲	契爹	pu^{4}maːn^{1}		兄弟之子	侄子	khɣəːn^{1}/te^{4}/nuŋ^{4} khɣəːn
	拜认的母亲	契妈	ni^{4}maːn^{1}		兄弟之女	侄女	khɣəːn^{1}/ɲ̥ɛ^{5}khɣəːn^{1} /nuŋ^{4} khɣəːn^{1}
		亲生母	thən^{1}ni^{4}	姐妹及其相关亲属	姐	姐姐	tsɛ^{2}
	结义金兰的父母	老庚父\母	pu^{4}lu^{6} lɔŋ^{2}/ni^{4}tuŋ^{6} paːn^{4}		姐之夫	姐夫	faːi^{4}tsɛ^{2}
与父亲相关的亲属	父亲之兄	伯父	pa^{5}		妹	妹妹	nuŋ^{4}ɲ̥ɛ^{5}
	父亲之兄之妻	伯母	mu^{4}		妹之夫	妹夫	nuŋ^{4}te^{4}
	父亲之弟	叔叔	so^{5}		姐妹之子女	外甥子\女	ŋwaːi^{6}sɛŋ^{1}
	父亲之弟之妻	婶婶	səm^{3}	子女及其相关亲属	子	儿子	laːk^{8}
	父亲之姐	姑妈	pa^{3}		女	女儿	laːk^{8}jaːk^{7}/lək^{8}jaːk^{7}
	父亲之姐之夫	姑丈	luŋ^{2}		认的女儿	契仔\女	laːk^{8}maːn^{3}
	父亲之妹	姑姑	ku^{1}		子之妻	儿媳	laːk^{8}maːi^{4}
	父亲之妹之夫	姑父	so^{5}ku^{1}		女之夫	女婿	laːk^{8}kɣəːu^{4}
	姑母之子	表兄	faːi^{4}pa^{3}		子之子女	孙子\女	khɣəːn^{1}/laːk^{8} khɣəːn^{1}
	姑婆之女	表姑母	ku^{1}pjeu^{3}		女之子	外孙	ŋwaːi^{6}sɛŋ^{1}
	姑婆之子	表叔伯	so^{5}pjeu^{3}				
	姑母之女	表姐	tsɛ^{2}pa^{3}				
	父之兄弟之子	堂兄	faːi^{4}				
	父之兄弟之女	堂姐	tsɛ^{2}				
	父之兄弟之子女（幼于己）	堂\表弟妹	nuŋ^{4}				

续表

	释义	汉语称谓	仫佬语称谓
与母亲相关的亲属	母亲之父母	外祖\祖父\祖母	ŋwaːi^{6}
	母亲之父	外公	ŋwaːi^{6}kɔːŋ^{1}
	母亲之母	外婆	ŋwaːi^{6}pwa^{2}
	母亲之兄长	舅父	luŋ^{2}
	母亲兄长之妻	舅母	pa^{3}
	母亲之弟	舅父	səu^{2}
	母亲之弟之妻	舅母	hɣəːu^{3} fəi^{6}səu^{2}
	母亲之姐	大姨	pa^{3}
	母亲之姐之夫	姨夫	luŋ^{2}
	母亲之妹	小姨	fai^{6}
	母亲之妹之夫	姨夫	ȵi^{6}fu^{1}
	母亲姐妹之女	表姐	tsɛ^{2}pa^{3}
	母亲姐妹之子	表哥	faːi^{4}pa^{3}
	母亲兄弟之子	舅哥	faːi^{4}luŋ^{2}
	母亲兄弟之女	舅姐	tsɛ^{2}luŋ^{2}
夫妻	配偶	丈夫	kɣəːu^{4}
	配偶	妻子	maːi^{4}

	释义	汉语称谓	仫佬语称谓
与奶奶相关的亲属	奶奶之兄长		kɔŋ^{1} kje^{1}
	奶奶之兄之妻		pa^{3} pwa^{2}
	奶奶之弟		səu^{2} kɔŋ^{1}
	奶奶之弟之妻		səu^{2} pwa^{2}
	奶奶兄弟之子		fəi^{6} luŋ^{2} pwa^{2}
	奶奶兄弟之女		tsɛ^{2}luŋ^{2} pwa^{2}
	奶奶之姐		pa^{3}pwa^{2}
	奶奶之姐之夫		kɔŋ^{1} kje^{1}
	奶奶之姐之子		fəi^{6} luŋ^{2} pwa^{2}
	奶奶之姐之女		tsɛ^{2}luŋ^{2} pwa^{2}
	奶奶之妹		fai^{6} pwa^{2}
	奶奶之妹之夫		kɔŋ^{1} kje^{1}
	奶奶之妹之子		fəi^{6} luŋ^{2} pwa^{2}
	奶奶之妹之女		tsɛ^{2}luŋ^{2} pwa^{2}
其他	孙之孙	曾孙	khɣəː n^{1}lui^{3}/laːk^{8} khɣəːn^{1}lui^{3}
	曾孙之孙	玄孙	khɣəːn^{1} lui^{3}lui^{3}
	兄之妻\夫之姐妹	妯娌\姑嫂	hɣəːu^{3}nuŋ^{4}
	妻之兄弟\姐妹之夫	连襟	faːi^{4}nuŋ^{4}

从仫佬语的称谓体系上看，其与侗台语亲属称谓体系有很大的一致性，遵循“父系母系称谓相混淆，父系采用汉语称谓较多”的特点。这样的特点可能正是

侗台民族先民在社会历史进程中经历了漫长的母系社会，受中原社会影响进入到父系社会后，在亲属称谓上并未父系化，而是把部分母系称谓转用到父系称谓上。后来，一些父系里的相关称谓（如 kɔŋ¹“公”、ku¹“姑姑”等）则从汉语借入。现如今在仫佬语中对于一些长辈的称谓中，例如，maːŋ⁶“太祖”、ŋwaːi⁶“外祖”，都是直接指代女性辈分的亲属，特别要区分时才会后置 pwa²“婆”或 kɔŋ¹“公”加以区分。仫佬族聚居地区有 naːu³ maːn³ ŋwaːi⁶，taːm¹ maːn³ səu²“一个村子的外婆，三个村子的舅舅”的习语。而 nuŋ⁴ 可直接称呼所有比自己年纪小的人，这也可能是仫佬族经历很长的母系社会阶段过程中，在母系大家族里对年纪小者没有必要区分他们是什么性质角色，从而直接使用统称。这些都是仫佬族完全进入父系社会后，在亲属称谓和相应表达上留下的母系色彩。

第二节　语言与农业、建筑、经贸和信仰生活

仫佬族居住在岭南的山水之间，境内河流纵横，山峦叠嶂，丘陵起伏。历代仫佬族人在这片土地上，靠山吃山，披荆斩棘，耕山造田，建造住所，过着农耕自给的生活。祖辈们还挖洞采煤，狩猎打鱼，编制竹器、草帽、草鞋，织布裁衣，从事货物买卖等各项生产劳动，形成了仫佬族颇具特色的经济生活形式。在认知世界的过程中，仫佬族人经历了从原始宗教信仰向人为宗教的转变，又在人为宗教中走向新的精神认知。

一、农　业

hu³水稻、米饭

作为稻作民族的后代，仫佬族人民的语言中保留有大量的和 hu³ 相搭配的事物和动作（银云忠，1999）。作为仫佬语中指称“稻谷、水稻、米饭、饭”的 hu³，也可以泛指粮食的意思。学者们很难从构拟的原始侗台语中找到这个词的同源关系，有学者（倪大白，2010）认为这个词是从汉语借用的词。倪先生通过考察侗台语诸语言中有关稻谷的词，比较了东汉人许慎的《说文解字》中禾部中收有的“秏”字的解释：“尹伊曰：饭之美者，玄山之禾南海之秏。”这样一

来，就可以解释，这里的南海是古代百越人的活动区域，那时候“禾”就被借用来指代侗台先民生活的南海一带的“稻”。

man^{2}甘薯、ʔɣaːk^{7}芋头

甘薯和芋头作为亚热带地区重要的粮食作物，在侗台先民生活的地区从野生植物发展成为人工种植的作物时间也相当早。在仫佬语和侗台语族诸语言中对于“甘薯”和“芋头”的说法相当一致。如表 9-2 所示例子：

表 9-2　“甘薯”“芋头”词汇比较表

	壮语	布依语	傣语	侗语	水语	毛南语
甘薯	man^{2}	man^{2}	man^{2}	man^{2}	man^{2}haːn^{3}	laːk^{8} man^{2}
芋头	piːk^{7}	lɯʔ^{8}piʔ^{7}	ho^{1}phək^{9}	jaːk^{9}	ʔɣaːk^{7}	ˀjek^{7}

由这种语音上的高度相似性，可以推测甘薯和芋头作为侗台先民的自行培育，并作为重要的粮食食用的时间要早于其他栽培性的粮食作物。

khɣəi^{1} 和 khɣəi^{5} 犁

khɣəi^{1} 表示农具“犁”，khɣəi^{5} 表示犁田的动作。历史上侗台先民经历了使用大象、牛等进行耕地时期。侗台语族各语言中“犁”的发音和仫佬语 khɣəi^{1} 的发音相近，可以推断是同源关系。这也印证了侗台先民在语言上形成分化之前已经有了用牛等驯化的动物犁地的农业形式，也就是至少两三千年前已经开始了犁地的农业活动。

kɣœ^{2} 犁

虽然使用驯化的动物的耕作方式大大地改善了生产工具，提高了农业生产水平，然而仫佬族人生活的地方有平坝，也有山川丘陵，有些面积较大的平坝上的田地可以使用牛马耕地，加快生产，但是在山川丘陵地带，田地面积不大，使用牛马耕地就会施展不开，多有不便。所以，仫佬族人在牛马耕地很普及的农耕时代里，还使用着另一种汉语称之为“踏犁”的耕作方式。其工具称为 kɣœ^{2}“犁”，也是犁的一种，具有长约一米多木条做主架子，一端安上犁铧嘴，距铧

咀上端10厘米的主架上装有踩把，主架末端有横杠手把，使用的是人力来 cin^{1}“翻耕”，往往 cin^{1} 的是 hɣəi^{5}“山地上的旱地”。学界认为这种耕作方式是跟汉族人学习的，具体传入时期不得而知，最早记载是在南宋人周去非的《岭外代答·风土门·踏犁》。这样的耕作方式适合山地耕作，在仫佬族聚居地区保留了下来，现今在仫佬族居住的一些峒区还是可以见到，不少地方的 kɣœ^{2} 已经呈现出没有横杠手把的形式，方便像拿锄头一样轻便地去翻耕一些山地。

kwaːt^{7}肩板锄，锄刮

这种板锄适用于挖掘时的浅度挖和刮平田地的劳作，区别于较深度的挖掘用的 cok^{7}“条锄”（又叫 cok^{7}ku^{1} 或 cok^{7}tau^{2}）。这种板锄在岭南地区十分普遍，被认为是侗台原始语中 kwaːk 的关系词。李锦芳（2002）推断百越中的“越”（古为戉）来自有肩石器，“越”的上古音为 ɡwjat 与侗台民族的板锄 kwaːk^{7} 很接近，所以可能现今侗台民族仍然使用的板锄就是越人族称之源，即以物名族。

mu^{2}厩肥

这是一种混合了牲畜粪便和干稻草，并且通过一定的发酵而形成的用于给农作物施肥的肥料。侗台民族的语言只有侗语和水语中有近似的词汇表达（都是 maːu^{2}）。我们似乎可以推测侗台民族在早期从事农作物种植生产时，并没有掌握给农作物施肥的使之增产的技术。另外，仫佬语中 pu^{1} 也是一种农作物的肥料，这种肥料是通过焚烧干草、树枝等植物形成的草木灰，草木灰和土壤混合可以使土壤变得肥沃。

二、建筑、村落

maːn^{3}村寨

侗台民族很早就进入了农业社会，人们过着定居的农耕生活，居住地形成了村寨。侗台语言中表示村子的词具有较为明确的一致性（如表9-3），这说明侗台语言各民族分化之前，已经开始过着定居的生活，有了居住的村寨。

表 9–3　“村寨”词汇比较表

仫佬语	壮语	布依语	傣语	侗语	水语	毛南语	拉珈语
$ma{:}n^3$	$ba{:}n^3$	$ba{:}n^4$	$ma{:}n^3$	$ça{:}i^6$，$sən^2$	$ba{:}n^4$	$ba{:}n^4$	$ba{:}n^4$

（表中壮语、布依语、傣语和拉珈语材料来自《中国的语言》，2007 年；侗语、水语和毛南语材料来自各语言简志。）

$lyŋ^6$峒

相比较坐落在平缓开阔地界的 $ma{:}n^3$ “村子”，仫佬族聚居地区把坐落在山林地带的村寨称为 $lyŋ^6$。在现代汉语中，通常都用与之存在语义对应的“峒”字记录这样的村寨。“峒”字在一些史籍中也被用来指称过侗台民族聚居地区的村寨，例如《赤雅》中“壮人聚而成村者为峒，推其长曰峒官”。覃小航（2009）认为，虽然壮语表示山林地带的村寨是和“峒”在语音和语义上相近的 $toŋ^6$，但是壮语 $toŋ^6$ “峒场”是借自汉语的“峒”字，汉语“峒”字则是方块壮字“岽”的变体，而“岽”又源于壮语的 $doŋ^1$（山林）。也就是，汉语曾借用过壮语的 $doŋ^1$ “山林”，而 $doŋ^1$ “山林”进入汉语后，经过语音变化构成了“峒”字的读音，然后又辗转被借回到壮语之中，变成 $toŋ^6$。然而，仫佬语的“山林” $sa{:}n^1ləm^2$ 显然和 $lyŋ^6$ 没有语音对应关系。那么，这个 lyn^6 是怎么用来表示仫佬语中山林地带的村寨的呢？通过梳理，我们发现 lyn^1 “荆棘，荆棘丛生的地方”和 $lyŋ^6$ “峒”有着极为密切的语音关联性，语义演变也有相当的合理性。我们可以理解为一些村寨坐落在生长着 $lyŋ^1$ “荆棘”的地方，从而人们直接用这些村寨坐落的地理位置状貌特征来表示这样的村寨，语言演变后成为 $lyŋ^6$ 的语音形式。

$ho^3seŋ^2$城里

两个音节的字面意思分别是“里”和“城墙”，那么“城”也就是城墙围起来的一片聚居区域了，这个区域往往人口较多，商业繁荣，经济发达，所以需要建立起具有防御性质的城墙。这里的 $seŋ^2$ 可能是借用了汉语“城”的读音。

表 9-4　房屋、房屋构造及材料词汇对照表

仫佬语	汉语	仫佬语	汉语	仫佬语	汉语
hɣəːn²	房子	tən¹pu¹、sɿ⁵kheŋ¹	厕所	ti⁶lu²	地炉
ho³kɣən²	房间	tjaːŋ²	墙	luŋ¹lu²	排水口
kun⁵tɔ⁵	厨房	tɔ¹	门	nəm⁶jem²	屋檐
ta⁵theŋ¹	大堂	tɔ¹tsap⁷	院门	ljaːŋ²	梁
ta⁵khɣaŋ¹	天井，院子	tɔ¹lo⁴	大门	tsø⁴	柱子
lən²nəm³	后厅	tɔ¹tsak⁷	侧门	ŋwa⁴kak⁷	椽子
laːn²	栏，圈	tin⁴fɛ⁵	廊檐道	tsai⁴、khak⁷	台阶
mən⁶lau²	门楼	luŋ¹tshoŋ¹	窗户	tsøn¹	砖头
khuŋ⁵çaŋ⁵	村巷	tɔ⁵	灶	ŋwa⁴	瓦

仫佬族聚居地区的一些古村呈现的近代仫佬族人居住的房子都是独立院落式的 hɣəːn² “房子”。一个房子和一个房子之间或在房子靠近的另一侧 khuŋ⁵çaŋ⁵ “巷道”往往开有 tɔ¹tsak⁷ “侧门”，方便来往和临时出入。在正屋前门建有 mən⁶lau² “门楼”，门楼两侧延伸建 seŋ² “围墙”，与 hɣəːn²lo⁴ “正屋”形成一体，中间是 ta⁵khɣaŋ¹ “天井”，天井有排水的 luŋ¹lu²。正屋分三间、两层、两厅、四房间、九门、八窗，是砖瓦房。正屋中间分 ta⁵theŋ¹ “前厅”和 lən²nəm³ “后厅”，前厅往往是通向屋顶的开阔一层，后厅和两厢一般是用木板隔成两层，两厢分前后 ho³kɣən² “房间”，两厢前两个房间的门开向前厅，后两个房间开向后厅。楼上两厢则没有间隔成房间，往往二层都是放一些谷物及杂物。大厅进门一般挖有 ti⁶lu² “地炉”，地炉可烤火和煮简单的食物。如果要做大伙食，则是到建在天井一侧的 kun⁵tɔ⁵ “厨房”。这样的院落还会额外劈出小房子作为 laːn² “牲口圈”和 sɿ⁵kheŋ¹ “厕所”。tən¹pu¹ “灰寮”往往建在巷尾或村郊，一般是既囤积农肥也作为厕所的茅草屋。

显然，仫佬族人这样的建筑结构受到了汉族人建筑的深刻影响，这种影响从何时开始还有待考证。但从仫佬族聚居地区一些保留了 300 多年的老式房子来看，这样的影响至少是在三四百年前开始的。一般认为，侗台先民的居所名称为“干栏”，这个词是对百越侗台语言“房子”一词的汉记音形式。这样的建筑上层住人，下层住牲口。李锦芳（2002）通过考证汉语“干栏”一词和侗台语中

“房子”的语音对应关系，论证了侗台民族以干栏为主要居住形式。首先，汉记的双音节“干栏”对应的应该是侗台语词的复辅音声母。通过综合比较侗台语族各语言资料可以构拟侗台语“房子”的原始形式为 rɯan。就现代仫佬语中的“房子”hɣəːn^{2}（近似 hɣaːn^{2}）和所构拟的侗水语支的原始形式 rɯan 就有相同性①。其声母 hɣ-可以被看作是 r-演变而来的。这就印证了仫佬族先民所居住的房子曾是干栏建筑。

而后，随着社会的发展，人们交往频繁，侗台各民族不断接受新式的更为舒适的住房建筑，住进了落地式的住所。建筑上很多表达都借用了汉语的形式，例如：tjaːŋ^{2}“墙”、ljaːŋ^{2}“梁”、tshoŋ^{1}“窗户”、tsø^{4}“柱子”、tsøn^{1}“砖”、ŋwa^{4}“瓦”等。这些都应该是仫佬族人建了汉族人居住样式的住所形式时，直接从汉语里借用而来的，其本身的住所形式不体现这样的表达。

二、经贸生活

tjen^{2}、phjeu^{5}、haːu^{6} 和 ləi^{5} 钱币

这几个词都是仫佬语里表示钱币的意思，可以看出是分别从汉语“钱”“票子”“银毫”和“铜元”等词借用的，现在常用来表示“钱币”的是 phjeu^{5} 和 tjen^{2}。仫佬语里本身并没有用以商贸交易的流通货币的表达形式。仫佬族先民居住在广西十万大山南端的山水之间，开辟出陆路交通并不容易，而其境内的河水源流也多是浅滩水系，并不适合通航。由于地理位置上的种种限制，仫佬族先民与外界的商贸往来受到了极大的限制，他们主要还是靠山吃山，过着自给自足的生活。这种极其不发达的经贸生活，还可以从下表 9-5 仫佬语表达交通车马的词汇中体现出来。

表 9-5　交通车马词汇表

仫佬语	汉语	仫佬语	汉语	仫佬语	汉语
khwən^{1}	路	lin^{2}	车轮（辘）	søn^{2}	船
khuŋ^{5}çaːŋ^{5}	巷子（空巷）	ma^{4}	马	pai^{2}	筏子

① 罗城县桥头镇一带的仫佬语中“房子、家”的表达是 laːn^{7}，其语音相近程度也很高。

续表

仫佬语	汉语	仫佬语	汉语	仫佬语	汉语
ceu^{2}	桥	aːn^{1}	鞍	tu^{6}	渡（船）
tshja^{1}	车子	ci^{2}	骑（马）	waːt^{8}	划（船）

这些词很显然都是是从汉语中借入的词，应该是侗台民族和汉族来往比较密切之后，开始了有一定距离的出行活动（商贸或求学）之后，借鉴了汉族人的交通车马形式和表达。

表 9-6　渔业词汇表

仫佬语	汉语	仫佬语	汉语	仫佬语	汉语
mɔːŋ^{4}laːn^{2}nja^{1}	拦河网	ȵi^{6}tsha^{1}	鱼叉	pjet^{7}	乌龟、鳖
mɔːŋ^{4}	鱼网	phiu^{1}、cə^{1}	腰鱼篓	meŋ^{5}	蚌
mɔːŋ^{4}ti^{5}teŋ^{2}	罾	hɣɛ^{1}、laːi^{1}	鱼篓	məm^{6}mɣəi^{4}	鲤鱼
swa^{5}mɔːŋ^{4}	抛网	tjeu^{6}kaːn^{3}	钓竿	kaːŋ^{3}	鱼刺
lɔ^{2}mɔːŋ^{4}	捞网	məm^{6}	鱼	tan^{4}	鱼饵（蚯蚓）

应该说，仫佬族的渔业活动不是很丰富，用大网开展的大规模捕鱼形式应该不多。这从现今仫佬族聚居比较集中的东门镇、四把镇和桥头镇的地理情况可以推测，这样的地理环境中用大网捕鱼的机会鲜有。mɔːŋ^{4}laːn^{2}nja^{1} 应该是架设在小河中的“拦河网”。而 phiu^{1}“腰鱼篓”对应的应该是小规模的抓鱼活动中，用以装鱼的工具，这个词和侗语及水语的读音相同，这可证明这样的抓鱼活动应该是侗水语分化前已经开始。

四、信仰生活

pu^{4}maːn^{3} 契爹、ni^{4}maːn^{3} 契妈

仫佬族人的信仰生活也经历了人类最原始的自然崇拜阶段。这种自然崇拜形式认为万物皆有灵。这样的自然崇拜在受到汉文化中自然崇拜痕迹影响后，形成了一种直接契合。这种影响上的契合在现今的仫佬族文化中还有深刻的痕迹。例

如：仫佬族聚居地区仍然会为自己刚出生的体质较弱的孩子寻找 $pu^{4}maːn^{3}$ “契爹”和 $ni^{4}maːn^{3}$ “契妈”来保佑孩子平安长大。李大西（2018）指出，仫佬族人相信，人一旦生下来，为保其平安成长，一定要根据五行相生相克的原理，采取缺什么补什么的方式给予保全，这正是仫佬族信仰中的生态智慧。寻找、拜认“契爹”和“契妈”的基本原理是按照孩子的生年属相，对照汉文化中由自然崇拜而开创的天干地支，选择合适的人，这样使得孩子的五行“圆满”。$pu^{4}maːn^{3}$ 和 $ni^{4}maːn^{3}$ 中的 $maːn^{3}$ 应该就是由汉语借用而来的“满”的读音。并且，这样的自然崇拜还体现在可以选择和孩子“五行相生”的人或大树、大石头和天上的星星等有“灵力”的自然物作为契爹和契妈。

$laːi^{4}$ 鬼

在仫佬族人的精神信仰中，“鬼”是令人生畏的，是邪恶的，会给生人带来灾难的。仫佬语“鬼”的表达方式和其他侗台语族语言没有明显的语音对应形式，应该是在侗台民族各自分化之后，在仫佬族人对自己的身体构造的探索中，难以解释死亡者的思维状态，而主观形成的一种对世界的认知形式，是仫佬语的固有词。仫佬族人对鬼神的观念是敬畏并且希望和平相处的。仫佬族人每年都有从农历七月初七到七月十四的“鬼节”，通过各项祭祀活动，既祈愿自家祖先们护佑子孙平安健康，又祈求各路鬼魂不要招惹伤害自己和家人。

$kɔŋ^{1}maːŋ^{6}$ 祖宗

仫佬族人家中正堂都独立设立有祖宗的神龛 $kɔŋ^{1}maːŋ^{6}$ “祖先”，汉语一般译为“香火神龛”。神龛上供奉有“天地君亲师”“菩萨”等天地各界的神仙以及自己的祖先。可以看出仫佬族人所认定的祖先有人类共同的天地之主，还把精神世界的各种崇拜放到和祖先一体的位置上，受后人香火，保佑后代生生不息。

$jəu^{6}cəm^{5}$ 巫婆

仫佬语固有词，体现出仫佬族人有着自己的巫术传统。吴保华（1993）的《仫佬族的历史与文化》中陈述了一段由 $jəu^{6}cəm^{5}$ “巫婆”主持的“野禁”法事活动，整个活动中巫婆作为神或鬼怪的化身，与遭遇灾难的问“禁”者对话，告知问“禁”者遭遇难事的因由，最后需要通过向神、煞许愿或操办法事方可禳解。这样的活动是 jəu⁶cəm⁵ 的基本活动（或者说唯一的活动形式，其他法事活动往往由 su¹“师公”或 ti⁶ li⁴ thjen⁵ seŋ¹“地理先生”完成），也是其功能施展的活动。而 jəu⁶cəm⁵ 一词和仫佬语中 jəu⁵cəm⁵“别禁”十分相近。那么，在巫婆主持的活动中，被“禁”者对着神或鬼怪化身的巫婆，请求其不要用困难和灾难禁锢自己，这种请求也就是受难者从灾难的禁锢和困扰中解放出来的一种希望，意思和 jəu⁵cəm⁵“别禁”一致。这样的话，我们或许可以认为 jəu⁶cəm⁵“巫婆”一词正是其从事的主要活动相关内容的人物化名词。

thu³ ti⁶ 土地（爷）

两个音节似乎都是汉语的借用词，但其意义在仫佬族聚居地区影响十分深远。仫佬族人对“土”和“地”有十分浓厚的感情。首先，仫佬族人的每个村寨都修建有被称为 thu³tsø³“土主”的保护神庙。土主是主管一方（村寨）财富的神祇，大小节日人们都要去土主庙贡祭。除此之外，仫佬族人每一户人家中的神龛上都供奉着 thu³ti⁶“土地”的神位。大年初二零点时家家户户都会有一个十分隆重的专门贡祭家里“土地”神位的祭祀活动，祈求一家人在新的一年里财源广进，平安富裕。另外，在仫佬族的语言里，ti⁶ 的出现频率非常高，可以作为词汇前缀，如 ti⁶jaːŋ⁶“东西”（指物）、ti⁶maːt⁷“从前”（指时间）、ti⁶pwa²“女人”（指人）、ti⁶tɔ²“动物”等，可以合成寺庙的表达 u¹ti⁶，等等。可以说是出现在表示各类人事物的词汇中，仫佬语里没有其他任何一个音节的语言表现形式可以比 ti⁶ 更丰富。由于史料和语言历史记录的缺乏，我们也很难解释为何从汉语里借用来的一个音节会在仫佬语里有这么丰富的表现形式，是否有实际联系还有待进一步研究。

第三节　语言与食物、服饰、地名和姓名

一、食　物

tsaːn¹ hət⁷、tsaːn¹ fan¹、tsaːn¹ mu²和 tsaːn¹ ɲam⁵

（吃）早饭、中饭、晚饭、宵夜

仫佬语中表示一日三餐的词中各音节对应的意思是 tsaːn¹“吃”、hət⁷“早上”、fan¹“白天”和 mu²“晚上”，几个音节组合后分别表示早饭、中饭和晚饭。与同语支语言比较，“早饭”和“午饭”同源，侗语和水语的“晚饭”和仫佬语的“夜宵”语音一致，可见“早饭”和“午饭”（实际是白天里吃的另一餐，并不一定是在中午时候吃的一餐）是和古代汉族人实行的主要吃的“两餐”有一致性。而“晚餐”和“夜宵”则是比较随机的进食活动。

khɣaːu³酒

在侗台语族语言中，“酒”的读音有十分接近的语音形式，表明酿酒技术应该是侗台先民很早就掌握的一项生产技能。

表 9-7　“酒”词汇比较表

仫佬语	侗语	水语	毛南语	壮语	傣语
khɣaːu³	khwaːu³	haːu³	khaːu³	lau³	lau³

（表中侗水语支词汇读音来自王均、郑国乔的《仫佬语简志》，台语支词汇读音来自李锦芳《侗台语言与文化》，表 9-8 同。）

ˀyt⁷ 粽子、ti² 糍粑

侗台民族先民很早就从事水稻耕种的农业生产活动，对于谷物食品的加工水平也在几千年前，即侗台语分化之前，就达到了较高水平。其中，粽子和糍粑应该就是当时就已经掌握了的谷物食品加工技术。在侗台语族各语言中“粽子”

和“糍粑”的读音也呈现出了相当的一致性。参看表9–8：

表9–8 “粽子”“糍粑”词汇比较表

	仫佬语	侗语	水语	毛南语	壮语	傣语
粽子	ˀyt⁷	—	ˀjut⁷	ˀnoŋ⁵	–ut⁷	—
糍粑	ti²	əu⁴si²	ɕi²	zi²	hau⁴ɕi²	–tsi⁵

二、服 饰

ja¹hɣəːn² 土布

两个音节对应的意思为“布”和“家”，ja¹hɣəːn² 即“家布”。这种布料是解放前仫佬族人在家里自己种棉、纺纱、染色、滚压而成的布料。那时候的仫佬族人都是穿着自家制作的这种布裁剪的衣服。自己种棉、织布、裁制衣服的生活是过去仫佬族人在这片土地上过着自给自足的农耕生活的体现。现如今，虽然人们日常不再穿着用土布缝制的衣服了，但人们对 ja¹hɣəːn² 仍然十分看重，有着深刻的文化情感。它已成为一种仫佬族人在各种红白喜事、生儿添丁时一定要用的布料，是一种珍贵的专用品。老人们会以拥有多少条土布而倍感骄傲。

kuk⁷ 衣服、kwən² 裙子、hwa⁵ 裤子

kuk⁷ 表示上衣，也可以是衣服的总称。“衣服”的读音和侗水语支的水语和毛南语的读音一致，与侗语的 uk⁹ 读音相近，与台语支的壮语等语言“衣服”的语音也有关联。我们可以明确推测衣服的表达是在侗台语分化之前就有了统一形式，衣服也是在那时候就出现了的实物。同样的，“裙子”在侗水语的各语言中（侗语 wən³，水语 ɕən³，毛南语 cun²）读音也很相近，应该说裙子也是侗台民族很早就穿着的服饰。仫佬语研究中，认为在接受先进的汉族文化，改着裤装之前，仫佬族人普遍穿着裙装的看法是成立的。然而，比较侗台语族各语言中“裤子”的表达，我们则发现其表达各不相同（壮语 va⁵，侗语 u⁵/so⁵，水语 huŋ³，毛南语 wa⁵），其中仫佬语、壮语和毛南语显然借用自汉语，侗语和水语的表达应该是后期创立的词。

tun³蚊帐

“蚊帐”在侗台语族的不少语言里也都出现了同源性质明显的表达形式。例如：傣语 sut⁷、侗语 sun³、仫佬语 tun³、水语 fən³/hun³、毛南语 son³/suːn³，还有仡央语支的峨村、郎架语言点的 θut⁵⁵和 ɕut⁵⁴①。李锦芳（2002）认为这可以推测侗台先民早在几千年前就使用了“蚊帐”这种卧具，但其具体形制应该和现今蚊帐有差别。我们可以想象在几千年前的山水和繁茂的林地里蚊子肆虐的状况，而在这里生活的人们自然需要对抗蚊子滋扰的工具，蚊帐也就自然孕育而生了。

三、地名和姓名

在本章第一节中我们对有关仫佬族聚居地区的一些地名做过一些讨论，这里我们对其他的相关地名和姓名做讨论。

方位名词+某种特征表示地名

仫佬语中的方位名词可以语法化后作为前附加成分构词（银莎格，2013）。这样合成的词往往指一普通地点，其中方位名词方向性并不十分明确，例如：ho³（里）maːn³（村）“农村”，ta⁵（中间）khɣaːŋ¹（平台）“天井”。这样的合成方式也常常出现在地名的构成上，例如：ta⁵（中间）fjen⁵（田野）“田心屯”，te³（底）hɛ³（喜）“地喜屯”，ho³（里）ljaːk⁸（梁）“呼略屯”，lən²（背后）tsaːn²（蚕）“林蚕”等。

通名+专名表示地名

仫佬族聚居地区有不少地名是由地名学上所说的“通名”+“专名”合成的地名。通名指如 maːn³（村）、lyn⁶（峒）或 paːk⁷（口）这些大类名，专名往往是某些具有一定性质特征的成分内容及小类名。按照侗台语族语言修饰成分后置修饰中心语的语序结构，形成“通名+专名”结构表示一个地名。仫佬族聚居地区中现在还有很多地方是用 paːk⁷ 作为通名结合某种特征性词汇表示地名，表示

① 语料来自各语言简志及李锦芳《侗台语言与文化》（2002）。

“山/水流等之口/端”。例如：paːk^{7}（口）kon^{5}（罐子）“北贯屯”，paːk^{7}（口）sja^{4}（社庙）“北社”，paːk^{7}（口）jət^{7}（一）“第一山屯”，等等。同样，其他侗台民族的语言中使用paːk^{7}作为地名结构中的“通名”加上“专名”合成地名也很常见。受侗台民族中paːk^{7}音节的影响，现今广西等地的一些地名中，出现的在汉语意思中难以理解的地名，如百色、八贯之百和八等①，从侗台语言的paːk^{7}发音解释，则能够解释其地名含义。

姓+名

现代仫佬族人的名字是学习汉族文化的姓名形制，以“姓+名”作为名字结构。据可追溯的文献记载，仫佬族人在唐宋时期还是普遍没有各自姓名的形制，宋人范成大的《桂海虞衡志》一书中记载僚人“依山林而居，……无年甲姓名，一村中未有事力者曰郎火，余但称火”。据覃小航考证，这里所描述的正是仫佬族人的宗族制度。

现在仫佬族中的几个大姓氏来源，各姓氏族人的族谱里各有说法，总体来说都称是外来的。但据后世仫佬族学者考证，这种说法的可靠性和科学性存在很大疑问。材料依据不足，我们在这里难以做更多评述。

现在仫佬族居住的村寨中，小孩出生后会给小孩起一些村子里都通用的小名，但同时也会定下正式的学名。仫佬族各大姓氏都有各自的字辈诗，每人都知道自己是姓氏里哪一个字辈的子孙，但自己的姓名里不一定包含有字辈诗里自己的班辈排行对应的字。

① 参考张声震：《壮语地名选集》，南宁，广西民族出版社，1988。

结　语

探索仫佬族语言的研究成果不多，其中一项重要的原因就是可参考的仫佬族语言材料的缺乏。要展开某一种语言的专题性研究，就必须占有这种语言相应的尽可能丰富的材料。丰富鲜活的仫佬族语言材料长期缺失，也是侗台语族语言甚至是整个汉藏语系语言比较研究的一项缺憾。语言又是追溯民族渊源痕迹的重要工具之一，语言文化的探讨可以让我们对一个民族，特别是一个没有文字记录文献的民族的历史脉络有一定的把握。

本书完成了仫佬语主要语言调查点的各种话语形式语料方面的收集整理，并从收集到的语料中把握有价值的语言现象、规律和语言借用，分析各调查点仫佬语间的语言面貌差异，比较仫佬语和同语族各语言的异同，探讨语言文化信息等。这本书记录了仫佬族居住的三个重要乡镇（东门镇、四把镇和黄金镇）的语言形式，三个语言点的语言总体上能代表当代仫佬语的语言面貌情况，它们的差异不大，但能体现整个仫佬语内部基本的差异所在。本书记录整理的黄金镇仫佬语的词汇、音系和各项语料，应该是学界对该语言点的语言材料的整体把握上最为翔实的材料和研究。本书记录的语料内容涵盖丰富，很多顺口溜、童谣在汉文记载的仫佬语文献中都未曾出现过。这些语料都可以为针对仫佬语进一步展开专题研究，提供参考。这些语言材料也必定会丰富仫佬语及仫佬族研究的深度。

对于仫佬族的习语的原语形式的记录也是这本书的重要的开创性内容。这些习语的记录极大地丰富了对于一个民族语言材料的记载内容，在一定程度上，为了解一个鲜有文字历史记载的民族，提供了研究其民族史可参考的材料。

语言文化研究是语言研究的基本和重要的内容。本书在所收集到的仫佬语语料的基础上，结合了一定的相关学科，阐释了仫佬族包含民族史、农业、建筑、经贸和信仰生活、服饰、食物及地名、姓名方面的语言文化意涵。这样的语言文化解释，对于把仫佬语的语言文化研究融入到整个侗台语族语言比较，揭示侗台民族语言与文化宝藏具有积极的意义。

一个民族的整个语言材料的呈现并不能只通过几个语言点的语料收集就能完成。全面细致地认识一个语言的经纬，还需要收集更多仫佬族语言点材料，依据更多的语料，做更多的比较和分析以认识仫佬语的宏观微观面貌。另外，语言与文化研究是内涵丰富、参与学科广泛的研究领域，要获得仫佬族语言文化更为科学严谨的阐释，还需要一个长期而艰难的努力过程。可以说，针对一种语言的语料的收集与研究这样一个专题，需要记录和研究的内容很广泛，在开展语料收集工作的几年时间里，所完成的内容着实有限，希望本书能为针对仫佬语更进一步的专题及拓展研究工作，提供一份较为翔实全面的基础性参阅材料。

参考文献

[1] Fang-Kuei Li. *A Handbook of Comparative Tai*. Hawaii: Hawaii University Press, 1977.

[2] 包玉堂. 仫佬族民间故事. 桂林: 漓江出版社, 1982.

[3] 薄文泽. 木佬语研究. 北京: 民族出版社, 2003.

[4] 邓晓华. 古南方汉语的特征. 古汉语研究, 2000 (3).

[5] 费孝通. 中国少数民族大辞典·仫佬族卷. 北京: 中国大百科全书出版社, 2014.

[6] 广西环江毛南族自治县"三套集成"办公室. 中国民间文学"三套集成"·环江毛南族自治县歌谣集. 内部资料, 1987.

[7] 何述强. 风兮仫佬. 南宁: 广西民族出版社, 2013.

[8] 黄苹. 广西少数民族民间故事. 南宁: 广西民族出版社, 1985.

[9] 黄行, 胡鸿雁. 区分借词层次的语音系联方法. 民族语文, 2004 (5).

[10] 李大西. 仫佬族文化的生态智慧. 北京: 民族出版社, 2018.

[11] 李方桂. 上古音研究. 北京: 商务印书馆, 1982.

[12] 李锦芳. 侗台语言与文化. 北京: 民族出版社, 2002.

[13] 梁敏. 侗语简志. 北京: 民族出版社, 1980.

[14] 梁敏. 毛难语简志. 北京: 民族出版社, 1980.

[15] 梁敏, 张均如. 侗台语族概论. 北京: 中国社会科学出版社, 1996.

[16] 刘坚. 二十世纪的中国语言学. 北京: 中央民族大学出版社, 1998.

[17] 刘剑三. 临高语话语材料集. 北京: 中央民族大学出版社, 2009.

[18] 龙殿宝, 罗城仫佬族自治县民间文学集成办公室. 中国民间文学"三套集成"·罗城谚语集. 内部资料, 1990.

[19] 龙殿宝. 仫佬族古歌. 南宁: 广西民族出版社, 2007.

［20］龙殿宝，黄桂秋，吴代群．仫佬族古歌．南宁：广西民族出版社，2009.

［21］马学良．汉藏语概论．北京：民族出版社，2003.

［22］仫佬族简史编写组．仫佬族简史．北京：民族出版社，2007.

［23］倪大白．侗台语概论．北京：民族出版社，2010.

［24］覃小航．侗台语语源探索．北京：民族出版社，2009.

［25］孙宏开，胡增益，黄行，等．中国的语言．北京：商务印书馆，2007.

［26］潘琦．仫佬族通史．北京：民族出版社，2011.

［27］王均，郑国乔．仫佬语简志．北京：民族出版社，1980.

［28］王骞．仫佬族．乌鲁木齐：新疆美术摄影出版社，2010.

［29］王远新．论我国民族语言的转换及语言变异问题．贵州民族研究，1988（4）．

［30］韦浩明．中国仫佬族医药．北京：中医古籍出版社，2014.

［31］文明英，文京．黎语长篇话语材料集．北京：中央民族大学出版社，2009.

［32］吴保华，胡希琼．仫佬族的历史与文化．南宁：广西民族出版社，1993.

［33］吴国富．再论仫佬族族称、族源及其与周边民族的关系．广西民族研究，2014（6）．

［34］邢福义．语法问题思考集．北京：北京语言学院出版社，1995.

［35］银景琦．仫佬族文物志．南宁：广西民族出版社，2012.

［36］银莎格．简析仫佬族方位词特征．凯里学院学报，2013（2）．

［37］银莎格．银村仫佬语参考语法．北京：中国社会科学出版社，2014.

［38］银莎格．仫佬语名量词考察．贵州民族研究，2019（9）．

［39］银莎格．仫佬语体范畴初探．贵阳学院学报，2011（1）．

［40］银莎格．仫佬语后置音节研究．怀化学院学报，2011（9）．

［41］银莎格．对仫佬语后置音节语法归类的思考．江西教育学院学报，2012（5）．

［42］银莎格．仫佬语方位词语法特征．凯里学院学报，2013（1）．

［43］银莎格．仫佬族习语散记．北京：民族出版社，2022.

［44］银云忠，银莎格．仫佬语表达“三物”的代词与英语相应代词用法比较简析．河池学院学报，2008（1）．

［45］银云忠．试谈仫佬语中的 hu^3．中央民族大学学报，1999（3）．

［46］银云忠．仫佬语借词浅说．河池学院学报，2006（3）．

［47］岳静．黄金镇仫佬语概况．民族语文，2004（4）．

［48］岳静．黄金镇仫佬语中古精章组汉借词的读音．民族语文，2006（1）．

［49］张均如．水语简志．北京：民族出版社，1980.

［50］（清）张澍．姓氏寻源．长沙：岳麓书社出版社，1992.

［51］张声震．壮语地名选集．南宁：广西民族出版社，1988.

［52］郑国乔．试论汉语对仫佬语的影响．中央民族学院学报，1980（4）．

［53］中国少数民族语言简志编委会．中国少数民族语言简志丛书（修订本·卷叁）．北京：民族出版社，2008.

［54］中央民族学院少数民族语言研究所第五教研室．壮侗语族语言词汇集．北京：中央民族大学出版社，1985.

［55］周国炎．布依语长篇话语材料集．北京：中央民族大学出版社，2010.

［56］朱德熙．语法讲义．北京：商务印书馆，2007.

附录一：仫佬族主要居民点

仫佬族居住的屯寨，都有仫佬语名称，自有其音、形、意。有的以山岳称名，如马山、横山；有的以植物称名，如李子、桐子；有的以动物称名，如虾公峒、山猪塘；有的以方位称名，如桥头、田尾、上岩、下岩、内大井、外大井；有的以姓氏称名，如潘家、何家、罗村、吴村；有的以时间称名，如老屯、新屯、旧村；有的以形象称名，如凤凰、戽斗峒；有的以天象称名，如天水、干盘；有的以愿望称名，如大兴、新兴；有的以纪念称名，如孔章（见下文罗姓居民点“孔章”条）、穿山（见下文覃姓居民点“穿山”条）；有的以传说称名，如十五峒、十二崇（见下文罗姓居民点“十五峒”条）；有的为沿袭地名，如五里牌（见下文银姓居民点“五里牌”条），等等。但是，我们发现仫佬族很少有以颜色称名的居民点。

由于历史变迁，朝代更替，民族迁徙，科学文化发展以及地名规范化等原因，有些旧称名发生了曲折复杂的演变，有的旧称名已经淹没或行将淹没。为了抢救和保存这部分民族文化资料，现将近年调查收集的仫佬族主要居民点及其仫佬语称谓（以银村语音标音）编录如下：①

1. 罗城六大姓氏仫佬族居民点

1）罗姓仫佬族居民点

以罗姓仫佬族为主的屯子共有 27 个，主要分布在东门镇的章罗、勒俄、德音等村。

章罗村

大罗　lak^{8} tshən^{5} maːn^{3} lo^{4}

小罗　lak^{8} tshən^{5} maːn^{3} niŋ^{5}

孔章　khɔŋ^{3} tsjaːŋ^{1}

① 分布情况主要参看吴保华、胡希琼：《仫佬族的历史与文化》，南宁，广西民族出版社，1993。

勒俄村

到定峒 lyŋ⁶ tu³ tiŋ⁵

手巾峒 lyŋ⁶ hɔ³ pha⁵

磨峒 lyŋ⁶ mwa⁶

高境峒 lyŋ⁶ kɔ¹ keŋ⁵

北朝峒 lyŋ⁶ te³

石滩峒 lyŋ⁶ sik⁸ thaːn¹

小峒 lyŋ⁶ niŋ⁵

谭翁峒 lyŋ⁶ təm⁶ ɔŋ⁵

高坳 lyŋ⁶ tən² foŋ¹

山猪塘 ta⁵ thɔ¹ ŋɔ⁴

德音村

桐漏峒 lyŋ⁶ tɔŋ⁶ lau⁵

竹叶峒 ho³ huk⁷

马流峒 ho³ mun⁶

十五峒 lyŋ⁶ səp⁸ ŋɔ⁴

麻风峒 ho³ təm⁶

红峒（唯一以颜色命名）lyŋ⁶ laːn³

平岭 peŋ² leŋ⁴

东门镇其他村

崇柏 lyŋ⁶ tɔŋ⁶ pɛk⁷

大罗 tɔŋ¹ ŋaːn⁶ maːn³ la²

龙岸镇辖区

马寨 ma⁴ tsaːi⁶

别桥 pjet⁸ ceu²

冲打 tshɔŋ¹ ta³

小长安乡

地卡 ti⁶ khɣa³

2）银姓仫佬族居民点

以银姓仫佬族为主的屯子有44个，主要分布在东门镇辖区的中石、佑洞、凤梧等村。

中石村：

大银 ȵen² thən¹ maːn³ lo⁴

寨背 lən⁶ pɣa¹

石围 khuŋ⁵ tsɔŋ¹

底镇 lən⁶ pɣa¹ maːn³ te³

天水 thjen⁵ sui³

上南岸 ləm¹ ŋaːn⁶ maːn³ u¹

下南岸 ləm¹ ŋaːn⁶ maːn³ te³

学田 haːk⁷ tjen²

上北贯 pak⁷ kon⁵ maːn³ u¹

下北贯 pak⁷ kon⁵ maːn³ te³

塘底 ho³ pin³

北社 pak⁷ sja⁴

乌猫 u¹ miu¹

太平 pɣa¹ tɔŋ⁶

呼略 ho³ ljak⁸

得能峒（姓熊） ho³ naŋ²

新寮（姓徐） taːn¹ ljeu²

桥头 kɣo³ ceu²

中途 ti⁶ tsiu⁵

佑洞村：

桐漏峒 lyŋ⁶ tɔŋ⁶ lau⁵

长塘 tsjaːŋ⁶ taːŋ²

莫塘 lam⁵ liŋ¹

深窝峒　lyŋ^{6} jam^{1}

扛上　tsən^{6} cyŋ^{1}

上梅峒　lyŋ^{6} lo^{4}

小峒　lyŋ^{6} niŋ^{5}

陈桐　tsən^{6} tɔŋ^{2}

阴沟垌　lyŋ^{6} mun^{3}

羊角垌　lyŋ^{6} jaŋ^{6} kak^{7}

大垌　khɣø^{5} lyŋ^{6} lo^{4}

塘约　lam^{1} ȵɔ^{2}

凤梧村：

田心　ta^{5} fjen^{5}

冲弯　tshɔŋ^{1} ləm^{6}

花道　hwa^{1} tɔ^{6}

地喜　te^{3} he^{3}

永安村：

五里牌　ŋɔ^{4} li^{2} paːi^{2}

桥头乡：

良东　ljaŋ^{6} tɔŋ^{1}

良喃　ljaŋ^{6} naːn^{1}

北部　te^{3} pu^{5}

大社　ho^{3} hui^{2}

其他乡村：

石槽　sik^{8} tɔ^{2}

白标　pa^{5} pjaːu^{1}

板银　paːn^{3} ȵen^{2}

东岭　tɔŋ^{6} leŋ^{4}

3）梁姓仫佬族居民点

以梁姓仫佬族为主的屯子有 28 个，主要分布在东门镇辖区的大福、凤梧、三家、勒俄等村。

大福村：

中团　u^{1} nik^{8}；tsɔŋ^{1} ton^{2}

大梁　ȵi^{6} ljen^{2}；taːi^{6} ljaːŋ^{2}

火浪　ho^{3} hɣaːŋ^{4}

大益　maːn^{3} jek^{7}

大井　u^{1} maːi^{6}

五近　u^{1} can^{4}

大兴　luŋ^{5} tsən^{5}

勒潘　lak^{8} phon^{1}

石塔　pɔ^{5} ten^{3}

底勒　te^{3} laːk^{8}

凤梧村：

地良　ti^{6} ljaːŋ^{2}

田梧　lak^{8} ŋɔ^{2}

三家村：

梅子　tin^{1} pɣa^{1}

沓音　mən^{5} hɛːk^{7}

勒俄村：

水滩　sui^{3} thaːn^{1}

黄金镇：

寨照　tsaːi^{6} tseu^{5}

寨碑　tsaːi^{6} poi^{1}

寨徕　tsaːi^{6} laːi^{1}

梁家　mon^{4} tɔŋ^{6}；ljaːŋ^{2} ca^{1}

洞点　tuŋ^{6} tjem^{3}

小长安：

陈铺　maːn^{3} tshən^{6} phu^{5}

地姚　maːn^{3} tjeu^{2}；ti^{6} jeu^{2}

地梁 maːn^{3} ti^{6} ljaːŋ^{2}

冲岸 maːn^{3} tshɔŋ^{5} ɔːm^{5}；tshɔŋ^{1} ŋaːŋ^{5}

旧屯 kui^{1} aːn^{1} maːn^{3} kɔ^{5}

其他乡村：

桥头 ceu^{6} tau^{2}

梁莫 ljaŋ^{6} mok^{8}

寨胜 tsaːi^{6} sɛːŋ^{5}

4）潘姓仫佬族居民点

以潘姓仫佬族为主的居民点有44个，主要分布在东门镇辖区的德音、凤梧、章罗，桥头乡辖区的榕木，小长安镇辖区的龙腾、双合等村。

东门镇德音村：

德音 lak^{8} yiŋ^{1}

上尾峒 ho^{3} mi^{1}

十二祟 səp^{6} ȵi^{6} tsɔŋ^{2}

杳村 maːn^{3} mai^{5}

鸡笼峒 lyŋ^{6} ca^{1} lɔːŋ^{2}

猪槽峒 lyŋ^{6} ho^{3} kɣaːu^{6}

甲界峒 lyŋ^{6} cap^{7} caːi^{5}

虾公峒 lyŋ^{6} hɔ^{5} ȵɔ^{2}

樟峒 lyŋ^{6} ho^{3} tsjaːŋ^{1}

天井峒 lyŋ^{6} ho^{3} kɣau^{2}

拉峒 lyŋ^{6} ho^{3} la^{1}

金峒 lyŋ^{6} ho^{3} kəm^{1}

门峒 lyŋ^{6} ho^{3} mən^{2}

大利 tshuŋ^{5} pi^{1}

中村 maːn^{3} ta^{5}

芮芒 lyŋ^{6} pa^{5} ɣuk^{7}

牛峒 lyŋ^{6} ho^{3} ce^{1}

东门镇辖区其他村：

潘家 maːn^{3} phon^{1} ca^{1}

都宿 lak^{8} khɣɔk^{7}

上风立 lak^{8} mun^{3} maːn^{3} u^{1}；maːn^{3} huŋ^{6} ne^{2}

下风立 lak^{8} mun^{3} maːn^{3} te^{3}

木梓 lak^{8} mi^{3}

勒蒙 lak^{8} maːŋ^{2}

大潘 lak^{8} phon^{1} maːn^{3} lo^{4}

小潘 lak^{8} phon^{1} maːn^{3} niŋ^{5}

马山 sik^{8} lɔŋ^{2} ma^{4} saːn^{1}

上潘 lyŋ^{6} ŋəm^{1} toi^{5} u^{1}

下潘 lyŋ^{6} ŋəm^{1} toi^{5} te^{3}

六朗 lɔk^{8} laːŋ^{3}

大山脚 wu^{1} naːn^{1}

桥头乡：

峒弄 tɔŋ^{6} lyŋ^{6}

凤凰 foŋ^{6} hoŋ^{2}

寨洲 tsaːi^{6} tsəu^{1}

芋头峒 lyŋ^{6} ɣaːk^{7}

小长安镇龙腾村：

门豆 mən^{6} tau^{6}

地欧 ti^{6} ŋau^{1}

小长安镇双合村：

浮桥 maːn^{3} laːk^{8} mu^{5}

水滚峒 lyŋ^{6} kwən^{3}

勒朗 maːn^{3} lak^{8} ɣaːŋ^{3}

冲火 tshɔŋ^{1} hwa^{3}

石板峒 lyŋ^{6} sik^{8} paːn^{3}

其他乡村：

龙头寨 lɔŋ^{6} tau^{2} tsaːi^{6}

冷水 maːn^{3} nəm^{4} ȵit^{7}

潘家（中间寨） tsɔŋ^{1} kaːm^{1}；tshɔŋ^{1} kaːm^{1} tsaːi^{6}

5）吴姓仫佬族居民点

以吴姓仫佬族为主的居民点有 99 个，主要分布在四把镇。

大新村：

大吴 lak^{8} ŋɔ^{4}

四把村：

四把街 fai^{3} te^{3}

三堆 taːm^{1} toi^{1}

金鸡 lak^{8} ŋaŋ^{3}

苗洛甫 mjaːu^{6} ni^{2}

思平村：

佛子 lak^{8} tui^{2}

大稔 lak^{8} lam^{4} maːn^{3} u^{1}

小棯 lak^{8} lam^{4} maːn^{3} te^{3}

贵安 te^{3} mu^{5}

凤凰 lak^{8} pjen^{6}

金峒 ho^{3} kɣɔm^{3}

各地甫 lak^{8} ce^{4}

罗村 maːn^{3} la^{2}

白马 pɛk^{8} ma^{4}

石门村：

田心 lak^{8} fjen^{5}

冲押 lak^{8} ŋaːp^{7}

冲迈 lak^{8} maːi^{6}

冲眷 lak^{8} cøn^{5}

红星 lak^{8} lɔ^{2}

龙马村：

向阳 maːn^{3} pɛ^{1} tsɔk^{7}

上漏 u^{1} lau^{6}

下漏 te^{3}l au^{6}

李子 maːn^{3} hui^{1}

冲峒 tshɔŋ^{1} tɔŋ^{6}

冲俄 tshɔŋ^{1} ŋɔ^{2}

涌山 maːn^{3} pak^{7} khai^{1}

第一山 paːk^{7} jəp^{7}

集环村：

第四峒 lyŋ^{6} ti^{6} ti^{5}

北井 pak^{7} teŋ^{3}

岩峒 lyŋ^{6} ŋɔm^{3} tɔŋ^{6}

石碑 lyŋ^{6} su^{5} poi^{1}

通天落 thɔŋ^{1} thjen^{1} lɔ^{2}

庰斗 fu^{5} tau^{3}

长窝峒 lyŋ^{6} kɔ^{1} tɔŋ^{6}

中间峒 lyŋ^{6} ta^{5}

木桥 muk^{8} ceu^{2}

米汤峒 lyŋ^{6} hɣo^{5} hu^{3}

梅峒 lyŋ^{6} jaːŋ^{6} moi^{2}

桐子 lyŋ^{6} tɔŋ^{6} lau^{5}

田尾 tjen^{2} mi^{4}

勒峒 lyŋ^{6} laːk^{8}

鸡生峒 lyŋ^{6} ci^{1} seŋ^{1}

大峒 lyŋ^{6} lo^{4}

新兴 sin^{5} çin^{5}

门坎　lyŋ^{6} ceu^{6} fɔk^{8}

马踏　lyŋ^{6} ma^{4} pjat^{8}

羊角排　lyŋ^{6} jaŋ^{6} kak^{7}

棉花村：

朝峒　lyŋ^{6} tsaːi^{6} tɔ^{2}

塘峒　lyŋ^{6} taːŋ^{2} tɔŋ^{3}

棉花　lyŋ^{6} mjcn^{6} hwa^{1}

照福峒　lyŋ^{6} tsaːi^{1} pwa^{2}

苋菜　lyŋ^{6} ɣəu^{6} thai^{5}

深峒　lyŋ^{6} jam^{1}

新峒　lyŋ^{6} mai^{5}

祖公峒　lyŋ^{6} kɔŋ^{1} maːŋ^{6}

后峒　lyŋ^{6} lən^{2}

上岩　ŋɔm^{3} tɔŋ^{6} u^{1}

下岩　ŋɔm^{3} tɔŋ^{6} te^{3}

陈定　tsən^{2} teŋ^{6}

菜峒　lyŋ^{6} tai^{5} tɔŋ^{6}

莱峒村：

斗竹壳　lyŋ^{6} tsɔk^{7} tau^{6}

坡地峒　lyŋ^{6} pəp^{8} pɛ^{4}

鱼梁坝　jy^{2} ljaːŋ^{2} pa^{5}

承能　tsən^{6} naŋ^{2}

蚊虫坳　ȵiŋ^{5} cəm^{2} ȵuŋ^{2}

大峒　lyŋ^{6} lo^{4}

麻地　ma^{6} ti^{6}

下里乡长春村：

后峒　lyŋ^{6} lɔn^{2}

水峒　lyŋ^{6} nəm^{4}

东门镇辖区：

沟村　laːk^{8} kɣəu^{1}

勒俄　lak^{8} ŋɔ^{2}

水涧峒　lyŋ^{6}sui^{3} cen^{3}

高岭　kɔ^{1} leŋ^{2}

地卖　ti^{6} maːi^{6}

横山　weŋ^{6} saːn^{1}

大沓　lak^{8} fai^{3}

桥头乡：

欧窝　te^{3} wa^{1}

巴立新屯　pɣa^{1} li^{2} maːn^{3} mai^{5}

乌英　te^{3} njiŋ^{1}

任峒　lyŋ^{6} jəm^{5}

宝坛乡四堡村：

地吴　teŋ^{5} mu^{2}

小长安镇龙腾村：

勒罗　maːn^{3} lak^{8} la^{2}

勒峒　lak^{8} tɔŋ^{6}

石览　maːn^{3} ɣən^{4}

地俄　maːn^{3} ti^{6} ŋɔ^{2}

吴村　maːn^{3} suŋ^{5} suŋ^{5}

地久　ti^{6} cəu^{3}

小长安镇罗东村：

龙罗　maːn^{3} cəu^{3} lɔŋ^{2}

天河镇天河街：

高岭　kaːu^{5} lin^{3}

向阳　lyŋ^{6} kəp^{7}

天河镇集城村：

帮芒峒　lyŋ^{6} paŋ^{5} maŋ^{5}

大水坝　lyŋ^{6} fc^{1} lo^{4}

吊机石　lyŋ^{6} sək^{8} cɔːŋ^{2}

塘峒　taːŋ^{2} tɔŋ^{6} ho^{3}

长风峒　lyŋ^{6} ɣaːn^{6}

天河镇其他村：

胜峒　lyŋ^{6} siŋ^{6}

吊水峒　lyŋ^{6} tjeu^{5} nəm^{4}

寨道　tsaːi^{6} taːu^{4}

百室　pak^{7} sik^{8}

6）谢姓仫佬族居民点

以谢姓仫佬族为主的居民点有 46 个，主要分布在四把镇辖的棉花、双寨、大山、龙马、地门及下里乡辖的里宁等村。

双寨村：

上寨　lak^{8} je4

中寨　tsəm^{6} jəu^{2}

冲能　tshɔk^{7} nam^{2}

白岸　pak^{7} ŋaːn^{4}

应叠　niŋ^{5} tep^{8}

高里　u^{1}le^{3}

棉花村：

大广 taːi^{6} koŋ^{3}

小广　tjeu^{3} koŋ^{3}

林蚕　lən^{2} tsaːn^{2}

大山村：

城坡　tsən^{2} pɔ^{6}

大塘　lam^{1} lo^{4}

斗竹峒　lyŋ^{6} kwan^{1} hɣau^{5}

大回乡　lyŋ^{6} wəi^{6} çaːŋ^{1}

小回乡　wəi^{6} çaːŋ^{1} ho^{3}

回乡排　wəi^{6} çaːŋ^{1} paːi^{2}

硝泥岩　lyŋ^{6} kaːm^{1} tjeu^{1}

堂钟　taːŋ^{2} tsɔŋ^{1}

承安　tsən^{2} an^{1}

屯峒　lyŋ^{6} lən^{2} təm^{1}

石盆　lyŋ^{6} sik^{8} pən^{2}

小坝　kɣo^{3} fɛ^{1}

红日　səp^{8} hɣən^{2} çən^{1}

白牛　pak^{7} ȵəu^{2}

地门村：

山脚　saːn^{1} caːk^{7}

公凤　te^{3} tam^{5}

四把镇其他村：

新村　maːn^{3} mai^{5}

良谢　lak^{8} tja^{6}

大塘　taːi^{6} taːŋ^{2}

新开路　sin^{5} khaːi^{5} lu^{4}

下里乡里宁村：

谢村　maːn^{3} lak^{8} tja^{6}

拉沓　te^{3} mən^{3}

干盘　luŋ^{6} kaːm^{1} pon^{2}

下里乡新安村：

成孔　tsəm^{2} kuŋ^{3}

沓水　mən^{5} nəm^{4}

肥峒　lyŋ^{6} fai^{6}

轧峒　lyŋ^{6} ŋaːt^{7}

马槽　ma^{4} taːu^{2}

老姐　laːu^{3} tsja^{3}

第一峒　lyŋ^{6} ti^{6} jet^{7}

稳峒　lyŋ^{6} wun^{3}

老虎峒　lyŋ^{6} laːu^{3} huk^{7} laːu^{4}

其他乡村：

牛峒（桥头乡） lyŋ^{6} tən^{2}

谢家（东门镇） maːn^{3} u^{1}

高岭（东门镇） u^{1} ljeu^{2}

地五（小长安镇） maːn^{3} ti^{6} ŋɔ^{4}

地栋（黄金镇） te^{3} tuŋ^{1}

2. 罗城其他姓氏仫佬族居民点

1）卢姓仫佬族居多的居民点

下里乡长春村：

七勾 thət^{7} kəu^{5}

塘底 te^{3} lam^{1}

旧村 maːn^{3} kɔ^{5}

下峒 lyŋ^{6} te^{3}

木棉 te^{3} mjen^{2} mɔk^{8}

狮子山 te^{3} pɣa^{1} sʅ^{5} tu^{3}

鸡拉 ɛ^{1} ci^{1}

新村 maːn^{3} mai^{5}

下里乡里宁村：

穿山 tshøn^{1} saːn^{1}

上炉 lak^{8} lu^{2} u^{1}

下炉 lak^{8} lu^{2}t e^{3}

2）覃姓仫佬族居多的居民点

桥头乡弄打分村：

覃化 təm^{2} ju^{1}

覃底 təm^{2} te^{3}

覃库 təm^{2} khu^{5}

黄金镇又和村：

地覃 ti^{6} təm^{2}

太和 ta^{6} wa^{2} maːn^{3}

穿山 tshøn^{1} saːn^{1} maːn^{3}

覃村 lak^{8} təm^{2}

3）欧姓仫佬族居多的居民点

欧家（黄金镇） au^{1} ca^{1} maːn^{3}

永安（宝坛乡） paːk^{7} mɔŋ^{6} tɔŋ^{6}

上峒（小长安镇） maːn^{3} sjaːŋ^{6} tɔŋ^{6}

下峒（小长安镇） lyŋ^{6} sjaːŋ^{6} tɔŋ^{6}

4）周姓仫佬族居多的居民点

地洲（小长安镇） maːn^{3} ti^{6} tsəu^{1}

铜匠（四把镇） lak^{8} hɛŋ^{1}

5）李姓仫佬族居多的居民点

李家（东门镇） li^{4} ca^{1}

李安（黄金镇） maːn^{3} li^{4} ŋaːn^{1}

6）龙姓仫佬族居多的居民点

老屯（东门镇） tɔŋ^{1} ŋaːn^{6} maːn^{3} kɔ^{5}

新屯（东门镇） mai^{5}

大沓（东门镇） lak^{8} fai^{3}

大山脚（东门镇） maːn^{3} u^{1} saːn^{1}

三湾（东门镇） saːn^{1} waːn^{1}

7）其他姓氏仫佬族居多的居民点

贡屯（韦姓，四把镇） maːn^{3} kɔŋ^{5}

北风（韦姓，桥头镇） pak^{7} huŋ^{1}

何家（何姓，东门镇） maːn^{3} ŋwa^{4}

地姚（姚姓，桥头镇） ti^{6} jeu^{2}

龙胜（莫姓，东门镇） u^{1} ljeu^{2}

墙基（唐姓，四把镇） lu^{6} tjaːŋ^{2}

地栋（骆姓，龙岸镇） sə^{4} ti^{6} tɔŋ^{1}

黎家（黎姓，黄金镇） le^{2} ca^{1} maːn^{3}

大岭（黄姓，宝坛乡） taːi^{6} leŋ^{4} maːn^{3}

蒿峒（庄、张、肖姓，宝坛乡） lyŋ^{6} haːu^{5}

3. 罗城邻县仫佬族居多的居民点

1）宜山县仫佬族居民点

宜山庙 ȵi^{6} saːn^{1} mjaːu^{6}

乌龟嘴 paːk^{7} u^{1} kui^{1}

宜山尾 maːn^{3} te^{3}

驼山坪 tɔk^{8} saːn^{1} peŋ^{2}

马屁股 laŋ^{5} nja^{1}

状元弯 ho^{3} waːn^{1}

北山背 paːk^{8} saːn^{1} poi^{5}

马山头 kɣo^{3} ma^{4}

鸡叫山 ci^{1} te^{2}

坪心 maːn^{3} ta^{5}

新村 maːn^{3} mai^{5}

拉花 la^{1} hwa^{1}

岭底 te^{3} po^{1}

羊峒 luŋ^{6} joŋ^{2}

山崽峒 luŋ^{6} pɣa^{1} laːk^{8}

金竹峒 lyŋ^{6} can^{5} tsɔk^{7}

上木秋 mɔk^{8} tsəu^{1} u^{1}

朋松 puŋ^{2} sɔŋ^{1}

艾灯 maːn^{3} ŋaːi^{4} tən^{5}

立新 te^{3} pam^{1} laːk^{8}

平头山　peŋ^{2} təu^{2} saːn^{1}

大塘　lam^{1} lo^{4}

屯利　tan^{4} li^{5}

杆箭　kam^{3} tshen^{6}

2）柳城县仫佬族居民点

大岩洞　lyŋ^{6} taːi^{6} ŋam^{4}

黄茅梯　lyŋ^{6} mɔ^{2} the^{1}

长峒底　lyŋ^{6} te^{3}

龙买宅　lyŋ^{6} maːi^{6} tsak^{7}

山家　lyŋ^{6} saːn^{1} ca^{1}

高峒木　luŋ^{6} tɔŋ^{6} mɔk^{8}

覃洋峒　lyŋ^{6} tsam^{6} jam^{4}

高排　lyŋ^{6} kɔ^{1} paːi^{2}

天堂峒　lyŋ^{6} thjen^{1} tɔŋ^{2}

小峒　lyŋ^{6} niŋ^{5}

大横山　lyŋ^{6} weŋ^{2} saːn^{1}

尾峒　lyŋ^{6} weŋ^{5} tɔŋ^{6}

罗峒　lyŋ^{6} lɔ^{6} tɔŋ^{6}

高峒　lyŋ^{6} kɔ^{5} tɔŋ^{6}

叶弄坡　ȵi^{6} luŋ^{4} phwa^{1}

铁坑　thik^{7} kheŋ^{1}

大峒　lyŋ^{6} lo^{4}

屯峒　tuŋ^{6} tam^{4}

鸭峒　lyŋ^{6} jaːp^{7} tɔŋ^{6}

岩背　tɔŋ^{6} cit^{8}

马草　təm^{2} la^{1}

马芽　lyŋ^{6} kwən^{3}

铜境　tɔŋ^{6} ciŋ^{5}

塘峒　lyŋ^{6} təm^{2} tɔŋ^{6}

枫木坳　tsən^{2} mai^{4} hɣəu^{1}

平峒　lyŋ^{6} jɔŋ^{2}

长峒　lyŋ^{6} ɣəi^{3}

太原峒　lyŋ^{6} tai^{5} jøn^{2}

3）柳江县仫佬族居民点

宜步　maːn^{3} kɔŋ^{1} pu^{6}

苦练　maːn^{3} ku^{3} ljen^{6}

河表　tam^{6} than^{3}

立冲　taːi^{5} tsɔŋ^{1}

龙道　lɔŋ^{2} taːu^{4}

大峒　lyŋ^{6} lo^{4}

毛丛　maːu^{6} tshuŋ^{6}

4）都安瑶族自治县仫佬族居民点

金满　lyŋ^{6} mon^{3}

京峒　keŋ^{1} tɔŋ^{6}

加八　ca^{1} paːt^{7}

5）忻城县仫佬族居民点

油榨　jəu^{6} tsa^{4}

袁村　jøn^{6} tshən^{5}

桐村　maːn^{3} tɔŋ^{6} lau^{5}

坳脚　te^{3} tsən^{2}

果满　ko^{3} mon^{3}

二峒　lyŋ^{6} ȵi^{6}

平峒　lyŋ^{6} ho^{3} peŋ^{2}　　　　果烟　ko^{3} jen^{1}

6）柳州市仫佬族的分布主要集中在市郊羊角山乡阳和村，兼有龙、谢、覃、李等姓，据说是清雍正年间由罗城迁来的，至今已有2百余年。

仫佬语常用姓氏

银 ȵan^{2}	梁 ljaːŋ^{2}	潘 phon^{1}
罗 la^{2}	吴 ŋɔ^{2}	谢 tja^{6}
覃 təm^{2}	龙 lɔŋ^{2}	陈 tsən^{2}
张 tsjaːŋ^{1}	李 li^{4}	赵 tsjeu^{6}
唐 taːŋ^{2}	朱 tsy^{1}	黄 hoŋ^{2}
孔 khɔŋ^{3}	梅 mwaːi^{2}	周 tsəu^{1}
段 ton^{6}	曹 tɔ^{2}	杨 jaːŋ^{2}
何 hɔ^{2}	马 ma^{4}	林 ləm^{2}
邓 taŋ^{6}	刘 ləu^{2}	温 wən^{1}

仫佬语常用地名（含村寨名）

世界　se^{5} caːi^{5}

欧洲　ŋəu^{5} tsəu^{5}

非洲　fəi^{5} tsəu^{5}

太平洋　thaːi^{4} phin^{6} jaŋ^{6}

中国　tsɔŋ^{1} kok^{7}

美国　məi^{1} kɔ^{6}

俄罗斯　ŋo^{6} lo^{6} sɿ^{5}

日本　ji^{6} pən^{3}

印度　jin^{4} tu^{4}

英国　jin^{5} kɔ^{6}

德国　tə^{6} kɔ^{6}

朝鲜　tshaːu^{6} søn^{3}

越南　jø^{6} nan^{6}

广西　kwaːŋ^{1} te^{1}

广东　kwaːŋ^{1} tɔŋ^{1}

湖南　hu^{6} nam^{2}

湖北　hu^{6} pak^{7}

贵州　kui^{1} tsəu^{1}

四川　ti^{5} tshøn^{1}

云南　jyn^{6} nam^{2}

福建　fɔk^{7} cen^{5}

河南　hɔ^{6} nam^{2}

台湾　thaːi^{6} waːn^{5}

海南岛　haːi^{1} nan^{6} taːu^{3}

香港　ça:ŋ^{5} ka:ŋ^{3}
澳门　ŋa:u^{4} mən^{6}
北京　pek^{7} keŋ^{1}
南京　nam^{2} keŋ^{1}
南宁　nam^{6} niŋ^{2}
广州　kwa:ŋ^{3} tsəu^{1}
贵阳　kui^{1} ja:ŋ^{2}
柳州　ləu^{4} tsəu^{1}
玉林　jy^{4} lin^{6}
桂林　kui^{1} ləm^{2}
宜州　ȵi^{6} sa:n^{1}
柳城　ləu^{4} seŋ^{2}
融水　juŋ^{6} suəi^{3}
环江　hwa:n^{6} ca:ŋ^{5}
罗城 lo^{6} seŋ^{2}
东门　tɔŋ^{1} mən^{2}
四把　fai^{3} te^{3}
天河　tjen^{5} hɔ^{1}
龙岸　lɔŋ^{6} ŋa:n^{6}
小长安　tjeu^{3} tsjaŋ^{6} ŋan^{1}
黄金　huŋ^{6} cem^{1}
怀群　hwa:i^{6} chyn^{6}
乔善　fai^{3} mai^{5}
四堡　te^{3} phu^{3}
宝坛　pɔ^{1} ta:m^{2}
下里　ha^{6} li^{4}
榕木　jaŋ^{6} mɔk^{8}
地州　ti^{6} tsəu^{1}
三合　ta:m^{1} hɔp^{8}
冲脉　tshɔŋ^{1} mɛk^{8}

地卖　ti^{6} ma:i^{6}
都宿　lak^{8} khɣɔk^{7}
大勒洞　lak^{8} tɔŋ^{6}
菖蒲　tshja:ŋ^{1} pu^{2}
五里牌　ŋɔ^{4} li^{2} pa:i^{2}
德音　lak^{8} yiŋ^{1}
大罗村　lak^{8} tshən^{5} ma:n^{3} lo^{4}
勇村　lak^{8} jɔŋ^{3}
勒党　lak^{8} la:ŋ^{3}
聋针　luŋ^{5} tsən^{5}
大梁　ȵi^{6} ljen^{2}
古耀　ku^{3} jeu^{3}
水埠　sui^{3} po^{6}
黄家　hoŋ^{2} ca^{1}
地梁　ti^{6} lja:ŋ^{2}
东岸　tɔŋ^{1} ŋa:n^{6}
横山　hueŋ^{6} sa:n^{1}
杨梅　jaŋ^{6} mwa:i^{2}
大山脚　wu^{1} na:n^{1}
勒蒙　lak^{8} ma:ŋ^{2}
大银村　ȵen^{2} thən^{1} ma:n^{3} lo^{4}
石围屯　khuŋ^{5} tsɔŋ^{1}
寨背　lən^{6} pɣa^{1}
太平屯　pɣa^{1} tɔŋ^{6}
中途屯　ti^{6} tsiu^{5}
英塘　lam^{5} liŋ^{1}
阴沟　lyŋ^{6} mun^{3}
羊角峒　lyŋ^{6} jaŋ^{6} kak^{7}
桐漏洞　lyŋ^{6} tɔŋ^{6} lau^{5}
姚村　ɔiŋ^{6} jeu^{2}

坝心　pɣa^{1} təm^{1}

大梧村　lak^{8} ŋɔ^{4}

覃村　lak^{8} təm^{2}

三堆　taːm^{1} toi^{1}

冲湾屯　tshɔŋ^{5} kwaːi^{1}

梁（良）谢屯　lak^{8} tja^{6}

铜匠屯　tɔŋ^{2} tjaːŋ^{6}

田心屯　lak^{8} fjen^{5}

冲巷屯　tshɔŋ^{1} haːŋ^{5}

双寨　tsəm^{6} jəu^{2}

大潘村　lak^{8} phon^{1} maːn^{3} lo^{4}

雷举　te^{3} cin^{3}

八冬坳　pat^{7} tɔŋ^{1} ȵiŋ^{5}

沙子岭　tsən^{6} cyŋ^{1}

十五垌　lyŋ^{6} səp^{8} ŋɔ^{4}

附录二：仫佬语常用中医药名①

中药名或地方药名	仫佬语药名
野黄菊、洒金花	nə^{5} ŋa^{5} ŋaːn^{3} hwa^{1}
羊蹄草、红背叶、叶下红	nə^{5} tjem^{3} laːn^{3}
七叶胆、绞股蓝	thət^{7} fa^{5} mwɔ^{5}
蚤休、七叶一枝花	thət^{7} fa^{5} ljen^{2}
八角枫、米汤树	paːt^{7} kak^{7} foŋ^{1}
九龙藤、龙须藤、燕子尾、燕子藤	çaːu^{1} ma^{6} jin^{5}
九节茶、草珊瑚、肿节风、鹧鸪茶	cəu^{3} kwət^{7} tsa^{2}
大青叶、蓝靛大蓝叶、路边青叶	həu^{1} lo^{4} fa^{5}
大蓟	ci^{1} lo^{4}
大蒜、老蒜	kɣo^{3} hɣɔ^{2}
大叶桉、胶树叶	aːn^{5} mai^{4} fa^{5} lo^{4}
大血藤、红藤、槟榔钻	çaːu^{1} phɣəːt^{7} lo^{4}
大飞扬草、大飞扬、奶母草	nɛ^{6}hɣo^{5}hɣɔk^{8}lo^{4}
大驳骨、大接骨，接骨木	taːp^{7} kwət^{7} lo^{4}
大罗伞、山大颜、散血丹	mai^{4} taːn^{5} lo^{4}
小飞扬草、乳汁草、痢疾草	nɛ^{6} hɣo^{5} hɣɔk^{8} niŋ^{5}
小蓟	ci^{1} niŋ^{5}

① 主要收集自韦浩明主编的《中国仫佬族医药》，北京，中医古籍出版社，2014 年。书中仫佬语药名的仫佬语注音由河池学院银云忠教授标注。

续表

中药名或地方药名	仫佬语药名
小茴香、瘪谷茴香	ma^{1} mɣaːŋ^{1} niŋ^{5}
小罗伞、小凉伞	mai^{4} taːn^{5} niŋ^{5}
土茯苓、饭团根	hu^{3} kɔk^{7} taːŋ^{1}
土人参	tɔŋ^{6} ma^{1} pi^{2}
土牛膝、倒扣草、倒刺草	mai^{4} cen^{1} tən^{2}
土荆芥、臭草	ma^{1} ȵin^{1}
三白草、水莲藕	hɣɔk^{8} taːm^{1} pɛːk^{8}
万年青	hwaːn^{6} mɛ^{1} həu^{1}
女贞子、白腊树子	tsɔŋ^{1} tsən^{5} laːk^{8}
山蚂蝗、饿蚂蝗、粘衣草	pɣa^{1} miŋ^{2}
蒟蒻、山芋头、磨芋、鬼芋	ɣaːk^{7} laːi^{4}
山楂	pɣa^{1} tsa^{1}
山苍子、香樟子	ja^{4} mai^{4} tsjaːŋ^{5} laːk^{8}
千日红、百日红	thjen^{1} fan^{1} laːn^{3}
千斤拔、牛大力、牛尾荡、老鼠尾、拴马根	la^{1} thjen^{1} can^{1}
千里光、九里光、九里明	çaːu^{1} jɛ^{5}
马蹄金、小金钱草	ma^{1} luk^{7}
马齿苋、瓜子菜	tɔŋ^{6} fan^{1} ma^{4}
马鞭草、铁马鞭、鹤膝风	hɣɔk^{8} ma^{4} pjen^{1}
飞龙掌血、见血散	lən^{1} phɣəːt^{7} taːn^{5}
天门冬、天冬	mən^{6} tɔŋ^{1}
天王蒜、天蒜、石蒜	hɣɔ^{2} mən^{1}
天葵子	thjen^{1} khwəi^{6} laːk^{8}
木贼、笔筒草、节节草	hɣɔk^{8} pət^{7} thaːp^{7}
木芙蓉、芙蓉花	hɣɔk^{8} tu^{6} tsɔŋ^{1}
木槿皮	mai^{4} cen^{1} ŋɣa^{2}
车前草、猪肚菜	tu^{3} mu^{5} ma^{1}, ma^{1} nip^{7} ma^{3}

续表

中药名或地方药名	仫佬语药名
五指毛桃、五指牛奶	ŋɔ^{4} nja^{2} laːk^{8} mɔ^{6} tɔ^{2}
五加皮	ŋɔ^{4} ca^{1} ŋɣa^{2}
五谷虫、大粪蛆	kɣa^{1} taːi^{6} fən^{5}
元宝草	hɣɔk^{8} ȵen^{6} pɔ^{1}
无花果	khu^{5} mɛ^{2} hwa^{1} hui^{1}
无爹藤、无娘藤、寄生黄藤、无根藤	çaːu^{1} khu^{5} mɛ^{2} ni^{4}
牛筋草	tən^{2} cen^{1} hɣɔk^{8}
牛蒡子、牛子	tən^{2} ha^{5} laːk^{8}
乌蔹莓、五叶梅	ŋɔ^{4} fa^{5} mwaːi^{2}
乌桕	u^{4} tsin^{5}
乌梅、酸梅	u^{5} məi^{6}
乌药	u^{1} kɣa^{2}
乌贼骨、墨鱼骨	məm^{6} mak^{8}
月季花、月月红、四季花	mwaːn^{4} ci^{5} hwa^{1}
凤尾草、鸡尾草、善鸡尾、鸡脚草	hɣɔk^{8} ci^{1} jem^{1}
六月雪、多须根	thjen^{1} mɛ^{1} hɣam^{5}
水田七、水萝卜	nəm^{4} lak^{8} pak^{8}
水蛭、蚂蝗、金边蚂蝗	miŋ^{2}
水杨梅、串鱼木、水石榴	tshjøn^{5} məm^{6} mai^{4}
水蜈蚣、十字草、一箭球	hɣɔk^{8} nəm^{4} cɛ^{3} khɣap^{7}
玉米须、苞谷须、苞米须	jəu^{6} mɛ^{4} mut^{8}
石油菜、石花菜、肥猪菜、打不死	pi^{2} ma^{1} mu^{5}
石苇、石剑、石兰	tui^{2} hui^{2}
石膏、白石膏	sik^{8} kɔ^{1}
石仙桃、石上莲、果上叶	hui^{1} tɔ^{2} fa^{5}
石见穿	tui^{2} nən^{1} tshøn^{1}
石菖蒲、石剑草	sik^{8} tshjaːŋ^{1} pu^{2}

续表

中药名或地方药名	仫佬语药名
石榴皮、石榴壳	sik^8 $ləu^2$ $ŋɣa^2$
艾叶、白艾、石头艾	$ŋaːi^6$ fa^5
功劳叶、枸骨叶、羊角刺、木黄莲	$ŋaːn^3$ mai^4 $ljen^2$
生姜、老姜	$çiŋ^1$ ce^5
干姜	$çiŋ^1$ $khɣɔ^3$
五倍子	$ŋɔ^4$ poi^5 $laːk^8$
五色花、五色梅花	$ŋɔ^4$ sak^7 hwa^1
巴戟天、鸡肠风	$hɣɔk^8$ ci^1 $khɣe^3$
龙葵、白花菜	$tɔŋ^6$ $taŋ^1$ $lɔŋ^2$
龙眼肉、元肉	$ŋ̥øn^2$ sik^8
瓜蒌	$thjen^1$ la^2 ja^4
天花粉	$thjen^1$ la^2 $pən^5$
瓜子金、瓜子草	$hɣɔk^8$ kwa^1 $laːk^8$
仙茅、黄茅参、独脚黄茅	$pɣa^1$ jyn^6
仙人掌、观音刺、龙舌、神仙掌	$tɔŋ^6$ $pən^6$ $tsjaːŋ^3$
仙鹤草	ma^4 $ljen^6$ $aːn^1$
四块瓦、四子莲	ti^5 $phjen^5$ $ŋwa^4$
冬瓜皮、节瓜皮	$tɔŋ^5$ kwa^1 $ŋɣa^2$
冬葵子	$tɔŋ^6$ $thəu^5$ fan^1
白头翁、白头草	$hɣɔk^8$ $kɣo^3$ $paːk^8$
白果、银杏	$laːk^8$ ho^3 $paːk^8$
白背叶	fa^5 $ləu^2$ $paːk^8$
白茅根、茅根、茅草根	$juŋ^3$ $nɔ^3$
白扁豆	tau^6 $pɔp^7$
白花蛇舌草、蛇舌草	$hɣɔk^8$ ma^2 tui^2
半夏、三叶半夏	ma^1 $ɣaːk^7$ $laːk^8$
半边莲、半边菊、蛇利草	$mɣaːŋ^6$ $pjen^1$ $ljen^2$

续表

中药名或地方药名	仫佬语药名
半枝莲	mɣaːŋ^{6} ŋa^{5} ljen^{6}
丝瓜络、丝瓜老壳、水瓜壳	thjen^{1} la^{2} hɣəːn^{5}
百合、中庭，百合蒜	pɛːk^{8} hɔp^{8}
百草霜、锅底灰、锅底黑	ŋ̥iŋ^{5} chik^{7}
地稔、地石榴	ti^{6} ɔŋ^{5}
地榆	tsi^{3} phɣəːt^{7} kɣa^{2}
地龙、白颈蚯蚓、鸭虫	tan^{4} lən^{3} paːk^{8}
田基黄、地耳草	çaːŋ^{1} tsən^{2}
西瓜翠衣、西瓜皮	te^{1} kwa^{1} ŋɣa^{2}
羊蹄根、土大黄	naːm^{6} lo^{4} ŋaːn^{3}
灯心草、灯草	hɣɔk^{8} fi^{1} taŋ^{1}
灯笼草、灯笼泡、鬼灯笼、打头泡、泡卜草	tɔŋ^{6} kui^{5} pɔm^{1}
竹茹、竹皮、青竹衣	kwan^{1} ŋɣa^{2}
竹沥	kwan^{1} ŋɣa^{2}ti^{1}
竹卷心、竹心	kwan^{1} təm^{1}
向日葵花盘	laːk^{8} thəu^{5} fan^{1} peŋ^{3}
向日葵子	laːk^{8} thəu^{5} fan^{1}
合欢皮、夜合欢	thəu^{5} mu^{2} kwaːn^{1} tɔ^{1}
地丁草、犁头草	hɣɔk^{8} kɣo^{3} khɣəi^{1}
扶芳藤	çaːu^{1} fu^{6} səu^{3}
扛板归、蛇不过	hɣɔk^{8} tui^{2} khu^{5} ta^{6}
红蓼、红辣蓼	laːn^{3} la^{6} ljaːu^{5}
苡米、薏苡仁、叮咚子	hɣɔk^{8} lak^{8} khau^{5}
陈皮、柑子皮	kaːm^{5} tsən^{2} ŋɣa^{2}
杜仲	tshja^{3} ti^{1} ŋɣa^{2}
板蓝根	lo^{4} sən^{3} fa^{5}
赤小豆、红小豆、红豆	tau^{6} laːn^{3} nɪŋ^{5}

续表

中药名或地方药名	仫佬语药名
麦冬、麦门冬、寸冬	mɛːk[8] tɔŋ[1]
麦芽	mɛːk[8] ŋa[2]
谷芽	hu[3] kɔk[7] ŋa[2]
花椒	hwa[5] tsjaːu[5]
芡实、野鸡头	kɣo[3] ci[1] ja[4]
芦荟	ma[1] ləm[6]
芦根	kɣo[3] ŋɔ[4]
芫荽、胡荽	jøn[6] tok[8]
苍耳子	tshaːŋ[5] khɣa[1] laːk[8]
苍耳草	hɣɔk[8] tshaːŋ[5] khɣa[1]
芭蕉根	fjaːk[7] taːŋ[1]
连钱草、透骨消、活血丹、接骨消	hɣɔk[8] tjen[2] ljen[6]
岗梅、百解、点秤木	mai[4] ja[4] həu[1]
旱莲草、墨旱莲、墨水草、墨汁草	hɣɔk[8] ma[1] haːn[5]
皂角刺、红芽皂角、红芽皂荚、大皂荚	thjem[1] teŋ[1]
辛夷花	çin[5] tshən[6] hwa[1]
谷精草	hɣɔk[8] muŋ[4] la[1]
灵芝	çaːŋ[1] can[6] ja[4]
鸡骨草	hɣɔk[8] ci[1] kwət[7]
鸡屎藤、臭屁藤	çaːu[1] cɛ[3] ci[1]
鸡眼草、人字草	hɣɔk[8] ci[1] la[1]
鸡冠花、鸡冠苋	ci[1] kon[1] hwa[1]
鸡内金	ŋɣa[2] ci[1] ŋɣa[2]
鸡血藤、血藤	çaːu[1] ci[1] phɣəːt[7]
走马胎、走马藤、山枫	çaːu[1] tshaːm[3] ma[4]
何首乌、狗肝石	ma[1] tap[7] tui[2]
苏梗、紫苏梗	su[5] kuŋ[3]

续表

中药名或地方药名	仫佬语药名
苏子	su^{1} laːk^{8}
苏叶	su^{1} fa^{5}
护心胆	hu^{5} təm^{1} mwɔ^{5}
夜交藤	çaːu^{1} mu^{2} caːu^{3}
佛甲草	hɣɔk^{8} fu^{6} cap^{7}
含羞草、害羞草	hɣɔk^{8} khɣəːn^{5} jɛ^{6}
伸筋草	hɣɔk^{8} hɣaŋ^{4} cen^{1}
迎春花	jin^{6} tshən^{1} hwa^{1}
灶心土、伏龙肝	ho^{3} tɔ^{5} naːm^{6}
苦荬菜	ma^{1} kam^{1}
苦瓜叶	ku^{1} li^{5} fa^{5}
玫瑰花	məi^{6} ji^{1} hwa^{1}
拦路虎、喉痛药	məm^{4} laːn^{2} khwən^{1}
苦参	sən^{5} kam^{1}
苦楝根皮	mai^{4} khu^{1} ljen^{6} taːŋ^{1} ŋɣa^{2}
茄根、刺癫茄根、刺天茄根、癫茄根、红癫茄根、丁茄根	ca^{6} laːi^{4} taːŋ^{1}
苎麻根、苧麻根	pə^{6} ma^{6} taːŋ^{1}
青天葵、独叶莲	həu^{1} ljen^{2}
青蒿	mɣəu^{3}
青木香	mai^{4} həu^{1} mɣaːŋ^{1}
青葙了	ja^{4} ci^{1} kon^{1} hwa^{1}
松针	tsuŋ^{6} pɛːk^{7} ɬa^{5}
松节	tsuŋ^{6} pɛːk^{7} jɔu^{2}
枇杷叶	pɛːk^{8} pa^{2} fa^{5}
败酱	hɣɔk^{8}jaːŋ^{6}tsjaːŋ^{5}
虎杖、酸筒梗	cəu^{3} lɔŋ^{2} taːŋ^{1}

续表

中药名或地方药名	仫佬语药名
岩黄莲	paːi² lɛ⁵ huŋ⁶ ljen²
佩兰	hɣɔk⁸ laːn⁶
爬山虎、假葡萄	pɣa² pɣa¹ məm⁴
侧柏叶	pə⁶ fa⁵
垂盆草	hɣɔk⁸ paːi² pən²
鱼腥草、牛耳根	ma¹ wat⁷
金银花	cəm¹ ȵen² hwa¹
忍冬藤	cəm¹ ȵen² çaːu¹
金樱子	laːk⁸ muŋ³
金樱子根	laːk⁸ muŋ³ taːŋ¹
饴糖、麦芽糖	taːŋ² kɔk⁸
卷柏	kon³ pɛːk⁸
泽兰	tsek⁸ laːm²
泽漆	naːu³ pa³ taːn⁵
狗肝菜、羊肝菜、假肝菜	ma¹ tap⁷ ŋwa¹
狗脊、金猫蔸、金毛狗	cəm¹ mɔ² ŋwa¹
泡桐皮	mai⁵ phɔ⁵ tɔŋ²
油桐、桐子树	mai⁴ tɔŋ⁶ lau⁵
茶油、茶子油	tsaːi⁶ jəu²
贯众	kon⁵ tsɔŋ¹
茜草	hɣɔk⁸ laːn³ taːŋ¹
荆芥	mai⁴ jin¹
茵陈	mau⁵ hɣɔk⁸
荠菜	ma¹ ja⁴
荔枝	li⁶ tsi¹
荔枝核	li⁶ tsi¹ laːk⁸
柿蒂、柿子盖	caːu¹ ma³ kai⁵

续表

中药名或地方药名	仫佬语药名
杨柳枝	jaːŋ^{6} liu^{3} ŋa^{5}
枳壳	tsi^{2} khaːk^{7}
枳实	tsi^{2} laːk^{8}
珍珠母	meŋ^{5} khaːk^{7}
牵牛子	chen^{1} tən^{2} laːk^{8}
胡椒	ɦu^{2} tjeu^{1}
穿破石、黄姜刺	taːŋ^{1} lyn^{1} cet^{7}
穿心莲、榄核莲	tshjøn^{5} təm^{1} ljen^{2}
穿心草	hɣɔk^{8} tshjøn^{5} təm^{1}
胡桃、核桃	hui^{1} tɔ^{2}
南瓜子	cəm^{1} kwa^{1} laːk^{8}
南瓜蒂	cəm^{1} kwa^{1} piŋ^{5}
过山龙、南蛇藤	ta^{6} pɣa^{1} lɔŋ^{2}
威灵仙、老虎须、百条根、铁脚威灵仙	hɣɔk^{8} məm^{4} mut^{8}
韭菜子、韭子、韭菜仁	haːi^{5} laːk^{8}
骨碎补、猴子姜	çiŋ^{1} mu^{6} lau^{2}
香附	hɣɔk^{8} ti^{6} cəu^{3}
香薷	ma^{1} mɣaːŋ^{1}
美人蕉	tɔŋ^{6} fa^{5}
救必应	cəu^{5} lai^{3} çen^{1}
独脚金	naːu^{3} tin^{1} cəm^{1}
络石藤	lɔ^{6} tui^{2} çaːu^{1}
莱菔籽、萝卜籽	lak^{8} pak^{8} laːk^{8}
荷叶、莲藕叶	ŋau^{4} fa^{5}
莲子	ŋau^{4} laːk^{8}
莲子心	ŋau^{4} laːk^{8} təm^{1}
桃仁、桃子仁	hui^{1} tɔ^{2} laːk^{8}

续表

中药名或地方药名	仫佬语药名
夏枯草	ha⁵ khu¹ hɣɔk⁸
蚕沙	ŋɔ² ti¹ kɣa¹ cɛ³
盐肤木	kwa⁶ hu³ mai⁴
射干、鲤鱼尾、鱼翅草	məm⁶ kwət⁷ hɣɔk⁸
透骨草、凤仙花、指甲草	thəu⁵ kwət⁷ hɣɔk⁸
臭牡丹	ȵin¹ lɔ² taːn¹
鬼针草、一包针	laːi⁴ tshəm¹ hɣɔk⁸
崩大碗、积雪草	chøt⁷ paːk⁷ won³
海蚌含珠、血见愁	phɣəːt⁷ nən¹ jəu¹
夜关门、铁马鞭	mu² kwaːn¹ tɔ¹
铁线草	khɣət⁷ tjen⁵ hɣɔk⁸
烟油、烟屎、老烟杆油	jen¹ cɛ³
益母草、抛球草、红花艾	mau⁶ mai⁴ hɣɔk⁸
浮萍	ȵai³
栀子、山栀子	laːk⁸ mwɔ²
海金砂藤	haːi³ cin⁵ sa⁵ çaːu¹
海金砂	haːi³ cin⁵ sa⁵
桑叶	saŋ⁵ fa⁵
桑枝	saŋ⁵ ŋa⁵
桑白皮	saŋ⁵ ŋɣa² paːk⁸
桑椹	saŋ⁵ laːk⁸
桑寄生	saŋ⁵ ci⁵ sɛŋ¹
海风藤、吹风藤	ta⁶ pɣa¹ lɔŋ² fa⁵ lo⁴
排钱草、钱串草	paːi² tjen² hɣɔk⁸
野烟叶、假烟、臭烟	jen¹ ja⁴ fa⁵
野菊花	cy⁶ hwa¹ ja⁴
野葡萄藤	çaːu¹ lak⁸ jyt⁷ ja⁴

续表

中药名或地方药名	仫佬语药名
曼陀罗	maːn⁴ tho⁶ lo⁵
蛇莓	təm⁶ tui²
蛇床子	tui² pho⁵ laːk⁸
商陆、见肿消	lən¹ ləm⁶ tjeu¹
淫羊藿、仙灵脾、三枝九叶草	hɣɔk⁸ taːn¹ ŋa⁵ cəu³ fa⁵
淡竹叶	kwan¹ taːm⁶ fa⁵
望江南	moŋ⁶ caːŋ¹ naːm²
绿豆	lɔk⁸ tau⁶
黄荆子	mai⁴ jin¹ laːk⁸
黄皮果核	ŋɣa² ŋaːn³ hui¹ laːk⁸
黄药子	kɣa² ŋaːn³ laːk⁸
黄精、黄鸡菜	ci¹ ŋaːn³ ma¹
葱白	thɔŋ¹ paːk⁸
葛根、葛麻根	kɔ⁶ mɛːk⁸ çaːu¹
萹蓄	pjen⁵ jøn⁶
萱草根、黄花菜根	ŋaːn³ fa⁵ ma¹ taːŋ¹
棉花根	mjɛn² hwa¹ taːŋ¹
酢酱草、老鸦酸	ma¹ khɣəm³
黑芝麻	yəu⁶ ma² nam¹
鹅不食草	ŋaːn⁶ khu⁵ tsaːn¹ hɣɔk⁸
落花生、花生、地豆	ti⁶ tau⁶
蒲黄	pu² ŋaːn³
蒲公英	ma¹ paːk⁸ hɣɔk⁸
蜂糖、蜂蜜、蜜糖	fɔŋ¹ taːŋ²
蓖麻子	laːk⁸ ma⁶ laːk⁸
槐花	hwaːi⁶ mai⁴ hwa¹
樛木、乌不站、乌不宿	khai¹ mai⁴

续表

中药名或地方药名	仫佬语药名
椿白皮	mai⁴ jam⁴ ŋɣa² paːk⁸
路路通、枫树籽	mai⁴ hɣəu¹ laːk⁸
蜈蚣	cɛ³ khɣap⁷
紫金牛、矮地茶、矮脚茶、不出林	te³ ti⁶ tsa²
满天星、天胡荽、破铜钱、盘上芫茜	mwaːn⁴ thjen¹ mɣət⁷
糯米藤	hu³ kɣœ³ çaːu¹
蔷薇根	tshjaːŋ⁶ wəi⁶ taːŋ¹
豨莶草	çi¹ tshjen¹ hɣɔk⁸
蝉蜕	tsi³ tsa⁵ khaːk⁷
算盘子	ton⁵ pon². laːk⁸
榕树叶、小叶榕	mai⁴ jɔŋ² fa⁵
翠云草、翠羽草	tshəi⁴ jyn⁶ hɣɔk⁸
橄榄	kaːn³ laːn³
露蜂房、黄蜂窝	tən⁵ lu¹ khaːk⁷
蝼蛄、土狗	ȵi⁵ ŋɔ⁵
薤白，野薤头	kɣo³ ceu⁴
薄荷	po⁶ o⁵
橘叶	cy⁶fa⁵
藿香	khɔ⁶ mɣaːŋ¹
壁虎	tjeu⁶ kɣaːŋ¹

图书在版编目(CIP)数据

佁佬语语料说论集/银莎格著.—北京:民族出版社,2023.10
ISBN 978-7-105-17149-1

Ⅰ.①佁… Ⅱ.①银… Ⅲ.①佁佬语—语料库—文集
Ⅳ.①H257-53

中国国家版本馆 CIP 数据核字(2023)第 245128 号

策划编辑:杨 璇
责任编辑:张亦芃
封面设计:金 晔
出版发行:民族出版社
地 址:北京市和平里北街 14 号
邮 编:100013
网 址:http://www.mzpub.com
印 刷:北京中石油彩色印刷有限责任公司
经 销:各地新华书店
版 次:2023 年 12 月第 1 版 2023 年 12 月北京第 1 次印刷
开 本:787 毫米×1092 毫米 1/16
字 数:690 千字
印 张:39.75
定 价:118.00 元
ISBN 978-7-105-17149-1/H · 1243(汉 433)

该书如有印装质量问题,请与本社发行部联系退换
汉文编辑一室电话:010-64271909 发行部电话:010-64224782